LES

GRANDS VINS DE BOURGOGNE

(LA COTE-D'OR)

EN VENTE A LA MÊME LIBRAIRIE :

Carte des Grands Vins de Bourgogne (La Côte-d'Or), à l'échelle du 20,000°, tirée en cinq couleurs, indiquant le classement des crus par ordre de mérite d'après les indications du Dr Lavalle et du Comité d'Agriculture de l'arrondissement de Beaune, dessinée par MM. A. Casper et E. Marc, d'après la carte de l'Etat-Major. — Prix : 10 fr. ; franco. . . . . 10 fr. 50

La même à l'échelle du 40,000°. — Prix : 3 fr. ; franco . 3 fr. 50

Bordeaux et ses Vins, classés par ordre de mérite, par Ch. Cocks, 5e édition refondue et augmentée par E. Ferret, 1 fort volume in-18, avec 225 vues de châteaux vinicoles et cartes. — Prix : 8 fr.; franco. . . . . 8 fr. 50

Les Grands Vins du Mâconnais, du Chalonnais et du Beaujolais. Un fort volume in-8 écu, avec cartes. Prix : 8 fr. ; franco. 8 fr. 50

EN PRÉPARATION :

LES GRANDS VINS DE CHAMPAGNE

par M. E. RODINET

Tous droits de reproduction et de traduction réservés.

DIJON. — IMPRIMERIE DARANTIERE, RUE CHABOT-CHARNY, 65.

LES GRANDS VINS
DE
BOURGOGNE
(LA COTE-D'OR)

ÉTUDE ET CLASSEMENT PAR ORDRE DE MÉRITE

NOMENCLATURE DES CLOS ET DES PROPRIÉTAIRES

ILLUSTRÉE DE NOMBREUSES VUES DES PRINCIPALES PROPRIÉTÉS

PAR

M. R. DANGUY

PROFESSEUR A L'ÉCOLE DE VITICULTURE DE BEAUNE

Avec la collaboration pour la partie historique de

M. Ch. AUBERTIN

OFFICIER D'ACADÉMIE, ETC.

PLAN TOPOGRAPHIQUE DU VIGNOBLE

dressé d'après la carte de l'Etat-Major

Par A. Casper et E. Marc

DIJON
LIBRAIRIE H. ARMAND
SUCCESSEUR DE ROPITEAU

A LA MÊME LIBRAIRIE

Bedel (A.). Traité complet de manipulation des vins, par A. BEDEL, rédacteur en chef du journal *la Vigne* et du *Moniteur Vinicole*. Paris, 1887; prix, 3 fr. 50. Franco . . . . 4 fr. »

Bedel (A.). Les nouvelles méthodes de culture de la vigne et de vinification, par A. BEDEL. Paris, 1890; prix, 3 fr. 50. Franco 4 fr. »

Bender et Vermorel. Le vigneron moderne. Etablissement et culture des vignes nouvelles. Montpellier, 1890. Un volume gr. in-12; prix, 3 fr. 50. Franco poste . . . . 4 fr. »

Boireau (Raimond). Culture de la vigne, traitement pratique des vins. Vinification, distillation (troisième édition); par Raimond BOIREAU. Bordeaux, 1884-1887. 2 vol. in-8 avec figures; prix, 10 fr. Franco . . . . 11 fr. 20

NOTA. — Le tome premier en réimpression.

Bush et fils et Meissner. Catalogue illustré et descriptif des vignes américaines, par MM. BUSH et fils et MEISSNER. Deuxième édition française, avec 149 figures intercalées dans le texte. 3 planches en chromolithographie; traduite sur la troisième édition anglaise par Louis BAZILLE, Vice-Président de la Société d'Horticulture et d'Histoire naturelle de l'Hérault, revue et annotée par J.-E. PLANCHON, Professeur à la Faculté de médecine de Montpellier, correspondant de l'Institut, membre de la Société centrale d'Agriculture et de la Société d'Horticulture et d'Histoire naturelle de l'Hérault. Montpellier, 1885, 1 vol. grand in-8 jésus de 234 pages; prix, 8 fr. Franco poste . . . . 8 fr. 75

Cazalis (F.). Traité pratique de l'art de faire le vin, par le Dr Frédéric CAZALIS, directeur du *Messager agricole*, président de la Société d'Agriculture de l'Hérault. Montpellier, 1890, 1 vol. in-8 de 400 pages, avec 68 figures dans le texte; prix, 7 fr. 50. Franco poste. . . . . 8 fr. 25

(Honoré d'une souscription du Ministère de l'Agriculture)

Chauzit (B.). Etat actuel de la question du Phylloxéra en France, Historique, Emploi des insecticides, Submersion. Plantation dans les sables. Etude complète sur les vignes américaines, par B. CHAUZIT, professeur d'agriculture du Gard. Nîmes, 1885. 1 vol. in-12; prix, 3 fr. Franco. . . . . 3 fr. 50

Dezeimeris (Rheinold). D'une cause de dépérissement de la vigne et des moyens d'y porter remède; 5e édition, augmentée d'observations nouvelles, 1891, grand in-8; prix, 2 fr. 50. Franco. 2 fr. 80

Duplais (aîné). Traité de la fabrication des liqueurs et de la distillation des alcools, contenant les procédés les plus nouveaux pour la fabrication des liqueurs françaises et étrangères, fruits à l'eau-de-vie et au sucre, sirops, conserves, eaux et esprits parfumés, vermouths, vins de liqueur; suivi du Traité de la fabrication des eaux et boissons gazeuses et de la description complète des opérations nécessaires pour la distillation des alcools. 5e édit., revue et augmentée par Duplais jeune. 2 vol. in-8, avec figures dans le texte et 15 planches; prix, 16 fr. Franco poste . . . . 17 fr. 50

Grande vue de la ville de Dijon, prise de la chapelle des Chartreux
D'après une estampe du xviiie siècle, dessinée par LALLEMAND.

LES GRANDS VINS
DE
BOURGOGNE
(LA COTE-D'OR)

ÉTUDE ET CLASSEMENT PAR ORDRE DE MÉRITE

NOMENCLATURE DES CLOS ET DES PROPRIÉTAIRES

ILLUSTRÉE DE NOMBREUSES VUES DES PRINCIPALES PROPRIÉTÉS

PAR

M. R. DANGUY
PROFESSEUR A L'ÉCOLE DE VITICULTURE DE BEAUNE

Avec la collaboration pour la partie historique de

M. Ch. AUBERTIN
OFFICIER D'ACADÉMIE, ETC.

PLAN TOPOGRAPHIQUE DU VIGNOBLE
dressé d'après la carte de l'Etat-Major

Par A. Casper et E. Marc

DIJON
LIBRAIRIE H. ARMAND
SUCCESSEUR DE ROPITEAU

PRINCIPAUX OUVRAGES CONSULTÉS

POUR CETTE PUBLICATION

Topographie de tous les vignobles connus, par Jullien.

Statistique de la vigne dans le département de la Côte-d'Or, par le D' Morelot. Dijon, Paris, 1831.

Histoire et statistique de la vigne et des *Grands vins* de la Côte-d'Or, par le D' Lavalle. Dijon, Paris, 1831.

Le vin, par A. de Vergnette-Lamotte, correspondant de l'Institut, deuxième édition, Paris, librairie agricole, 26, rue Jacob, 1868.

Le livre de la Ferme, par M. Joigneaux, 1ʳᵉ édition, 1875. Paris, G. Masson, libraire, 120, boulevard Saint-Germain.

Cours de viticulture professé à l'Institut national agronomique, par M. Pulliat, inédit.

Mission viticole pour la reconstitution des vignobles en Côte-d'Or, par M. P. Vialla, professeur de viticulture à l'Institut national agronomique et Ravaz, directeur des champs d'expérience de Cognac. Beaune, imprimerie H. Lambert, 1891 et A. Batault, 1891. Bulletin de la Société vigneronne.

Etude des terrains de la Côte d'Or au point de vue de l'adaptation des vignes américaines, notes recueillies par M. Margottet, doyen de la Faculté des sciences et directeur de la station agronomique, et M. Collot, professeur de géologie à la Faculté

...des sciences. Beaune, imprimerie A. Lambert fils et A. Batault, 1891.

Bulletin du comité d'agriculture de Beaune.

Bulletin du syndicat de la Côte dijonnaise. Dijon, imprimerie Darantiere, 65, rue Chabot-Charny.

La Vigne. Voyage autour des vins de France, par Bertall, Paris, 1878, E. Plon et Cie, imprimeurs-éditeurs, 10, rue Garancière.

Analyse chimique de quelques vins de Bourgogne de la récolte 1889, par J. Margottet. Dijon, 1890, imprimerie R. Aubry, 15, rue Bossuet.

Rapport (Extrait d'un) sur l'analyse des vins présentés à l'Exposition universelle de 1878, par M. J. Boussingault chargé d'une mission spéciale. Bulletin du ministère de l'agriculture, 2me année, n° 4. Paris, Imprimerie Nationale.

Bulletins du Ministère de l'agriculture, 1886-1891. Imprimerie Nationale.

Statistique agricole de la France, publiée par le ministère de l'agriculture. Résultats généraux de l'enquête décennale de 1862. Nancy, Berger-Levrault, 1862.

Bulletin du comité central d'études et de vigilance du département. Dijon, imp. Jacquot et Floret, 1890-1891.

Traité de viticulture et d'œnologie, par Ladrey. Paris, 1872, Savy, éditeur.

Extrait des rapports au Conseil général de la Côte-d'Or, session d'août 1891. Dijon, 1891, imp.-lith., F. Carré, 40, rue Amiral-Roussin.

Traité pratique des vins, etc., publié sous la direction de M. P. Lesourd, de la collaboration des rédacteurs du *Moniteur viticole*. Paris, 3e édition, librairie G. Masson. Bordeaux, Feret et fils. Montpellier, C. Coulet, et au Moniteur viticole, 6, rue de Beaune, Paris.

Sur la viticulture du centre nord de la France, par le Dʳ Jules Guyot. Paris, Imp. Impériale, 1866.

Etudes sur le vin, par M. L. Pasteur, membre de l'Institut, Paris, 1866.

Notices historiques, topographiques et statistiques sur les sept communes de la côte dijonnaise, du canton de Gevrey, par H. Vienne, ancien archiviste de la ville de Toulon. Dijon, 1855, Douillier, imp.-éditeur.

Description historique et topographique du duché de Bourgogne, par Courtépée. Dijon, 1778.

Annuaire du département de la Côte-d'Or, par M. J. Garnier, conservateur des archives. Dijon, 1891.

Archives de Dijon, Beaune, Nuits, etc., imp. Eug. Jobard, place Darcy.

Tous les autres ouvrages consultés sont plus particulièrement indiqués dans le courant de l'ouvrage.

AVANT-PROPOS

L'ouvrage que nous publions aujourd'hui nous était demandé depuis longtemps déjà, surtout de l'Etranger.

Sans avoir jamais eu la pensée de faire mieux que les Docteurs Morelot et Lavalle dont les ouvrages si estimés sont depuis longtemps épuisés et presque introuvables, nous avons jugé qu'une publication de même nature, donnant l'état actuel de la propriété dans la Côte-d'Or, serait bien accueillie et répondait au même besoin pour cette contrée que *Bordeaux et ses vins* pour le Bordelais.

Mais, si nous avons rencontré bien des bonnes volontés, en revanche, nombre de propriétaires n'ont peut-être pas suffisamment senti l'intérêt de cette entreprise et malgré de nombreux appels faits par la voie des journaux les renseignements concernant leurs propriétés qu'eux seuls pouvaient nous donner nous ont fait parfois défaut.

Qu'il nous soit permis maintenant de remercier tout particulièrement M. Margottet, l'éminent Doyen de la Faculté des sciences, directeur de la Station agronomique de Dijon, qui a bien voulu nous communiquer ses analyses inédites des divers sols de la Côte-d'Or et auquel nous avons emprunté de nombreux documents, soit sur les analyses des vins, soit sur le travail qu'il a fait en collaboration avec M. Collot, professeur de géologie de la Faculté de Dijon, et relatifs à l'examen des terres à vigne de la région. Nous adressons aussi nos remerciements à M. Durand, directeur de l'Ecole de viticulture de Beaune, qui nous a fourni certains documents intéressants.

D'autre part de nombreux négociants, propriétaires, vignerons et plusieurs instituteurs nous ont apporté le concours le plus précieux et nous leur en sommes profondément reconnaissants.

Dijon, 1er juin 1892.

Les Auteurs et Editeurs.

ÉTUDE

SUR LA VIGNE ET LES VINS

La Bourgogne, placée sous les 46ᵉ et 47ᵉ degrés de latitude, a environ 50 lieues de long sur 30 de large : elle forme les trois départements de l'Yonne, de la Côte-d'Or et de Saône-et-Loire.

Le Beaujolais, situé sous les 45ᵉ et 46ᵉ degrés de latitude, n'a que 10 lieues de longueur sur 8 de largeur et compose le second arrondissement du département du Rhône.

« On pourrait s'étonner, dit Jullien (1), de la réunion que je fais, du Beaujolais avec la Bourgogne, cette province faisant partie du département du Rhône ; mais mon intention est de présenter et de classer ensemble les vins du même genre, et ceux du Beaujolais n'ont que très peu de rapport avec ceux du Lyonnais. »

La Bourgogne, sous le rapport de ses vins, s'étend donc, si l'on suit la ligne du chemin de fer P.-L.-M., de Sens à Villefranche.

Le département de la Côte-d'Or a été formé en 1790 de la partie centrale et de celle septentrionale de la province de Bourgogne (2).

---

(1) *Topographie de tous les vignobles connus*, précédée d'une *Notice topographique sur tous les vignobles de l'antiquité*, Paris, 1832.

(2) La Bourgogne, province avec le titre de duché-prairie et de gouvernement général militaire, située dans la partie orientale de la France, en formait la frontière avant la conquête de la Franche-Comté en 1674. On la nommait *Bourgogne Inférieure*, parce que la Franche-Comté, pays plus élevé, plus âpre et plus montueux, portait le nom de *Bourgogne Supérieure*. La province, en y comprenant les pays adjacents, avait environ cinquante lieues dans sa longueur depuis Bar-sur-Seine à Miribel près de Lyon, du nord au midi, et trente lieues dans sa largeur, de l'orient à l'occident, depuis Auxonne jusqu'auprès de Vézelay ; ce qui, en multipliant l'un par l'autre, fournit environ 1,500 lieues de superficie. Mais, compte tenu des sinuosités et des rétrécissements dans la largeur, la superficie pouvait se réduire à environ 1,200 lieues carrées.

Au nord, la Bourgogne était bornée par le Sénonais, le Tonnerrois, le bailliage de Troyes et le Bassigny ; à l'est, par la Franche-Comté dans la plus grande partie de sa longueur, la Suisse, la république de Genève et

La ville de Dijon, ancienne capitale de cette province, est devenue le chef-lieu du département actuel qui comprend les deux régions appelées autrefois le *Dijonnais* et le *Pays de la Montagne*, ainsi qu'une fraction du *Châtillonnais* et la majeure partie de l'*Auxois*.

Situé à l'est de la France, entre 46°54' et 48°2' de latitude nord, et entre 1°44' et 3°11' de longitude est, ce département tire son nom de la chaîne de petites montagnes qui s'étend depuis Dijon, par Nuits, Beaune, Chagny et Chalon-sur-Saône jusqu'à Mâcon et qu'on appelle *Côte-d'Or*, à cause de la richesse de ses produits.

Si l'on entre dans le département de la Côte-d'Or par celui de l'Yonne, on trouve l'arrondissement de Semur et on arrive à Dijon où commencent les bons vignobles ; on va de là à Beaune, en parcourant les excellentes côtes de Vosne-Romanée, de Gevrey-Chambertin, de Vougeot, de Chambolle, de Nuits, d'Aloxe et de Savigny ; après Beaune, on trouve les beaux vignobles de Volnay, Pommard et Meursault, qui sont contigus ; un peu plus loin, Puligny et Chassagne, sur lesquel est situé le célèbre Montrachet ; on va de là à Chassagne, à Santenay, à Chagny et à Chalon-sur-Saône, ville dans le voisinage de laquelle se trouvent les vignobles de Mercurey, Givry et Buxy (1).

Pour la Côte-d'Or, la plus grande longueur, du nord au sud, atteint environ 120 kilomètres, et la plus grande largeur, de l'ouest à l'est, 106 à 108 kilomètres.

Ses limites sont les départements de l'Aube, de la Haute-Marne, de la Haute-Saône, du Jura, de Saône-et-Loire, de la Nièvre et de l'Yonne.

On peut diviser la Côte-d'Or en trois parties, savoir : la première, une plaine vaste et fertile s'étendant jusqu'au bord de la Saône et à laquelle servent de limites les montagnes qui semblent partager la contrée en *deux larges bandes*, selon l'expression de Courtépée (2). Dans la seconde, se déroule une grande chaîne dont les versants font la ligne de partage des eaux et dont les sommets sont presque tous boisés. C'est sur le versant qui regarde la Saône qu'existent les vignobles auxquels le pays doit son ancienne et toujours éclatante renommée.

---

le Rhône qui la séparait de la Savoie ; au sud, par le même fleuve du côté du Dauphiné et par le Lyonnais, le Forez et le Beaujolais ; à l'ouest par le Bourbonnais, le Nivernais et le Puisaye, qui était du bailliage d'Auxerre, mais du gouvernement de l'Orléanais (V. Courtépée, *Description du duché de Bourgogne*, t. I, p. 292-293).

(1) V. A. Jullien, *Topographie de tous les vignobles connus*, etc.
(2) V. t. II, *Division géographique, situation*, etc., p. 292.

La troisième partie est le *Morvan*, massif granitique occupant tout l'ouest du département.

Le climat est tempéré, néanmoins il y a des écarts assez considérables, suivant les diverses régions; la moyenne des *maxima* est d'environ 20 degrés, celle des *minima* de 7°.

Pendant l'hiver, il est rare de constater des *minima* de 20 à 22; en été, les *maxima* ne vont pas au-dessus de 30, bien que, dans certains cas, on en ait relevé de 33 à 35. Ordinairement, à Dijon, le thermomètre ne descend pas, en hiver, au-dessous de 15 degrés. La température moyenne de l'année y est de 11 degrés. Les vents dominants sont ceux de l'est, de l'ouest et du sud; les derniers amènent le plus ordinairement la pluie.

En Bourgogne, la hauteur d'eau qui tombe est, en moyenne, de 715 millimètres. Il résulte encore d'observations faites à Dijon, pendant 11 ans, par M. Valotte (1) que : « Dans les trois mois d'hiver, janvier, février et mars, il tombe moins d'eau que dans les trois mois d'été, juin, juillet et août; que les deux mois pendant lesquels il en tombe le plus sont les mois d'octobre et de novembre; que les deux mois pendant lesquels il en tombe le moins sont ceux de février et mars; que la plus grande hauteur d'eau tombée pendant les onze années expérimentées correspond à 0^m896 pour 1841; que la moindre hauteur correspond à 0^m515 pour 1842 », l'altitude du lieu où les observations ont été faites étant de 241 mètres.

La population s'élève à 381,574 habitants; sous ce rapport, c'est le trente-septième département de France. Depuis 1801, date du premier recensement, la Côte-d'Or a gagné une quarantaine de mille d'habitants.

Le chef-lieu du département est Dijon, ville de 65,000 habitants, distante de Paris de 304 kilomètres; les sous-préfectures sont: Beaune, de 12,146 habitants, distant de Paris de 319 kilomètres, Châtillon, 5,317 habitants, distant de Paris de 244 kilomètres et Semur, 3,894 habitants, distant de Paris de 245 kilomètres (2).

Sa superficie totale est de 876.116 hectares, lesquels se répartissent de la manière suivante entre les différentes cultures:

---

(1) *Etude des hauteurs d'eaux tombées à Dijon de 1839 à 1849*, par M. Valotte, ingénieur du Canal de Bourgogne.

(2) Ces distances sont celles légales. Par le chemin de fer P. L. M. Dijon, Beaune, Semur, et Châtillon sont distants respectivement de Paris de 315 kilomètres, 352 kilomètres, 271 kilomètres et 260 kilomètres. Par l'Est, cette dernière sous-préfecture est éloignée de la capitale de 203 kilomètres.

ANNÉE 1882 (1)

Terres labourables	453.986 ha
Prés	70.043
Vignes	34.216
Bois	253.747
Landes, pâtis	18.510
Divers	45.614

Naturellement, et suivant les années, l'importance des surfaces emblavées subit des variations, quoique dans des limites assez étroites.

D'autre part, si nous consultons l'enquête agricole de 1882 (2), on constate que la superficie occupée en France par la vigne était, en 1882, de 4,1 pour cent du territoire total.

Sous le rapport de la production des vins en argent, notre département occupait alors le quinzième rang, et le rendement moyen étant en France de 15 hecto. 28, il est chez nous de 14.36, lesquels valaient 44 fr. 69 l'hecto, la moyenne étant de 33.84; l'influence des grands crus est ici manifeste.

Si, maintenant, on fait le détail de la production et de la plantation de la vigne, on établit le tableau suivant (3) :

	Superficie cultivée	Nombre moyen de pieds à l'hectare	Nombre total de pieds	ESPACEMENT moyen des pieds		RENDEMENT		VALEUR	
				Sur les lignes	Entre les lignes	moyen en vins par hectare	TOTAL	moyenne de l'hectolitre de vin	TOTAL
VIGNES EN PLEINE PRODUCTION									
Côte-d'Or	hectares 31,781	21,226	674,583,506	m 0,62	m 0,76	hect. 14,20	451,290	fr. 44,69	20,168
Totaux et moyenne pour la France	1,777,694	9,277	16,491,429,634	0,98	1,10	16,53	29,496,711	33,62	991,959
VIGNES NOUVELLEMENT PLANTÉES									
Côte-d'Or	hectares 2,284	19,004	43,405,136	m 0,65	m 0,81	hect. 17,75	29,962	fr. 47,00	1,408
Totaux et moyenne pour la France	249,329	6,588	1,642,829,736	1,17	1,30	9,63	2,402,047	32,92	79,089

(1) *Statistique agricole publiée par le Ministère de l'Agriculture*, 1882.
(2) Déjà citée.
(3) *Statistique agricole publiée par le ministère de l'Agriculture.*

A cette surface, il faut encore ajouter 151 hectares de vignes indiquées avec cultures intercalaires.

Ainsi qu'on le voit par ces chiffres, notre département est de beaucoup au-dessus de la moyenne, tant par son mode de culture que par la valeur de ses vins.

Il est également intéressant de rechercher quelle est la production annuelle en hectolitres ; le tableau suivant donne sur ce point des chiffres exacts (1) :

ANNÉES	PRODUCTION	ANNÉES	PRODUCTION
1877	1.190.415	1885	1.102.082
1878	1.551.668	1886	629.373
1879	484.913	1887	543.138
1880	729.184	1888	701.016
1881	860.744	1889	501.357
1882	568.906	1890	526.791
1883	1.001.693	1891	457.938
1884	551.529		

Suivant les années, la production éprouve donc des fluctuations considérables qui tiennent tant à l'action du phylloxéra qu'aux circonstances atmosphériques, telles que la gelée, la coulure, etc. qui viennent diminuer les rendements.

Si nous recherchons maintenant comment se subdivisent ces rendements, nous constatons que (2) la superficie du vignoble, dans ces dernières années, se répartit de la manière suivante pour les jeunes et vieilles vignes :

	1887	1888	1889
Superficie cultivée...	32.671 hectar.	29.838 hectar.	31.249 hectar.
Production totale....	581.644 hectol.	664.813 hectol.	501.237 hectol.
Rendement à l'hectare	17 hectol. 80	22 hectol. 28	16 hectol. 04
Valeur totale......	25.316.052 fr.	24.039.486 fr.	18.732.687 fr.
Prix moyen de l'hectol.	43 fr. 52	36 fr. 15	37 fr. 37

(1) *Direction générale des Douanes. Statistique.*
(2) *Bulletins publiés par le Ministère de l'agriculture.*

D'après ce tableau, rapproché du précédent, on voit qu'il existe une légère différence dans les rendements, selon qu'ils ont été établis par le Ministère des Finances ou celui de l'Agriculture ; cela tient à ce que l'administration des domaines ne fait pas figurer certains produits qui sont classés dans l'autre enquête.

En 1890 (1), le bulletin établit une différence entre les vins fins et ordinaires.

	VINS	
	ORDINAIRES	SUPÉRIEURS
Production.	474.111 hectol.	52.680 hectol.
Valeur.	19.895.250 fr.	7.371.750 fr.

La superficie cultivée étant évaluée à 29.908 hectares.

Enfin, en 18 1, la superficie est estimée à 26,371 hectares.

Après les chiffres que nous venons de produire, plusieurs remarques s'imposent : tout d'abord, on constatera que la surface du vignoble a été sans cesse en augmentant jusque vers 1882-1886, sans que néanmoins cet accroissement ait été bien considérable, puisqu'en 1831 le Dr Morelot (2) écrivait que la superficie totale était de 26.467 hectares 26 ares 33 centiares. En 1855, le Dr Lavalle (3) signalait environ 25,500 hectares, dont 2,500 produisant des vins fins.

Nous remarquerons que les chiffres donnés pour l'évaluation en argent de la production du vignoble sont certainement au-dessous de la vérité, les vins de notre région ayant une valeur moyenne plus élevée.

Le Dr Jules Guyot (4) a écrit que sur les 30,000 hectares, 3,000 environ donnent les trois classes de vins fins qui sont le cachet distinctif de la Côte-d'Or, lesquelles valent en moyenne 80 fr. l'hectolitre et donnent un produit brut total de 3 600.000 francs calculé sur les moyennes des rendements et des prix minimums ; que les 27,000 mille autres hectares produisent les vins communs à 25 fr.

---

(1) *Bulletin de statistique et de législation comparée*, publié par le *Ministère des Finances* (Direction générale des contributions indirectes).
(2) *Statistique de la vigne en Côte-d'Or*.
(3) *Histoire de la vigne et des grands vins de la Côte-d'Or*.
(4) *Sur la viticulture du centre nord de la France*, par le Dr Guyot.

l'hectolitre et rendent un produit brut de 33,750,000 francs ; qu'au total, les 30,000 hectares de vignes produisent au moins 37,000,000 de francs, plus du tiers du revenu total agricole du département sur la vingt-huitième partie de la superficie totale de son sol.

Ces 37,000,000 de francs fournissent le budget de 37,000 familles, ou de 148,000 habitants, beaucoup plus du tiers de la population qui est de 393,000 habitants; actuellement, et à peu de chose près, ces chiffres sont l'expression de la vérité, car si l'action du phylloxéra a fait diminuer les récoltes, en revanche les prix sont plus élevés qu'à cette époque. Il sera, du reste, facile au lecteur d'établir ce rendement en prenant chacune des communes viticoles produisant les vins fins et dont nous avons indiqué le rendement, puis en tablant sur une moyenne de 90 à 95 francs la pièce pour l'ensemble des ordinaires produits par toutes les autres communes du département.

Ainsi que nous l'avons dit plus haut, le vignoble a été atteint par le phylloxéra, dont les premiers dégâts furent constatés au commencement de juillet 1878, à Meursault, et peu après à Dijon et dans ses environs.

Toutes les précautions furent prises pour en arrêter le développement ; malheureusement les vignerons furent longtemps avant d'être persuadés de la présence du redoutable insecte, de telle sorte que dans quantité de communes il put se multiplier avec facilité.

Par la suite, la situation s'est modifiée, et des syndicats, dont le nombre s'élevait au 30 juin 1891 à 81 pour l'arrondissement de Beaune et 92 pour celui de Dijon, ont été créés dans le but de combattre par les insecticides et surtout par le sulfure de carbone ce fléau dévastateur.

En outre, l'introduction des cépages américains ayant été autorisée, M. le sous-préfet de Beaune (1) évaluait, en 1890, à 1000 hectares l'étendue du vignoble reconstitué ; actuellement (1891) elle atteint 1395 hectares. Comme on le voit, les plus grands efforts sont faits soit pour préserver les vignes indemnes, soit pour remplacer celles qui n'ont pas échappé à la destruction.

Au point de vue de la constitution géologique, les grands vins se trouvent répartis sur l'ensemble de collines dont nous donnons plus loin la nature.

Alors que les alluvions anciennes des plaines de la Saône vien-

---

(1) *Rapport au Préfet du Comité central d'étude et de vigilance contre le phylloxéra.*

nent en affleurer la base, le sol de la Côte est formé par la Grande Oolithe, avec bancs de marnes oxfordiennes.

Le Cornbrash qui, dans la partie regardant les villages de Monthelie et Volnay, existe à mi-côte, ne se retrouve plus que dans les sommets des villages suivants. Il en est de même des marnes oxfordiennes qui, vers Beaune et Pommard, arrivent à la base de la colline.

D'autre part, un large affleurement de calcaire jaunâtre, marneux et de calcaire à entroques, qui s'étend vers les finages de Chassagne et Santenay, disparaît ensuite et ne se retrouve plus que vers Vougeot pour aller finir au delà de Marsannay-la-Côte.

A Vosne, l'argile marneuse reparait dans certains grands climats.

A l'inspection des terrains et d'après la *Carte géologique* de M. Guillebaut de Nerville (1), à laquelle nous ferons de fréquents emprunts, on constate que la série oolithique forme la base de nos coteaux.

Le vignoble produisant les vins fins est disposé sur une chaîne de coteaux dans la direction de Dijon à Santenay, sur une longueur d'une quinzaine de lieues. Si l'on en croit la tradition, cette chaîne était jadis couverte de forêts et d'arbres de haute futaie dont les derniers ont été abattus, il y a environ deux siècles.

Eumène, s'adressant à l'empereur Constantin pour le remercier d'avoir diminué les impôts qui accablaient les Eduens, disait :

« C'est à regret qu'on ensemence le *pagus Arebrignus* (les environs de Beaune très probablement), seule localité où se fasse sur une très petite échelle la culture de la vigne ; car au delà, on ne rencontre que des forêts et des rochers inaccessibles, où les bêtes sauvages ont une retraite assurée. »

On a longtemps cru que les arbres couvrant la Côte étaient des châtaigniers ; il a été démontré que l'essence dominante était le chêne blanc, le *quercus pedunculata*.

De tout temps, le riche vignoble de la Côte-d'Or a été attaqué par les insectes ; nous les passerons rapidement en revue. Dès le temps jadis les urebères (attables de la vigne) causaient de tels dégâts qu'en 1403 une chasse générale dut en être faite ; en outre, dans maintes pièces d'archives (2) on trouve une clause spéciale portant que les vignerons devront chasser les *urebères* et les *cancoines* (hannetons). Enfin, ce vieux dicton que les anciens vigne-

---

(1) *Carte géologique du département de la Côte-d'Or*, publiée en 1852, par M. Guillebaut de Nerville, ingénieur ordinaire du service des mines.

(2) Archives de Dijon.

rons répétaient en pourchassant les *vermines* qui infestaient les vignobles :

> Taupe et mulot
> Sors de mou clos
> Ou je te casse les os,

montre qu'à toutes les époques on a eu à compter avec les parasites.

Les parasites que l'on rencontre sont assez nombreux, et comme la liste à en faire serait assez considérable, nous ne signalerons que les principaux, les divisant en « parasites animaux » et « parasites végétaux ».

1. — INSECTES

Eumolpe de la vigne. — L'eumolpe de la vigne (*eumolpus vitis*) est un petit coléoptère de la famille des chrysomélides, connu sous les noms vulgaires d'*écrivain*, *gribouri*, *grippe-bourre*. Son corps ovoïde, globuleux, mesure 4mm. de long ; le dessous du corps, la tête, le thorax, les antennes et les pattes sont noirs ; les élytres sont d'un fauve ferrugineux.

L'insecte parfait apparaît dans nos vignobles généralement vers le commencement de juin, et, dès son arrivée, se plaçant sur les jeunes feuilles de la vigne, il en ronge le tissu en y traçant des lignes qui par leur rencontre dessinent grossièrement quelques lettres de l'alphabet ; c'est de là que probablement est dérivé le nom d'*écrivain* qui lui est donné.

Aucun accouplement n'a pu encore être observé jusqu'à ce jour chez ces insectes et, dans les nombreuses dissections qu'ont faites MM. de Vergnette-Lamotte et Jobert, jamais les organes mâles n'ont pu être reconnus. Y aurait-il parthénogénie, c'est ce que l'on ignore encore aujourd'hui. Quoi qu'il en soit, 15 jours environ après leur apparition, les femelles descendent le long de la souche et pondent, près du collet de la plante, une trentaine d'œufs.

Au bout de quelques jours, ces œufs éclosent et donnent naissance à de petites larves pourvues de six pieds qui bientôt installées sur les radicelles de la vigne creusent de nombreuses galeries longitudinales ; c'est là qu'elles passent l'hiver dans un engourdissement complet. Au printemps, elles se raniment, achèvent de grandir aux dépens des tissus des racines, et quand elles sont adultes, remontent près de la surface du sol, s'y tapissent une logette où, après avoir passé quelque temps à l'état de chrysalide, elles sortent insectes parfaits. L'humidité leur aidant à briser les enveloppes qui les retenaient prisonniers, on a constaté depuis longtemps que les écrivains se montrent en plus grand nombre après une petite pluie du mois de juin, ce qui a fait dire que « *l'humidité les faisait pousser.* »

Les *gribouris* ne sont pas seulement nuisibles en dévorant les feuilles de la vigne ; souvent aussi ils incisent les grains de raisin, et mettent les pépins à découvert ; ils incisent le pétiole de la grappe et le tout languit. Mais ce sont les larves qui sont les plus redoutables ; elles sont quelquefois assez nombreuses sur les racines d'un même cep pour le faire périr.

Depuis l'apparition du phylloxéra en Côte-d'Or, les traitements au sulfure de carbone ont détruit un grand nombre de larves, et nous n'avons plus eu de réelles invasions d'eumolpes.

Si l'écrivain apparaissait dans un vignoble en assez grande quantité pour menacer son existence, on pourrait chercher à le combattre. La chasse aux insectes parfaits doit être faite de bonne heure, le matin, alors qu'ils sont encore engourdis sur les feuilles. On emploie pour cela un entonnoir en fer blanc de forme tronco-conique, ouvert suivant une de ses génératrices pour permettre de l'introduire sous le cep ; au moindre choc les insectes se laissent rouler ; ils tombent dans l'entonnoir et sont recueillis dans une poche en toile adaptée en dessous de l'appareil. Contre les larves dans le sol, le baron Thénard avait recommandé autrefois l'emploi du tourteau de moutarde chauffé seulement à 80°, mais ce produit est difficile à se procurer et il vaudra mieux avoir recours à l'emploi du sulfure de carbone.

Altise de la vigne. — L'altise de la vigne, *altica ampelophaga*, Guer, est un petit coléoptère connu de tout le monde sous le nom de *puce de terre*, à cause de la facilité avec laquelle il saute. Son corps, noir en dessous, est recouvert en dessus par des élytres d'un bleu métallique très brillant ; la tête et le thorax sont de la même couleur.

Les insectes parfaits apparaissent de bonne heure dans les vignes ; dès le mois de mai, on les voit sur les feuilles, rongeant le parenchyme, et perçant la feuille à jour.

Après l'accouplement, une première ponte a lieu ; les œufs sont déposés sur la face inférieure des feuilles où ils n'ont rien à redouter de l'action desséchante du soleil. Au bout de quelques jours ils donnent naissance à des larves noires, poilues qui, restant abritées sous les feuilles, les dévorent en ne respectant que l'épiderme supérieur. Arrivées à l'état adulte, elles descendent vers le sol, s'y enfoncent à quelques centimètres, se métamorphosent en chrysalides, et quelques jours plus tard apparaissent au dehors à l'état d'insectes parfaits. Les mêmes faits se répètent alors et, sous notre climat, il peut y avoir trois générations pendant la bonne saison.

L'altise de la vigne n'a jusqu'à présent jamais été assez abondante en Côte-d'Or (1) pour causer des dommages appréciables aux vignobles. Dans le midi de la France et surtout en Algérie, c'est un insecte redoutable, et on lui donne la chasse à l'aide du petit appareil qui a été décrit pour l'eumolpe. Seulement, dans ce cas, l'entonnoir doit être assez large pour que les altises ne puissent pas sauter en dehors de son ouverture.

Les coupe-bourgeons. — Sous ce nom, les vignerons de la Côte-d'Or connaissent plusieurs espèces d'insectes de l'ordre des coléoptères qui s'attaquent aux jeunes pousses de la vigne.

L'un d'eux surtout est très commun, c'est l'*Othorhynchus ligustici* que l'on nomme vulgairement *écrivain long bec*. Cet insecte appartient au groupe des charançons; sa tête se prolonge en un rostre assez long sur lequel reposent deux antennes coudées; tout son corps, ovoïde, globuleux, est d'une couleur grise qui se confond facilement avec celle de la terre.

Les insectes parfaits font leur apparition au commencement du printemps. Pendant tout le jour ils se tiennent cachés au pied des souches et sous les mottes de terre; la nuit venue, ils grimpent sur les pampres, et à l'aide des puissantes mandibules qu'ils portent à l'extrémité de leur rostre, coupent les bourgeons ou les jeunes pousses en voie de développement.

Le mal est quelquefois assez considérable, et contre cet insecte nous sommes à peu près sans armes. Le sulfure de carbone tue ses larves qui vivent dans le sol, et si une jeune plantation était envahie sérieusement, le mieux serait de donner la chasse aux insectes pendant la nuit, avec une lanterne. On pourrait ainsi en prendre une grande quantité en flagrant délit.

Outre cette espèce il en est encore plusieurs autres, très voisines, qui ont été observées dans nos vignobles, et qui se conduisent de la même façon; mais elles sont moins communes, et par conséquent moins redoutables : ce sont l'*Othorynchus sulcatus*, au corps noir,

---

(1) Cependant, au printemps de l'année 1882, les altises se montrent assez abondantes dans certains vignobles pour craindre une invasion. La chasse à l'entonnoir, pratiquée dans plusieurs propriétés, a donné de bons résultats.

aux élytres fortement striées longitudinalement, le *peritelus griseus* de plus petite taille, au corps d'un gris cendré très caractéristique, le *kneorhinus geminatus*, au corps globuleux, au rostre court. Tous se conduisent comme le précédent.

Urebère. — Sous les noms vulgaires d'*urebère, rouleur, cigarreur*, les vignerons de la Côte désignent un petit charançon aux couleurs éclatantes, le *Rhynchites betuleti :* il est de petite taille ; tout son corps est d'un beau vert doré très brillant, et sa tête se prolonge en un rostre ou bec, à l'extrémité duquel sont placées les mandibules.

Ces insectes apparaissent de bonne heure dans les vignobles ; après l'accouplement, les femelles, se plaçant sur les feuilles, les roulent dans divers sens et constituent avec elles une sorte de cylindre qui affecte la forme d'un cigare.

Cette opération terminée, la femelle perce, en plusieurs points, la feuille ainsi préparée et y creuse de petits trous atteignant des profondeurs différentes. Dans chacun d'eux elle pond un œuf verdâtre, translucide. Le nombre des œufs pondus dans chaque feuille dépasse très rarement celui de six.

Quand la ponte est opérée, la femelle, se plaçant sur le pétiole, le coupe à moitié. La feuille devient alors pendante ; la sève ne lui arrive plus, et elle se dessèche.

Les petites larves issues des œufs restent dans la feuille, et vivent aux dépens de ses tissus jusqu'au moment où elles tombent à terre ; alors elles la quittent, s'enfoncent dans le sol où elles subissent leurs métamorphoses, en nymphes d'abord, en insectes parfaits ensuite. Dans certains cas, les métamorphoses se précipitent et quelques individus se montrent à l'automne ; mais ils sont obligés de se retirer sous les écorces pour passer l'hiver, et le plus souvent ils y périssent.

Certains vignobles placés à proximité des bois ont souvent à souffrir des attaques du rhynchite, et le seul moyen de le combattre, c'est d'enlever dans le vignoble toutes les feuilles roulées, *avant qu'elles ne tombent à terre*. En les brûlant on fera disparaître la génération de l'année suivante.

Cétoines. — Les cétoines sont de petits coléoptères de la famille des lamellicornes ; deux espèces ont été signalées comme ampélophages ; ce sont la *cétoine velue (cetonia hirtella)*, et la *cétoine mouchetée (cetonia stictica)* ; toutes deux ont été vues en train de dévorer les organes floraux de la vigne, étamines et ovaires ; mais ce sont là des dégâts insignifiants ; ces insectes sont peut-être plus dangereux par leurs larves qui vivent dans le sol. On les a trouvées en nombre prodigieux dans une pépinière où elles rongeaient le raphia qui relie le greffon au sujet (1); elles s'attaquent aussi aux racines et, comme elles ressemblent beaucoup aux vers blancs de petite taille, on les confond avec les larves des hannetons.

Hannetons. — Les diverses espèces de hannetons que nous possédons en Côte-d'Or ne sont pas redoutables pour les vignobles lorsqu'ils sont à l'état parfait. Mais, à l'état de larve, il n'en est plus de même ; ces larves, blanches, recourbées sur elles-mêmes, vivent 3 ans dans le sol aux dépens des racines des plantes. L'espèce le plus à craindre est le hanneton commun (*melolontha vulgaris*), mais elle n'est pas la seule, et beaucoup d'autres viennent se joindre à elle, telles que les *amphimallus ater, rhizotropus œstious* que l'on nomme vulgairement petit hanneton de la Saint-Jean.

Ces insectes choisissant toujours pour pondre une terre bien ameublie ; on comprend que les pépinières soient infestées, et que dans les années dites à vers blancs le vigneron éprouve de sérieuses pertes de ce chef.

Le traitement au sulfure de carbone sera très efficace contre les larves des hannetons, à la condition de s'assurer au préalable de la profondeur exacte à laquelle se trouvent les vers et de régler la pédale du pal injecteur de façon à ce que l'injection de sulfure soit faite un peu au-dessus de la zone occupée par le ver.

L'assolement de la pépinière est aussi un bon moyen d'éviter tous les ravages en général; malheureusement, il est trop peu suivi et la pépinière reste trop longtemps au même endroit.

Hélops à pieds laineux. — C'est là un insecte tout nouveau pour la faune des ampélophages bourguignons. Jusqu'à ces derniers temps, l'*helops à pieds laineux* a été considéré comme détricole par tous les entomologistes; seul le Dr Jolicœur, de Reims, l'avait signalé comme attaquant les souches de vignes dans les Champagnes.

En Côte-d'Or, c'est aux plantations nouvelles de vignes greffées qu'il vient de s'attaquer. Les larves de cet insecte coupent les jeunes pousses du greffon à mesure qu'elles se développent.

Jusqu'à présent les dégâts sont peu importants, et tout à fait localisés ; il y a donc lieu de croire que les hélops venus là accidentellement ne se sont attaqués à la vigne que par suite du manque de leur nourriture naturelle (2).

Ephippigère de la vigne. — L'éphippigère de la vigne *ephippi-*

---

(1) E. André, *Bul. Soc. Vigneronne*.
(2) M. E. Durand, *Bul. Soc. Vigneronne*, 1891, n° 13.

gera vitium est connu sous les noms vulgaires de *tizi, zizi*, à cause du chant qu'il fait entendre dans les vignobles à l'époque des vendanges.

C'est un gros orthoptère, aux élytres affectant la forme d'une selle qui repose sur le thorax; les ailes sont atrophiées; l'abdomen volumineux chez les femelles porte à son extrémité une tarière dont l'insecte se sert pour pondre.

A certaines époques, les éphippigères ont causé d'assez sérieux ravages en Côte-d'Or en mangeant les raisins au temps de la maturité. Bien que fréquents dans les vignobles à l'époque des vendanges, les dégâts qu'ils commettent sont de peu d'importance.

Dans le cas d'invasion sérieuse, on pourrait en faire opérer le ramassage; cette opération devrait être effectuée de bonne heure avant la ponte, afin de faire disparaître la génération suivante.

Phylloxéra vastatrix. — Le phylloxéra est un insecte trop connu de tout le monde pour que nous le décrivions. Apparu en France en 1869 il a depuis cette époque fait le tour de l'Europe, portant la dévastation dans tous les vignobles. C'est bien là le parasite le plus terrible, celui devant lequel s'effacent tous les autres. La difficulté de l'atteindre dans le sol, non moins que sa puissante fécondité, font qu'il doit être attaqué avec vigueur; néanmoins par les traitements rationnels à base de sulfure de carbone on en vient à bout (1).

Cigale de la vigne. — Les cigales, nommées vulgairement *quinques*, sont de gros hémiptères aux quatre ailes semblables, que tout le monde connaît à cause du cri strident qu'elles font entendre dans les vignobles pendant l'été. Ces insectes appartiennent au groupe des suceurs, et ils portent sous la tête un rostre qui leur permet de piquer les organes végétaux et de leur soutirer les sucs dont ils se nourrissent. A l'extrémité de l'abdomen, les femelles portent une tarière composée de trois pièces, deux formant étui, la médiane jouant le rôle de scie. C'est à l'aide de cet organe que les cigales causent leurs principaux dégâts; elles percent dans les entre-nœuds des sarments plusieurs petits trous superposés qui vont jusqu'à la moelle, et au fond desquels elles pondent des œufs. Les larves qui en naissent vivent dans le sol, mais ne paraissent pas s'attaquer aux racines de la vigne. Quant aux sarments qui ont été piqués, les vignerons les disent *quinqués*; ils sont cassants.

Outre la grande cigale commune (*cicada plebeia*) on trouve

---

(1) Les capsules de sulfure de carbone fabriquées dans les établissements de M. Paul Jamain, à Dijon, mises dans le sol à l'aide du palot, donnent d'excellents résultats.

quelquefois aussi la petite cigale noire (*cicada atra*). Mais, malgré leur grand nombre, ces insectes ne font que des dégâts de peu d'importance.

Cochenille. — La cochenille de la vigne, *lecanium vitis*, se rencontre plutôt sur les treilles mal soignées que dans les vignobles. Les femelles sont de petites masses brunes que l'on rencontre collées sur les sarments; au printemps elles secrètent à la partie postérieure de leur corps une bourre soyeuse blanche qui leur soulève l'abdomen et les rend à ce moment très visibles.

La ponte a lieu et les œufs, qui sont de couleur rouge, se disposent sous la bourre blanche; quand cette opération est terminée, la femelle meurt, son abdomen se dessèche, et il ne reste de son corps que la carapace formant un dôme sous lequel s'abritent les jeunes larves. Dès leur éclosion, celles-ci se répandent sur tous les organes verts, feuilles, rameaux herbacés, et en sucent la sève. Au mois de septembre, ils sont adultes; les mâles sont de petits moucherons ailés, très agiles, les femelles sont aptères; l'accouplement a lieu, et les femelles fécondées se fixent sur les branches pour passer l'hiver. Quant aux mâles ils meurent aussitôt qu'ils ont accompli la fonction de fécondation.

Ces insectes sont peu redoutables, et cependant il y aurait intérêt à s'en débarrasser. Il suffit pour cela d'écraser les femelles sur les sarments, au printemps, avant la dispersion des larves. Le moment qui convient le mieux est celui qui correspond à l'apparition de la bourre blanche, car alors les femelles sont très visibles.

Pyrale. — La pyrale de la vigne *œnophtira pilleriana* est un insecte de l'ordre des lépidoptères. Les vignerons le nomment *ver coquin*, *ver à tête noire*, *pyrale*. Les papillons se montrent en juillet dans le vignoble. Cette forme de l'insecte ne cause aucun dommage; elle n'apparaît que pour opérer la reproduction et la conservation de l'espèce. L'accouplement a lieu pendant la nuit et les femelles fécondées déposent leurs œufs à la surface des feuilles de la vigne. L'œuvée forme une plaque continue d'une couleur vert pomme assez difficile à distinguer; plus tard les œufs jaunissent, puis deviennent bruns et enfin gris au moment de l'éclosion.

A leur sortie de l'œuf, les jeunes pyrales vont immédiatement se réfugier dans les anfractuosités de la souche ou du cep; elles s'y filent une coque très mince, s'engourdissent et passent ainsi tout l'hiver sans que les froids les plus rigoureux puissent leur faire aucun mal.

Au printemps, elles se réveillent et, successivement, viennent se placer sur les jeunes feuilles. A mesure qu'elles grandissent, elles passent à des feuilles plus vieilles, laissant ainsi la place aux nouvelles arrivées.

La chenille de la pyrale, le *ver à tête noire*, est cause de tout le mal; c'est elle qui chiffonne les feuilles et se place dans leur intérieur pour les dévorer à l'aise; souvent aussi elle s'installe dans la jeune grappe, enveloppe les grains de sa toile soyeuse et les dévore. Arrivée à l'état adulte, en juin, elle subit des métamorphoses, devient insecte parfait en juillet, et ainsi se trouve parcouru son cycle biologique.

La pyrale est l'un de nos insectes les plus redoutables; dans les années d'invasion, elle est capable d'enlever un tiers et même plus de la récolte. Heureusement, cet insecte a beaucoup d'ennemis naturels dans l'ordre des hyménoptères qui travaillent à contrebalancer son développement.

On a cherché à combattre la pyrale par des injections d'eau de savon, de pétrole, etc.; mais tous ces procédés et autres similaires ne peuvent donner aucuns bons résultats; l'insecte, étant toujours abrité, ne peut pas être atteint par le liquide insecticide.

Il n'y qu'un seul remède efficace, c'est l'ébouillantage des souches et des échalas, pratiqué pendant le repos de la végétation. Les larves hibernantes de la pyrale ne résistent pas à une température de 80°, et le traitement consiste à porter rapidement le cep et l'échalas à cette température. Il a été construit des machines dites « ébouillanteuses » qui permettent d'effectuer rapidement ce travail.

Cochylis. — La cochylis de la vigne, *cochylis roserana*, est un autre lépidoptère qui par les dégâts qu'il commet ne le cède en rien à la pyrale; on le connaît sous le nom vulgaire de *cochylis, ver à tête rouge* pour le distinguer de la pyrale, *ver de vendange*, parce qu'il abonde dans les vignobles, à l'époque des vendanges.

La cochylis a deux générations par an. Une première fois, les papillons se montrent un peu avant la floraison du raisin; après l'accouplement, les femelles pondent leurs œufs dans les grappes, et les jeunes chenilles qui en sortent agglutinent les boutons floraux et rongent les grains avant l'épanouissement des fleurs.

Une partie de la récolte est déjà compromise de ce chef. Arrivées à leur taille définitive, ces chenilles se filent une coque soyeuse, s'y enferment et s'y métamorphosent en chrysalides d'abord, en insectes parfaits ensuite. Les papillons de la deuxième génération se montrent en juillet; ils s'accouplent et pondent sur les grains de raisin; les chenilles qui sortent des œufs pénétrent dans les grains, en dévorent la pulpe et en amènent la pourriture.

Les dommages, causés à ce moment, sont énormes, et, dans la majorité des cas, la chenille est adulte avant les vendanges ; elle quitte alors le grain pour venir s'enfermer dans une coque soyeuse placée dans les anfractuosités des souches ou des échalas.

La cochylis a, comme la pyrale, quelques ennemis naturels qui nuisent à sa multiplication ; mais ils ne sont pas toujours suffisants, par malheur, et souvent les vignobles de la Côte-d'Or subissent des pertes considérables dues aux attaques de ce petit insecte.

On a conseillé une foule de procédés de destruction de la cochylis, mais bien peu sont réellement efficaces (1).

Lorsque les jeunes chenilles de première génération sont dans la grappe, on les écrase à l'aide de petites pinces très fines, ou bien, en introduisant une petite brochette dans la grappe, on provoque la chute du ver. Au moment de l'introduction de la brochette, il faut que l'ouvrier ait une main sous la grappe afin de recueillir le ver et de l'écraser.

Enfin, contre les chenilles hibernantes de deuxième génération on a recommandé l'ébouillantage de la souche et des échalas. Pour donner des résultats ce remède doit être appliqué aussitôt après les vendanges, *et, dans tous les cas, avant le mois de décembre*. A partir de ce moment, l'insecte est métamorphosé en chrysalide beaucoup plus résistante à l'action de l'eau chaude ou de la vapeur d'eau.

Autres papillons nuisibles à la vigne. — Outre les lépidoptères qui viennent d'être indiqués et qui sont les plus redoutables, plusieurs autres ont été signalés comme ampélophages.

Le sphynx de la vigne, *sphynx elpenor*, l'écaille martre, *chelonia caja*, ont des chenilles qui parfois dévorent les feuilles de la vigne ; la noctuelle des moissons, *agrotis segetum*, a une chenille nommée *ver gris* qui vit dans le sol et qui parfois a été trouvée dans les pépinières où elle causait des dommages sérieux en dévorant les racines des jeunes plants greffés.

Cécidomie de la vigne. — La cécidomie de la vigne, *cecidomya œnophila*, est le seul diptère ampélophage que nous ayons en Bourgogne.

---

(1) M. Dufour, de la station viticole de Lausanne, a recommandé d'employer un mélange d'eau de savon et de poudre de pyrèthre. Ce procédé semble devoir donner de bons résultats.

Souvent, dans le courant du mois de juin, on aperçoit à la surface des feuilles de la vigne de nombreux petits boutons saillants sur les deux faces, de forme lenticulaire, et mesurant au plus un millimètre et demi de diamètre. En ouvrant ces galles on rencontre un petit ver apode, d'une teinte rouge carmin ; c'est la larve de la cécidomie de la vigne. Au commencement de juillet, ces larves sont adultes, elles quittent leur abri et descendent dans le sol pour y passer l'hiver. Au printemps suivant, elles sont devenues de petits moucherons qui pondront sur les feuilles de la vigne et y provoqueront le développement des galles décrites plus haut.

Chez nous, cet insecte est trop peu répandu pour causer quelque dommage sérieux, et, partant, le viticulteur n'a nullement à se préoccuper des moyens de le détruire.

Myriapodes. — Plusieurs myriapodes ont été signalés comme nuisibles à la vigne ; mais leurs dégâts passent généralement inaperçus.

L'un d'eux cependant a donné quelques inquiétudes dans le courant de l'année 1891. Le *blaniule moucheté*, *blaniulus guttulatus*, qui jusqu'à présent s'était montré surtout détricole, a, sous les petites buttes de sable des pépinières, dévoré bon nombre de pousses dès leur sortie du bourgeon ; heureusement qu'il n'a pas attaqué la base du petit rameau, de sorte que les bourgeons stipulaires ont pu donner naissance à une nouvelle pousse (1).

Arachnides. — Un arachnide microscopique, du groupe des acariens, le *phytocoptes epidermis*, attaque les feuilles de la vigne et détermine la maladie connue sous le nom d'*érinose*.

Cet animalcule pique l'épiderme inférieur des feuilles et provoque leur déformation ainsi que celle des cellules épidermiques inférieures. Celles-ci se transforment en longs poils simples ou rameux qui forment de petits îlots de tissu feutré ; en même temps a feuille se couvre de cloques en ces points ; d'abord de couleur rose, les poils deviennent peu à peu blancs et enfin ils passent au brun.

L'épiderme inférieur seul étant attaqué, la feuille peut continuer à remplir ses fonctions, et dès lors on n'a nullement à se préoccuper de l'érinose.

II. — MOLLUSQUES

Mollusques. — En outre des limaces qui parfois s'attaquent aux

---

(1) Voir : E. Durand, *Bul. Soc. Vigneronne*, 1891, n° 13.

parties herbacées de la vigne, on rencontre fréquemment dans les vignobles plusieurs espèces de mollusques gastéropodes.

L'un d'eux, le *gros escargot de Bourgogne*, *helix pomatia*, est bien connu des gourmets. On lui fait, chaque année, une telle chasse que rarement il peut causer des dégâts dans les vignes.

Deux autres espèces sont plus répandues ; on les connaît sous les noms vulgaires de *petits escargots jaunes* ; ce sont *l'helix portensis* et *l'helix nemoralis*. Au printemps, on les voit en foule le long des pampres et il importe de les écraser complètement, car ce sont des dévorants qui s'engraissent aux dépens de la vigne.

III. — PARASITES VÉGÉTAUX

Les parasites végétaux de la vigne en Bourgogne sont peu nombreux ; il n'en est guère que deux qui soient capables de donner des inquiétudes au vigneron ; ce sont *le mildew* et *le pourridié*. L'*anthracnose* fait de ci et de là quelques rares apparitions, et la forme sous laquelle elle se manifeste chez nous est toujours bénigne. Enfin l'*oïdium* n'attaque sérieusement que les treilles et le *rot blanc* a été à peine observé deux ou trois fois ; nous nous occuperons surtout des deux premiers.

Mildew. — La maladie de la vigne connue sous le nom de *mildew* (*mildiou*) est due à un champignon microscopique, le *peronospora viticola*, qui s'attaque à toutes les parties vertes de la plante, feuilles, rameaux herbacés, grains de raisin, pédoncules et pédicelles des grappes.

Le mildiou commence à apparaître au mois de juin dans les vignobles, et, si la végétation des champignons est favorisée par une somme de chaleur et d'humidité suffisante, le mal fait de rapides progrès.

Sur les feuilles la maladie se manifeste sous la forme de taches d'abord jaunâtres, puis brunes, auxquelles correspondent, à la face inférieure, autant de taches blanches efflorescentes. Dans ce cas, la feuille ne se couvre pas de cloques, elle reste plane ; de plus, l'efflorescence blanche de la face inférieure s'enlève facilement par frottement avec le doigt. Ces deux caractères permettront toujours de distinguer le mildiou de l'érinose dont il a été question précédemment.

Sur les sarments herbacés, sur les pédoncules et pédicelles des grappes, sur les grains verts, les caractères sont les mêmes.

Ce sont là les seules formes sous lesquelles le mildiou se montre chez nous.

Il importe de déterminer maintenant comment vit le champignon et quelle est l'importance des dégâts qu'il occasionne ainsi que les moyens employés pour le combattre.

Le *mycelium*, ou système végétatif du *peronospora viticola*, vit dans les tissus herbacés ; les longs filaments qui le forment s'infiltrent entre les cellules et émettent de nombreux suçoirs qui les pénètrent et les vident au profit du champignon ; sur le passage du *mycelium*, les tissus sont donc tués, et c'est la cause de la teinte feuille morte qu'ils prennent. Le champignon organise donc son système végétatif aux dépens des tissus ; puis, cela fait, il édifie au dehors son système reproducteur.

Celui-ci consiste en de nombreux filaments blancs, dits *rameaux conidifères*, qui sortent à la face inférieure des feuilles par les ostioles des stomates ; ces filaments sont très cassants ; ce sont eux qui forment les taches blanches qui s'enlèvent si facilement sous la face inférieure des feuilles. Chaque rameau conidifère est un véritable petit arbuste portant de nombreuses ramifications disposées à angle droit et se terminant toutes par de petites ampoules ovoïdes ; ce sont les *conidies* ou spores ou semences d'été. Ces spores se détachent au moindre contact et si, en tombant à la face supérieure des feuilles de la vigne, elles rencontrent une gouttelette d'eau, elles germent et organisent un champignon en tout semblable à celui qui les a produites.

La quantité de spores qui existe dans un centimètre carré occupé par les rameaux conidifères est énorme ; il y en a souvent plus de 300,000 ; leur germination, d'autre part, est très rapide ; aussi comprend-on facilement comment un champignon aussi bien doué puisse se propager rapidement.

Mais, en outre de ce mode de reproduction tout extérieur, le *peronospora* en possède un autre : toutes les spores produites pendant l'été sont incapables de résister à l'hiver, et pour perpétuer son espèce d'une année à l'autre, le champignon organise, à la fin de l'été et dans l'épaisseur des tissus, de véritables œufs ou *spores d'hiver* qui sont le résultat d'une fécondation. Ces spores sont pourvues d'une coque très épaisse, très résistante, et par conséquent, elles peuvent conserver, à l'état latent, toute la vitalité du champignon. L'année suivante, elles germent et reproduisent la maladie dans les vignobles.

Le mildiou peut causer de grands dommages. Tout d'abord, en tuant les feuilles, il prive la plante des organes fixateurs du carbone et créateurs des sucres ; partant, il empêche la maturation et enlève au moût son sucre et au vin son alcool. De plus, en amenant la chute prématurée des feuilles, il ne permet pas aux sarments de s'aoûter. Enfin, la résorption des principes utiles créés par la feuille ne se fait pas, et les bourgeons, mal constitués, ne donnent, au printemps suivant, que des pousses chétives, de sorte qu'avec plusieurs attaques successives, la vigne s'affaiblit et finit par périr.

Heureusement qu'aujourd'hui nous pouvons facilement arrêter ce terrible parasite. Dès les débuts de son apparition à Beaune, on constata que tous les ceps pourvus d'un échalas sulfaté n'étaient pas atteints par la cryptogame ; de cette constatation naquit l'emploi des échalas sulfatés, de la paille sulfatée pour l'accolage et enfin la solution simple de sulfate de cuivre employée en aspersion sur les organes aériens de la vigne.

Aujourd'hui encore on emploie les deux premiers remèdes, mais la solution simple est presque partout remplacée par la solution cupro-sodique, trouvée par M. Masson, ex-professeur à l'Ecole de viticulture de Beaune, et dont voici la formule :

Sulfate de cuivre. . . . . . . 1 kilogr.
Carbonate de soude . . . . . 1 kilogr.
Eau . . . . 100 litres.

Cette solution se pulvérise facilement, elle n'engorge pas les pulvérisateurs, et enfin, étant très adhérente aux feuilles, elle constitue à leur surface de petits réservoirs cupriques capables d'empêcher la germination des spores du champignon.

La solution doit être répandue de façon à couvrir *la face supérieure des feuilles* d'une multitude de fines ponctuations. Une première application doit être faite avant l'apparition du champignon ; une deuxième quand il s'est montré ; enfin, si le mal continuait à sévir, malgré ces deux traitements, il en faudrait appliquer un troisième.

Les appareils employés en Côte-d'Or sont nombreux ; nous n'entrerons pas dans le détail de leur description, nous contentant de dire que les constructeurs bourguignons en ont imaginé qui fournissent un très bon travail.

Pourridié. — Le pourridié est une maladie de la vigne caractérisée par la pourriture des racines de la plante. Elle est très ancienne en Bourgogne où on la connaît sous les noms vulgaires de *roncé, morragement,* suivant les régions.

Le mal se montre par places isolées, de forme circulaire, s'agrandissant de plus en plus. Au début, on pourrait croire à l'existence du phylloxéra, mais l'examen des racines permet vite de se convaincre de l'identité du mal.

Les ceps, au moment où ils sont atteints, portent toute leur activité sur leur système reproducteur et fructifient abondamment. Puis, ils s'affaiblissent, ne fournissent plus que des pousses rabougries avec une récolte insignifiante ; ils forment la tête de saule ; enfin ils meurent et leurs racines sont tellement décomposées qu'il suffit de tirer la souche avec les mains pour l'arracher.

Il y a quelques années, on avait encore des doutes sur la cause de cette terrible maladie de la vigne ; aujourd'hui on sait très bien qu'elle est due à l'action parasite d'un champignon inférieur, le *dematophora necatrix*, dont les longs filaments mycéliens enveloppent et pénètrent les racines de toutes parts et les tuent. Après leur mort, les tissus des racines sont envahis par des champignons saprophytes qui les détruisent.

Le pourridié sévit aussi bien dans les terrains secs que dans les terrains humides, et malheureusement, encore aujourd'hui, nous ne possédons aucun remède efficace pour arrêter ces envahissements.

Autres maladies parasitaires. — A part les deux maladies qui viennent d'être décrites, plusieurs autres ont été signalées en Côte-d'Or, mais qui n'ont jamais fait de dégâts appréciables.

Nos vignobles ne sont pas envahis par l'oïdium ; cette maladie due à un champignon épiphyte, *l'érysiphe Tuckeri*, ne sévit chez nous que sur les treilles. On la combat à l'aide de trois soufrages faits, le premier au début de la végétation, le deuxième à la floraison et le troisième à la véraison.

Nous n'avons jamais non plus eu d'invasions d'anthrachnose dans nos vignobles bourguignons : c'est à peine si de temps en temps on aperçoit quelques feuilles couvertes de petites ponctuations qui caractérisent cette maladie, et que produit le *Sphaceloma ampelinum* ; dans aucun cas ce champignon n'a causé de mal aux vignes.

Enfin, M. Durand a observé une fois l'existence du *rot blanc* sur une treille. A notre connaissance, il a été revu quelques fois dans les vignobles (1), mais, comme dans le cas précédent, nous n'avons jamais eu à nous en plaindre. On sait que le *rot blanc* est dû aux attaques du raisin par un champignon inférieur, le *coniothyrium diplodiella*, qui amène la dessiccation des grappes ; les grains de

---

(1) En 1890, nous l'avons rencontré sur une de nos treilles, dans notre vignoble de Larrey.

raisin se rident et se couvrent de petites pustules couleur saumon qui sont les organes reproducteurs.

On ne connaît pas encore de remède à ce mal, mais on pense que les sels de cuivre auront une action efficace sur ce champignon comme sur celui du mildiou.

A côté des accident produits par les insectes et les maladies parasitaires il en est d'autres dont la vigne a également à souffrir.

La gelée cause parfois de grands ravages tels qu'en 1829, 1830, 1879, 1871 et 1890. Ce n'est pas tant l'abaissement de température que le froid humide, qui en pénétrant dans les tissus ligneux fait que ceux-ci se soulèvent et que la vigne est *échamplée*.

De même, en avril, lors du débourrage, les gelées printanières qui se produisent le matin viennent souvent anéantir les jeunes bourgeons qui sont *friés* sous l'action du froid.

Les désastres sont alors incalculables : en quelques heures le vigneron voit disparaître la future récolte.

Contre les gelées on a proposé des paragelées, des nuages artificiels, mais jusqu'alors ces moyens n'ont guère été mis en pratique dans notre région.

La coulure, ou avortement plus ou moins complet du grain lors de la floraison, produit également des dégâts. Elle résulte plus souvent, de la pluie, des brouillards et du froid qui viennent contrarier l'inflorescence de la vigne ; la combattre à coup sûr est chose impossible ; on ne peut qu'en accolant les vignes de bonne heure, et en donnant hâtivement le second coup, faciliter la floraison de la vigne qui profite ainsi plus largement de la chaleur circulant entre les ceps.

D'autres fléaux calamiteux, par exemple, la grêle, les orages, fondent encore sur le vignoble et souvent détruisent les récoltes. En cas de grêle il arrive que le bois se trouve haché à tel point que le vigneron en a pour plusieurs années à remettre les ceps en état ; à ces fléaux il n'y a aucun remède à opposer.

IV. — PRINCIPAUX CÉPAGES CULTIVÉS

Plantation, soins culturaux. — *Les cépages* qui produisent les vins de la Côte-d'Or peuvent se classer en deux grandes divisions. Ceux qui donnent les vins fins et constituent le groupe des *pinots* et ceux sur lesquels on récolte les vins ordinaires et renfermant celui des *gamais* ou *gamays*.

Le *pinot*, que certains œnologues orthographient *pineau*, est le cépage qui a établi la gloire de notre région.

Ainsi que l'a fort bien dit le Dr Guyot (1), « l'essence des vins fins de la Côte-d'Or, c'est le cépage, c'est le pineau noir ou noirien pour les vins rouges ; c'est le pineau blanc ou chardenet pour les vins blancs. » C'est donc principalement au choix de son cépage que la Côte-d'Or doit sa haute réputation, mais ce n'est pas seulement du choix du pineau noir et blanc que provient cette renommée, c'est à son unité, le pineau seul constituant depuis le viie siècle les vins fins de la Bourgogne.

L'origine du pinot est assez difficile à déterminer. Pierre de Crescens, qui écrivait au xive siècle, parle d'une espèce de vigne se rencontrant aux environs de Milan et qu'il nomme *pignolus*; d'autre part, dans les Ordonnances du Louvre, remontant à 1394, il est question d'un raisin produit par le *pinoz* et surpassant tous les autres par ses qualités.

Il semble que ce cépage soit pour ainsi dire de fondation en Côte-d'Or. En effet, Olivier de Serre, dans son ouvrage immortel sur l'agriculture, étudiant les divers raisins que l'on récoltait en France, a écrit : « Non plus aujourd'hui ne sont indifféremment recogneus par toutes les provinces les noms des raisins dont l'on use en divers endroits du royaume qui sont Pinot ou Beaunois, etc. »

Ajoutons que l'on n'est pas fixé sur l'étymologie de ce nom de *pinot*; les anciens eux-mêmes ne savaient s'il était celui du premier vigneron qui le cultivait ou le mit en lumière, ou si on ne doit pas le rapporter à la forme de sa grappe qui rappelle celle du pin.

« Je ne crains pas de l'affirmer, a écrit le Dr Guyot, l'intérêt du propriétaire comme celui du vigneron de la Côte-d'Or, c'est-à-dire des arrondissements de Beaune et de Dijon, est de planter le pineau partout où la terre n'est pas trop commune et où son prix descendrait à 40 fr. l'hectolitre ; leur intérêt est que le pineau domine dans toute leur production et à tous les étages des qualités. Plus les vins de pineau seront abondants, plus les qualités supérieures seront vendues cher, plus les vins communs maintiendront leur prix. Si les vins fins disparaissent de la Côte-d'Or, ou si les vins communs les absorbent par une proportion de plus en plus considérable, c'en est fait de la renommée universelle, et la moitié de sa richesse, je le répète, sera anéantie. »

---

(1) *Sur la viticulture du centre nord de la France*, par le Dr Guyot.

Ces sages paroles ne sauraient trop être écoutées et ce n'est qu'en maintenant l'absolue qualité de ses vins fins que la Bourgogne conservera son antique réputation. Si jamais elle voulait sacrifier ses anciens cépages et produire des vins ordinaires, elle ne tarderait pas à ressentir les effets désastreux de cette nouvelle manière de faire; partout en effet on récolte des vins communs, mais nulle part du Bourgogne.

Quoi qu'il en soit, nous distinguerons trois variétés bien distinctes de ce cépage, à savoir : le *pinot noir*, seul cultivé dans les grands crus, connu des vignerons sous le nom de *noirien* et reconnaissable à sa grappe, plutôt petite que grosse, formée de grains de couleur noire, peu serrés et dont la saveur sucrée est caractéristique et des plus agréables.

Vient ensuite le *pinot gris* ou *plant Beurot*, ressemblant beaucoup au précédent mais dont le raisin grisâtre, légèrement rose, se reconnaît à première vue. Dans certains vignobles il est mélangé avec le pinot noir et donne alors au vin produit une très grande finesse.

L'origine de ce plant n'est pas nettement déterminée : pour les uns, il aurait pour origine plusieurs greffes successives de cépages blancs sur rouges et rouges sur blancs; d'autre part il est des vignerons qui affirment que ce beurot ne serait qu'une sorte de modification se produisant dans le pinot noir qui sous l'influence du terrain se transformerait en un pinot gris.

Peut-être ce fait a-t-il son origine dans la bande de calcaire à entroques dont nous avons parlé en faisant la géologie de la Côte, ce cépage se trouvant surtout dans les finages où existe cet affleurement.

Ajoutons que ce n'est là qu'une simple observation, et que ce cépage ne se rencontre qu'en petit nombre dans la Côte.

Les ampélographes reconnaissent encore le *pineau noirien de grande race*; le *pinot mour* ou *mouret*, et d'autres variétés.

Le pinot ne possède toutes ses qualités que dans nos terres de Bourgogne, et, partout ailleurs, sauf au Cap, il donne des raisins dont les qualités ne sont plus les mêmes.

A ce sujet le Dr Morelot rapporte l'anecdote suivante :

« Un grand nombre d'étrangers ont voulu avoir des plants pris à Vollenay, pour les placer dans des terrains favorablement exposés, croyant obtenir des produits qui équivaudraient à ceux qu'on recueille dans ce village; ils ont été trompés dans leurs espérances. On pourrait adresser à tous la réponse que M. Brunet, de Beaune, fit au prince de Condé, qui lui faisait des reproches de ce que les plants de Vollenay apportés à Chantilly n'avaient pas prospéré : « Monseigneur il fallait aussi y apporter la terre et l'exposition. »

Le *pinot blanc* ou *chardenay, chardonnay*, nommé également *noirien blanc*, a une maturité plus tardive d'une quinzaine de jours que les précédents.

Il a la structure du pinot noir, sauf la couleur. Son raisin est des plus délicats, il est cultivé en grand dans certaines parties du vignoble, notamment à Meursault, à Chassagne et à Puligny ; c'est lui qui donne les vins célèbres que l'on y récolte.

Dans l'Yonne il produit le Chablis, le Pouilly, etc.

Les *gamays* ou *gamais* produisent les vins ordinaires ; les vignerons font des distinctions entre le *petit gamay*, le *plant de Bévy*, le *plant d'Arcenant*, le *plant d'Evelles*, etc. C'est ainsi que le gamay de Bévy a des grappes de grosseur moyenne et est une de nos bonnes variétés ; celui de Màlain serait moins fertile, tandis que le plant d'Arcenant produit au contraire beaucoup plus, mais est assez tardif.

Citons également le *gamay rond*, dont la grappe est petite, et le grain assez fort. Quoique peu fructifère, ce cépage est néanmoins encore cultivé, car il donne un vin non dépourvu de finesse.

Parmi les cépages rouges à vin ordinaire, signalons encore le *teinturier de Bouze*, le *teinturier de Larrey*, le *teinturier Castille*, ce dernier hybride de celui du Cher et du gamay bourguignon, etc.

Parmi les cépages produisant les vins blancs ordinaires, nous indiquerons l'*aligoté*, alligotet ou alligotay, qui craint les gelées tardives, mais qui, dans les bonnes années, est d'un très grand rapport. Les raisins se reconnaissent à leur couleur jaunâtre et présentent une tache brunâtre à l'endroit où se fixe le pédoncule.

Le *gamet* ou *gamay blanc* est un plant fort et vigoureux à large feuille. Il se cultive surtout dans les vignobles de la plaine et est très productif.

Le *melon blanc* est également un cépage fort et vigoureux, la grappe est assez serrée, aussi est-elle sujette à la pourriture ; dans les bonnes années, il rend une grande quantité de vins ordinaires, recherchés pour la consommation courante.

Enfin comme cépage intermédiaire entre le gamay et le pinot, signalons le *pinot* ou *plant de Pernand*, considéré par M. de Vergnette-Lamotte comme un hybride de ces deux cépages. Les anciens le nommaient encore *plant d'Abraham* ; il végète bien dans les terrains qui lui conviennent.

Le Dr Morelot (1) rattache à cette variété le *giboudeau*, ou *giboulot*, dont les raisins avortent souvent, ce qui fait dire aux vignerons qu'il est sujet au *Millerandage*.

De temps immémorial, il est des climats dans lesquels la vigne a toujours été cultivée ; par conséquent il serait très difficile d'indiquer l'époque de la plantation, d'autant plus que par le *provignagne* on renouvelle chaque année une partie du vignoble, mais néanmoins nous allons examiner quelles sont les conditions dans lesquelles on se trouve, si on veut faire une plantation nouvelle.

Tout d'abord, il faut que le terrain se soit convenablement reposé, et dans ce but, on le cultive en prairies artificielles, les vignerons ayant remarqué depuis fort longtemps que ce mode de culture, bien loin d'épuiser le sol, l'enrichit au contraire en principes fertilisants. On sait que les récentes découvertes en chimie agricole ont démontré scientifiquement le bien fondé de cette observation.

Il arrive encore très souvent qu'une vigne étant épuisée, il y a lieu de procéder à son arrachage. Dans ce cas, il faut enlever les ceps aussi profondément que possible ; de cette manière on ameublit le sol, ce qui est chose importante.

Ordinairement, c'est après la vendange qu'il est procédé à cette opération. On donne alors le nom de *toppe* ou *friche*, au terrain ainsi débarrassé de toute végétation.

La plantation d'un vignoble dans une toppe convenablement préparée s'opère de deux manières, soit en fosses, soit au plantoir. Le premier mode est de beaucoup le plus sûr.

Après avoir rayonné le terrain pour déterminer l'espace entre chaque rang et à une distance variant de 1^{m}50 à 1^{m}60, on ouvre une sorte de tranchée ou fosse ayant deux fers de bêche de profondeur, soit 0^{m}35 à 0^{m}40 sur une largeur un peu moindre. Le cube de cette fosse se règle suivant la nature du sol.

On reporte ensuite le cordeau à une distance égale et on ouvre une seconde fosse, formant avec la terre que l'on retire un ados qui servira à recouvrir les plants ; ceux-ci seront disposés à une distance variant entre 0^{m}35 et 0^{m}45 dans les fosses.

Jadis, on a employé des boutures non racinées, et provenant de ceps jeunes et vigoureux dont on se contentait simplement de tremper les extrémités dans de l'eau courante pendant quelques jours. On préfère maintenant de beaucoup utiliser des boutures racinées de l'année, obtenues dans des pépinières où elles ont été

---

(1) *Statistique de la vigne*, page 159.

préparées avec les plus grands soins et qui ont une bonne végétation puisqu'elles ont déjà un an. Certains vignerons se servent également de *chevolées* ou *chevelées*, provenant des provins obtenus dans les vignes pendant la campagne précédente.

Les plants seront disposés avec soin dans les fosses. Les boutures auront leur moitié inférieure couchée horizontalement et leur extrémité relevée le long de la paroi ; les racinés auront leurs racines étalées, disposées comme dans la pépinière et recouvertes autant que possible de la même hauteur de terre.

Comme le sol est reposé et convenablement ameubli, il est rare que l'on fume les jeunes plantations. Dans certains cas néanmoins on ajoute du bon fumier bien consommé ou du terreau ; mais il faut avoir soin qu'il ne soit pas en contact direct avec les racines qu'il pourrait altérer. On évite cet inconvénient en les recouvrant au préalable de plusieurs centimètres de terre, puis on en met par pied une bonne pelletée ; soit environ 800 à 900 grammes de fumier correspondant à 9.000 à 10.000 kilos à l'hectare.

On laisse ensuite la plantation en l'état, si elle a été faite, le plus souvent se contentant de *rabattre* au printemps suivant une partie de l'arête du fossé du côté du plant ; si celle-ci a été faite au printemps, le rabattement se fera peu après la mise en terre.

L'année suivante, les travaux se réduisent à entretenir le sol en état. Dans ce but, on cultive les fosses à l'aide de la houe ordinaire ; à la seconde année, mêmes travaux d'entretien, ce qui nous conduit à la troisième feuille.

Au printemps, on procède à une première taille, laquelle aura pour but de faire développer une ou plusieurs coursonnes ; on donne en même temps les cultures ordinaires et on procède à la mise en place des échalas ou *paisseaux*, lesquels devront avoir été *trempés* c'est-à-dire immergés pendant quelques jours dans une solution de sulfate de cuivre à 5 ou 8 pour cent, ce qui leur assure une durée de près du triple de ceux non sulfatés (1).

Cette même année, on donnera toutes les façons culturales dont nous parlons plus loin ; on pourra également pendant l'hiver commencer à doubler la vigne, c'est-à-dire à provigner, en n'opérant, bien entendu, que sur les ceps les plus forts. On doublera ainsi les rangs et, si l'écartement entre les lignes était de 1^{m}50, lors de la plantation, il ne sera plus que de moitié, soit 75 centimètres.

---

(1) Il arrive souvent que, dès la seconde année, et si les tailles sont assez fortes, on est obligé de mettre les échalas.

Ainsi qu'on le voit, le marcottage spécial aura eu pour but de multiplier la vigne et non pas de la rajeunir.

Il existe encore un autre mode de plantation en rangs doubles. Dans celui-ci on opère comme précédemment, mais les fosses creusées sont de moitié moins écartées. L'avantage de cette méthode réside en ce que la vigne est plus vite en plein rapport et que l'on supprime le provignage ou doublement; l'inconvénient est dans les frais à faire car il faut doubler le travail, et doubler aussi le nombre de plants.

Ce mode opératoire s'emploie surtout dans la reconstitution par les cépages américains greffés, lesquels, ainsi qu'on le sait, ne peuvent se recoucher. Mais alors l'écartement entre les lignes est variable suivant la nature des porte-greffe utilisés. Ajoutons que, dans ce dernier cas, on se contente souvent de creuser une fosse par pieds à mettre en terre.

Quelques mots enfin, pour mémoire, du mode de plantation au *fichet*: il faut commencer par ameublir complètement le sol par des défoncements; ceci fait, on rayonne au cordeau, puis on procède à la mise en terre des boutures, à l'aide d'une sorte de pic en fer que l'on enfonce à l'aide d'une pédale. Le trou ainsi ouvert reçoit alors le sarment qui est fixé en tassant la terre tout autour.

Ce mode de plantation offre l'inconvénient que le provignage est plus difficile et que la vigne est moins solide en terre mais, d'autre part, il est plus rapide, et convient surtout dans les endroits où le terrain présente une grande profondeur.

Les frais d'établissement d'un vignoble sont assez difficiles à évaluer car des causes multiples viennent en modifier le prix de revient.

M. de Vergnette-Lamotte, le savant œnologue, écrivait : « Il y a vingt ans on évaluait le prix de revient de la plantation d'un hectare de vigne, avec plants racinés et fumure, à 513 fr. 96 se répartissant de la manière suivante :

Fouille.	185f 40
Plantation	69 »
12.000 plants racinés	129 96
12 mètres cubes de fumier à 10f80 rendu	129 60
Total	513f 96

Une plantation, sans fumure et avec bouture, revenait nécessairement moins cher ; voici ce qu'elle coûtait :

Fouille	185f 40
Plantation	68 »
12.000 boutures à 2f 50 le mille.	30 »
Total	284f 40

« Aujourd'hui, continue-t-il, les frais de fouille et de plantation doivent être augmentés d'environ 50 pour cent., ce qui porterait, dans le premier cas, la dépense à 738 fr. 36 et, dans le second, à 437 fr. 80. » Stipulons que dans ce prix de revient ne figure pas l'achat des échalas, non plus que l'intérêt du capital qui représente la valeur du sol.

Actuellement, l'établissement d'un vignoble en américains greffés et racinés vaut un prix bien plus élevé, ainsi que le prix de revient suivant en fait la preuve :

Défoncement d'un hectare à la charrue . . .	250f
Achat de 10.000 gamais Arcenant greffés sur solonis racinés, âgés d'un an, à 275 fr. le mille	2750
Plantation de la vigne, façonnage des fosses .	320
45 mètres de fumier mis lors de la plantation, à 7 fr. le mètre rendu à la vigne	315
Camionnage des plants, frais divers.	50
Total	3,685f

Dans ce prix de revient n'est pas compris 1° l'intérêt représentant le capital sol ; 2° le fumier qu'il y aurait lieu d'ajouter si le terrain n'est pas suffisamment reposé ou a été épuisé par la vigne que l'on aura arrachée ; 3° les 10.000 paisseaux ou échalas que l'on devra acheter et dont le coût varie entre 1.50 et 2.25 le paquet de cinquante, suivant les années.

Travaux au vignoble. — Nous allons maintenant suivre les travaux effectués pendant le cours d'une année dans un clos en bon état, note étant prise que, comme pour l'établissement du vignoble, nous ne faisons que donner un aperçu rapide et non détaillé du mode d'opération en Bourgogne.

Aussitôt la vinification achevée, on reprend les travaux de la vigne. Les traitements contre le phylloxera recommencent et durent jusqu'à la mi-novembre. On procède ensuite à l'arrachage des échalas ; c'est le *dépaisselage*.

Les paisseaux réunis en tas, de distance en distance, constituent des *bordes*, au nombre de trois par ouvrées, soit par 4 ares 28 c. L'aiguisage s'exécute à l'aide de grosses serpes nommées *gouais*. Les échalas mis au rebut pour une cause quelconque sont disposés au pied des *bordes*. On les nomme alors des *chouaichons* (séchons) ; leur réunion par bottes de cinquante forme une *javelle* ; ces bois servent alors pour les usages domestiques.

Le dépaisselage peut durer tout l'hiver, mais généralement il s'achève vers le 20 décembre.

La vigne est-elle envahie par les mauvaises herbes, on travaille le sol à l'aide de pioches à deux dents plates. C'est à ce moment que l'on répand également le fumier, lequel est ensuite enterré par cette culture hivernale.

C'est aussi à ce moment que l'on commence le rajeunissement de la vigne par le provignage.

Ainsi que l'a fort bien dit le Dr Guyot (1), les pinots se sont éternisés dans leur culture par des provignages annuels, c'est-à-dire qu'on recouche dans des fosses, pratiquées là où les ceps sont morts ou trop affaiblis, les souches voisines les plus vigoureuses et les plus fertiles (marquées avant la vendange ou après l'hiver) pour en faire deux, trois et jusqu'à quatre ceps nouveaux.

Plus loin il ajoute : « Ce provignage qui rend éternels les ceps originels, s'il a de graves inconvénients, a au moins un grand mérite pour la Côte-d'Or, c'est d'avoir conservé le même cépage, le pinot qui aurait peut-être disparu depuis longtemps si l'on tenait la vigne de franc-pied, et qu'on replantât des ceps neufs, tous les quarante ou soixante ans. »

En général, on provigne surtout par le couchage de la souche dans des fosses auxquelles on donne le nom de *preux ou provins*.

Une fosse est creusée à partir de la souche mère et dans la direction où sera disposé le nouveau plant ; on dégarnit les racines de la vigne jusqu'à ce que celle-ci ait une mobilité suffisante pour qu'il soit possible, sans la briser, de la coucher au fond de la fosse.

On ne lui laisse en général que deux sarments qui sont ensuite relevés légèrement et appuyés contre la paroi ; on remplit alors les fosses d'abord avec de la terre bien meuble, puis on fume soit immédiatement, soit dans le courant de l'année.

(1) *La viticulture de la France.*

Suivant la région, on couche un ou plusieurs ceps dans la fosse dont la grandeur est nécessairement variable. A Beaune, on ne provigne, en général, qu'un cep par *preux*; à Nuits et à Dijon on en met, le plus souvent, un certain nombre.

Durant l'hiver, le vigneron a peu de chose à faire; ce n'est qu'au printemps qu'il commence à retourner aux vignes pour l'opération de la taille qui a lieu en février ou mars, selon la température.

Suivant que l'on se trouve en présence de pinots produisant les vins fins ou de gamays produisant les ordinaires, l'opération varie.

Le pinot ne garde, d'habitude, qu'un sarment, taillé à deux ou trois yeux, selon la force du cep. Il en résulte que, chaque année, la souche s'élève de telle sorte que, dans les bons climats, les vieux ceps atteignent, par la suite, une hauteur assez considérable.

Le gamay, au contraire, est, suivant l'expression, *démonté* chaque année, c'est-à-dire qu'au lieu d'élever le cep, on le rabat. Pour cela on enlève la partie supérieure de la souche, et on taille à deux ou trois yeux, suivant la force du sujet, laissant, d'autre part, de deux à trois couronnes. On se sert pour la taille du bois soit de la serpe, soit du sécateur.

C'est à ce moment que l'on recherche les ceps qui devront fournir les provins, et qu'on les marque à l'aide d'un brin de raphia ou d'osier; les vignerons font également cette opération un peu avant la vendange.

Au mois de mars commence le premier labour de la vigne: c'est le *bouaichage*, sorte de binage profond, destiné à aérer le sol, et qui s'exécute à l'aide de *meilles* ou *meigles*, espèce de *fessou* ou houe à deux dents.

On arrive ensuite à la mise en place ou piquage des échalas, opération effectuée par les vignerons ou les vigneronnes.

Quand les échalas sont enfoncés en terre par des hommes, il leur faut faire des efforts suffisants pour les forcer de pénétrer à une profondeur convenable dans le sol. Autrement, on a recours au fiche-échalas, sorte de griffe dentelée, demi-courbe et s'attachant par une courroie au pied droit, de manière que le paisseau soit soumis à la pression produite par les bras et par une partie du poids du corps de l'ouvrier.

En mars s'ouvre également la période des traitements préventifs contre le phylloxéra.

La végétation s'annonce en ce mois par le développement des bourgeons; c'est le débourrage qui commence. En avril et mai, les jeunes rameaux atteignent une longueur de 40 à 50 centimètres ; aussi, pour éviter qu'ils ne soient détruits par les grands vents, on les fixe contre les échalas à l'aide de *gluis*, ou liens formés avec de la paille de seigle, réunis en mèches et, trempés dans de l'eau, soit pure, soit mélangée de sulfate de cuivre.

En mai, on donne une seconde façon culturale, ayant soin de dégager les jeunes pieds. Ce labour, moins profond que le premier, a surtout pour but de détruire les mauvaises herbes. On le nomme *refuet*, il s'effectue à l'aide d'un *fessou*, qui se distingue de la *meille*, en ce que la partie « travaillante » est formée d'une lame de fer plate.

A ce moment on s'occupe du premier traitement préventif destiné à préserver les vignes des atteintes du mildiou. Les solutions cupriques les plus employées sont celles au carbonate de soude ou à la chaux dont nous avons déjà parlé.

En juin, on commence l'ébourgeonnage, opération qui consiste à enlever toutes les jeunes pousses qui se sont développées sur le cep, de manière à forcer la sève à refluer sur les branches à fruits.

Le travail de l'enlèvement de ces *gourmands* porte le nom d'*évasivage*.

Il arrive que les sarments très développés dépassent les paisseaux ; par le *rognage* on les ramène à une hauteur uniforme. Ceci mène jusqu'au commencement de juin, temps où certains propriétaires font donner une légère façon culturale. On met également en activité les traitements pour la destruction du phylloxéra.

En juillet, on termine les *binages*, l'*accolage* et le *rognage* en même temps que l'on fait un deuxième traitement cuprique sur la partie supérieure des sarments dont des feuilles n'avaient pas été arrosées lors de la première opération, par suite de leur petit développement.

Le *tierçage*, est un troisième binage qui a pour but de détruire les mauvaises herbes et d'ameublir le sol ; il s'effectue à la fin du mois.

En août, on rogne une deuxième fois la vigne, on rattache les sarments détachés par les vents et les orages. C'est à ce moment que le vigneron regarde le ciel avec inquiétude, un seul nuage de grêle pouvant anéantir non seulement la récolte, mais aussi le bois destiné à la taille de l'année suivante.

En septembre, peu de chose à faire dans la vigne. Le vigneron commence la préparation des ustensiles vinaires, tonneaux, cuves, pressoirs ; la vendange est proche, elle peut s'ouvrir de la fin de septembre à la première quinzaine d'octobre.

Dans ce siècle on a commencé, au plus tôt, le 14 septembre en

1811, et, au plus tard, le mercredi 17 octobre en 1809; le plus ordinairement on coupe les raisins à partir du 25 au 26 septembre et, au plus tard, vers le 4 ou 5 octobre pour les villages qui entourent Beaune; à Santenay, la vendange commence quelques jours plus tôt. A Dijon, elle a lieu peu de temps après Beaune.

Jadis la journée du vigneron n'était guère élevée.

En 1685 on payait (1):

La journée d'un vigneron pour tailler la vigne.	8 sols	6 deniers.
La journée d'une femme pour sarmenter et servir les vignerons.	4 s.	6 d.
La journée des vignerons à bêcher.	6 s.	
La journée du vigneron à reffuyer, ejetonner, recoler, terroyer, et redresser.	6 s.	

Dans les archives de Dijon (2) nous trouvons le compte de culture payé en 1431, aux vignerons chargés de maintenir un hectare (trois journaux) de vignes appartenant à la Maladière de Dijon:

	Francs	Gros	Engrognes
Pour dépaisseler (néant) elles l'étaient	»	»	»
10 hommes qui les taillèrent à partir du 26 mars à 2 gros	»	20	»
1 qui acheva la taille	»	2	»
3 femmes qui ont cueilli le sarment à 3 blancs chaque	»	»	9
400 de rortes (liens) pour lier	»	»	2
24 hommes qui le 9 avril fessourèrent (donnèrent le premier coup) à 14 engrognes	»	18	8
Journée du commis pour les garder	»	2	»
9 hommes qui, les 7 et 8 mai, ont lié la vigne, 5 à 5 blancs, 4 à 6 blancs	»	12	1
200 de paisseaux à 13 gros le cent	»	26	»
Lieurs pour lier	»	2 1/2	»
7 hommes qui, les 2 et 3 juin, les ont esboichées (enlevé les branches superflues) et accolées, à 6 blancs par homme	»	10 1/2	»
Pour jonx	»	»	3

---

(1) Archives de Beaune. — Délibération pour le prix des ouvrages (Registres des Arts et Métiers 1685-1687).
(2) Citation du Dr Lavalle.

Pour 28 hommes qui la veille et le lendemain de la Madelaine reffuyrent (donnèrent le dernier coup), à 16 engrognes.	3	1	4
On ne les tiersoye point.			
Journée pour redresser	»	1	»
8 venoingeurs à 7 engrognes	»	4	8
2 porteurs.	»	2	»
1 charrotte	»	3 1/2	»
Surveillant.	»	1	»
2 miches de pain pour les venoingeurs . .	»	1	»
1 pinte de vin	»	»	1
Dépense du charretier et du surveillant. . .	»	1	»
Vigniers pour la garde.	»	»	2
Achat d'un poinçon (tonneau) neuf	»	»	10
Ouvriers et dépenses de façon du vin . . .	»	2	»
Cuve et treul (cuvage et pressurage). . .	»	4	»

Enfin, les outils servant à la vigne ont de tout temps été tarifés chez les taillandiers; jadis on payait (1) :

La serpe bien faite et aciérée . . .	6 s.
Le goix.	5 s.
La pioche	6 s.
Le fesout bien garni d'acier	6 s.

Par la suite, les vignes se firent, le plus souvent, à moitié ; dans ce cas, le propriétaire, outre la vigne, paye les impôts, pendant que les échalas, les engrais, les frais afférents à la vendange et à la confection du vin sont partagés entre les deux parties.

Le vin est également réparti en deux portions égales qui sont l'une pour le propriétaire et l'autre pour le vigneron. D'autres combinaisons existent encore; quelquefois les vignerons payent l'accolage, les échalas, etc. ; le propriétaire fournit les engrais et les vendangeurs; ajoutons que le plus souvent le vigneron est logé gratuitement.

Par ce premier mode de culture, si le prix de revient est assez élevé, en revanche, les vignes sont toujours bien faites, car le vigneron a tout intérêt à avoir une récolte abondante et un vignoble de durée.

Dans certains climats et notamment dans ceux qui produisent les grands vins, les propriétaires aiment mieux faire cultiver à l'argent ; le vigneron reçoit alors de 350 à 400 francs à l'hectare, les

(1) Archives de Beaune.

provins payés en sus, de 8 à 10 francs le cent, mais le nombre étant fixé à l'ouvrée (1). On lui paye, en outre, à part, le temps qu'il passe pour la vendange, la confection du vin, etc.

Le propriétaire ayant tous les autres frais à sa charge, la culture lui revient à 600 ou 800 francs à l'hectare, tout compris. Observons qu'actuellement la journée d'un bon vigneron se paye 4 francs, plus une bouteille de vin. S'il est nourri, ce prix est diminué de un franc. Dans les mêmes conditions, le salaire d'une femme est de 2 fr. 50, et de 3 francs, à l'époque de la taille et de l'accolage.

Pour terminer cette étude sur le salaire de l'ouvrier viticole, il nous resterait à examiner le rendement de la vigne, mais ce travail étant fait pour chaque commune en particulier, nous n'y reviendrons pas.

Vendange. — Le point de départ de la fabrication du vin est la vendange ; pour reconnaître à quel moment elle peut commencer, c'est-à-dire si les raisins sont bons à couper, il faut d'abord examiner leur état de maturation.

Les anciens vignerons procédaient empiriquement en inspectant les grappes, l'aspect qu'elles présentaient et, en se reportant aux traditions locales, ils arrivaient à fixer avec assez d'exactitude le moment où l'on pouvait entrer dans les vignes.

Le *ban de vendange* se déterminait dans une réunion à laquelle assistaient le maire, des délégués du conseil de la commune et les principaux propriétaires et vignerons. L'ouverture du ban n'était nécessairement pas la même dans chaque localité ; néanmoins, dans la plupart des cas, on se basait sur les délibérations prises dans les principaux centres viticoles. Dijon, Gevrey, Nuits, Beaune, Volnay, Meursault, Santenay, etc., avaient le privilège de régler, tout au moins dans une large mesure, le ban de vendange.

Cette pratique est depuis bien longtemps abandonnée et si, d'un côté, elle présentait une réelle utilité en empêchant de couper des raisins pouvant ne pas être arrivés à l'état de maturité parfaite, de l'autre elle avait de graves inconvénients ; quelques propriétaires, en faisant constater la véraison des raisins de certains climats, causaient préjudice à d'autres dont la maturation n'était pas complète. Encore, il arrivait parfois que les premières gelées de l'automne venaient contrarier la vendange qu'il y aurait eu grand avantage à commencer quelques jours plus tôt. D'autre part, ceux qui désiraient cueillir leurs raisins quelques jours plus

---

(1) Mesure locale de 4 ares 28 centiares.

tard, se trouvaient dans l'impossibilité de le faire, souvent, les vendangeurs ayant quitté le finage et la main-d'œuvre avec eux.

Bref, à la Révolution, le ban de vendange fut aboli et n'a, en conséquence, aucune valeur légale. Quant aux arrêtés relatifs à l'ouverture des vendanges et émanant des municipalités, ils ne sont plus publiés qu'à titre officieux.

Actuellement, les propriétaires qui tiennent à déterminer le meilleur moment où l'on peut couper les raisins ont recours aux renseignements fournis par la pratique et aux données suggérées par la science œnologique, c'est-à-dire que, indépendamment de l'examen du grain, de sa saveur à la dégustation, etc., ils recherchent, munis d'instruments spéciaux, le moment où la quantité de sucre étant maximum, l'acidité du moût reste stationnaire.

Le tableau suivant indique un de ces examens faits sur un moût de Bourgogne :

DATE DE L'ANALYSE	QUANTITÉ DE GLUCOSE	ACIDITÉ TOTALE
15 Juillet	0,3	2,1
20 Juillet	0,5	3,1
30 Juillet	0,8	3,2
6 Août	1,2	3,0
16 Août	2,8	2,8
30 Août	8,0	1,1
15 Septembre	12,0	0,9
30 Septembre	17,2	0,9
15 Octobre	17,0	0,7
20 Octobre	16,15	0,5

D'après cette analyse, c'est donc à la fin de septembre et vers les premiers jours d'octobre que l'on devait vendanger ce climat, en tenant compte, bien entendu, des circonstances spéciales, telles que la pluie, le froid, qui peuvent en modifier l'époque. Ajoutons que ces déterminations se font très simplement ; l'aréomètre de Beaumé, le densimètre ou le mustimètre servent à prendre la densité du moût et, par les tables, donnent la quantité de sucre ; l'acidité se déterminera à l'aide d'eau de chaux préalablement titrée.

Pratiquement, le raisin mûr montrera le grain ou *grume* recouvert d'un duvet nacré ; il sera brun et bien rempli, se séparera facilement du pédicelle en laissant un long filet rosé. Le pépin aura une teinte rougeâtre caractéristique ; si on le fend, l'amande sera bien pleine.

Dans certains climats produisant les grands vins, on laisse les grumes se *figuer*, c'est-à-dire perdre une partie de l'eau qu'elles renferment. Elles sont alors ridées ; des stries se manifesteront à la surface, et, en les écrasant entre les doigts, la glucose qu'elles contiennent produit un *poissage* caractéristique.

Une certaine somme de chaleur est nécessaire pour que le raisin parvienne à maturité. Celle-ci varie dans des limites assez étroites. D'une étude faite par M. de Vergnette-Lamotte (1) il résulte qu'en Bourgogne, de 1838 à 1844, le nombre de degrés de chaleur, de la floraison à la vendange, a oscillé entre 2099 et 2357. En 1842, on avait ce dernier chiffre et l'on fit du bon vin. En 1839, on avait 2099 et la récolte fut mauvaise.

M. Delarue étudiant la même question, a trouvé que le nombre de degrés de chaleur, du 20 mars à la vendange, fut, en 1842, de 4382 et en 1839 de 3757.

La pratique de la vendange s'est peu modifiée ; déjà, en 1830, le Dr Morelot (2) écrivait :

« Aux jours de vendanges, on voit descendre par troupes nombreuses, des montagnes du Morvan et de l'Auxois, pour la Côte depuis Santenay jusqu'à Aloxe, des vendangeurs de tout âge et de tout sexe, qui arrivent de dix, douze et même quinze lieues pour jouir du plaisir de manger des raisins en abondance et sous l'appât de gagner quelque argent. Du côté de Nuits et de Dijon, les vendangeurs arrivent de la plaine, où en général on ne cultive que peu de vignes, et des villages des arrière-côtes : ceux-ci sont tous vignerons et viennent en vendange parce qu'elle se fait beaucoup plus tard dans leur pays. Ces derniers sont bien préférés ; on les paie même davantage parce qu'ils connaissent la vigne, soignent les paisseaux, travaillent avec plus d'assiduité et mangent moins de raisins.

« Dans les bonnes années les vendangeurs trouvent tous à s'occuper pendant une semaine ; ce temps écoulé, chacun commence à regagner son village.

« Le vigneron soigneux prend autant de vendangeurs qu'il peut pour cueillir tous ses raisins le même jour ou du moins pour remplir sa cuve. »

---

(1) *Le vin*, déjà cité.
(2) *Statistique de la vigne*, par le Dr Morelot, déjà cité.

Plus loin critiquant la manière dont on les nourrissait il continue en ces termes :

« Le travail des vendangeurs est interrompu par deux repas qui se donnent, l'un dès le matin, souvent avant d'aller à la vigne, et le second entre une heure et deux de l'après-midi. Ces repas, modèles de la frugalité lacédémonienne, consistent, le premier, en un plat de haricots ou de pommes de terre assaisonnées avec un peu de lait, et un morceau de pain très grossier ; le second, en une frottée d'ail faite sur la croûte du pain saupoudrée d'un peu de sel. L'exiguïté de ces repas est corrigée par les raisins que l'on mange en abondance ; aussi bon nombre de vignerons ayant reconnu que c'était une économie très mal entendue que de donner de si chétifs repas, puisque les vendangeurs sont en quelque sorte forcés, pour y suppléer, de manger beaucoup de raisins, commencent à les mieux nourrir, et s'en trouvent bien ; leurs ouvriers travaillent avec plus d'ardeur et mangent moins de raisins. On s'imagine que c'est peu de chose que le plus ou moins de raisins avalés, on se trompe : si l'on veut calculer ce que cinquante ou soixante vendangeurs peuvent en engloutir, on verra que ce calcul peut s'élever très haut, et l'on pourrait presque affirmer que leurs journées en sont plus que triplées. »

Au temps où parut cette description de la vendange, les ouvriers étaient peu payés, ainsi que le rappelle le refrain d'une vieille chanson que les *veninjoux* chantaient en chœur en revenant des vignes :

> Allons en vendange pour gagner cinq sous,
> Coucher sur la paille, ramasser des poux,
> Manger du fromage qui pue comme la rage,
> Boire du vin doux qui fait aller partout.

En 1855, la journée du vendangeur était déjà augmentée. Nous apprenons par le Dr Lavalle que le prix moyen de la journée était, dans toute la Côte, de 1fr.25 à 1fr.50 pour les hommes, de 0,75 à 1fr.25 pour les femmes, les enfants ayant 25c. de moins et les porte-paniers de 1fr.50 à 2fr.

Depuis bien des années déjà, ces prix ont au moins doublé et, dans certains cas, triplé. En outre, à la nourriture véritablement insuffisante qui était donnée aux vendangeurs, les propriétaires ont substitué une alimentation plus substantielle, de telle sorte que les vendangeurs, ayant moins d'appétit, consomment moins de raisin ; chose importante si l'on remarque que dans les grands crus les rai-

d

sins valent jusqu'à 1 fr. 75 le kilo et dans les ordinaires 0,25 à 0,35 et qu'on a vu des ouvriers en manger jusqu'à huit kilos.

La louée des vendangeurs se fait toujours sur les places publiques. A Beaune, c'est à la porte Saint-Nicolas ; à Dijon à la porte Guillaume (place Darcy actuelle) que de trois à cinq heures du matin se réunissent jusqu'à 1200 et 1500 personnes attendant qu'on vienne les embaucher.

Les vendangeurs sont gagés pour un ou plusieurs jours, selon que l'on est content ou non de leurs services.

Aussitôt la troupe formée, elle est conduite à la maison où la soupe au lard ou « potée » est servie ; puis, en escouades de 15 à 20, on se dirige vers les clos, de telle sorte que tout le monde soit à l'ouvrage vers les six heures du matin.

La troupe comprend les coupeurs qui sont les femmes et les jeunes gens ; un d'entre eux fait l'office de « vide-panier » pour chaque subdivision de huit à dix ouvriers. Les hommes, ou porteurs, s'occupent des manipulations et transports des benatons.

Les raisins sont coupés avec les serpettes, des ciseaux, ou à l'ongle ; une bonne vendangeuse ne doit jamais dégrainer les grappes en les cueillant.

Elles sont jetées dans de petits paniers contenant de 6 à 10 livres, lesquels, une fois pleins, sont versés par le vide-panier dans de plus grands récipients.

Ceux-ci affectent trois formes différentes. Dans la région de Santenay on se sert de sortes de hottes en bois, que le vigneron porte sur le dos à l'aide de bretelles ; dans le Beaunois, on emploie surtout le *panier porteur*, affectant la forme de deux paniers circulaires réunis par une partie plus étroite et où se trouve disposée l'anse. Dans le Dijonnais, on ne voit que des paniers de forme presque cubique et dont un des côtés porte une traverse en bois dépassant à droite et à gauche, de manière à former poignée, tandis que dans la paroi en regard est ménagée à la partie supérieure une ouverture dans laquelle on peut passer la main lorsque l'on veut le soulever. On nomme ces paniers des *benatons*.

Suivant la manière dont ces paniers sont remplis, il en faut de 8 à 10 pour faire la pièce de vin de 228 litres.

Les porteurs campent sur leurs épaules ces récipients qu'ils portent jusqu'à la *ballonge* ou cuveau disposé sur un chariot ou haquet traîné par des chevaux ou des ânes, en raison de la capacité de la ballonge qui peut varier de cinq à seize hectolitres et ne dépasse pas, ordinairement, douze.

Les paniers sont reçus par le chef vigneron qui les vide dans la ballonge. Lorsque celle-ci est à moitié pleine, il entre dans le cuveau et donne un premier coup de pied, ce qui écrase grossièrement les raisins, et permet de mettre plus de vendange. On maintient le moût en mettant quelques paniers de raisin qui forment une sorte de chapeau.

Arrivé à la cuve, le propriétaire doit prendre la densité du moût, pendant qu'on opère le déchargement.

La cuverie, où se fait la fermentation du raisin, est installée avec soin. Le plus souvent, ce sont des sortes de celliers construits au-dessus des caves où on recevra le vin. Une large ouverture, permettant l'accès des voitures, quelques fenêtres sont disposées de manière à pouvoir régler la température d'une manière uniforme.

Les vases vinaires ou cuves ont une contenance variant entre 30 et 50 hectolitres ; ils sont en chêne, cerclés en fer, circulaires ou ovales, et affectant la forme de troncs de cône dont la grande base repose sur le sol.

Si, pour les vins ordinaires, on se contente de verser le moût directement à la cuve, pour les vins fins le travail est plus compliqué. La cuve est préalablement arrosée avec de bonne eau-de-vie et le raisin sera débarrassé d'une partie des rafles par un égrappage effectué à la claie à main ou à l'égrappoir mécanique. Si on enlève un peu de tannin en effectuant cette opération, on élimine aussi une partie des tartres et acides qui pourraient nuire à la conservation. Bien entendu que l'on n'égrappe pas toute la vendange mais seulement une partie déterminée d'après la nature des moûts.

Pour faciliter la fermentation, on fait également subir aux raisins un cylindrage, ayant pour but d'ouvrir les *grumes* sans écraser les pépins ni les rafles, ce qui donnerait trop d'acidité au vin. Les cylindres employés étaient jadis en bois ; ils ont été perfectionnés et permettent de cylindrer et d'égrapper. Nous en avons vu de très bien compris chez M. Vantelot-Béranger, constructeur à Beaune.

Certains propriétaires préfèrent les foudres fermés pour la fermentation, prétendant qu'elle s'opère d'une manière plus régulière. Nous croyons que les cuves munies de faux-fonds conviennent tout aussi bien et diminuent la macération qui se produit plus ou moins dans le premier cas, car le raisin reste plus longtemps dans les vases vinaires.

Ces faux-fonds, formés de claies mobiles se posent sur la vendange. Ils étaient anciennement maintenus à l'aide de chandelles allant s'appuyer aux solives du plafond de la cuverie. On les fixe tout aussi bien et plus facilement à l'aide d'une traverse en fer munie d'une vis de pression portant sur la claie et venant se joindre à deux étriers frappés sur les bords de la cuve.

La fermentation du moût est le fait d'un organisme spécial qui se présente sous l'aspect d'une cellule ayant un noyau, un diamètre de quelques centièmes de millimètre, on lui donne le nom générique de *saccharomyces ellipsoïdus*. D'après les expériences faites, cette cellule n'est pas la même dans chaque région ; c'est ainsi que le ferment produisant le vin de Bourgogne n'est pas identiquement semblable à celui du Bordelais, lequel, à son tour, diffère de celui que l'on rencontre dans le midi.

Bien plus, dans une même région, il diffère de commune à commune ; c'est ainsi que la cellule, donnant le vin de Volnay, n'est pas la même que celle de Beaune, qui, de son côté, ne travaille plus comme celle produisant le Vougeot, etc. De ce fait résulte la production d'alcools fins goûts mais à bouquets différents et qui, dans une certaine mesure, modifient la nature du vin à la dégustation.

Pendant longtemps, le fait de la fermentation a été inconnu ; Fabroni, un des premiers, a découvert qu'en mettant, dans de l'eau sucrée convenablement additionnée de tartres, d'acide tartrique, etc., il se produisait, en présence de ce principe qu'il nomme la matière végéto-animale, une fermentation alcoolique.

Mais il faut arriver aux admirables travaux de M. Pasteur pour être fixé sur la nature de ce ferment et, en même temps, savoir qu'il n'apparaît sur les grappes que peu de temps avant la maturation du raisin.

Le ferment alcoolique qui existe dans la cuve devant transformer la glucose ou sucre de raisin en alcool, en acide carbonique, en glycérine, en acide succinique, etc. ; tous les efforts du vigneron auront donc pour but de régulariser ce travail en forçant la cellule à se multiplier d'une manière méthodique. Or, pour que celle-ci se développe, il lui faut de l'oxygène lequel, venant ensuite à diminuer, force les saccharomyces à se reporter sur la glucose qu'il décompose en donnant naissance à de l'alcool éthylique ou fin goût.

Dans les cuves pleines à 40 ou 50 centimètres du bord, le faux-fond placé, le travail commence. Si la température est convenable, c'est-à-dire si elle est comprise entre 18 et 22 degrés centigrades, on ne tarde pas à voir un bouillonnement se produire, on surveille alors le thermomètre car, si la cuve, s'échauffait trop, une partie de l'alcool serait vaporisé et entraîné au dehors et si, au contraire, le mercure descendait trop bas, la fermentation s'arrêterait et la cuve pourrait se piquer ou s'acidifier, quoique ce dernier accident soit peu à redouter lorsqu'on a utilisé le faux-fond.

Par l'aération ménagée on parvient à obtenir un degré convenable. 24 heures après la mise en cuve le bouillonnement s'accentue et il va en augmentant, avec un bruit qui se perçoit à une certaine distance, au troisième jour.

Si, la cuve ne possédant pas de faux-fond, une partie des grappes et rafles plus légères sont venues surnager à la surface, les vignerons font rentrer ce *chapeau* en pigeant la cuve, c'est-à-dire en donnant un premier coup de pied. Il est bon de renouveler cette opération à deux jours d'intervalle de manière qu'en introduisant une certaine quantité d'oxygène on force le ferment à redoubler d'activité et à transformer en entier la glucose.

Si la cuve porte un faux-fond, on ne l'enlève que vers le cinquième jour et on donne un coup de pied pour bien mélanger les moûts. Pour ces opérations, les vignerons entrent nus dans la cuve et, partant de la circonférence en allant vers le centre, forcent peu à peu le chapeau à se délayer dans la masse liquide, en même temps que l'aération se fait régulièrement.

Lorsque les raisins ont été récoltés par un temps froid et humide, il arrive que la fermentation s'établit difficilement. Il faut alors réchauffer le moût. On y parvient de différentes manières : ou bien on prend une partie du liquide que l'on chauffe à part, ou bien encore on ajoute à la cuve quelques hectolitres de moût provenant de tonneaux placés dans des caves chaudes et qui, étant en pleine fermentation, viennent apporter de la levûre; enfin on peut utiliser le *nageure* inventé par M. de Vergnette-Lamotte (1).

Il se compose d'un cylindre de bain, en fer blanc ou en cuivre étamé, ayant une hauteur de 2^m50. On le place au centre de la cuve, on le chauffe au charbon de bois, en ayant soin de n'y introduire le feu que lorsqu'il est en place et, au bout de deux heures, une cuve de 50 hectolitres est assez échauffée pour que la fermentation s'y produise normalement.

Lorsque la fermentation s'arrête définitivement, le moment du décuvage est arrivé; c'est ordinairement du huitième au douzième jour que ce fait se constate.

Jadis, les vignerons, pour déterminer ce moment, s'en rapportaient à la dégustation; aujourd'hui, les propriétaires viticulteur

---

(1) *Le Vin*, par de Vergnette-Lamotte, déjà cité.

ont en outre recours à l'emploi d'appareils mustimétriques qui permettent de reconnaître si la cuve est bonne à *tirer* ou *saigner*.

Il n'y a pas encore bien longtemps que, le vin sorti de la cuve et mis dans une ballonge, on en remplissait un baquet muni d'oreilles que deux hommes portaient ensuite à la cave ou au cellier. Ce mode opératoire était défectueux en ce sens que le liquide restait exposé trop longtemps à l'air ; aussi emploie-t-on de préférence un siphon plongeant à 20 ou 30 centimètres du fond et dont la branche est munie d'un grillage destiné à empêcher le passage avec le liquidde des pépins et rafles.

Si on a affaire à de grands vins, ceux-ci sont envaisselés dans des tonneaux ; dans le cas contraire, ils sont envoyés directement, à l'aide de corps de pompes, dans les foudres.

Lorsque toute la partie liquide a été soutirée, soit avec les *sapines,* soit avec des siphons, il reste au fond ce que l'on nomme le *chapeau*, composé des rafles, des peaux et des pépins, le tout gorgé de vin et formant en quelque sorte une énorme éponge.

Pour enlever le liquide, on aura recours au pressurage.

A l'aide de *sapines* que les hommes se passent de mains en mains ou font glisser sur un plan incliné, on amène ce *marc* sur le mâtis du pressoir ; là, on en forme une sorte de tas que l'on appelle le *sac*, sur ce sac on dispose des madriers nommés *marres*, puis le plateau sur lequel agira la vis. On commence alors à faire descendre l'écrou, on *ablège* le marc, et le vin ainsi produit diffère peu de celui obtenu au décuvage.

On laisse ensuite les choses en cet état pendant un certain temps, une ou deux heures environ, puis on desserre et on coupe les parties latérales du sac que l'on refait à nouveau et on donne une seconde *serrée*, plus forte que la première. A plusieurs heures d'intervalle on répète cette *serrée*. Enfin, le soir arrivant, on en donne une dernière, de telle sorte que le marc ait le temps de s'égoutter pendant la nuit. Il s'écoule alors un vin petit, peu coloré et très acide qui est mis à part et servira à faire la *boîte* ou boisson des ouvriers.

En général, le chapeau fournit du quart au cinquième du vin. On a donc eu soin de laisser dans les tonneaux où on le met un vide suffisant pour ajouter ce liquide qu'il est très important d'y déposer, car s'il est moins coloré et moins alcoolique que le vin, en revanche, il est plus riche en tartre et tannin et, par suite en assure la conservation.

Aux anciens pressoirs, véritables monuments qui encombraient les cuveries, on a substitué des pressoirs à écrous différentiels, beaucoup moins volumineux et tout aussi énergiques. A Beaune, MM. Vantelot-Béranger, Demoisy-Serlin, etc., en construisent qui sont très appréciés.

Les vases vinaires dans lesquels on garde le vin sont, ainsi que nous l'avons dit, des tonneaux ou pièces pour les vins fins, des foudres pour les ordinaires.

Autrefois, les tonneaux portaient le nom de « muids » et la réunion de deux d'entre eux constituait la *queue*, laquelle tire son nom très vraisemblablement de *culeus*, mesure de capacité en usage chez les Romains. Durant les siècles derniers, le muid subit quelques modifications de forme avant de devenir le tonneau ou *pièce* de Bourgogne dont la capacité est de 228 litres. La queue se compose de deux pièces; à son tour, elle se subdivise en feuillettes dont la contenance est moitié, soit 114 litres, et en quartauts contenant 57 litres. Bien que, suivant les années, les prix des futailles soient variables, on peut néanmoins dire que la pièce de 228 litres, avec quatre cercles en fer et douze en bois, vaut 22 fr.; la feuillette, même cerclage, 12 fr., et le quartaut, de 57 litres, 7 fr.

Les vins fins sont toujours envaisselés dans des fûts neufs, construits en chêne et qui les bonifient. Ce serait une grave erreur que d'utiliser des fûts ayant déjà servi.

Au fur et à mesure que les tonneaux sont remplis, on les dispose dans un cellier où la température est peu élevée et où s'achèvera la fermentation lente qui complète le travail de la cuve, pendant lequel le vin continuera d'acquérir toutes ses qualités. C'est alors que peu à peu vont apparaître, par la réaction de l'alcool sur les acides qu'il renferme, les éthers fins goûts, base du bouquet.

Pendant tout le temps que dure cette fermentation lente, des dégagements d'acide carbonique se produisent; un creux en résulte, on le comble par un remplissage qui porte le nom *d'ouillage*.

Quant aux vins ordinaires, ils sont envaisselés dans des foudres de vingt à trente pièces, bien nettoyés à la brosse et *méchés* pour que l'on soit assuré qu'aucun germe de maladie et ferments ne vienne les altérer.

Dans certains vignobles, la fabrication des vins blancs est chose importante; nous la décrirons tout spécialement en faisant la monographie de chaque finage.

En général, sitôt le raisin cueilli et les ballonges remplies, on procède au pressurage; dans certaines communes, on procède à un écrasage spécial à l'aide du pied ou de fouloirs.

Dans tous les cas, on forme, aussi rapidement que possible, le *sac*, donnant ensuite deux ou trois serrées successives.

Le moût blanc qui s'écoule, reçu dans un cuveau, est ensuite entonné dans des fûts préalablement lavés avec le plus grand soin, précaution indispensable si on veut éviter qu'ils ne cèdent au liquide une partie des principes colorants dont les « douelles » sont imprégnées, et qui seraient ensuite le point de départ de la maladie de la graisse.

La fermentation commence aussitôt la mise en tonnes ; une écume blanche s'échappe par la bonde. On procède alors à des remplissages successifs, de sorte que la surface du liquide en contact avec l'air soit aussi faible que possible, ce qui évite l'introduction des germes et ferments, causes des maladies ; il est à remarquer que les vins blancs sont plus riches en alcool que les rouges. Plus tard, nous reviendrons sur les soins à leur donner lorsqu'ils sont en cave.

Elevage des vins. — Le vin rouge fait, il faut maintenant, par des soins successifs, et pour ainsi dire continus, l'amener à un état tel qu'il ait toutes ses qualités et puisse être dégusté avec plaisir ; ainsi que l'a fort bien dit Jullien (1) :

« Les vins des premiers crus de la Côte-d'Or, lorsqu'ils proviennent d'une bonne année, réunissent, dans de justes proportions, toutes les qualités qui constituent les vins parfaits ; ils n'ont besoin d'aucun mélange, d'aucune préparation, pour atteindre leur plus haut degré de perfection. Ces opérations que l'on qualifie, dans certains pays, de soins ou coupages qui aident à la qualité, sont toujours nuisibles aux vins de la Côte-d'Or ; ils ont dans chaque cru, un bouquet et une saveur qui sont propres à ce cru et qui ne se développent souvent qu'au bout de trois ou quatre ans. C'est les altérer que d'y introduire d'autres vins, quelle qu'en soit la qualité, et même de les mêler entre eux, car la réunion de deux vins de Bourgogne de première classe est suivie de la perte de leur bouquet distinctif et les fait descendre à la deuxième ou à la troisième classe.

« Les vins rouges de la Côte-d'Or joignent à une belle couleur beaucoup de parfum et un goût délicieux ; ils sont à la fois corsés, fins, délicats et spiritueux, sans être fumeux. Bus avec modération, ils donnent du ton à l'estomac et facilitent la digestion. J'ajouterai qu'ils donnent la force du corps, la chaleur du cœur et la vivacité de l'esprit au plus haut degré. »

C'est par *l'élevage* que nous arriverons à leur donner toutes leurs qualités. Ils renferment alors tous les principes indispensables à

---

(1) *Topographie des vignobles.*

leur conservation ; en un mot, ils vivent, mais avant d'être aptes à la dégustation, il faut que, par des manipulations successives, on arrive à leur enlever les éléments qu'ils renferment en excès et qui seraient le point de départ de maladies toujours graves.

Caves. — Pour faire et conserver cette boisson si précieuse, une bonne cave est de première nécessité. De longue date, le fait a été reconnu en Bourgogne ; aussi les propriétaires n'ont-ils pas reculé devant de grands sacrifices pour leur établissement.

Bien construites, suffisamment aérées par des soupiraux disposés au nord, saines, très souvent elles sont à deux et même trois étages, de telle sorte que peu à peu et au sortir du cellier, on force le vin à subir des gradations successives avant de l'amener dans la dernière ; il y a pour ainsi dire une sorte d'acclimatation.

Une cave ne doit être ni sèche, ni humide ; celles qui ont une certaine hauteur sont les meilleures. La température est loin d'y être constante ; M. de Vergnette-Lamotte cite une cave à vingt mètres au-dessus des eaux de la localité, creusée en pleine Oolithe et où la température oscillait entre 16 degrés en été et 3 en hiver ; souvent, nous avons constaté des écarts d'une dizaine de degrés et allant de 5 à 6 degrés à 16 et 17. Remarquons qu'il est démontré que cette variation de température n'est aucunement nuisible au vin qui s'y habitue et complète son acclimatation.

Les tonneaux, sitôt descendus en cave à l'aide de monte-charges spéciaux, sont disposés sur des chantiers en bois et superposés sur un, deux et quelquefois trois rangs ; on dit qu'ils sont *gerbés*. Disons que les tonneliers ne sont pas d'accord à savoir si le vin doit être mis en cave aussitôt le décuvage ou rester un temps plus ou moins long au cellier ; les uns font d'une façon, les autres d'une autre.

Nous avons vu que le vin perdait une certaine quantité de son volume. A ce déchet, susceptible d'être évalué à un litre par pièce et par mois, il est urgent de remédier par le remplissage ou *ouillage*. Pour les vins fins, pendant le premier mois, on remplit tous les huit jours, en continuant autant que besoin est. Ainsi donc, durant un ou deux mois, la bonde ne doit-elle jamais être scellée.

Pendant le laps de temps qui s'écoule jusqu'au mois de mars, le vin ne subit d'autre manipulation que cette dernière, laquelle doit être faite avec du vin de même qualité et de la même récolte. Peu à peu et sous l'influence du repos, il se dépouille des impuretés et principes insolubles qu'il contenait. Les matières azotées, albuminoïdes, colorantes, les ferments, tartres, etc. se précipitent et viennent constituer les premières ou *grosses lies.*

Pour les séparer, on a recours au soutirage, et, suivant la nature des vins, on commence plus ou moins tôt, car si les grands vins proviennent d'une année dans laquelle la maturation a été incomplète, il faut se hâter d'enlever les lies et de les dépouiller d'un excès de tartre qui aurait pour effet d'augmenter leur acidité. Au contraire, dans les bonnes années, on peut retarder le moment de l'opération, car on donne ainsi aux matières sucrées le temps de se transformer complètement en alcool.

En général, la fin de février ou le commencement de mars conviennent le mieux. On choisit un temps sec, froid, sans vent et à pression barométrique élevée, et ce pour les raisons suivantes : Si la température est peu élevée, les germes de décomposition qui existent dans l'air sont peu actifs; ils ne sont pas amenés par les courants d'air, celui-ci n'étant pas agité. Enfin, plus la pression est élevée, plus les *lies folles* qui existent au sein du liquide éprouvent de difficultés à remonter à la surface.

Le soutirage s'effectue de bien des manières. Anciennement, on soutirait à la sapine, on préfère maintenant employer le siphon ou mieux le boyau et le soufflet.

A l'aide du *bondonnier* ou *perceux*, on pratique une ouverture dans une des *douelles* et à la partie inférieure du fût. Les anciens onneliers y plaçaient alors une *cannelle* nommée *fontaine* ou *chèvre* par laquelle s'écoulait le vin qui, reçu dans des *sapines*, était ensuite vidé dans un tonneau voisin pourvu d'un entonnoir.

Lorsque le vin ne venait plus, on inclinait peu à peu le tonneau à la main ou à l'aide d'une chèvre portative et on laissait écouler le liquide, examinant dans une tasse en argent le moment où il commence à se troubler; en fermant le robinet, on arrêtait l'opération.

Ce mode opératoire est encore employé pour les vins ordinaires.

Le soutirage au siphon consiste à introduire cet instrument par la bonde et à faire écouler le liquide en enfonçant peu à peu la branche jusqu'au moment où le vin apparaît trouble ; on ferme alors le robinet disposé sur l'autre branche.

Mais, le plus souvent, on soutire à l'aide du soufflet et du corps. Dans ce but, on dispose un robinet droit auquel s'adapte un boyau terminé par une tête en bois allant à la bonde du tonneau à remplir. Pour laisser entrer l'air, on perce avec le foret une ouverture, puis on ouvre la cannelle. D'après le principe des vases communiquants, tout le liquide passe d'un fût dans l'autre, s'ils sont gerbés à des hauteurs différentes, ou se mettent du même niveau s'ils sont sur le même plan.

Dans ce dernier cas, on adapte à la bonde un soufflet et par la pression on chasse peu à peu le liquide jusqu'à l'orifice du robinet ; on ferme alors, on démonte le soufflet, on enlève le boyau ou corps, puis on finit le soutirage à la sapine et à la tasse.

Les vases vinaires que l'on emploie doivent toujours être francs de goût, avoir contenu du vin de même qualité et être soigneusement lavés et méchés.

Collage. — Le vin nouveau, ainsi séparé de ses grosses lies, ne présente pas tout le brillant qu'il aura par la suite ; il devra être collé. Pour les vins nouveaux, on opérera de la manière suivante : cinq blancs d'œuf seront battus avec soin à l'aide d'un petit balai en bois ; on ajoutera un verre d'eau et un à deux litres du vin, puis, après avoir bien mélangé le tout, on le versera dans la pièce ; on mélange alors à l'aide d'un bâton fendu en quatre, puis on remplit le fût et on fixe la bonde en ayant soin d'adapter un linge qui aura été trempé dans l'alcool et qui sera disposé entre celle-ci et les parois de l'ouverture. On évite ainsi l'introduction de germes qui pourraient pénétrer à l'intérieur des fûts lors des contractions qu'éprouve le liquide et qui ont pour effet de produire une certaine aspiration du dehors au dedans.

Le vin ainsi collé est laissé six semaines au moins au repos, puis vers le mois de juin, mais toujours avant la floraison de la vigne, on soutire à nouveau ; cette opération se nomme le *relève de sur colle*.

Ce soutirage est très important et exige des soins particuliers. Il faut que les fûts aient été complètement rincés et nettoyés ; on y fait brûler un centimètre de mèche soufrée ou à la violette. Il faut encore que le tonneau ait été soigneusement égoutté ; certains tonneliers y versent un litre de bon cognac ou du trois-six de vin et roulent ensuite soigneusement le fût afin que toutes les parties s'en imprègnent bien. On a alors un vase vinaire absolument stérilisé.

On procède ensuite au soutirage à l'aide du boyau et du soufflet ainsi qu'il a été dit.

Le vin qui a passé l'automne et a subi l'influence de la floraison et de la maturation du raisin a nécessairement travaillé ; on le rafraîchit par un soutirage qui est effectué en novembre. Il est assez intéressant de remarquer que ce liquide éprouve toujours une sorte de fermentation secondaire, de travail plus actif à toutes époques critiques de la végétation de la vigne et notamment au débourrage, à la floraison, à la véraison et à la vendange ; il semble, en quelque sorte, suivre cette végétation dans chacune de ses phases de développements.

Les années suivantes, l'on soutire les vins fins au printemps et à l'automne, et ce jusqu'à ce que soit venue l'époque de la mise en bouteilles. D'habitude, ce moment n'arrive pas avant la quatrième année ; du reste, plus le vin est solidement constitué et moins vite il est fait. Nous avons observé que le plus ordinairement la durée du vin en bouteilles varie de trois fois et demi à quatre fois le temps où il est resté en fût, ainsi un vin qui aura quatre ans de tonneaux pourra raisonnablement durer en bouteille de 14 à 16 ans.

Bien entendu, cette règle souffre des exceptions, mais néanmoins elle peut servir de guide dans nombre de cas.

Le vin destiné à la mise en bouteilles doit être collé légèrement et à deux reprises différentes ; nombre de tonneliers pensent que c'est en mars-avril que l'époque est la plus favorable pour effectuer cette opération.

Vins divers. — Les *passe-tous-grains* ou grands ordinaires sont généralement composés de un tiers de plants fins et deux tiers de bons gamays de choix, c'est-à-dire venant dans les coteaux.

Ces vins demandent les mêmes soins que les vins fins ; ils doivent être soutirés et collés aux mêmes époques de l'année. Nécessairement, ils ont moins de finesse que les premiers et, dès la seconde année, ils acquièrent un bouquet qui les fait rechercher par le commerce.

Les *gamays* ou *ordinaires*, qui le plus souvent sont consommés dans l'année ou dans celle qui suit leur fabrication, exigent beaucoup moins de soins. On les loge le plus souvent en foudres, plus rarement en demi-muids. Les vases vinaires doivent nécessairement avoir bon goût. Dès le début, on les remplit tous les mois, puis on soutire en mars et en automne, et ordinairement on ne les colle que si l'on veut qu'ils soient prêts plus vite. En général, pour les soutirages, on n'emploie que la pompe aspirante et foulante, très douce et seule capable d'activer l'opération.

Gerbage. — Les fûts sont placés sur des poutrelles ou *chantiers* de 0^m30 à 0,35 de hauteur, la bonde en haut, de manière à pouvoir introduire le bec du broc servant au remplissage.

Ils sont alignés sur un rang et calés avec quatre taquets en bois, laissant entre chacun d'eux un espace de deux à trois centimètres afin que si l'on veut *remplir*, toutes les pièces puissent alors facilement se lever sur cales lors du soutirage.

Les fûts gerbés doivent être bien d'aplomb, penchés d'un ou deux centimètres en avant. Il est bon que les lies qui se précipitent soient aussi peu remuées que possible lorsque l'on achèvera le soutirage.

Le *gerbage*, dont nous avons déjà parlé, est une opération qui consiste à superposer les fûts les uns sur les autres. On utilise dans ce but soit un *poulain* (sorte d'échelle), soit des appareils gerbeurs rappelant les monte-charges. Le fût à son rang, on aligne la première pièce au cordeau, et l'on continue à superposer suivant la hauteur de la cave. On gerbe en deuxième, troisième, rarement quatrième rang.

Les vins blancs sont plus délicats à soigner, car ils sont sujets à de nombreuses maladies dont la principale est la *graisse*. Avant de les envaisseler en fûts neufs, ceux-ci doivent être échaudés avec de l'eau dans laquelle on a mis une poignée de gros sel afin que le tannin coloré que renferme le fût ne communique pas sa teinte jaune au liquide. D'autre part, on ne mèchera pas les tonneaux, l'acide sulfureux produit arrêtant la fermentation.

Il faut avoir soin, pendant tout le temps que dure ce travail, de remplir les fûts, et de ne *bonder* que 5 ou 6 semaines après qu'il ne sort plus d'écume. On remplira alors tous les mois jusqu'au *soutirage*, lequel s'effectue en mars comme pour le vin rouge et avec les mêmes outils, mais on mèchera les fûts avec deux centimètres de mèche soufrée, ce qui arrête la fermentation et empêche le jaunissement du liquide. Ajoutons que pour le *collage* on emploiera *l'ichthyocolle*, la gélatine, etc.: le blanc d'œuf seul n'agissant pas suffisamment.

Après six semaines de repos, on soutire et on laisse reposer jusqu'au mois suivant ; les années suivantes, on répète cette opération en mars et novembre jusqu'à la mise en bouteilles, ayant soin de ne jamais loger les vins vieux dans les futailles neuves. Ils y prendraient un goût de bois qui ne disparaîtrait plus par la suite et leur enlèverait toutes qualités.

Il arrive que les vins, malgré les soutirages et collages, éprouvent une fermentation trop active au moment où le raisin arrive à maturité. On doit alors pratiquer une ouverture dans le fût pour laisser échapper l'acide carbonique puis effectuer, en août, un soutirage.

Si, en méchant un fût, la mèche ne veut pas brûler, c'est que celui-ci ne renferme pas d'air ; dans ce cas il faut commencer par en introduire à l'aide d'une pompe.

Mise en bouteilles. — A partir de la troisième année et à la suite des collages et soutirages, les grands vins sont dépouillés de toutes leurs impuretés. On peut alors opérer la *mise en bouteilles*.

Le moment où elle peut être effectuée a été discuté. Ceci dépend, croyons-nous, de la nature des cuvées et de l'état des caves. Si celles-ci sont saines, propres, solidement construites et non sujettes aux trépidations, le vin se fera plus lentement, se conservera très bien. Au contraire, le vin sera-t-il constamment agité, des gaz plus ou moins méphitiques se dégageront-ils du sol? le vin, se faisant trop vite, sera sujet à de nombreuses maladies qui viendront en altérer rapidement les qualités.

En somme, le point de départ de la conservation du vin sera l'état de la cave. Jamais il ne doit y avoir de liquide répandu sur le sol, car celui-ci engendrerait des ferments dangereux; les marres et les fûts seront toujours nettoyés avec soin pour les débarrasser des moisissures et leur enlever toute odeur.

Jadis, on a prétendu que rien n'était plus préjudiciable au vin que de le mettre en bouteilles l'hiver; pour nous, il nous paraît que, abstraction des jours où le thermomètre est le plus bas, on peut tirer le vin, depuis le mois de mars à la fin de mai, sans avoir rien à redouter pour son avenir.

Indépendamment de la dégustation qui fixe le *maître tonnelier* sur ce point, on a conseillé de reconnaître que toute trace de fermentation est terminée, en pratiquant à l'aide du foret une ouverture dans le fût. Si ce liquide jaillit, c'est que la pression intérieure est supérieure à celle extérieure; il y a donc encore de la fermentation. Dans le cas contraire, l'air, en pénétrant, fait entendre un sifflement, ce qui marque que la pression est plus faible intérieurement; tout travail du liquide est donc terminé.

Les bouteilles à remplir sont rincées et égouttées soigneusement; on y passe ensuite du bon cognac. Les bouchons de première qualité sont assouplis pendant 24 heures dans l'eau froide ou 2 heures dans l'eau chaude; souvent on les trempe dans du vin provenant de la cuvée.

Les bouteilles cuites au bois sont préférables à celles cuites au coke, car elles se décomposent moins facilement sous l'influence du liquide; en outre, il faut qu'elles soient toujours en verre coloré, la lumière ayant une action moins rapide que sur le verre blanc.

Le tirage se fait à la chèvre à un ou deux becs, puis, si les bouteilles ne doivent pas voyager, elles sont bouchées à l'*aiguille* et le col est ciré pour prévenir toute attaque des insectes.

Les tonneliers nomment *aiguille* un appareil spécial qui permet de forcer le bouchon dans le col de la bouteille. On en connaît de bien des sortes : l'aiguille la plus simple se compose de deux cylindres creux réunis par une charnière ; dans le cylindre supérieur existe un piston sur lequel le tonnelier pourra frapper avec un maillet ; dans l'inférieur, où la conduite affecte la forme d'un tronc de cône, on dispose le bouchon.

Refermant alors l'appareil, on l'applique sur la bouteille. Le bouchon, sous l'effet du choc, est forcé de parcourir la conduite intérieure, se trouve peu à peu comprimé et pénètre enfin dans le col de la bouteille, le diamètre intérieur de la partie de l'aiguille appliqué sur le goulot étant plus petit que celui de cette ouverture.

Transport des vins. — Bien qu'il soit préférable de faire voyager les vins en fûts, il y a des cas où on est forcé de les mettre auparavant en bouteilles. Dans ces conditions, on laisse un vide de trois centimètres au moins entre le bouchon et le liquide pour faciliter la dilatation.

Comme, à l'arrivée, il peut s'être formé un dépôt, il faudra avoir recours au *dépotage* ou transvasage, ce qui exige des machines spéciales et des tonneliers habiles. Une bonne précaution, dans le cas où une bouteille doit être transportée, est de faire une marque à la craie pour indiquer le côté sur lequel elle était couchée, afin qu'à l'arrivée on puisse la remettre dans la même position.

Il arrive quelquefois que les vins blancs présentent un dépôt cristallisé assez volumineux, ce qui étonne les amateurs. Ce dépôt ne peut en rien altérer le liquide, formé qu'il est par des tartrates de chaux insolubles qui sont dus à la nature même des climats dans lesquels le raisin a été récolté.

Quant aux vins ordinaires, ils sont conservés en fûts, et bien des personnes se contentent de les tirer au tonneau au fur et à mesure des besoins. C'est là une grave erreur, car on aurait tout intérêt à les mettre en bouteilles où, tout en se conservant mieux, ils ont une plus grande limpidité et acquièrent un bouquet plus délicat.

Les bouteilles s'empilent les unes sur les autres, le col de l'une étant en regard du ventre de l'autre ; on sépare chaque rang par des lattes qui les maintiennent horizontales. Il est préférable, dans les habitations, d'avoir des casiers fermés où l'on peut serrer, par exemple, la valeur d'une feuillette, soit 150 à 160 bouteilles ; ceux-ci doivent être construits en bois vu que le bois est moins sensible que le fer aux vibrations du sol.

Chez les négociants existent des installations spéciales et des caveaux tout particulièrement arrangés pour conserver les bouteilles. Sur chaque tas on place une fiche donnant tous les renseignements nécessaires à la connaissance des cuvées.

Les vins, qu'ils soient conservés en fûts ou en bouteilles, sont sujets à des maladies et à des accidents qu'il ne faut pas confondre avec les défauts résultant de vices de constitution, c'est-à-dire de l'absence ou de l'insuffisance d'un de leurs principes constitutifs.

Maladies, défauts, accidents, soins particuliers. — C'est M. Pasteur qui, à la suite de ses remarquables travaux effectués en 1864 sur les maladies des vins et particulièrement sur ceux du Jura, a formulé pour la première fois cet axiome, que « chaque maladie est causée par un ferment particulier ».

Ce fait très important a fait luire un jour tout nouveau sur la question et a permis d'établir les traitements rationnels des maladies des vins.

Une de celles que l'on rencontre le plus souvent dans les tonneaux et les bouteilles en vidange, est la *fleur*, qui en précède une beaucoup plus sérieuse l'*acescence*.

Le vin, atteint de la fleur, se couvre d'une pellicule blanche plus ou moins épaisse, et qui, examinée au microscope, présente des articles allongés, espèces de cellules à l'intérieur desquelles on aperçoit deux sortes de noyaux. Ces cellules se distinguent surtout du ferment de l'acescence en ce qu'elles ne restent pas en chapelet, elles sont souvent de formes différentes ; c'est ainsi que M. Pasteur en signale une variété en globules sphériques, non ramifiée ; le diamètre de ces cellules varie de deux à six millièmes de millimètre.

Les savants nomment ce ferment le *mycoderma vini*. Il agit en vivant aux dépens d'une partie de l'alcool du vin qu'il brûle et sur lequel il porte l'oxygène de l'air en donnant de l'eau et de l'acide carbonique. Il n'altère donc pas le liquide, mais l'affaiblit ; par l'ouillage on force ces levures à monter à la surface des fûts et des bouteilles et on s'en débarrasse.

La fleur n'apparaît pas là où il n'y a pas d'oxygène ; par suite, ce n'est que dans les vases vinaires négligés qu'on la rencontre. Elle se porte de préférence sur les vins faibles en alcool, et à acidité élevée.

Cette maladie serait peu redoutable si elle n'était le prélude d'une autre beaucoup plus grave, l'*acescence* ou transformation du vin en vinaigre.

Acescence. — Si, en effet, dans ses débuts, le *mycoderma vini* est le plus ordinairement seul, il ne tarde pas à être accompagné d'une autre cellule nommée *mycoderma aceti*.

Il se présente au microscope sous formes de cellules ovales, très allongées dont la longueur est double de la largeur, celle-ci ne dépassant guère 15 dix-millièmes de millimètre ; ces cellules en chapelets se multiplient par étranglement et sisciparité.

Au point de vue chimique, cette cellule s'empare de l'oxygène de l'air et le porte sur l'alcool du vin qui est transformé en acide acétique ou vinaigre.

L'origine de cette maladie provient de la mauvaise tenue des vases vinaires. Ceux-ci doivent donc être rigoureusement nettoyés. On l'évite en empêchant l'air de pénétrer et d'apporter son oxygène.

Sitôt que la fleur et l'acescence apparaissent, et avant que le vin ne soit atteint, on éliminera ces cellules en *ouillant* avec du vin à fort degré alcoolique.

Par suite, on forcera ces cellules, encore à la surface, à s'écouler par la bonde ou le goulot de la bouteille.

Avec une tarière, on peut pratiquer des ouvertures dans le tonneau et voir jusqu'à quelle profondeur le liquide est atteint. Si cette profondeur est peu considérable, on soutire le liquide puis on le fait passer sur des lies fraîches pour lui redonner du corps remplissant ensuite avec du vin riche en alcool.

Si l'altération est plus profonde, on conseille de saturer l'acide acétique avec du carbonate de chaux, etc. Mais nous croyons que le meilleur sera encore de le transformer complètement en vinaigre, car il est très compromis. Dans tous les cas, il faudra le livrer à la consommation aussi vite que possible.

Cette décomposition ne se manifeste d'ailleurs que dans les vins mal soignés. Disons aussi que l'on n'est pas d'accord sur son origine, qui peut provenir de ce que le vin, lorsqu'il était en cuve, a subi un commencement d'acétification, le chapeau qui s'aigrissait ayant été refoulé dans la masse du liquide, ou bien encore de l'absence de soins lors du décuvage et des soutirages.

On peut prévenir cette décomposition par le chauffage dont nous parlons plus loin.

La *pousse* se rencontre assez rarement dans les vins de Bourgogne ; elle provient surtout de ce que les caves dans lesquelles on les conserve sont trop chaudes. A la dégustation, apparait un excès d'acide carbonique qui force le vin à jaillir avec violence si on pratique une ouverture dans le tonneau ; en même temps, il présente un goût douceâtre, se trouble et devient noirâtre à l'air.

Cette maladie est produite par des filaments ténus ayant à peine un millième de millimètre de diamètre et analogues à ceux du *tour* dont elle est très voisine.

M. Duclaux a établi qu'il y avait fermentation des tartres, avec dégagement d'acide carbonique et acétique.

Les traitements pour la combattre sont délicats. M. de Vergnette-Lamotte signale une ancienne pratique consistant à brasser le liquide avec un fer rouge. On a également proposé des soutirages fréquents, le mutage et le vinage. Pour muter, on brûle de la mèche pendant que le vin s'écoule ; les vapeurs d'acides sulfureux sont ainsi appelées à l'intérieur et se condensent ; il suffit alors de remettre le liquide que l'on a enlevé pour que la masse se trouve imprégnée de ce gaz.

Le *tour* peut se rencontrer dès le travail de la cuve. Le vin qu en est atteint se décolore et a un goût désagréable ; s'il ne parvient pas à se clarifier, ceci tient à ce que le raisin est pauvre en principes propres à en assurer la conservation. Les raisins qui ont été atteints de maladies cryptogamiques et notamment du mildiou y sont surtout sujets, ainsi que nous avons pu le constater nombre de fois à l'examen microscopique et analytique.

Rare également en Bourgogne, le tour est spécial aux vins du midi. Au soutirage, le vin se trouble, et, à l'analyse, on constate l'absence du tannin et la pauvreté en acide tartrique ; mais il n'y a pas d'acide acétique produit ; le ferment est peu différent de celui de la pousse, et bien des œnologues confondent ces deux maladies.

La guérison offre des difficultés. Des tartriquages et tartrages donnent d'assez bons résultats ; le coupage avec des vins verts et le chauffage sont également à conseiller.

La *graisse* est une maladie spéciale aux vins blancs, quoique les rouges en soient quelquefois atteints. Elle se rencontre aussi bien sur les ordinaires que sur les grands vins, auxquels elle donne un aspect mucilagineux ; ils s'écoulent sans bruit et comme s'ils étaient transformés en une matière grasse.

Au microscope on constate que le ferment est composé de globules sphériques, réunis en chapelets, et que ceux-ci ont un diamètre variable oscillant entre un millième de millimètre.

Pendant longtemps, on a cru que cette maladie était due à l'excès de substances glutineuses. Il n'en est rien ; M. Pasteur a montré qu'elle était le fait d'un ferment enveloppé d'une matière gélatineuse qui donne au vin son aspect particulièrement visqueux.

L'addition de tannin, en coagulant la matière albuminoïde,

permet d'arrêter la maladie, si elle n'est pas trop ancienne, 15 à 20 grammes, dissous dans un litre d'alcool par pièce, sont le plus ordinairement suffisants ; un léger collage est ensuite nécessaire pour enlever le ferment précipité.

Une solution, obtenue en faisant macérer des pépins secs et pilés dans de l'eau chaude et en filtrant ensuite, est également employée avec succès.

L'*amer* ou *vieux* est spécial aux vins de notre région et, malheureusement, cause souvent de grands dégâts. Son point de départ a pour origine une de leurs qualités, leur finesse, tenant à leur pauvreté en tannin.

Cette maladie a été étudiée par nombre de savants. Pour le Dr Morelot, dès que le vin cesse son travail de fermentation insensible, tous ses éléments constitutifs se séparent et ce n'est plus du vin mais un amalgame de substances ayant un goût *amer* et désagréable qui reste, c'est le *caput mortuum* du liquide.

Le même œnologue signale des vins qui, après avoir été atteints de cette maladie, se sont remis, ce qui semblerait justifier la théorie de M. de Vergnette-Lamotte, qui distingue deux amertumes, la première atteignant les vins dès la deuxième et troisième année de leur âge, et l'autre constatée uniquement sur les vins très vieux.

Les tonneliers disent, dans le premier cas, que ce vin *doucine*. Ajoutons que par ces altérations il devient amer ; la matière colorante se précipite, les tartres se décomposent. M. de Vergnette-Lamotte (1) écrit alors :

« Il n'est pas nécessaire que les symptômes du mal soient aussi avancés que nous venons de le dire pour que nos vins perdent une grande partie de leur valeur. Que le bouquet soit altéré, que la franchise ne soit pas entière, et voilà un vin qui valait 500 francs et qui n'en vaut plus que 100, et une bouteille de Pommard qui, payée 15 francs, vaudra à peine un franc. »

M. Pasteur n'admet pas les deux genres de maladie, le même ferment en étant la cause initiale ; seulement la différence de milieu, selon que le vin est jeune ou vieux, modifie l'aspect du parasite.

Si on examine le dépôt formé, on voit que le ferment se présente sous forme de branchages composés de filaments ténus, non motilés, ayant un millième de millimètre de diamètre, séparés en longs articles, enchevêtrés les uns dans les autres et recouverts de

(1) Déjà cité.

la matière colorante qui s'est précipitée. Suivant l'âge des vins, ces filaments éprouvent quelques modifications de formes : si celui-ci est vieux le dépôt est moins régulier, et la glycérine, beaucoup plus longue à disparaître que dans les vins jeunes.

Ce mal est très difficile à combattre. Au début, il faut dépoter les bouteilles ; on a également conseillé le mutage, l'addition de lies fraîches, des collages, etc., qui améliorent pendant un certain temps les vins, mais il est prudent de les consommer rapidement.

Si la maladie est ancienne ou si le vin est vieux, on ne connaît plus de moyens curatifs.

Les accidents qui arrivent aux vins sont le plus souvent causés par le manque de soin ; c'est ainsi qu'ils peuvent prendre le *goût de fût*, si les vases vinaires sont malpropres ; de *bouchon*, si les bouteilles ont été fermées avec des bouchons altérés et non cirés ; de *soufre*, s'ils ont été obtenus de raisins trop soufrés ou envaisselés dans des fûts trop méchés ; de *pourri*, si le vin a été collé avec des œufs gâtés, etc.

Le plus souvent, un traitement à l'huile d'olive, à raison de un litre par pièce, et que l'on émulsionne dans le liquide par un battage énergique, suffit à enlever le mauvais goût, ou tout au moins à l'atténuer. On éliminera l'huile, montée à la surface après un repos de vingt-quatre heures, soit par un soutirage ménagé, soit mieux en faisant le plein dans la futaille, ce qui la forcera à s'écouler par la bonde.

Notons que les vins de la Côte-d'Or ne présentent pas de *défauts*. Les grands vins sont relativement un peu faibles en tannin mais cela est inhérent à leur nature même, il est une des causes de leurs qualités.

Pasteurisation, Congélation. — *Pour remédier* aux maladies des vins, indépendamment des moyens indiqués tout spécialement pour chacune d'elles, il en est deux qui doivent être considérés comme traitements généraux et plutôt préventifs que curatifs, car ils ont pour but de stériliser les germes de décomposition que les vins peuvent renfermer. Nous voulons parler du *chauffage* et de la *congélation* qui s'appliquent surtout ; le premier, aux ordinaires, et le second aux grands ordinaires et passe-tous-grains.

Chauffage. — Dès 1827, Gervais avait conseillé de chauffer les vins pour éliminer les ferments qu'ils contiennent, mais ce n'est que le 1ᵉʳ mai 1863 que l'Académie des sciences fut saisie d'une note de M. Pasteur relative à son procédé de conservation des vins par le chauffage préalable (1).

A cette même date, M. de Vergnette-Lamotte donnait connaissance à la même Académie d'une note dans laquelle il établissait qu'un chauffage préalable des vins en vase clos, à 50 degrés seulement au lieu de 75, suffisait pour assurer leur conservation et restait dans des limites qui n'altèrent ni leur finesse, ni leur bouquet (2).

Constatons que le brevet de M. Pasteur est un peu antérieur à cette communication puisqu'il avait été pris le 11 avril 1865.

Quoi qu'il en soit, M. Pasteur s'est livré à de nombreuses expériences sur le chauffage des grands vins et des ordinaires. Les résultats obtenus sont consignés tout au long dans son remarquable ouvrage sur le vin; nous en extrairons quelques données relatives aux vins de notre région.

Le 26 octobre 1865, deux des principaux négociants de Paris dégustèrent des vins chauffés en bouteilles et constatèrent que :

« Un vin de Pommard 1863 (3), livré par M. Marey-Monge, bouteilles chauffées à 60° fin de juillet, et bouteilles du même vin, non chauffé.

Appréciation des experts. — « Le chauffé est supérieur au non chauffé; la couleur est la même, mais toujours plus vive dans le chauffé.

« La limpidité du vin chauffé est parfaite, pas encore de dépôt du tout. Le non chauffé offre un dépôt considérable et flottant qui, examiné au microscope, montre des fils très longs, d'autres très petits, et enfin des granulations sphériques. Il a un goût d'amertume qui ne se retrouve que très faiblement dans le vin chauffé.

« Vin de Gevrey-Chambertin de 1859, acheté chez le propriétaire au prix de 5 francs la bouteille; bouteilles chauffées le 16 mai à 63°; bouteilles du même vin non chauffé.

Appréciation des experts. — « Limpidité très grande et même couleur dans les deux cas. Autant de finesse et autant de bon goût dans le chauffé que dans le non chauffé, avec légère maigreur de plus dans le chauffé. »

D'autre part, d'un rapport de la sous-commission chargée de constater les résultats des expériences de M. Pasteur sur la con-

---

(1) *Etude sur le vin*, par M. Pasteur, page 219.
(2) *Lettre* au *Journal de l'agriculture pratique*, datée du 19 septembre 1860.
(3) *Etude sur le vin*, par M. Pasteur, page 239.

servation des vins (1), il résulte que le procédé de Pasteur avait pour effet de maintenir limpide le vin qui s'y trouve soumis et de lui conserver généralement son goût et sa couleur.

M. Pasteur ajoute que, si à l'origine il chauffait les vins jusqu'à 75 degrés, peu après il a diminué la température, s'assurant que l'on pouvait descendre à 50 et 55° et peut-être même un peu au-dessous ; or, il n'est pas douteux que si la température de 50 à 55° est suffisante pour tuer les germes des parasites, elle est moins capable d'altérer le vin, son bouquet, sa couleur, etc.

De son côté, M. de Vergnette-Lamotte arrivait à des conclusions peu différentes et qui sont exposées *in extenso* dans son ouvrage sur le vin, auquel nous renvoyons le lecteur désireux de s'instruire à ce sujet.

Notre intention n'est point de trancher la question si importante de priorité entre ces deux savants, mais, en tous les cas, il est incontestable que M. Pasteur, grâce à la haute autorité qui s'attache à son nom, a des plus contribué à vulgariser ce mode opératoire auquel la reconnaissance des négociants a donné le nom de *pasteurisation*.

Depuis, nombreux sont les inventeurs qui ont cherché les appareils les plus propres à la pasteurisation. Au rang des plus complets, signalons celui de M. Houdart, dans lequel le vin circule dans deux colonnes, la première étant le chauffe-vin et la seconde le réfrigérant. La température est constante, grâce à un thermosiphon soigneusement réglé. Le vin introduit dans l'appareil entre 15 et 20° est chauffé à 59-60° et ressort à la température initiale. Le refroidissement du vin étant obtenu par le liquide lui-même, la dépense est très minime : elle peut s'élever à 10 ou 12 centimes par hectolitre.

Remarquons que le chauffage convient surtout aux vins ordinaires à faible degré alcoolique ; elle est loin d'être générale dans notre vignoble.

Congélation. — Un autre procédé d'amélioration et de conservation du vin est la *congélation*. Il serait à désirer que cette pratique se généralisât dans les conditions que nous allons indiquer

Un des premiers à la conseiller fut M. de Vergnette-Lamotte (2).

---

(1) Composée des premiers dégustateurs de Paris, la sous-commission examina 21 échantillons de vins des diverses régions de la France où figuraient de nombreuses bouteilles de grands vins et ordinaires de Pommard Nuits, Volnay, etc., les vins étaient chauffés à des températures comprises entre 50, 70 et 75 degrés.

(2) Déjà cité.

Ainsi qu'il l'avait fort bien dit : « les grands vins de notre arrondissement ne se montrent réellement pour ce qu'ils peuvent être que quinze mois environ après la récolte ; il est donc possible que certains d'entre eux, qu'on avait jugés favorablement dès le principe, paraissent alors faibles et peu susceptibles d'être consommés sur place. »

Dans ce cas, ajoute-t-il, il faut avoir recours, si on ne l'a fait dès le début, au procédé de la congélation ; puis il examine cette question dans son ouvrage sur le vin, donnant des renseignements très intéressants.

Ces premières remarques nous ont conduit à rechercher l'action du froid sur le vin qui se congèle. Voici comment le mémoire, écrit à ce sujet, est apprécié par le *Moniteur vinicole* (1) qui en donne le résumé :

« A l'école de viticulture de Beaune, M. Danguy a fait des expériences qui lui ont permis de poser en principe que les vins, pour être soumis à la congélation, doivent provenir de crus de force alcoolique moyenne, afin qu'il y ait intérêt à les concentrer, sous l'action du froid, sans que le prix de vente soit grevé d'un quantum hors de proportion avec celui de la cuvée. De plus, le vin ne doit pas être réduit au delà de 10 0/0 en moyenne ; en effet, passé ce taux, la congélation deviendrait trop dispendieuse.

La première condition écarte immédiatement les grands vins, car leur force alcoolique et leur charpente sont telles qu'il n'y a pas intérêt à les congeler et le prix en est trop élevé pour qu'on réduise leur volume. Ce sont donc les vins ordinaires seuls, qui peuvent être traités.

Lorsque le vin se refroidit, il se trouble ; ce phénomène est dû à la précipitation de matières colorantes azotées, de tartres, de gommes et principes ternaires. Les tannins sont surtout formés des principes colorants bleu et rouge, moins fixes que le principe jaune qui reste toujours dans le vin. Nous avons constaté ce fait à l'occasion d'autres études sur les coupages de vins naturels et de raisins secs ou de sucre, et que nous publierons un jour.

Les matières gommeuses, mucilagineuses, pectiques, puis le ferment alcoolique, mélangé aux autres germes de décomposition, se précipitent ensuite, les tartres à l'état de sels doubles se déposent en même temps.

Cette élimination, qui ordinairement n'a lieu qu'à la longue et

---

(1) *Traité pratique des vins*, publié sous la direction de M. P. L. Sourd, avec la collaboration des rédacteurs du *Moniteur vinicole*, 3e édition, 1892.

sous l'action de collages et soutirages, se produit ici en une seule fois. Par suite, des qualités nouvelles, bonnes si le vin est d'un bon cru, mauvaises s'il est misérable et acide, apparaissent d'un seul coup.

La précipitation commence à partir de 6° au-dessous de zéro ; elle s'accentue jusqu'à 12°, point qu'il est inutile de dépasser pratiquement, si on ne veut trop réduire le vin.

L'opération se fait dans des appareils dits « sabotières » en fer blanc étamé pour les préserver de l'action des acides du vin. Leur hauteur sera égale à deux fois et demie environ le plus grand diamètre ; on se réglera du reste, pour cette détermination, sur la capacité des récipients dans lesquels ils sont placés. La pipe du Midi ou le tonneau bourguignon servent le plus ordinairement. Un couvercle fermera l'appareil en fer blanc que l'on remplira seulement jusqu'aux 8/10 à cause de la dilatation résultant de la congélation.

Une fois la sabotière disposée dans le vaisseau qui doit la contenir, le vin est versé dans celle-ci et le couvercle posé. Le mélange réfrigérant est alors constitué autour entre le bois du tonneau et les parois métalliques de l'appareil ; on utilise le sel et la glace par couches alternatives, dans les proportions de 4 kilog. de sel par 50 k. de glace ; on peut forcer la dose du premier au début pour refroidir plus vivement les vaisseaux dans lesquels on opère. L'eau produite par la fusion de la glace devra être retirée à l'aide d'un robinet disposé à la base du tonneau.

Dans des conditions convenables de temps et de pression atmosphérique élevée, on a observé que des sabotières de 110 à 120 lit. chargées le soir vers 4 heures pouvaient être dépotées le lendemain à 11 heures alors que, pour celles de 200 litres il convenait d'attendre près de vingt-quatre heures. Le déchet est de 8 0/0 environ.

Le dépotage doit se faire avec le plus grand soin à l'aide d'une pompe douce ne produisant aucun mouvement d'agitation. Les tonneaux contenant le vin traité sont ensuite placés dans un lieu bien froid, afin que le liquide ne soit pas altéré par un changement trop brusque de température. Par le repos, il se forme au fond des fûts une lie noirâtre composée des derniers résidus non précipités par la congélation.

En outre, des analyses nombreuses ont été faites de vins, avant et après la congélation.

En voici le résumé :

	Densité à 15 degrés	Alcool en poids	Alcool en degrés p. 100	Extrait à 100 degrés	Mat. red. la l. Fehling	Acidité totale en $SO^3 HO$	Sulfate de KO p. litre	Tartres, par litre	Acides volatils	Tannin, par litre	Glycérine, par litre
	gr.	gr.		gr.	gr.	gr.	gr.	gr.	gr.	gr.	
Avant la cong.	995,4	101,57	12°58	24,58	2,39	5,07	0,24	2,99	1,80	0,64	4,78
Après id.	995,4	110,13	13,65	26,03	2,19	5,40	0,25	3,01	1,88	0,67	4,95
Vin dépôt	995,3	89,36	9,51	27,28	3,30	4,71	0,18	3,82	1,14	1,00	4,70
Glace fondue	998,6	43,31	5,14	10,94	0,54	2,42	0,063	0,42	0,79	0,16	1,90

L'examen analytique des vins soumis à la congélation nous indique donc en somme que :

1° La densité varie peu, elle diminue par l'alcool et augmente par la concentration.

2° L'alcool, en poids, augmente d'environ 10 pour 1000, diminue dans le vin des dépôts, existe en assez forte proportion dans la glace fondue.

3° L'alcool en degré subit les mêmes modifications.

4° Pour l'extrait sec à 100° le rapport de 2 gr. par degré d'alcool existe à peu de chose près ; dans les vins de dépôt et la glace il n'existe plus.

5° Les matières réduisant la liqueur de *Fehling* se précipitent sous l'action du froid et se retrouvent dans les dépôts.

6° Pour l'extrait réduit, même observation que pour l'extrait à 100°.

7° Le sulfate de potasse est bien au-dessous de 0 gr. 5 par litre, caractéristique des vins de Bourgogne.

8° Les tartres sont légèrement précipités dans les dépôts.

9° Les cendres croissent porportionnellement aux extraits.

10° Le rapport des cendres à l'extrait est en moyenne de 8.71.

11° L'acidité totale augmente légèrement par la congélation.

12° L'acide alcool est dans la moyenne indiquée par M. Gautier pour le vin non gelé, et la dépasse légèrement dans les vins gelés.

13° Le rapport de l'alcool à l'extrait réduit est dans la moyenne indiquée par le Comité consultatif des arts et manufactures.

14° Les acides volatils, qui sont en grande partie le point de départ du bouquet augmentent généralement.

15° Le tannin augmente par le fait de la congélation, chose importante pour les vins bourguignons qui en contiennent une proportion inférieure à la moyenne de 1 gr.

16° La glycérine croît avec la concentration.

17° Le rapport entre l'alcool en poids et la glycérine est compris entre 23,15 et 25,43.

Au point de vue analytique, les vins gelés ne peuvent se distinguer des vins qui n'ont pas subi cette opération, si l'on n'a à sa disposition un échantillon de la même cuvée. Il en est de même à la dégustation. Le vin, au sortir de l'appareil de congélation, a gagné du corps, de la solidité, de la chair. Le bouquet, un peu masqué, reparaît bientôt, car les acides volatils existent en fortes proportions. Au bout de deux mois de repos, on constate que la finesse caractéristique des bonnes années se montre avec une telle intensité que le vin congelé n'est plus comparable au même vin non opéré. L'arôme spécial au cru n'est aucunement altéré. Ainsi qu'on le voit, la pratique de la congélation sagement appliquée rend les meilleurs services.

CLASSIFICATION DES VINS. — Le vin fait renferme tous les principes constitutifs qui doivent en assurer la conservation ; en un mot, il a son existence propre, il vit. En Côte-d'Or de nombreuses classifications ont été proposées pour distinguer les vins entre eux ; suivant la nature des climats (1) qui les produisent il y a évidemment des distinctions à faire, en tenant compte bien entendu de l'influence du cépage cultivé.

Lorsqu'il provient du *pinot fin* planté dans les sols de la Côte les mieux exposés, lorsque toutes les façons culturales nécessaires ont été mises en œuvre, que la récolte ainsi que la cuvaison, ont été faites suivant toutes les règles de l'art, que le vin possède une belle couleur, que tous ses éléments constitutifs sont harmonieusement liés entre eux, qu'il a un bouquet et un arome spécial, de la finesse, de la vinosité, que la cuvée est le produit d'un seul et unique cli-

---

(1) On nomme *climat* la portion du territoire dans laquelle le vin a été récolté, nécessairement il en existe plusieurs dans chaque commune lesquelles donnent des *cuvées* de natures différentes. Le climat est synonyme de cru, quoique ce mot désigne également une étendue de territoire plus vaste. Ajoutons que les vignerons évaluent les surfaces plantées en cépages fins en les rapportant à l'*ouvrée*, laquelle équivaut à 4 ares 28 cent., alors que celles plantées en gamays se mesurent le plus ordinairement au *journal* qui représente 34 ares 28 cent.

mat, qu'en un mot il présente une supériorité incontestée sur tous les autres, on considère le climat d'où il sort comme donnant une *tête de cuvée*. Bien peu nombreux sont malheureusement ceux où on en récolte.

Lorsque les qualités que nous venons d'indiquer sont un peu iminuées, on a des *premières cuvées*. Les fins dégustateurs établissent une différence entre ces deux divisions et on reconnaît des *premières cuvées extra*, en observant que la nuance est délicate à observer.

De même, suivant les années, on rencontre des *premières cuvées* et des *premières secondes cuvées*.

Sous le nom de *deuxième cuvée* on range les climats produisant des vins ayant moins de finesse, plus de couleur et quelques différences dans la charpente, un des éléments pouvant légèrement prédominer dans le rapport que nous avons indiqué.

Si, au premier abord, il arrive de les confondre avec les précédents, en dégustant avec plus de soin, on établit nettement la différence.

Sous le nom de *troisième cuvée* on peut ranger tous les vins obtenus du mélange du raisin produit par le noirien et le gamay, suivant le rapport dans lequel il a été fait ; on observe nécessairement de grandes différences dans les *passe-tous-grains*. En général, ces vins ont une belle couleur, du corps, de la vinosité et une certaine finesse ; ce sont des vins de garde par excellence.

Enfin, sous le nom de *quatrième cuvée* on range les vins obtenus par la vinification du gamay. Ces vins sont d'ordinaire moins alcooliques, plus durs que les derniers ; ils ont une grande franchise et de la couleur. Ce sont eux qui sont le plus souvent consommés sous le nom générique de *Bourgogne* ordinaire.

Pour les vins blancs, nous reconnaîtrons des têtes de *cuvées* dans les finages de Puligny, Chassagne, clos de Vougeot blanc, etc., puis des *premières cuvées extra* et *premières*, dans les *Meursault*, enfin des *secondes cuvées* dans beaucoup de communes viticoles.

Bien des œnologues ont essayé d'établir la comparaison entre les *cuvées* des divers finages ; nous ne citerons que celles qui nous paraissent les plus importantes. La première liste est extraite de l'ouvrage du Dr Lavalle (1) qui reconnaissant tout ce qu'un pareil sujet présente de difficulté ne la donne qu'à titre d'essai, et déclare qu'il la doit, sauf quelques modifications, à M. le Dr Duret, maire de Nuits.

(1) Déjà cité.

VINS HORS LIGNE (1)

TÊTE DE CUVÉE N° 1

Romanée-Conti, à Vosne.
Clos de Vougeot.
Chambertin et clos de Bèze, à Gevrey.

Viennent ensuite :

Clos de Tart partie des Bonnes Mares et Lambrays, à Morey.
Corton, à Aloxe (une partie).
Musigny, à Chambolle.
Richebourg et Tâche, à Vosne.
Romanée-Saint-Vivant, à Vosne (une partie).
Saint-Georges, à Nuits.

TÊTE DE CUVÉE N° 2

Beaux-Monts, à Vosne.
Boudots, Cailles, Cras, Murgers, Porrets, Pruliers, Thorey et Vaucrains, à Nuits.
Caillerets et Champans, à Volnay.
Clavoillon, à Puligny.
Clos-Morgeot, à Chassagne.
Clos-Saint-Jacques, Mazy et Varoilles, à Gevrey.
Clos-Saint-Jean et clos Pitois, à Chassagne.
Clos-Tavannes et Noyer-Bart, à Santenay.
Corton, à Aloxe (une partie).
Corvées, Didiers et Forêts, à Premeaux.
Echézeaux, à Flagey.
Fèves et Grèves, à Beaune.
Perrière, à Fixin.
Romanée Saint-Vivant, à Vosne (une partie).
Santenot, à Meursault.

Il est impossible de disposer les vins de ces deux sections autrement que par lettre alphabétique, sans s'exposer à de nombreuses erreurs et réclamations.

(1) Essai de classement des vins de la Côte-d'Or.

PREMIÈRE CUVÉE

Aloxe, Beaune, Chambolle, Flagey, Gevrey, Morey. Nuits, Pommard, Premeaux, Volnay et Vosne.

Sous la dénomination de premières cuvées, je réunis des vins de grande qualité, mais qui ne peuvent prendre le nom d'un climat particulier et renommé, attendu que ces cuvées ne sont pas d'un seul grain, mais composées de raisins provenant de lieux-dits ou climats divers, ou de pièces de vignes qui ne portent pa un nom admis dans le commerce.

DEUXIÈME CUVÉE

Ce sont des cuvées toujours de raisins noiriens ou pinots, mais de qualité inférieure. On trouve une grande quantité de vins de cet ordre tout le long de la Côte, depuis Gevrey jusqu'à Chassagne et Santenay ; on ne peut leur assigner entre elles aucun rang ; c'est à l'habileté du dégustateur à les classer, en se renseignant sur la qualité des vignes qui entrent dans la composition de ces cuvées.

VINS BLANCS

HORS LIGNE

Montrachet, à Puligny.

VINS BLANCS

PREMIÈRE CUVÉE

Bâtard-Montrachet, à Puligny ; Perrières, à Meursault. Corton blanc, à Aloxe.

Puis viennent :

Charmes, Combettes, Genevrières et Goutte d'Or, à Meursault ; Charlemagne, à Pernant ; etc.

D'autre part, Bertall [1] a donné une classification des principaux vins de la Côte-d'Or, établie d'après l'avis des experts les plus autorisés ; la voici :

---

[1] *La Vigne*, par Bertall.

VINS ROUGES

Hors ligne
- Romanée-Conti, à Vosne.
- Chambertin, à Govrey.
- Clos-Vougeot,
- Richebourg } à Vosne.
- La Tâche

Têtes de cuvées, n° 1
- Musigny, à Chambolle.
- Romanée-Saint-Vivant, à Vosne.
- Le clos Saint-Georges, à Nuits.
- Le Corton, à Aloxe.
- Les Bonnes-Mares, } à Morey.
- Le clos de Tart,

Têtes de cuvées, n° 2
- Arvelets et Rugiens, à Pommard.
- Beaumonts, à Vosne.
- Boudots, Cailles, Cras, Murger, Porrets, Pruliers, Thorey et Vaucrains, à Nuits.
- Cailleret et Champans, à Volnay.
- Clavoillon, à Puligny.
- Clos-Morgeot, à Chassagne.
- Clos-Tavannes et Noyer-Bart, à Santenay.
- Corton, à Aloxe (une partie).
- Echézeaux, à Flagey.
- Fèves et Grèves, à Beaune.
- Perrière, à Fixin.
- Santenot, à Meursault.

VINS BLANCS

Hors ligne   Montrachet, à Puligny.

Premières cuvées
- Chevalier-Montrachet, } à Puligny.
- Bâtard-Montrachet,
- Charmes, Combettes, Genevrières, Goutte-d'Or, à Meursault.
- Charlemagne, à Pernant.

Pour faciliter l'étude des vins, les œnologues ont divisé la Côte en plusieurs parties. La répartition qui nous paraît la plus naturelle est celle qui consiste à en faire trois subdivisions savoir : la

Côte de *Beaune* comprenant l'ensemble des coteaux qui commencent à *Santenay* pour finir, suivant les uns, à *Corgoloin* et suivant d'autres, à *Comblanchien*; puis la Côte de *Nuits Saint-Georges*, commençant à l'une ou l'autre de ces communes pour finir soit avant, soit après *Gevrey*. Certains œnologues rattachent cette commune au finage de Nuits, d'autres pensent qu'elle doit plus naturellement faire partie de la troisième qui est *la* Côte *dijonnaise* se terminant à Larrey, quoique l'on puisse également lui rattacher le vignoble de *Plombières,* qui est assez important.

SANTENAY

Le nom actuel de *Santhenay*, *Santenay*, apparaît pour la première fois dès la fin du xiii₆ siècle, inscrit en 1271 et 1289, au *Martyrologe de Notre-Dame de Beaune*. Cette forme avait succédé aux appellations latines de *Sentennacum* (1), *Sentennæum*, *Santenayum* (2), contemporaines des années 858 et 1266, ainsi qu'à celles de *Sentenæ* et *Sentilliacum* qu'énonçait Courtépée sans indications de sources ni de dates (3).

Santenay, le premier village viticole que nous rencontrions en Côte-d'Or, est le centre d'un vignoble important, duquel dépend notamment Dezize, que le cadre de notre ouvrage ne permet pas d'y faire figurer, cette commune appartenant au département de Saône-et-Loire. A titre de renseignement, nous nous bornerons à rappeler que « les vins de Dezize se rapprochent beaucoup de ceux de Santenay et que, sur son territoire, se trouvent nombre de cuvées qui méritent d'être signalées comme vins de première cuvée (4).

Santenay comprend une étendue territoriale d'environ 1035 hectares ayant pour limites les finages de Dezize, de Cheilly, de Chassey, de Remigny en Saône-et-Loire, et ceux de Chassagne-Montrachet, de Saint-Aubin, et de La Rochepot en Côte-d'Or. Sa latitude est de 46° 54' 30''; sa longitude de 2° 22' 4''. Elevé de 313 mètres au-dessus de la plaine chalonnaise, de 280 au-dessus de la Bresse dont il domine l'ensemble de

---

(1) *Gallia Christiana*, t. IV.
(2) « Villa de Santenayo » (*Cartul. de l'évêché d'Autun*). On y trouve aussi *Santhenay* en 1289, comme dans le *Martyr. de N.-D. de Beaune*.
(3) *Description du duché de Bourgogne*, t. II.
(4) Docteur Lavalle, *ouv. cit.*

170 à 175 mètres en moyenne, son plateau mesure une altitude de 500 mètres au-dessus du niveau de la mer.

Parmi les avantages dont jouit cette localité, la ligne du P. L. M. de Chagny à Nevers y a une station avec « l'embranchement de Santenay à Etang. » Le canal du Centre traverse une partie de sa circonscription où existent également plusieurs voies de communication, classées au rang de chemins vicinaux.

La distance de Santenay à Nolay, son chef-lieu de canton, est de 9 kilomètres ; on en compte 18 de Beaune, son chef-lieu d'arrondissement, et 56 de Dijon.

Au XVe siècle, nous voyons la commune, dont la population comptait alors 167 feux, composée de quatre sections : *Narosse* ou *Naroce*, *Saint-Jean-de-Narosse*, la *Craie* ou la *Crée* et *Santenay*. Plus tard, ces quatre divisions n'en formèrent que deux : *Santenay-le-Bas*, adossé à la montagne et exposé au midi ; *Santenay-le-Haut*, exposé au couchant. Aujourd'hui, le nombre des habitants a atteint le chiffre de 1150 pour la partie basse, de 400 pour la partie haute, et de 20 pour le hameau de Saint-Jean où se trouve l'église de ce nom.

Voici en quels termes s'exprime M. H. Delonguy au sujet de son pays natal :

« Au nombre des riches et populeux villages échelonnés sur le versant de cette chaîne de montagnes qui doit à la valeur de ses produits viticoles la dénomination de Côte-d'Or, Santenay est, sans contredit, l'un de ceux que la nature a le plus généreusement favorisés de ses dons. Une belle rivière, la Dheune, arrose sa prairie ; des bois couronnent ses vignobles ; des flancs de ses hauteurs jaillissent des eaux abondantes et limpides. Tout ce qu'on peut demander à la campagne : forêts, prairies, sources, Santenay le possède réuni dans sa circonscription territoriale (1). »

---

(1) *Notice sur Santenay (Côte-d'Or)*, par H. Delonguy et Claude Sauvageot. Autun, 1884.

Du pied d'un monticule, dit *Tête de fer*, parce qu'on a retiré de cet endroit des quantités de minerai de fer en grenailles, sort une source d'eau minérale à laquelle s'attache une antique et haute renommée de propriétés thérapeutiques (1). En 1633, un médecin charollais, Pierre Quarré, s'était plu à signaler les « effets merveilleux » de cette source qu'il glorifiait du nom de *Nymphe de Santenay* (2). Courtépée raconte que ce *beau présent de la nature* fut, de 1748 à 1750, presque inutilisé par les habitants auxquels le directeur de la ferme de Chalon voulut en interdire l'usage en y jetant des matières nuisibles. « La nature outragée, — disait notre historien, — a fait sortir la source quarante pas plus bas, et offrait son secours aux pauvres paysans souvent inquiétés par des argus impitoyables (3). » Depuis le commencement de ce siècle, la *Fontaine salée* est devenue le rendez-vous des touristes et des malades ; ceux-ci considérant son eau comme un remède souverain, une véritable panacée. Ajoutons que, si on en croit l'admiration aussi naïve qu'enthousiaste des anciens du village, la dénomination de Santenay tirerait son origine des deux mots français *Eau* et *Santé*, amusement étymologique plein d'ingénuité que nous consignons ici pour mémoire.

Les *Eaux de Santenay* — tel est le nom que, dans la contrée, on leur donne, *sans épithète* — ont été soumises à l'analyse, la première fois en 1827, par l'éminent chimiste, membre de l'Académie des Sciences, Barruel. Elles ont passé, en 1864, par le laboratoire de l'Ecole de médecine de Paris ; en dernier lieu, M. A. Carnot, directeur de l'Ecole des mines, professeur à l'Institut agronomique, a constaté qu'elles contenaient des sels de soude et de lithine, deux substances dont l'art de guérir fait aujourd'hui un fréquent emploi.

---

(1) Cette source n'était pas inconnue aux temps de l'occupation romaine. Une tradition locale affirme qu'en creusant un puits, en 1825, sur son ancien emplacement, on y trouva une certaine quantité de monnaies dont quelques-unes à l'effigie d'Antonin (Cf. id., id., *ouv. cit.*).
(2) Cf. *Les merveilleux effets de la Nymphe de Santenay au duché de Bourgogne*, etc. Dijon, 1633.
(3) Courtépée, t. II, p. 349.

A Santenay, la paléontologie et l'archéologie ont fourni une féconde et intéressante matière à études.

De trois gisements ossifères, aux lieux dits : la *Pointe du Bois*, la *Grotte Saint-Jean*, la *Grotte Saint-Aubin*, il a été extrait une énorme quantité de débris de la faune quaternaire.

En 1870, lors de l'exploration d'une quatrième grotte, à la *Roche fendue*, la preuve de la présence de l'homme, dans la région même, en des temps qui échappent à l'histoire, a été mise en pleine lumière par la découverte d'osssements empâtés dans l'argile supérieure mélangés de fragments de poterie grossière, et par la rencontre d'un foyer analogue à ceux trouvés à Solutré. De l'avis du savant anatomiste et paléontologiste, le docteur Hamy, il s'agissait là d'une sépulture de l'époque néolithique (1).

Sur la montagne subsistent cinq dolmens, ayant plus ou moins souffert des ravages des siècles et des hommes. Autour d'eux, sur un vaste espace, se groupent des sépultures en nombre considérable. Monuments mégalithiques et tombelles, fouillés à diverses reprises, ont restitué des objets les mieux caractérisés de l'époque que nous venons d'indiquer.

En 1872, l'âge de bronze a fait son apparition la plus significative par la trouvaille de près d'une trentaine d'armes et d'autres instruments, au lieu dit *Les Collotes*, presque à fleur de terre, au milieu des débris d'un rocher écroulé. Enfin, bien que loin de s'être montré dans des conditions aussi avantageuses, l'âge de fer a pu s'affirmer avec certitude par les produits des fouilles d'un polyandre, à quelques mètres des entrées des cavernes de l'époque quaternaire. Il y a donc lieu de dire que les explorations de Santenay ont donné leur contingent pour l'étude des trois étapes de l'humanité où tant de faits demeurent encore à l'état de mystères.

Connue sous le nom de Montagne des *Trois Croix* parce qu'en 1703 on y a élevé un Calvaire, détruit en 1793 et réédifié en 1803, une petite colline, le *Mont de Senne* — désigna-

---

(1) V. pour détails complets, H. Delonguy, Sauvageot, *ouv. cit.*, *Bulletin de la Société géologique*, qq. a.

tion d'un lieu d'assemblée, de réunion — a offert les traces les plus concluantes de l'occupation romaine. Exploré en 1872 par le savant archéologue éduen, J.-G. Bulliot, cet emplacement recélait les substructions d'un édifice qui, aux termes d'une inscription gravée sur la pierre, devait être un sanctuaire consacré à Mercure. Le sol a encore restitué un bas-relief à l'effigie de cette déité, avec nombre de débris lapidaires et de monnaies du Haut et du Bas-Empire. Sur plusieurs autres points, notamment à Santenay-le-Bas, ont été retrouvés des restes d'établissements romains.

Plusieurs voies antiques traversaient la commune : l'une se dirigeait vers Cussy; l'autre tendait à Beaune. Leur largeur moyenne, visible sur plusieurs tronçons, est d'environ 5 à 6 mètres; la vigne et les terrains cultivés en couvrent une grande partie.

La fondation d'une chapelle sous le vocable de saint Martin, détruite en 1793, a été attribuée aux premiers temps du moyen âge. On croit qu'au règne de Charles le Chauve ou de ses successeurs immédiats remonterait la construction du château, élevé sur des ruines romaines. Quoi qu'il en soit, il faut arriver jusque vers la fin du xive siècle pour trouver les noms des plus anciens seigneurs de Santenay, retenus par Courtépée (1). On sait qu'en 1376 cette maison-forte appartenait à Philippe le Hardi et en 1470 à Guillaume de Villers; qu'elle fut plusieurs fois réparée et mise en état de défense, notamment lors de l'invasion des Anglais et pendant la Jacquerie. Un titre de 1252 indique que Santenay avait trois châteaux de moindre importance : en 1450, il existait une forteresse à la Crée, ainsi qu'à Naroce et au village même et non à Santenay. Les guerres de religion firent dans le pays de nombreuses victimes.

En ces temps si reculés déjà se révèlent les noms de plusieurs climats. Ainsi, est-il question du *Bochet* ou *Boichot* en 1285, dans une lettre de déclaration faite par Odant de Montaigu à Gui de Santenay. En 1390, N. de Château-Regnaud

---

(1) *Ouv. cit.*, t. II.

cède à N. de Vichy une vigne sur Saint-Jean de Narroce. Plus tard, en 1626, les *Graviers*, la *Comme* et les *Praslons*, sont cités à l'occasion d'un orage de grêle qui causa dans la région les plus graves désastres (1).

Au point de vue géologique, la portion principale du massif qui constitue la colline de Santenay fait partie de la Grande oolithe, la roche étant un calcaire magnésien de consistance moyenne ; la présence de ce calcaire magnésien au milieu du massif oolithique est un phénomène sur la nature duquel on n'est pas encore fixé.

Dans la montagne, on trouve successivement, au sommet, des calcaires grisâtres, puis des calcaires oolithiques, de l'oolithe blanche, ensuite des marnes et des rognons de calcaire, enfin l'oolithe inférieure reposant sur des feuillets de marne. Toutes ces couches sont d'épaisseur variable et modifient la nature de la couche arable suivant les points où elles affleurent.

Les principaux climats : les *Gravières* (le dessus et le milieu), la *Comme* (le bas), *En Beauregard*, les *Hâtes*, *Beaurepaire*, la *Maladière*, *Bieveau* et *Saint-Jean*, sont situés dans la Grande oolithe et le Forest-Mable.

M. Margottet, Doyen de la faculté des Sciences de Dijon, donne, pour les principaux climats de la commune, la composition chimique suivante : (2)

	LES VAUX	LES HATES		LES GRAVIÈRES		EN CHAINAY	
	Sol	Sol	Sous-sol	Sol	Sous-sol	Sol	Sous-sol
Terre fine......	88.53	71.51	56.56	70.02	66.86	63.33	57.47
Gravier.......	11.47	28.49	43.44	29.98	33.14	34.67	42.53
ANALYSE DE LA TERRE FINE							
Sable siliceux...	50.94	52.20	56.19	51.27	47.75	38.18	22.12
Argile	42.55	33.45	15.27	13.42	13.23	21.50	12.02
Chaux.........	0.95	5.01	13.22	17.84	20.49	20.66	34.25

(1) Archives de la Côte-d'Or. — Il est de notre devoir de déclarer que les renseignements qui précèdent sont extraits presque intégralement de l'ouvrage de MM. Delonguy et Sauvageot.
(2) *Analyse des vins de la Côte-d'Or.*

La culture de la vigne a toujours été en grand honneur à Santenay. La superficie du vignoble y a pris un accroissement sensible : ainsi en 1829, elle ne comprenait que 415 hectares ; en 1860, on comptait 500 hectares, cultivés en plants fins. Dans les grands crûs domine le Pinot noir ; plus rarement on y trouve quelques pinots gris.

En raison de sa bonne culture, cette commune produit une forte quantité de vins, dont les prix atteignent actuellement, pour les bons climats, ceux des crûs similaires des autres villages. Ajoutons que le transport des raisins dans les cuves appelées *ballonges* se fait à l'aide de hottes portées à dos d'homme, moyen encore inusité sur d'autres points de la côte.

Les vins fins de Santenay possèdent tous les éléments caractéristiques des grands crûs.

Feu M. Delarue, pharmacien-chimiste, membre de l'académie de Dijon, a assigné à ces vins la composition suivante :

ANNÉE	CUVÉE (1)	DEGRÉ alcoolique	TANNIN par litre	SELS organiques bitartrates	PHOSPHATES et chlorures
1842	Bouzerand	12° 95	0,98	3 gr. 82	6 gr. 24

Voici la composition des vins fins des *Gravières* (1889), par M. Margottet (2) :

NOM du climat	DENSITÉ	ALCOOL en degrés p. cent	EXTRAIT a 100 degr.	SULFATE de potasse, plâtre.	CRÈME de tartre	ACIDITÉ en acide sulfurique
			EN GRAMMES PAR LITRE			
GRAVIÈRES	0,994	12° 40	24,65	0,22	2,96	3,75

(1) Nous rectifions ici une erreur du Dʳ Lavalle qui a écrit : Lieu dit, Bouzerand. Il n'existe à Santenay ni climat clos ou lieu dit de ce nom.
(2) *Analyse des vins fins de la Bourgogne en 1889.*

Enfin nous avons analysé plusieurs vins produits par les gamays du pays : Dans ceux-ci l'alcool en degrés oscille entre 9°50 et 10, l'extrait entre 22 et 23 grammes, l'acidité totale entre 4 gr. 10 et 4 gr. 50, composition des vins ordinaires de notre région.

D'après les observations de M. le Dr Lavalle qui fait autorité en la matière, les vins de Santenay sont fermes, moelleux, d'une conservation assurée et ils acquièrent, avec l'âge, un bouquet très fin.

En somme, ce sont des vins généreux, francs, de belle couleur, bouquetés avec l'âge et de bonne garde.

Le territoire vinicole de la commune de Santenay comprend environ :

  35 hectares produisant des vins classés hors ligne,
  150   »   »   de 1re classe,
  88   »   »   de 2e classe.

AVIS IMPORTANT

L'ordre dans lequel nous donnons les climats résulte de deux classifications faisant autorité à des titres différents, savoir : 1° celle indiquée par le Dr Lavalle dans son ouvrage publié en 1855 sur les grands vins de la Côte-d'Or, que nous désignons par les lettres D. L., et de laquelle il a dit : « Jusqu'à présent je n'ai étudié les vins de chacune des communes de la Côte que comme si les autres communes n'eussent pas existé et la classification que j'ai donnée n'est vraie que pour chacune d'elles prise isolément ; » 2° celle donnée par le Comité d'Agriculture de Beaune dans le plan statistique des vignobles produisant les grands vins de Bourgogne indiquée par l'abréviation C. A. B.

Ce comité a fait une réserve identique à celle de Lavalle en écrivant : « Le classement comporte trois classes ou catégories ; il a été fait séparément pour chacune des communes sans rien préjuger sur le mérite comparatif de leurs produits. »

Les mots cuvée et classe employés dans ces classifications sont pris ici dans le même sens

Dans les classifications ci-dessus certains climats avaient été omis et d'autres ont été constitués depuis ; pour en faire le classement nous avons eu recours aux renseignements qui nous ont été donnés par la tradition et qui font autorité dans les villages de la Côte-d'Or. Nous désignerons ce classement local ainsi : C. Loc. Et déclinons à cet endroit toute responsabilité personnelle.

Note des auteurs et éditeurs

NOMENCLATURE

DES PRINCIPAUX CLIMATS ET LIEUXDITS

Les Gravières. — D. L., hors ligne ; C. A. B., première classe.

PRINCIPAUX PROPRIÉTAIRES

MM. Bachey-Deslandes.
Blondeau-Lequin.
Changarnier.
Demaizière-Lequin.
Guyot-Massin et Chambon.
Hospices d'Autun.

MM. Massin-Massin.
Mairet (fils).
Paillard (Mme).
Ridard frères.
Sèvre.
Torcy (de).

Le Clos Tavannes (fait partie du climat des Drussanes. — C^{ne} de Chassagne). D. L. hors ligne.

PRINCIPAUX PROPRIÉTAIRES

MM. Bardollet-Bressot.
Clair.
Coqueugniot (Mme).
Delorme-Girardin.

MM. Montrion (de).
Nié-Monnot.
Renaud.

En Beauregard. — D. L., première cuvée ; C. A B., deuxième et troisième classes.

PRINCIPAUX PROPRIÉTAIRES

MM. Bachey-Deslandes.
Bordet.
Etiévent.
Mairet (fils).
Prévost.

MM. Richard.
Troussard.
Torcy (de).
Vallange (Mme de).

Beaurepaire (En). — D. L., première cuvée ; C. A. B., deuxième classe.

PRINCIPAUX PROPRIÉTAIRES

MM. Bardollet.
   Drée (Comte de).
   Ménon.

MM. Rouhette.
   Valtange (Mme de).

Boichot (En). — D. L. première cuvée ; C. A. B., seconde classe.

PRINCIPAUX PROPRIÉTAIRES

MM. Bachey-Deslandes.
   Benoist (de).
   Bouzerand.
   Delonguy-Girardin.

MM. Demaizière (Joseph).
   Nié.
   Torcy (de).

La Comme. — D. L., première cuvée ; C. A. B., première, seconde et troisième classes.

PRINCIPAUX PROPRIÉTAIRES

MM. Changarnier-Ridard.
   Charlot-Rouhette.
   Drée (comte de).
   Dubois-Charles.
   Girardin-Saladin.
   Gueneau-Gallot.
   Guyot.
   Lequin-Roussot.
   Massin (A.).

MM. Nié-Monnot.
   Prieur-Saladin.
   Ridard frères.
   Sauvageot-Martin.
   Saint-Mauris (de).
   Troussard.
   Valtange (de).
   Vogt.

Maladière (la). — D. L., première cuvée ; C. A. B., deuxième classe.

PRINCIPAUX PROPRIÉTAIRES

MM. Bardollet-Depernon.
   Gueneau-Gallot.

MM. Guyot et Massin.
   Massin (A.).

Passe-temps. — D. L., première cuvée ; C. A. B., seconde classe.

PRINCIPAUX PROPRIÉTAIRES

MM. Bachey-Deslandes.
Bouzerand.
Chambon.
Hospice d'Esbarre.
Guyot et Massin.
Lequin-Roussot.

MM. Mairet (fils).
Nié-Monnot.
Prévost.
Prudhon.
Ridard (Antoine).

Grand Clos Rousseau. — D. L., première cuvée ; C. A. B., seconde et troisième classes.

PRINCIPAUX PROPRIÉTAIRES

MM. Bordet.
Blondeau.
Coqueugniot (Mme).
Massin (A.).

MM. Ménon.
Renaud.
Torcy (de).

Les Ambours. — C. A. B., seconde classe ; C. Loc., première classe.

PRINCIPAUX PROPRIÉTAIRES

MM. Bardollet-Dépernon.
Bordet.
Bouzerand.

MM. Jessiaume.
Saint-Mauris (de).

Les Cornières. — D. L., seconde cuvée ; C. A. B., troisième classe.

PRINCIPAUX PROPRIÉTAIRES

MM. Forin.
Girardin-Saladin.
Gueneau-Gallot.
Jean Nié.
Maurand (de).

MM. Monnot frères.
Musard-Calendre.
Nié-Lamy.
Torcy (de).
Troussard.

Clos Genet (le). D. L., deuxième cuvée ; C. A. B., troisième classe.

PRINCIPAUX PROPRIÉTAIRES

MM. Bahèzre (de).
  Charlot-Rouhette.
  Delonguy.
  Drée (Comte de).

MM. Girardin-Saladin.
  Massin (A.).
  Prieur.
  Rouhette-Morey.

Les Hâtes. — D. L., seconde cuvée sauf quelques parties qui méritent d'être comptées comme premières ; C. A. B., troisième classe.

PRINCIPAUX PROPRIÉTAIRES

MM. Bouzerand.
  Charlot.
  Etiévent.
  Guyot.
  Monnot-Guenau.

MM. Massin.
  Nié-Monnot.
  Troussard.
  Valtange (Mme de).

Les Prarons dessus. — D. L., seconde cuvée. C. A. B., seconde classe.

PRINCIPAUX PROPRIÉTAIRES

MM. Bachey-Deslandes.
  Bouzerand.
  Changarnier-Ridard.
  Charlot.
  Girardin-Saladin.
  Gueneau-Monnot.
  Martin.

MM. Prieur-Saladin.
  Rouhette-Morey.
  Sèvre.
  Sauvageot.
  Troussard.
  Valtange (Mme de).

Saint-Jean (En). — D. L., seconde cuvée ; C. A. B., troisième classe.

PRINCIPAUX PROPRIÉTAIRES

MM. Bouvet.
  Girardin-Guilard.
  Guyot.
  Hospice d'Autun.

MM. Massin et Chambon.
  Torcy (de).
  Vantelot.

Fourneaux (le ou les). — C. Loc., seconde classe.

PRINCIPAUX PROPRIÉTAIRES

M. Bardollet-Rouhette. | M. Passier (Albert).

Perrolles dessus (les). — C. Loc., seconde classe.

PRINCIPAUX PROPRIÉTAIRES

M. Demaizière-Lequin. | M. Torcy (de). | M. Massin.

Saint-Martin (sur). — C. Loc., seconde classe.

PRINCIPAL PROPRIÉTAIRE

M. Lhomme.

Village du dessus (au). — C. Loc., deuxième et troisième classes.

PRINCIPAUX PROPRIÉTAIRES

M. Bardollet-Rouhette. | M. Torcy (de).

Biéveau (En). — C. A. B., troisième classe, très divisé.

Les Charmes dessus. — C. A. B., troisième classe.

PRINCIPAUX PROPRIÉTAIRES

MM. Adenot.
    Bardollet-Bresset.
    Delorme.
    Guyot.
    Lequin-Roussot.

MM. Massin (A.).
    Montrion (de).
    Nié (Jean).
    Nié-Monnot.
    Valtange (Mme de).

Sous la Roche. — C. A. B., troisième classe, très divisé. — Ce climat produit des vins blancs renommés.

Les Tilles.

PRINCIPAUX PROPRIÉTAIRES

M. Belland. | M. Champarmois. | MM. Girardin (frères).

Douée.

PRINCIPAL PROPRIÉTAIRE

M. Mairet (fils).

Grands Murs.

PRINCIPAL PROPRIÉTAIRE

M. Mairet (fils).

CHASSAGNE-MONTRACHET

Chassagne, *Cassaneas* en 886 (1), *Chaissaigne* en 1321, est un climat viticole, auquel s'attache une renommée ancienne et célèbre. A l'exemple de Puligny, il a uni à son nom celui du climat si fameux de *Montrachet ;* aussi, depuis plusieurs années, sa désignation officielle est-elle *Chassagne-Montrachet.*

Des découvertes archéologiques, se référant aux époques celtique, gallo-romaine et mérovingienne, ont rendu, à plusieurs reprises, témoignage de son antique origine. En ce qui a trait aux temps préhistoriques, on a vu longtemps, sur un coteau stérile, surmonté d'une sorte de muraille en blocs cyclopéens, à quelques pas d'un bois dit *de la Fée*, un fragment de pierre assez volumineux, connu dans toute la région sous le nom de *Tonton Marcel*. C'était probablement un vestige de monument mégalithique ou d'une allée couverte. *Tonton Marcel* n'existe plus qu'à l'état de souvenir.

En aval de la côte, le vieux château subsiste encore, et les noms d'anciens seigneurs qui y résidèrent ont été conservés par l'histoire. En 1270, c'était *Jean de Crux;* au commencement du xive siècle un *J. de Chaissaigne ;* en 1325, un autre J. de Chassagne ; en 1385, J. Damas ; en 1408, Hugues de Chassagne, conseiller du roi. Sous le règne de Louis XI, l'église et presque toutes les habitations furent brûlées par les partis (2) ;

---

(1) *Cartulaire de Saint-Seine.*
(2) Courtépée, t. II.

François de Ferrières, seigneur de Chassagne, contribua de tout son pouvoir à réparer les désastres.

Divisé en deux parties, Chassagne-le-Haut et Chassagne-le-Bas, ce village occupe à mi-côte une situation fort agréable. Quant à sa population, si, en 1666, elle ne comprenait que 40 communiants, vers 1770, ce nombre s'était élevé à 500, et aujourd'hui il a atteint le chiffre de 906 habitants. La distance du chef-lieu de canton Nolay est de 12 kilomètres; on en compte 14 de Beaune et 52 de Dijon. Sa latitude est de 46° 56′ 3″ et sa longitude de 2° 24′ 8″.

La route de Paris à Chambéry passe au bas du pays que traverse le grand chemin de Beaune à Santenay. On se rend à Chassagne par la station de Chagny sur le P. L. M., en n'ayant à faire qu'un trajet de 3 kilomètres.

Cette commune est le siège d'un bureau de poste. Elle a pour dépendance *Morgeot*, dans le chemin des *Brussannes*.

La surface du vignoble est de 875 à 900 hectares, dont environ 265 en vins fins.

Sous le rapport de la constitution géologique, la plaine est formée d'alluvions anciennes ; à mi-côte c'est le calcaire à entroques qui se continue jusqu'à Morgeot ; viennent ensuite les terres à foulon, mélangées de calcaires jaunâtres, marneux ; enfin, au sommet, se montrent le Forest mable et la Grande oolithe.

Dans les Montrachets, le calcaire oolithique a un sous-sol magnésien ; dans la partie moyenne, les oxydes de fer donnent une couleur spéciale et caractéristique au sol qui y est, en général, assez profond, assez riche et compacte.

Ajoutons que l'altitude de la route passant au bas du finage mesure 233 mètres, et que le sommet de la colline sur laquelle est situé le village, vers les bois, a 375 mètres de hauteur. A mi-côte sont plantés les grands crûs.

M. Margottet (1), ayant eu l'occasion d'analyser les terres de certains climats, a obtenu les résultats suivants :

---

(1) Déjà cité.

	GRAND CLOS		BALLANILE		CLOS SAINT-JEAN	
	Sol	Sous-sol	Sol	Sous-sol	Sol	Sous-sol
Terre fine	85,13	54,28	100	79,48	79,30	92,96
Gravier	14,87	26,66	»	20,52	20,70	7,04
Cailloux	»	19,06	»	»	»	»
ANALYSE DE LA TERRE FINE							
Sable siliceux	18,67	18,13	76,45	73,03	49,35	47,82
Argile	15,71	17,73	20,22	21,88	39,23	33,90
Chaux	34,81	32,49	0,174	0,16	3,77	9,68

Il est aisé de constater que, dans certains sols, la chaux joue un rôle considérable. De plus, si l'on procède à l'analyse des éléments contenus, l'oxyde de fer apparaît dans une assez forte proportion.

Les cépages cultivés sont le pinot noir dans les premiers crus; le mélange de pinot et de bon gamay dans les passe-tout-grains.

Le Chardenay ou Pinot blanc est cultivé particulièrement à Chassagne, Puligny et Meursault; son raisin d'un goût exquis produit le fameux vin de Montrachet dont la renommée est universelle.

A ce sujet, Courtépée a écrit une page qu'il ne sera pas inutile de reproduire ici:

« Ce beau village, dans une exposition agréable, avec de jolies maisons bourgeoises, a 130 feux et 500 com. (40 hab. en 1666); point d'eau; bon vignoble, dont les meilleurs climats sont le *Clos Saint-Jean*, à l'abbesse de Saint-Jean-le-Grand; *Maltrois*, à M. Beuvrand, conseiller au Parlement, qui possède en fief le plus beau domaine de Chassagne; *Morgeot*, qui paie taille à Chassagne. Le plus fameux est le MONT-RACHET, *Mons Rachicensis*, d'une colline inculte, de 180 ouvrées, dont environ 100 au seigneur, 36 à M. de Sassenai de Saint-Aubin, 27 à Mme Bonnard d'Arnay-le-Duc, 24 à M. Boiveau. Il n'était pas en réputation au commencement de l'autre siècle, puisque l'auteur de M. Bonnard y acquit, en 1627, 24 ouvrées pour 750 liv. Le fonds peut rendre 30 queues de vin par an au plus. C'est le plus excellent vin blanc de l'Europe. On le distingue en *Vrai Montrachet*, en *Chevalier* M., en *Bâtard* ; les prix en sont différents le vrai se vend 1000 à 1200 livres.

Les prix de vente des vins de Chassagne ont toujours été bien tenus ; dans les bons climats ils valent environ 1000 francs la pièce pour les grands vins blancs.

Voici d'autre part les prix pour les grands vins rouges, établis par les principaux propriétaires et négociants qui se réunissent à Beaune, à l'issue de la vente des vins des hospices.

	1889	1890	1891
Chassagne	440 fr.	380 fr.	440 fr.

Exceptionnellement ces vins se vendent 500 à 600 francs la pièce de 228 litres.

L'analyse chimique démontre que la composition des vins de Chassagne est celle de tous les grands crus de la Côte, et qu'ils se rapprochent de ceux récoltés à Puligny ; aussi, en matière d'opérations d'analyses, nous semble-t-il inutile de publier des résultats que nous aurons à enregistrer plus loin.

A la dégustation, les grands vins de Chassagne ont de la couleur et beaucoup de corps. Ils peuvent être considérés comme des vins « de garde » par excellence. On les voit prendre, en vieillissant, un bouquet caractéristique, *sui generis*, qui permet de les distinguer des vins de la côte de Nuits, avec lesquels ils présentent une certaine analogie.

Au Montrachet est due une mention toute spéciale, honneur également applicable à sa portion située sur un territoire voisin. On sait que ce climat hors ligne appartient aux deux communes de Chassagne et Puligny. Bertall (1) a écrit, au sujet de Montrachet, les lignes suivantes qui contiennent l'expression de l'admiration des connaisseurs : « Cet admirable vin blanc est le premier des vins blancs de Bourgogne, de même que le Château Yquem est le premier des vins blancs de Bordelais. Laissons la palme indécise entre eux, disent les enthousiastes, constatons seulement que tous les deux sont les premiers vins

---

(1) V. *La Vigne*, par Bertall.

blancs du monde ! » C'est avec raison qu'il considère le Montrachet comme l'une des plus brillantes, sinon comme la plus éclatante des gloires vinicoles de la Côte-d'Or.

Le territoire de Chassagne comporte, — à part le Montrachet dont la surface est de 13 hect. 58 ares 89 cent., — 46 hect. environ produisant des vins hors ligne, 59 hect. des vins de première classe, 128 hect. de seconde, le reste en troisième.

NOMENCLATURE

DES PRINCIPAUX CLIMATS ET LIEUX DITS

Montrachet (le ou les). — *Vins blancs :* D. L., hors ligne ; C. A. B., première et deuxième classes.

Rappelons ici qu'une grande partie de ce célèbre climat appartient à la commune de Puligny-Montrachet (voir page 61).

PRINCIPAUX PROPRIÉTAIRES A CHASSAGNE

MM. Carillon.
Ch. Drapier.
Duvergey-Taboureau.

Mme Serre.
M. le baron Thénard.

PRINCIPAUX PROPRIÉTAIRES A PULIGNY

MM. Antonin Bouchard et Julien Bouchard, de la maison Bouchard père et fils de Beaune.

MM. Ch. Drapier.
de la Guiche.
Mme Serre.

Boudriotte (la). — D. L., hors ligne ; C. A. B., première classe.

PRINCIPAUX PROPRIÉTAIRES

M. Jules Audiffred. | M. Massin.

Clos Pitois. — D. L., hors ligne.

PRINCIPAL PROPRIÉTAIRE

M. Lhomme.

Clos Saint-Jean. — D. L., hors ligne ; C. A. B., première classe ; C. Loc., tête de cuvée.

PRINCIPAUX PROPRIÉTAIRES

MM. les héritiers Brugnot.
Ch. Drapier.
Naigeon (Mme).
Perret.

MM. P. de Marcilly frères.
Pigneret-Pacquelin.
R. de Poligny.

Batards-Montrachets (les). — *Vins blancs* : C. A. B., première, deuxième et troisième classes.

PRINCIPAUX PROPRIÉTAIRES

MM. Billerey.
  Dessaint.
  Garnier.
  Grivot.
  Leclair (Mme).
  Marcilly frères (P. de).
  Moreau-Voillot.

MM. Neuzillet.
  Paquelin-Pinet.
  Poligny (R. de).
  Prudhon (J.-B.).
  Renaud.
  Simard.
  Villard (Auguste).

Caillerets. — D. L., première cuvée.

PRINCIPAUX PROPRIÉTAIRES

MM. Brugnot (héritiers).
  Demaizières.
  Girard-Lamy.
  Marcilly frères (P. de).

MM. Menon.
  Paquelin-Chifflot.
  Vouillon.

Brussonnes (les) **ou Brussanes.** — Le Dr Lavalle place ce climat en première cuvée et y rattache le *Clos Pitois*, les *Grands Clos*, les *Petits Clos* et la *Vigne blanche*; C. A. B., première et deuxième classes.

Grands Clos. — D. L., première cuvée.

PRINCIPAUX PROPRIÉTAIRES

MM. Bader-Nié.
  Georges.
  Guiche (de la).
  Lequin.

MM. Naigeon (Mme).
  Nié frères.
  Pacquelin-Chifflot.
  Renaud.

Petits Clos. — D. L., première cuvée.

PRINCIPAUX PROPRIÉTAIRES

MM. Bader-Nié.
  Lhomme.
  Marcilly frères (P. de).

MM. Nié frères.
  Troussard (Paul).

Domaine de la Maison P. de Marcilly frères, à Chassagne-Montrachet (Côte-d'Or).

La Conière : Caves et Magasins de la Maison P. de Marcilly frères, à Chassagne-Montrachet (Côte-d'Or).

Vigne Blanche. — D. L., première cuvée.

PRINCIPAUX PROPRIÉTAIRES

M. Audiffred. | M. Guiche (de la). | M. Sambury (de).

Champgains. — D. L., première cuvée.

PRINCIPAUX PROPRIÉTAIRES

MM. Bugnot.
    Coffinet.
    Demaizières.
    Grivot.
    Girard-Villiard.
    Leclair (M**).

MM. Marcilly frères (P. de).
    Menon.
    Moreau-Pillot.
    Morey-Doney.
    Pillot-Thévenot.

La Maltroie. — D. L., première cuvée; C. A. B., première et deuxième classes; C. Loc., tête de cuvée.

PRINCIPAUX PROPRIÉTAIRES

Mᵐᵉ Leclair.
M. Mignotte-Picard.

MM. Paquelin-Perret.
    Poligny (R. de).

Morgeot. — C. A. B., première et deuxième classes; C. Loc., première cuvée.

PRINCIPAL PROPRIÉTAIRE

M. Sambury (de).

Bois de Chassagne (le). — C. A. B., deuxième classe.

Chaumées (les). — C. A. B., première classe; D. L., deuxième cuvée.

PRINCIPAUX PROPRIÉTAIRES

MM. Audiffred.
    Héritiers-Brugnot.
    Marcilly frères (P. de).
    Marey-Doney.

MM. Paquelin-Robelin.
    Pillot-Rouvry.
    Roussy.
    Simard.

Chenevottes (les). — D. L., deuxième cuvée; C. A. B., deuxième classe; C. Loc., actuellement peut être considéré comme première cuvée.

PRINCIPAUX PROPRIÉTAIRES

MM. André Adam.
    Bugnot.
    Coffinet.
    Georges.
    Gillotte.
    Girard-Villard.

Mme Leclair.
MM. Maréchal-Paquelin.
    Nié frères.
    P. de Marcilly frères.
    Verlanos.

Concis des Champs (les). — D. L., deuxième cuvée; C. A. B., troisième classe.

PRINCIPAUX PROPRIÉTAIRES

MM. Adam Bachelet.
    Ferdinand Bachelet.
    F. Buffet.

MM. Chenu
    Gauthey.
    Jouard-Boulicaut.

Clos-Devaut ou **Devant**. — D. L., deuxième cuvée; C. A. B., deuxième et troisième classes.

PRINCIPAUX PROPRIÉTAIRES

M. Dubois. | M. Jouard-Perrin. | M. Montagny.

Fontaine-Sol ou **Sot**. — D. L., deuxième cuvée; C. A. B., deuxième et troisième classes.

PRINCIPAUX PROPRIÉTAIRES

M. Jouard-Boulicaut. | Mlle Bachelet.

Houillères (les). — *Vins rouges* : D. L., deuxième cuvée; C. A. B., troisième classe.

PRINCIPAUX PROPRIÉTAIRES

MM. André Adam.
    F. Buffet.
    Cadillot.
    Gillotte.
    Jouard-Pengi.

MM. Edmond Laly.
    Moreau-Voillot.
    Paquelin-Launay.
    Pichard.
    Pillot-Receveur.

**Domaine de MM. G. de Beuverand et R. de Poligny,
Mignotte-Picard et Cⁱᵉ, successeurs, à Chassagne-Montrachet (1)**

---

(1) Ancienne et très importante Maison, quatorze fois récompensée aux principales Expositions d'Europe et des Etats-Unis.

Succursale à Bordeaux, 23, quai des Chartrons.

Propriétaire dans les communes de :

Chassagne-Montrachet: Aux *Clos Saint-Jean* (hors ligne) ; — *Bâtard-Montrachet* ; — *Clos de la Maltroie* ; *Les Ruchottes* ; — Les *Platières* (1ʳᵉ-2ᵉ classe).

Pommard : *Aux Bertins* (1ʳᵉ classe).

Beaune: *Aux Fèves* ; — *Champ-Pimont* (têtes de cuvées) ; — Les *Toussaints* ; — *Boucherotte* ; — *Aux Sizies* ; — *Perthuisots* ; — *Cent-Vignes* ; — *Epenottes* ; — *Theurons* ; — *Montée-Rouge* (1ʳᵉ classe).

Aux Prévoles. Les Crais.

(Propriétés de R. M. DE POLIGNY).

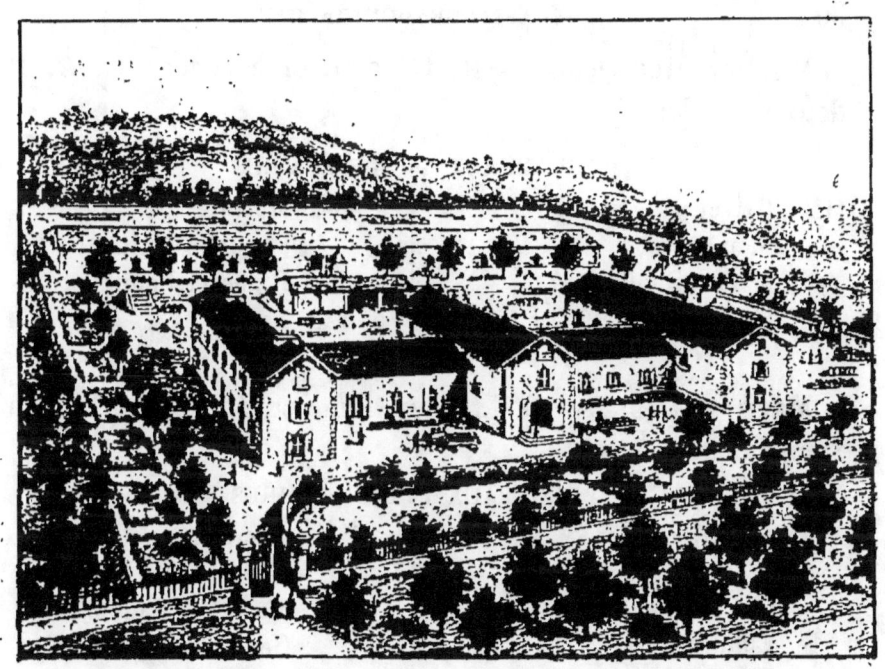

Magasins et caves de la Maison G. de Beuverand
et R. de Poligny,
Mignotte-Picard et Cie, successeurs (1).

---

(1) Voir page 28. Propriétés de MM. Mignotte-Picard :

Chassagne-Montrachet : Les *Brussannes* (1re cuvée, 1re classe) ; — La *Maltroie* (1re classe) ; — La *Canotte* ; — Les *Chênes* ; — Les *Ruchottes*.

Chambolle-Musigny : Les *Amoureuses* (1re classe).
        Les *Bonnes Mares* (1re cuvée, 1re classe).

Beaune : Aux Grèves (Tête de cuvée) ; — Aux Coucheriaux ; — Les Aigrots ; — Clos des Mouches ; — Les Perrières ; — En Montée-Rouge ; — Beaux-Fougets ; — Perthuisots (1re classe).

Les Prévolles ; — Les Boiches (Champagne de Savigny) ; — Siserpe.

Macherelles (les). — D. L., deuxième cuvée; C. A. B., deuxième classe.

PRINCIPAUX PROPRIÉTAIRES

MM. Grivot.
Gauvenet.
Marey-Doney.
Moreau-Voillot.

MM. Morin.
Paquelin-Chifflot.
Pigneret-Paquelin.

Mazures (les). — D. L., deuxième cuvée; C. A. B., deuxième classe.

PRINCIPAUX PROPRIÉTAIRES

MM. Baudran.
F. Buffet.
Ch. Drapier.
Coffinet.
Gautrelet.

MM. Georges.
Loydreau.
Maréchal-Paquelin.
Georges Paquelin.

Plante-Longe (la). — D. L., deuxième cuvée; C. A. B., troisième classe.

PRINCIPAUX PROPRIÉTAIRES

MM. André Adam. | Mme Leclaire. | M. Georges Paquelin.

Vergers (les). — D. L., deuxième cuvée; C. A. B., deuxième classe.

PRINCIPAUX PROPRIÉTAIRES

MM. Baudran.
Durand.

MM Grivot.
Maréchal-Paquelin.

Voillenot Dessous. — D. L., deuxième cuvée; C. A. B., troisième classe.

PRINCIPAUX PROPRIÉTAIRES

MM. Coron.
Febvre (Mme).
Garnier-Flèche.

MM. Gautrelet.
Henri Maître.
Verlanos.

Baudines (les). — C. Loc., première cuvée.

PRINCIPAUX PROPRIÉTAIRES

MM. Demaizières.
Georges.
Jouard-Boulicaut.

MM. Jouard-Perrin.
Pillot-Thévenot.

Boirettes. — C. Loc., première cuvée.

PRINCIPAUX PROPRIÉTAIRES

MM. Audiffred.
Bachelet (Joseph).
Bader-Nié.
Brugnot (héritiers).
Nié frères.

MM. Paillard.
Paquelin-Chifflot.
Pigneret-Pacquelin.
Pillot-Thévenot.

Bondues (les). — C. Loc., première cuvée.

PRINCIPAUX PROPRIÉTAIRES

Mme Adam (veuve).
MM. Cretaine.
Guillon.

MM. Morey-Doney.
Paquelin-Perret.

Champs Grandau. — C. Loc., première, seconde cuvée.

PRINCIPAUX PROPRIÉTAIRES

MM. Bachelet (Joseph).
Bachelet (Mme).
Coffinet.
Gautrelet.
Georges.
Grillot.
Gonet-Perreau.

Mme Landolphe.
MM. Laurence.
Naudin.
Paquelin-Chisson.
Paquelin (Georges).
Paquelin-Perret.
Pillot-Ganeau.

Chapelle (la). — C. Loc., première cuvée.

PRINCIPAL PROPRIÉTAIRE

M. Audiffred (Emile).

Clos Charrau. — C. Loc., première cuvée.

PRINCIPAUX PROPRIÉTAIRES

M. Adam (André). | Mme Naigeon.

Clos Combard. — C. Loc., première cuvée.

PRINCIPAL PROPRIÉTAIRE

M. Coffinet.

Ez Crets. — C. Loc., première cuvée.

PRINCIPAUX PROPRIÉTAIRES

MM. Brugnot (héritiers).
Bachelet (Félicité Mlle).
Gautrelet.
Godillot (Jean).

Mme Jouard (veuve).
MM. Nié (Charles).
Rouvry.

Les Criots. — C. Loc., première, deuxième cuvée.

PRINCIPAUX PROPRIÉTAIRES

MM. Audiffred.
Moreau-Voillot.
Nief.

MM. Pigneret-Paquelin.
Virly.

Es Crottes. — C. Loc., première cuvée.

PRINCIPAUX PROPRIÉTAIRES

M. Audiffred (Jules). | M. Demaizières.

Fairendes. — C. Loc., première cuvée.

PRINCIPAUX PROPRIÉTAIRES

MM. Buffet.
Bachelet (Mlle Félicité).
Georges.
Guillon.

Mme Leclair.
MM. Moreau-Voillot.
Paquelin-Girardin.

**Clos et Cuveries du Château de Chassagne-Montrachet.
Propriété de M. A Masson-Dubois.
Louis Poisot-Gros, successeur (1).**

---

(1) Maison fondée en 1803. Médailles d'or et d'argent aux Expositions universelles pour les vins de ses Domaines.

Les vignobles exploités par M. L. Poisot comportent un ensemble de trente hectares environ dans les meilleurs crûs de *Chassagne, Montrachet, Beaune, Savigny-les-Beaune, Aloxe* et *Corton*.

Chassagne : Champs-Derrière (Clos du Château), — Le Clos-Devant, — Plante-du-Gué, — Voillenot-Dessus, — Bâtards-Montrachet.

Puligny : Chevaliers-Montrachet.

Le vignoble important de famille, situé sur les communes de Savigny-les-Beaune, Pernand et Aloxe-Corton, comprend 19 hectares environ.

Savigny-les-Beaune : Marconnets, — Jarrons, — Guettes, — Gravains, — Vergelesses.

Pernand : Basses-Vergelesses.

Aloxe-Corton : Bressandes, — Perrières, — Fournières, — Chaillots.

Franchemont — C. Loc., première cuvée.

PRINCIPAUX PROPRIÉTAIRES

MM. Coffinet.
  Jouard-Boulicaut.
  Jouard (Vᵉ).
  Landolphe (Mᵐᵉ).
  Loydreau.

Mᵐᵉ Naigeon.
MM. Paquelin-Chifflot.
  Ridard.
  Vogt.

Grande Borne. — C. Loc., première cuvée.

PRINCIPAUX PROPRIÉTAIRES

MM. Brugnot (héritiers).
  Jouard-Boulicault.
  Nié frères.

MM. Paquelin-Chifflot.
  Paquelin-Perret.
  Troussard.

Meix Goudard. — C. Loc., première et seconde cuvées.

PRINCIPAUX PROPRIÉTAIRES

Mᵐᵉ Bachelet-Lavirotte.
MM. Desmaizières.
  Durand.

MM. Loydreau.
  Paquelin-Perret.

Parterre. — C. Loc., première cuvée.

PRINCIPAUX PROPRIÉTAIRES

M. Jacquet. | MM. Marcilly frères (P. de).

Passetemps (les). — C. Loc., première cuvée.

PRINCIPAUX PROPRIÉTAIRES

M. Munot. | M. Paquelin-Chifflot.

Pasquelles (les). — C. Loc., première cuvée.

PRINCIPAUX PROPRIÉTAIRES

M. Barberet. | M. Bachelet (Adam). | M. Villard (Auguste).

CHASSAGNE-MONTRACHET

Pétingeret. — C. Loc., première cuvée.

PRINCIPAUX PROPRIÉTAIRES

M. Bachelet-Passerotte.	M. Perret.

Les Places. — C. Loc., première, seconde cuvée.

PRINCIPAUX PROPRIÉTAIRES

MM. Adam (André).	MM. Jouard-Boulicault.
Audiffred.	Maréchal-Paquelin.
Bachelet (Mlle Félicité).	Nié (Charles).
Ch. Drapier.	Paquelin-Perret.
Dufresse.	

Les Rebichets. — C. Loc., première cuvée.

PRINCIPAUX PROPRIÉTAIRES

MM. Brugnot (héritiers).	MM. Moine.
Colin (Pierre).	Paquelin-Chifflot.
Jacquet.	Pigneret-Paquelin.
Marcilly frères (P. de).	Pillot-Gareau.

Romanée. — C. Loc., première cuvée.

PRINCIPAUX PROPRIÉTAIRES

Mme Boillot (veuve).	M. Pillot-Thévenot.	M. Renaud.

Rosières (les). — Première cuvée.

PRINCIPAUX PROPRIÉTAIRES

MM. Durand.	MM. Troisgros (Jacques).
Grivot.	Villard (Joseph).
Leclerc (Mme).	

Ruchottes. — C. Loc., première cuvée : *Vins blancs.*

PRINCIPAUX PROPRIÉTAIRES

Mme Leclerc.	MM. Pillot-Thévenot.
M. Mignotte-Picard.	Poligny (R. de).

Clos Saint-Abdon. — C. Loc., première cuvée.

PROPRIÉTAIRE

M. Bazerolle.

Clos de la Truffière. — C. Loc., première cuvée.

PROPRIÉTAIRE

M. Jouard-Perrin.

Vigne derrière. — C. Loc., première cuvée.

PRINCIPAUX PROPRIÉTAIRES

M. Ch. Drapier.	Mme Leclerc.

Les Ancenières. — C. Loc., deuxième cuvée.

PRINCIPAUX PROPRIÉTAIRES

MM. Gueux (Nicolas).	MM. Montagny-Troisgros.
Lacroix (Adam).	Moreau-Voillot.

Bergerie. — C. Loc., deuxième cuvée.

PRINCIPAUX PROPRIÉTAIRES

M. Bachelet (Adam).	MM. Marcilly frères (P. de).
Mme Leclerc.	Moreau-Voillot.

Clos Bernot. — C. Loc., deuxième cuvée.

PRINCIPAUX PROPRIÉTAIRES

MM. Ferdinand Buffet.	MM. Leriche.
Gaillard (Denis).	Montagny.
Girard-Villard.	Paquelin-Robelin.
Joachim-Morey.	Pigneret-Paquelin.
Jouard-Perrin.	Villard (François).

Blanchots. — C. Loc., deuxième cuvée.

PRINCIPAUX PROPRIÉTAIRES

M. Michaut-Picard.	M. Paquelin-Perret.

Canotte. — C. Loc., deuxième cuvée.

PRINCIPAUX PROPRIÉTAIRES

M. Meunier. | M. Mignotte-Picard. | M. Villard-Menevaux.

Les Chênes. — C. Loc., deuxième cuvée.

PRINCIPAUX PROPRIÉTAIRES

MM. Bachelet-Bachelet.
Ch. Drapier.
Maréchal-Paquelin.

MM. Mignotte-Picard.
Moine.
Vouillon.

Conière. — C. Loc., deuxième cuvée.

PRINCIPAUX PROPRIÉTAIRES

M. Georges. | Mlle Bachelet (Félicité). | MM. Marcilly frères (P. de).

Essards (les). — C. Loc., deuxième cuvée.

PRINCIPAUX PROPRIÉTAIRES

MM. Adam (André).
Ferdinand Buffet.
Gautrelet.
Jouard (V^e).

MM. Marcilly frères (P. de).
Moreau-Voillot.
Nicot.
Simard.

Grandschamps. — C. Loc., deuxième cuvée.

PRINCIPAUX PROPRIÉTAIRES

Mlle Barthelet (Félicité).
MM. Grivot.
Laly.

MM. Paquelin-Chifflot.
Rateau.

Les Mouchottes. — C. Loc., deuxième cuvée.

PRINCIPAUX PROPRIÉTAIRES

MM. Coffinet.
Durand.
Georges.

MM. Gonet-Perreau.
Laurence.
Simard.

Perclos. — C. Loc., deuxième cuvée.

PRINCIPAUX PROPRIÉTAIRES

MM. Bachelet (Adam).
Coffinet.
Jouard-Boulicault.
Laly.
Montagny frères.

MM. Pigneret-Paquelin.
Pichard.
Prudhon-Fromageot.
Prudhon-Villard.
Rateau.

Pierres. — C. Loc., deuxième cuvée.

PRINCIPAUX PROPRIÉTAIRES

MM. Ch. Drapier.
Gautrelet.
Gillotte.

MM. Jouard-Boulicault.
Marcilly frères (P. de).
Paquelin-Girardin.

Puits Merdreaux. — C. Loc., deuxième cuvée.

PRINCIPAUX PROPRIÉTAIRES

MM. Coffinet.
Garnier-Flèche.
Gonet-Perreau.

MM. Morey-Doney.
Pigneret-Paquelin.
Simard.

Clos Reland. — C. Loc., deuxième cuvée.

PRINCIPAL PROPRIÉTAIRE

M. Bouzereau (Léon).

Vide Bourse. — C. Loc., deuxième cuvée.

PRINCIPAUX PROPRIÉTAIRES

M. Gueux. | M. Paquelin-Perret. | M. Prudhon-Prudhon.

Voillenot-Dessus. — C. Loc., seconde classe.

PRINCIPAUX PROPRIÉTAIRES

MM. Adam (André).
Bachelet (Joseph).
Bachelet (Adam).
Dufresse.
Dubois.
Lambert (Célestin).

MM. Montagny.
Moreau-Voillot.
Morey-Fanny (Mme).
Naigeon (Mme).
Pichard.
Simard.

Bataudes. — C. Loc., troisième cuvée.

PRINCIPAUX PROPRIÉTAIRES

MM. Adam (André).
Fontaine.
Gonet-Perreau.

MM. Jouard-Perrin.
Montagny-Troisgros.

Bellemonte. — C. Loc., troisième et quatrième cuvées.

PRINCIPAUX PROPRIÉTAIRES

Mlle Bachelet (Félicité).
M. Gillotte.

Mme Leclerc.
M. Moreau.

Benoîtes. — C. Loc., troisième cuvée.

PRINCIPAUX PROPRIÉTAIRES

MM. Audiffred.
Bader-Nié.
Grillon.

MM. Meunier.
Paquelin-Chifflot.
Pillot-Pigeron.

Bouchon de Corvée. — C. Loc., troisième cuvée.

PRINCIPAUX PROPRIÉTAIRES

MM. Grivot.
Girard-Lamy.

MM. Gonet-Perreau.
Marcilly frères (P. de).

Les Chambres. — C. Loc., troisième cuvée.

PRINCIPAUX PROPRIÉTAIRES

MM. Bachelet-Lavirotte.
Ferdinand Buffet.
Bouzereau-Bonnarde.

MM. Gaillard.
Girard-Villard.

Champ Dernier. — C. Loc., troisième cuvée.

PRINCIPAUX PROPRIÉTAIRES

MM. Jouard-Perrin.
Masson.

MM. Paquelin-Launay.
Pichard.

Les Charmes. — C. Loc., troisième cuvée.

PRINCIPAUX PROPRIÉTAIRES

M. Brugnot (héritiers). | M. Paquelin-Robelin | M. Pillot-Rouny.

Charrières. — C. Loc., troisième cuvée.

PRINCIPAUX PROPRIÉTAIRES

MM. Ferdinand Buffet.
    Gaillard.
    Grivot.
    Jouard-Boulicaut.
    Laly.

MM. Michaut.
    Moreau.
    Marcilly frères (P. de).
    Paquelin (Georges).

Farges. — C. Loc., troisième et quatrième cuvées.

PRINCIPAUX PROPRIÉTAIRES

MM. Gauthey.
    Guyard frères.
    Jouard-Perrin.

MM. Marcilly frères (P. de).
    Pillot-Thévenot.

Goujonne. — C. Loc., troisième cuvée.

PRINCIPAUX PROPRIÉTAIRES

MM. Bachelet (Adam).
    Batault (Mme).
    Charles-Rocault.
    Gillotte.
    Godillot-Girard.

MM. Moreau-Pillot.
    Nié frères.
    Paquelin-Chifflot.
    Prudhon-Léger.

Haut des Champs. — C. Loc., troisième et quatrième cuvées.

PRINCIPAUX PROPRIÉTAIRES

MM. Coron.
    Georges.
    Lafouge.

Mme Leclair.
MM. Pichard.
    Pillot-Thévenot.

Lombardes. — C. Loc., troisième cuvée.

PRINCIPAUX PROPRIÉTAIRES

MM. Ferdinand Buffet.
    Jouard-Boulicaut.
    Marcilly frères (P. de).

MM. Pillot-Thévenot.
    Pigneret.

Morichots. — C. Loc., troisième cuvée.

PRINCIPAUX PROPRIÉTAIRES

MM. Battault.
    Ferdinand Buffet.
    Bugnot-Riger.
    Fontaine.

MM. Jouard-Perrin.
    Morey-Doney.
    Marcilly frères (P. de).

En l'Ormeau. — C. Loc., troisième et quatrième cuvées.

PRINCIPAUX PROPRIÉTAIRES.

Mlle Bachelet (Félicité).
MM. Bachelet (Adam).
    Georges.

MM. Gillotte.
    Paquelin-Chifflot.
Mme Landolphe.

Pasquier. — C. Loc., troisième et quatrième cuvées.

PRINCIPAUX PROPRIÉTAIRES

MM. Girard-Lamy.
    Lafouge.

MM. Laly.
    Marcilly frères (P. de).

Petites Corvées. — C. Loc., troisième cuvée.

PRINCIPAUX PROPRIÉTAIRES

MM. Barberet.
    Bachelet-Thévenot.

MM. Montagny-Bollotte.
    Prudhon.

Plante Saint-Aubin. — C. Loc., troisième cuvée.

PRINCIPAUX PROPRIÉTAIRES

MM. Battault.
    Barolet.
    Ferdinand Buffet.

MM. Laly.
    Pigneret-Paquelin.
    Verlanos.

Platière. — C. Loc., troisième et quatrième cuvées.

PRINCIPAUX PROPRIÉTAIRES

MM. Ferdinand Buffet.
    Georges.
    Laly (Edmond).

MM. Nié frères.
    Paquelin-Chifflot.
    Poligny (R. de).

Sous les Mues. — C. Loc., troisième cuvée.

PRINCIPAUX PROPRIÉTAIRES

MM. Bachelet (Ferdinand).
    Bachelet (Pierre).
    Bugnot-Riger.

MM. Grivot.
    Servange.

Grandes Corvées. — C. Loc., quatrième cuvée.

PRINCIPAUX PROPRIÉTAIRES

MM. Bourgeois.
    Demortière.

M. Guinet.
Mme Leclerc.

Grande Platière. — C. Loc., quatrième cuvée.

PRINCIPAUX PROPRIÉTAIRES

MM. Coffinet.
    Gillotte.

MM. Nié-Girard.
    Paquelin (Georges).

Marolles. — C. Loc., quatrième cuvée.

PRINCIPAUX PROPRIÉTAIRES

Mme Leclair. | MM. Marcilly frères (P. de). | M. Pillot-Garreau.

Sur Matronge. — C. Loc., quatrième cuvée.

PRINCIPAUX PROPRIÉTAIRES

MM. Georges.
    Marcilly frères (P. de).

MM. Pigneret-Paquelin.
    Pillot (J.-B.).

Poirier du Clos. — C. Loc., quatrième cuvée.

PRINCIPAUX PROPRIÉTAIRES

MM. Girard-Lamy.   MM. Laly.
    Jouard-Perrin.   Pichard.

Rouhauts. — C. Loc., quatrième cuvée.

PRINCIPAUX PROPRIÉTAIRES

MM. Coffinet.   MM. Meunier.
    Gautrelet.   Minot.
    Grillon.   Paquelin-Chifflot.
    Lacroix (Adam). Paquelin (Georges).

La Têtière. — C. Loc., quatrième cuvée.

PRINCIPAUX PROPRIÉTAIRES

M. Georges.   M. Villard (Auguste).

Errata : M. Ferdinand Buffet, propriétaire négociant à Beaune, est propriétaire en outre dans la commune de **Chassagne-Montrachet** dans les climats suivants :
Les Concis des Champs, — *Les Benoistes*, — *Les Mazures*, — *Caillerets*, — *Virondot*, — *Grands Prés*.

Ajouter à la nomenclature des propriétés de la Maison MIGNOTTE-PICARD et Cie, à Chassagne-Montrachet (Voir page 29) :
Chambolle-Musigny. — Les Bonnes Mares, première cuvée, première classe.
Chassagne-Montrachet. — Les Brussonnes ou Brussannes, première cuvée, première classe.

CORPEAU

Appelé *Corpaus* et *Carpeaux* en 1224 (1), *Cropiaux* en 1235 (2), Corpeau est un village viticole situé au-dessous du territoire de Chassagne. La portion de son finage, à laquelle, d'un côté, la ligne du chemin de fer P. L. M. et la ville de Chagny, de l'autre, Chassagne et Puligny servent de limites, sera la seule dont nous aurons à nous occuper ici.

La commune se compose de deux parties : la première construite sur la route nationale de Paris à Lyon, et la seconde sur le coteau un peu plus élevé où se trouve l'église paroissiale. Sa latitude est de 46° 55′ 32″, et sa longitude de 2° 26′ 6″.

13 kilomètres séparent Corpeau de Nolay, son chef-lieu de canton, 13 également de Beaune et 51 de Dijon. Chagny est le siège de son bureau de poste. La courte distance de 2 kilomètres seulement de l'importante gare de cette ville, ainsi que le passage de la route nationale, facilitent de toute manière les communications.

On évalue à environ 250 hectares l'étendue du territoire viticole, dont les produits sont classés au rang des bons ordinaires.

Dès 1831, le docteur Morelot écrivait : « Les territoires de Corpeau et de Puligny ont de bons vignobles qui donnent des vins très agréables et que l'on peut appeler cuvées rondes (3). »

Dans la partie basse, le sol du vignoble est formé d'alluvions anciennes calcaires, avec sous-sol marneux où, dans plusieurs endroits, la terre arable n'a que 25 centimètres d'épaisseur. Dans d'autres elle est colorée par les oxydes de fer caractéristique des bons climats.

---

(1) Charte de privilège de Chagny, par Eudes de Montaigu (Courtépée, t. II).
(2) Titres de l'abbaye de Maizières.
(3) *Statistique de la vigne dans le département de la Côte-d'Or*, Dijon, Paris, 1834.

A la base de la Côte, le long des finages de Chassagne et de Puligny, se retrouve une nature de sol identique à celle des climats indiqués dans les notices de ces deux communes.

A la dégustation, les vins de Corpeau ont une grande franchise, de la couleur et du corps.

Dans plusieurs ouvrages viticoles consacrés à la Côte-d'Or, il n'est pas fait mention des climats de Corpeau ; ou bien on les considère comme de bons ordinaires. On en connaît pourtant, sur les confins des territoires de Chassagne et de Puligny, dont les produits ne sont guère inférieurs à ceux récoltés dans ces climats voisins.

Tel est le motif pour lequel une classification spéciale à ce vignoble nous a semblé utile à établir, en observant que les climats que nous inscrivons dans la première catégorie valent au moins, lors des bonnes années, ceux placés à la troisième, dans les vins fins. En ce qui regarde d'autres communes, la nécessité d'une semblable répartition nous a paru s'imposer : en premier lieu, dans le but d'éviter une confusion entre les vins fins et les vins ordinaires, et, ensuite, afin d'avoir l'occasion de citer plusieurs territoires, situés entre la Côte et la ligne du chemin de fer, territoires jusqu'alors insuffisamment connus.

Les Canottes,	C. Loc. 1re classe ou cuvée,	MM. Marlio.	
Le Champ de Cave,	—	—	Lafouge (Aug.).
Champ L'Huilier,	—	—	Servange.
Les Champs-Melin,	—	—	Hugon-Domino.
Le Chat-Blanc,	—	—	Marlio.
Les Cloux,	—	—	Madon.
Les Corcelottes,	—	—	Hugon-Grapin.
Les Frênes,	—	—	Servange.
Les Louères,	—	—	Hugon-Domino.
Le Meix-Bressant,	—	—	Marlio.
Le Meix-Bridelet,	—	—	De Fontenay.
Le Meix-Grapin,	—	—	Dubois-Chapey.

PRINCIPAUX PROPRIÉTAIRES

Meix Pillé,	C. Loc. 1re classe ou cuvée,	MM. De Fontenay.	
La Montagne,	— —	De Fontenay.	
La Pierre,	— —	Hugon-Domino.	
Les Riaux,	— —	Marlio.	
Sous le Saux,	— —	Fondard.	
Le Voyen,	— —	Barrault.	
La Bondue,	C. Loc. 2e classe ou cuvée,	Marlio.	
Les Crays,	— —	Nicot-Galland.	
Les Courageuses,	— —	Barrault.	
Les Grillots,	— —	Bertier.	
La Matronge,	— —	F. Buffet.	PRINCIPAUX PROPRIÉTAIRES
Le Poirelet,	— —	De Fontenay.	
Presard-Renaudine,	— —	Lafouge (Pierre).	
La Bessière,	C. Loc. 3e classe ou cuvée,	Servange.	
Le Grand-Présard,	— —	André.	
Grillot-Pré-Jeannot,	— —	Thomasset.	
Le Meix Rosé,	— —	Moreau.	
Le Reuil,	— —	Dubois-Chapey.	
		Etc., etc.	

GAMAY

Gamay, *Gaamel* au xııᵉ siècle (1), est le nom d'un hameau de la commune de Saint-Aubin, anciennement Ouroux, *Oratorium Sancti Albini* (1220) (2), *Ooroux* en 1267 et 1280. Saint-Aubin est situé à la naissance des contreforts de la Côte, dans la partie sud-est de la route nationale n° 6 de Paris à Chambéry et du chemin de grande communication de Chagny à Mâlain. De la gare de Chagny la distance est de 5 kilomètres; on peut également y arriver par Meursault.

Gamay étant, comme il vient d'être dit, une dépendance de Saint-Aubin, appartient par suite au canton de Nolay. 8 kilomètres le séparent de ce bourg, 16 de Beaune et 51 de Dijon. Il est placé dans un vallon très étroit, où passait la grande route au temps de Charlemagne. A droite et à gauche existent deux collines dont l'altitude atteint 450 et 463 mètres. Sa latitude est de 46° 57′, et sa longitude de 2° 23′ 9″.

743 habitants composent la population totale de la commune. A la fin du siècle dernier, on n'y comptait que 300 communiants et 81 feux.

L'origine du village est ancienne. A Saint-Aubin abondent les monnaies du Bas Empire; à Gamay, la période mérovingienne s'est affirmée par la découverte de nombreuses sépultures; on y a trouvé, au dire de Courtépée, des monnaies d'argent du règne de Louis le Débonnaire.

Gamay avait, au moyen âge, un château de quelque importance; on voit, en 1365, Godefroi *de Chailley* en reprendre le

---

(1) Chambre des Comptes (V. *Annuaire de la Côte-d'Or*, par J. Garnier, Dijon, 1862).
(2) Courtépée, t. II.

fief. De cette féodale demeure, il ne reste plus, aujourd'hui, que le donjon avec ses meurtrières et les fossés convertis en cressonnières. A la Révolution, le château a été vendu, comme bien national, au prix de 32,000 francs.

Courtépée prétend — et son opinion semble des plus rationnelles — que de Gamay serait sorti et se serait répandu le gros plant, dont le duc Philippe le Hardi décréta, en 1395, la proscription par une ordonnance restée célèbre et qui, pour n'avoir rien d'inédit, offrira néanmoins encore quelque intérêt à la lecture de sa reproduction sommaire :

« Vu la supplique des habitants de Dijon, Beaune, Chalon et pays environnans, exposant que dans lesdits lieux il y croît les meilleurs et plus prétieux vins du royaulme pour le nourrissement et substentation de créature humaine et que pour la bonté d'iceulx Notre Saint Père le Pape, Monseigneur le Roy et plusieurs autres Seigneurs tant gens d'église, nobles que aultres, avoient coustume d'en faire leurs provisions quoiqu'ils eussent d'autres vins en abondance, mais que plusieurs particuliers, pour avoir une plus grande quantité de vins, ont faict planter des *gamais* dans leurs vignes qui est d'une très grande vigueur et très inférieur en qualité, il (le duc) ordonne à tous ceux qui ont planté leurs vignes de les *coper* et extirper dans un mois à compter du jour de la publication des présentes, sous peine de 60 livres d'amende (1). »

L'auteur de la *Description du Duché de Bourgogne* ajoutait à cette citation : « Une pareille ordonnance serait bien nécessaire, en ce temps, où l'on a multiplié ce plant *déloyal* dans les champs qui rapporteraient de bon froment. »

Suivant une tradition qui s'est perpétuée, les vignes furent détruites sur ce finage, au XIVe siècle. Seuls quelques plants ordinaires résistèrent, dans le voisinage du château de Gamay, et en prirent le nom.

Les vieux vignerons de Gamay et de Saint-Aubin sont, à

---

(1) Archives de Beaune. Une copie collationnée des lettres-patentes données à ce sujet par Philippe le Hardi y existe.

juste titre, fiers de la qualité de leurs vins, de tous temps si recherchés. Aussi, répètent-ils en chœur :

> En dépitant Pommaird et Volnay
> En n'y é de tel que lai Chaiterière de Gamay !

En 1840, d'après les opérations cadastrales, la surface du vignoble se décomposait de la sorte :

Plants fins . . . . . .   234 h. ⎫
Gamays . . . .   105 h. ⎬ 339 h.

Depuis, elle ne s'est guère modifiée.

Dans les sols de la commune domine le calcaire ; dans celui des coteaux ce sont les graviers ; aussi la couche calcaire est-elle d'une faible épaisseur.

Les terrains peuvent être divisés en trois classes savoir : ceux de couleur blanche où se récoltent les vins blancs ; ceux colorés en rouge par les oxydes de fer où l'on plante de préférence les gamays ; ceux qui sont secs et graveleux ; de ceux-là viennent les vins fins.

Les plants fins (pinots noirs et pinots blancs) constituent les principales productions du finage. Voici à peu près quels en sont les rendements :

En vins fins . . . . . .   18 hectol. à l'hectare.
— ordinaires. . .   24   —   —

Toujours les vins se vendent bien dans le pays, voici quelques prix :

Vins fins   1868   400 fr. la queue de 2 pièces.
—   1881   900   —   —
—   1890   800   —   —

Vins ordinaires .   1868   70 fr. la pièce.
—   1870-1873   100   —
—   1881   115   —
—   1889   105 à 110 fr. la pièce.

Vins blancs . . .   1890   200 fr. la pièce.

Rappelons qu'en 1815 les vins ordinaires se vendaient déjà 90 francs la pièce.

A Saint-Aubin, comme du reste dans toute la Côte, la culture de la vigne fait l'objet des plus grands soins.

Chaque vigneron est obligé de « donner façon » aux vignes ; il doit « boecher, bener, tiercer. »

Quant à la vinification, il y a plusieurs manières d'opérer qui ne diffèrent pas de celles usitées dans la Côte.

En ce qui concerne les climats, l'histoire locale n'est pas riche en documents. On ne connaît que les *Claus* (1), contenant les *Perrières* (2), qui produisent les premières cuvées ; *Derrière la Tour*, non loin de la grande tour du château de Gamay ; *Derrière les Edouard*, vignoble ainsi désigné pour avoir été la propriété d'une famille de ce nom.

Nous avons plusieurs fois analysé des vins de Gamay. Pour les bonnes cuvées fines, le degré alcoolique oscille entre 11 et 12 degrés, selon les années ; pour les gamays, c'est entre 8 et 10. Les extraits correspondent au degré de l'alcool, environ 2 grammes par degré. Ils sont surtout riches en tannin et en tartres ; chose importante car la conservation est assurée.

Lors des bonnes années, les vins de Gamay peuvent rivaliser avec ceux des meilleurs climats.

Un fin gourmet leur donne, à la dégustation, les caractères suivants : beaucoup de bouquet, légèrement tendres, une finesse veloutée, une couleur résistante, une limpidité parfaite ; ils ressemblent aux vins de Chassagne.

Par suite de telles qualités, ils se comportent bien, peuvent être mis en bouteilles après deux ans de fût et se conservent longtemps.

---

(1) *Claus* est une forme de *Clos*, qui indique que cette partie du finage était entourée soit de murs soit de barrières. Des vieillards se souviennent d'avoir entendu parler d'une barrière interdisant l'entrée du chemin qui traverse les *Claus*.

(2) Carrières. En vieux français *Poraires*.

GAMAY

Pour le classement des vins de Gamay, il y a lieu de rappeler les règles indiquées en ce qui concerne la commune de Corpeau et les observations dont elle a fait le sujet. Ajoutons encore que les premières cuvées de Saint-Aubin sont dignes de soutenir la comparaison avec les meilleures de Santenay et les bonnes secondes de Volnay.

Voici la liste des climats les plus importants ainsi que les noms des principaux propriétaires :

Le Charmois, C. Loc. 1re cuvée, princ. propriét^{re} : M. Naudin.
La Chatenière — — —
Marinot, C. Loc. 2e cuvée, plusieurs propriétaires.
Remilly, — —

Etc., etc.

Dents de Chien, C. Loc. 1re cuvée, plusieurs propriétaires.
Combe des Vaux et Pinelle, C. Loc. 2e cuv. M. Naudin et autres.
Pucelle, C. Loc. 2e cuvée, —

Etc., etc.

Les Clous, C. Loc. 1re cuvée, propriétaire : M. Naudin.
Sur Gamay, — plusieurs propriétaires.
Les Combes, — —
Derrière Les Edouard, C. Loc. 1re et 2e cuv. plusieurs propriét.
Les Castels,
Les Choilliers, } C. Loc. 2e cuvée, plusieurs propriétaires.

Etc., etc.

Créot,
Derrière la Tour, } C. Loc. 1re cuvée, plusieurs propriétaires.
Charmots et Vollon, C. Loc. 2e cuvée, —
Genouvrées, C. Loc. 3e cuvée, —

Etc., etc.

PULIGNY-MONTRACHET

Puligny, auquel depuis un certain nombre d'années a été joint le nom de *Montrachet* parce qu'il comprend dans sa circonscription les deux tiers, soit environ cent ouvrées de ce climat si célèbre, Puligny, disons-nous, jouit d'une renommée viticole aussi ancienne que glorieuse.

Courtépée rappelle que des antiquités gallo-romaines, restituées par le sol, attestent l'antique origine de ce village, appelé *Puliniacus* dans un diplôme du pape Urbain II, daté de 1095. On trouve encore, aux XIIe et XIVe siècles, *Puligne* et *Puline* dans le *Martyrologe de Notre-Dame de Beaune*. Près de là, Mypont, lieu détruit, apparaît, dès 1004, sous le nom de *Millepontum*.

Au siècle dernier, on comptait à Puligny 145 feux et 511 communiants ; aujourd'hui le nombre des habitants est de 1017. Le territoire comprend près de 500 hectares en vignes, dont une centaine en plants fins ; sa surface totale est de 726 hectares.

Puligny appartient au canton de Nolay, à une distance de 8 kilomètres ; 12 kilomètres le séparent de Beaune et 50 de Dijon. De même que tous les villages de la Côte, il regarde le levant ; l'altitude moyenne atteint 238 mètres. La latitude y est de 46° 56′ 51″, et la longitude de 2° 26′ 6″. Au nord, coule un ruisseau appelé la *Lauche*. La route n° 74 de Chalon à Sarreguemines passe à l'est du pays placé à égale distance des gares de Chagny et de Meursault qui le desservent. Le service des postes est fait, deux fois chaque jour, par le bureau de Chagny.

La commune a pour limites, à l'ouest, Gamay et Saint-Aubin ;

au sud Chassagne et Corpeau ; à l'est, Corcelles et Ebaty, et au nord, Meursault.

A certains de ses climats s'attache une réputation universelle. Au premier rang doit être cité le *Mont-Rachet, Montrachet* et *Morachet* qui produit des vins blancs connus et appréciés du monde entier.

En 1482, mention en est déjà faite dans les actes de la commune ; cette mention se répète fréquemment, aux siècles postérieurs.

A la Révolution, les 100 ouvrées qui le composent furent vendues au prix de 72.000 francs, en dehors des frais d'actes s'élevant à un douzième environ.

Dans la monographie de Chassagne, l'occasion nous a été déjà donnée de parler de ce merveilleux climat.

On y distingue, à la base, le *Bâtard-Montrachet*, qui se retrouve également à Chassagne (1), puis le *Montrachet*, et, à la partie supérieure, le *Chevalier Montrachet*.

Au sujet du Montrachet, le Dr Lavalle a écrit que le vin qu'il produit doit être considéré comme l'une de ces rares merveilles dont il n'est permis qu'à un bien petit nombre d'élus d'apprécier la perfection :

« Quel que soit le prix, ajoute-t-il, celui qui peut en acheter quelques bouteilles d'une bonne année doit se trouver satisfait. »

Par lui, nous savons que fort souvent la queue de ce vin a été payée 2000 francs et au-dessus.

Dans le voisinage existent des climats classés, à juste titre, parmi les meilleurs de la Côte-d'Or et dont suit la liste des principaux : *Sous le Puits, La Garenne,* hameau de *Blagny, Les Chalumeaux, Champs Canets, Denizotte,* les *Folatières,* le *Cailleret, Chavaillon,* les *Pucelles,* les *Combettes,* les *Refères,* les *Perrières*.

La vigne y est l'objet des plus grands soins. Les cépages cultivés sont le pinot blanc, appelé quelquefois par les vignerons *Pinots du Montrachet ;* le pinot gris ou *Aguillotté*, qui se re-

---

(1) Sur la limite du finage ; un fossé tient lieu de séparation.

trouve également dans les côtes, mélangé avec les pinots rouges; enfin, dans la plaine, dominent les principales variétés du gamay rouge ou blanc.

Les vins fins rendent en moyenne le quartaut à l'ouvrée, soit, au maximum, une douzaine d'hectolitres à l'hectare, rarement quinze. Les gamays et les plants gris doublent à peu près ce chiffre; enfin, la vendange et la cuvaison, opérations auxquelles on attache une extrême importance, se font de la même manière que dans les bons climats de la Côte.

Les vins blancs fins et passe-tout-grains valent de 300 à 600 francs la pièce, suivant leur nature. Les vins rouges varient entre 200 et 400 francs la pièce.

Nous donnons les prix fixés dans la réunion des principaux négociants et propriétaires qui se tient chaque année, à Beaune, au moment de la vente des vins des hospices.

	1889	1890	1891
Montrachet	100 fr.	800 fr.	1000 fr.

Puligny se trouve situé dans les terrains d'alluvions anciennes qui viennent de la plaine et s'arrêtent à la Côte (environ 230 mètres). Le haut du village est placé dans le Forest-Mable et la Grande Oolithe. Dans quelques climats, notamment à La *Renaudière*, domine l'argile, qui forme un sol compacte, mélangé de calcaire de couleur brunâtre.

Blagny (*Blagneyum*), dépendance de Puligny, produit des vins blancs vifs, légers, agréables, dignes d'être comparés à ceux obtenus dans les bons climats de Meursault, qui occupent la même situation au point de vue géologique. Blagny est dans le *Cornbrash*, tandis que ses plateaux sont dans les marnes oxfordiennes et que les sommets appartiennent au groupe Corallien. Du reste, l'étude géologique des climats démontre que les *Chalumeaux* et *Sous le Puits* font partie des marnes *oxfordiennes* alors que la plupart des autres grands crus sont dans la Grande Oolithe.

Voici la composition des terrains, d'après l'analyse faite par M. Margottet (1):

---

(1) Déjà cité.

ÉLÉMENTS DOSÉS	BLAGNY	MONTRA-CHET	CHEVALIER-MONTRACHET	BATARD-MONTRACHET	
	Sol			Sol	Sous-sol à 0m60
Terre fine. . . .	61.72	68.29	67.44	76.06	75.67
Gravier	38.29	31.71	32.56	23.94	13.51
Cailloux.				0	10.82
ANALYSE DE LA TERRE FINE					
Sable siliceux .	44.47	46.55	48.60	44.07	22.57
Argile	42.83	17.28	27.97	30.92	62.99
Chaux	4.42	17.36	10.91	10.84	5.00

M. de Vergnette (1) a eu l'occasion de rechercher le degré alcoolique des vins de cette dernière commune et a obtenu les résultats suivants :

ANNÉES	NOMS DES CLIMATS	DEGRÉ ALCOOLIQUE
1825	Montrachet	14.90
1861	id.	13.50

A la dégustation, ces vins présentent des qualités vraiment exceptionnelles.

« O Montrachet, divin Montrachet ! — s'écriait jadis M. de Cussy, dans un élan d'enthousiasme, — le premier, le plus fin des vins blancs que produit notre riche France, toi qui es resté pur et sans tache entre les mains de ton honorable propriétaire, M. le marquis de la Guiche, je te salue avec admiration ! »

Nous avons tenu à reproduire ce document par le motif qu'il se rapporte à la plus grande gloire du territoire viticole des deux communes de Chassagne et Puligny : le *Montrachet*.

Le Dr Morelot (2) écrivait, au commencement de ce siècle, ainsi que nous l'avons dit plus haut, que les vins blancs de Blagny sont vifs, agréables au goût, légers et vont de pair avec les Meursault de première qualité.

Quant aux vins rouges, ils ont beaucoup de corps, une grande

(1,2) Déjà cité.

finesse, beaucoup de franchise, et prennent avec l'âge un bouquet exquis. De même que les vins que l'on récolte dans les grands crûs, notamment dans ceux de Chassagne et de Meursault, ils vieillissent parfaitement à la bouteille et doivent être conseillés en tant que vins de garde.

Après l'opinion émise par le savant œnologue qui définit si bien les qualités de cet admirable vin blanc, c'est le cas d'affirmer que de tout temps, les produits de cette merveilleuse côte ont été connus et appréciés à leur juste valeur.

Ajoutons que les passe-tout-grains des bonnes années peuvent se comparer aux meilleurs grands ordinaires de la Côte.

Pour terminer ce travail, nous donnerons les noms des principaux climats et des propriétaires les plus importants, en suivant le cadastre.

Domaine de M. Ch. Drapier, propriétaire à Puligny-Montrachet et Chassagne-Montrachet (Côte-d'Or) (1).

---

(1) Le Domaine de M. Ch. Drapier compte parmi les plus importants et les plus étendus de la région. Celui de Chassagne-Montrachet (ancienne propriété du comte de Courtivron) réunit les noms des crûs les plus estimés de ce territoire; la nomenclature suivante nous dispense de tout commentaire.

Commune de **Puligny-Montrachet** :

La Caustière du Rond-Pré; — Les Closeaux; — Les Houillères : — Le Clos du Meix; — Les Parties; — Les Pucelles; — Le Vaillonges; — Le Clos Vaillon (1re cuvée).

Commune de **Chassagne-Montrachet** (ancienne propriété du comte de Courtivron) :

Le Montrachet (hors ligne); — Le Clos Saint-Jean (hors ligne); — Bâtards-Montrachet; — Caillerets; — Morgeot (1re cuvée, 1re classe); — Les Masures; — Les Pierres; — Les Places; — Les Chênes; — La Vigne derrière.

NOMENCLATURE

DES PRINCIPAUX CLIMATS ET LIEUX-DITS

Mont-Rachet ou **Montrachet**. — D. L., tête de cuvée extra ; C. A. B., première classe.

PRINCIPAUX PROPRIÉTAIRES

MM. Antonin Bouchard et Julien Bouchard, de la maison Bouchard père et fils de Beaune.

MM. Ch. Drapier.
Guiche (de la).
Serre (Vve).

Chevaliers Montrachet. — D. L., première cuvée, première ligne.

PRINCIPAUX PROPRIÉTAIRES

MM. A. Bouchard et Julien Bouchard, de la maison Bouchard, père et fils.
André-Brusson.

MM. Belin-André.
Billerey (A.).
Mme Clerc-Dubois.

Batards-Montrachet (les). — D. L., première cuvée ; C. A. B., première et deuxième classes.

PRINCIPAUX PROPRIÉTAIRES

MM. André-Brugnot.
Billerey (A.).
Brugnot-André.
Brugnot-Meney.
Fleurot-Labelle.
Pierre-Foveau.

MM. Garnier-Meney.
Lartus-Brugnot.
Labouré.
Moreau-Voillot.
Samuel.
Serre (de la).

Le Blagny Blanc ou **Hameau de Blagny**. — D. L., première cuvée ; C. A. B., première classe.

PRINCIPAUX PROPRIÉTAIRES

MM. Josserand-Tisserand. | Mmes Vve Tripier.
   Panariou. | Vve Villard.

Caillerets (les). — D. L., première cuvée ; C. A. B., première et deuxième classes.

PRINCIPAL PROPRIÉTAIRE

M. Billerey (A.).

Chalumeaux (les). — C. A. B., première classe.

PRINCIPAUX PROPRIÉTAIRES

M. Dariot (Etienne). | M. Garnier-Meney. | M. Villard.

Champ Canet. — C. A. B., première et deuxième classes ; D. L., deuxième cuvée.

PRINCIPAUX PROPRIÉTAIRES

MM. Battault. | Mmes Vve Serre.
   Corey-Caré. | Vve Titard.

Charmes (les). — D. L., première cuvée ; C. A. B., troisième classe.

PRINCIPAUX PROPRIÉTAIRES

MM. Brugnot-Latour. | MM. Delaplanche-Garnier.
   Comeau-Comeau. | Edouard-Gueneau.
   Dariot (Etienne). | Giboulot (Vve).

Clavaillon (le) ou **Clos Vaillon**. — D. L., première cuvée ; C. A. B., deuxième classe.

PRINCIPAUX PROPRIÉTAIRES

M. Ch. Drapier. | Mme Vve Compain.

Combettes (les). — D. L., première cuvée ; C. A. B., première classe.

PRINCIPAUX PROPRIÉTAIRES

Mmes Vve Compain. | MM. C. Duvergey-Taboureau.
Vve Dennevert. | Pierre-Foveau.

Folatières (Es). — C. A. B., première et troisième classes ; D. L., deuxième cuvée blanc.

PRINCIPAUX PROPRIÉTAIRES

MM. André-Brugnot. | MM. Fleurot-Labelle.
Bonardeau. | Nectoux-Bonardeau.
Couturier-Compain. | Titard-Ropiteau.
Delaplanche-Garnier. |

Garenne (la). — C. A. B., première classe.

PRINCIPAUX PROPRIÉTAIRES

M. Josserand. | M. Lapierre (Edouard). | M. Tisserand.

Pucelles (les). — D. L., première cuvée ; C. A. B., deuxième et troisième classes.

PRINCIPAUX PROPRIÉTAIRES

MM. Billerey (A.). | MM. Labouré.
Ch. Drapier. | Latour-Chopin.

Les Referts ou Refères. — D. L., première cuvée ; C. A. B., deuxième et troisième classes.

PRINCIPAUX PROPRIÉTAIRES

MM. André-Brugnot.
André-Ducharne.
Couturier-Brulard.
Dariot (Etienne).

MM. Debeaumarchais.
Edouard-Gueneau.
Joly-Barberet.
Dariot (Vve).

Sous le Puits. — C. A. B., deuxième classe.

PRINCIPAUX PROPRIÉTAIRES

Mme Tripier.

Mme Vve Titard.

Levrons (les). — C. A. B., troisième classe.

PRINCIPAUX PROPRIÉTAIRES

M. Garnier-Meney. | M. Jeunet. | Mme Vve Dennevert.

Corvée des Vignes. — C. Loc., grands ordinaires.

PRINCIPAUX PROPRIÉTAIRES

MM. André-Brugnot.
Belicard-Charreau.

MM. Belin-André.
Comeau-Comeau.

Epée (l'). — C. Loc., grand ordinaire.

PRINCIPAL PROPRIÉTAIRE

Mme Vve Esdouhard.

Grands Champs. — D. L., grand ordinaire.

PRINCIPAUX PROPRIÉTAIRES.

Mmes Vve Bulot.
Vve Compain.
MM. Chéreau-Moyne.
Dariot (Etienne).

MM. Debeaumarchais.
Delaplanche-Garnier.
Jeunet.

Meix (le clos du). — D. L., grand ordinaire.

PRINCIPAUX PROPRIÉTAIRES

MM. André-Brugnot.
Delaplanche-Garnier.
Ch. Drapier.

MM. Garnier-Meney (Le Clos des Meix).
Nectoux-Bonardeau.

Perrières (les). — C. Loc., première cuvée.

PRINCIPAUX PROPRIÉTAIRES

MM. Edouard-Gueneau.
Pierre-Foveau.
Leflaive-Petitjean.

Mmes Vve Dennevert.
Vve Titard.

Les Bienvenues,	MM. Moreau-Voillot.	
Les Boudrières,	Delaplanche-Garnier.	
La Boudriote,	Moreau-Voillot.	
Le Clos Chagnot,	Esdouhard (Mme V^{re}).	
Charbonnières,	Delaplanche-Garnier.	
Champ-Gain,	Bavard-Roger (Mme V^{re})	
Les Closeaux,	Ch. Drapier.	
Combes,	Delaplanche-Garnier.	PRINCIPAUX PROPRIÉTAIRES
Caustière du Rond Pré,	Ch. Drapier.	
Escholier,	Delaplanche-Garnier.	
Les Enseignères,	Chéreau-Moyne. Pierre-Foveau.	
Les Grands Bois,	Moreau-Voillot.	
Houillères,	Bavard-Roger (Mme V^{re}) Delaplanche-Garnier. Ch. Drapier.	
La Mouchère,	Esdouhard (Mme V^{re}).	

Les Parties,	MM. Ch. Drapier.	
Petit Poirier,	Delaplanche-Garnier.	
Peute Raye,	Delaplanche-Garnier.	
Plante des Champs,	Delaplanche-Garnier.	PRINCIPAUX PROPRIÉTAIRES
Pré Rond,	Delaplanche-Garnier. Garnier-Money.	
Le Rondot,	Nectoux-Bonnardeau.	
Les Saussis,	Moreau-Voillot.	
Vaillonges,	Ch. Drapier.	
	Etc., etc.	

MEURSAULT

Meursault est un très important bourg-village situé entre Puligny et Volnay. Dans un titre de 1085, il est appelé *Murassalt*. En recourant au *Martyrologe de Notre-Dame de Beaune*, on trouve, à partir de 1220 jusqu'à 1319, les désignations de *Murixallum, Murisaldum, Murisaltum, Murissaul, Murisaut*, même *Mursaut* et *Meursaut*. Outre *Murassalt*, Courtépée donne *Mure Caldus* et *Muris Saltus* (1), que Gandelot traduit, sans hésiter, par la *Forêt du rat*, et sans entrer dans la moindre explication à l'appui d'une semblable étymologie.

L'antique origine de cette localité s'est révélée par des signes certains. Ainsi, au climat des *Choseaux*, près de la route de Dijon à Chalon, les travaux viticoles ont mis au jour, vers 1840, les vestiges d'une *villa* gallo-romaine ; plusieurs cippes et bas-reliefs des mêmes temps sont venus enrichir la section archéologique du musée de la ville de Beaune. Le sol a restitué, à diverses reprises, des monnaies du Haut et du Bas Empire.

Les habitants furent affranchis au xive siècle mais à des conditions si dures que, à l'exception de six familles, ils abandonnèrent le pays. Il fallut traiter avec eux et réduire de beaucoup les taxes pour les engager à revenir. Ceci se passait en 1404.

Le château, dont des restes sont encore visibles, fut détruit en partie par ordre de Louis XI, en 1478, et complètement démantelé en 1633, après la félonie d'Henri de Montmorency.

L'aiguille du clocher en pierre de taille est l'une des plus belles de la contrée, ce qui faisait dire qu'elle était l' « œuvre des fées. »

(1) *Description du duché de Bourgogne*, t. II.

Sur la route existe encore une ancienne léproserie, dite *l'Hôpital de Meursault*; elle date du milieu du xiie siècle.

Comme tous les villages de cette partie de la Côte, Meursault eut beaucoup à souffrir, lors des guerres de la Ligue. En 1594, le duc de Mayenne et ses soldats y portèrent le meurtre, le pillage et l'incendie.

Bâti à mi-côte, sur une sorte de plateau, au pied de la Côte proprement dite, Meursault domine la plaine, tout en étant en contre-bas des communes de Monthelie et de Volnay.

La population y est de 2564 habitants; la distance de Beaune, chef-lieu de canton et d'arrondissement, n'excède pas 8 kilomètres. La route n° 73 de Moulins à Bâle, ainsi que celle n° 74, de Chalon-sur-Saône à Sarreguemines, traverse le territoire, non moins que trois chemins de grande communication, tendant de Beaune à Chalon et d'Auxey à Tailly. Une station du P. L. M. dessert la commune, qui est pourvue d'un bureau des postes et télégraphes; des voitures publiques vont de Beaune à Meursault à plusieurs heures de la journée.

La latitude est de 46° 58′ 29″ et la longitude de 2° 27′ 6″. Les limites du bourg sont: au nord, Monthelie et Volnay; au levant, Tailly et Merceuil; au sud, Corcelles-les-Ars, et au couchant, Saint-Aubin et Auxey.

La rivière des *Clous*, formée par les ruisseaux de Melin et de Saint-Romain, arrose Meursault; elle se déverse dans la Dheune, près de Merceuil.

De longue date, mention est faite des divers climats de ce pays.

On lit dans Courtépée qu'en 1168 Sybille, fille de Hugues de Bourgogne, donna aux moines de Cîteaux des vignes *en Murissalt*. Nous savons par le même historien qu'à des temps très reculés les climats, signalés comme les meilleurs, étaient les *Charmes*, les *Perrières*, les *Genevrières*, la *Goutte d'or*, pour les vins rouges, et le *Santenot*, près Volnay, où se trouvent les noiriens de première qualité.

Les passe-tout-grains de Meursault y sont nommés les *médecins des autres vins;* on voulait dire par là combien les vins, avec lesquels on les mélangeait comme coupages, leur devaient d'amélioration.

Il n'y a pas de siècle où, dans les ventes ou donations, on ne voie figurer les grands crûs de Meursault, preuve que nos pères connaissaient parfaitement la valeur des produits de cet excellent vignoble.

Sous le rapport géologique, telle est la somme de nos observations : depuis le chemin de fer, en passant par l'hôpital, à l'altitude de 228 mètres jusqu'à la route qui traverse le bourg dans le sens de la Côte, on rencontre les alluvions anciennes. Viennent ensuite le Forest-Mable et la Grande Oolithe, commençant, d'une part, à la route qui se dirige sur Monthelie, à la partie supérieure du pays, et de l'autre, dans la direction de Puligny.

Nous voyons le Cornsbrash se continuer sur Puligny et Monthelie. A la base des sommets se retrouve le Forest-Mable (cote 286 mètres), puis réapparaît à nouveau le Cornsbrash constituant les plateaux dont les sommets seulement sont formés par les marnes oxfordiennes que nous rencontrerons encore à Monthelie.

En résumé, il y a lieu de considérer comme étant situés dans les marnes oxfordiennes les climats dont suivent les noms : le *Tesson*, la *Pièce sous Bois*, les *Charrons*, les *Rougeots*, les *Chevalières*, les *Forges*, ainsi que certains lieux du voisinage; dans le Bathonien, les *Santenots*, les *Cras*, les *Peutes Vignes*, les *Cromins*, les *Gouttes d'Or*, les *Bouchères*, et *Porusot*; dans la Grande Oolithe, les *Terres Blanches*, les *Crotots*, les *Genevrières*, les *Charmes*, une partie des *Perrières*.

Il est de toute évidence que, si certains climats sont limitrophes, une partie pourra se trouver placée sur une formation géologique et la seconde sur une autre, mais l'établissement de ces séparations nous mènerait trop loin et nous n'entrerons pas dans les détails, sans omettre toutefois la remarque que les meilleurs crûs blancs sont plantés dans les calcaires magnésiens.

Nous donnons ici les résultats de l'analyse des terres de cette commune, par M. Margottet (1) :

(1) Déjà cité.

	GENEVRIÈRES	PEZEROLLES		AUX ARGILLIÈRES	
	Sol et Sous-Sol identiques	Sol	Sous-Sol à 0,55	Sol	Sous-Sol à 0,60
Terre fine.......	64,09	86,15	87,50	77,5	100,0
Gravier	15,90	13,85	12,50	22,5	»
Cailloux........	20,01	»	»	•	»
ANALYSE DE LA TERRE FINE					
Sable siliceux....	49,52	63,53	48,55	30,51	38,50
Argile	42,52	28,54	38,06	32,24	10,36
Chaux	1,80	2,12	4,07	18,20	26,09

Là encore se constate la prédominance du calcaire. A l'aide de l'analyse chimique, on retrouve, la plupart du temps, les deux pour mille de fer, signalés par le docteur Lavalle, fait déjà noté par nous pour d'autres localités et caractéristique des bons crûs.

Le vignoble occupe une surface considérable. Lors de la confection du cadastre, sa circonscription comprenait 318 hectares 25 ares 60 en plants fins ou noiriens, plus 70 ares 55 en gamays. En 1885, on comptait au total 1003 hectares, superficie représentant, à peu de chose près, les deux tiers de celle de la commune, qui est d'environ 1621 hectares.

Rien de particulier en ce qui concerne la culture de la vigne et la vendange. Pour le transport des raisins à la ballonge ou à la cuve on se sert du *panier porteur*, sorte de vaste récipient en osier. Il en faut huit ou dix, suivant la quantité de raisins dont ils ont été remplis, pour faire une pièce de vin.

Les rendements varient selon la nature des climats. Dans les meilleurs en vins blancs fins, on obtient rarement plus de 16 à 18 hectolitres et quelquefois moins encore. Les vignes produisant les vins rouges fins donnent un peu plus, soit 15 à 20 hectolitres ; dans les autres crûs inférieurs, il arrivait fréquemment, lors des bonnes années, de faire une pièce et une pièce et demie à l'ouvrée, soit une moyenne de 30 à 35 hectolitres.

A Meursault, l'une des causes qui ont, de tous temps, assuré la valeur des cuvées est la coutume constamment suivie de ne cultiver qu'une seule nature de plant, destinée à la production des grands vins.

Pour les vins blancs, le *Pinot blanc* sera seul maître du sol, à l'exclusion de toute autre variété : pour les vins rouges, le *Pinot noir*, ou *Noirien*, règnera seul.

Enfin, à d'autres époques, les vignerons s'appliquaient avec le plus grand soin à détruire tout plant qui semblait dégénérer ou être « mauvais grain » ; ils avaient recours au greffage et substituaient ainsi une autre souche au cep qu'ils jugeaient utile d'éliminer. Cet usage tombe malheureusement en désuétude.

Il est à remarquer que la région où se cultivent les grands crûs est à une altitude de 260 à 270 mètres ; que celle de la plaine est de 200 à 215 mètres ; qu'à la gare les alluvions sont à 228 mètres et que les plus hauts sommets atteignent 463 mètres au maximum.

Les vins de Meursault ont une valeur commerciale considérable : en 1846, les *Santenots* se vendaient, au décuvage, 750 francs la queue ; en 1854, on en a payé, également au décuvage, au prix de 1200 francs (1).

En 1888, lors de la vente des vins fins des hospices de Beaune, la cuvée Latour (*Santenot*) a été adjugée au prix de 700 fr. la queue ; celle de Jobard frères (*Genevrières*), 1060 francs.

L'année précédente, les *Genevrières* étaient montées à 820 fr., les *Santenot Criot* à 760, les *Genevrières* à 900, et les *Santenots* à 1040 fr. la queue.

Les *Genevrières* des vignerons Jobard frères ont atteint le chiffre de 1190 francs ; la cuvée Picard et Jobard s'est payée 1200 francs.

Enfin, en 1891, les *Genevrières* de MM. Jobard frères montent à 2640 francs. Ce sont là des prix qui rendent un éloquent témoignage de l'empressement des acquéreurs pour les vins fins de notre Côte.

Lors de ces adjudications, les vins rouges des grands crûs se sont vendus à des prix analogues.

(1) Docteur Lavalle.

A la suite des ventes, une assemblée de négociants et de propriétaires a fixé les prix suivants, toujours pour les deux pièces ou la queue :

	1889	1890	1891
Santenots, rouges	620	520	660
Meursault, blancs	580	1ʳᵉ 500	600
»	»	2ᵉ 400	500

Aucune cote n'étant établie pour les vins ordinaires.

Les vins de Meursault sont riches en alcool ; M. de Vergnette (1) indique les nombres suivants :

ANNÉES	CLIMATS	DEGRÉS alcooliques
1822	Genevrières (vin blanc). . . .	13.27
1824	Passe-tout-grains.	10.35
1826	Perrières (vin blanc).	13.95
1827	Santenot.	11.70
1830	Id.	12.00
1833	Id.	13.30
1834	Id.	13.10
1835	Id.	11.20
1839	Gamay	8.70
1840	Passe-tout-grains.	10.10
1841	Genevrières (vin blanc). . . .	12.48
1845	Id. id.	11.51
1846	Id. id.	14.95
1858	Id. id.	14.10
1865	Passe-tout-grains.	12.05
1867	Genevrières (vin blanc). . . .	12.40

Enfin, à notre laboratoire de Beaune, nous avons trouvé l'analyse suivante pour un grand vin de Meursault (rouge) :

(1) Déjà cité.

ANNÉE	ALCOOL en degrés	EXTRAIT SEC à 100° en gramme par litre	SULFATE de potasse par litre	ACIDITÉ TOTALE en SO³ HO par litre	TANNIN par litre
1889	12.60	24gr16	0gr21	5gr01	0gr71

Les vins ordinaires rentrent dans la moyenne des Gamays dont il a déjà été parlé.

A la dégustation, les grands vins rouges de Meursault se reconnaissent à ces caractères certains : ils ont beaucoup de chair, beaucoup de corps ; ils sont de bonne garde et prennent, avec l'âge, un arôme et un bouquet qui les assimilent aux meilleurs crûs des autres communes.

En ce qui concerne les vins blancs, le docteur Lavalle a écrit que les *Santenots* sont fermes, d'une belle couleur, riches en alcool et en bouquet; que, lorsqu'ils ont huit à dix ans, ils se conservent bien et sont remarquables par leur franchise.

Les vins blancs des *Perrières* sont d'une limpidité parfaite, d'une finesse et d'un parfum exquis. « Après les vrais Montrachets, ajoute cet œnologue, je ne connais aucun vin blanc aussi exquis. »

Somme toute, la commune de Meursault, tant par l'étendue de son vignoble que par la valeur de ses vins, occupe une place des plus importantes en Côte-d'Or.

Propriété de M. C. Duvergey-Taboureau
à Meursault (Côte-d'Or) (1).

---

(1) M. C. Duvergey-Taboureau, propriétaire à Meursault et à Bligny-sous-Beaune, est le chef d'une très importante Maison de Commerce pour les vins fins et les eaux-de-vie supérieures de Bourgogne.

Les opérations de cette Maison sont exclusivement limitées au commerce de gros.

M. C. Duvergey-Taboureau, maintes fois récompensé, a obtenu une médaille d'Or à l'Exposition universelle de 1889.

Voici la nomenclature d'une partie de son vignoble :

Commune de **Vougeot** : *Au clos Vougeot.*

— **Chambolle-Musigny** : *Clos Musigny-Leroi.*

— **Chassagne-Montrachet** : *Au Montrachet.*

— **Puligny-Montrachet** : *Combettes.*

— **Meursault** : *Clos des Santenots.*

Château de M. C. Duvergey-Taboureau,
à Bligny-s.-Beaune (Côte-d'Or) (1).

---

(1) Propriétés de M. C. Duvergey-Taboureau (suite). (Voir page 74).

Commune de **Bligny-s.-Beaune** : *Clos du Château.*

— **Meursault** : *Clos des Santenots,*
— — *Clos de Mazerey,*
— — *Les Ptures,*
— — *Moulin Landin,*
— — *Les Charmes*

et en d'autres bons crus, situés à Meursault, Volnay, Pommard, Tailly et Montagny-les-Beaune.

NOMENCLATURE

DES PRINCIPAUX CLIMATS ET LIEUX-DITS

Perrières dessus (les). — *Vin blanc :* D. L., tête de cuvée ; C. A. B., première classe.

PRINCIPAUX PROPRIÉTAIRES

MM. Brugnot-Brazey.
    Bernard (héritiers).

MM. Jobard jeune et Bernard.
    Mme Vve Garnier.

Perrières dessous (les). — *Vin blanc :* D. L., tête de cuvée ; C. A. B., première classe.

PRINCIPAUX PROPRIÉTAIRES

MM. C. Duvault-Blochet.
    Albert Grivault.
    Henry-Guillemard.

M. Henry aîné (1).
Mme Serre.

Santenots du Milieu (les). — *Vin rouge :* D. L., tête de cuvée ; C. A. B., première classe.

PRINCIPAUX PROPRIÉTAIRES

M. C. Duvergey-Taboureau.
Hospices civils de Beaune.
Mme Vve Jeannin.

M. Maire et fils.
Mme Vve Noirot.

Bouchères (les). — D. L., première cuvée ; *Vin blanc :* C. A. B., première classe.

PRINCIPAUX PROPRIÉTAIRES

MM. Abel Bachey.
    Jeannin.
    Léonce Manuel (2).

Mme Noirot.
MM. Tavernier-Longvy.
    Titard-Bouzereau.

(1) Voir notice, page 81.
(2) Voir notice, page 83.

Charmes dessus. — D. L., première cuvée; C. A. B., première classe.

PRINCIPAUX PROPRIÉTAIRES

MM. Delaplanche-Garnier.
Henry aîné.
Jacquemin-Vollot.
Léonce Manuel.

MM. Poupon-Girod.
Renaudin.
Roy.

Charmes dessous. — C. A. B., première, deuxième et troisième classes.

PRINCIPAUX PROPRIÉTAIRES

MM. Boyer-Matrot.
Chevalier-Chauvot.
Delaplanche-Garnier.

MM. Jobard-Rocault.
Léonce Manuel.
Mme Serre.

Les Caillerets. — C. A. B. première classe.

PRINCIPAUX PROPRIÉTAIRES

M. Boillot-Coquille.

M. Boillot-Vacheret.

Clos des Mouches. — D. L., première cuvée; C. A. B., deuxième classe.

PRINCIPAL PROPRIÉTAIRE

M. Jobard-Muthelet.

Cras (les). — D. L., première cuvée; C. A. B., première classe.

PRINCIPAUX PROPRIÉTAIRES

Mme Vve Brugnot-Delaplanche.
MM. Delonguy et Durand.
C. Duvergey-Taboureau.
Hospices civils de Beaune.

La Charité de Beaune.
MM. Maire et fils.
Mesnil (baron du).

Dos d'Ane. — C. A. B., première classe.

PRINCIPAUX PROPRIÉTAIRES

MM. Léonce Bocquet.
Delaplanche-Garnier.

MM. Josserand.
Panariou.

Genevrières dessus. — D. L., première cuvée; C. A. B., première classe.

PRINCIPAUX PROPRIÉTAIRES

MM. Abel Bachey.
    Battault-Granger.
    Victor Battault.
    Félix Bock.

MM. Henry aîné.
    Hyves-Bouzereau.
    Maire et fils.

Genevrières dessous. — C. A. B., première classe.

PRINCIPAUX PROPRIÉTAIRES

MM. Victor Battault.
    Chevalier-Chauvot.
    Jobard-Morey.

La Charité de Beaune.
Les hospices civils de Beaune.

Gouttes d'Or (les). — *Vin blanc :* D. L., première cuvée; C. A. B., première classe.

PRINCIPAUX PROPRIÉTAIRES

MM. Battault-Monin.
    Maire et fils.
    Tavernier-Longvy.

MM. Titard-Bouzereau.
    Baumann.

Jennelotte (la). — C. A. B., première classe.

PRINCIPAUX PROPRIÉTAIRES

M. Josserand. | M. Panariou. | M. Tripier.

Pièce sous le Bois (la). — C. A. B., première classe.

PRINCIPAL PROPRIÉTAIRE

MM. Bonnardin-Sarrazin.
    Brugnot.
    Alfred Imbault.

MM. Sauzet.
    Millot-Jobard.
    Tavernier-Longvy.

Pelures (les). — D. L., première cuvée; C. A. B., première classe.

PRINCIPAUX PROPRIÉTAIRES

M. le Baron du Mesnil.
Mme Vve Brugnot-Delaplanche.
MM. Delonguy et Durand.
    C. Duvergey-Taboureau.

Hopital civil de Beaune.
La Charité de Beaune.
M. Maire et fils.

Porusot dessus (le). — *Vin blanc :* C. A. B., première classe ; D. L., deuxième cuvée.

PRINCIPAUX PROPRIÉTAIRES

MM. Jarlot-Jacob.
    Jobard-Morey.

MM. Tavernier-Longvy.
    Tricaud (de).

Porusot (le). — *Vin blanc :* C. A. B., première et deuxième classes ; D. L., deuxième cuvée.

PRINCIPAUX PROPRIÉTAIRES

MM. Battault-Monin.
    Brugnot-Mignot.

MM. Imbault-Deschamps.
    Léonce Manuel.

Santenots blancs (les). — *Vin rouge :* D. L., première cuvée ; C. A. B., première classe.

PRINCIPAUX PROPRIÉTAIRES

M. Abel Bachey.

MM. Jobard jeune et Bernard.
M. Manuel-Guétrot.

Sous Blagny. — C. A. B., première classe.

PRINCIPAUX PROPRIÉTAIRES

M. Léonce Bocquet. | M. Josserand. | M. Panariou.
MM. Jobard jeune et Bernard.

Sous le dos d'Ane. — C. A. B., première classe.

PRINCIPAUX PROPRIÉTAIRES

M. Léonce Bocquet. | M. Josserand. | M. Panariou.

Maison Giraud-Boillot, à Meursault (Côte-d'Or) (1).

---

(1) La Maison Giraud-Boillot fait un important commerce en vins fins, grands ordinaires et ordinaires et en eaux-de-vie de Marc de Bourgogne si réputées.

Ses propriétés sont situées dans les communes de :

Meursault.

Volnay.

Puligny-Montrachet.

Bouzeron.

Tesson (le). — D. L., première cuvée ; C. A. B., deuxième classe.

PRINCIPAUX PROPRIÉTAIRES

MM. Bussy-Guyot.
Chevrier-Bonnardin.
Chouet-Virely.

MM. Jacquemin-Vollot.
Latour-Courtois.
Pacault (Emile).

Barre dessus (la). — C. A. B., deuxième et troisième classes.

PRINCIPAUX PROPRIÉTAIRES

MM. Boillot-Battault.
Bouchard-Barbier.

M. Grapin (Louis).
Mme Serres.

Chevalières (les). — D. L., deuxième cuvée ; C. A. B., deuxième classe.

PRINCIPAUX PROPRIÉTAIRES

MM. Amoignon-Brugnot.
Amoignon-Garnier.
Bussy-Guyot.

MM. Jouan (Charles).
Sillot-Bessey.

Clos de Mazerey. — D. L., deuxième cuvée ; C. A. B., troisième classe.

PRINCIPAL PROPRIÉTAIRE

M. C. Duvergey-Taboureau.

M. Henry aîné, propriétaire à Meursault (Côte-d'Or).

Cette Maison cède directement à la consommation les produits de ses récoltes.

Propriétaire dans la commune de **Meursault** :

Aux *Perrières*, — Aux *Genevrières dessus*, — Aux *Charmes* (Grands Vins blancs).

Meix-Chavaux, — *Lormeau*, — *Tillets* (Grands Vins rouges).

Criots (les). — D. L., deuxième cuvée; C. A. B., deuxième classe.

PRINCIPAUX PROPRIÉTAIRES

MM. Boillot-Vacherot.
    Boyer-Matrot.
    Chouet-Philippon.

La Charité de Beaune.
Les Hospices civils de Beaune.

Corbins (les). — D. L. deuxième cuvée; C. A. B., deuxième classe.

PRINCIPAUX PROPRIÉTAIRES

M. Garnier-Brugnot.
Hospices civils de Beaune.

La Charité de Beaune.

Cromin (le) **ou Cromey**. — D. L., deuxième cuvée; C. A. B., deuxième et troisième classes.

PRINCIPAUX PROPRIÉTAIRES

MM. Jobard jeune et Bernard.

Grands Charrons (les). — D. L., deuxième cuvée; C. A. B., deuxième classe.

PRINCIPAUX PROPRIÉTAIRES

MM. Boillot-Bidault.
    Bouzereau-Malifert.
    Brugnot-Pouchard.
    Garnier-Bouzereau.
    Pierre Mouchoux.

MM. Prieur-Maillard.
    Ropiteau-Morey.
    Hospices civils de Beaune.
    La Charité de Beaune.

Luraule (En). — D. L., deuxième cuvée; C. A. B., deuxième classe.

PRINCIPAUX PROPRIÉTAIRES

MM. Bénigne Millot.
    Bonnardin-Sarazin.
    Jean Brugnot.

MM. Chouet-Sarazin.
    Mme Noirot.

Limosin (le). — C. A. B., deuxième et troisième classes.

PRINCIPAUX PROPRIÉTAIRES

MM. Boillot-Battault.	Hospices civils de Beaune.
C. Duvergey-Tabourcau.	La Charité de Beaune.

Marcausse (En). — D. L., deuxième cuvée; C. A. B., deuxième et troisième classes.

PRINCIPAUX PROPRIÉTAIRES

M. Boillot-Vacheret.	M. Moreau.	Mme Vve Jeannin.

M. Léonce Manuel, propriétaire et négociant
à Meursault (Côte-d'Or)
Ancienne Maison Guétrot-Rasse et Manuel, fondée en 1877.

Cette Maison livre tous les grands vins de la Côte-d'Or et spécialement ceux de la Côte de Beaune.

Propriétaire dans la commune de **Meursault** :

    Grand *Clos de Baronne*,

    Le *Porusot*,

    Grand *Clos des Bouchères*,

    La *Petite Bouchère*,

    Les *Charmes*, etc.

Clos des Perrières, propriété de M. Albert Grivault
à Meursault (Côte-d'Or).

Meix Chavaux (les). — D. L., deuxième cuvée ; C. A. B., troisième classe.

PRINCIPAUX PROPRIÉTAIRES

MM. Coquille-Bouzereau.
 Gaudillet-Titard.
 Henry aîné.

MM. Charles Jouan.
 Mac-Mahon (de).

Petits Charrons (les). — *Vin blanc :* D. L., deuxième cuvée ; C. A. B., deuxième classe.

PRINCIPAUX PROPRIÉTAIRES

MM. Bouzereau.
 Brugnot-Bruzey.
 Jean Brugnot.
 Coquille-Coquille.

Hospices civils de Beaune.
La Charité de Beaune.
MM. Millot-Narvault.
 Prieur-Jacquelin.

Perchots (les). — C. A. B., deuxième et troisième classes.

PRINCIPAUX PROPRIÉTAIRES

MM. Battault-Millot.	M. Pouchard-Barbier.
Bussy-Guyot.	Hospices civils de Beaune.
La Charité de Beaune.	La Charité de Beaune.

Peutes Vignes (les). — D. L., deuxième cuvée; C. A. B., deuxième classe.

PRINCIPAUX PROPRIÉTAIRES

Hospices civils de Beaune. | La Charité de Beaune. | MM. Vaux frères.

Porusot dessous (le). — *Vin blanc :* D. L., deuxième cuvée ; C. A. B., deuxième classe.

PRINCIPAUX PROPRIÉTAIRES

MM. Battault-Monin.	MM. Imbault-Deschamps.
Brugnot-Mignot.	Manuel-Guétrot.

MM. Ropiteau frères & Guidot, propriétaires et négociants à Meursault (Côte-d'Or).

Ancienne et excellente Maison dont le nom est très répandu dans la Côte.

Propriétaire dans la commune de **Monthelie** :

Clos du Rio, — Les *Grinchevignes,* — Les *Gamays.*

Commune **d'Auxey** :

Saussois, — *Sous-Châtelet,*
Larey des Mouches, — Les *Fontaines,*
En Tillet, — Le *Meixley,*
Bois des Carrières, — *Saunot.*

Pré de Manche (le). — C. A. B., deuxième classe.

PRINCIPAUX PROPRIÉTAIRES

MM. Millot-Narvault.
    Monthelie.

MM. Surget.
    Hyves-Bouzereau.

Rougeots (les). — *Vin blanc :* D. L., deuxième cuvée; C. A. B., deuxième classe.

PRINCIPAUX PROPRIÉTAIRES

MM. Batjault-Millot.
    Monnier-Millot.

Mme Vve Poisot.
M. Louis Titard.

Santenots dessous (les). — *Vin rouge :* D. L., deuxième cuvée; C. A. B., deuxième et troisième classes.

PRINCIPAUX PROPRIÉTAIRES

MM. Abel Bachey.
    De Benoît.

MM. Maire et fils.
    Moreau.

Terres blanches (les). — D. L., deuxième cuvée; *Vin rouge :* C. A. B., deuxième classe.

PRINCIPAUX PROPRIÉTAIRES

MM. Battault-Monin.
    Guilnet-Garnier.
    Maire et fils.

MM. Tavernier-Longvy.
    Titard-Bouzereau.

Vignes blanches (les). — D. L., deuxième cuvée; *Vin rouge :* C. A. B., deuxième et troisième classes.

PRINCIPAUX PROPRIÉTAIRES

MM. Boillot-Battault.
    Brugnot-Pouchard.

MM. Dumey.
    Lequeux-Vaux.

Buisson Certaut. — C. A. B., troisième classe.

PRINCIPAUX PROPRIÉTAIRES

MM. Boillot-Battault.
    Boyer-Matrot.
    Chevalier-Chauvot.

M. Garnier.
Mme Serres.

**Château, Magasins et Caves de la maison Jobard jeune et Bernard
(Louis TITARD & Cie, successeurs), à Meursault, (Côte-d'Or) (1).**

ursault :

*enot - Blanc,
es dessus, le
omey, et Bla-*

nthelie :

os Mipont.

olnay :

*los des Chênes,
Mitans, aux
ans.*

eaune :

des Mouches.

Pommard :

Clos de la Commaraine, Clos Blanc, aux Cras, aux Chaponnières, aux Charmots - Riottes, aux Epenaux - Vignots, Largillières, Levrières, Pézerolles, Ruffaines, Chanlin, Champ - Pourri, Grandes Carelles, Les Lormes, Maison-Dieu, Saussilles, Le Sorbin.

Nous donnons ci-dessus la nomenclature des vignobles formant la propriété de cette très importante Maison, fondée en 1795. Elle est en outre propriétaire : du château-clos de la Commaraine, à Pommard, et d'autres premiers crûs de vins rouges et blancs sur les territoires de Beaune, Pommard, Volnay, Monthelie et Meursault.

MEURSAULT

Casse Têtes. — C. A. B., troisième classe.

PRINCIPAUX PROPRIÉTAIRES

MM. Victor Battaut.
Grivault-Garnier.
Guillemier-Passerotte.

MM. Héritiers Pernette.
Mme Vve Jobard-Garchey.

Crotots (les). — C. A. B., troisième classe.

PRINCIPAUX PROPRIÉTAIRES

MM. Victor Battault.
Boyer-Matrot.
Boyer-Viennot.

MM. Brugnot-Delaplanche.
Millot-Narvault.

Dressoles (les). — C. A. B., troisième classe.

PRINCIPAUX PROPRIÉTAIRES

Les Hospices civils de Beaune. | La Charité de Beaune. | Mme Serres.

Durots (les). — C. A. B., troisième classe.

PRINCIPAUX PROPRIÉTAIRES

M. Amoingnon-Garnier. | La Charité de Beaune.
Les Hospices civils de Beaune.

En la Barre. — C. A. B., troisième classe.

PRINCIPAUX PROPRIÉTAIRES

Mme Vve Henri Boch.
M. Louis Grapin.

MM. Armand Lochardet.
Pouchard-Barbier.

Forges (les). — C. A. B., troisième classe.

PRINCIPAUX PROPRIÉTAIRES

MM. Brugnot-Brazey.
Colomb-Latour.
Lequeux-Vaux.

Les Hospices civils de Beaune.
La Charité de Beaune.
M. Picard-Morey.

Gruyaches (les). — C. A. B., troisième classe.

PRINCIPAUX PROPRIÉTAIRES

M. Boillot-Roland. | M. Brugnot-Viard. | Mme Serres.

Meix Gagnes (les). — C. A. B., troisième classe.

PRINCIPAUX PROPRIÉTAIRES

M. Jarlot-Jacob. | M. Manuel-Guétrot.

Au Murger de Monthelie. — C. A. B., troisième classe.

PRINCIPAUX PROPRIÉTAIRES

MM. Battault-Sarazin. | MM. Caillet.
Boillot-Jacob. | Dariot.
Caillet-Nicolas. | Delaplanche-Garnier.

Malpoiriers (les). — C. A. B., troisième classe.

PRINCIPAUX PROPRIÉTAIRES

M. Ozanon. | M. Renaudin.

Pelles dessous (les). — C. A. B., troisième classe.

PRINCIPAUX PROPRIÉTAIRES

MM. Charles Jouan. | MM. Pouchard-Barbier.
César Lejeune. | Les hospices civils de Beaune.

Pelles dessus (les). — C. A. B., troisième classe.

PRINCIPAUX PROPRIÉTAIRES

M. Boillot-Jacob. | M. Pouchard-Bouzereau. | M. Meney-Gagnerot.

Charmes Bas,   MM. C. Duvergey-Taboureau. ⎫
Clos de la Baronne,   Léonce Manuel.   ⎬ PRINCIPAUX PROPRIÉTAIRES
Meix Tavaux,   Albert Grivault.   ⎪
Moulin Landin,   C. Duvergey-Taboureau.   ⎭

L'Ormeau,	{ M. Henry aîné. { M. Serres.	
La Petite Bouchère,	MM. Léonce Manuel.	PRINCIPAUX PROPRIÉTAIRES
Pollans,	Delaplanche-Garnier.	
Les Tillets,	Henry aîné.	
	Etc., etc.	

AUXEY-LE-GRAND

Les noms latins d'*Alciacum*, d'*Aulesiacum*, font leur apparition dès 859 (1). Courtépée cite *Alcineum, Alceium, Arceium* (2). Enfin, de 1250 à 1300, on trouve dans le *Martyrologe de Notre-Dame de Beaune* les désignations d'*Auccium*, d'*Auxeiacum superius*, ainsi que ceux d'*Aucey* et d'*Aucé*.

A Auxey existait un ancien château, flanqué aux angles de quatre grosses tours, avec des fossés profonds. Louis Baillet de Vaugrenant, gouverneur de Saint-Jean-de-Losne, s'empara, en 1593, de cette forteresse qui, deux ans après, fut ruinée par les Ligueurs.

« Guillaume de Pauldoye, écuyer, était seigneur d'Auxey, au commencement du XIV° siècle. MM. de Mâlain ont eu cette terre depuis le commencement du XV° jusqu'à la fin du même siècle. Philibert de la Mare en était seigneur au commencement du XVII° siècle. Elle passa ensuite à MM. le Goux, et d'eux à MM. Blancheton ; de sorte qu'elle dépendait du comté de la

---

(1) D. Bouquet.
(2) Cet historien parle, sans détails utiles, d'une découverte de tombeaux en plomb, en 1772. Quant aux monnaies romaines, il n'est pas rare d'en trouver. Le musée de Beaune possède une pierre revêtue de cette inscription, considérée par certains savants comme gauloise et par d'autres comme gallo-romaine :

IC CAVOS OP

PIANIC NOS IEV

RV BRIGINDONI

CANTALON.

Ce curieux monument épigraphique provient du territoire d'Auxey, lieu dit les *Autels*, sur le penchant d'une montagne. (Cf. E. B., *Histoire de Volnay;* — Aubertin, *Musée archéologique de Beaune.*

Rochepot. L'ancien château était derrière l'église, et on voit encore les vestiges des fossés (1). »

Le village qui nous occupe fait partie du canton nord de Beaune, son chef-lieu d'arrondissement ; il est éloigné de neuf kilomètres de cette ville, et de quarante-sept de Dijon.

On se rend à Auxey, soit par Beaune, soit par Meursault ; une voiture, reliant ces deux localités, passe à environ un kilomètre du pays. Le bureau de poste est à Meursault.

La commune se compose de deux hameaux et d'un écart, dont il est nécessaire de dire quelques mots :

1° Auxey-le-Petit est situé à environ un kilomètre au nord-ouest d'Auxey-le-Grand. On y remarque une chapelle du moyen âge construite, suivant la tradition, sur l'emplacement d'un oratoire païen.

2° Melin, Mulin en 1228, qui tire évidemment son nom des moulins établis originairement sur la rivière des *Clous*.

3° Le Moulin Moine (écart), dit Moulin au Moine en 1663, situé entre Auxey-le-Grand et la route de Moulins à Bâle.

La population est de 708 habitants.

La direction générale du territoire va du nord-ouest au sud-est. Abstraction faite des propriétés bâties et des chemins, son étendue comprend 1,108 hectares dont environ 380 occupés par la vigne. Le finage est borné par ceux de Saint-Romain au nord, de Monthelie et de Meursault à l'est, de Baubigny à l'ouest, de Saint-Aubin et de Larochepot au sud. La latitude d'Auxey est de 46° 58′ 40″ nord et sa longitude de 2° 26′ est. L'altitude du vallon atteint de 150 à 200 mètres ; celle des plateaux 400 mètres.

Un seul cours d'eau arrose ce territoire ; c'est la rivière des *Clous*, formée par la réunion des ruisseaux du vallon de la Rochepot, de celui de la *fausse rivière* à Baubigny, de ceux de la Combe et du Verger, à Saint-Romain. La rivière des Clous passe à Melin, à Auxey, à Meursault, et, après un parcours

---

(1) Manuscrits de l'abbé Bredault, *Supplément à l'Histoire de Beaune de Gandelot*, publication de la Société d'histoire et d'archéologie de l'arrondissement de Beaune, 1889.

d'environ seize kilomètres, va se jeter dans la Dheune, en amont de Merceuil.

Auxey jouit d'un climat tempéré ; les vents du sud, du sud-ouest et du nord sont ceux qui y dominent ; la moyenne des pluies donne 70^{mm} en hauteur ; la température moyenne y est de 11 à 12°.

La commune comprend dans son ensemble le vallon de la rivière des *Clous*, le versant oriental de la chaîne de la Côte-d'Or, ainsi qu'une région de plateaux situés à 150 et 200 mètres au-dessus du niveau de la vallée.

Au point de vue géologique, Auxey-le-Grand et Auxey-le-Petit se trouvent placés dans une vallée de 333 mètres d'altitude ; à droite, sont des plateaux dont la hauteur varie entre 406, 430 et 431 mètres ; à gauche, entre 438 et 460 mètres. La commune appartient, en général, au groupe corallien. Le terrain du vallon est argilo-calcaire. Les montagnes qui sont de formation jurassique appartiennent à l'étage inférieur du système oolithique, en certains endroits on constate la prédominance de l'argile. Sur les rives du ruisseau, à une centaine de mètres aux alentours, le sol est formé de dépôts d'alluvions.

Le sous-sol des versants des montagnes est marneux. Du côté du sud, se remarque une marne argileuse grisâtre ; du côté du nord, la marne est sableuse, on la désigne sous le nom de *Cran*. Les sables du climat dit *Sampeaux* contiennent beaucoup de débris de fossiles et sont propres à la vitrification.

Vers Meursault, le *Mont-Milan* (1), enceinte de 200 mètres, se dresse à pic au-dessus de la gorge d'Auxey. Au sommet de cette montagne, sur les bords des rochers, on distingue nettement les vestiges d'une castramétation gauloise, ensuite occu-

---

(1) Ce nom, formé de deux mots celtiques *mi-lan*, milieu du pays, et traduit dans la géographie ancienne par *Mediolanum*, signale toujours un point central, soit dans l'assiette du pays, soit pour les réunions publiques. Le camp du Mont-Milan occupe à peu près le milieu de la chaîne retranchée des monts éduens entre Chalon et Dijon ; il passait pour un rendez-vous de sorciers. Le lundi de Pâques y était marqué par une réunion populaire (Cf. J.-G. Bulliot, *Essai sur le Système défensif des Romains dans le pays Éduen*, Autun, 1856). Le *Mont-Milan* est dit *Mons-Medius* en 1250 (Dijon, Ch. des Comptes).

pée par les Romains. Des découvertes archéologiques en on maintes fois rendu témoignage.

A Auxey, la culture de la vigne ne diffère en rien de celle usitée à Monthelie, et l'opération ne présente pas de particularités spéciales. Nous n'avons pas procédé à l'analyse des vins de cette commune, mais M. de Vergnette (1), qui fit le dosage d'une bonne cuvée de 1839, y trouva 10° 10 d'alcool.

C'est le cas de rappeler que, dès le XVe siècle, ces vins étaient déjà connus et appréciés. On les vendait à Metz. Un vieil écrivain (2) les qualifiait de *forts gravains*, ce qui indique qu'ils ne manquaient ni de couleur, ni de corps, ni de bouquet.

A l'examen du cadastre, on constate l'extrême morcellement des climats : ils sont au nombre de 130, répartis en 5,413 parcelles.

Nous ne donnerons pas la nomenclature complète de ces climats ; il suffira de citer les principaux auxquels peuvent s'appliquer les observations relatives à des communes n'appartenant pas à la Côte proprement dite.

---

(1) Déjà cité.
(2) V. *Journal de J. Aubrion.*

NOMENCLATURE

DES PRINCIPAUX CLIMATS ET LIEUX-DITS

Grandes Vignes (les). — C. Loc., première classe.

PRINCIPAUX PROPRIÉTAIRES

MM. Béranger-Jarlaud.
Claude Fleurot.
Girardin Claude.

MM. Joseph Grillot.
Naudin-Grizot.

Argillas (l'). — C. Loc., deuxième classe.

PRINCIPAUX PROPRIÉTAIRES

MM. Beaune.
Garnier-Déchaux.
Joseph Grillot.
Mme Vve Guenot.

MM. Mac-Mahon (de).
Prunier-Garnier.
Victor Veau.

Boutonnières (les).

PRINCIPAUX PROPRIÉTAIRES

MM. Beaune.
Boulard-Jacquelin.
Clerget-Jarlaud.

MM. Forgeot-Jarlaud.
Garnier-Veau.
Morey-Veau.

Bretterins (les). — C. A. B., deuxième classe.

PRINCIPAUX PROPRIÉTAIRES

MM. Garnier-Beaudoin.
Mac-Mahon (de).
Pichard-Lafouge.

MM. Renaudin.
Victor Veau.

Clous (les). — C. Loc., deuxième classe.

PRINCIPAUX PROPRIÉTAIRES

M. Boillot-Garnier.
Mme Vve Dupont.
M. Garnier-Baudouin.

Mme Vve Lalouët.
MM. Roze-Renard.
      Victor Veau.

Duresses (les). — C. A. B., deuxième classe.

PRINCIPAUX PROPRIÉTAIRES

MM. Battaut-Jacquot.
     Boillot-Garnier.
     Boillot-Gauvenet.

M. Philibert Garnier.
Mme Vve Guenot.
M. Victor Veau.

Ecusseaux (les). — C. A. B., deuxième et troisième classes.

PRINCIPAUX PROPRIÉTAIRES

M. Jacques Battault.
Mme Boillot-Gauvenet.
M. Boillot-Garnier.

MM. Labourcau-Garnier.
      Mac-Mahon (de).
      Martin-Lazare.

Fosses (les). — C. Loc., deuxième classe.

PRINCIPAUX PROPRIÉTAIRES

M. Boillot-Garnier.
Mme Vve Bussy.
MM. Claude Girardin.
      Prunier-Chevalier.

MM. Prunier-Garnier.
      Hippolyte Veau.
      Victor Veau.

Grands Champs (les). — C. A. B., deuxième classe.

PRINCIPAUX PROPRIÉTAIRES

MM. Battault-Manière.
     Boillot-Garnier.
     Beaune.
     Clerget-Jarlaud.
     Claude Fleurot.
     Garnier-Baudouin.

Mme Vve Guenot.
      Noirot.
MM. Pichard-Lafouge.
      Veau-Regnault.
      Victor Veau.

Heptures. — C. Loc., deuxième classe.

PRINCIPAUX PROPRIÉTAIRES

M. Delaplanche-Naudin. | Mme Vve Lalouët.

Larrey. — C. Loc., deuxième classe.

PRINCIPAUX PROPRIÉTAIRES

M. Brunet de Monthelie. | MM. Ropiteau frères et Guidot.

Reugnes (les). — C. A. B., deuxième classe.

PRINCIPAUX PROPRIÉTAIRES

M. Garnier-Baudouin. | M. Garnier-Philibert. | M. Veau-Regnault.

Saussois (En). — C. Loc., deuxième classe.

PRINCIPAUX PROPRIÉTAIRES

MM. Delaplanche-Naudin. | Mme Vve Titard.
Prunier-Bernet. | M. Victor Veau.
Ropiteau frères et Guidot.

Sous la Velle. — C. Loc., deuxième classe.

PRINCIPAUX PROPRIÉTAIRES

MM. Battault Jacquot. | MM. Claude Fleurot.
Battault-Manière. | Victor Veau.
Mme Boillot-Gauvenet.

Vireux (les).

PRINCIPAUX PROPRIÉTAIRES

M. Clerget-Jarlaud. | Hospices civils de Beaune.
Mme Vve Dupont. | MM. Mac-Mahon (de).
M. Fleurot (Claude). | Victor Veau.

Derrière le four. — C. A. B., troisième classe.

PRINCIPAUX PROPRIÉTAIRES

M. Boillot-Gauvenet.
Mme Vve Durand.
M. Gagnard-Martenot.

Mmes Vve Guenot.
Vve Noirot.

Val (le). — C. A. B., troisième classe.

PRINCIPAUX PROPRIÉTAIRES

MM. Battault-Jacquot.
Battault-Manière.
Mme Vve Durand.
Garnier-Baudouin.

MM. Garnier-Dechaux.
Garnier-Fournier.
Hippolyte Veau.
Victor Veau.

MONTHELIE

Monthelie est situé sur une éminence, à mi-côte de la montagne de Volnay ; il domine, de la sorte, la vallée où se trouvent Auxey et ses dépendances. Courtépée a dit avec raison que Monthelie est placé, comme une console, entre Volnay, Meursault et Auxey.

Outre *Montelyum, Montelia, Mont Olye*, le *Martyrologe de Notre-Dame de Beaune* donne, dans le cours des XIIIe, XIVe et XVe siècles, les noms à désinence française de *Mons Helye, Montelie* et *Monthelie*. Courtépée a cru devoir évoquer l'opinion d'un écrivain franc-comtois (1) prétendant que *Mont Olye* exprimerait, en langue celtique, le sens de « hauteur sur la voie ». Cette étymologie a un mérite, celui de la vraisemblance : le fait est qu'elle concorde parfaitement avec la topographie du pays. A titre de curiosité, nous rappellerons le *Mons Lyœi*, « montagne de Bacchus », fruit de l'imagination de l'historien de Beaune, Gandelot.

L'existence de cette localité est ancienne. On y a mentionné la découverte d'un cimetière gaulois, sans autres renseignements. Au IXe siècle, il est question, sur ce finage, de vignes, *in Montelio vineolæ*, données par le comte Adalhard à Saint-Nazaire d'Autun, et, vers l'an 1000, d'un fief cédé à sa fille Eldenode par Alix de Vergy.

Le château entièrement réparé, il y a environ cent cinquante ans, est dans une fort agréable situation.

Au sujet de Monthelie, citons ces lignes écrites par l'auteur de la *Description du Duché de Bourgogne* : « Pays vignoble,

---

(1) Chevalier, auteur de l'*Histoire de Poligny* (XVIIIe siècle).

produisant des vins estimés, presque point d'eau ni de terres labourables, d'où vient le proverbe des environs, qu' « une poule, à Monthelie, meurt de faim pendant la moisson ». On sait que le territoire offre assez peu d'étendue, qu'aucun cours d'eau ne le traverse, ni ne le côtoie, qu'il est dépourvu de terres arables et que la vigne constitue toute sa production.

La commune a pour limites, au nord et à l'est, le finage de Volnay ; à l'ouest, celui d'Auxey ; au sud, celui de Meursault. Sa latitude est de 46° 59' 27", sa longitude de 2° 26' 42". Elle fait partie du canton nord et de l'arrondissement de Beaune, dont elle est éloignée de 7 kilomètres. A la distance d'à peu près 600 mètres, on arrive aux premières maisons de Meursault. La route nationale n° 73 de Moulins à Bâle, ainsi que la route et le chemin d'intérêt commun de Bligny-sur-Ouche à Meursault, la desservent. Le service des postes et télégraphes est fait par le bureau de ce dernier village-bourg.

Il est aisé de se rendre à Monthelie par les voitures publiques qui vont plusieurs fois par jour de Beaune à Meursault et passent à la pointe du pays ; on a encore la ressource de la ligne du tramway de Beaune à Arnay-le-Duc, avec son arrêt à la station de Pommard.

En 1778, la population se composait de 225 communiants ; le dernier recensement (1891) a donné le chiffre de 304 habitants. Depuis plus d'un siècle, l'augmentation ne s'est donc pas manifestée d'une manière sensible.

En ce qui regarde la constitution géologique, à la base de la montagne de Volnay, et par suite, à Monthelie, dans la partie moyenne du village, se trouvent les marnes oxfordiennes. En descendant la vallée d'Auxey, sur la gauche, c'est le Forest Mable qui vient de Meursault, puis le Cornsbrah. Dans le fond de la vallée et vers la plaine apparaissent les alluvions anciennes se continuant jusque dans le voisinage de la route nationale.

Au rang des climats, sis, en majeure partie à, mi-côte et par conséquent dans l'Oxfordien, nous citerons spécialement les *Champs Feuillots*, le *Clos des Chênes*, les *Hautbrins*, les *Vignes rondes*, les *Crais*, le *Meix Mipont*, les *Duresses*.

Dans le Forest Mable, les *Toixières*, de même qu'une faible portion des *Crais* et des *Gamays*.

Ayant déjà donné des analyses de ces terrains pour d'autres communes, nous ne les reproduirons pas pour Monthelie ; seulement, la remarque doit être faite que les sommets ont laissé des cailloux calcaires, durs, épars à la surface d'un sol coloré en rouge par les oxydes de fer.

L'étendue du vignoble est assez considérable : sur 308 hectares formant la totalité de sa surface, environ 90 hectares sont plantés en pinots et produisent des vins fins ; le reste ne donne que des ordinaires, c'est-à-dire des vins de troisième et de quatrième cuvée.

En général, les prix des vins de Monthelie diffèrent peu de ceux des vins de Volnay.

Le docteur Lavalle écrivait en 1855 : « Le prix des vins de ces climats s'établit sur celui de Volnay, se basant sur cette règle que les vins fins de Monthelie valent les trois quarts de ceux de Volnay, de telle sorte que si ceux de Volnay sont portés à 400 francs la queue, ceux de Monthelie seront cotés 300 francs. Trois à quatre cuvées de premier ordre obtiennent seules 20 à 25 francs en plus. »

Depuis cette époque, les prix ont suivi la marche ascendante déjà signalée pour d'autres localités.

En 1887, lors de la vente des vins fins des hospices civils de Beaune, la cuvée des vignerons Picard et Jobard, de Monthelie, climat des *Duresses*, a été payée 750 francs la queue.

En 1888, cette même cuvée s'est vendue 690 francs ; en 1889, 900 francs ; en 1890, 930 francs ; en 1891, réunie à une bonne cuvée de Meursault, elle a été adjugée à 1650 francs. Ce sont là, comme on le voit, des prix très rémunérateurs. Enfin, à l'assemblée annuelle des principaux négociants et propriétaires tenue dans la première quinzaine de novembre dernier, les prix suivants ont été établis pour la pièce de 228 litres :

	Année 1889	Année 1890	Année 1891
Monthelie	400 fr.	400 fr.	480 fr.

Les vins de Monthelie sont moins alcooliques que ceux de Volnay. Quoi qu'il en soit, l'analyse chimique a démontré qu'il n'existe entre eux qu'une assez légère différence. Voici la composition de l'un des vins de la première de ces communes, étudié à notre laboratoire de Beaune :

ANNÉE	DENSITÉ à 15o	ALCOOL en degrés	EXTRAIT SEC à 100 degrés	PLATRE	TARTRES	TANNIN
1889	995	11o 90	23 gr. 80	0 gr. 18	4 gr. 00	1 gr. 25

Ces vins contiennent donc plus de tannin que la moyenne ordinaire, si l'on table sur celle de un gramme par litre, mais cela dépend évidemment du temps que le raisin est resté en cuve, non moins que des opérations préparatoires auxquelles il a été soumis.

Si, à la dégustation, les passe-tout-grains et les ordinaires ne présentent rien de particulier, les vins fins se distinguent par un bouquet qui, sans égaler en délicatesse celui des vins de Volnay, est loin de manquer de finesse. Ils ont beaucoup de corps, une belle couleur, sont un peu longs à se faire à la bouteille, mais, en revanche, se conservent admirablement. En vieillissant, ils peuvent soutenir la comparaison avec les bons crûs des autres finages.

NOMENCLATURE

DES PRINCIPAUX CLIMATS ET LIEUX-DITS

Le Cas Rougeot. — C. A. B., première classe ; C. Loc., deuxième cuvée.

PRINCIPAUX PROPRIÉTAIRES

M. Battault-Verpiot. | MM. Clerget (frères).

Champs Feuillots ou Fulliot (les). — D. L., première cuvée ; C. A. B., première classe.

PRINCIPAUX PROPRIÉTAIRES

M. A. Monthelie. | M. Edgard Surget.

Château-Gaillard (le). — C. A. B., première classe C. Loc., première cuvée.

PRINCIPAUX PROPRIÉTAIRES

M. Changarnier-Nicolle. | M. Dariot-Ropiteau.

Clou ou Clos des Chênes. — D. L., première et deuxième cuvées ; C. A. B., deuxième et troisième classe ; C. Loc., première cuvée

PRINCIPAUX PROPRIÉTAIRES

M. Pierre Blondeau. | M. A. Monthelie. | M. Parent.

Clos Gauthey (le). — C. A. B., première classe ; C. Loc., première classe.

PRINCIPAL PROPRIÉTAIRE

M. Jean-Baptiste Galette.

Meix Molnot (le). — C. A. B., première classe; C. Loc., première cuvée.

PRINCIPAUX PROPRIÉTAIRES

M. Louis Bouzerand, etc.

Taupine (la). — C. A. B., première classe; C. Loc., première cuvée.

PRINCIPAUX PROPRIÉTAIRES

M. Louis Bouzerand. | M. François Brezin.

Aubrain ou Hauts Brins (les). — D. L., deuxième cuvée ; C. A. B., deuxième et troisième classes; C. Loc., première et deuxième cuvées.

PRINCIPAUX PROPRIÉTAIRES

M. Louis Bouzerand. | M. Edgard Surget.

Barbières (les). — C. A. B., deuxième et troisième classes ; C. Loc., deuxième cuvée.

PRINCIPAUX PROPRIÉTAIRES

M. Louis Bouzerand. | M. Jean-Baptiste Galette.

Clous (les). — C. A. B., deuxième et troisième classes ; C. Loc., deuxième cuvée.

PRINCIPAUX PROPRIÉTAIRES

M. Blondeau-Emotte. | M. Fournier-Darviot. | M. J.-Baptiste Galette.

Crays ou Crais (les). — D. L., deuxième cuvée ; C. A. B., deuxième et troisième classes ; C. Loc., deuxième cuvée.

PRINCIPAUX PROPRIÉTAIRES

M. Dumay-Bouzereau. | M. Victor Monthelie.

Duresses (les). — D. L., deuxième cuvée; C. A. B., deuxième et troisième classes; C. Loc., deuxième cuvée.

PRINCIPAUX PROPRIÉTAIRES

Mme Vve Boch. | Hospices civils de Beaune.

Fournereaux (Au). — C. A. B., deuxième et troisième classes; C. Loc., deuxième et troisième cuvées.

PRINCIPAUX PROPRIÉTAIRES

M. Changarnier-Nicolle. | M. Jean-Baptiste Galette.

Meix Bataille (le). — C. A. B., deuxième classe; C. Loc., deuxième cuvée.

PRINCIPAUX PROPRIÉTAIRES

M. Galette (Jean-Baptiste). | Mme Vve Lagarde.

Meix Garnier (le). — C. A. B., deuxième classe; C. Loc., deuxième cuvée.

PRINCIPAUX PROPRIÉTAIRES

M. Armand Monthelie, etc.

Clos Mipont ou Meix Mipont (le). — D. L., deuxième cuvée; C. A. B., deuxième classe; C. Loc., première et deuxième cuvées.

PRINCIPAUX PROPRIÉTAIRES

MM. Jobard jeune et Bernard. | M. Serre.

Remagnien (En). — C. A. B., deuxième et troisième classes; C. Loc., deuxième et troisième cuvées.

PRINCIPAUX PROPRIÉTAIRES

Hospices de Pommard. | M. Parent. | M. Edgard Surget.

Riottes (les). — C. A. B., deuxième classe; C. Loc., deuxième cuvée.

PRINCIPAUX PROPRIÉTAIRES

M. Jean-Baptiste Galette. | M. Edgard Surget.

Rivaux (les). — C. A. B., deuxième et troisième classes ; C. Loc., deuxième et troisième cuvées.

PRINCIPAUX PROPRIÉTAIRES

M. Changarnier-Nicolle. | Mme Vve Boch.

Sous Courts (les). — C. A. B., deuxième classe ; C. Loc., deuxième cuvée.

PRINCIPAUX PROPRIÉTAIRES

M. Changarnier-Nicolle. | M. Edgard Surget.

Sous le Cellier. — C. A. B., deuxième classe ; C. Loc., deuxième cuvée.

PRINCIPAUX PROPRIÉTAIRES

MM. Brugnot (frères). | M. Parent.

Sur la Velle. — C. A. B., deuxième classe ; C. Loc., deuxième cuvée.

PRINCIPAUX PROPRIÉTAIRES

M. Eugène Brugnot. | Mme Vve Lagarde.

Toisières (les). — C. A. B., deuxième classe ; C. Loc., deuxième cuvée.

PRINCIPAUX PROPRIÉTAIRES

M. Eugène Brugnot. | M. Armand Monthelie.

Vignes Rondes (En). — C. A. B., deuxième classe ; C. Loc., deuxième cuvée.

PRINCIPAUX PROPRIÉTAIRES

M. Battault-Porcheray | M. Battault-Verpiot.

Champs Ronds (les). — C. A. B., troisième classe ; C. Loc., troisième cuvée.

PRINCIPAUX PROPRIÉTAIRES

M. Hippolyte Bichot. | MM. Brugnot frères.

Goulotte (la). — C. A. B., troisième classe ; C. Loc., troisième cuvée.

PRINCIPAUX PROPRIÉTAIRES

M. Dariot-Ropiteau. | M. A. Monthelie

Jouères (les). — C. A. B., troisième classe ; C. Loc., deuxième et troisième cuvées.

PRINCIPAUX PROPRIÉTAIRES

M. Battault-Verpiot. | M. Jean-Baptiste Galette.

Longennes (les). — C. A. B., troisième classe ; C. Loc., troisième cuvée.

PRINCIPAUX PROPRIÉTAIRES

M. Battault-Rose. | M. Changarnier. | M. Victor Monthelie.

Pierre-Fitte (En). — C. A. B., troisième classe ; C. Loc., troisième cuvée.

PRINCIPAUX PROPRIÉTAIRES

M. Battault-Rose. | M. Jean-Baptiste Galette.

Les Gamays,   MM. Ropiteau frères et Guidot.

Les Grinchevignes,   Ropiteau frères et Guidot.

Clos Mipont,   Jobard jeune et Bernard.

Clos du Rio,   Ropiteau frères et Guidot.

                Etc., etc.

PRINCIPAUX PROPRIÉTAIRES

VOLNAY

« Admirablement exposé, protégé par des collines à sommets secs et dénudés, assez éloigné de la plaine pour ne pas subir l'influence des vapeurs qui s'en élèvent, Volnay peut être considéré comme la commune qui, avec Beaune, produit le plus grand nombre d'excellents vins (1). » A ce titre et compte tenu de la réputation universelle acquise à ce village essentiellement viticole, pour sa principale richesse, les vins, une notice de certaine étendue lui revient de droit.

La superficie du territoire de Volnay embrasse 753 hectares dont, lors de l'établissement du cadastre, 211 hectares 14 ares 80 centiares plantés en gamays, et 225 hectares 84 ares 80 centiares en pinots.

Du nord-ouest au sud-ouest, ce finage forme une bande de terre de la longueur d'environ 8 kilomètres sur 2 de largeur. Il est borné, au nord, par les communes de Meloisey, de Nantoux et de Pommard ; au midi, par celles de Meursault et de Tailly ; à l'est, par celles de Pommard et de Bligny-sous-Beaune, et, à l'ouest, par celles de Saint-Romain, de Monthelie et de Meursault.

La distance du village à Beaune, son chef-lieu de canton et d'arrondissement, ainsi que son bureau de poste, s'évalue à 5 kilomètres seulement, et à 43 de Dijon. Sa latitude est de 46° 59′ 55″, et sa longitude de 2° 27′ 35″.

Ses dépendances consistent en quatre métairies, savoir : la *Grange au Vager* (2), située à la limite, dans la direction de

---

(1) Docteur Lavalle, déjà cité.
(2) Cet écart est mentionné dans une charte de 1253.

Pommard ; le *Moulin de la Folie*, à l'entrée du vallon de Maîtranceau ; le *Poisot,* sur le climat de ce nom et la *Maison Ratte,* construite dans le climat de Coulezain.

A la fin du siècle dernier, la population ne comptait pas plus de 350 communiants ; 561 habitants, tel est le chiffre donné par le dernier recensement.

Pour ainsi dire assis sur la petite crête du Chaignot, Volnay occupe une position intermédiaire entre Monthelie et Pommard. De ce point on jouit d'une vue magnifique. A droite, ce sont les finages de Monthelie et de Meursault ; à gauche, ceux de Pommard et de Beaune. En face, le regard s'étend sur la vaste plaine arrosée par la Saône, et découvre très distinctement, par un temps serein, plusieurs montagnes de la Franche-Comté, de la Suisse, de la Savoie et du Bugey.

Si le manque d'eau se fait sentir à Monthelie, Volnay n'a rien à désirer sous ce rapport. Outre le ruisseau de Maîtranceau qui fait tourner ses deux moulins, des sources épandant des ondes remarquables par leur limpidité et leur fraîcheur, abondent sur son coteau. Les plus importantes sont celles de *Rongeon,* du *Pré de la Mouille,* de *Coulezain,* de *Raifond* et de *Juillet* qui sortent de terre dans les climats dont elles ont pris les noms.

Les eaux de la *Cave,* qui viennent de la montagne du Chaignot, forment quelquefois un torrent considérable, ce qui est un signe de beau temps après les pluies ; de là le proverbe : « Point de beau temps que la Cave ne jette (1). » Ce torrent a donné lieu à un jeu de mots :

> Quand la Cave jette en juin,
> Cela tombe en Coulezain.

Le nom du climat où se perdent les eaux de la Cave exprime que les pluies de juin font couler les raisins en fleurs.

On se rend à Volnay soit par Beaune, soit par Meursault. Un

---

(1) Bâtie en 1540 par les habitants et placée sous le vocable de Notre Dame de Pitié.

service de voitures permet aux voyageurs de descendre au bas du pays, à l'endroit où s'élève le petit édifice religieux connu, dans la région, sous la désignation de *Chapelle de Volnay* (1). On sait également que le tramway fait sa première halte à la station de Pommard.

Il est très rationnel d'admettre, avec l'auteur si estimé d'une histoire de la commune, M. l'abbé Bavard, que la dénomination de *Volnay* révèle une origine celtique. Notre savant compatriote, feu M. Rossignol, a émis l'idée que ce nom primitif pourrait venir de celui d'une divinité adorée par les Gaulois, à la tête des sources, *Volen*, *Velen* ou *Belen*, d'où seraient dérivés *Volnay*, *Vlenay*. Après la conquête des Gaules, l'idiôme du pays aurait pris là, de même qu'ailleurs, la terminaison latine, ce qui fit *Vollaneum*, *Vollenetum*, *Voliniacum*, *Voleniacum*. Remarquons aussi la forme *Vlenaium*, telle qu'elle est écrite dans le testament d'Hugues IV, en 1272. De là, il ne faut pas conclure que la désignation la plus ancienne ait été abandonnée au moyen âge, la preuve contraire est établie par une charte de 1195 où Guy de Nauze donne à l'abbaye de Mézières des vins à prendre dans sa vigne de *Volenay* ; du XIIIe au XIVe siècle, divers passages du *Martyrologe de Notre-Dame de Beaune* citent, au milieu du texte latin, *Vulenay*, *Vollenay* et *Volenay*. Rappelons pour mémoire que, depuis une centaine d'années seulement, on écrit *Volnay* ; auparavant c'était *Vollenay* et parfois *Voullenay*.

A diverses reprises, ce territoire a fourni à l'archéologie la matière d'intéressantes observations.

A droite du ruisseau de la Folie, au climat de la *Brûlée*, attenant à la Grange au Vager, l'enlèvement d'un de ces monceaux de cailloux, appelés *murgers*, a mis au jour, en 1864, un énorme monolithe brut, posé sur quatre supports en pierre. C'est un magnifique dolmen dont la fouille a donné des fragments de poterie, des silex, un couteau en os et des ossements humains.

---

(1) V. Courtépée, t. II. — E. B., *Histoire de Volnay*.

La même année, il a été retiré des déblais d'un vieux puits, avec des cendres et des débris indéterminés, un anneau-disque en jade de Saussure d'assez grande dimension et dans un bel état de conservation (1). Cet objet, précieux pour sa rareté exceptionnelle, offrait une ressemblance frappante avec celui extrait, un an auparavant, du tumulus de Mane-en-Hroek, dans le Morbihan.

Sur la montagne, la présence de silex ouvrés a fourni la preuve irrécusable du séjour de l'homme à une époque qui échappe à l'histoire.

Le remuement du sol a montré, maintes fois, des traces aussi nombreuses que significatives de l'occupation romaine. Courtépée a relaté la découverte, faite vers 1772, de deux casques d'or, contenus dans des tombeaux, mais sans nuls renseignements positifs, si ce n'est l'indication des lieux. Quoi qu'il en ait été, un fait certain c'est que la terre, creusée pour la culture de la vigne, a restitué, en divers endroits des sépultures par crémation, des statuettes en bronze, des monnaies du Haut et du Bas-Empire, une quantité de débris d'amphores et de vases de toutes formes et de toutes pâtes. Aux *Rompues*, des scories de fer ont signalé l'existence de forges ou de fonderies antiques. Enfin la pierre, dite de *Saint-Frémy*, attribuée d'abord à l'art gaulois, est un cippe à personnage des temps gallo-romains.

L'Histoire de Volnay signale un sarcophage en pierre, des tombelles formées de laves dressées en forme de cercueils, des tronçons de glaives, de lances, d'angons ; voici bien les caractères de l'époque mérovingienne. Quand, à trois grandes périodes, une terre a été habitée par les races antiques, on y retrouve non seulement les restes des œuvres de l'homme, mais les débris de l'homme lui-même : c'est ce que nous remarquons ici (2).

Volnay a appartenu au domaine de nos anciens rois et de nos

---

(1) Il est, depuis 1867, au musée des Origines nationales à Saint-Germain-en-Laye.

(2) Cf. E. B., *Histoire de Volnay*, pour plus amples renseignements.

premiers ducs. On lit dans Courtépée qu'en 1250 Hugues IV y fit construire ou réparer un château où les ducs et les duchesses aimaient à résider à cause de l'agréable situation du coteau, de la beauté de la perspective, de la pureté de l'air et de l'excellence des vins et des eaux. Ruinée en partie par les Ligueurs, cette maison-forte a été entièrement détruite en 1749.

Il est permis d'affirmer que, depuis des temps extrêmement reculés, les produits de la côte de Volnay ont été connus et appréciés à leur juste valeur. Nous avons appris par Grégoire de Tours qu'ils rivalisaient avec les meilleurs vins d'Italie. Au moyen âge, les ducs de Bourgogne conservaient les vins des premiers crûs avec autant de soin que les précieux joyaux de leur couronne. Volnay avait une place d'honneur « dans ces vignobles du païx de Bourgogne où d'ancienneté croissoient les meilleurs et plus prétieux vins du royaulme de France pour le nourrissement et sustentation de créature humaine. Et à cause de la bonté d'iceulx Notre Saint Père le Pape, Mgr le Roy et plusieurs aultres seigneurs tant d'églize nobles et aultres avoient coustume d'en faire leurs provisions (1). »

Philippe de Valois, qui déjà avait apprécié les vins de Volnay en 1328, le jour de son sacre, les trouva si délicieux, à Volnay même, où il passa en 1336, que le duc Eudes IV jugea à propos de faire acte de bon courtisan envers son souverain en ordonnant de transporter soixante-douze muids de ce noble breuvage dans les châteaux de la Province où se continuaient les fêtes et les réceptions royales.

Après la réunion de la Bourgogne à la couronne de France, Louis XI fit conduire la récolte de Volnay de 1477 à son château de Plessis-les-Tours.

On prétend que les Protestants de Beaune et des environs qui eurent leur prêche à Volnay et que l'Édit de Nantes en 1685 força à quitter la France ne manquèrent pas de faire connaître les fameux produits de la Côte dans les pays où ils reçurent asile. Ce que l'on sait, c'est qu'à dater de cette émigration, il ne tarda

---

(1) *Archives de Beaune.*

pas à s'établir, avec la Suisse, l'Allemagne, la Hollande et la Belgique, un commerce des plus actifs, qui eut pour résultat de faire tripler les prix des vins.

Les principaux climats où se cultivent les pinots sont: *Cailleray*, *Champans*, *Chevret*, *Fremiers*, *Bousse-d'Or*, les *Angles*, la *Barre*, *Carelle-s.-Chapelle*, les *Rougeottes*, l'*Ormeau*, les *Mitans*, le *Clos des Chênes*, *Taille-pieds*, les *Aussy*, les *Roncerets*, les *Brouillards*, les *Pitures*, les *Chanlains*.

Sur le plateau de *Chaux* et dans toute la plaine, on ne voit que des gamays.

Plusieurs de ces climats sont fréquemment cités dans les anciennes chroniques. Les chartes de Volnay mentionnent le *Clos Saint-Andoche*, propriété de l'abbaye de ce nom, existante à Autun. En 1207, les chevaliers de Malte possédaient la *Caille*; en 1243, ils achetèrent les *Poisots*; plus tard ils eurent six ouvrées de vignes aux *Cailleray*; en 1261, des vignes au *Verseux*, aux *Fremiers*, à la *Carelle*.

En 1295, les ducs de Bourgogne avaient la propriété de vignes dans les principaux climats; en 1507, le domaine royal possédait près de quatre cents ouvrées de vignes aux *Caillerays*, aux *Champans*, etc.

Au XVIe siècle, la Poésie unissait sa voix à celle de l'Histoire pour célébrer, dans la langue d'Horace, le nectar volnaisien :

    Et sine Volnæo gaudia nulla mero.

Traduction libre :

    On ne peut être gai
    Sans boire du Volnay.

On répète encore souvent ce dicton :

    Il n'y a qu'un Volnay en France,

Et surtout celui-ci en prose rimée :

    En dépit de Pommard et Meursault,
    C'est toujours Volnay le plus haut.

Aux *Caillerays* ne revient pas la moindre part de la gloire qui rayonne autour de certains climats :

> Qui n'a des vignes en Cailleray
> Ne sait ce que vaut le Volnay.

Un littérateur beaunois, d'infiniment d'esprit et de nobles pensées, a parfaitement dépeint l'aisance et la prospérité qui font le charme de la vie du vigneron à Volnay :

. . . .

> Des sacs de pur froment dorment sur son grenier;
> Table, armoire, pétrin, lit, horloge en noyer,
> Il a tout ce qui fait l'aisance à la campagne
> Et le bonheur aussi. N'a-t-il pas pour compagne,
> Une femme robuste, au teint brun et vermeil ?
> *A ce franc Volnaisien* il vient de la famille,
> Tantôt c'est un garçon et tantôt une fille,
> Si bien qu'en peu de temps, comme un cep vigoureux,
> Il se trouve entouré de rejetons nombreux
> Qui, l'aidant aux labours, augmentent sa richesse
> Et deviennent l'appui de sa noble vieillesse.

. . . .

En ce qui a trait à la constitution géologique du pays, la plaine se trouve dans les alluvions anciennes qui s'étendent à peu près jusqu'à la grande route. Ensuite le Cornsbrah forme une couche de terrain, qui allant en s'élargissant, passe par la Chapelle de Volnay et une partie de Monthelie pour retomber sur Meursault. Le village et la base du coteau appartiennent au Corallien ; en certains points viennent affleurer les marnes oxfordiennes.

La roche est un carbonate se présentant, en assez grand nombre d'endroits, sous une belle couleur ; sur cette roche repose un sol brun rougeâtre qui a donné à l'analyse de la silice, du carbonate de chaux, des oxydes de fer et d'alumine, associés à

(1) S. Gauthey, La *Côte-d'Or*, le Vigneron.

des oxydes de manganèse. En résumé, le calcaire oolithique y alterne avec les marnes blanches.

Nous trouvons dans les marnes oxfordiennes les climats dont suivent les noms : les *Pitures*, les *Pointes d'Angles*, tous les *Chanlins*, les *Fremiers*, en *Vaux*, la *Bouchère*, et quelques-uns de ceux qui les avoisinent ; une partie des *Ormeaux*, la *Barre*, la *Bousse d'Or* et le *Clos des Chênes*. Par contre, dans le Bathonien : les *Champans*, les *Cailleray*, les *Aussy*, les *Robardelles*, etc., etc.

Plusieurs chimistes ont procédé à l'analyse des terres formant le sol de la commune. Nous empruntons au travail de M. Margottet les résultats de cette opération faite par lui pour trois principaux climats :

	CHAMPANS		FREMIET		LES ANGLES	
	Sol	Sous-sol à 0,65	Sol	Sous-sol	Sol	Sous-sol à 0 65
Terre fine............	88.01	73 34	61.11	86.11	57.52	35.96
Gravier.............	11.99	26.66	38.89	13.89	24.77	11.32
					17.71	52.72
ANALYSE DE LA TERRE FINE						
Sable siliceux.......	45.10	57.02	33.05	29.21	38.74	48.97
Argile.............	42.62	34.70	31.25	25.85	36.61	30.46
Chaux.............	3.34	6.98	17.85	23.50	11.32	7.65

Le Dr Lavalle a trouvé cette composition pour une terre du climat de Chevret :

Gros et menus dépôts	30,10
Carbonate de chaux	12,95
Carbonate de magnésie	3,98
Fer oxydé	12,72
Alumine	5,93
Silice	28,93
Matières organiques	5,39
Total.	100,00

Là encore, comme on le voit, le fer entre pour beaucoup dans la nature du sol.

A Volnay, la vigne se cultive de la même manière que dans les autres parties de la Côte.

Durant plusieurs siècles, le pinot fut seul mis en culture; les vignerons introduisirent peu à peu le gamay. Sous Philippe le Hardi, il commençait déjà à envahir certains climats. S'il abandonne au premier cépage nos riches coteaux, il se rencontre le plus souvent dans les parties basses.

De 1460 à 1500, les *Urebers*, les *Escrivains* et d'autres *Vermynes*, ainsi que l'on disait alors, exercèrent leurs ravages sur une partie des meilleurs climats.

En 1349, à en croire certaines traditions, une maladie qui fut nommée *Noire* sévit avec tant d'intensité sur la vigne qu'elle fut entièrement détruite. Il fallut, paraît-il, faire venir des plants de Crimée pour repeupler le vignoble. Quelques personnes voient dans ce fléau la première apparition du phylloxéra.

Maintenant, on trouve le pinot *noir* ou *dru* dit « de Volnay » et qui produit les vins fins; puis, pour les vins rouges, le gamay de Bévy, de Chaudenay, celui d'Arcenant, et enfin le gamay rond; les vins blancs sont obtenus du gamay blanc, du melon blanc et de l'*aligoté*.

Le rendement moyen est, en général, de 16 à 24 hectolitres à l'hectare pour les vins ordinaires; il descend à 12 et 10 hectolitres pour les vins fins.

Il est assez difficile d'évaluer les surfaces qui produisent les différentes natures de cuvées. Néanmoins, on compte que 50 hectares produisent les têtes de cuvées, 50 hectares les premières cuvées, 60 hectares les secondes, 60 hectares les troisièmes et 80 les quatrièmes soit au total 300 hectares environ cultivés en pinot.

Les grands ordinaires et les ordinaires occupent également 300 hect. environ, soit 600 sur 736 hectares représentant la superficie de la commune.

C'est Volnay qui fixait très souvent l'époque de l'ouverture du ban de vendange, il n'est donc pas sans intérêt de reproduire ici le tableau dressé par M. de Vergnette où sont indiqués les jours d'ouverture des vendanges de 1706 à 1866 (1). En voici le résumé :

NOMBRE de fois que la vendange s'est ouverte	MOIS et DATES	OBSERVATIONS	NOMBRE de fois que la vendange s'est ouverte	MOIS et DATES	OBSERVATIONS
1	28 août	1719	12	27 sept.	
2	2 sept.	1718	9	28 —	
1	8 —		6	29 —	
3	9 —		7	30 —	
3	10 —		7	1er octob.	
2	11 —		2	2 —	
1	12 —		2	3 —	
2	13 —		4	4 —	
2	14 —		7	5 —	
7	15 —		4	6 —	
3	16 —		3	7 —	
2	17 —		2	8 —	
2	18 —		2	10 —	
4	19 —		4	11 —	
3	20 —		2	12 —	
3	21 —		1	13 —	
4	22 —		2	15 —	
5	23 —		2	16 —	1805-1616
5	24 —		1	17 —	1809-1843
9	25 —		1	18 —	1740
7	26 —		1	25 —	1819

Le docteur Lavalle a également donné de 1716 à 1855 une liste des prix des vins de Volnay, pris au sortir du pressoir. En voici un extrait :

(1) *Le Vin*, par M. de Vergnette-Lamotte.

VOLNAY

Années	PRIX de l'hectolitre
	FR. C.
1716	43 88
1719	17 54
1726	116 11
1734	120 63
1736	138 16
1740	17 54
1741	151 29
1751	54 80
1761	61 40
1771	92 09
1781	43 88
1791	89 89
1801	127 08
1811 (année de la comète)	153 06
1821	39 47
1831	98 18
1841	59 80
1852	45 »
1853	90 80
1854	240 75

Comparaison faite des prix ci-dessus avec ceux des divers crûs produits par les climats où se récoltent des vins fins dans les autres communes, on remarque qu'ils sont toujours très élevés. La cause en est que les vins de Volnay sont depuis longtemps, ainsi que nous l'avons dit, appréciés à leur juste valeur.

Lors de la vente des vins fins des hospices civils, une cuvée, celle du vigneron Glantenay, a atteint les prix ci-dessous :

Années		Prix de la queue ou 456 litres
1886	(Volnay et Santenot)	1,720 fr.
1887		900 fr.
1888		non adjugé.

Années		Prix de la queue ou 456 litres
1890	. . . .	1,050 fr.
1891	(Volnay et Pommard)	2,450 fr. / 2,560 fr.

Ajoutons que dans les réunions des principaux propriétaires et négociants de l'arrondissement de Beaune, qui ont eu lieu en 1889, 1890 et 1891, les prix suivants, ont été adoptés pour la pièce, soit 228 litres.

VINS FINS ROUGES

	1889	1890	1891
Volnay-Santenot. . . .	620 fr.	620 fr.	660 fr.
Volnay.	580 fr.	580 fr.	600 fr.

A l'analyse on leur trouve cette composition :

EXTRAIT DES ANALYSES FAITES PAR DELARUE

ANNÉES	NOMS des climats	DENSITÉ du vin	ALCOOL en degrés	TANNIN pour cent	SELS organiques	PHOSPHATE chlorure sulfate
				millig.		
1842	Cailleret	971	12°91	68	0gr,084	0gr,319
1842	Rougiottes	952	13 27	71	0, 080	0, 312
1842	Chevret	960	14 73	69	0, 078	0, 320
1842	Champans	925	13 30	73	0, 075	0, 318

Dans son ouvrage *le Vin* (1), M. de Vergnette-Lamotte indique les degrés alcooliques de plusieurs vins de Volnay :

ANNÉES	NOMS des climats	DEGRÉ alcoolique	OBSERVATIONS
1833	»	12.60	
1841	»	14.63	Sucré à 18 kil. par pièce.
1842	Cailleret	12.50	
1845	Grange-le-Duc	7,35	Gamay rouge (couleur à peine rosée).
1846	Fremiers	12.86	
1847	Chevret	13.60	
1847	Grange-le-Duc	8.60	Gamay rouge de la plaine.
1865	Id.	9.70	Id. id.

(1) M. de Vergnette-Lamotte, *ouv. cit.*

Enfin M. Margottet (1) attribue à un vin de Volnay la composition suivante :

ANNÉE	DENSITÉ à 15 degrés	ALCOOL en degrés	EXTRAIT sec à 100 dégrés par litre	SULFATE de potasse	ACIDITÉ totale en SO_3HO, par litre	TANNIN	FER
1889	9 95.2	12	24 gr. 25	0 gr. 18	3 gr. 40	1 gr. 2	5 mill. 6

Au vu de ces analyses, il y a lieu de conclure que les vins fins de Volnay ont un degré alcoolique élevé, contiennent suffisamment de tannin pour que leur conservation soit assurée, et, en somme, peuvent se comparer à ceux obtenus dans les meilleurs climats de la Côte.

A diverses époques, les œnologues ont essayé de décrire les caractères de ces vins à la dégustation. Courtépée a écrit que : « le Volnay est le vin le plus léger, le plus fin et ayant le plus de primeur » (2). « Volnay, a dit Gandelot, est connu par ses bons vins qui tiennent le premier rang parmi ceux de Beaune (3). »

Jullien les définit ainsi : « Volnay produit le plus léger, le plus délicat, le plus fin, le plus agréable des vins de la côte de Beaune et même de toute la France (4). »

Enfin, M. de Vergnette s'exprimait en ces termes au Congrès des vignerons français, tenu à Dijon en 1845 : « Les vins de Volnay seront encore longtemps, comme ils étaient au XIVe siècle, sous nos ducs qui y possédaient les vignobles de Caille de Roy (Cailleray ou Caillerets), les premiers du monde ! »

N'omettons pas de dire que les vins de cette commune se conservent parfaitement en bouteilles et que, lors de l'Exposition des vins de Bourgogne en 1856, preuve fut faite qu'ils pouvaient

---

(1) Margottet, *Analyse des vins de Bourgogne* en 1889, déjà cité.
(2) T. II.
(3) *Histoire de Beaune.*
(4) *Topographie des grands vins de la Côte-d'Or.*

supporter les voyages les plus longs, sous toutes les zones, sans crainte d'aucune altération.

Sous tous rapports, Volnay est donc l'une des communes viticoles les plus riches et les plus renommées de la côte beaunoise ; aussi mérite-t-elle bien que nous lui ayons consacré cette assez longue notice.

Suit la liste des principaux climats à laquelle sont joints les noms des principaux propriétaires.

NOMENCLATURE

DES PRINCIPAUX CLIMATS ET LIEUX DITS

Angles (les). — D. L., tête de cuvée ; C. A. B., première classe ; C. Loc., tête de cuvée.

PRINCIPAUX PROPRIÉTAIRES

MM. Cegaud.
Cellard-Bouchard.
Louis Latour.

MM. Masson-Boillot.
Monthelie (Armand).
Rouget-Perret.

Pointes d'Angles (les). — D. L., tête de cuvée ; C. A. B., première classe ; C. Loc., tête de cuvée.

PRINCIPAUX PROPRIÉTAIRES

M. Imbaut (Alfred).

M. du Mesnil (héritiers).

Barre (la). — D. L., tête de cuvée ; C. A. B., première classe ; C. Loc., tête de cuvée.

PRINCIPAUX PROPRIÉTAIRES

M. Cellard-Bouchard, etc.

Bousse d'or (En). — D. L., tête de cuvée ; C. A. B., première classe.

PRINCIPAUX PROPRIÉTAIRES

M. Boillot (Victor).

M. Massin (Armand).

Cailleret (En). — D. L., tête de cuvée ; C. A. B., première classe ; C. Loc., tête de cuvée.

PRINCIPAUX PROPRIÉTAIRES

MM. Bonneau du Martray.
Bouchard (Joseph), de la maison Bouchard père et fils.
Cellard-Bouchard.

MM. du Mesnil (héritiers).
Malivernet.
Massin (Armand).
Serre (Mme).

Cailleret dessus. — D. L., tête de cuvée ; C. A. B., première classe ; C. Loc., tête de cuvée.

PRINCIPAUX PROPRIÉTAIRES

MM. Delagrange (frères).
Delaplanche-Garnier.

MM. du Mesnil (héritiers).
Glantenay-Bouley.

Carelles-sous-Chappelle. — D. L., tête de cuvée ; C. A. B., première classe ; C. Loc., tête de cuvée.

PRINCIPAUX PROPRIÉTAIRES

MM. Lucien Boillot.
Buffet-Machu.

MM. Giliotte-Monnot.
Glantenay (Léon).

Carelles dessous (les). — C. A. B., première et deuxième classes.

PRINCIPAUX PROPRIÉTAIRES

MM. Boillot (Victor).
Bourgogne-Limasset.
Bretin.

MM. Gauvenet.
de Montillo.

Champans (En). — D. L., tête de cuvée ; C. A. B., première classe ; C. Loc., tête de cuvée.

PRINCIPAUX PROPRIÉTAIRES

MM. A. et L. Beaudet frères.
du Mesnil (héritiers).
Hospices civils de Beaune.
Imbault (Alfred).
Jobard jeune et Bernard.

MM. Malivernet.
Monthelie (Armand).
de Montille.
Noirot.

Maison BOUCHARD PÈRE & FILS — (Beaune — Bordeaux)

COMMUNE	COMMUNE
Volnay	de Volnay
——	——
...LLERET	TAILLEPIED
——	haut et bas
...EMIERS	(1re classe)
la Rougeotte	
——	COMMUNE
...EVRET	de Pommard
...s de Cuvée)	——
——	RUGIENS
...ANLINS	——
...e classe)	COMBES DESSUS
	(1re classe)

Propriété de M. Joseph Bouchard, à Volnay.

...enne propriété de famille dont l'origine remonte au fondateur de la Maison **Bouchard père et fils** au siècle dernier et appartenant ...d'hui à M. Joseph Bouchard, l'un des chefs actuels de la même Maison. — Le domaine se compose de grandes et belles pièces de de premier ordre ; ses vins ont toujours été réputés parmi les meilleurs de Volnay.
...B. — Depuis 30 ans la récolte du domaine est connue sous le nom de « **Cuvée Carnot** » du nom de l'avant-dernier propriétaire, Madame Carnot, petite-fille du fondateur de la Maison Bouchard père et fils.

Chevret (En). — D. L., tête de cuvée ; C. A. B., première classe ; C. Loc., tête de cuvée.

PRINCIPAUX PROPRIÉTAIRES

MM. Bouchard (Joseph), de la maison Bouchard père et fils.

M. Collard-Bouchard.
Mme Serre.

Fremiers (En). — D. L., tête de cuvée; C. A. B., première classe ; C. Loc., tête de cuvée.

PRINCIPAUX PROPRIÉTAIRES

MM. Bouchard (Joseph), de la maison Bouchard père et fils (*Clos de la Rougeotte*).

MM. Imbauld (Alfred).
Joannez-Parent.
du Mesnil (héritiers).
de Montille.

Mitans (les). — D. L., tête de cuvée ; C. A. B., première classe ; C. Loc., tête de cuvée.

PRINCIPAUX PROPRIÉTAIRES

MM. A. et L. Beaudet frères.
Fleurot (héritiers).
Gauvenet.
Gillotte-Moreau.

MM. Jobard jeune et Bernard.
Louis Latour.
du Mesnil (héritiers).
Rouget-Perret.

L'Ormeau (En). — D. L., tête de cuvée ; C. A. B., première classe ; C. Loc., tête de cuvée.

PRINCIPAUX PROPRIÉTAIRES

Mme Vve Boillot-Gauvenet.
M. Camus (Auguste).
Dubois-Bizot.

MM. Gillotte-Monnot.
Massin (Armand).
du Mesnil (héritiers).

Village de Volnay. — C. A. B., première, deuxième et troisième classes.

PRINCIPAUX PROPRIÉTAIRES

MM. Boillot (Lucien).
Boillot (Victor).

MM. Bonneau du Martray.
du Mesnil (héritiers).

Château de Volnay et Clos d'Audignac, propriété de
M. Delaplanche-Garnier, à Volnay (1)

---

(1) Nous donnons ci-après la nomenclature des vignobles qui font de M. Delaplanche-Garnier un de nos propriétaires les mieux partagés sur les territoires de Volnay, Pommard, Auxey, Meursault, Puligny-Montrachet.

Commune de **Volnay** : *Clos d'Audignac, — Cailleret-dessus, — Cailleret-dessous, — Taillepied, — Clos des Chênes, — Verseuil, — Poisot, — Grands Champs dessus, — Grands Champs dessous, — Les Famines, — Pasquier, — Longbois, — Condemêne, — Amerot.*

— — **Pommard** : *Combotte, — Lombot.*

— — **Meursault** : *Dos d'âne, — Les Refers, — Les Charmes, — Murger.*

— — **Puligny-Montrachet** : *Les Folatières, — Clos du Meix, — Echolier, — Boudrières, — Houillères, — Plante des Champs, — Grands Champs, — Petit-Poirier, — Charmes, — Pollans, — Pré Rond, — Combes, — Peute Raye, — Charbonnières.*

Aussy (les). — C. A. B., première et deuxième classes ; D. L., deuxième cuvée ; C. Loc., deuxième cuvée.

PRINCIPAUX PROPRIÉTAIRES

Mme Vve Boillot-Gauvenet.
M. Clerget-Jacquelin.

MM. Glantenay (François).
Rouget-Perret.

Brouillard (En). — C. A. B., première et deuxième classes ; D. L., deuxième cuvée ; C. Loc., deuxième cuvée.

PRINCIPAUX PROPRIÉTAIRES

M. Bourgogne-Limasset.
Hospices civils de Beaune.

MM. Massin.
de Montille.

Chanlains (les) ou **Chanlins**. — C. A. B., première, deuxième et troisième classes ; D. L., troisième cuvée ; C. Loc., troisième cuvée.

PRINCIPAUX PROPRIÉTAIRES

M. Bouchard (Joseph), de la maison Bouchard père et fils.

MM. Camus-Desconclois.
Dubois-Bizot.
Jeannet (héritiers).

Clos des Chênes (le). — C. A. B., première, deuxième et troisième classes ; D. L., deuxième cuvée ; C. Loc., deuxième cuvée.

PRINCIPAUX PROPRIÉTAIRES

MM. Battaut-Bouzereau.
A. et L. Beaudet frères.
Chenot et Sordet.
Sœur Blondeau.
Caillet-Monthelie.

MM. Commeau-Content.
Delaplanche-Garnier.
Gillotte-Monot.
Jobard jeune et Bernard.
Serre-Renoult (Vve).

Grands Champs (les). — C. A. B., première, deuxième et troisième classes ; D. L., troisième cuvée ; C. Loc., troisième cuvée.

PRINCIPAUX PROPRIÉTAIRES

MM. Bourgogne-Limasset.
Caillet-Monthelie.
Cretaine.
Delagrange frères.

MM. Delaplanche-Garnier.
du Mesnil (héritiers).
Montagny-Ninot.

VOLNAY

Gigotte (la). — C. A. B., première, deuxième et troisième classes ; D. L., troisième cuvée ; C. Loc., troisième cuvée.

PRINCIPAUX PROPRIÉTAIRES

MM. Blondeau (héritiers).
Bonneau du Martray.
Buffet.
Gauvenet.

MM. Gillotte-Moreau.
Louis Latour.
Larmonier.

Lurets (les). — C. A. B., première, deuxième et troisième classes ; D. L., troisième cuvée ; C. Loc., troisième cuvée.

PRINCIPAUX PROPRIÉTAIRES

MM. Clerget-Jacquelin.
Cretaine-Garnier.

MM. Emonin-Béné.
R. Malivernet.

Pitures dessus (les). — C. A. B., première, deuxième et troisième classes ; D. L., troisième cuvée ; C. Loc., troisième cuvée.

PRINCIPAUX PROPRIÉTAIRES

MM. Lucien Boillot.
Commeaux-Content.
Mme Sœur Fleurot.

MM. Gillotte-Monnot.
Guimet.

Robardelle (la). — C. A. B., première et deuxième classes ; D. L., deuxième cuvée ; C. Loc., deuxième cuvée.

PRINCIPAUX PROPRIÉTAIRES

MM. A. et L. Beaudet frères.
Boch.
Chenot et Sordet.

MM. F. Glantenay.
Renaudin fils.

Ronceret (En). — C. A. B., première classe ; D. L., deuxième cuvée ; C. Loc., deuxième cuvée.

PRINCIPAUX PROPRIÉTAIRES

M. Boillot (Lucien).
La Charité de Beaune.
M. Dubois-Bizot.

MM. Guimet.
Louis Latour.

Taille Pieds (En). — C. A. B., première, deuxième et troisième classes ; D. L., deuxième cuvée ; C. Loc., deuxième cuvée.

PRINCIPAUX PROPRIÉTAIRES

MM. Bouchard (Joseph), de la maison Bouchard père et fils.
Delaplanche-Garnier.
Gauvenet.

M. Gillotte-Moreau.
Hospices civils de Beaune.
MM. R. Malivernet.
— de Montille.
— du Mesnil (les héritiers).

Verseuil (En). — C. A. B., première classe ; D. L., deuxième cuvée ; C. Loc., deuxième cuvée.

PRINCIPAUX PROPRIÉTAIRES

M. Delaplanche-Garnier. | M. Gauvenet. | M. Guimet.

Combes (les). — C. A. B., deuxième classe ; D. L., troisième cuvée ; C. Loc., troisième classe.

PRINCIPAUX PROPRIÉTAIRES

M. De Juigné. | M. Massin (Armand). | M. de Montille.

Echards (Es). — C. A. B., deuxième et troisième classes ; D. L., troisième cuvée ; C. Loc., troisième cuvée.

PRINCIPAUX PROPRIÉTAIRES

Mme Vve Boillot-Gauvenet.
MM. Celiard-Bouchard.
Clerget-Jacquelin.

MM. Gillotte-Monnot.
Roche-Blondeau.

Grands-Poisots (les). — C. A. B., deuxième et troisième classes ; D. L., quatrième cuvée ; C. Loc., quatrième cuvée.

PRINCIPAUX PROPRIÉTAIRES

MM. Bretin-Bouchotte.
Boillot (Victor).
Glantenay-Rossignol.

MM. Glantenay-Vaudoisey.
Monthelie (Armand).

Lassole. — C. A. B., deuxième et troisième classes ; D. L., troisième cuvée ; C. Loc., troisième cuvée.

PRINCIPAUX PROPRIÉTAIRES

M. Caillet (Auguste) | M. Guimet. | M. Vernet-Caillot.

Pluchots (les). — C. A. B., deuxième et troisième classes ; D. L., troisième cuvée ; C. Loc., troisième cuvée.

PRINCIPAUX PROPRIÉTAIRES

Mme Vve Boillot-Gauvenet. | MM. Dubois.
M. Camus-Desconclois. | du Mesnil (héritiers).

Serpents (les). — C. A. B., deuxième classe ; D. L., quatrième cuvée ; C. Loc., quatrième cuvée.

PRINCIPAUX PROPRIÉTAIRES

M. Caillet-Toussaint. | Mme Vve Camus-Brivot.
MM. Delagrange-Caillet frères.

Beauregard (En). — C. A. B., troisième classe ; C. Loc., quatrième cuvée.

PRINCIPAUX PROPRIÉTAIRES

M. Gauvenet. | M. Pillot-Emonin.

Blanches (Es). — C. A. B., troisième classe ; C. Loc., quatrième cuvée.

PRINCIPAUX PROPRIÉTAIRES

M. Desconclois-Desconclois. | Mme Vve Serre-Renoult.

Bouchère (la). — C. A. B., troisième classe ; C. Loc., quatrième cuvée.

PRINCIPAUX PROPRIÉTAIRES

M. Prosper Caillet. | M. Caillet-Seguin. | M. Emonin-Boillot.

Buttes (les). — C. A. B., troisième classe ; D. L., quatrième cuvée ; C. Loc., quatrième cuvée.

PRINCIPAUX PROPRIÉTAIRES

M⁰⁸ Sœur Blondeau.
MM. Boillot (Victor).
    Camus-Desconclois.
MM. Commeaux-Content.
    Gillotte-Moreau.

Cave (la). — D. L., troisième cuvée ; C. A. B., troisième classe ; C. Loc., troisième cuvée.

PRINCIPAUX PROPRIÉTAIRES

MM. Bonneau du Martray.
    Caillet (Etienne).
Mᵐᵉ Gillotte.
M. Glantenay-Bouley.

Cros-Martin. — D. L., troisième cuvée ; C. A. B., troisième classe ; C. Loc., troisième cuvée.

PRINCIPAUX PROPRIÉTAIRES

MM. Blondeau (héritiers).
    Camus-Desconclois.
MM. de Montille.
    Louis Latour.

Famines (les). — C. A. B., troisième classe ; C. Loc., quatrième cuvée.

PRINCIPAUX PROPRIÉTAIRES

MM. Camus-Desconclois.
    Delaplanche-Garnier.
    Gillotte-Moreau.
MM. Glantenay (Léon).
    Masson.
    Monthelie (Armand).

Jouères (les). — D. L., troisième cuvée ; C. A. B., troisième classe ; C. Loc., troisième cuvée.

PRINCIPAUX PROPRIÉTAIRES

M. Caillet-Prosper.
M. Saunois-Poulet.

Paquiers (les). — C. A. B., troisième classe ; D. L., quatrième cuvée ; C. Loc., troisième cuvée.

PRINCIPAUX PROPRIÉTAIRES

MM. Béranger.
    Bernard.
    F. Buffet.
    Delaplanche-Garnier.
MM. Dubois (Charles).
    Gauvenet.
    Gillotte-Moreau.
    Sonnois.

Paux Bois. — C. A. B., troisième classe; C. Loc., quatrième cuvée.

PRINCIPAUX PROPRIÉTAIRES

M. Brugnot-Poussard. | M. Verdereau.

Petits Gamets (les). — C. A. B., troisième classe; D. L., quatrième cuvée; C. Loc., quatrième cuvée.

PRINCIPAUX PROPRIÉTAIRES

MM. Petitjean.
    Gillotte-Monnot.
    Glantenay-Bouley.

MM. Masson-Boillot.
    de Vergnette-Lamotte (héritiers).

Petits-Poisots (les). — C. A. B., troisième classe; D. L., quatrième cuvée; C. Loc., quatrième cuvée.

PRINCIPAUX PROPRIÉTAIRES

Mmes Vve Boillot.
    Vve Camus-Brivot.

MM. Commeaux (Charles).
    Jeannet-Cheurey.

Roches (sur). — C. A. B., troisième classe; D. L., quatrième cuvée; C. Loc., quatrième cuvée.

PRINCIPAUX PROPRIÉTAIRES

MM. A. et L. Beaudet frères.
    Buffet.
    Caillet (Prosper).

MM. Glantenay-Bouley.
    Grozelier frères.

Vaux ou Vaut (En). — D. L., troisième cuvée; C. A. B., troisième classe; C. Loc., troisième cuvée.

PRINCIPAUX PROPRIÉTAIRES

MM. Blondeau (héritiers).
    A. Camus.

MM. Louis Latour.
    Martenot.

Longbois (les). — D. L., quatrième cuvée ; C. Loc., quatrième cuvée.

PRINCIPAUX PROPRIÉTAIRES.

MM. Bouchard (Joseph), de la maison Bouchard père et fils.	MM. Buffet.
Bouley.	Charlot-Delabazerolle.
	Delaplanche-Garnier.
	Duchemin (Pierre).

Petits-Prés (les). — D. L., quatrième cuvée ; C. Loc., quatrième cuvée.

PRINCIPAUX PROPRIÉTAIRES

M. Cretaine.	M. Vernet.

PRINCIPAUX PROPRIÉTAIRES

Amerot,	MM. Delaplanche-Garnier.
Clos d'Audignac,	Delaplanche-Garnier.
Cailleret dessous,	Delaplanche-Garnier.
Champfuillot,	A. et L. Beaudet frères.
Condemène,	Delaplanche-Garnier.
Montpoulain,	Bouchard (Joseph), de la maison Bouchard père et fils.
Petits Cros Martin,	Louis Latour.
Pitures,	Boillot-Gauvenet (Mme Vve) Boillot (Lucien). du Mesnil (héritiers).
Vèvre,	Bouchard (Joseph), de la maison Bouchard père et fils.
	Etc., etc.

POMMARD

Pommard, *Polmareum* en 1004 (1), *Polmarium* en 1005, *Pomareum* pendant toute la durée des XIIIe et XIVe siècles (2), est un village dont l'origine se révèle comme antérieure au moyen âge. Des vestiges de substructions antiques, et principalement nombre de monnaies impériales à partir du règne de Néron jusqu'à celui de Valentinien Ier, rendent un témoignage irrécusable de l'occupation de ce sol aux temps de la domination romaine.

Dans une sorte d'enfoncement qui sépare la montagne de Pommard de celle de Saint-Désiré, *Saint-Désert*, finage de Beaune, existait autrefois un hameau, nommé *Lacune*, *Làcuna*, dont on a fait *Lulune*, *Luleune*. Le docteur Morelot y trouva, vers 1825, plusieurs cippes, des monnaies romaines, ainsi que des vases et des armes provenant de sépultures d'un caractère burgundo-frank (3). En 1868 et 1869, on a recueilli des silex ouvrés, indices d'une station préhistorique, au voisinage de la source qui répand dans ce lieu solitaire son eau abondante et pérenne.

Pommard est situé au pied de la chaîne de la Côte-d'Or, à 2° 28' 23" de longitude est, à 47° 0' 17" de latitude nord, et à

---

(1) *Chronique de Bèze*.
(2) *Martyrologe de Notre-Dame de Beaune*. — Courtépée a vu dans ces appellations latines le souvenir d'un temple consacré à Pomone ou plutôt le mot *Pomarium*, verger (t. II, p. 341). Cette dernière étymologie paraît être la plus claire.
(3) Annotation à la *Statistique de la vigne*, etc. (p. 12).

246 mètres d'altitude. Sa distance est de 4 kilomètres de Beaune, son chef-lieu de canton et d'arrondissement, de 42 de Dijon et de 359 de Paris.

Le territoire de la commune comprend une superficie de 1010 hectares. Il s'étend du nord au sud-est et forme un parallélogramme d'environ 5 kilomètres de longueur moyenne et de 2 kilomètres de largeur, borné au nord par les finages de Bouze et de Nantoux, au midi par ceux de Bligny et de Volnay, à l'est par celui de Beaune et à l'ouest par ceux de Volnay et de Nantoux.

Un ruisseau, la Vendenne, *Vendèna* au XIIIe siècle (1), traverse le village. On le connaît généralement sous le nom de l'*Avant-Dheune* parce qu'il se déverse dans la Dheune, affluent de la Saône. Ce petit cours d'eau, sujet à des débordements après les grandes pluies, vient de Nantoux et de Brully, dépendance de la commune de Saint-Romain.

Desservi par le bureau de poste de Beaune, Pommard est à peine éloigné de 5 kilomètres de la gare de cette ville et un peu plus de celle de Meursault. Depuis le 1er mars 1891, la ligne du tramway de Beaune à Arnay-le-Duc a son parcours sur le territoire de la commune ; la gare, établie sur la route nationale de Beaune à Autun, à proximité du grand clos de M. de Blic, est appelée à rendre tant aux habitants qu'au commerce des services aussi utiles que fréquents. Ajoutons que sur ce finage existent deux routes nationales, l'une de Beaune à Chalon et l'autre de Beaune à Autun ; que le chemin de grande communication de Beaune à Ivry occupe l'une des principales rues du village, et qu'enfin 12 kilomètres de chemins vicinaux servent à relier cette localité aux pays voisins.

En 1666, on comptait à Pommard 104 feux ; à la fin du siècle dernier 280 feux et 800 communiants ; aujourd'hui le chiffre de la population s'élève à 1163 âmes.

A l'époque de la confection du cadastre, le nombre des parcelles de terrain composant le territoire était de 5059 ; lors de

---

(1) *Martyrologe de Notre-Dame de Beaune.*

l'enquête agricole, en 1882, on en a trouvé 5825 ; actuellement il s'agit de 6647, se décomposant ainsi :

Graines alimentaires	12 hect.
Prairies artificielles	6
Vignes	830
Prairies naturelles	16
Bois et forêts	13
Jardins de particuliers	2
Terrains incultes (chaumes)	89
Superficie totale du territoire agricole	970
Terrains bâtis	40
Total	1.010 hect.

La vigne tient donc une place très importante. En 1830, il y avait 359 hectares 90 ares 90 centiares plantés en gamays, et 351 hectares 66 ares 45 centiares en pinots, rendant en moyenne 13,839 litres de vin. Depuis, ce rapport n'a guère varié.

Pendant longtemps, le pinot fin fut seul cultivé, mais dans la dernière moitié du xiv° siècle, le gamay apparut et peu à peu envahit toutes les terres qui s'étendent du côté de la plaine. En faisant la répartition des surfaces suivant les cuvées, nous trouverons, en têtes de cuvées et premières cuvées, une étendue de 90 à 100 hectares, en secondes cuvées à peu près la même mesure de superficie, en passe-tout-grain de 130 à 140 hectares, et le reste en ordinaires et gamays.

Le pays est essentiellement vignoble. Il y a une soixantaine d'années qu'on voyait dans la plaine et la vallée de belles prairies et des chenevières ; depuis, tout a été planté en vignes.

En ce qui concerne ce riche village, quelques documents historiques ne seront pas déplacés ici :

Alix de Vergy, femme du duc de Bourgogne Eudes II, possédait la terre de Pommard, dont elle fit hommage, en 1224 et

1240, aux archevêques de Lyon. Cette terre passa ensuite aux ducs.

De hauts et puissants seigneurs, tels que les sires de Vienne, de Rancy, de Corabœuf, les Bouton de Corberon, les de Salins, l'illustre fondateur du Grand Hôtel-Dieu de Beaune, le chancelier Nicolas Rollin, y furent possesseurs de grands domaines.

Dès l'an 1100, le clos de la *Commaraine* appartenait aux comtes de Vienne. Dans des titres de cette époque, il était désigné sous le nom de *Notre chevance* de *Pommard* par les seigneurs de Commarin. Le nom de *Commaraine* s'explique donc tout naturellement.

On lit dans la *Description particulière du duché de Bourgogne* qu'en 1005 le roi Robert confirma le don d'une vigne *Polmario*, fait par Odo, vicomte de Beaune, à l'abbaye de Saint-Bénigne ; qu'en 1187, le duc Hugues III donna à l'abbaye de la Bussière dix muids de vin de son clos de la *Corvée*, et que nos ducs cédèrent une portion de la dîme en vin à la collégiale de Beaune, une autre au commandeur de Malte et aux moines du Val des Choux.

Le docteur Lavalle constate qu'à des dates fort éloignées la plupart des vignes de Pommard ont appartenu soit aux princes, soit aux ordres religieux.

C'est ainsi qu'aux XIIIe et XIVe siècles l'abbaye de Maizières était propriétaire de vignes dans les climats des *Combes*, de l'*Espinal*, de l'*Epenault*, en *Cliveau*, en *Chaffaud*, aux *Perrières*, aux *Ormes*, aux *Crais*, aux *Fremiers de Noisey*, etc., etc.

Le prieuré de Saint-Étienne de Beaune possédait, dès le XIIe siècle, des vignes en la *Vache*, au *Mareau*, au *Clos Micault*, en la *Rue des Porcs*, au *Clos Blanc*, au *Clos des Ormes*.

En 1224 et 1234, Cîteaux achetait de Belin, de Pommard, au prix de 30 livres dijonnaises, une vigne au territoire de *Pézerolle* et une autre, moyennant 16 livres dijonnaises, à un sieur Thibaud Odin.

En 1230 et 1240, Cîteaux recevait en legs de Pierre de Fleury et d'André le Berger des vignes sur le même finage. Les Cisterciens possédaient, à Pommard, en 1483, le *Clos Blanc*, ou l'*Epenault*, ainsi que d'autres pièces en *Noizon*, en *Pezerolle*, *Grêve-Champs*, etc., etc., avec le *Clos de la Courvée*.

En 1248, l'ordre de Malte acquérait des vignes en la *Faye*; en 1264, aux *Crais*; en 1665, il avait la propriété de vignes aux *Bertains* et aux *Rondains*.

Enfin, en 1507, le *Clos de Lachery* en la *Pourrée*, plus tard le *Petit Epenault*, 30 ouvrées, 24 ouvrées en *Boucherotte*, et 24 autres à la *Pointe des places*, dépendaient du domaine royal.

On faisait, dès 1404, des vins de paille dans ces vignes (1).

Depuis la Révolution, les propriétés ont été fort morcelées; néanmoins, à Pommard, subsistent encore de grands clos, savoir celui des *Epenaux* à M. le comte Armand; celui de *Citeaux* à M. de Blic, le *Clos Micault* et des *Ursulines* à M. de Vergnette-Lamotte, la *Commaraine* à M. Serres, et ceux appartenant aux héritiers Marey-Monge.

Parmi les climats les plus renommés, citons en première ligne la *Commaraine*, les *Rugiens* (2), les *Epenots*.

Peu de choses à dire de la culture de la vigne, dont la méthode n'a pas changé, de temps immémorial; les diverses opérations culturales sont celles pratiquées dans le vignoble beaunois.

Dès le xie siècle, les habitants de Pommard jouissaient du privilège de fixer eux-mêmes le ban de vendange, chose à laquelle ils apportaient le plus grand soin. Telle était leur manière de procéder : au moment de la maturité de la récolte, la population nommait, à l'élection, des prudhommes chargés de la visite des vignes et de faire leur rapport au châtelain. Après cette visite, ces experts se rendaient vers l'autorité compétente et déclaraient « sur la foi du serment » le jour qu'il croyaient devoir être assigné pour la proclamation du ban.

En cas de dissidence de la part du châtelain sur l'opportunité

---

(1) Voir pour tous renseignements la *Statistique de la vigne et des grands vins de Bourgogne*, etc., pp. 149, 150.

(2) Il a été, un moment, question d'imiter l'exemple de Chassagne et de Puligny, en ajoutant au nom de Pommard celui de ce clos célèbre. On aurait eu alors *Pommard-Rugien*.

du jour proposé, ce seigneur ne pouvait que l'avancer ou le retarder de vingt-quatre heures. Son droit n'allait pas plus loin.

Cet usage de fixation du ban de vendanges s'est perpétué jusqu'à nos jours. Bien que, depuis un certain temps, chacun ait la liberté d'agir dans ses vignes comme bon lui semble, l'administration n'en intervient pas moins d'une manière officieuse.

Dans le but d'éviter toute contestation entre les propriétaires et les vignerons à moitié, et, dans celui de prévenir les vendangeurs et les négociants en raisins, le jour, jugé le plus convenable pour commencer l'enlèvement de la récolte, est indiqué par un avis émané de la mairie.

Quelques mots maintenant de la constitution géologique.

L'examen des terres démontre que les alluvions anciennes, qui viennent de la plaine, montent jusqu'à moitié du village soit aux environs jusque vers la cote 240. A partir de cet endroit les marnes oxfordiennes font leur apparition et, en suivant la vallée qui sépare le pays, se continuent jusque vers les arrière-côtes. Dans la plupart des cas, elles recouvrent le Cornbrasch qui affleure néanmoins du côté de Volnay, vers la cote 250. Les sommets des montagnes, dont la hauteur atteint 380 à 400 mètres, sont dans le Corallien.

Poursuivant cette étude en ce qui concerne les climats, nous voyons que les principaux d'entre eux, tels que les *Vaumuriens*, les *Jarolliers*, les *Rugiens*, les *Fremiers*, les *Noizons*, les *Charmots*, la *Refène*, la *Commaraine*, les *Saussilles*, les *Argillières*, reposent sur les marnes oxfordiennes, tandis que les *Vignots*, en *Brezeuil* et plusieurs autres se trouvent dans le Corallien.

En résumé, dominent dans cette commune les sols argilo-calcaires, le plus souvent d'une certaine profondeur, et colorés en rouge par les oxydes de fer. Soumis à l'analyse, ils donnent une forte dose de silice, de carbonate de chaux et d'oxyde de fer.

Voici quelques analyses faites par le docteur Lavalle des terrains produisant les grands vins :

	RUGIENS	CHARMOTS	POUTURES
Gros et menus dépôts...	29.15	29.07	31.29
Carbonate de chaux...	17.20	11.18	22,70
Carbonate de magnésie..		8.13	
Fer oxydé.......	10.50	15.34	8.30
Alumine........	7.47		13.75
Silice..........	32.98	33.17	20.92
Matières organiques...	3.00	2.21	3.04
	100.00	99.10	100.00

Il n'est pas sans intérêt de constater que déjà à cette époque on prenait soin de doser avec une extrême attention les carbonates entrant dans la composition du sol. On sait qu'ils jouent un grand rôle dans l'alimentation des plants.

M. Margottet indique la composition suivante pour le sol des *Epenaux*.

	AUX ÉPENAUX	
	Sol	Sous-sol à 0.60
Terre fine.............	69.28	89.90
Gravier................	9.82	10.10
Chaux.................	20.90	0.
ANALYSE DE LA TERRE FINE		
Sable siliceux...........	46.46	46.98
Argile.................	34.93	37.88
Chaux.................	7.67	6.07

Là encore la quantité de calcaire se montre comme assez élevée ; elle se rapproche d'ailleurs de celle trouvée dans les climats déjà cités.

L'analyse des vins obtenus offre beaucoup d'importance, et tel est le motif pour lequel nous croyons devoir en reproduire intégralement les résultats. M. de Vergnette a recherché le degré alcoolique de plusieurs cuvées de bons vins, et au moyen du travail auquel il s'est livré, la preuve est faite que, pour Pommard, les produits des bons climats peuvent soutenir la comparaison avec ceux des meilleurs crûs de la côte de Nuits et de Dijon :

ANNÉES	CLIMATS	DEGRÉ ALCOOLIQUE par litre
1834	Rugiens (6 ans de bouteille)	13.05
1838	Rugiens	11.50
1841	Rugiens	11.90
1842	Rugiens	12.61
1843	Rugiens	10.60
1844	Rugiens	11.80
1845	Nazarettes (gamay blanc)	8.97
1846	Rugiens	13.50
1846	Nazarettes (vin blanc)	12.26
1848	Vin de pinot	11.84
1848	Vin de gamay	8.70
1849	Vin de pinot	11.60
1849	Vin de gamay	8.95
1850	Vin de pinot	10.74
1850	Vin de gamay	7.00
1851	Vin de pinot	9.90
1851	Vin de gamay	7.00
1852	Vin de pinot	10.90
1852	Vin de gamay	7.00
1853	Vin de pinot	10.44
1853	Vin de gamay	7.05
1854	Vin de pinot	2.25
1854	Vin de gamay	9.95
1855	Vin de pinot	10.00
1855	Vin de gamay	6.90
1856	Vin de pinot	11.15
1856	Vin de gamay	6.80
1857	Vin de pinot	12.20
1857	Vin de gamay	9.50
1858	Vin de pinot	13.24
1858	Vin de gamay	9.50
1859	Vin de pinot	12.20
1860	Vin de pinot	8.46

POMMARD

ANNÉES	CLIMATS	DEGRÉ ALCOOLIQUE par litre
1860	Vin de gamay	5.99
1861	Vin de pinot	11.42
1861	Vin de gamay	11.06
1862	Vin de pinot	11.29
1862	Vin de gamay	7.94
1863	Vin de pinot	10.97
1863	Vin de gamay	8.34
1864	Vin de pinot	13.10
1864	Vin de gamay	8.20
1865	Vin de pinot	14.20
1865	Vin de gamay	10.09
1866	Vin de pinot	9.00
1866	Vin de gamay	6.50
1867	Vin de pinot	11.90
1867	Vin de gamay	8.90

De cet ensemble de chiffres, il est permis de conclure que, pour les bonnes cuvées, le degré alcoolique oscille entre 11 et 14 degrés, sauf le cas de mauvaises années, et que les gamays rentrent dans la moyenne ordinaire comprise entre 10 1/2 et 11 degrés.

A un vin de la commune, récolté en 1889, M. Margottet assigne la composition ci-dessous :

DENSITÉ	ALCOOL en degrés p. 0/0	EXTRAIT à 100°2 par litre	PLATRE par litre	TARTRE par litre	ACIDITÉ TOTALE en acide sulfurique par litre
994.7	12°0	24^{g}90	0^{g}21	3^{g}38	3^{g}60

Nous avons eu plusieurs fois à analyser des vins de ce village provenant de crûs différents. Le plus souvent, le degré alcoolique oscillait entre 12.50 et 13.75, l'extrait sec entre 24 et 28, et l'acidité totale entre 3.25 et 4.10.

D'après ces résultats, on peut affirmer que les vins de Pommard contiennent tous les éléments propres à en assurer la conservation et à en faire des vins de garde ; qu'en un mot ils se rapprochent beaucoup de ceux récoltés dans nos autres communes de la Côte-d'Or, et surtout de ceux de Gevrey-Chambertin.

Bien que les vins de Pommard aient été connus, de temps immémorial, pour leur finesse et leur franchise, ils ne se vendirent longtemps qu'à de fort bas prix. Jusqu'au milieu du XVIIe siècle, ces vins ne s'écoulèrent guère qu'en France et dans les Flandres. La réputation de ces produits fut, en réalité, faite en Suisse, en Allemagne, en Hollande et partout où se réfugièrent les Réformés, forcés de quitter nos régions, à la suite de la révocation de l'Edit de Nantes. Aussi, nos vins de Pommard, dont le prix de vente ne dépassait pas, à cette époque, celui de cinquante livres la queue, s'éleva-t-il bientôt à deux cents ; cinquante ans plus tard, il était de trois cents, aujourd'hui, nous savons que ce prix a quadruplé.

Les hospices civils de Beaune possèdent des vignes sur ce finage. Nous donnons les prix de vente pour ces dernières années :

	1886	1887	1888	1889	1890
Cuvée Billard	1,500 fr.	»	800	1,300	775
Cuvée P. Chicotot	1,650	840	740	1,220	1,140

En 1891, les cuvées P. Chicotot et Billard, réunies à une cuvée de Volnay, ont été adjugées en deux lots aux prix de 2450 et 2560 francs, le tout à la queue, soit les deux pièces de 456 litres. Ce sont là des prix très élevés et susceptibles de rendre témoignage de la valeur des cuvées.

Enfin, lors des réunions annuelles des principaux propriétaires et négociants tenues le même jour que la vente sus-rappelée, on attribua aux vins fins de Pommard les prix suivants, à la pièce :

	1889	1890	1891
Volnay — Pommard — Beaune	580 fr.	580 fr.	600 fr.

Les vins de Pommard se reconnaissent facilement à la dégustation : « Vin loyal, vermeil et marchand, — disaient nos aïeux, — frère jumeau de celui de Volnay, avec plus de corps et de couleur et de durée par conséquent. »

« Les vins de Pommard sont renommés pour la finesse et la franchise et suivent ceux de Volnay, » ainsi que l'a écrit Courtépée. Le docteur Morelot les appréciait : « fermes, colorés, pleins de franchise et de bonne conservation. »

En résumé, les vins de ce finage se distinguent par leur corps, leur solidité, et leur couleur. Avec l'âge, ils acquièrent un bouquet qui se trouvait masqué dans les premières années, et peuvent alors rivaliser avec les meilleurs produits de la Côte-d'Or.

NOMENCLATURE

DES PRINCIPAUX CLIMATS ET LIEUX-DITS

Argillières (les). — D. L., première cuvée; C. A. B., première classe; C. Loc., tête de cuvée.

PRINCIPAUX PROPRIÉTAIRES

M. de Barbuat.	MM. H. Morelot(1).
Mme de la Breuille.	Parent.
MM. Fellot.	Serre.
Jobard jeune et Bernard.	de Vergnette Lamotte.

Arvelets (les). — D. L., première cuvée; C. A. B., première classe; C. Loc., première cuvée.

PRINCIPAUX PROPRIÉTAIRES

Les Hospices civils de Beaune.	MM. Tartois-Arnoux.
Mme Marcy-Monge.	de Vergnette Lamotte.

Bertins ou Bretins (les). — C. A. B., première classe; C. Loc., première cuvée.

PRINCIPAUX PROPRIÉTAIRES

MM. Gonnet-Michelot.	Mme Le Reffait.
Malivernet.	M. de Vergnette Lamotte.
R. de Poligny.	

---

(1) Voir notice, page 151.

**Ancienne Maison Coste-Caumartin, à Pommard,
Propriété de M. Chenot (1).**

---

(1) Nous donnons ci-dessous la nomenclature des vignobles du domaine Coste-Caumartin, appartenant aux enfants de la maison, MM. Coste, Chenot et Sordet; ces vignobles, propriété séculaire de la famille, d'une contenance de trente-deux hectares environ, sont situés dans les meilleurs climats et produisent des vins rouges.

Au dernier concours de viticulture de Beaune (septembre 1891) leurs propriétaires ont obtenu plusieurs médailles pour la bonne culture et l'état de conservation de leurs domaines; leurs vins ont remporté un prix d'honneur à l'exposition vinicole de Dijon 1886 et une médaille d'argent à l'exposition de Nevers 1888.

Leurs caves contiennent des réserves qui leur permettent de livrer directement aux consommateurs les vins qu'ils récoltent, soit en fûts, soit en bouteilles.

Domaine Coste-Caumartin :
Propriété de MM. Coste, Chenot et Sordet.

Pommard : *Fremiers, — Jarollières, — Hauts Rugiens, — Vignots, — Les Bœufs, — Rue aux Porcs, — Le Clos au Village, — La Maison-Dieu.*

Volnay : *Clos des Chênes, — La Robardelle.*

Vins ordinaires : *Domaines à Pommard et Volnay, à Saint-Romain près Meursault, à Russilly, commune de Givry (Côte Chalonnaise).*

Boucherottes (les). — D. L., première cuvée; C. A. B., première classe; C. Loc., première cuvée.

SEUL PROPRIÉTAIRE

M. H. Morelot.

Chanière (la). — C. A. B., première, deuxième et troisième classes; C. Loc. deuxième cuvée.

PRINCIPAUX PROPRIÉTAIRES

M. de Benoist.	MM. Poillot.
Mme Girardot (Vve).	Segault.

Les Chanlains. — D. L., deuxième cuvée; le C. A. B. les divise en Chanlains Hauts et Bas.

Chanlains-Bas (les). — C. A. B., première, deuxième et troisième classes; D. L., deuxième cuvée; C. Loc., première et deuxième classes.

PRINCIPAUX PROPRIÉTAIRES

MM. de Benoist.	M. Parent.
Jobard jeune et Bernard.	Mme Vve Rivot.
Maire et fils.	M. Tartois (Joseph).

Chaponnières (les). — D. L., première cuvée; C. A. B., première classe; C. Loc., tête de cuvée.

PRINCIPAUX PROPRIÉTAIRES

M. de la Breuille.	MM. Michelot-Dubois.
Mme Jarry.	Serres.
M. Jobard jeune et Bernard.	Parent-Joannes.

Charmots (les). — D. L., première cuvée; C. A. B., première classe; C. Loc., première cuvée.

PRINCIPAUX PROPRIÉTAIRES

MM. Bizot-Fortier.	MM. Michelot.
Albert Grivault.	H. Morelot.
Jobard jeune et Bernard.	Rivot.
Lochardet (Armand).	Rouget.

Pommard : Maison, Magasins, Caves et Cuveries de
M. Louis Latour, négociant en vins à Beaune,
Aloxe-Corton et Pommard (1).

---

(1) La maison Louis Latour, dont le siège principal est à Beaune, a été fondée en 1797.

Elle est propriétaire sur le territoire de **Pommard** au climat des *Petits Epeneaux*,

Sur le territoire voisin de **Volnay** : *Aux Mitans*, — *Ronceret*, — *Angles*, — *Gigotte*, — *En Veau*, — *Cros Martin*, — *Petits Cros Martin*.

A **Savigny** et **Pernand**, aux climats pour lesquels elle est désignée dans la nomenclature relative à ces communes.

Elle est en outre propriétaire sur le territoire d'**Aloxe-Corton** des vignobles et du Château de **Corton-Grancey**. Ces vignobles réunis à celui qu'elle possédait déjà sur ledit territoire comprennent 45 hectares dont plus de la moitié sont situés aux climats produisant les meilleurs vins de Corton.

Charmots (Es). — C. A. B., première classe ; C. Loc., première cuvée.

PRINCIPAUX PROPRIÉTAIRES

MM. de Benoist.
   Cuinet.
   Le Reffait (Mme).

MM. Tartois (François).
   de Vergnette Lamotte.

Clos-Blanc (le). — D. L., première cuvée ; C. A. B., première classe ; C. Loc., première cuvée.

PRINCIPAUX PROPRIÉTAIRES

MM. de la Breuille.
   Jobard jeune et Bernard.
Mme Paul Marey.

MM. H. Morelot.
   Tridon.

Clos de Citeaux (le). — D. L., première cuvée ; C. Loc. tête et première cuvée.

SEUL PROPRIÉTAIRE

M. de Blic.

Clos de la Commaraine. — D. L., première cuvée ; C. A. B., première et deuxième classes ; C. Loc., première cuvée.

PRINCIPAUX PROPRIÉTAIRES

MM. Jobard jeune et Bernard. | M. Serres.

Combes dessus (les). — C. A. B., première et deuxième classes ; D. L., seconde cuvée ; C. Loc., première classe.

PRINCIPAUX PROPRIÉTAIRES

MM. Joseph Bouchard de la maison Bouchard père et fils.
   Fellot.

Les hospices civils de Beaune.
M. Vaudoisey-Maldant.

Croix Noires (les). — D. L., première cuvée; C. A. B., première classe; C. Loc., tête de cuvée.

PRINCIPAUX PROPRIÉTAIRES

MM. de Barbuat.
Serres.
Parent-Joannès.

MM. Tartois (François).
de Vergnette Lamotte.

Derrière Saint-Jean. — C. A. B., première et deuxième classes; C. Loc., deuxième cuvée.

PRINCIPAUX PROPRIÉTAIRES

M. de Barbuat. | Mme Jarry. | M. Lochardet (Armand).

Epenots (les). — D. L., première cuvée; C. A. B., première classe; C. Loc., tête de cuvée.

PRINCIPAUX PROPRIÉTAIRES

MM. de Barbuat.
le comte Armand.
Imbault.
Jobard jeune et Bernard.

Mme Paul Marey.
MM. Parent.
de Vergnette Lamotte.

Petits Epenots (les). — D. L., première cuvée; C. A. B., première et deuxième classes; C. Loc., première cuvée.

PRINCIPAUX PROPRIÉTAIRES

MM. de Barbuat.
Billard-Michelot.
Cuinet.
Louis Latour.
Maire et fils.
Michelot-Dubois.

MM. H. Morelot (1).
Parent.
Poillot.
Tartois (François).
de Vergnette Lamotte.

---

(1) **M. H. Morelot**, propriétaire à Beaune et à Pommard.

Commune de **Pommard** : *Clos des Boucherottes* (seul propriétaire).

Clos Blanc, — *Refène*, — *Charmots*,
Argillères, — *Petits Epenots*,
Sausilles, — *Noizons*.

Beaune : *Clos des Mouches*, — *Boucherottes*.

Fremiers (les). — D. L., première cuvée; C. A. B., première classe; C. Loc., tête de cuvée.

PRINCIPAUX PROPRIÉTAIRES

MM. de Barbuat.	M. Fellot.
de Broye.	Mme Jarry.
Chenot et Sordet.	M. Parent-Joannes.

Jarolières (les). — D. L., première cuvée; C. A. B., première classe; C. Loc., tête de cuvée.

PRINCIPAUX PROPRIÉTAIRES

MM. de Barbuat.	MM. Chenot et Sordet.
de Broye.	Normand.

Clos Marey-Monge (le) fait partie du château de Pommard. — D. L., première cuvée; C. Loc., première et deuxième cuvées.

PRINCIPAUX PROPRIÉTAIRES

Château de Pommard. — Clos de M. de Blic.

M. Marey-Monge.

Clos Micot (le) **ou Micault**. — D. L., première cuvée; C. A. B., première classe; C. Loc., première cuvée.

PRINCIPAUX PROPRIÉTAIRES

M. A. et L. Beaudet frères.	M. de Tricaud.

Pezerolles (les). — D. L., première cuvée; C. A. B., première classe; C. Loc., première classe.

PRINCIPAUX PROPRIÉTAIRES

M. Boillot-Garnier.	MM. Michelot-Dubois.
Les hospices civils de Beaune.	Mussy-Dauphin.
M. Jobard jeune et Bernard.	de Vergnette Lamotte.

Platière (la). — C. A. B., première et deuxième classes; D. L., deuxième cuvée; C. Loc., première et deuxième cuvées.

PRINCIPAUX PROPRIÉTAIRES

MM. de Broye.
Marey (Paul).

MM. Tartois (Armand).
Ricard (D^r).

Poutures (Les). — D. L., première cuvée; C. A. B., première classe; C. Loc., première cuvée.

PRINCIPAUX PROPRIÉTAIRES

M. de Barbuat. | M. Rouget. | M. de Vergnette Lamotte.

Reféne (la). — D. L., première cuvée; C. A. B., première et deuxième classes; C. Loc., première cuvée.

PRINCIPAUX PROPRIÉTAIRES

Les hospices civils de Beaune.
MM. Jobard jeune et Bernard.
Lochardet (Armand).
H. Morelot.

Mme Jarry.
MM. Serres.
Tartois-Boussu.

Les Rugiens Hauts. — D. L., première cuvée; C. A. B., première et deuxième classes; C. Loc., première cuvée.

PRINCIPAUX PROPRIÉTAIRES

MM. de Barbuat.
de Blic.
Joseph Bouchard de la maison Bouchard père et fils de Beaune.

MM. Chenot et Sordet.
Chevignard.
Les hospices civils de Beaune.
M. Mussy-Marillier.

Les Rugiens Bas. — D. L., première cuvée; C. A. B., première classe; C. Loc., tête de cuvée.

PRINCIPAUX PROPRIÉTAIRES

MM. de Blic.
Joseph Bouchard de la maison Bouchard père et fils de Beaune.

MM. Chevignard.
Hospices civils de Beaune.
Rouget.
de Vergnette Lamotte.

Saussilles (les). — C. A. B., première classe ; D. L., deuxième cuvée.

PRINCIPAUX PROPRIÉTAIRES

M. de Benoist.
 Les hospices civils de Beaune.
M. Jobard jeune et Bernard.

MM. Fellot.
 H. Morelot.
 Mussy-Dauphin.

Clos de Verger (le). — C. A. B., première et deuxième classes ; C. Loc., première et deuxième cuvées.

PRINCIPAUX PROPRIÉTAIRES

M. Devichet. | M. Ricard (D^r). | M. Michelet-Rousselin

Village de Pommard. — C. A. B., première, deuxième et troisième classes ; C. Loc., deuxième cuvée.

PRINCIPAUX PROPRIÉTAIRES

MM. De Barbuat.
 Boillot.
 Chenot et Sordet.

MM. Chevignard.
 Laroze.
 Tartois frères.

Chanlains Hauts (les). — D. L., deuxième cuvée ; C. A. B., troisième classe.

PRINCIPAUX PROPRIÉTAIRES

M. Misserey-Gonnet. | M. Pagand-Charlot.

Combes-Dessous (les). — D. L., deuxième cuvée ; C. A. B., deuxième et troisième classes ; C. Loc., première et deuxième cuvées.

PRINCIPAUX PROPRIÉTAIRES

MM. de la Breuille.
 Clerget-Buffet.
 Jarry (Mme).
Mme Vve Martin-Cessot.

MM. Michalet-Tartois.
 Thivet-Bourgogne.
 Virtely.

POMMARD

Combotte (la). — D. L., deuxième cuvée; C. A. B., deuxième classe; C. Loc., première et deuxième classes.

PRINCIPAUX PROPRIÉTAIRES

MM. Boillot-Garnier.
Delaplanche-Garnier.
Mme Vve Durand.
M. Larose-Chicotot.

MM. Michelot-Lochardet.
Ricard.
Segaut.

Cras (les). — D. L., deuxième cuvée; C. A. B., deuxième classe; C. Loc., deuxième cuvée.

PRINCIPAUX PROPRIÉTAIRES

M. de Broye.
Les hospices civils de Beaune.
MM. Jobard jeune et Bernard.
François Michelot.

MM. Passerotte-Gauvenet.
Tartois-Arnoux.
de Tricaud.

Croix-Blanche (la). — D. L., deuxième cuvée; C. A. B., deuxième classe.

PRINCIPAUX PROPRIÉTAIRES

MM. Chevignard.
Humblot-Vaivrand.
Armand Lochardet.

MM. Passerotte.
Ricard (D^r).

Lavières (les). — C. A. B., deuxième classe; C. Loc., deuxième cuvée.

PRINCIPAUX PROPRIÉTAIRES

MM. de Benoist.
Michelot-Dauphin.

MM. Rivot.
Ricard (D^r).

Moigelot (Es). — C. A. B., deuxième classe; C. Loc., première et deuxième cuvées.

PRINCIPAUX PROPRIÉTAIRES

MM. Chevignard.
Gonnet-Michelot.

MM. Mallard.
Joseph Tartois.

Noizons (Es). — D. L., deuxième cuvée; C. A. B, deuxième classe ; C. Loc., première et deuxième cuvées.

PRINCIPAUX PROPRIÉTAIRES

MM. Fremy-Titard.
Albert Grivault.
Hospices civils de Beaune.
H. Morelot.

MM. Micault.
François Tartois.
de Vergnette Lamotte.

Petits Noizons (les). — D. L., deuxième cuvée; C. A. B., deuxième et troisième classes; C. Loc., deuxième cuvée.

PRINCIPAUX PROPRIÉTAIRES

M. Broichot-Guillemard. | M. Gonnet-Michelot. | M. Orgelot-Cavin.

Perrières (la ou les). — C. A. B., deuxième classe; D. L., troisième cuvée; C. Loc., deuxième classe.

PRINCIPAUX PROPRIÉTAIRES

MM. de Benoist.
Dauphin-Michelot.
Dufour-Pommier.

MM. Imbault.
Rivot-Michelot.

Rue ès Porcs. — D. L., deuxième cuvée; C. A. B., deuxième et troisième classes; C. Loc., deuxième cuvée.

PRINCIPAUX PROPRIÉTAIRES

M. Ricard (D^r). | M. Chenot et Sordet.
M. de Vergnette Lamotte (*Clos des Ursulines*).

Riottes (les). — D. L., deuxième cuvée; C. A. B., deuxième classe; C. Loc., deuxième cuvée.

PRINCIPAUX PROPRIÉTAIRES

MM. De Broye.
Fellot.
Jobard jeune et Bernard.

MM. Naigeon.
Tartois-Arnoux.
Tartois-Boussu.

Bas de Saussille (le). — C. A. B., deuxième et troisième classes ; C. Loc., deuxième cuvée.

PRINCIPAUX PROPRIÉTAIRES

M. Moingeon-Ropiteau. | M. Maldant-Noirot. | Mlle P. Marey.

Trois Follots. — D. L., deuxième cuvée ; C. A. B., deuxième classe ; C. Loc., deuxième cuvée.

PRINCIPAUX PROPRIÉTAIRES

MM. de Barbuat.
   Humblot.
   Moingeon-Ropiteau.

MM. Mussy-Marillier.
   Ricard (D^r).

Tavannes (les). — D. L., deuxième cuvée ; C. A. B., deuxième classe ; C. Loc., deuxième cuvée.

PRINCIPAUX PROPRIÉTAIRES

MM. Chevignard.
   Chicotot-Serrigny.
   Le Reffait.

MM. Naigeon.
   de Tricaud.

Vignots (les). — C. A. B., deuxième et troisième classes ; C. Loc., deuxième cuvée.

PRINCIPAUX PROPRIÉTAIRES

MM. Chenot et Sordet.
   Jobard jeune et Bernard.

MM. Michelot-Noirot.
   Tartois-Arnoux.

Clos Beaudes ou Beaudière. — C. A. B., troisième classe ; C. Loc., deuxième cuvée.

PRINCIPAUX PROPRIÉTAIRES

MM. Rivot-Monniot.
   Rossignol-Lochardet.

MM. François Tartois.
   Joseph Tartois.

Bœufs (les). — C. A. B., troisième classe; C. Loc., deuxième et troisième cuvées.

PRINCIPAUX PROPRIÉTAIRES

MM. Bourgogne-Limasset.
    Chenot et Sordet.
    Dauphin-Michelot.

MM. Micault-Chouard.
    Michelot-Rousselin.
    Pétrot-Bissey.

Breseuil ou Brescul (En). — C. A. B., troisième classe; C. Loc., troisième cuvée.

PRINCIPAUX PROPRIÉTAIRES

M. Joillot-Pouleau.

M. Moron-Deserle.

Chaffaud (En). — C. A. B., troisième classe; C. Loc., troisième cuvée.

PRINCIPAUX PROPRIÉTAIRES

MM. Henriot-Garnier.
    Lochardet-Guyot.
    François Michelot.
    Normand.

MM. Le Reffait.
    Rivot-Michelot.
    Ricard (D^r).

Chiveau (En). — C. A. B., troisième classe; C. Loc., deuxième et troisième cuvées.

PRINCIPAUX PROPRIÉTAIRES

MM. Henriot.
    Micauld-Chouard.

MM. Michelot-Jourot.
    Ricard (D^r).

Croix-Planet (la). — D. L., troisième cuvée; C. A. B., troisième classe; C. Loc., deuxième cuvée.

PRINCIPAUX PROPRIÉTAIRES

MM. Louis Emile.
    Michel Liébault.
    Prosper Michelot.

MM. Noirot-Latour.
    Ricard (D^r).

Lambots (les). — C. A. B., troisième classe ; C. Loc., deuxième cuvée.

PRINCIPAUX PROPRIÉTAIRES

MM. Clerget-Bergeret.
    Delaplanche-Garnier.

MM. Jamon.
    Jean-Baptiste Michelot.

Levrière (la). — D. L., troisième cuvée ; C. Loc., deuxième cuvée.

PRINCIPAUX PROPRIÉTAIRES

MM. Imbault.
    Jobard jeune et Bernard.
    Armand Lochardet.
    Moingeon-Ropiteau.
    Ricard (Dr).

MM. Rivot-Misserey.
    Segaut.
    Serres.
    Joseph Tartois.

Planets (les). — D. L., troisième cuvée ; C. Loc., deuxième cuvée.

PRINCIPAUX PROPRIÉTAIRES

M. Ricard (Dr), etc.

Maison-Dieu (En). — D. L., troisième cuvée ; C. Loc., deuxième et troisième cuvées.

PRINCIPAUX PROPRIÉTAIRES

Mme Vve Chauvenet.
MM. Chenot et Sordet.
    Poussard-Michelot.

MM. Michelot-Jourot.
    de Tricaud.

Mareau (En). — C. A. B., troisième classe ; C. Loc., deuxième cuvée.

PRINCIPAUX PROPRIÉTAIRES

MM. Arcelain.
    Bizot-Caillet.
    Chevignard.
    Les hospices civils de Beaune.

MM. Michelot-Dufour.
    Michelot-Dubois.
    Michelot-Rousselin.
    Rivot-Michelot.

Plante aux Chèvres (la). — C. A. B., troisième classe; C. Loc., troisième cuvée.

PRINCIPAUX PROPRIÉTAIRES
M. Jacquelin-Dauphin. | M. Marque-Marlot. | M. Thivet-Bourgogne.

Poisot (le). — C. A. B., troisième classe; C. Loc., deuxième cuvée.

PRINCIPAUX PROPRIÉTAIRES
MM. Caillet-Battault.
    Caillet-Rivot.
    François Michelot.

MM. Moingeon-Ropiteau.
    Romann.

Taupe ou Toppe (la). — D. L., troisième cuvée; C. Loc., deuxième et troisième classes.

PRINCIPAUX PROPRIÉTAIRES
Mme Jarry.
    La Charité.
M. Martin-Fortier.

MM. Moingeon-Dauphin.
    Mussy-Joblot.
    de Tricaud.

Vache (En la). — C. A. B., troisième classe; C. Loc., troisième cuvée.

PRINCIPAUX PROPRIÉTAIRES
M. Mallard. | M. Maillot-Broichot.

Vaumuriens-Bas (les). — C. A. B., troisième classe; C. Loc., deuxième cuvée.

PRINCIPAUX PROPRIÉTAIRES
MM. Mallard-Caillet.
    Michelot-Jourot.

MM. Naudin-Cavin.
    Vaivrand-Broichot.

Vaumuriens-Hauts (les). — C. A. B., troisième classe; C. Loc., deuxième cuvée.

PRINCIPAUX PROPRIÉTAIRES
MM. Clerget-Ropiteau.
    Liébault.

MM. Moingeon-Ropiteau.
    Thivet-Bourgogne.

Creux Grais (En). — C. Loc., deuxième cuvée.

PRINCIPAUX PROPRIÉTAIRES

M. Henriot. | M. François Tartois. | M. Vacheret-Chicotot.

Aures (les). — C. Loc., troisième cuvée.

PRINCIPAUX PROPRIÉTAIRES

M. Billard. | M. Caru-Chicotot. | M. Michelot-Dufour.

Blanches (les). — C. Loc., troisième cuvée.

PRINCIPAUX PROPRIÉTAIRES

MM. Gonnet-Michelot.
Jean-Baptiste Michelot.
| MM. Potier-Gagand.
Poussard-Michelot.

Chaumetin (En). — C. Loc., troisième cuvée.

PRINCIPAUX PROPRIÉTAIRES

MM. Chicotot.
Misserey-Gonnet.
| MM. Lacomme-Bonnetête.
Vacheret.

Crenilles (les). — C. Loc., troisième cuvée.

PRINCIPAUX PROPRIÉTAIRES

MM. de Barbuat.
Martin-Fortier.
Moron-Deserle.
| MM. Tartois-Arnoux.
Jacques Thévenin.

Crocamot. — C. Loc., troisième et quatrième cuvées.

PRINCIPAUX PROPRIÉTAIRES

Mme de Barbuat.
MM. Bizot-Rossignol.
Chevignard.
Gonnet-Bernard.
| MM. Jacquelin-Lochardet.
Morelot.
Tatot-Poussard.
de Tricaud.

Fas (les). — C. Loc., troisième cuvée.

PRINCIPAUX PROPRIÉTAIRES

MM. Billard-Millard.
Misserey-Gonnet.

MM. Petiot-Boudrot.
Petiot-Latour.

Grandes Carelles (les). — C. Loc., troisième et quatrième cuvées.

PRINCIPAUX PROPRIÉTAIRES

MM. Jacques Battault.
Caillet-Rivot.
Caru-Chicotot.
Chevignard.

MM. Michelot-Jourot.
Noirot-Maldant.
Ricard (D^r).
de Tricaud.

Grande Combe (la). — C. Loc., troisième cuvée.

PRINCIPAUX PROPRIÉTAIRES

M. Caillet-Rivot.

M. Rivot-Michelot.

Montbuisson (En). — C. Loc., troisième cuvée.

PRINCIPAUX PROPRIÉTAIRES

MM. Billard-Millard.
Louis Bourgogne.
Pierre Fèvre.

MM. Mussy-Guillemard.
Vaudoisey.

Monpoulain (En). — C. Loc., troisième cuvée.

PRINCIPAUX PROPRIÉTAIRES

MM. Billard-Glantenay.
Caumon-Moron.
Devichet.
Fremy-Titard.

MM. Gonnet-Gagnepain.
Ricard (D^r).
Terrand.
de Tricaud.

Popins-Bas (les). — C. Loc., troisième cuvée.

PRINCIPAUX PROPRIÉTAIRES

MM. Arcelin.
Cavin-Michelot.
Jeannet.

MM. Mallard.
Pusset.

Popins-Hauts (les). — C. Loc., troisième cuvée.

PRINCIPAUX PROPRIÉTAIRES

MM. Maldant-Bourgogne.
    Rodier-Dessus.

MM. Rivot-Caillet.
    Vaudoisey-Maldant.

Rouards (les). — C. Loc., troisième cuvée.

PRINCIPAUX PROPRIÉTAIRES

M. Joseph Bard. | M. Clerget. | M. Michelot-Michelot.

Seurets (aux). — C. Loc., troisième et quatrième cuvées.

PRINCIPAUX PROPRIÉTAIRES

MM. François Clerget.
    Gauvenet.
    Gueneau-Moingeon.

MM. Poussard-Michelot.
    Naudin-Cavin.

Sorbins (les). — C. Loc., troisième cuvée.

PRINCIPAUX PROPRIÉTAIRES

Mme Le Reffait.
MM. Bizot-Fortier.
    Armand Lochardet.
    Ozanon.
    Petiot-Boudriot.

MM. Ricard (D^r).
    Segaut.
    François Tartois.
    de Tricaud.

Toppe-Maison-Dieu (En). — C. Loc., troisième et quatrième cuvées.

PRINCIPAUX PROPRIÉTAIRES

Mme Vve Chicotot.
M. Humblot.

MM. Michelot-Jourot.
    Tartois-Millot.

Aumone (l'). — C. Loc., quatrième cuvée.

PRINCIPAUX PROPRIÉTAIRES

MM. Cyrot-Gras.
    Cyrot-Jolliot.
    Gonnet-Bernard.

MM. Michelot-Jourot.
    Naudin-Cavin.

Bas de Chadenet. — C. Loc., quatrième cuvée.

PRINCIPAUX PROPRIÉTAIRES

MM. Maldant-Bourgogne.
    Jules Michelot-Laboureau.

MM. Petiot-Boudriot.
    Vaudoisey-Maldant.

Bas des Rouards (le). — C. Loc., quatrième cuvée.

PRINCIPAUX PROPRIÉTAIRES

M. Bizot-Rossignol. | M. Blandin. | M. Lochardet-Guyot

Chavet (En). — C. Loc., quatrième cuvée.

PRINCIPAUX PROPRIÉTAIRES

MM. Bizot-Rossignol.
    Louis Bourgogne.

Mme Paul Marey.
    M. Joseph Tartois.

Chazeaux (les). — C. Loc., quatrième cuvée.

PRINCIPAUX PROPRIÉTAIRES

MM. Fremy-Titard.
    Michel Liébault.

MM. Parent-Joannes.
    Petiot-Bissey.

Clos des Mouches.

PRINCIPAUX PROPRIÉTAIRES

MM. Champy. | Etc.

Commelle (la). — C. Loc., quatrième cuvée.

PRINCIPAUX PROPRIÉTAIRES

M. Girard. | M. Jacques Michelot. | M. Tixier-Pommier

Grandes Tilles (les). — C. Loc., quatrième cuvée.

PRINCIPAUX PROPRIÉTAIRES

MM. Lochardet-Guyot.
    Mussy-Guillemard.
    Ricard (D^r).

MM. François Tartois.
    Joseph Tartois.

Lormes (les). — C. Loc., quatrième cuvée.

PRINCIPAUX PROPRIÉTAIRES

MM. Bizot-Caillet.
Billard-Lecheneau.
Collot-Romezin.
Clerget-Bergeret.
Maldant-Noirot.

MM. Rozet-Clerget.
Ricard (D^r).
Mme Vve Rivot.
M. François Tartois.

Nazareth (les). — C. Loc., quatrième cuvée.

PRINCIPAUX PROPRIÉTAIRES

Mme de Barbuat.
MM. Boillot-Garnier.
Dessus-Cyrot.
Laroze-Chicotot.

Mme Alphonse Marey-Monge.
MM. Michelot-Noirot.
Morelot.
de Tricaud.

Petits Seurets (les). — C. Loc., quatrième cuvée.

PRINCIPAUX PROPRIÉTAIRES

MM. Bizot-Rossignol.
Michelot-Dubois.

MM. Claude Michelot-Michelot.
Rivot-Michelot.

Saunières (les). — C. Loc., quatrième cuvée.

PRINCIPAUX PROPRIÉTAIRES

MM. Louis Bourgogne.
Febvre-Gavaut.
Gonnet-Gagnepain.
J.-B. Michelot-Michelot.

MM. Segaut.
Vaudoisey-Maldant.
de Tricaud.

Toppe de Viande (En la). — C. Loc., quatrième cuvée.

PRINCIPAUX PROPRIÉTAIRES

M. Chevignard.

Les Hospices civils de Beaune.

Tournée (la). — C. Loc., quatrième cuvée.

PRINCIPAUX PROPRIÉTAIRES

MM. Broichot-Guillemard.
Dauphiu-Michelot.

MM. Michelot-Jourot.
Vaivrand-Broichot.
Etc., etc.

Grande Vue de la ville de Beaune (au-dessus de la fontaine d'Aigues)
D'après une estampe du xviiie siècle, dessinée par Lallemand.

BEAUNE

Plusieurs écrivains ont essayé d'attribuer à Beaune la gloire d'avoir été le *Bibracte* des *Commentaires* de César ; la saine critique a démontré, depuis longtemps, qu'aucune raison tendant à faire accréditer cette idée n'est soutenable, même dans le domaine de la Poésie qui n'a pas les limites de celui de l'Histoire.

L'opinion la plus généralement admise et, en réalité, la plus rationnelle, est que cette ville dut sa fondation à une station militaire, à un *castrum stativum*, tel que les Romains en établissaient, avec des troupes à demeure, dans les pays nouvellement conquis. Or, la certitude existe que des légions, ou plutôt des fractions de légions, cantonnèrent dans une castramétation entourée de murailles et dont les eaux de la rivière Bouzaise remplissaient les fossés. Le fait est connu que des légionnaires romains, en résidence dans une contrée, y créèrent assez fréquemment des bourgades. Ici, le séjour de la légion *Minervienne* aurait fait donner à l'assemblage des habitations construites tant à l'intérieur qu'à l'extérieur des murs du camp le nom de *Minervie*, et l'examen d'un bon nombre de débris de monuments lapidaires, ayant échappé à la destruction, démontre clairement qu'assez peu de temps après la conquête Beaune ne se réduisait déjà plus à une petite réunion de chaumières.

Mais y a-t-il des ruines qui signalent l'existence d'une bourgade celtique ou gauloise où s'est élevée la ville de Beaune ? La découverte de foyers, d'instruments en silex et de monnaies gauloises en bronze a été le résultat unique de longues et patientes recherches. Quant à des ruines, on sait que les Celtes n'avaient pas ou fort peu d'édifices en pierres. Au témoignage de Strabon, Vitruve et Jules César, des tentes, des cabanes faites de bois et de boue, servaient seulement d'abris à cette nation nomade et guerrière.

La désignation de *Minervie* paraît s'être maintenue durant deux ou trois siècles. Dès le ve, Beaune se nommait, ainsi que l'attestent les *Capitulaires* de Baluze, *Belna*, *Belno Castrum*, et la région environnante *Belnisium*, *Belnisus* et *Pagus Belnensis*. L'étymologie de *Belna* vient vraisemblablement de *Belisana*, surnom donné à Minerve dans quelques endroits de la Gaule. D'après cette explication, Beaune aurait conservé son nom antique et primitif.

Une si belle et si salubre contrée, une situation aussi avantageuse, la présence de deux magnifiques sources, l'*Aigue* et la *Bouzaise*, le voisinage de la grande voie d'Autun à Besançon, n'avaient pu manquer d'attirer un imposant concours d'habitants. L'enceinte fortifiée du *Castrum* ne suffit bientôt plus à leurs besoins; aussi, pendant la durée de la domination romaine, le territoire de Beaune se couvrit-il de fermes et de *villas* dont les substructions se retrouvent encore sur des points nombreux (1).

C'est sur cette riante région que vinrent fondre les énergiques tribus des hommes du Nord et, parmi eux, les Burgondes qui la ravirent aux conquérants des Gaules. Dès les premières années du vi^e siècle, une nouvelle invasion surgit; Clovis, chef des Francs, porte jusqu'à Dijon ses armes victorieuses; ses fils se partagent le royaume de Bourgogne et détruisent Autun. Beaune profite de l'anéantissement de la vieille capitale des Eduens et voit grandir sa population. La religion chrétienne s'y

---

(1) En ce qui concerne ces renseignements, et une grande partie de ceux qui vont suivre, Cf. Courtépée, t. II; — Gandelot et Rossignol, *Histoires de Beaune*; — Pasumot, *Notice des Antiquités de la ville de Beaune*; — P. Joigneaux, *Fragments historiques sur Beaune et les environs*; — J. Bard, *Beaune, Histoire et Tableau*; — J. Pautet, *Railway pittoresque de la Bourgogne*; — Ch. Bigarne, *Guide de l'étranger à Beaune* (préface).

établit, y fructifie, et l'on construit un oratoire (1) en l'honneur du premier martyr, saint Etienne, dont le nom a traversé le cours des âges.

Vers 732, les Sarrasins, maîtres de l'Espagne et de la Gaule Narbonnaise, s'avancèrent jusqu'à Beaune en semant partout sur leur passage le pillage et la ruine jusqu'au moment où Charles Martel les tailla en pièces à Poitiers et les força à rentrer dans l'Ibérie.

Sous les ducs bénéficiaires, sortes de lieutenants généraux de la couronne franque, qui gouvernèrent la Bourgogne de 880 à 1032, Beaune eut ses comtes et ses vicomtes. Quand les ducs amovibles eurent fini par se rendre héréditaires, plusieurs firent leur résidence habituelle dans cette cité. Ce fut au duc Eudes III que Beaune dut, en 1203, l'établissement de sa commune. La ville prit alors pour sceau une Bellone d'argent debout, tenant de la main droite une épée nue, et la main gauche appuyée sur la poitrine. Elle quitta en 1540 ses anciennes armoiries pour prendre celles qu'elle conserve aujourd'hui, qui sont : « d'azur à la Vierge d'argent, tenant l'enfant Jésus du même, les têtes rayonnées d'or, la Vierge tenant de la main droite un pampre de sinople au raisin de sable, l'enfant portant de sa main gauche un monde d'or, sommé d'une croix du même ; les robes frangées d'or. »

De 1347 à 1349, une horrible famine, suivie d'une épidémie appelée la *Grande mort*, décima la population. Malgré l'immensité du désastre, la ville s'occupa activement de la construction de ses remparts, avec des tours rondes à toits aigus, type curieux de l'architecture militaire de la fin du xive siècle.

Après la mort de Charles le Téméraire, arrivée le 6 janvier 1476, sous les murs de Nancy, Beaune adopta avec chaleur le parti de la princesse Marie, fille de ce malheureux prince. Il soutint un siège en règle contre les troupes de Louis XI et fut réduit à capituler, le 2 juillet 1478. Beaune eut ainsi la gloire d'être demeuré le dernier soutien de la dynastie ducale, après

(1) Alentour fut placé le premier cimetière. La terre a souvent restitué des tombes en pierre et en grès et d'autres sépultures en laves offrant tous les caractères des temps mérovingiens.

avoir inspiré un moment au roi de France la crainte de perdre le duché de Bourgogne.

A la fin du règne de Charles VIII (1483-1498), le château, dont subsistent encore des restes si imposants, était terminé en partie. Cette redoutable citadelle avait été construite par les ordres de Louis XI, non moins pour réprimer les tentatives de révolte des habitants que pour résister aux ennemis du dehors. A peu près à la même époque, les murailles furent flanquées de cinq gros bastions.

Les querelles religieuses remplirent la seconde moitié du xvie siècle. Plusieurs chroniqueurs ont fait le récit des hostilités qui éclatèrent en 1567 entre les catholiques et les Réformés, et eurent pour suite l'expulsion d'un nombre considérable d'ouvriers employés aux florissantes manufactures de draps et forcés dès lors de porter leur industrie dans d'autres pays.

Dix-huit ans plus tard, le château, destiné à la défense de la ville, devint la cause de tous ses malheurs, pendant la Ligue. En 1585, le roi de France avait, par le traité d'Epernay, livré Beaune au duc de Mayenne, qui en confia le gouvernement à Montmoyen, son lieutenant. A la suite de vexations et d'exactions odieuses, les Beaunois, partisans résolus d'Henri de Béarn, décidèrent, malgré de formidables moyens de défense et la présence d'une forte garnison, de se délivrer à tout prix du joug des Ligueurs. Le 5 février 1595, journée où fut tué un de leurs chefs, nommé Guillerme, un sanglant combat s'engagea dans les rues, au son du tocsin de la grosse horloge. Les soldats étrangers se réfugièrent à l'intérieur du château. L'armée royale, arrivée sur ces entrefaites, commença le siège de la forteresse. Enfin, le 19 mars, jour de la fête du dimanche des Rameaux, l'armée de Montmoyen, investie par les troupes du maréchal de Biron, demanda à capituler et fut conduite à Chalon.

La peste, qui avait éclaté à Beaune en 1586, la ravagea de nouveau en 1628 ; en 1634, le fléau réclama son dernier tribut.

En 1636, les Impériaux, commandés par le général Galas et Charles de Lorraine, mirent à feu la campagne mais n'essayèrent pas de donner l'assaut aux remparts ; ils se bornèrent à incendier la Chartreuse, monastère fondé au xiiie siècle, à l'extrémité du faubourg Perpreuil. La Fronde effleura à peine la ville de Beaune ; elle ressentit faiblement le contre-coup des guerres de la Franche-Comté.

Le xixe siècle a inauguré pour cette cité une ère nouvelle de prospérité industrielle et commerciale. Ce qui verse le plus d'or à Beaune c'est son commerce de vins fins. Avant 1789, ce commerce s'exerçait par des commissionnaires, aujourd'hui les négociants en vins de Bourgogne voyagent ou font voyager. Leur nombre augmente toujours; ils ont rendu et rendent encore les plus grands services au pays qui, en vérité, languirait sans eux.

Bien que veuve de grands et beaux édifices qui faisaient sa gloire dans les siècles passés, Beaune doit encore se féliciter de ses destinées monumentaires.

Signalons en première ligne le Grand Hôtel-Dieu, fondé en 1443 par Nicolas Rolin, chancelier du duché de Bourgogne, et sa femme Guigone de Salins. C'est l'un des premiers édifices du xve siècle où l'art flamand se mêle aux détails moresques ; où le cachet du monument civil pose son empreinte sur d'admirables productions religieuses ; où les splendides découpures de l'Alhambra se marient aux symboles catholiques et héraldiques (1).

Pour visiter l'intérieur de l'Hôtel-Dieu, il n'est pas besoin de permission ; la belle porte gothique reste ouverte tout le jour aux Beaunois et aux étrangers.

Les différentes salles, les cours, les jardins mériteraient une description particulière que ne comporte pas le cadre de cet ouvrage. Rappelons seulement que la Grand'Salle, aux dimensions colossales, aux magnifiques poutres sculptées, a été complètement rétablie, en 1878, dans le style du xve siècle.

Au musée historique, heureuse conception réalisée depuis une quinzaine d'années, rayonne sur toutes les collections le célèbre tableau du *Jugement dernier*, œuvre de Roger Van der

---

(1) V. J. Bard, *Situation monumentaire du Grand Hôtel-Dieu de Beaune.*

Weyden, principal élève de Jean de Bruges. Cette page grandiose, qui avait subi les atteintes du temps, a été soumise, en 1878, au Louvre, à un travail de restauration opéré avec si grand succès, qu'elle semble sortir des mains du maître. Inutile de donner, du moment qu'elle a été faite avec tout le soin désirable, une description de cette œuvre si éminemment magistrale ; il suffit de dire que tous les visiteurs éprouvent le même sentiment d'admiration à l'aspect du poème sublime exposé à leurs regards (1).

Les archives où viennent s'accumuler, depuis quatre siècles, les titres, les documents historiques, les privilèges et les droits de propriétés de la maison, composent un inestimable trésor.

Les dignes religieuses, qui prodiguent aux malades leurs soins touchants et éclairés, portent, presque depuis la fondation de l'hospice, un costume à la fois simple et beau copié sur celui des sœurs hospitalières de Malines.

L'Hôtel-Dieu est propriétaire d'un domaine d'environ 65 hectares dont 12 plantés en vignes fines.

Commencée par le duc Henri le Grand en 976, achevée dans la première moitié du xiie siècle par Mahaut ou Mathilde, femme d'Hugues II, l'Insigne Collégiale Notre-Dame de Beaune offre à l'attention des archéologues son portail, construit en 1352, et orné, avant 1793, d'une curieuse imagerie ; le cul-de-lampe qui supporte l'orgue, ouvrage du xviie siècle, les marbres du maître-autel, les magnifiques bas-reliefs provenant de l'église des Jacobins, les splendides tapisseries offertes en 1500 par le chanoine Hugues Lecoq, et la ciselure compliquée des trois portes principales. N'oublions pas, derrière le chœur, les bancs d'œuvre affectés autrefois à la confrérie des vignerons et des tonneliers, où sont reproduits par la sculpture les outils employés par ces corps de métiers.

L'hospice de la Charité, fondé en 1645 par Antoine Rousseau, greffier du bailliage, et sa femme Barbe Deslandes, a pour

---

(1) V. E. B. *Histoire de l'Hôtel-Dieu de Beaune;* — L'abbé Boudrot, *le Jugement dernier, retable de l'Hôtel-Dieu de Beaune;* — J. Carlet, *le Jugement dernier* Notice apd *Mémoires de la Société d'histoire et d'archéologie de Beaune.*

destination d'offrir un asile à des orphelins des deux sexes, ainsi qu'à des vieillards. Son église est un gracieux petit monument du xvii° siècle.

De même que le Grand Hôtel-Dieu, la Charité possède un domaine d'environ 27 hectares, dont 2 hectares 1/2 en vignes fines. Un vaste jardin sert pour les enfants à l'enseignement de l'horticulture.

Une École pratique de viticulture a été créée à Beaune au lieu-dit *Clos Saint-Philibert* d'environ trois hectares. Elle a été inaugurée le 14 janvier 1885. La durée des études y est de trois ans ; les jeunes gens y reçoivent une bonne instruction pratique et théorique.

Le collège, dont la fondation remonte au xvi° siècle, fut dirigé de 1624 à 1791 par la congrégation de l'Oratoire. En 1873, il a pris le nom de *Collège Monge*, en l'honneur du grand mathématicien qui y fit ses premières études. La ville a fait à cet établissement de grands travaux de réparations.

La bibliothèque publique, formée des ouvrages provenant des communautés supprimées pendant la Révolution, d'envois de l'État, de dons particuliers et d'acquisitions annuelles, renferme plus de 40,000 volumes, 200 incunables et 170 manuscrits des xiii° et xiv° siècles, ainsi qu'une importante collection de médailles et monnaies. Cet établissement d'études a été organisé en 1801. A l'hôtel de ville, à côté de la bibliothèque sont placées les galeries d'histoire naturelle, ouvertes en 1854. La zoologie, la géologie, la minéralogie y occupent une place dont l'insuffisance se fera bientôt sentir, vu l'accroissement des collections.

Au rez-de-chaussée, le musée occupe quatre salles et se divise en quatre catégories : tableaux de diverses écoles, dessins et gravures, archéologie et sculpture. Sa création date de 1853.

La ville a conservé une partie de ses vieux remparts, ses bastions, les restes imposants de son château-fort, son beffroi communal où revit dans la lanterne, dans la charpente revêtue de plomb, dans les girouettes et les clochetons, la physionomie des monuments de la Flandre. Le cadran montre, à son sommet, un globe qui présente, noir et doré, les phases de la lune. Un assez grand nombre de maisons anciennes subsistent encore ; les plus curieuses sont dans les rues *Charité* et *de Lorraine*. A l'extrémité de cette rue s'élève la Porte Saint-Nicolas, bel arc triomphal construit en 1761 sur les plans de Le Noir, dit le Romain, architecte dijonnais. A quelques pas, se voit la Salle de spectacle, inaugurée en 1863. La chapelle de l'Oratoire, réduction de la basilique Saint-Pierre de Rome, et ornée d'une façade élégante, a cessé d'avoir une destination religieuse. Elle avait été bâtie en 1705.

L'église Saint-Nicolas, au faubourg de ce nom, est un beau morceau d'architecture du xive siècle, plein d'harmonie intérieure et extérieure. Son tympan monolithe et son clocher attirent l'attention.

Au faubourg Saint-Jacques, existe un précieux reste des anciens jours, la Chapelle des Templiers. C'est là que le dernier grand-maître de cet ordre célèbre, Jacques de Molay, fut armé chevalier.

Sur l'une de leurs places publiques, les Beaunois ont érigé, en 1849, une statue en bronze à leur illustre compatriote Gaspard Monge. Cette œuvre d'art est due à François Rude, l'auteur célèbre du *Tombeau de Napoléon*, à Fixin, et qui a lui-même sa statue dans sa ville natale, Dijon.

En 1666, la population de Beaune se réduisait au faible nombre de 1600 âmes ; au siècle dernier, elle avait pris assez d'extension pour s'élever à 9,500 ; aujourd'hui, la garnison comprise (1), elle atteint le chiffre de 12,146 habitants, répartis dans la ville *intra muros*, dans huit faubourgs et deux hameaux.

La délimitation entre Beaune et ses faubourgs est formée par de larges fossés. Là vient se déverser une certaine quantité des eaux de la rivière *Bouzaise* ou *Bourgeoise* qui prend sa source au pied de la montagne, et traverse la ville sous une voûte construite depuis quelques années. Dans les fossés s'écoule aussi une partie des eaux de l'*Aigue*, celle qui ne sert pas à l'alimentation des fontaines publiques. De même que pour

---

(1) C'est le 16e régiment de chasseurs à cheval. La caserne est située *extra muros*, dans le voisinage de la rue dite *de Vignolles*.

la Bouzaise, c'est au pied de la côte que sort la source de ce ruisseau. Dans un enclos, appelé l'*Ile de l'Aigue*, se trouve l'ancien Prieuré de Saint-Martin, fondé, dit-on, au viie siècle, par saint Colomban, sur les ruines d'un oratoire païen. De cette fondation, il reste une chapelle plus jeune de quelques centaines d'années (1), et qui vient d'être restaurée avec goût, grâce au zèle éclairé de son nouveau propriétaire. En cet endroit, on a découvert des objets d'antiquités d'un caractère gallo-romain et mérovingien.

Non loin de la source de la Bouzaise sont les bâtiments occupés par l'*Ecole pratique d'agriculture et de viticulture ;* création qui date de 1883.

La grande route de Paris à Lyon, avec ses embranchements déjà indiqués dans plusieurs des précédentes notices, contourne la ville. C'était la route de poste de Chalon à Dijon.

La station du P.-L.-M. a une très grande importance. Le trafic de la petite vitesse y est d'autant plus considérable que tous les vins, provenant des villages de la côte, de la plaine et de l'arrière-côte, y ont leur point d'embarquement.

De Beaune part encore le tramway à vapeur qui se dirige sur Arnay-le-Duc, en franchissant une distance de 42 kilomètres. De nombreuses voitures publiques desservent encore les localités voisines.

Dans le quartier du Palais de justice, un bureau des postes et télégraphes fonctionne avec une extrême activité.

La circonscription dont Beaune, l'un des chefs-lieux d'arrondissement de la Côte-d'Or, est le centre administratif, se compose de dix cantons, avec une population totale de 115,926 habitants.

On compte 38 kilomètres de Beaune à Dijon. Enfin, la latitude y est de 47° 1′ 25″ et la longitude de 2° 31′ 0″.

Passons maintenant à l'examen du sol du vignoble, en ce qui se rapporte à sa constitution géologique.

Les alluvions anciennes, venant de la plaine, s'arrêtent au pied même de la Côte. A partir de 226 à 230 mètres, apparais-

---

(1) V. E. Quantin, *L'abbaye de Saint-Martin de l'Aigue*, Beaune, 1891

sent la Grande Oolithe et le Forest-Mable. Les grands crûs se trouvent donc en partie dans cette formation au-dessus de laquelle commence, vers 255 à 260 mètres, le Cornsbrah.

Les marnes oxfordiennes qui, du côté du village de Pommard, occupent une grande surface finissent en pointe vers le milieu du climat de Beaune.

Les deux cimes de la Côte, le *Mont Battois* (1) et le *Mont de Ronde* (2), le premier de l'altitude de 402 et le second de celle de 408 mètres à leur sommet, appartiennent à l'étage Corallien.

En définitive, c'est l'étage Oolithique inférieur qui domine dans cette partie du Beaunois.

Observation est faite qu'autour de la Bouzaise et sur les bords de l'Aigue deux cours d'eau prenant, comme nous l'avons dit plus haut, leur source à la base de la Côte, s'étend une bande d'alluvions modernes.

L'étude de l'emplacement géologique des climats a pour objet la classification qui va suivre, en remarquant que chaque formation est séparée de la voisine par des lignes à peu près parallèles :

Dans les alluvions anciennes, nous placerons les cuvées que produisent les terrains entourant la ville et allant jusqu'à la ligne du chemin de fer.

Dans les marnes oxfordiennes : une portion des *Boucherottes*, du *Clos des Mouches*, la majeure partie des *Aigrots*, les *Avaux*, l'*Orme*, les *Marconnets*, quelques parcelles des *Sans Vignes* (3), des *Bressandes*, et des *Toussaints*, et un faible espace des *Grèves* et des *Theurons*.

Dans le Cornsbrah : le climat des *Tuvilains*, le dessous des *Chouacheux* et des *Avaux*, le *Clos de la Mousse* et les *Reversées*, puis la plus grande partie des *Mariages*, des *Chilènes*, du *Clos du Roi* et des *Peuillets*.

Dans le Forest-Mable et la Grande Oolithe : les *Vérottes*, les *Sceaux* et toute la partie inférieure des *Tuvilains*, des *Reversées*, des *Theurons*, du *Clos du Roi* et des *Belissans*, ainsi que

---

(1-2) *Mons Betosus* et *Mons Rotundus* dans des titres des XIIIe et XIVe siècles.
(3) *Sine vinx* au XIIIe siècle.

la *Creusotte* et une portion du faubourg de Bouze et de celui de Saint-Martin.

Enfin, dans la partie supérieure de la Côte, appartiennent au Corallien tous les climats dont un certain espace se trouve déjà dans les marnes oxfordiennes, tels que *Aux Coucherias*, les *Grèves*, l'*Orme*, etc., ainsi que *Lulune*, *En Renard*, la *Montée Rouge*, la *Chaume Gaufriot*.

Cette suite de constatations suffit pour démontrer en toute évidence qu'il doit exister une grande différence dans la nature des terrains, eu égard à la formation géologique où est placé chaque climat. Il devient donc nécessaire de dire un mot de l'agrologie de la côte de Beaune.

Donnons d'abord les analyses des calcaires venant des *Marconnets* et du *Clos des Mouches*, et qui ont été indiquées par M. de Vergnette-Lamotte, lors du Congrès des vignerons :

Dans ces roches, le carbonate de chaux varie entre 77 et 96 pour cent du poids total, avec des traces de carbonate de fer, le reste étant formé de matières argileuses et d'humidité.

Au-dessus de ces assises, gît une terre végétale d'épaisseur assez variable, et qui apparaît colorée diversement par les oxydes de fer et les matières organiques.

Dans le travail offert au Comité central d'étude et de vigilance (1), voici la caractéristique des climats appartenant aux diverses formations géologiques dont nous avons parlé :

Les *Prévolles*. — Sol argilo-siliceux, brun, de 0,60 d'épaisseur avec sous-sol argilo-ferrugineux brun jaunâtre.

Les *Chouacheux*. — Même nature de sol, plus graveleux, renfermant des cailloux brun-noirâtre, d'une épaisseur de 0,50 ; sous-sol très-compacte, caillouteux ;

Les *Bélissans*. — Sol argilo-calcaire, grisâtre, humide, de 0,35 d'épaisseur ; sous-sol formé d'un calcaire fin.

A la *Mignotte*. — Sol et sous-sol de même nature, mais secs et assez graveleux.

---

(1) *Etude des terrains de la Côte-d'Or*, Notes recueillies par M. Margottet, doyen de la Faculté des sciences, et M. Collot, professeur de géologie à la même Faculté.

Dans les *Cras*, le sol redevient silico-calcaire, brun rougeâtre.

Dans les *Champs-Pimonts*, le sol est argilo-calcaire, avec roches calcaires plus ou moins dures, mais suivant que l'on se trouve dans la partie haute ou basse, le sol a une profondeur de 0,45, ou de 0,50 ; il est donc meilleur dans cette seconde partie.

Dans les *Hauts Theurons*, même nature de sol, d'une épaisseur variant de 35 à 40 centimètres, plus ou moins brun rougeâtre, avec sous-sol formé de gravier calcaire.

En l'*Ecu*, se présente à peu près la même nature de sol, mais de moindre épaisseur.

Aux *Pierres Blanches* le terrain est encore argilo-calcaire, graveleux, rouge et sec, de 0,40 d'épaisseur, avec sous-sol formé de roches dures superposées à des marnes blanches.

Aux *Bressandes*, le sol a une épaisseur de 0,60, ainsi qu'aux *Sans Vignes*, mais ici la silice reparaît à la place de l'argile.

Enfin dans la partie moyenne des *Marconnets*, le sol de même nature offre à peu près la même composition, mais le sous-sol est formé de gros graviers mélangés à la terre.

Nous n'avons donné ici, bien entendu, qu'un aperçu sommaire de cet intéressant travail, aperçu qui néanmoins suffira pour qu'on ait une idée de la moyenne générale des climats.

D'autre part, l'analyse des sols de la commune fait connaître que leur fertilité diffère peu de celle des autres climats de la Côte.

M. Margottet leur assigne la composition suivante :

	École de Viticulture		Boucherottes		Aux Avaux		Bas des Theurons	
	Sol	S.-sol à 0.70	Sol	S.-sol	Sol	S.-sol	Sol	S.-sol
Terre fine . . .	64.18	21.77	66.31	69.69	85.52	69.40	57.17	52.28
Gravier. . . .	35.87	62.58	15.55	22.12	14.48	6.12	22.72	11.33
Cailloux. . . .	0.	15.65	18.14	8.19	0.	24.48	20.01	36.39
Analyse physico-chimique de la terre fine.								
Sable siliceux. .	44.40	52.14	44.98	40.91	44.84	46.14	48.55	63.74
Argile	19.05	6.77	35.31	31.46	45.80	45.54	38.86	23.37
Chaux	17.14	21.95	10.	10.87	1.42	0.85	1.99	3.83

	Grèves (Enfant-Jésus)		Clos de la Mousse		Dessus des Grèves		Cras	
	Sol	S.-sol	Sol	S.-sol	Sol	S.-sol	Sol	S.-sol
Terre fine. . .	44.15	25.66	51.42	55.10	42.18	45.87	71.27	67.30
Gravier. . . .	47.78	21.11	27.61	26.53	29.68	54.13	19.91	32.70
Cailloux . . .	7.97	53.23	20.97	18.37	28.14	0.	8.82	0.

Analyse physico-chimique de la terre fine.

	Sol	S.-sol	Sol	S.-sol	Sol	S.-sol	Sol	S.-sol
Sable siliceux. .	61.53	40.96	38.80	14.18	53.03	54.45	43.67	26.50
Argile	13.48	29.91	21.63	19.62	12.	11.97	13.96	17.95
Chaux	10.54	13.46	17.73	31.76	16.11	18.29	20.67	28.46

	Bressandes		Marconnets		En Genets		Les Cent Vignes [1]	
	Sol	S.-sol à 0.80	Sol	S.-sol à 0.50	Sol	S.-sol à 0.40	Sol	S.-sol à 0.50
Terre fine. . .	68.01	46.80	59.11	36.79	63.24	46.66	61.97	25.42
Gravier. . . .	31.99	53.20	40.89	22.90	22.86	53.34	38.03	66.10
Cailloux . . .	0.	0.	0.	40.31	13.90	0.	0.	8.48

Analyse physico-chimique de la terre fine.

	Sol	S.-sol	Sol	S.-sol	Sol	S.-sol	Sol	S.-sol
Sable siliceux. .	39.70	38.17	39.32	37.84	46.58	33.88	44.83	42.53
Argile	23.59	27.79	34.50	34.26	37.53	38.05	27.68	18.
Chaux	17.87	16.89	10.57	12.49	5.67	12.66	21.02	20.61

Au moyen de ces analyses, il est facile de contrôler, au point de vue pratique, l'examen des sols.

Nous avons eu occasion de rechercher quel était le *quantum* d'éléments fertilisants, renfermés dans plusieurs des terres dont il a déjà été question plus haut ; voici les résultats obtenus :

ÉCOLE DE VITICULTURE — CLOS DE L'ÉCOLE

	Sol du jardin.	Sol du bas.	Sous-Sol.
Azote.	1.764	1.604	0.328
Potasse	2.655	1.56	0.800
Acide phosphorique. .	0.723	0.47	0.262

Il était évident qu'un tel terrain, à raison de son orientation

[1] Ou Sans Vignes.

si favorable, devait produire des vins hors ligne. Il n'y a donc pas lieu de s'étonner de la renommée qui s'attacha toujours à eux.

Cette renommée, disons-nous, les vins fameux, récoltés dans les divers climats de Beaune, la soutenaient de vieille date. A ce sujet l'histoire n'a pas gardé le silence, faute de documents.

Sous Philippe-Auguste, le poète Guillaume Breton louait en ces termes le vins de Beaune :

> Frugifero jucunda solo nihilhominus illi (duci Burgundiæ)
> Cum multis suberat aliis vinosa Bealna
> Indicens cerebris vino fera bella rubenti.

En 1328, la ville de Reims consomma trois cents pièces de vin au sacre de Philippe de Valois ; la plus grande partie était de Beaune et coûtait, tous frais faits, 56 livres la queue.

On lit dans Courtépée que les bourgeois de Bayeux présentèrent, en 1377, au connétable du Guesclin une pipe de vin de Beaune, du prix de 26 livres. Ce vin passait pour le meilleur, le premier de l'Europe.

Erasme, dans ses *Lettres*, célèbre les vins de nos climats, auxquels il attribuait la guérison des maladies d'estomac. Il voulait même s'établir en France, « non pour y commander les armées mais pour y boire du vin de Beaune ». Son lyrisme va jusqu'à lui faire dire : « O heureuse Bourgogne qui mérite d'être appelée la mère des hommes, parce que ses mamelles contiennent un si bon lait ! »

On sait également que Louis XIV, à la suite d'une grave maladie arrivée en 1680, but, pendant la longue convalescence qui suivit, des vins de Bourgogne provenant des meilleurs climats de Beaune et de Romanée, lesquels lui avaient été ordonnés par son médecin Fagon, de préférence à ceux de la Champagne que l'on conseillait alors.

« Décision heureuse, écrit Courtépée, qui doubla le prix de nos vins et qui excita une petite guerre au Parnasse entre Charles Coffin, poète champenois et Bénigne Grenan, poète bourguignon, et une dispute entre Hugues de Salins, médecin à Beaune, et Lepescheur, son confrère de Reims. »

Vinum Belnense esse postum suavissimum, sic et saluberrimum (le vin de Beaune est certainement le vin le plus agréable et le plus salutaire) soit à cause du sol, de l'aspect du soleil, soit à cause de l'approche du méridien, de trois degrés de plus que Reims ; tel fut le sujet d'une thèse soutenue à la Faculté de médecine de Paris par Arbinet, en 1665, et approuvée par cette Faculté.

Il n'y avait là, du reste, qu'une paraphrase de ce vers de Chasseneuz, écrit au XVIe siècle et bien connu des œnologues :

Vinum Belnense super omnia vina repone (1)

Rappelons encore qu'à Paris le vin de Beaune était connu depuis longtemps. « Voici, écrit Bertall (2), les couplets que l'on chantait alors, au vieux temps, chez les joyeux taverniers et dans les cabarets à la mode :

Si j'avais le gosier large de cinq cents aunes,
Et que la Seine fût de ce bon vin de Beaune
Je m'en irais dessous le pont,
Je m'étendrais tout de mon long,
Et je ferais descendre
La Seine dans mon ventre.

Si le grand roi Henri voulait me le défendre
Et que dessous le pont m'empêchait de m'étendre,
Je lui dirais : Grand roi Henri,
Je vous abandonne Paris,
Paris et Vincenne,
Mais laissez-moi la Seine !

Quelques mots maintenant relatifs aux vignes et aux vendanges :

---

(1) V. *Description du Duché de Bourgogne*, t. II p. 271-272.
(2) Déjà cité.

Grégoire de Tours disait : « Il n'y a pas de liqueur préférable aux vins de nos côteaux ; c'est un noble Falerne, » dont il parlait certainement en connaissance de cause. Il ajoute : « La côte est couverte de vignes, *montes vineis repleti.* » Il écrivait environ vers 570.

Après l'invasion des Bourguignons, la vigne fut de leur part l'objet d'une attention spéciale. En 92, année de disette, Domitien avait fait arracher la moitié de nos vignes et défendu d'en planter à l'avenir. Les auteurs ne sont pas d'accord sur les motifs de cette mesure. Probus, en 282, et Julien, plus tard, permirent aux Gallo-Romains de multiplier librement la vigne. Dans le *Pagus Arebrignus* le directeur des écoles d'Autun sous Constantin, Eumène, assurait que, dans ce temps déjà, les vignes étaient si vieilles qu'on n'en distinguait plus la taille.

Les Bourguignons étant arrivés trouvèrent nos vins délicieux, en favorisèrent la culture et la firent respecter par de sévères prescriptions, édictées par les lois Gombettes, sous les titres *de Vineis, de Vineis plantandis*. Les chartes les plus anciennes font presque toutes mention de vignes achetées ou vendues.

Par la suite, le moment où devait s'effectuer la vendange devint l'objet d'arrêtés spéciaux que, sous le nom de *ban*, les échevins fixaient chaque année.

Tel est le texte de l'un de ces arrêtés :

« Ceux qui ont vigneries dans la ville de Beaune les présenteront aux eschevins, et le maire et les eschevins les recevront s'ils sont à recevoir et iront les voir.

« Quand le fruit des vignes aprochera de cuillir, prudhommes seront esleus qui seront envoiés par les vignes aux vigniers et selon ce qu'ils rapporteront, le maire, les eschevins et les prudhommes ordonneront les bans de venoinges, et doivent ledit maire et les eschevins garder les dits bans par leur serment en telle manière qu'ils ne soient brisés ni enfrains.

« Les vigniers jureront en la main du maire qu'ils ne souffriront hommes ni femmes à venoinger en leur vignerie si ce n'est pour ban rendu et qu'ils ne demanderont raisins ny feront amas de raisins pour eux et pour autres si ce n'est de leurs propres vignes et s'ils estoient trouvés que faisant amas de raisins seroit à la volonté et au jugement du maire et des eschevins et le corps et l'avoir en la mercy du maire et des eschevins.

« En devantiers que le fruit est es champs et es vignes, le maire doibt au moins une fois la semaine visiter les messiers et les vigniers par les champts et par les vignes et doibt en chercher de leurs affaires et s'ils font bien leur office loïaument et les admonester de bien garder... L'on doibt auxdits vigniers une maille de l'ouvrée.

« Quand les maire et eschevins auront establi les bans de venoinges, ils les doivent faire noncer et publier par trois jours devant pour ce que l'on puisse avoir meilleur marché des charettes et des venoingeurs.

« Les justiciers des villes environ Beaune ordonneront les bans de venoinges par le conseil du mayeur et des eschevins de Beaune que doibvent prendre des habitants de Beaune rien que raison de ban, lors tant seulement de l'ouvrée un denier pour raison de garde et pour ce sont tenus de garder les vignes de tous les habitants de Beaune, et si domage leur estoit fait en raisins, ne en paisseaux, ne en autres choses, le vignier qui auroit retenu la garde le rendroit s'il ne sçavoit dire qui l'auroit fait, et si le maire et les eschevins doivent mettre conseil comme le dommage soit rendu au bourgeois à qui on l'aura fait.

« Quand les fruits des vignes seront cueillis, les vigniers et messiers garderont tout l'an tant que le Saint-Jean les paisseaux, le sarment et toutes les autres choses qui affèrent à garder, et l'office des autres cesse (1). »

Le vignoble de Beaune fut quelquefois atteint par des fléaux calamiteux. Le 16 septembre 1596, nous voyons dans les registres de Notre-Dame que l'on eut recours à l'exorcisation pour chasser les insectes nuisibles.

« Le lundi seizième jour du mois de septembre 1596, assemblée du chapitre de Notre-Dame, auquel le doyen annonce que il avoit eu avertissement de la ville qu'ils désiroient qu'on

---

(1) Extrait des *Coustumes et establissements de la ville de Beaune*, en 1370.

fist procession des trois jours de féries des quatre-temps prochains pour *anathématiser* et *excommunier* les *rattes* et autres vermines mangeans et dégustans les biens de la terre et que, pour cet effet, ils avoient envoyé querre (chercher) à Autun un monitoire (1). »

Au siècle suivant on dut aviser au même moyen pour chasser les *Urebers*, *Escrivains* et « aultres vermines » qui ravageaient les vignes.

Dans une délibération motivée nous lisons, en effet, que le 29 janvier 1644, il fut décidé que l'on irait à Autun demander à l'évêque la permission d'excommunier pour la seconde fois les *rattes* et autres insectes qui dévastaient les semences. En voici la teneur :

« Lesdits eschevins voullant laisser à la postérité des actes dignes de maymoire au-dessus de ceux qui ont passé et qui ont paru, sçachant plusieurs plaintes et réclamations faictes par les habitants de ladicte ville et communauté de Pomard, Vollenay, Bligny sous Beaune, Curtil et autres lieux, concernant les grands effrois et appréhention de famines par la perte des biens de la terre que causoient une multitude d'insectes et rattes qui ont fondu sur les bleds, les vignes, les arbres, de telle sorte qu'ils ont une juste appréhention d'une perte de subsistances causée par la colère de Dieu en chastiment des fautes commises par son peuple contre sa divinité, pour raison de quoy lesdits sieurs maire et eschevins vont s'adresser aux sieurs vénérables du chapitre de l'église collégiale de Beaune pour chercher les moyens d'apaiser l'ire de Dieu dans l'appréhention de l'avènement d'un malheur extraordinaire par la promesse de demander de monseigneur d'Autun diocésain, de l'advis et du consentement desdits sieurs maire, eschevins et syndics susdits, la permission de faire une procession qui sortiroit de laditte église les lundy, mardy et mercredy, quinze, seize et dix-sept present mois de feuvrier (2). »

---

(1) Extrait des *Registres du Chapitre de l'église Notre-Dame.*
(2) Archives de Beaune. Registre des délibérations de 1644 à 1645.

Les processions eurent lieu et on doit croire que les habitants ne manquèrent pas d'obéir à l'ordre donné d'y assister.

Déjà nous avons indiqué quels étaient les soins à donner aux vins, et comment ils doivent être conservés alors qu'il sont en fûts ou en tonneaux, nous n'y reviendrons pas.

Dans une ville essentiellement vinicole comme Beaune, il était évident que la corporation des tonneliers devait avoir une grande importance.

Les tonneliers formaient une tribu à part, occupant un quartier qui a porté leur nom jusqu'à ces dernières années que la *Rue des Tonneliers* a changé son nom pour celui de *Rue Armand-Gouffé*. Cette corporation était gouvernée par trois *maîtres-jurés*, qui conféraient le titre de maîtres aux ouvriers ayant subi devant eux leurs examens et fait leurs preuves. Sans diplôme, personne ne pouvait ouvrir boutique et seuls les maîtres doleurs pouvaient vendre avec authenticité.

Chaque pièce, sortie de leurs ateliers, avait un signe distinctif. Pommard, Volnay, Savigny, Meursault, tous les villages des environs, étaient soumis à l'égandillage de Beaune. Chaque tonneau était garni de seize cercles et chaque feuillette de quatorze. Ces cercles étaient soumis, eux-mêmes, à une surveillance minutieuse ; des commissaires-visiteurs, en permanence sur le marché, confisquaient les paquets contenant moins de vingt cercles, et ceux qui offraient des défauts visibles. En foire, les revendeurs ne pouvaient acheter des cercles qu'après dix heures.

On ne permettait pour les tonneaux que l'emploi de trois *doues* ou *douelles vieilles* ; on proscrivait toute feuillette de bois vieux ; pour tous défauts, reconnus dans la confection, le fabricant était amendable et tenu de faire les réparations convenables. La présence de l'*aubain* était un cas d'amende et de confiscation.

Les vins de Beaune ont été l'objet de nombreuses analyses, voici les principales :

(1) V. Rossignol, *Hist. de Beaune*.

M. Delarue indique qu'un vin récolté au *Clos de la Mousse*, en 1842 contenait :

DENSITÉ du vin	ALCOOL en degrés pour cent	TANNIN pour cent	SELS ORGANIQUES	
			bitartrate de fer	de potasse et d'alumine
935	13.96	0millig39	0gr011	0gr344

M. Margottet donne les résultats suivants pour les vins des plants fins de la récolte 1889 :

NOMS DES CLIMATS	Densité à 15 degrés	Alcool en degrés pour cent	Extrait sec en grammes par litre	Sucre en grammes par litre	Sulfate de potasse (plâtre) en gram. par litre	Tartres par litre	Acidité totale en acide sulfurique par litre	Tannin par litre	Fer en milligrammes par litre
Grèves-Cras	994.2	12.8	25.15	1.35	0.22	2.91	3.43	1.5	7.2
Bressandes-Genêt	995.2	13.2	28.75	1.52	0.24	2.98	4.18		
Clos de l'Ecole	995.5	11.0	23.50	1.05	0.24	3.02	3.54		
Avaux	993.5	13.9	24.95	2.18	0.22	2.87	3.56	1.2	
Beaune	994.6	12.0	24.60	1.20	0.22	3.66	3.80	1.3	
Id.	995.8	13.7	31.75	1.98	0.27	4.89	4.62		

D'autre part, un vin ordinaire de la même récolte renfermait :

Clos de l'Ecole	997.4	9.4	23.40	1.40	0.24	2.80	4.62	non dosé

Enfin, nous avons eu plusieurs fois l'occasion d'analyser des vins provenant de nos grands crûs ; voici la composition de quelques-uns d'entre eux :

ANNÉES	CUVÉES	Densité à 15 degrés	Alcool en degrés pour cent	Extrait sec en grammes par litre	Sucre en gram. par litre	Sulfate de potasse (plâtre) par litre	Tartres par litre	Acidité totale en SO³ HO par litre	Tannin par litre	Glycérine par litre
1890	Première cuvée.	994	13.10	26.16	2.00	0.302	2.51	3.86	0.60	3.10
1890	Id. id.	998	13.20	30.00	2.50	0.104	3.42	5.86	0.50	3.04
1890	Deuxième cuvée.	996	12.60	23.15	2.03	0.224	3.93	4.00	0.48	3.80
1889	Passe-tout-gr...	995	13.25	28.00	3.25	0.119	3.79	5.509	0.58	6.02
1889	Gamays.....	996	10.7	20.80	2.02	0.24	3.42	5.48	0.80	5.6

Nous pourrions reproduire nombre de ces résultats d'analyses qui démontrent que nos bonnes cuvées ont un degré alcoolique compris en général entre 13 et 14 degrés, et renferment tous les principes constitutifs des grands crûs. Seule, leur richesse en tannin est un peu au-dessous de la moyenne des vins récoltés dans d'autres régions, mais cette petite différence est inhérente à nos climats et leur assure une plus grande finesse.

Ajoutons que, du reste, la vinosité de nos vins varie peu ; déjà en 1866 M. de Vergnette-Lamotte écrivait : « La richesse alcoolique des plus grands vins de Bourgogne est limitée entre 12,50 et 13,50 pour les vins rouges, et entre 13 et 15 pour les vins blancs. »

Ce fut à la fin du règne de Louis XIV que le prix des vins s'éleva tout à coup.

De 1592 à 1691, malgré la modification apportée par la découverte de l'Amérique, le prix moyen de la queue de vin flottait entre 45 et 65 livres ; en 1696 il monta à 400 ; en 1720, la queue se vendit 450 livres ; en 1726, 530 ; en 1734, 550. C'est le maximum atteint depuis le commencement du XVIIIe siècle.

Quatre-vingt-dix pièces des vins de Beaune, de Pommard, et de Volnay parurent, en 1722, au sacre de Louis XV ; ces échantillons contribuèrent grandement à leur réputation (1).

Dans la suite le Dr Morelot a écrit que, d'après une ancienne

---

(1) Rossignol, *ouv. cit.*

coutume, lorsque l'on fait le prix des vins, tous les ans, à l'hospice de Beaune, les vins de cette Côte sont estimés valoir 10 fr. de moins que ceux de Pommard par queue, ces derniers étant eux-mêmes côtés 10 fr. de moins que ceux de Volnay.

Les prix de vente des vins des hospices ayant une grande importance, nous avons cru devoir faire quelques recherches à ce sujet. Jusqu'en 1864, ils furent vendus à l'amiable, et souvent les prix en furent peu élevés puisqu'en 1849 ils se vendaient 100 fr. la pièce; à partir du moment où les ventes aux enchères furent publiques, ils prirent une valeur bien plus considérable, ainsi que le prouve la statistique décennale qui suit :

ANNÉES

1880	(1) Roy et Moreau. 1,120	Coulnot et Perreau. 1,210 1,220	Chicotot-Gauthey. Trapet. 1,180 1,160			
1881	Perreau. 2,825	Gauthey-Coulnot. 2,950	Coulnot-Mathieu. 3,050	Trapet. 1,775	Chicotot (J.) 2,900	Moreau-Podechard 1,700
1882	— Les vins ne se vendirent pas ; néanmoins la cuvée Coulnot-Mathieu vendue en deux lots 820 et 800 francs.					
1883	Perrot-Coulnot. 930	1,200	1,240	1,100	1,240	Moreau 1,240
1884	»	Gauthey et Trapet. 1,000	Coulnot (M.) et Perreau. 1,300		Chicotot (J.) et Moreau. 1,000	
1885	1,800	Gauthey-Coulnot. 1,260	Trapet. 1,050	Chicotot (J.) 1,870		Moreau 1,340
1886	Perreau-Coulnot. 1,700	Gauthey-Coulnot. 1,350	Coulnot (M.) 1,950	Trapet et Chicotot. 2,100		Moreau 1,500
1887	Perreau. 1,030	Trapet. 850	Gauthey. 850	Trapet-Marey. 1,100	Coulnot (M.) 1,120	Chicotot (J.) 1,150	Moreau-Podechard 840
1888	Perreau. 880	Trapet-Bard. 750	Gauthey. 860	Trapet-Marey. 880	850	Moreau 880
1889	Perreau. 1,370	Trapet-Bard. 1,270	Gauthey-Coulnot. 1,550	Monneau-Chicotot. 1,920		Moreau et Trapet. 1,550

(1) Les noms indiqués sont ceux des Vignerons obtenteurs des cuvées.

1890	Perreau. 1520	Trapet-Bard. 1,460	Gauthey-Coulnot. 1,470	Trapet-Marey. 1,540	Monnot-Chicotot. 1,540	Moreau et Latour. (Beaune et Meursault). 1,140
1891	Perreau. 2,400		Gauthey-Coulnot. 2,600		Monneau-Chicotot. 2,400	Moreau-Trapet, Bard et Trapet-Marey. 2,470

Tous ces vins étant vendus à la queue, soit 456 litres.

D'après les prix indiqués ci-dessus, les vins récoltés dans nos bons climats vont toujours en augmentant en valeur.

Dans la réunion des principaux propriétaires et négociants qui a lieu chaque année à l'issue de cette vente, voici les prix indiqués à la pièce ou 228 litres :

	Années 1889	Années 1890	Années 1891
Beaune. . . .	580 fr.	580 fr.	600 fr.

D'après ce que nous avons écrit en faisant l'historique des vins de Beaune on voit que, depuis fort longtemps, les fins gourmets ont su contribuer à leur renommée. Béguillet, au siècle dernier, disait que « le *Beaune* est de tous les produits de la côte le vin le plus agréable à boire, le plus franc et le plus coloré. »

Enfin le Dr Morelot a porté ce jugement sur nos vins :

« En partant du territoire de Pommard, écrit-il, on trouve, d'abord le *Clos de la Mousse* dont le vin a une finesse et un agrément qui lui sont propres. Ensuite viennent les *Theurons*, au-dessus sont placés les *Cras*, plus loin sont les *Grèves*, dont le vin est si parfait, à une petite distance sont les *Fèves*, les *Perrières*, les *Sansvignes*, qui végètent sur le sol où fut jadis un village, le *Clos du Roi*, les *Marconnets*, tous climats de prédilection, qui donnent des vins exquis.

« Les vins de cette côte, quand ils proviennent des cantons dont je viens de parler, peuvent aller de pair avec les meilleurs vins de la Côte-d'Or. Ils sont fermes, francs, colorés, pleins de feu et de bouquet, ils sont moelleux et ont le précieux avantage de se garder longtemps. »

Il n'y a rien à ajouter à cette appréciation, qui est toujours l'expression de la vérité.

A Beaune, on peut évaluer à environ 70 hectares le vignoble en tête de cuvée; 180 à 190 hectares sont en première cuvée, 110 hectares sont en seconde, et le reste en troisième et quatrième cuvées.

La surface totale du vignoble est de plus de 1,100 hectares dont 500 à 550 sont cultivés en plants fins.

Cour et Caves du Chapitre (Magasins et Bureaux).
Siège social de la Maison A. et L. Beaudet frères, à Beaune (1).

(1) Ces magnifiques caves, situées dans l'un des plus anciens quartiers de la ville, sont connues sous la désignation de *Caves du Chapitre* pour avoir appartenu aux chanoines de l'Insigne collégiale N. D. de Beaune ; elles ne manquent jamais d'attirer l'attention des visiteurs et en particulier des archéologues et des artistes. L'Établissement des *Caves du Chapitre* remonte aux XIIIe et XIVe siècles. Elles peuvent contenir aisément 1200 pièces de vin. Vendues nationalement en 1791, elles sont occupées maintenant par MM. A. et L. Beaudet frères, dont nous donnons ci-après le détail des propriétés.

Commune de **Vougeot** : *Au Clos de Vougeot, hors ligne.*

— — **Volnay** : *En Champans, — Mitans, — Champfuillot, — Robardelle, — Clos des Chênes, — Clos sur Roche* (spécial mousseux).

— — **Pommard** : *Au Clos Micaud.*

— — **Beaune** : *Aux Cras, — Champimonts, — Clos du Roi, — Clos des Châlets a u . — rots, — Theurons.*

NOMENCLATURE

DES PRINCIPAUX CLIMATS ET LIEUX-DITS

Champs-Pimonts (les). — D. L., tête de cuvée; C. A. B., première classe.

PRINCIPAUX PROPRIÉTAIRES

MM. A. Beaudet, de la maison A. et L. Beaudet frères, de Beaune.
Les héritiers Billardet.
Bouchard (Antonin), de la maison Bouchard père et fils, à Beaune.
Chanson-Pichard.
Paul Chanson.
Darviot-Albertier.
Develle-Dupont.
Pierre Dubois.

MM. Duvault-Blochet.
Les hospices civils de Beaune.
La Charité.
de Juigné.
Antoine Ligeret.
Ernest Marey.
L. A. Montoy.
R. de Poligny.
Jules Senard.
Gustave Theuriet.
La ville de Beaune.

Cras ou Crais (Aux). — D. L., tête de cuvée; C. A. B., première classe.

PRINCIPAUX PROPRIÉTAIRES

MM. A. et L. Beaudet frères.
Antonin Bouchard, de la maison Bouchard père et fils.
Duvault-Blochet.
L. A. Montoy.

MM. Paul Patriarche.
Perdrier-Arvier.
Perrin de Saux.
R. de Poligny.
Victor Raquet.
La ville de Beaune.

BEAUNE

Fèves (les). — D. L., tête de cuvée; C. A. B., première classe.

PRINCIPAUX PROPRIÉTAIRES

MM. Antonin Bouchard, de la maison Bouchard, père et fils.
Chanson père et fils.
Henri Darviot.

MM. Louis Lagarde.
R. de Peligny.
Victor Verneau.
Les hospices civils de Beaune.

Grèves (les). — D. L., tête de cuvée; C. A. B., première et deuxième classes.

PRINCIPAUX PROPRIÉTAIRES

MM. Abel Bachey.
de Benoist-Bachey.
Bert-Veuillet.
Adolphe Bouchard, de la maison Bouchard aîné et fils, à Beaune.
Antonin Bouchard, de la maison Bouchard père et fils, à Beaune.
Le bureau de bienfaisance d'Allerey.
Champy.
Chanson père et fils.
Clerget-Rousselin.
Darviot-Albertier.
Henri Darviot.
Jules Duban.
Duban-Laligant.
Duvault-Blochet.
Adolphe Fougère.
Hippolyte Gibassier.
Edouard Girardot.

MM. Gillotte-Lamidey.
Guichard-Potheret et fils.
Philippe Lacaille.
Antome Ligeret.
Maire et fils.
Mallet-Guy.
Adolphe Masson.
Adolphe Molin.
Mignotte-Picard et Cie.
Misserey-Moreau.
Marey-Monge.
L. A. Montoy.
Charles Parizot.
Perrin de Saux.
Pierre Ponnelle.
Simonet-Garnier.
Gustave Theuriet.
Thévenin-Guyot.
Victor Verneau.
Vieilhomme.
La ville de Beaune.

Une portion de ce climat : *Les Grèves de l'Enfant Jésus* que l'on doit placer en première ligne (Lavalle), appartient à M. Antonin Bouchard, de la maison Bouchard père et fils, à Beaune.

M. AUGUSTE BILLEREY, à Beaune

MAISON FONDÉE EN 1859

Domaine de M. A. Billerey, à Puligny-Montrachet.

Clos de la Pucelle,
En Cailleret, } Vins rouges, 1re classe.

Chevaliers-Montrachet,
Batards-Montrachet, } Vins blancs 1re classe, 1re ligne.

Nous avons mentionné dans les pages précédentes la haute réputation du territoire de Puligny-Montrachet qui possède, de l'avis de tous les gourmets, les plus grands vins blancs de l'Univers.

M. A. Billerey possède aussi à Bouzeron, entre Chassagne et Rully, les principaux et anciens clos de vignes ayant appartenu aux moines de Cîteaux parmi lesquels citons :

Les Rabeutelots,

Les Pièces des Fortunes,

La Pièce des Clous.

Ces vins ont un goût distingué qui les rapproche des Meursault.

Enfin **M. A. Billerey** possède des vignobles dans les meilleurs coteaux de Saint-Romain, pays qui produit les vins les plus réputés de cette région.

(Voir RENDU, auteur du célèbre ouvrage, *l'Ampélographie Française*).

M. AUGUSTE BILLEREY, à Beaune

MAISON FONDÉE EN 1859

(Suite)

M. A. Billerey, propriétaire à Saint-Romain (ancien château des ducs de Bourgogne), possède plusieurs clos des mieux situés en ces vignobles qui déjà jouissaient, à la cour des Ducs de Bourgogne à Paris, d'une bonne réputation ; les vins de Saint-Romain y étaient ordinairement consommés.

Saint-Romain est distant de 13 kilomètres de Nolay, son chef-lieu de canton, de 12 de Beaune, son chef-lieu d'arrondissement, et de 50 de Dijon.

Le château, démoli de temps immémorial, laisse voir encore quelques vestiges.

Il occupait le point culminant du rocher qui domine la vallée, et renfermait dans son enceinte la chapelle des comtes, devenue l'église paroissiale, l'une des plus intéressantes de l'arrondissement.

En 1308, la terre de Saint-Romain entra dans le domaine ducal par la cession qu'en firent ses premiers possesseurs, les comtes de Chalon. En 1462, Philippe le Bon la donna au sénéchal de Bourgogne Philippe-Pot, avec droit de réachat, pour 2000 écus d'or. Depuis cette époque, cette seigneurie est restée attachée, jusqu'à la Révolution, à la terre de la Rochepot.

Dans le courant du XIVe siècle, les ducs de Bourgogne avaient, dans leur castel, un approvisionnement considérable de vins, à raison de l'abord difficile de cette maison-forte, moins exposée que celles de Pommard et de Volnay aux pillages des routiers. C'étaient de là que partaient la plupart des vins destinés à leur hôtel, à Paris.

Courtépée dit au sujet de Saint-Romain : « Pays vignoble dont les meilleurs climats sont *Sous-le-Château* et *Poliange*. »

M. A. Billerey y possède plusieurs pièces et clos des mieux situés.

Aigrots (les). — D. L., première cuvée; C. A. B., première classe.

PRINCIPAUX PROPRIÉTAIRES

MM. Abel Bachey.
A. et L. Beaudet frères.
Les héritiers Billardet.
Jean-Baptiste Brugnot.
Adolphe Bouchard.
Antonin Bouchard.
Chanson père et fils.
François Chambion.
Champy.
Louis Chevignard.
Darviot-Albertier.
Jean-Louis Darviot.
Demoisy-Aubry.
Pierre Dubois.
Duvault-Blochet.

MM. Edouard-Girardot.
Fougères.
Girard-Midonnet.
Hospice de la Charité.
Augustin Jacquet.
Jantet-Billard.
de Juigné.
Ernest Marey.
Michelot-Michelot.
Mignotte-Picard et Cie.
L. A. Montoy.
Moreau-Raquet.
Jules Senard.
La ville de Beaune.

Avots ou **Avaux** (les). — D. L., première cuvée; C. A. B., première et deuxième classes.

PRINCIPAUX PROPRIÉTAIRES

MM. Bert-Veuillet.
Les héritiers Billardet.
Antonin Bouchard.
Bureau de bienfaisance de Beaune.
Antoine Chalon.
Jules Champonnois.
Chanson père et fils.
Champy.
Louis Chevignard.
Clerget-Rousselin.
Demoisy-Aubry.
Duvault-Blochet.
François Galette.
Gauthier-Champy.

MM. Gillotte-Lamidey.
Gustave Guelaud.
Les Hospices civils de Beaune.
Les Hosp. de la Charité.
Maurice Huvelin.
Adolphe Molin.
L.-A. Montoy.
Claude Ozanon.
Victor Paufard.
Gustave Paulin.
Pierre Ponnelle.
Rouget-Perret.
Voillot-Capel.

**Domaine de Messieurs Bonnet frères,
propriétaires à Beaune (Côte-d'Or).**

Maison fondée en 1867

Médaille de Vermeil Grand module 1886.

Médaille d'Argent à l'Exposition Universelle Paris 1889.

Monopole de la récolte des Santenots rouge des Hospices de Beaune.

**Résidence de la famille Bouchard (Branche aînée),
rues St-Martin et Ste-Marguerite, à Beaune (1).**

---

(1) Cette famille, qui a commencé à s'occuper du commerce des vins en 1750, compte sept générations du même nom, s'étant occupées traditionnellement de tout ce qui se rattache à la viticulture et aux vins en Bourgogne.

Ce fait est assez rare dans les annales du haut commerce de notre pays pour que nous croyions devoir le consigner ici en donnant l'ordre de succession de ses divers membres.

MICHEL BOUCHARD, né en 1681, décédé le 7 avril 1755.
JOSEPH BOUCHARD, fils de Michel Bouchard, né le 27 novembre 1720, décédé le 14 mai 1804 (fut le premier président lors de la création du tribunal de commerce de Beaune).
ANTOINE BOUCHARD, fils de Joseph Bouchard, né le 3 avril 1759, décédé le 27 janvier 1860; Président du tribunal de commerce et Administrateur des hospices de Beaune.
THÉODORE BOUCHARD, fils de Antoine Bouchard, né le 6 juillet 1783, décédé le 4 mai 1848; Juge au Tribunal de commerce de Beaune.
PAUL BOUCHARD, fils de Théodore Bouchard, né le 23 juillet 1814, actuellement maire de Beaune, conseiller général du département de la Côte-d'Or, administrateur des hospices de Beaune, chevalier de la Légion d'honneur.

La Maison est actuellement dirigée par Messieurs :

SERVAIS BOUCHARD, né le 8 décembre 1835,
ERNEST BOUCHARD, né le 17 mars 1845,   } Fils de Paul Bouchard.
ADOLPHE BOUCHARD, né le 6 juillet 1847,
CHARLES BOUCHARD, fils de Servais Bouchard, né le 11 février 1866.

Bureaux, Caves et Magasins
Siège Social de la Maison Bouchard aîné et Fils
rues Ste-Marguerite et du Collège, à Beaune.(1).

---

(1) Succursale à Londres, 108, Fenchurch street.
— à Paris, 26, rue de la Côte-d'Or.

Par ses nombreuses propriétés dans les divers crûs du pays, la Maison Bouchard aîné et Fils justifie pleinement le titre de propriétaire ajouté à son caractère commercial.

Domaine de **Beaune** :

> *Les Grèves* (tête de cuvée), — *Aigrots*, — *Clos du Roi*, — *Marconnets*, — *Theurons*, — *Blanches Fleurs*.

(Propriété de M. Adolphe Bouchard)

Domaine de **Bligny-sous-Beaune**, près Pommard :

(Propriété de M. Ernest Bouchard. *Voir Notice d'autre part*)

Château de la Chaume, près Nuits (ancien domaine Marey-Monge).

(Propriété de la Maison Bouchard aîné et fils. *Voir Notice d'autre part*)

Château et Clos de la Tour (Mâconnais).

(Propriété de M. Servais Bouchard. *Voir Notice d'autre part*)

Domaine de Bligny-sous-Beaune, près Pommard (Clos, Cuverie, Cellier).

Domaine de la Tour (Clos et Château) à Sennecey-le-Grand.

Propriété de M. Servais Bouchard, de la Maison Bouchard aîné et fils, à Beaune (Côte-d'Or).

Beaux Fougets (les). — C. A. B., première et deuxième classes.

PRINCIPAUX PROPRIÉTAIRES

MM. Billard-Michelot.
Antonin Bouchard.
Le bureau de bienfaisance de Beaune.
Le bureau de bienfaisance d'Allerey.
Antoine Chalon.
Chevignard-Morelot.
Develle-Dupont.
Adolphe Fougère.

MM. Jacques Gras.
Jamon-Parigaut.
Gauthey-Arnoux.
Guyot-Bidault.
Guyot-Bizot.
Hospices civils de Beaune.
Augustin Jacquet.
Sébastien Jamon.
Mignotte-Picard et Cie.
Claude Trapet.

Blanches Fleurs (les). — D. L., première cuvée; C. A. B., première, deuxième et troisième classes.

PRINCIPAUX PROPRIÉTAIRES

MM. Charles Arnoux.
Battault-Bouillot.
de Benoist.
Adolphe Bouchard.
Claude Carementran.
Picard Carementran.
Champy.
Chanson père et fils.
Chaussier-Champy.
Gagey-Arnoux.
Gauthier-Champy.
Guyard-Manière.

MM. Henriot-Madon.
Hudelot-Pillion.
Les hospices de la Charité.
Antoine Ligeret.
Adolphe Masson.
Moyne-Jacqueminot.
L. A. Montoy.
Nodot-Galette.
Noirot-Perreau.
Richard-Marchand.
Trapet-Manière.
Victor Verneau.

Boucherottes (les). — D. L., première cuvée; C. A. B., première et deuxième classes.

PRINCIPAUX PROPRIÉTAIRES

MM. les héritiers Billardet.
Antonin Bouchard.
Auguste Broichot.
Antoine Chalon.
Louis Chevignard.
Duvault-Blochet.
Gustave Guelaud.

MM. Lochardet-Deschamps.
Maire et fils.
Henri Morelot.
R. de Poligny.
Jules Senard.
Victor Verneaux.
La Ville de Beaune.

Bressandes (les). — C. A. B., première classe.

PRINCIPAUX PROPRIÉTAIRES

MM. Antonin Bouchard.
Chanson père et fils.
Clerget-Rousselin.
Demoisy-Aubry.
Duvault-Blochet.
Jean-Baptiste-Gardinet.
Gautron-Arligny.
Célestin Georges.
Gillotte-Lamidey.
Gillotin-Dufour.
Les Hosp. civ. de Beaune.
Les Hospices de la Charité.
Denis Léger.
Limonet-Domino.

MM. Alexis Maldant.
Adolphe Masson.
Eugène Moigeon.
Adolphe Molin.
Moyne-Jacqueminot.
Nerat Constance.
Victor Paufard.
Perny-Grapin.
Pignolet-Sordet.
Royé Labaume et Cie.
Claude Trapet.
Gustave Theuriet.
Victor Vernot.
La Ville de Beaune.

Chaume Gaufriot (la). — *Vins blancs* : C. A. B., première, deuxième et troisième classes.

PRINCIPAUX PROPRIÉTAIRES

MM. Amoignon-Rouget.
Philibert André.
Stéphen Artault.
Bizot-Lognon.
Antonin Bouchard.
Bouillot-Desfrères.
Brivot-Garlot.
Broichot-Gros.
Brugnot-Vollot.
Louis Chevillard.
Coste d'Azincourt.
Jean-Baptiste Daubourg.
Nicolas Fournier.
Gacon-Durand.

MM. Gros-Prévost.
Henriot.
Jomain-Marion.
Laboureau-Dorlin.
Henri Langlard.
Adolphe Molin.
Morand-Blanchet.
Barthelemy-Pagand.
Joseph Pommier.
Joseph Ratheaux.
Louis Rude.
La Ville de Beaune.
Voillot-Capelle.

Chélènes ou **Chilènes** (les). — C. A. B., première, deuxième et troisième classes; D. L., troisième cuvée.

PRINCIPAUX PROPRIÉTAIRES

MM. Jean Carementran.
    Drouhin-Fouquerand.
    Guyot-Fontaine.
    Henri Jaffelin.
    Laboureau-Plait.
    Laboureau-Robelin.
    Masson.
    Nodot-Gallet.

MM. Charles Parizot.
    Pauffard.
    Perdrier-Lavirotte.
    Robelin-Maurice.
    Robelin-Laboureau.
    Victor Vernot.
    La Ville de Beaune.

Chouacheux ou **Choicheux** (les). — C. A. B., première et deuxième classes; D. L., deuxième cuvée.

PRINCIPAUX PROPRIÉTAIRES

MM. de Benoist-Bachey.
    Auguste Broichot.
    Antoine Chalon.
    François Chambion.
    Claude Gerbeaux.
    Jean Hudelot.
    Maurice Huvelin.
    Jamon-Parigot.

MM. Philippe Lacaille.
    Maire et fils.
    Mallet-Guy.
    Adolphe Molin.
    Mussy-Joblot.
    Joseph Mussy.
    Jacques Parent.
    Perrin de Saux.

Coucherias (aux) ou **Coucheriaux**. — D. L., première cuvée; C. A. B., première et troisième classes.

PRINCIPAUX PROPRIÉTAIRES

MM. A. et L. Beaudet frères.
    Duvault-Blochet.
    Guyot-Bidault.
    Les hosp. civ. de Beaune.
    Mignotte-Picard et Cie.

MM. L.-A. Montoy.
    Morelot.
    Roze-Gabriel.
    La ville de Beaune.

Ecu (A l'). — C. A. B., première classe.

PRINCIPAUX PROPRIÉTAIRES

MM. de Benoist-Bachey.	Les Hospices civils de Beaune.
Claude Chaffotte.	MM. Alexis Maldant.
Chanson père et fils.	Mignotte-Picard et Cie.
Duvault-Blochet.	La Ville de Beaune.
Favelier-Roger.	

Epenottes (les). — C. A. B., première deuxième et troisième classes; D. L., deuxième cuvée.

PRINCIPAUX PROPRIÉTAIRES

MM. Billard-Léchenault.	MM. Jacques Micault.
Billard-Micault.	Hubert-Micault.
Antoine Chalon.	Moreau-Billard.
Chanson père et fils.	Marguerite Mussy.
Clerget-Ropiteau.	Poulet-Moissenet.
de Juigné.	R. de Poligny.
Gagnepain-Vallot.	Tartois-Perreau.
Liebault-Michelot.	Jules Senard.
Latour-Lechenau.	

Genet (En). — C. A. B., première classe.

PRINCIPAUX PROPRIÉTAIRES

MM. Antonin Bouchard.	MM. Antoine Ligeret.
Claude Chaffotte.	Adolphe Molin.
Darviot-Albertier.	Les hospices civils de Beaune.
François Galette.	
Gillotte-Lamidey.	Pignolet-Sordet.
Gustave Guelaud.	La ville de Beaune.
Laboureau-Plait.	

Marconnets (les). — C. A. B., première classe.

PRINCIPAUX PROPRIÉTAIRES

MM. Adolphe Bouchard.	MM. Mallet-Guy.
Antonin Bouchard.	Moyne-Jacqueminot.
François Chambion.	Royé-Labaume et Cie.
Chanson père et fils.	Gustave Theuriet.
Duvault-Blochet.	La Ville de Beaune.
Devevey-Devevey.	

BOUCHARD PÈRE & FILS (Beaune — Bordeaux)
Maison de vente au commerce de gros (1)

Vue d'ensemble du Vieux Château de Beaune
Propriété de M. ANTONIN BOUCHARD
(Siège social de la maison Bouchard père et fils).

---

(1) L'une des vieilles firmes de la Bourgogne, conservée la même de 1785 à ce jour (a).

La maison possède deux établissements : l'un à Beaune, l'autre à Bordeaux.

L'établissement de Beaune est installé dans l'ancien château-fort (b) dont les deux plus belles tours, regardant la plaine, sont encore intactes. Les caves s'y développent dans les longs souterrains de la fortification. Elles sont complétées par deux vastes constructions. L'une d'elles, avec partie souterraine à double étage, est placée sur le flanc nord de la vieille forteresse.

L'établissement de Bordeaux, fondé en 1849, est calqué sur celui de Beaune. Depuis son origine, il a toujours été dirigé par des chefs de la maison et constamment pourvu d'un stock important de vins de Bourgogne à la disposition du commerce d'exportation.

(a) L'origine de la maison remonte à 1731. — De 1731 à 1785, le commerce s'est fait sous différentes raisons sociales et avec l'aide d'associés étrangers.
(b) Le Château de Beaune, bâti sous Louis XII qui en décréta la construction en 1512, fut démantelé en 1602 sous Henri IV à la suite des Guerres de la Ligue.

BOUCHARD PÈRE & FILS (Beaune — Bordeaux)
Maison de vente au commerce de gros

Vue des Cuveries.

VIGNOBLES
DE LA MAISON BOUCHARD PÈRE ET FILS

Les vignobles des associés comportent environ cent hectares dont cinquante, répartis sur les communes de Beaune, (1) Pommard, Volnay, Puligny-Montrachet, donnent des vins de premier ordre. L'autre partie, divisée en trois domaines situés à peu près à égale distance de Beaune, produit des vins ordinaires et grands ordinaires tant rouges que blancs; c'est le domaine de Mandelot dans l'arrière-côte, celui de Maizières dans la plaine et Bouzeron aux confins de la Côte Chalonnaise.

---

(1) Le domaine de la VILLE DE BEAUNE, dont les vins se vendaient aux enchères le jour de la vente des vins des Hospices, fait actuellement partie des vignobles de la maison Bouchard père et fils.

CLASSIFICATION DES VIGNOBLES
de la Maison BOUCHARD Père et fils
(BEAUNE — BORDEAUX)

COMMUNE DE BEAUNE (1)

CUVÉE HORS LIGNE

Grèves Enfant-Jésus.

TÊTES DE CUVÉE

Marconnets, Grèves, Teurons-Grèves, les Cras, les Fèves, les Toussaints.

PREMIÈRES CUVÉES

Clos de la Mousse, Genèt, Cent-Vignes (Hautes), Bressandes, Clos du Roy, Aigrots, Boucherottes, Sizies, Clos Landry, Avaux.

DEUXIÈMES CUVÉES

Bas-Teurons, Cent-Vignes (Basses), Creuzotte, Reversées, Beaufougers.

TROISIÈMES CUVÉES

Belissands, Prevolles.

VINS BLANCS ORDINAIRES

Pierre-Blanche, Monde-Ronde, Saint-Désiré, Siserpe, Chaume Gaufriot, la Châtelaine.

COMMUNE DE POMMARD

PREMIÈRES CUVÉES

Rugiens-Hauts.
Combes-Dessus.

---

(1) *Le domaine de la* VILLE DE BEAUNE, *dont les vins se vendaient aux enchères le jour de la vente des vins des hospices, fait actuellement partie des vignobles de la Maison Bouchard père et fils.*

Vue partielle du vieux Château de Beaune, propriété de M. Antonin Bouchard,
(Siège social de la Maison Bouchard père et fils).

CLASSIFICATION DES VIGNOBLES

DE LA Maison BOUCHARD Père ET Fils

(BEAUNE — BORDEAUX)

(SUITE)

COMMUNE DE VOLNAY

CUVÉES HORS LIGNE

Cailleret, Chevret.

TÊTE DE CUVÉE

Fremiers (Clos de la Rougeotte).

PREMIÈRES CUVÉES

Taillepied-Bas, Chanlins-Bas.

DEUXIÈME CUVÉE

Taillepied-Haut.

COMMUNE DE PULIGNY-MONTRACHET

CUVÉE HORS LIGNE

Montrachet.

PREMIÈRE CUVÉE

Chevalier-Montrachet.

VINS BLANCS ET ORDINAIRES

Bouzeron, Mandelot, Maizières.

BOUCHARD PÈRE & FILS (Beaune. — Bordeaux)

Abbaye de Maizières (1), **Commune de Saint-Loup-de-la-Salle**
(Vallée de la Dheune, à 10 kilomètres de Beaune).

Propriété de **M. Julien Bouchard**, chef second en âge de la maison **Bouchard Père et Fils**, qui dirige l'établissement de Bordeaux.
Le vignoble est composé d'anciennes propriétés de famille à Saint-Loup-de-la-Salle et du clos de Maizières.

« (1) Abbatia nostræ Dominæ Maceriarum ou de Maceriis, abbaye de l'ordre de Citeaux, troisième fille de la Ferté et la première en France fondée en 1132 sur les ruines d'un Ermitage d'où son nom Maceriæ,... Masures...., etc. (Courtépée) »

BOUCHARD PÈRE & FILS — (Beaune — Bordeaux)

Château de Mandelot, propriété de M. Antonin Bouchard,
Chef Senior de la Maison BOUCHARD PÈRE ET FILS.
Ce Domaine, sis dans l'arrière-côte de Beaune, produit une quantité importante de vins ordinaires dits « Arrière Côtes »

Mignotte (la). — D. L., première cuvée; C. A. B., première classe.

PRINCIPAUX PROPRIÉTAIRES

Les hospices civils de Beaune. | M. Adolphe Fougère.

Montée Rouge (la). — C. A. B., première, deuxième et troisième classes.

PRINCIPAUX PROPRIÉTAIRES

MM. Philibert André.
Claude Ozanon.
Brugnot-Vollot.
Antoine Chalon.
Gustave Guelaud.
Les hosp. civ. de Beaune.
Marey-Monge.

MM. Marey-Repiquet.
Mignotte-Picard et Cie.
Taisant-Piffaut.
R. de Poligny.
Rougé-Perret.
Rose-Peste.

Montrevenets ou Montrevenots (les). — C. A. B., première, deuxième et troisième classes; D. L., deuxième cuvée.

PRINCIPAUX PROPRIÉTAIRES

MM. Jean-Baptiste Brugnot.
Brugnot-Michelot.
Cavin-Michelot.
Darviot-Albertier.
Demoisy-Aubry.
Fèvre-Gauthereau.
Adolphe Fougère.
Girard-Bourgogne.
Les hospices civils de Beaune.
La Charité de Beaune.
Jean-Baptiste Lochardet.

MM. Marey-Monge.
Micault-Hubert.
Michelot-Jarlaud.
Alexandre Mussy.
Pacaud-Taboureau.
Potier-Bitouzet.
Poulet-Moissenet.
François Rousselin.
Tartois-Perreau.
Voillot-Lochardet.

Clos des Mouches (le). — D. L., première cuvée; C. A. B., première classe.

PRINCIPAUX PROPRIÉTAIRES

MM. Abel Bachey.
André Bernard.
Les héritiers Billardet.
Bizot-Fortier.
Bourgeois-Micault.
Brugnot-Michelot.
Jean-Baptiste Brugnot.
Chanson père et fils.
Chaussier-Champy.
Louis Chevignard.
Gorges Célestin.
Marie Chipotot.
Demoisy-Aubry.
Develle-Dupont.
Duvault-Blochet.
Fellot-Durand.
Adolphe Fougère.
Gauthier-Champy.
Gonnet-Michelot.
Gustave Guelaud.
Guyot-Bidault.
Sébastien Jamon.

MM. Jobard jeune et Bernard.
de Juigné.
Liébault-Michelot.
Lochardet-Guilleminot.
Maldant-Marque.
Michelot-Morot.
Mignotte-Picard et Cie.
Henri Morelot.
Mussy-Guillemard.
Mussy-Jobelot.
Orgelot-Gaillot.
Pierre Passerotte.
Perdrier-Arvier.
Perrin de Saux.
Poulet-Moissenet.
Quirot de Poligny.
Tartois-Perreau.
Jules Senard.
de Vergnette-Lamotte.
La Ville de Beaune.
Voillot-Capel.

Clos de la Mousse (le). — D. L., première cuvée; C. A. B., première classe.

PROPRIÉTAIRE

M. Antonin Bouchard, de la maison Bouchard père et fils.

Orme (En l'). — C. A. B., première classe.

PROPRIÉTAIRE

Le bureau de bienfaisance d'Allerey.

M. BOURGOIN-JOMAIN FILS,
à Beaune (Côte-d'Or)
SPÉCIALITÉ DE VINS MOUSSEUX
Marque B. J. F.

Cette maison expédie ses produits sur tous les points du globe; ses vins mousseux de Bourgogne, rouges et blancs, type champagne, sont de plus en plus appréciés par tous les vrais amateurs qui leur font une réputation des mieux méritée.

Perrières (les). — C. A. B., première classe.

PRINCIPAUX PROPRIÉTAIRES

MM. Claude Chaffotte.
François Galette.
Guyot-Didier.
Hospices civils de Beaune.

MM. Maire et fils.
Mignotte-Picard et Cie.
Gustave Theuriet.

Pertuisots (les). — C. A. B., première classe.

PRINCIPAUX PROPRIÉTAIRES

MM. de Benoist-Bachey.
Le Bureau de bienfaisance d'Allerey.
Le Bureau de bienfaisance de Beaune.
Antoine Chalon.
Louis Chevignard.
Jules Champonnois.

MM. Demoisy-Aubry.
Les héritiers Billardet.
Mignotte-Picard et Cie.
Pignolet-Sordet.
R. de Poligny.
Pierre Ponnelle.
La Ville de Beaune.

Reversées (les). — C. A. B., première et deuxième classes ; D. L., deuxième cuvée.

PRINCIPAUX PROPRIÉTAIRES

MM. Louis Blanlot, de la maison
    Albert Morot, à Beaune.
    Les héritiers Billardet.
    Antonin Bouchard.
    Antoine Chalon.
    Darviot-Albertier.
    Jules Duband.
    Gustave Guelaud.

MM. Bénigne Guenot.
    Les hospices civils de Beaune.
    Ernest Marey.
    Marey-Monge.
    Michel-Huguenin.
    Constance Nerat.

Clos du Roi (le). — D. L., première cuvée ; C. A. B., première, deuxième et troisième classes.

PRINCIPAUX PROPRIÉTAIRES

MM. Alphonse Beaudet.
    de Benoist.
    Adolphe Bouchard.
    Antonin Bouchard.
    Carémentran-Pelletier.
    Chanson père et fils.
    Coste d'Azincourt.
    Darviot-Albertier.
    Develle-Dupont.
    Duthu-Nicolas.
    Duvault-Blochet.
    Gras-Grizot.
    Gustave Guelaud.

MM. Henriot-Madon.
    Les hospices civils de Beaune.
    Léger-Béranger.
    Maire et fils.
    Morelot.
    Moyne-Jacqueminot.
    Noirot-Perreau.
    Victor Paufard.
    Perdrier-Lavirotte.
    Taboureau-Gauthey
    Gustave Theuriet.

Seurey (les). — C. A. B., première classe.

PRINCIPAUX PROPRIÉTAIRES

MM. Antonin Bouchard, etc.

MM. BRETON-HUARD,

propriétaires-négociants, à Beaune

Côte-d'Or)

VINS FINS DE TOUS LES CRUS.

EXPORTATION.

Sansvignes ou Cent Vignes, climat divisé en deux sections qui sont les *Sansvignes Basses* et les *Sansvignes hautes.* — C. A. B., première et deuxième classe ; D. L., deuxième cuvée.

PRINCIPAUX PROPRIÉTAIRES

MM. Abel Bachey.
Bert-Veuillet.
Antonin Bouchard.
Carementran-Pelletier.
Jules Champonnois.
Chanson père et fils.
Compain-Martin.
Darviot-Albertier.
Develle-Dupont.
Drouhin-Fouquerand.
Jules Duban.
Duvault-Blochet.
Adolphe-Fougère.
Claude Gerbeaux.
Gorges Célestin.
Gustave Guelaud.
Hospices civils de Beaune.
La Charité.
Laboureau-Lamarche.
Louis Lagarde.

MM. Léger-Béranger.
Pierre Leblanc.
Henri Martin.
Mailly-Perrin.
Michel-Chapuis.
Claude Meneveau.
Adolphe Molin.
Moyne-Jacqueminot.
Naudin-André.
Constance Nerat.
Paufard (Victor).
Perrin de Saux.
Charles Parizot.
R. de Poligny.
Pierre Ponnelle.
Jules Senard.
Vieilhomme.
Victor Verneaux.
La Ville de Beaune.

Domaine de la Maison Ferdinand Buffet, négociant-propriétaire à Beaune (Côte-d'Or).
Propriétaire à Volnay, Chassagne-Montrachet, Corpeau, etc.

Caves, Magasins et Bureaux de la Maison Ferdinand Buffet, négociant propriétaire, à *Beaune* (Côte-d'Or), *Volnay, Chassagne-Montrachet, Corpeau*, etc.

Sizies (les). C. A. B., première classe; D. L., deuxième cuvée.

PRINCIPAUX PROPRIÉTAIRES

MM. Adolphe Bouchard.
Antonin Bouchard.
Bert-Veuillet.
Chanson père et fils.
Champy.
Louis Chevignard.
Jean-Baptiste Chereau.
Claude Fontaine.
Adolphe Fougère.
Les Hospices de la Charité.

Hospices civils de Beaune.
MM. Antoine Ligeret.
Philippe Lacaille.
Mallot-Guy.
Victor Paufard.
Perrin de Saux.
Perdrier-Arvier.
R. de Poligny.
Louis Rude.
Jules Senard.

Tiélandry (En) ou **Clos Landry**. — C. A. B., première classe.

SEUL PROPRIÉTAIRE

M. Antonin Bouchard, de la maison Bouchard père et fils.

Teurons (les). — C. A. B., première et deuxième classes; D. L., deuxième cuvée; *qu'on devrait peut-être classer dans les premières* (Lavalle).

PRINCIPAUX PROPRIÉTAIRES

MM. Alphonse Beaudet.
Antonin Bouchard.
Antonin Bourgeois.
Antoine Chalon.
Champy.
Chanson père et fils.
Compain-Martin.
Desbois-Poussuet.
Pierre Dubois.
Duvault-Blochet.
Adolphe Fougère.
Gustave Guelaud.
Hospices civils de Beaune.
La Charité.
Jantet-Billard.
Charles Lavirotte.

MM. Pierre Leblanc.
Alexis Loubet.
Ernest Marey.
Masson.
Misserey-Moreau.
L.-A. Montoy.
Podechard-Joliot.
Claude Pellardy.
Perny-Grapin.
Perrin de Saux.
Boucher-Battault.
Rouget-Perret.
Thevenin-Guyot.
Gustave Theuriet.
La Ville de Beaune.

CHARLES BUREL

PROPRIÉTAIRE

& NÉGOCIANT EN VINS

à BEAUNE

COTE-D'OR

Bas des Teurons. — C. A. B., première et deuxième classes; D. L., troisième classe.

PRINCIPAUX PROPRIÉTAIRES

MM. Bilié.
Adolphe Bouchard.
Antonin Bouchard.
Duvault-Blochet.
Adolphe Fougère.
François Galette.
Gustave Guelaud.
Guyot-Bidault.
Hospices civils de Beaune.
Alexis Loubet.

MM. Marey-Monge.
Moreau-Raquet.
Jacques Parent.
Perdrier-Arvier.
R. de Poligny.
Pierre Ponnelle.
Victor Raquet.
Simonet-Garnier.
Gustave Theuriet.
La Ville de Beaune.

Toussaints (les ou Es). — D. L., première cuvée; C. A. B., première classe.

PRINCIPAUX PROPRIÉTAIRES

MM. Bert-Veuillet.
Antonin Bouchard.
Adolphe Fougère.
Gautron-Arbigny.
Guyot-Bidault.
Antoine Ligeret.
Adolphe Molin.

MM. Pignolet-Sordet.
R. de Poligny.
Gustave Theuriet.
Thévenin-Guyot.
Victor Vernot.
Henri Vieilhomme.
La Ville de Beaune.

Magasins, Caves et Bureaux de la Maison Champy père et Cie, à Beaune.
Propriétaire à Pommard, Beaune, Clos de Vougeot ; à Morey, des récoltes du clos de Tart.

Vignes Franches (les). — D. L., première cuvée; C. A. B., première classe.

PRINCIPAUX PROPRIÉTAIRES

MM. de Benoist.
 Antoine Chalon.
 Emile Champy.
 Chanson père et fils.
 François Chambion.
 Darviot-Albertier.
 Demoisy-Aubry.
 Pierre Dubois.
 Duvault-Blochet.

MM. Gustave Guelaud.
 Hospices civils de Beaune.
 Louis Lagarde.
 Mignotte-Picard et Cie.
 Moreau-Voillot.
 Perrin de Saux.
 Quirot de Poligny.
 Taisant-Piffaut.

Creusotte (la). — D. L., deuxième cuvée; C. A. B., deuxième et troisième classes.

PRINCIPAUX PROPRIÉTAIRES

MM. Louis Blanlot, de la maison Albert Morot, à Beaune.
 Antonin Bouchard.

Bureaux de bienfaisance d'Allerey.
Les Hospices de la Charité.
M. Moreau-Raquet.

Faubourg Saint-Martin. — C. A. B., deuxième et troisième classes.

CLIMAT TRÈS DIVISÉ

Foulot (le). — C. A. B., deuxième et troisième classes.

PRINCIPAL PROPRIÉTAIRE

La Congrégation de Saint-Joseph.

Longbois. — C. A. B., deuxième et troisième classes.

PRINCIPAUX PROPRIÉTAIRES

MM. Barberet-Bonnard.
 Antonin Bouchard.
 Eugène Cuinet.
 Darviot-Albertier.
 David Desbois.
 Escars-Noize.

MM. Garraud-Richard.
 Guillemard-Morand.
 Antoine Lochardet.
 Marey-Repiquet.
 La Ville de Beaune.

Mariages (les). — C. A. B., deuxième et troisième classes; D. L., troisième cuvée.

PRINCIPAUX PROPRIÉTAIRES

Le Bureau de bienfaisance de Beaune.
MM. Joseph Buat.
Develle-Dupont.
Grizot-Pautet.
Madeleine Guidot.
Hospices civils de Beaune.
Henri Kilb.
Laboureau-Lamarche.

MM. Henri Martin.
Michelot-Royer.
Monnot-Chicotot.
Pierre Robin.
Jules Senard.
Joseph Thierry.
Trapet-Perret.
La Ville de Beaune.

Montagne Saint-Désiré (la). — *Vins blancs :* C. A. B., deuxième et troisième classes.

PRINCIPAUX PROPRIÉTAIRES

MM. Abel Bachey.
Adolphe Bouchard.
Antonin Bouchard.
Bourgeois-Micault.
Brugnot-Michelot.
Le Bureau de bienfaisance de Beaune.
Antoine Chalon.
Pierre Chenevet.
Darviot-Albertier.
Duvault-Blochet.
Dessus-Cyrot.
Adolphe Fougère.

MM. Girard-Bourgogne.
Jean-Baptiste Joblot.
Léon Labazerolle.
Maldant.
Charles Moron.
Alexandre Mussy.
Mlle Constance Nerat.
MM. Pagand-Gras.
Pacaud-Taboureau.
Victor Raquet.
Pierre Tixier.
Vernier de Saux.

Pointes des Tuvilains (les). — C. A. B., deuxième classe.

PRINCIPAUX PROPRIÉTAIRES

M. Auguste Naigeon. | Mlle Nérat. | M. Ozanon.

Pirotes (les). — D. L., deuxième et troisième cuvées ; C. A. B., troisième classe.

PRINCIPAUX PROPRIÉTAIRES

MM. Amoignon-Guyot.
Brocard-Amoignon.
Antoine Boussu.
Chevignard-Morlot.
Courtot Thomas.
Mathieu Coulnot.
Demoisy-Aubry.
Duvault-Blochet.
Pierre Garnier.
Pierre Gonnet.
Guyot-Bidault.
Alfred Jolliot.

MM. Louis Lagrange.
Laboureau-Plait.
Léger-Béranger.
Michelot-Maurice.
François Micault.
Mignotte-Picard et Cie.
Victor Paufard.
Petit-Henriot.
Antoine Rousseau.
Rose Guyot.
Pierre Voillot.

Renard (Aux). — C. A. B., deuxième et troisième classes ;

PRINCIPAUX PROPRIÉTAIRES

M. Adolphe Fougère.
La Ville de Beaune.

Les Hospices civils de Beaune.

Tuvilains (les). — D. L., deuxième cuvée ; C. A. B., deuxième classe.

PRINCIPAUX PROPRIÉTAIRES

MM. de Benoist-Bachey.
Bert-Veuillet.
Antonin Bouchard.
Jean Carementran.
Louis Chevignard.
Develle-Dupont.
Gauthey-Arnoux.
Guyot-Bidault.
Jantet-Villard.
Louis Lagarde.

MM. Antoine Ligeret.
Martin-Mussy.
Adolphe Masson.
Victor Paufard.
Perrin de Saux.
Rouget-Perret.
Tixier-Pommier.
Simonnet-Garnier.
Victor Verneaux.
La Ville de Beaune.

Maison CHANSON PÈRE & FILS, à Beaune.

Caves et Magasins aménagés dans l'un des anciens bastions de la Ville.

Aperçu des caves de la Maison Chanson père et fils, de Beaune (Coupe verticale.)

Prevolles (les). — C. A. B., deuxième et troisième classes ; D. L., troisième cuvée.

PRINCIPAUX PROPRIÉTAIRES

MM. Claude Ozanon.
  Battault-Martin.
  Barberet-Bonnard.
  Antonin Bouchard.
  Le Bureau de bienfaisance d'Allerey.
  Carementran-Picard.
  Louis Chevillard.
  Champy.
  Jules Duban.
  Duvault-Blochet.
  Fauveau-Guidot.
  François Galette.
  Albert Gauthey.
  Gauthier-Champy.
  Gillotin-Dufour.
  Hospices civils de Beaune.
  Lafouge-Mussy.
  Laboureau-Lamarche.
  Antoine Lochardet.
  Adolphe Loiseau.
  Alexis Loubet.
  Laboureau-Robelin.
  Henry Martin.

MM. Marey-Drouhin.
  Marey-Repiquet.
  Mauclerc-Bizot.
  Edmond Maurice.
  François Micault.
  Mignotte-Picard et Cie.
  Pierre Michelot.
  Mussy-Guillemard.
  Morelot.
  Claude Monnot.
  Adolphe Molin.
  Henri Moquin.
  Jacques Moissenet.
  Mlle Nérat.
  Victor Paufard.
  R. de Poligny.
  Ricaud-Genoudet.
  Rougetet-Leger.
  Pierre Robin.
  Jules Senard.
  Tissier-Pommier.
  Claude Trapet.
  Trapet-Bard.
  Victor Verneaux.

Boiches (les). — D. L., troisième cuvée.

PRINCIPAUX PROPRIÉTAIRES

MM. Cornu-Rollet.
  Jean Demas.
  Duban-Laligant.

MM. Claude Monnot.
  Richard-Robelin.

Faubourg de Bouze. — C. A. B., troisième classe.

CLIMAT TRÈS DIVISÉ

Parmi les propriétés importantes, citons le clos Saint-Philibert, appartenant à la ville de Beaune, et où se trouve installée l'*École pratique de viticulture*.

Caves, Chaix et Bureaux de la Maison Jolliot-Paulin, à Beaune (Côte-d'Or)
Maison fondée en 1861, propriétaire de vignobles à Beaune. Vins *fins et ordinaires*

M. LOUIS LATOUR, négociant à Beaune,

propriétaire des vignobles et château de Corton-Grancey

Maison fondée en 1797

Maisons à **Aloxe-Corton, Beaune** et **Pommard**

Propriétaires de vignobles dans les communes de :

Volnay : *Aux Mitans, — Ronceret, — Les Angles, — La Gigotte, — En Veau, — Les Crots Martin, — Les Petits Crots Martin.*

Pommard : *Aux petits Epeneaux.*

Savigny : *Aux Bouttières.*

Pernand : *Aux Charlemagne, — Ile des Hautes Vergelesses, — Fichots, — Basses Vergelesses, — En Caradeux, — Les Noirets.*

Aloxe-Corton : *Aux Grèves, — Perrières, — Corton, — Charlemagne, — Bressandes, — Renardes, — Languettes, — Chaumes, — Paulands, — Valozières, — Chaillots, Fournières, — Guérets, — Vercots, — Toppe-Martenot)* vignoble dépendant du château de Corton-Grancey acquis par M. Louis Latour).

Quant à celui anciennement en sa possession, il est situé aux climats de : *Les Perrières, — Clos du Roi, — Bressandes, — Marchaudes, — Vigne au Saint, — Chaumes, — Chaillots, Fournières, — Meix ou Clos du Chapitre, — Boulottes, — Caillettes, — Cras, — Cras-Poussuel, — Citernes, — Toppe-Martenot, — Les Combes.*

L'ensemble de ces deux vignobles comprend sur le territoire d'Aloxe-Corton 45 hectares dont plus de la moitié sont situés dans les climats produisant les meilleurs vins de Corton.

En y ajoutant les domaines possédés sur Volnay, Pommard, Savigny et Pernand, on obtient un total de 60 hectares environ dont les neuf dixièmes sont situés dans les climats de vignes fines.

Maison de Vente au Commerce de gros.

Champagne de Savigny. — D. L., troisième cuvée ; C. A. B., troisième classe. Climat très divisé, citons parmi les

PRINCIPAUX PROPRIÉTAIRES

M. Mignotte-Picard et Cie. | M. Pierre Ponnelle, etc., etc.

Chardonnereux (les). — D. L., troisième cuvée ; C. A. B., troisième classe.

PRINCIPAUX PROPRIÉTAIRES

MM. Boistot-Thivet.
Le Bureau de bienfaisance de Beaune.
Champy.
Chaussier-Champy.
Mathieu Coulnot.
François Cornu.
Drouhin-Pallegoix.
Gauthier-Champy.
Gillotin-Dufour.
Guenot-Renard.

MM. Guiral-Cornette.
Guyot-Vaivrand.
Les Hospices civils de Beaune.
Hospices de la Charité de Beaune
MM. Maurice Huvelin.
Loiseau-Courreau.
Alexis Loubet.
Masson-Gauthron.
Passerotte-Guillemard.
Perrin de Saux.
Louis Tissier.

Epaules ou Paules (les). — D. L., troisième cuvée ; C. A. B., troisième classe.

PRINCIPAUX PROPRIÉTAIRES

Mme Vve Simon Beaudot.
Le Bureau de bienfaisance de Beaune.
MM. Alfred Colin.
François Galette.
Hospices civils de Beaune.

MM. Louis Lagarde.
Morelot.
Louis Ponsot.
Parent-Morand.
Rouget-Perret.

Levées (les). — D. L., troisième cuvée ; C. A. B., troisième classe.

PRINCIPAUX PROPRIÉTAIRES

M. Louis Chevillard. | M. Passerotte-Guillemard. | Mme Vve Poillot

MAISON L'HÉRITIER-GUYOT, de DIJON

Propriétaire dans les communes de :

Beaune : *Au Clos des Vérottes et au faubourg Bretonnières.*
Savigny-sous-Beaune : *Aux Perrières, — Aux Planchots de la Champagne, Aux Peuillets.*

Achats de la Maison L'Héritier-Guyot, de Dijon, aux « Hospices de Beaune. »

RÉCOLTE	PROVENANCE	DÉSIGNATION DES CUVÉES	Importance DU LOT
1877	Beaune	Perreaux (André)	la moitié
1878	Aloxe-Corton	Roy	entier
1879	Beaune	Coulnot, Mathieu	d°.
	Volnay	Glantenay	d°.
1880	Beaune	J. Chicotot, Gauthey, Trapet	la moitié
	Savigny-Vergelesses	Amoignon, Ecard	d°.
1881	Beaune	Moreau Podechard	entier
	Pommard	Billard	la moitié
1883	Beaune	Chicotot (Jacques)	entier
	Pommard	Chicotot (Pierre)	la moitié
	Volnay	Glantenay	d°.
1884	Aloxe-Corton	Roy	d°.
	Savigny-Vergelesses	Ecard	d°.
1885	Beaune	Perreau Coulnot	la moitié
	Pommard	Billard	d°.
1886	Pommard	Billard	entier
	Meursault (vin blanc)	Jobard	un tiers
1887	Beaune	Perreau	entier
	Santenot (vin blanc)	Latour	d°.
1888	Beaune	Perreau	la moitié
1889	Volnay	Glantenay	entier
1890	Meursault et Pommard	Jobard, P. Chicotot	d°.
1891	Beaune	Perreau	d°.
	Savigny-Vergelesses	Girard	d°.
1885	Eau-de-Vie de Marc distillée aux Hospices de Beaune		les deux tiers

L'Héritier-Guyot, à Dijon. Membre du jury, hors concours à l'Exposition internationale du Havre 1887. *Quatre diplômes d'honneur, sept médailles d'or.*

GRANDS VINS DE BOURGOGNE ET NOTAMMENT DES MEILLEURS CRUS DE LA COTE-D'OR

Clos Vougeot des années 1876 et 1881, cachet authentique

Habitation et vignobles à Beaune.
Domaine Vinicole de la Maison L'Héritier-Guyot, de Dijon.

Longes (les). — C. A. B., troisième classe.

PRINCIPAL PROPRIÉTAIRE

M. Coste d'Azincourt.

Lulunne (En). — C. A. B., troisième classe.

PRINCIPAUX PROPRIÉTAIRES

MM. Bizot-Fortier.
Jean-Baptiste Brugnot.
Adolphe Fougère.
Jacques Gras.
Claude Gonnet.
Michelot Gonnet.
Gerbeau-Breton.

MM. Jean-Baptiste Lochardet.
Claude Michelot.
Charles Moron.
Ropiteau-Riveau.
Rodier-Dessus.
Voillot-Michelot.

Maladière (la). — D. L., troisième cuvée.

PRINCIPAUX PROPRIÉTAIRES

M. Alexis Maldant, etc., etc.

MM. MAIRE & FILS, Propriétaires à Beaune
(Côte-d'Or — France).

Maisons a Londres, New-York, Berlin, etc., etc.

L'étendue des vignobles qu'ils possèdent depuis le commencement du siècle est actuellement de plus de onze cents ouvrées plantés en PINOT ou plant fin de Bourgogne et situés dans les meilleurs climats des communes d'Aloxe-Corton, Ladoix-Serrigny, Beaune, Pommard, Meursault et Santenay.

Commune d'ALOXE-CORTON

PRINCIPAUX CLIMATS :

Clos du Roi,
Dole,
Levrière,
Bressandes.

(L'étendue du vignoble sur cette commune est de 125 ouvrées).

Commune de LADOIX-SERRIGNY

PRINCIPAUX CLIMATS :

Rognet et Corton,
Corton,
Les Vergennes,
Clou d'Orge,
Tope d'Avignon.

(L'étendue du vignoble sur cette commune est de 250 ouvrées).

MM. MAIRE & FILS, Propriétaires à Beaune
(Côte-d'Or — France)
(SUITE).

Commune de POMMARD

PRINCIPAUX CLIMATS :

Chanlins,
Arvelets,
Chanière,
Petits Epenots,
Grands Epenots,
Perrières.
(L'étendue du vignoble sur cette commune est de 180 ouvrées).

Commune de MEURSAULT

PRINCIPAUX CLIMATS

Santenots,
Plures,
Cras,
Goutte d'or,
Terres Blanches,
Genevrières dessus.
(L'étendue du vignoble sur cette commune est de 150 ouvrées).

Commune de BEAUNE

PRINCIPAUX CLIMATS :

Clos du Roi,
En Champagne,
Grèves,
Perrières,
Boucherotte,
Chouacheux.
(L'étendue du vignoble sur cette commune est de 250 ouvrées).

Commune de SANTENAY

PRINCIPAUX CLIMATS :

Gravières,
Grands Murs,
Beauregard,
Passe-temps,
Douée.
(L'étendue du vignoble sur cette commune est de 160 ouvrées).

Clos des Langres (canton de Nuits)
Propriété de M. L. Arthur Montoy, de Beaune (1).

---

(1) Ce domaine comprend les bâtiments d'exploitation, cuverie, etc., de la propriété et des vignobles de la côte de Beaune.

Domaine de **Beaune** :

Aux Grèves,
Aux Cras, } Têtes de cuvée.
Clos des Avaux-Champs Pimont.

Theurons,
Aigrots,
Aux Couchereaux ou Coucherias, } 1re et 2e classes.
Aux Blanches Fleurs,

Région des vins blancs : *Aux Mansennières.*

Domaine de **Corgoloin** :

Grand Clos des Langres.

M. Moreau-Voillot,

Propriétaire-négociant, à Beaune (Côte-d'Or)

Voici la nomenclature des propriétés formant le domaine de M. Moreau-Voillot dans les communes de :

Aloxe-Corton : *Le Corton, — Renardes-Corton, — Chaumes de la Voierosse, — Les Perrières, — Les Combes.*

Pernand : *En Caradeux, — Sous le bois de Noël et Belles Filles, — Les Fichots.*

Beaune : *Vignes-Franches.*

Puligny-Montrachet : *Bâtards-Montrachet, — Bienvenues, — Les Saussis, — Le Grand Bois, — La Boudriotte.*

Chassagne-Montrachet : *Batards-Montrachet, — Criots, — Houillères, — Journoblot, — Voillenot Dessus, — Les Macherelles, — La Bergerie, — Les Essarts, — Les Ferrandes, — Les Ancenières et Aubues.*

Rôles (les). — D. L., troisième cuvée.

PRINCIPAUX PROPRIÉTAIRES

MM. Bonnardot-Gossot.
Pierre Boussu.
Jean-Baptiste Broichot.
Maxime Canier.
Antoine Chalon.
Chicotot-Renevey.
Desbois-David.
Desbois-Poussuet.
Louis Duthu.
Nicolas Forest.
Jacques Gonnet.
Guillemard-Drouhin.
Louis Hudelot.
Laboureau-Lamarche.
Lagrange.
Paul Leneveu.

MM. Joseph Leroy.
Mignotte-Picard et Cie.
Monnot-Guillemard.
Monnot-Laboureau.
Morand-Marillier.
Albert Passerotte.
Perdrier-Arvier.
Personne-Moncharmont.
Poillot-Maréchal.
Jean Reither.
Taisant-Tremeau.
Antoine Taboureau.
Mme Vve Thoux-Leneveau.
M. Trapet-Bard
La Ville de Beaune.

Château de la Creusotte, propriété de M. L. Blanlot, de la Maison Albert Morot, à Beaune.

MÉDAILLE D'OR A L'EXPOSITION UNIVERSELLE, PARIS 1889.

Caves superposées, taillées dans le roc, de la Maison Albert Morot (propriété de M. L. Blanlot, gendre et associé).

(Contenance 2800 pièces).

BEAUNE

GRANDS VINS MOUSSEUX

SPÉCIALEMENT POUR LE COMMERCE DE GROS

MÉDAILLE D'OR

Exposition universelle, Paris, 1889

NESTOR PORTRON

BEAUNE (Côte-d'Or)

Sceaux (les). — D. L., troisième cuvée ; C. A. B., troisième classe.

PRINCIPAUX PROPRIÉTAIRES

MM. Dominique Boussu.
    Emile David.
    Claude Fontaine.
    Fontaine-Boissot.
    Jacoby-Simon.
    Jagniard-Béranger.
    Claude Marchand.

MM. Adolphe Molin.
    Pierre Rohin.
    Antoine Rousseau.
    Victor Simonnot.
    de Vergnette-Lamotte.
    Victor Verneaux.

Siserpe (En). — *Vins blancs* : C. A. B., troisième classe.

PRINCIPAUX PROPRIÉTAIRES

MM. Louis Amyot.
    Bard-Laboureau.
    Billard-Michelot.
    Broichot-Gauthey.
    Antonin Bouchard.
    Jean-Baptiste Celerier.
    Comte d'Azincourt.
    Drouhin-Paillegoix.
    Pierre Dubois.
    Claude Fontaine.
    Gagnard-Fontaine.
    Garraud Richard.
    Jacques Gras.

MM. Paul Grizot.
    Guillemard-Drouhin
    Gousset-Germain.
    Henriot-Garnier.
    de Juigné.
    Martin-Mussy.
    Michelot Cavin.
    Mignotte-Picard et Cie
    Montoy-Goichot.
    Claude Nicolle.
    Poussuet-Renot.
    Claude Poussuet.
    La Ville de Beaune.

Abbaye Saint-Martin (Façade des Beaune-Grèves et Prieuré)
Propriété de M. Pierre Ponnelle, négociant à Beaune

Abbaye de Saint-Martin (Côté du Stagnum)
Propriété de M. Pierre Ponnelle, négociant à *Beaune* (1).

(1) Voir à la page suivante la notice sur cette intéressante propriété.

Caves de l'Abbaye, rue Maisières
Établissement vinicole de M. Pierre Ponnelle, négociant à Beaune

Notice sur l'Abbaye de Saint-Martin.

Propriété de **M. Pierre Ponnelle**, très agréablement située au pied des grands vignobles, entourée par le courant limpide du ruisseau de l'Aigue, dont les sinuosités forment plusieurs îlots. Parc ravissant avec le *stagnum* des anciens au milieu duquel ont été retrouvés des ex-voto très curieux.

Grâce aux goûts historiques du propriétaire, les restes de l'Abbaye ont été admirablement restaurés. Selon plusieurs historiens, l'aile droite du xiv° siècle fut jadis occupée par Mariotte, le physicien qui en fut le dernier prieur. C'est aussi dans cette Abbaye, qui touche aux Beaune Grèves, qu'Alexandre Dumas fait vivre son moine Gorenflot.

Le plus précieux bijou de l'île de l'Aigue, est la chapelle dont M. Ponnelle a retrouvé l'origine gallo-romaine. Élevée sur les ruines d'un temple païen dédié à Belen, la chapelle de l'Abbaye est le monument historique le plus ancien de la contrée et le premier oratoire chrétien édifié à Beaune ; le parc qui l'entoure est une vaste nécropole remplie de sépultures mérovingiennes. Dans ses fouilles, M. Ponnelle a retrouvé de nombreux sarcophages de l'époque, une corniche du temple gallo-romain, des monnaies en argent de Philippe Auguste, etc., etc.

Le mur païen de la chapelle s'élève à deux mètres dans la salle à manger ; mise à nu, cette trouvaille excite au plus haut point l'admiration des archéologues ; on y retrouve l'appareil tout primitif du iv° siècle surmonté du xi°.

La chapelle se trouvant en sous-œuvre, il n'y a que l'abside qui fasse saillie ; l'appareil en cul de four fidèlement restauré est un des plus beaux spécimens du style roman-bourguignon.

(*Extrait des historiens bourguignons* : Gandelot, Rossignol, Ch. Bigarne, Ch. Aubertin, *Travaux de la Société d'Archéologie* et surtout : *l'Abbaye de Saint-Martin de l'Aigue*, par Edmond Quantin, chez A. Devis, *libraire à Beaune*).

Chapitre.
Établissement vinicole de M. Pierre Ponnelle, à Beaune (1).

---

(1) M. Pierre Ponnelle, négociant-propriétaire de l'Abbaye Saint-Martin, à Beaune, et de vignobles, dans les grands crûs dont ci-dessous l'énumération :

Commune de **Chambolle-Musigny** :
- — — *Grand-Musigny.*
- — — *Bonnes-Mares.*
- — — *Chambolle 1res, Argillières.*
- — **Beaune** : *Beaune-Grèves.*
- — — *Beaune-Theurons.*
- — — *Beaune-Avaux.*
- — — *Beaune-Pertuisots.*
- — — *Beaune-Cent Vignes.*
- — — *Champagne de Savigny (Passe tout Grain),*
- — — *La Blanchisserie.*

Récoltant sur : *Morey*, — *Pommard*, — *Volnay*, — *Meursault*, — *Santenay* et *Chassagne-Montrachet.*

Cuverie et caves du Chapitre à Beaune.
Cuverie à Chambolle-Morey.

(Cuverie)   Chapitre   (Caves)
Établissement vinicole de M. Pierre Ponnelle, à Beaune.

BEAUNE

G. ROBERDET

PROPRIÉTAIRE ET NÉGOCIANT

à BEAUNE (Côte-d'Or)

Maison fondée en 1857

VINS DE BOURGOGNE, DU MACONNAIS

ET DU BEAUJOLAIS

EXPORTATION

Belissand ou Belissart. — C. A. B., deuxième classe ; D. L., troisième cuvée.

PRINCIPAUX PROPRIÉTAIRES

MM. Adolphe Bouchard.
Antonin Bouchard.
Louis Dugait.
Hospices civils de Beaune.

MM. Constance Nérat.
Pauvelot-Robelin.
Claude Ozanon.

Verrottes (les). — D. L., troisième cuvée ; C. A. B., troisième classe.

PRINCIPAUX PROPRIÉTAIRES

MM. Armand-Prieur.
Emile Bézulier.
Alfred Bonnardot.
Bonnardot-Gauthey.
Bouzereau-Guyot.
Jules Championnois.
Emile Champy.
Jean-Baptiste Charrière.
Dorlin-Langerotte.
Duvault-Blochet.
François Galette.
François Garnier.

MM. Gauthey-Arnoux.
Edouard Girardot.
Gustave Guelaud.
Jean-Baptiste Guyot.
Hospices civils de Beaune.
L'Héritier-Guyot.
Edmond Maurice.
Claude Marchand.
Monnot-Garnier.
Jean-Baptiste Prieur.
Rouget-Perret.
de Vergnette-Lamotte.

LABAUME AINÉ & FILS,

ROYÉ LABAUME & C° succrs, à Beaune (Côte-d'Or).

Maison fondée en 1734

Médaille d'or à l'Exposition universelle de Paris en 1889

Son vignoble, dont nous donnons ci-dessous la composition, fait de cette maison l'une des mieux placées pour le commerce des vins fins et des grands ordinaires.

Commune d'ALOXE-CORTON

Corton Clos du Roi,	} Hors ligne 1re classe	Guérets, Petits Vercots, Caillettes, Cras Poussuets, Citernes, Valozières.	} 2e classe
Renardes Corton,			
Chaumes,			
Bressandes,			
Fiètres,			
Grèves			
Fournières,	} 1re classe		
Chaillots,			

Commune de SAVIGNY-LES-BEAUNE

Les Vergelesses,	} 1re classe	Fourneaux, Pimentiers, Liards, Conardises, Peuillets, Champ des Pruniers, Boutières, Planchots,	} 2e classe
Les Narbantons,			
Les Dominodes,			
Les Jarrons,			
Les Guettes,			
Les Talmettes,			

Commune de BEAUNE

Les Bressandes,	} 1re classe	Les Avaux,	} 1re classe
Les Marconnets,		Les Reversey,	

Commune de PERNAND

Les Vergelesses,	} 1re classe	Les Fichots,	1re classe
Les Basses Vergelesses,		Les Boutières,	2e classe

Commune de CHOREY

Les Beaumonts,	} 1re classe	Champs longs,	} 1re classe
Les Ratosses,		Tue-Bœuf,	

M. GUSTAVE THEURIET,

propriétaire et négociant à Beaune.

Les vignes possédées par M. G. Theuriet sont situées dans les meilleurs crûs du territoire de Beaune et notamment :

VINS ROUGES

Grèves,
Bressandes,
Marconnets,
Toussaints,

Clos du Roi,
Perrières,
Theurons,
Champimonts,

VINS BLANCS

Clos de la Grande Châtelaine.

Bons Feuvres (les). — C. A. B., deuxième et troisième classes.

PRINCIPAUX PROPRIÉTAIRES

MM. Battault.
Billard-Glantenay.
Bizot-Fortier.
Broichot-Barberot.
Champy.
Chicotot-Boillot.
Clerget-Ropiteau.
Chanson père et fils.
Mathieu Coulnot.
Desbois-Poussuet.
Develle-Dupont.
Duvault-Blochet.
Adolphe Fougère.
Adolphe Grivot.
Grivot-Battault.
Hospices civils de Beaune.
Jacquelin.

MM. Jacquelin-Lochardet.
Alfred Jolliot.
Laboureau-Reine.
Louis Lagarde.
Lochardet.
Jean-Baptiste Marque.
Adolphe Molin.
Morand-Blanchet.
Marguerite Mussy.
Joseph Perreau.
Petiot-Dorey.
Perny-Grapin.
Ponsot-Perreau.
Victor Raquet.
Rocault-Gillot.
Louis Sirot.
Serrigny.

Bureaux, Magasins et Caves de la Maison Léon Violland,
propriétaire-négociant, à Beaune (1).

---

(1) Cette maison, fondée en 1844, possède de très vastes caves et magasins aménagés depuis quelque temps déjà, suivant les besoins toujours grandissants de son commerce qui s'étend chaque année.

Son organisation économique et intelligente, de même que ses excellents rapports avec tous les bons propriétaires de la région, lui permettent de livrer à sa nombreuse clientèle des vins tout à fait supérieurs aux conditions les plus avantageuses.

Des collaborateurs dévoués, attachés depuis de longues années à cette importante maison, apportent la meilleure attention à l'exécution des ordres, et leur grande expérience, dans le choix des vins, est une garantie de la bonne qualité des envois.

Afin de répondre aux divers besoins de sa clientèle très variée, la maison possède un stock considérable de tous les crus, depuis les ordinaires jusqu'aux plus fins, en vins rouges et blancs, de vins mousseux, d'eau-de-vie de marc, etc., etc., toutes marchandises de qualité irréprochable, livrées aux meilleures conditions.

Blanchisserie (la). — C. A. B., deuxième et troisième classes.

PRINCIPAUX PROPRIÉTAIRES

MM. Delinotte-Bailly.
Guyot-Bidault.
Mallet-Guy.
Pierre Ponnelle.
Prévost-Thiard.

MM. Rouget-Perret.
Jardet-Broichot.
Jardet-Coulnot.
Thiard.

En Champagne,	MM. Maire et fils, etc.	
La Châtelaine (Vins blancs),	Antonin Bouchard. Gustave Theuriet.	
Clos des Châlets,	L. et A. Beaudet f^res.	PRINCIPAUX PROPRIÉTAIRES
Closeau (Vins blancs),	Antonin Bouchard.	
Hauts Jarons,	Champy.	
Jarons,	Champy.	
En Monde-Ronde (Vins blancs),	Antonin Bouchard.	
Les Montbattois,	Moyne-Jacqueminot.	
Pierre Blanche (Vins blancs),	Antonin Bouchard.	

Etc., etc.

SAVIGNY-LES-BEAUNE

Considéré sous le triple rapport de l'étendue de ses terrains occupés par la vigne, de l'excellence de ses vignobles, de l'importance de sa population, le village de Savigny, *Saviniacum* en 936 (1), *Saveniacum, Savigneium, Savinie* et *Savigney* aux XIIIe et XIVe siècles (2), jouit depuis longtemps d'une renommée qui lui mériterait le titre de bourg. Sa longitude E. est de 2° 20'; sa latitude N. de 47°. L'altitude, prise au seuil de l'église, mesure 260 mètres; celle des plateaux où sont situées les fermes atteint en moyenne 400 mètres au-dessus du niveau de la mer.

La distance de Savigny au chef-lieu de canton est de 5 kilomètres;

Au chef-lieu d'arrondissement, de   5 kilomètres.

    Id.   de département, de   40   —

Sa distance de Paris, est   de   360   —

Comme moyens de communication, il existe des services de voitures à la plupart des trains, à Beaune. Le trajet se fait en 30 minutes.

Le territoire de Savigny-les-Beaune n'a pas de limites naturelles. Le polygone irrégulier dans lequel il se trouve compris s'appuie, du côté du levant, sur la grande route nationale n° 73; au nord, une ligne irrégulière, plutôt une ligne brisée, sépare

---

(1) *Sæcul. benedict.*, IX.
(2) *Martyrologe de Notre-Dame de Beaune.*

Savigny des finages d'Aloxe, de Pernand, d'Echevronne et de Fussey. Du côté du couchant, cette ligne irrégulière se continue au milieu des bois, traverse perpendiculairement la vallée étroite du Rhoin amont, divise le territoire de celui de Bouilland, et vient aboutir à la voie romaine appelée par les habitants la *Voie Ferrée*. Au midi, cette ancienne voie, dont les vestiges n'ont pas encore disparu, trace une limite à peu près rectiligne, séparant Savigny des finages de Bessey-en-Chaume, de Bouze et de Beaune.

L'auteur, toujours si estimé de la *Description particulière du duché de Bourgogne*, Courtépée, a émis l'opinion que l'empereur Constantin venant de Trèves à Autun, en 311, aurait suivi cette route. On a souvent trouvé près du Chemin ferré, large de 16 à 18 pieds, non compris la berge et les fossés, et surtout dans les vignes et la montagne, des tombeaux, des ossements, des vases et des monnaies du Haut-Empire, des armes et des plaques de ceinturons d'un caractère burgonde ou frank. Assez récemment, une série d'antiquités, se référant aux temps romains et barbares, fruit de fouilles dirigées avec intelligence par M. L. Maldant, maire de la commune, est venue confirmer les documents analogues fournis par Courtépée.

Le castel à quatre tourelles, où le marquis de Migieu s'était plu à réunir une magnifique collection d'antiquités (1), a succédé à une maison-forte bâtie au XIV° siècle par Jean de Frolois, et démantelée environ cent ans plus tard parce qu'elle tenait pour Marie de Bourgogne, après la mort tragique de Charles le Téméraire. Ce château a été construit, en 1672, par le président Bouhier ; il a passé à la maison de Migieu, puis à la famille du général comte de la Loyère dont la descendance y réside.

Au castel de Savigny se rattache le souvenir du séjour de la

---

(1) Cf. Courtépée, t. II, p. 350. — Le château de la Loyère conserve dans ses jardins plusieurs grandes sculptures romaines acquises, en 1768, par M. de Migieu. Ces masses imposantes, de la plus réelle valeur archéologique, représentent de grandes divinités païennes, dont le culte fut importé dans nos régions après la conquête, telles que Neptune, Esculape, Vulcain, Mars. Elles proviennent du village de Mavilly.

duchesse du Maine, durant une partie de son exil en Bourgogne, après la conspiration de Cellamare. La petite fille du Grand Condé dirigeait souvent ses pas dans le charmant vallon de la Fontaine froide, dont elle disait : « Que ne l'ai-je à Sceaux (1) »!

L'église, sous le vocable de saint Cassien, n'a conservé que sa vieille abside. Son clocher romano-byzantin excite l'attention.

D'après le cadastre établi en 1824, le territoire de Savigny comprend 3,598 hectares. Alors, environ 700 hectares, dont 390 plantés en pinots et noiriens, et à peu près 310 en gamays, composaient la surface du vignoble qui, de 1850 à 1870, a pris un développement considérable. En 1868, il avait atteint son maximum d'étendue : environ 1,000 hectares, près de 24,000 ouvrées.

La constitution géologique présente différentes formations ; en voici les principales :

Marnes oxfordiennes, les *Hauts Marconnets* (excepté la pointe), les *Bas Marconnets*, les *Peuillets*, les *Narbentons* (le centre), les *Jarrons* et le *Moutier-Amet* (la pointe du dessus).

Savigny se trouve situé dans le Corallien et l'étage suivant qui est le Bathonien ; il y a donc des affleurements.

Sont dans le Cornbrash : *Les Lavières, Aux Fourneaux, le Creux de la Net* (le bas).

La plus grande partie du vignoble et, notamment, les *Hauts Jarrons*, les *Redrescul*, les *Rouvrettes*, les *Jarrons*, les *Saucours*, *aux Guettes* (la partie inférieure), les *Serpentières*, les *Roichottes*, les *Petits Godeaux*, les *Gravains*, les *Godeaux du Haut*, les *Charnières*, les *Vergelesses* (le haut) sont dans le Corallien.

Le docteur Morelot (2) nous apprend que le coteau le plus important et qui porte le nom de *Noel*, forme une masse s'é-

---

(1) On connait cette magnifique source aux ondes si fraiches et si limpides, dans ce vallon délicieusement anguleux et boisé où règne un si poétique silence, jusqu'aux premiers jours d'août, époque à laquelle la fête patronale, dite de la *Fontaine froide*, y amène une affluence considérable de promeneurs. Autrefois, on s'y rendait de tous les points du département.

(2) Déjà cité.

tendant d'une demi-lieue de l'est à l'ouest en faisant un angle qui va du sud au nord pour finir à Pernand.

Ce coteau a pour base une roche calcaire, légèrement blanchâtre, dont les feuillets se détachent avec facilité.

Il résulte des observations de M. de Vergnette-Lamotte qu'entre Savigny et Aloxe sont des successions analogues d'oolithes compactes, de marnes et d'oolithes grossières qui couvrent le plateau.

Suivant analyse faite, M. Margottet assigne la composition suivante aux climats de Savigny :

	LES VERGELESSES		LES LAVIÈRES		LES GRAVINS		LES SAUCOURS	
	Sol	Sous-sol à 0.50	Sol	Sous-sol à 0.60	Sol	Sous-sol à 0.35	Sol	Sous-sol à 0.40
Terre fine..	55.10	41.40	70.37	47.04	75.	32.94	52.70	41.80
Gravier...	28.83	38.29	13.33	5.92	25.	48.10	47 30	42.97
Cailloux...	16.07	20.31	16.30	47.04	0.	18.96	0.	15.21
ANALYSE DE LA TERRE FINE								
Sable siliceux	41.45	35.38	44.54	43.48	38.92	36 78	45.75	42.89
Argile....	20.59	19.43	42.51	41.41	26.58	28.14	27.50	24.20
Chaux....	19.45	23.08	3.28	4.54	16.17	17.16	11.80	15.99

D'autre part M. Joulie, directeur du laboratoire de Paris, ayant eu à examiner le sol provenant du climat de Chenôve, trouve : sol 10 % de pierres, roches du sous-sol calcaire :

PRINCIPES	TERRE FINE Dans 100 kilos	A L'HECTARE	OBSERVATIONS
Acide phosphorique.	118 gra	4.720 kil.	Dans 0m 20 d'épaisseur, ou 0m22 avec les pierres.
Potasse........	744	29 760	
Soude.........	59	2.360	
Chaux.........	3.326	133.040	
Magnésie.......	1.118	47.120	
Azote.........	191	7.640	

Cette terre était à planter en vigne et est très riche en principes fertilisants.

Enfin M. Quinard, pharmacien à Beaune, a trouvé dans les *Peuillets* :

Sol	Cailloux	18.10 pour 0/0
	Gravier	20.25 —
	Terre fine	61.65 —

Terre fine	Sable	21.50 pour 0/0
	Argile	78.50 —

Et pour le dosage chimique de la chaux dans la terre fine : chaux, 19.80 %, correspondant à 35.40 de carbonate. Dans le sous-sol très riche en calcaire, il indique : chaux, 44.25 %, correspondant à 79 de carbonate.

En résumé, Savigny possède un sol qui convient parfaitement à la culture de la vigne, et qui, chose importante, ne manque pas de profondeur.

Les vins de Savigny sont riches en bouquet et ont du feu et de la force ; mais c'est surtout par leur exquise et délicate finesse qu'ils se recommandent.

Ce n'est guère qu'à la quatrième ou cinquième feuille qu'ils atteignent le degré de perfection voulu, et ils le conservent pendant de longues années lorsque la récolte s'est opérée dans des conditions favorables.

Aussi ont-ils, à l'étranger, une réputation de finesse, de douceur et d'arôme qui les fait rechercher avec empressement.

Courtépée et Béguillet ont écrit que les Savigny prennent leur moelleux dès la seconde ou troisième feuille.

L'analyse chimique démontre que les grands vins de ce terroir sont riches en alcool, à extrait sec correspondant au degré, riches en éther, base du bouquet, et que le tannin qu'ils contiennent est d'environ un gramme par litre.

Compte tenu des différences de prix, d'époques éloignées et de conditions diverses de production et de vente, il est facile de constater que les *vins de crû* à Savigny égalent en qualité les vins les plus renommés de la Côte-d'Or.

En 1819, la queue de vin fin valait 360 francs, aujourd'hui elle a presque quadruplé ; voici, du reste, le relevé des prix obtenus pendant les dix dernières années de la vente des vins des hospices de Beaune :

PROVENANCE : SAVIGNY-VERGELESSES

NOMS DES VIGNERONS	ANNÉES	PRIX
Amoignon et Ecard	1880	900 fr. 900
Amoignon	1881	1,500
Id.	1883	800
Ecard.	1883	720
Id.	1884	1,200
Amoignon	1884	1,120
Id.	1885	1,220
Ecard.	1885	1,140
Id.	1886	1,150
Amoignon	1886	1,200
Id.	1887	900
Ecard.	1888	550
Ecard et Girard (Amoignon) . . .	1890	980
Ecard	1891	1,750

Ces prix sont indiqués pour la queue, soit 456 litres. D'autre part, pour les deux dernières années, les principaux négociants et propriétaires qui se réunissent à l'issue de la vente précédente ont coté les vins de Savigny en 1890, 420 fr., en 1891, 520 fr. la pièce de 228 litres.

Une inscription, datant d'environ 200 ans et encore lisible sur le fronton d'une porte du château de La Loyère, caractérise ainsi les vins de Savigny :

Les vins de Savigny sont nourrissants, théologiques et morbifuges.

Ce que l'on peut expliquer en remarquant que, dans des temps reculés, ces vins étaient très en faveur et que, à Rome même, ils jouissaient d'une grande réputation auprès des Papes.

Il convient encore de signaler l'appréciation donnée depuis longtemps aux vins de Savigny :

Parfumés, moelleux, primeurs, bons à la santé.

Rappelons également que le duc de Bourgogne, passant à Dijon le 21 septembre 1703, y dîna, et trouva le vin de Savigny, que lui offrit le président de Migieu, si bon : « Il vient d'un demi-dieu », s'écria-t-il, dans son enthousiasme de connaisseur. A ce sujet, notre poète bourguignon, La Monnoye, composa les couplets d'une chanson qui a passé à la postérité :

DIALOGUE ENTRE BREUGNETTE ET GROSJEAN

. . . .	. . . .
Lai pitanche ito diveigne ;	La pitance était divine ;
Do qu'el en tati,	Dès qu'il en goûta,
Lochan troi foi sa babeigne :	Léchant trois fois ses lèvres,
El a bon, fi-t-i ;	Il est bon, dit-il ;
A-ce du céel que tei manne	Est-ce du ciel que telle manne
E plu su Dijon ?	A plu sur Dijon ?
Ça de Saivigni ve Beane,	C'est de Savigny-sous-Beaune,
Li repondit-on ;	Lui répondit-on.
Ça du clô de ce daigne homme	C'est du clos de ce digne homme,
Monsieur de Migieu.	Monsieur de Migieu !
Moi, disi-ti, je le nomme	Moi, dit-il, je le nomme
Monsieur Demi-Dieu.	Monsieur Demi-Dieu (1).

Quelques renseignements relatifs au vignoble, renseignements empruntés à divers ouvrages, ne seront pas déplacés ici.

Geoffroy, archevêque de Besançon, concède, en 947, à Gilleneux douze ouvrées de vignes à Savigny, *in pago belnensi*.

En ce qui concerne la dîme, on voit, en 1339, les habitants s'abonner et payer huit deniers par ouvrée, « plutôt, disaient-ils, que d'être contraints de jurer de la quantité de leurs fruits, les serments ne pouvant être faits sans péril d'âme ». En 1658, et années suivantes, la dîme était de seize paniers de raisins.

(1) Reproduite par le Dr Lavalle, *ouv. cit.*

En 1483, trente ouvrées au *Moulin Moyne* (1) et d'autres pièces en *Palenchot, Saucourt, Jarron, Pimentier, Meix de Citeaux,* appartenaient à l'abbaye de Cîteaux. L'ordre de Malte avait dix ouvrées en *Jarron* et vingt quatre en *Saucourt,* en 1655. Enfin, vers la même époque, les Carmélites possédaient sept ouvrées aux *Guettes* et dix aux *Lavières.*

Passons à ce qui a trait aux bans de vendanges, que nos ducs et les seigneurs inscrivaient parmi les plus importants de leurs droits féodaux.

Ainsi que dans bien des endroits, le *ban* de vendanges ne fut aboli qu'à la Révolution ; néanmoins, à de certaines époques, il subit des modifications.

En 1263, Robert de Saudon, seigneur de Savigny, en cédant aux moines de Maizières le droit qu'il pouvait avoir sur les bois et terres de *Chenôve,* leur donnait aussi le droit de *vendanger sans ban.*

Ce droit fut, à la vérité, contesté car, en 1401, les moines de Maizières ayant vendangé leurs vignes de Savigny sans ban, Marguerite de Mussey, seigneur en partie de Savigny, fit saisir la vendange et la fit vendre par le sergent du duc.

Toutefois, aux Jours de justice tenus à Beaune, les religieux furent, la même année, confirmés dans leurs privilèges anciens de vendanger sans ban et de plus « pourront vendanger *le jour du Seigneur* » (Archives municipales).

Cette faveur au profit de l'abbaye de Maizières n'était pas générale pour les vignobles appartenant aux autres seigneurs de Savigny. Les registres *terriers* des XVIe et XVIIe siècles font mention du droit ancien qui appartenait aux seigneurs de Savigny de fixer et de proclamer le *ban des venoinges.*

Comme sanction, des amendes de *sept sols par ouvrée* étaient encourues par les contrevenants. Depuis nombre d'années déjà, le ban officiel des vendanges est supprimé à Savigny, ainsi que dans toutes les communes de la côte Beaunoise ; chacun est libre de vendanger à sa guise et reste seul juge du jour qu'il convient

---

(1) Cette désignation se trouve dans un titre de 1364 conservé aux archives de Beaune.

de choisir. Cependant, la municipalité croit devoir, après enquête préalable sur la maturité du raisin, donner officieusement avis du jour de l'ouverture des vendanges.

Cette mesure est bonne en soi car elle renseigne les ouvriers du dehors qui ne s'exposent plus autant à des déplacements inutiles ou onéreux, et facilite les transactions dans la vente des raisins sur place.

Quelques climats méritent, à raison de leur exposition exceptionnelle et de la nature particulière de leur terrain, une mention spéciale ; mais les indications du cadastre ne permettent pas toujours d'assigner, à l'aide des étymologies, une origine sûre ou authentique aux *lieux dits*.

Plusieurs de ces appellations étaient autrefois fréquemment en usage dans le patois du pays ; quelques-unes se perpétuent telles quelles dans le langage d'aujourd'hui ; à beaucoup on a fait perdre leur cachet ancien en essayant de les franciser, sans y réussir.

Quelques notes, aussi brèves que possible, ne seront pas néanmoins dénuées d'intérêt pour les amateurs de vieux noms se rattachant à l'histoire du vignoble.

Les *Clous*, climat en vignes, voisin du village, à l'est, possédé par la maison de la Loyère. *Cloux* vient de *Clos*, enceinte fermée de murs peu élevés.

D'anciens titres parlent également du *Clou de Langres*, du *Clou des Godeault*.

Les *Guettes*, séparées du précédent par un chemin rural, doivent leur nom à leur position découverte et plus élevée dans le coteau de midi. C'était autrefois un excellent poste d'observation de la plaine. Là on faisait le *guet* et on veillait sur l'ennemi.

Les *Serpentières* voisines des *Clous*, appelées autrefois les *Serpentines*, doivent certainement leur nom aux nombreux reptiles que l'on y rencontre et qu'attire le voisinage de quelques sources folles.

Les *Lavières*, plus à l'est encore, tirent leur nom des roches minces et plates du sous-sol.

Excellent pour la vigne.

Les *Hautes Vergelesses*, confinant le territoire de Pernand, constituent un climat de crû de premier ordre.

Il en est parlé dans une charte de 830 sous le nom de *Vergelosses*. Son voisinage de l'ancienne voie de Beaune à Vergy semble expliquer cette dénomination.

Il en est également question dans de vieux titres de l'église de Beaune (1). L'hospice de cette ville possède une grande partie des vignes de ce climat.

La *Champagne* est ce vaste terrain plat qui fait suite à la Champagne de Beaune.

Les *Vermots* (vers les monts) sont plus spécialement favorables à la culture du pinot blanc.

Les *Goudelettes*, appelées aussi les *Gouttes-d'Or*, produisent un excellent vin blanc qui flatte l'œil.

Les *Boutières* sont à la limite du finage ; elles produisent de bons cépages.

Les *Ralausses* ont vu, à certaines époques, des émigrations considérables de ces petits rongeurs (rats) qui ont dévasté les cultures.

Chenôve (*Canabis*, chanvre), ancienne propriété des moines de Maizières, est un haut plateau calcaire où la culture de la vigne donne des récoltes abondantes ; son nom vient probablement de celui de « chanvre » à la culture duquel il devait convenir.

Les *Fourneaux* tirent leur nom, suivant une tradition très accréditée, des *fourneaux à charbon* dont on a retrouvé quelques vestiges le long du chemin de Pernand à Beaune.

Climat apprécié.

Les premières cuvées proviennent des vignes des climats des *Marconnets*, des *Jarrons* ou *Dominodes*, des *Guettes*, des *Gravains*, des *Lavières*, des *Narbantons*.

Les *Peuillets*, les *Clous*, les *Pointes*, les *Serpentières*, les *Liards*, les *Pimentiers*, les *Rouvrettes*, les *Fourneaux*, et les *Fourches* fournissent des vins de seconde cuvée des plus appréciés.

---

(1) *Vergelesse, Vergelausse, Vergelasse*, trois désignations inscrites au Martyrologe de Notre-Dame de Beaune (1234, 1253, 1289).

Aux *Champs Chardons*, et aux *Champs des Pruniers*, entre Chorey et Savigny, se dressaient autrefois les signes patibulaires de la justice seigneuriale.

Moutiers-Ramey, que bien à tort le cadastre inscrit *Moutier-à-Mel*, désigne l'emplacement qu'occupait autrefois le prieuré de Saint-Maurice qui relevait de l'abbaye de Moutiers-Ramey, dans le diocèse de Troyes.

Les *Marconnets*, séparés du finage de Beaune par l'ancienne voie romaine, désignent un climat de crû des plus réputés de la région.

Les *Jarrons* (haut et bas), que tout le monde connaît sous le nom de *Dominodes* ou *Dominaudes* (vignes du seigneur), sont contigus au précédent ; ils appartenaient autrefois au prieuré de Saint-Maurice.

Une partie du climat était désigné anciennement sous le nom de *Clou de Langres*.

Terminons en disant que les surfaces cultivées en vignes fines peuvent se répartir de la manière suivante :

En première cuvée extra, environ 17 hectares ; en première cuvée, 80 à 85 hectares ; en seconde cuvée, à peu près la même surface, le reste de la superficie du vignoble se répartissant en troisième ou quatrième cuvées.

Château de Savigny-les-Beaune.
Propriété de Madame la Comtesse de La Loyère.

NOMENCLATURE

DES PRINCIPAUX CLIMATS ET LIEUX-DITS

Vergelesses (les ou aux). — D. L., première cuvée extra ; C. A. B., première et deuxième classes.

PRINCIPAUX PROPRIÉTAIRES

Mme Bert.
MM. Chanson père et fils.
Desforges-Truchot.
Fernand Dumoulin.
Célestin Gorges.
de Joux.
Lavirotte.

MM. Alexis Maldant.
de Maupas.
Eugène Moingeon.
Perdrier.
L. Poisot.
Royé Labaume et Cie.

Charnières (les). — C. A. B., première et deuxième classes ; D. L., deuxième cuvée.

PRINCIPAUX PROPRIÉTAIRES

MM. Germain Gorges.
Imbault-Desforges.
Parigot-Billard.

MM. Moyne-Jacqueminot.
Vesoux-Dufour.

Clous (Aux). — C. A. B., première et deuxième classes ; D. L., deuxième cuvée.

PRINCIPAL PROPRIÉTAIRE

Mme de la Loyère.

Chenôve-Ermitage (1) Commune de Savigny-les-Beaune
ALEXIS MALDANT, propriétaire.

---

(1) Ce domaine faisait partie des biens qu'Hugues de Vergy, dit Bovins, concéda aux religieux de Notre-Dame de Maizières, lors de la fondation de cette abbaye en 1130. Il fut successivement accru par d'autres donateurs, notamment : Renaud de Grandchamp, Pierre, évêque de Chalon, Robert de Saudon, seigneur de Savigny, ce dernier en outre fit abandon, en 1222, aux moines de Chenôve, du ban de vendange, privilège souvent contesté qui donna lieu à d'interminables procès (Archives municipales).

Ce vignoble, augmenté quelque peu au commencement de ce siècle, appartient actuellement à M. Alexis Maldant, négociant à Savigny-les-Beaune, maison fondée en 1758, succursale à Bordeaux, cours du Médoc.

M. ALEXIS MALDANT est en outre propriétaire dans les communes de :

Savigny-les-Beaune : *Vergelesses, — Talmettes, — Peuillets, — Serpentières, — Moustier-Ramey, — Moulin-Moyne, — Rouvrettes, — Pointes, — Cruotte, — Vermots, — Liards, — Ratausses.*

Pernand : *Volgeans, — Chenôve-Ermitage, — Charmois.*

Aloxe-Corton : *Meix du Chapitre, — Chaillots, — Cras, — Les Chaumes, Clos-Journaux, — Voirosses, — Bressandes.*

Beaune : *Ecu, — Bressandes, — Maladières.*

Fourneaux (Aux). — C. A. B., première, deuxième et troisième classes.

PRINCIPAUX PROPRIÉTAIRES

MM. Baille.
Bourgeois.
Chenu.
Henri Cyrot.
Desforges.
Dufour-Manière.
Goby-Vesoux.
Emile Imbault.

MM. de Joux.
de la Loyère.
Les Hospices civils de Beaune (Hôtel-Dieu).
Parent.
Royé Labaume et Cie.
Serrigny-Robelin.
Vesoux-Dufour.

Gravains (Aux). — D. L., première cuvée; C. A. B., première classe.

PRINCIPAUX PROPRIÉTAIRES

MM. Bouley-Troussard.
Cyrot.
Moine-Boursot.
Moyne-Jacqueminot.

MM. de Pesquidoux.
L. Poisot.
Serrigny-Robelin.
Vesoux-Dufour.

Guettes (les ou aux). — D. L., première cuvée; C. A. B., première, deuxième et troisième classes.

PRINCIPAUX PROPRIÉTAIRES

MM. Billard-Larbalestier.
Léonce Bocquet.
Bonnot.
Bouley-Troussard.
Gauthey cadet et fils.
Hospices civils de Beaune.

MM. Moyne-Jacqueminot.
Marcel Narvault.
Parent.
L. Poisot.
Royé Labaume et Cie.
Serrigny-Robelin.

Hauts-Jarrons (les). — C. A. B., première et deuxième classes.

PRINCIPAUX PROPRIÉTAIRES

MM. Ernest Bernard.
Léonce Bocquet.
Bouley.
Champy.
Dufour.
Emile Imbault.

MM. Joannet-Narvault.
du Lédo.
Marcel Narvault.
L. Poisot.
Troussard.
Vesoux.

Magasins. Caves et Bureaux de la Maison
Manuel-Roux et Cie, à Savigny-les-Beaune (1).

MAISON FONDÉE EN 1848.

(1) Deux médailles d'or à l'Exposition Universelle de 1889, à Paris, pour les vins de ses récoltes.

Propriétaire dans les communes de :

Savigny : *Au Clos Patriarche, — Les Serpentières,*
Les Godeaux, — Les Fourches,
Les Lavières (île) — Les Lavières (grandes),
Les Grands Picotins, — Les Petits Picotins,
Les Feuillets, — Les Saucours,
Les Galloises.

Pernand : *Aux Vergelesses.*

Jarrons (les). — D. L., première cuvée; C. A. B., première classe.

PRINCIPAUX PROPRIÉTAIRES

MM. Arnoux.
Ernest Bernard.
Bouley.
Emile Imbault.
du Ledo.

MM. L. Poisot.
Royé Labaume et Cie.
Troussard.
Vesoux-Dufour.

Lavières (les ou aux). — D. L., première cuvée; C. A. B., première et deuxième classes.

PRINCIPAUX PROPRIÉTAIRES

MM. Baille.
Léonce Bocquet.
Bouley-Troussard.
Davadant.
Dillon.
Fernand Dumoulin.
Gauthey cadet et fils.
Emile Imbault.
de Joux.
Manuel-Roux et Cie.

MM. de Maupas.
Moine-Boursot.
Moyne-Jacqueminot.
Narvault.
Orgelot.
Prieur.
Rougé.
Seguin-Manuel.
Viennot.
Vollot.

Marconnets-Hauts (les). — D. L., première cuvée; C. A. B., première et deuxième classes.

PRINCIPAUX PROPRIÉTAIRES

MM. Léonce Bocquet.
Darviot.
Le Bureau de bienfaisance d'Allerey.
Célestin Gorges.

MM. de Maupas.
L. Poisot.
Royer.
Vieilhomme.

Marconnets-Bas (les). — D. L., première cuvée; C. A. B., première classe.

PRINCIPAUX PROPRIÉTAIRES

M. Léonce Bocquet.

M. Célestin Gorges.

Domaine de M. Moyne-Jacqueminot, à Savigny-les-Beaune
(Chef de la Maison **Les Fils de C. Jacqueminot**, à Beaune) (1).

Maison fondée en 1825.

(1) Bureaux à Beaune, Caves et Magasins à Savigny.

Médailles d'or, pour les vins de ses récoltes aux Expositions Universelles de Paris 1867 et 1889.

Toutes les vignes dont nous donnons ci-dessous la nomenclature sont de vieux plants français et ont été parfaitement conservées par le traitement au sulfure de carbone.

M. Moyne-Jacqueminot possède entre autres belles propriétés vinicoles la plus grande partie du célèbre climat de **Corton** :

Commune de **Beaune** : *Les Marconnets, — Le Clos du Roi, — Les Bressandes* (1re classe);

Les Cent Vignes, — Les Blanches Fleurs (2e classe);

Montbattois.

— — **Savigny** : *Les Guettes, — Les Serpentières, — Les Gravains, — Les Lavières, — Les Talmettes* (1re classe);

Petits Godeaux, — Les Liards, — Les Fourches, — Les Picotins, — Les Ratausses, — Le Redrescul (2e classe);

La Galloise, — Champ des Pruniers (3e classe).

— — **Aloxe-Corton** : *Le Corton, — Les Renardes* (hors lig., 1re classe); *Les Citernes* (3e classe).

— — **Chorey** : *Les Beaumonts.*

Savigny : Celliers, Caves et Magasins de la Maison
Les Fils de C. Jacqueminot, à Beaune (Côte-d'Or).

Narbantons (les). — D. L., première cuvée; C. A. B., première, deuxième et troisième classes.

PRINCIPAUX PROPRIÉTAIRES

MM. Ernest Bernard.
   Léonce Bocquet.
   Bouley-Troussard.
   Corcol-Gabiot.
   Célestin Gorges.
   Hospices civils de Beaune.

MM. du Lédo.
   Marcel Narvault.
   Narvault-Manière.
   L. Poisot.
   Royé Labaume et Cie.
   Vesoux-Dufour.

Pimentier (le ou les). — C. A. B., première et deuxième classes; D. L., deuxième cuvée.

PRINCIPAUX PROPRIÉTAIRES

MM. Billard-Larbalestier.
   Bouley-Troussard.
   Dufour-Manière.
   F. Dumoulin.
   Girard-Garnier.
   Girard-Pourcher.
   Glantenay.
   Goby-Vesoux.
   Goby-Parigot.
   Grapin.
   Joannet-Narvault.
   Langeron.
   Lavirotte.
   Lapostolet.

La Charité de Beaune.
MM. Manière-Denizot.
   de Maupas.
   Moyne-Boursot.
   Narvault-Manière.
   Orgelot.
   Parent.
   Parigot-Billard.
   Rougé.
   Royé Labaume et C^{io}.
   Serrigny.
   Vesoux-Paquet.
   Vesoux-Vesoux.

Talmettes (les). — C. A. B., première et deuxième classes.

PRINCIPAUX PROPRIÉTAIRES

MM. de Joux.
   Alexis Maldant.
   de Maupas.
   Moyne-Jacqueminot.
   L. Poisot.

MM. Prieur.
   Royé Labaume et Cie.
   Viennot.
   Vollot.

Peuillets. — C. A. B., première, deuxième et troisième classes ; D. L., deuxième cuvée (la partie ouest *les Dominaudes* en première cuvée).

PRINCIPAUX PROPRIÉTAIRES

MM. Bathiard.
Bonnot.
Léonce Bocquet.
Bouley-Troussard.
Boursot.
Broichot.
Chanson père et fils.
Chenu-Paquet.
Prosper Davadant.
Gillotte.
Imbault.
L'Héritier-Guyot.

MM. Alexis Maldant.
Manuel-Roux et Cie.
de Maupas.
Eugène Moigeon.
Muzard-Joannet.
Paquet-Arnoux.
Pavelot.
Royé Labaume et Cie.
Serrigny.
Vesoux-Vesoux.
Irénée Vollot.

Serpentières (les ou aux). — C. A. B., première et deuxième classes ; D. L., deuxième cuvée.

PRINCIPAUX PROPRIÉTAIRES

MM. Léonce Bocquet.
Célestin Gorges.
Heuvrard.
Hilaire Goby.
Lacaille.
La Charité de Beaune.
de la Loyère.
Lavirotte.
Alexis Maldant.
Manière-Denizot.

MM. de Maupas.
Eugène Moingeon.
de Montgascon.
Moyne-Jacqueminot.
Perdrier.
L. Poisot.
Rossignol.
Seguin-Manuel, Roux et Cie.
Vesoux-Dufour.

Godeaux (les ou aux). — C. A. B., deuxième et troisième classes ; D. L., troisième classe.

PRINCIPAUX PROPRIÉTAIRES

MM. du Bay-Peste.
Bouley-Troussard.
Chenu-Paquet.
Girard-Pourchet.
Grapin-Goby.

MM. Parent.
Manuel Roux et Cie.
Moyne-Jacqueminot.
Irénée Vollot.

Canardières (les) ou **Es Canardises**. — D. L., deuxième cuvée ; C. A. B., deuxième classe.

PRINCIPAUX PROPRIÉTAIRES

MM. Beuchet.
  Bourgeois.
  Corcol-Gabiot.
  Fellot.
  Paul Girard.
  Goby-Mariotte.
  Goby-Plait.

MM. de Joux.
  Joannet-Narvault.
  Moingeon-Ropiteau.
  Parigot.
  Rossignol.
  Royé Labaume et Cie.
  Serrigny-Bathiard.

Fourches (les ou aux). — C. A. B., deuxième et troisième classes.

PRINCIPAUX PROPRIÉTAIRES

MM. Billard-Larbalestier.
  Bouley-Troussard.
  Boursot-Liger.
  Guyot-Boudier.
  Joannet-Moine.
  de Joux.
  Langeron.
  Lapostolet.

MM. Manuel-Roux et Cie.
  Moine-Boursot.
  Moyne-Jacqueminot.
  Parent.
  Remondet.
  Rossignol.
  Rougé.

Petits Godeaux (les). — C. A. B., deuxième classe.

PRINCIPAUX PROPRIÉTAIRES

M. Davadant.

M. Moyne-Jacqueminot.

Basses Vergelesses ou **Ile des Vergelesses**. — C. A. B., première classe.

PRINCIPAUX PROPRIÉTAIRES

Hospices de Beaune.

M. L. Poisot.

Grands Liards (Aux). — D. L., deuxième cuvée; C. A. B., deuxième classe.

PRINCIPAUX PROPRIÉTAIRES

MM. Billard-Larbalestier.
Bouley-Troussard.
Desforges-Truchot.
Dumoulin.

MM. Alexis Maldant.
Moyne-Jacqueminot.
Serrigny.

Petits Liards (Aux). — D. L., deuxième cuvée; C. A. B., deuxième classe.

PRINCIPAUX PROPRIÉTAIRES

MM. Desforges-Truchot.
Dillon.
Lavirotte.
Marcel Narvault.

MM. L. Poisot.
Royé Labaume et Cie.
Amédée Vesoux.
Vesoux-Dufour.

Grands Picotins (les). — C. A. B., deuxième et troisième classes; D. L., troisième cuvée.

PRINCIPAUX PROPRIÉTAIRES

MM. Léonce Bocquet.
Bouley-Troussard.
Gabiot.
Célestin Gorges.
Manuel-Roux et Cie.
Moine-Boursot.

MM. Moyne-Jacqueminot.
Paquet-Arnoux.
Parent.
Rougé.
Vesoux-Paquet.
Vollot.

Petits Picotins (les). — C. A. B., deuxième et troisième classes; D. L., troisième cuvée.

PRINCIPAUX PROPRIÉTAIRES

MM. Bize.
Léonce Bocquet.
Gabiot.
Goby-Mariotte.
Goby-Vesoux.
Célestin Gorges.
La Charité de Beaune.

MM. Manuel-Roux et Cie.
Marque.
Moyne-Jacqueminot.
Rougé.
Royé Labaume et Cie.
Vollot.

Pointes (Aux). — D. L., deuxième cuvée; C. A. B., deuxième classe.

PRINCIPAUX PROPRIÉTAIRES

MM. Bourgeois.
Bouley.
Alexis Maldant.

M. Paquet-Arnoux.
Les Hospices civils de Beaune.
M. Troussard.

Redrescul ou Redrescut (En). — C. A. B., deuxième et troisième classes; D. L., troisième cuvée.

PRINCIPAUX PROPRIÉTAIRES

M. Ernest Bernard.

M. Moyne-Jacqueminot.

Roichottes (les). — C. A. B., deuxième et troisième classes.

PRINCIPAUX PROPRIÉTAIRES

MM. Goby-Vesoux.
de Joux.
Lavirotte.

Les Hospices civils de Beaune.
M. Paquet-Arnoux.

Rouvrettes (les). — D. L., deuxième cuvée; C. A. B., deuxième classe.

PRINCIPAUX PROPRIÉTAIRES

MM. Arnoux.
Bouley-Troussard.
Bussilot.
Buthiaut.
Prosper Davadant.
Fellot.
Emile Imbault.
Alfred Imbault.
Joannet.

MM. Alexis Maldant.
Moingeon-Ropiteau.
Moyne-Boursot.
Narvault-Marcel.
Prieur.
Louis Rossignol.
Amédée Vesoux.
Vesoux-Dufour.

Saucours (les). — C. A. B., deuxième et troisième classes; D. L., troisième cuvée.

PRINCIPAUX PROPRIÉTAIRES

MM. Billard-Joannet.
Billard-Larbalestier.
Fcliot-Roulot.
Goby-Bazerolle.
Goby Hilaire.
Prosper Heuvrard.
Joannet.

MM. Manuel-Roux et Cⁱᵉ.
de la Loyère.
Moine-Boursot.
Muzard-Joannet.
Marcel Narvault.
Vesoux-Dufour.

Bourgeots (les). — D. L., troisième cuvée; C. A. B., troisième classe.

PRINCIPAUX PROPRIÉTAIRES

MM. Bouley-Troussard.
Chevrot.
Goby-Plait.

La Charité de Beaune.
M. L. Poisot.

Champagne (la). — D. L., troisième cuvée; C. A. B., troisième classe.

PRINCIPAUX PROPRIÉTAIRES

M. Laligant.

M. Ouillon.

Champs Chardons Dessus (Aux). — D. L., troisième cuvée; C. A. B., troisième classe.

PRINCIPAUX PROPRIÉTAIRES

MM. Bonnard-Goby.
Bouley-Troussard.
Desforges-Truchot.
Girard-Pourcher.
Goby-Mariotte.
Guyot-Boudier.

MM. Emile Imbault.
Moine-Boursot.
Parent.
Perrin-Serrigny.
Rémondet.
Irénée Vollot.

Champs des Pruniers. — C. A. B., troisième classe.

PRINCIPAUX PROPRIÉTAIRES

MM. Bathiard.
Buthiaut.
Dufour-Manière.
Paul Girard.
Goby-Bazerolle.
Joannet-Narvault.
Langeron.
Alexis Maldant.

MM. Moyne-Jacqueminot.
Narvault-Manière.
Parigot-Goby.
Rougé.
Royé Labaume et Cie.
Vesoux-Dufour.
Viennot.

Gruottes (Aux). — C. A. B., troisième classe.

PRINCIPAUX PROPRIÉTAIRES

MM. Billard-Joannet.
Perdrier-Lavirotte.

MM. Parent.
Alexis Maldant.

Galloises (les). — C. A. B., troisième classe.

PRINCIPAUX PROPRIÉTAIRES

MM. Langeron.
Manuel-Roux et Cie.

MM. Moyne-Jacqueminot.
Ernest Narvault.

Guettotes (En). — C. A. B., troisième classe.

PRINCIPAUX PROPRIÉTAIRES

MM. Billard-Joannet.
Desforges-Truchot.

MM. Célestin Gorges.
Lapostolet.

Liards ou **Bas Liards** (Aux). — D. L., troisième cuvée ; C. A. B., troisième classe.

PRINCIPAUX PROPRIÉTAIRES

MM. Billard-Larbalestier.
Bouley-Troussard.
Prosper Davadant.
Goby-Plait.
de Joux.
Lapostolet-Vesoux.
Louis Lavirotte.

MM. Alexis Maldant.
Moyne-Jacqueminot.
Marcel Narvault.
Parent.
L. Poisot.
Vesoux-Dufour.

Moulin-Moyne (le). — D. L., troisième cuvée; C. A. B., troisième classe.

PRINCIPAUX PROPRIÉTAIRES

M. Bouley-Troussard. | M. Alexis Maldant.

Moutier Amet ou **Moustier Ramey**. — C. A. B., troisième classe.

PRINCIPAUX PROPRIÉTAIRES

MM. Billard-Larbalestier.
Léonce Bocquet.
Goby-Bazerolle.
Lagneau.

MM. Alexis Maldant.
Louis Rossignol.
Vesoux-Dufour.

Planchots ou **Planchots du Nord** (les). — D. L., troisième cuvée; C. A. B., troisième classe.

PRINCIPAUX PROPRIÉTAIRES

MM. Buthiaut.
Dufour-Manière.
Paul Girard.
Goby-Vesoux.
La Charité de Beaune.

MM. Lapostolet.
Alexis Maldant.
Moine-Boursot.
Parent.
Royé Labaume et Cie.

Planchots de la Champagne (les). — D. L., troisième cuvée; C. A. B., troisième classe.

PRINCIPAUX PROPRIÉTAIRES

MM. Bouley-Troussard.
Gacon.
Goby-Bazerolle.
Goby-Mariotte.
Jacquemard.
Langeron.
Hospices civils de Beaune.
L'Héritier-Guyot.

MM. Parent.
Parigot-Goby.
Paveulot.
Perrin-Serrigny.
Rougé.
Royé Labaume et Cie.
Vesoux-Vesoux.

Prevaux (les). — C. A. B., troisième classe.

PRINCIPAUX PROPRIÉTAIRES

MM. Billard-Larbalestier.
Hilaire Goby.
Goby-Mariotte.
Goby-Parigot.
Goby-Vesoux.
Lapostolet.
Lavirotte.

MM. Livoret.
Les Hospices civils de Beaune.
Alexis Maldant.
Muzard-Joannet.
Parent.
Vesoux-Vesoux.

Ralausses (les). — C. A. B., troisième classe.

PRINCIPAUX PROPRIÉTAIRES

MM. Ambroiset-Ricaud.
Billard-Joannet.
Paul Girard.
Goby-Bazerolle.
Alexis Maldant.

MM. Moyne-Jacqueminot.
Muzard.
Paquet-Arnoux.
Perdrier.
Jules Ricaud.

Vermots. — D. L., troisième cuvée.

PRINCIPAL PROPRIÉTAIRE

M. Alexis Maldant.

Chenôve-Ermitage. — C. Loc., deuxième et troisième classes.

SEUL PROPRIÉTAIRE

M. Alexis Maldant.

Roches (Sous). — C. Loc., troisième cuvée.

PRINCIPAUX PROPRIÉTAIRES

M. Billard-Larbalestier. | M. Chenu-Paquet.

Les Boutières.

PRINCIPAUX PROPRIÉTAIRES

MM. Louis Latour.
Alexis Maldant.
De Maupas.

MM. L. Poisot.
Royé Labaume et Cie.

Goudelettes (les).

PRINCIPAUX PROPRIÉTAIRES

MM. Billard-Joannet.
Billard-Larbalestier.
Desforges.
Goby-Mariotte.
Joannet-Moine.
Marque.

MM. Muzard-Joannet.
Narvault-Manière.
Plait-Cornu.
Vesoux-Dufour.
Vollot.
Mme Vve Jolivet.

Les **Grandes Lavières,**   MM. Manuel-Roux et Cie. ⎫
Les **Clos Patriarche,**   Manuel-Roux et Cie. ⎬ PRINCIPAUX PROPRIÉTAIRES
Les **Perrières,**   L'Héritier-Guyot.   ⎭

Etc., etc.

CHOREY

Situé à proximité de l'ancienne voie d'Autun à Besançon, Chorey posséda à l'époque gallo-romaine des établissements d'une certaine importance. Une foule de débris antiques, ainsi que nombre de monnaies, y ont été recueillis et ont trouvé place dans les musées de la ville de Beaune. Tous ces objets constatent l'existence de *villas* détruites par les invasions barbares qui mirent fin à la domination romaine dans les Gaules (1).

Chorey, *Charre*, *Cherreium*, *Cherriacum*, *Cherriaceum* aux XIIIe, XIVe et XVe siècles (2), fut le siège d'un prieuré de Bénédictins dépendant de Moutiers-Saint-Jean, dont il est parlé dans le *Réomaus* à l'an 1259 (3). Les sires de Frolois étaient seigneurs de ce village. En 1620, nous voyons en la même qualité Antide Bourée, et cette terre passa depuis à la maison de Migieu. Le château, plusieurs fois ruiné et reconstruit, est aujourd'hui la propriété de M. Chauvelot-Girard.

Depuis longtemps, on cultive la vigne à Chorey. Au siècle dernier, les habitants avaient le droit d'entrer leurs vins en franchise à Beaune.

D'après le recensement de 1891 la commune a une popula-

---

(1) Chorey a eu la chance de trouver un annaliste. Aussi, tous les renseignements relatifs à ce village, et rentrant spécialement dans le domaine de l'histoire et de l'archéologie, sont-ils consignés avec détails dans un ouvrage plein d'intérêt. (V. Ch. Bigarne, *Histoire de Chorey et de ses Seigneurs*, 2 vol., Beaune, 1875).

On consultera également avec fruit une notice du même auteur intitulée : *Les Romains et les Burgondes à Chorey*, apd *Mémoires de la Société d'histoire et d'archéologie*, Beaune, 1888.

(2) *Martyr. de N.-D. de Beaune*.

(3) Courtépée, t. II.

tion de 343 habitants. Elle appartient au canton sud de Beaune, et est située à 3 kilomètres 800 mètres de cette ville. Sa superficie est de 550 hectares. Au nord les communes d'Aloxe et de Serrigny, à l'ouest celle de Savigny, au sud celle de Beaune et à l'est celle de Ruffey (le hameau de Varennes), lui servent de confins.

Son altitude est de 238m375, sa latitude de 47° 2' 39" et sa longitude de 2° 32' 50".

C'est un charmant village très propre, et que son voisinage de Beaune rend particulièrement agréable. On peut s'y rendre par la route nationale qui longe la partie supérieure du pays et par des chemins vicinaux, en ayant recours aux voitures prises à Beaune.

Le service des postes est assuré par le bureau de Beaune, lequel a deux courriers par jour.

Au point de vue géologique, Chorey est dans les alluvions anciennes. A l'est, le sol léger, fertile, convient à la grande culture. Au nord le coteau des *Champs Longs* présente un sous-sol argileux, imperméable et humide; au sud, près de la rivière du cours de Rhoin, qui descend du vallon de *Fontaine-Froide*, le sol est graveleux, profond et sec. Dans cet endroit, ainsi qu'aux *Beaumonts* situés à l'ouest, on récolte les meilleurs vins de la commune.

En général, sauf dans la partie tout à fait basse et froide, à l'est, le sol permet la culture de la vigne, et le vin de gamay produit est classé au rang des meilleurs du département. Le terrain est argilo-calcaire et ferrugineux; dans quelques endroits, près du cimetière par exemple, il est blanc et marneux, ce qui en faisait un lieu préféré pour le vin blanc, avant l'invasion phylloxérique.

L'épaisseur de la couche arable est considérable; sous le rapport de la fertilité et de la facilité de culture, peu de communes sont favorisées à l'égal de Chorey.

Le *pinot* est assez peu cultivé: on le trouve aux *Crais*, aux *Beaumonts*, aux *Champs Longs*, etc.

Le gamay, plus productif, est très apprécié; les principales variétés que l'on rencontre sont : l'*Arcenant*, le *Bévy*, le *plant d'Evelles*, appelé *plant Moreau*, etc.

La vigne occupait, dans ces dernières années, environ la moitié de la superficie de la commune, ainsi que la statistique en donne la preuve :

ANNÉES	SURFACE
1834	285 hectares
1857	245 —
1861	289 —
1870	300 —
1878	350 —

Les principaux climats pour la culture de la vigne sont :

Les *Crais*, la *Rochelle*, les *Beaumonts*, les *Closeaux*, le *Poirier mal chaussé*, les *Corvées*, *Derrière le Château*, les *Champs Longs*, les *Sausses Soitots*, les *Moutots*.

Ajoutons que la vigne est cultivée avec le plus grand soin, et que la vinification fait l'objet de la plus grande attention. Jadis, le rendement moyen était d'environ la pièce à l'ouvrée, soit 25 pièces à l'hectare pour le gamay, et moitié pour le pinot, depuis il a considérablement baissé.

Les vins de Chorey se sont toujours bien vendus ; voici, d'après M. Bigarne (1), le prix des vins à différentes époques :

ANNÉES	PRIX DES DEUX PIÈCES
1771	140 livres la queue.
1772	45 livres (récolte énorme).
1774	85 —
1775	72 —
1776	75 —
1777	120 —
1778	90 —
1789	53 —

(1) *Histoire de Chorey et de ses Seigneurs.*

ANNÉES	PRIX DES DEUX PIÈCES
1791	120 —
1805	40 —
1808	100 francs
1811	240 —
1815	220 —
1822	250 —
1840	80 francs la queue.
1849	60 —
1857	100 —
1858	100 —
1860	60 — (Garibaldi).
1865	120 —
1866	50 — (Bismarck).
1868	120 à 140 francs
1870	140 (l'année suivante).
1880 à 1892	de 100 à 120 fr. la pièce.

De tout temps, avons-nous dit, les vins de Chorey ont eu une certaine réputation. Le Dr Morelot a écrit (1) : « Parmi les meilleurs vignobles du canton sud de Beaune, on doit placer celui de Chorey ; le territoire de cette commune est élevé et repose sur un sol propice à la vigne, aussi y a-t-elle été cultivée de temps immémorial. Le vin qu'elle y produit ne peut être considéré comme un pur gamay, c'est un très bon passe-tout-grains, franc, moelleux, coloré, que le commerce peut expédier avec grand avantage comme excellent ordinaire. On emploie encore les bons chorey, quand les vins de première qualité périclitent. Ils deviennent alors ce qu'on appelle « vin de remède ; ils les bonifient et les rendent agréables à boire. »

En résumé nous classerons les vins de Chorey parmi les meilleurs de la région sud de Beaune ; ils sont moelleux, colorés, alcooliques, et se conservent longtemps. Au bout de quelques années, les vins de gamay eux-mêmes acquièrent de telles qualités qu'ils rivalisent avec les meilleurs passe-tout-grains.

(1) Déjà cité.

NOMENCLATURE

DES PRINCIPAUX CLIMATS ET LIEUX DITS

La propriété foncière de Chorey étant très divisée, il est matériellement impossible de désigner tous les propriétaires des meilleurs climats. Citons cependant parmi les plus importants :

Les Beaumonts,   } M. Moyne-Jacqueminot.
                   } M. Royé-Labaume et Cie.

Champlongs,   } M. Royé-Labaume et Cie.
                  } M. Jules Senard.

Ratosses,   M. Royé-Labaume et Cie.

Tue-Bœuf,   M. Royé-Labaume et Cie.

MM. Charles Bigarne.
    Chauvelot-Girard.
    Collas-Pierre.
    Dumilly-Girard.

MM. Achille Gautheret.
    Gruyer-Girard.
    Auguste Lyœn.
    Jules Ricaud, etc., etc.

PERNAND

Le nom de cette localité vient incontestablement du mot *nan*, l'une des quelques expressions celtiques qui ont survécu à la conquête romaine pour désigner soit les sources, soit les lieux où elles abondent. Or, à Pernand, elles sont nombreuses, et on y connaît spécialement celle de *Saint-Germain* au milieu du pays, et celles de *Bully*, de la *Fièvre* et de la *Mare*.

D'après Courtépée, ce village a porté les noms de *Ver-nantum*, *Pernancum*, *Pernacum*, latinisation de l'appellation primitive *Per nan*, à laquelle on revint en l'écrivant *Pernant* et enfin *Pernand* (1). En cet endroit, l'occupation celtique, dès une époque qui échappe à l'histoire, s'est révélée par d'assez nombreux objets de l'âge de pierre, dont il a été formé, au muséum d'histoire naturelle de Beaune, une intéressante collection.

« Ce village est ancien, » dit Courtépée. « On a découvert plusieurs tombeaux avec de vieilles armes et deux cuillers d'argent à demi rongées, dans les *Lavières*, avec 50 médailles du Bas Empire. » A la suite de ce renseignement passablement sommaire, il est bon de rappeler la découverte faite, en 1840, d'une statuette en bronze, représentant un Jupiter gaulois (2), dans un état d'admirable conservation.

La métairie de *Chenôve*, qui dépendait sans doute de Pernand, est d'origine gallo-romaine (3). En 1154, Pernant et Che-

---

(1) *Pernant* se retrouve en 1226, 1227 et 1274 au *Martyr. de Notre-Dame de Beaune*.

(2) Au musée de Beaune.

(3) Chenôve fait partie actuellement de la commune de Savigny-les-Beaune. M. L. Maldant y a opéré une exploration dont le résultat a été la découverte d'un certain nombre de sépultures des temps gallo-romains et barbares.

Antérieurement, il avait été trouvé en ce lieu un petit coffre en bronze renfermant une monnaie de la colonie de Nîmes et deux belles bagues en or. Ces objets ont été envoyés au Musée des Origines nationales de Saint-Germain-en-Laye.

nòve sont cités dans les titres de l'abbaye de Maizières déposés aux archives départementales. En 1284, un titre fait mention d'un curé de Pernand.

En 1290, Jehan de Frolois est seigneur de Pernand. En 1401, Milon de Grancey unit l'église de Pernand au chapitre de Saulieu.

1470, Pernand et Aloxe appartiennent à Marie de Mont-jeu et au comte de Charny.

1489. Claude de Brancion, gouverneur de Chalon, est seigneur de Pernand.

1527. Claude de Brancion, chanoine de Beaune, est seigneur de Pernand, qu'il lègue à son neveu Hugues de Brancion, fils de Jean, seigneur Corgoloin.

Sa fille, Françoise, apporta Pernand à son second mari, Louis de Villers-la-Faye, chevalier des ordres du roi. Ce dernier fut père de François de Villers, gentilhomme ordinaire de la Chambre de Louis XIII.

Louis, fils de François, baron de Pernand, épousa Madeleine de Bourbon-Busset, dont il eut Michel de Villers, héritier de la baronnie. La terre de Pernand passa dans la famille des Brunet de Chailly et dans celle du Tillot (1).

Les archives de Pernand gardent une copie de l'ancien terrier de cette commune ; elle porte la date du 29 octobre 1537. Une nouvelle copie en fut faite le 5 mars 1677 pour un procès de la commune de Pernand contre les prieur et religieux de Maizières.

L'abbaye de Maizières avait un prieuré à *Bully*, dans la partie nord du territoire de Pernand. De ce monastère, désigné sous le nom *Bulliacum*, en 1154, dans les titres de l'abbaye de Maizières, quelques ruines sont encore visibles.

Le clos de Bully appartient aujourd'hui à M. Carret, notaire à Beaune. Il a une contenance de 5 hectares 83 ares 76 centiares.

---

(1) Ms. Ch. Bigarne.

Une copie de l'ancien terrier de Bully existe aux archives de Pernand, elle est datée du 22 janvier 1521.

Les habitants de Pernand étaient misérables avant 1789. En 1304, Pernand a deux feux francs solvables, deux feux misérables et 44 feux serfs.

Cependant Pernand est affranchi de la main-morte en 1419, par Jean de Saulx, seigneur de Courtivron, autorisé à cet effet par le duc Jean sans Peur.

Une copie de la charte d'affranchissement en date de 1618 existe aux archives communales.

Le village de Pernand est à 6 k. de Beaune, à 36 k. de Dijon et à 351 k. de Paris.

La population se compose de 354 habitants; au siècle dernier elle était de 230 communiants.

Le territoire ne présente pas de bornes naturelles. Il fut délimité en 1825, et l'ancien terrier de 1537 a servi de base à cette opération.

Les limites sont : au levant, Magny-les-Villers, Serrigny et Aloxe-Corton ; au sud, Aloxe-Corton ; au couchant, Savigny-les-Beaune, et au nord, Echevronne et Magny. La longitude est de 2° 3' et la latitude 47° 4'. L'altitude atteint 288 mètres environ, au centre du pays, et 288, sur le plateau de *Fretille*, qui domine le village au nord.

Il n'existe pas de cours d'eau dans le territoire qui possède cependant plusieurs sources excellentes.

La plus remarquable est celle du village, d'un débit minimum de 20 litres par minute. Elle est aujourd'hui distribuée dans toutes les rues par des bornes-fontaines.

Le territoire est traversé par le chemin de grande communication n° 46, de Beaune à Pouilly-en-Auxois, qui passe au bas du pays.

Pernand est à environ 2 k. d'Aloxe-Corton et à 3 k. 1/2 de la nouvelle gare de Serrigny.

La commune dépend du bureau de poste de Savigny-les-Beaune.

Pour se rendre à Pernand, on peut prendre soit les voitures publiques jusqu'à Savigny, soit le chemin de fer, en descendant à la station de Ladoix-Serrigny, soit mieux encore des voitures particulières.

Lors de la confection du cadastre, on comptait 87 hectares 05 en plants fins, et 200 hectares 29 ares en gamays. Depuis, l'étendue du vignoble n'a guère changé, puisque le Comité d'agriculture indique pour les plants fins 97 hectares 99 ares.

Le territoire de la commune, très morcelé, est divisé en 23 climats répartis en cinq classes pour l'impôt. Au rang des climats dont la renommée est la plus ancienne on doit citer celui de *Charlemagne*.

Il est ainsi nommé parce que l'empereur Charlemagne y possédait un vaste clos qu'il donna à l'abbaye de Saulieu, en 775.

Les vins blancs de ce climat sont justement appréciés; ils valent en moyenne 130 fr. les 114 litres.

Les vins rouges et les vins blancs ont une réputation méritée.

Durant les siècles suivants, il est souvent question du *Charlemagne*. Après avoir appartenu jusqu'à la Révolution à l'abbaye de Saulieu, il fut déclaré bien national et vendu le 2 mai 1792, à Beaune, au prix de 10,800 livres, non compris le douzième. A ce moment il contenait environ 70 ouvrées.

Le territoire de Pernand étant très divisé, chaque famille a son patrimoine. Quelques vignerons font une culture mixte, c'est-à-dire travaillent pour eux et pour un maître.

Les propriétaires qui font cultiver leurs vignes ont des vignerons soit à moitié, soit en tâche.

Sur 295 vignerons et vigneronnes de la commune, 197 cultivent seulement leurs propriétés et 98 font une culture mixte.

La situation géologique de cette commune est très remarquable. En regard de la montagne de *Corton* s'ouvre une profonde vallée, commençant à l'altitude ordinaire de la moyenne Côte, soit vers les 225 à 230 mètres ; au fond est adossé à cette montagne le village, dont la partie inférieure se trouve en entier dans le Cornbrash. Viennent ensuite les Marnes oxfordiennes qui font une sorte de ceinture à ce coteau. Enfin le Corallien termine les crêtes.

L'autre rive de cette vallée est formée d'une succession de

collines dont les sommets, allant vers les 390 à 400 mètres d'altitude, sont dans le même groupe, tandis que le bas se retrouve dans l'Oxfordien.

M. Margottet ne donne qu'une seule analyse des sols de la commune ; c'est celle du climat en *Charlemagne :*

	CHARLEMAGNE	
	Sol	Sous-sol à 0.35
Terre fine.	73.68	52.38
Gravier.	26.32	47.62
Cailloux	0.	0.
ANALYSE DE LA TERRE FINE		
Sable siliceux	40.99	34.01
Argile	18.34	14.85
Chaux	21.09	27.20

Ainsi qu'on le voit, l'élément silico-calcaire domine dans ce climat ; d'autre part, on trouve quelques renseignements dans l'*Etude des terrains de la Côte-d'Or* (1), les voici : En *Charlemagne*, sol silico-calcaire, sous-sol calcaire. *Sous les Collons*, sol léger avec cailloux tendres, sous-sol marneux, sableux, très calcaire.

En résumé, le sol du territoire est argilo-calcaire. Ferrugineux au sud, il produit d'excellents vins rouges. Plus calcaire au nord, il produit d'excellents vins blancs.

Le sous-sol est en général marneux.

La couche arable a en moyenne 0^{m}40 d'épaisseur.

Le plant cultivé en vins fins est le pinot fin, en bon ordinaire le noirien dit de Pernand et en ordinaire le gamay.

Ajoutons que l'on compte en moyenne 1100 à 1200 ceps de vigne à l'ouvrée, soit pour 4 ares 28 centiares. Les rendements

(1) Déjà cité.

à l'hectare ainsi que les prix ont été assez variables : voici quelques renseignements à ce sujet.

ANNÉES	RENDEMENT à L'HECTARE	PRIX MOYEN de L'HECTOLITRE	DATE de la VENDANGE
1857	12	40 fr.	24 septembre.
1858	24	30	bonne année.
1859	12	35	année médiocre.
1860	28	»	»
1874	26	50	»
1877	26	50	»
1878	26	50	7 octobre.
1879	26	»	20 octobre.
1880	24	»	4 octobre.
1881	26	60	28 septembre.
1882	25	45	8 octobre.
1884	12	50	2 octobre.
1885	14	50	29 septembre.
1886	14	50	3 octobre.
1887	12	65	1er octobre.
1888	24	50	7 octobre.
1889	7.20	60	30 septembre.
1890	7.50	60	8 octobre.

A l'analyse, les vins fins de Pernand se rapprochent beaucoup de ceux que l'on récolte à Aloxe, mais ils sont plus riches en tartres. Nous donnons cette analyse de l'un d'eux fait à notre laboratoire de Beaune :

ANNÉE	DENSITÉ	ALCOOL en degrés p. 0/0	EXTRAIT sec à 100 degrés en grammes p. 0/00	TARTRES p. 0/00	ACIDITÉ totale en SO^3HO p. 0/00	TANNIN p. 0/00
1889	994,9	12.70	26 gr. 20	5 gr. 10	4 gr. 02	1 gr. 10

Quant aux prix, les vins des bonnes cuvées fines atteignent ceux des climats similaires de la Côte.

A la dégustation ces vins sont un peu plus fermes que ceux de Savigny et ils demandent un certain temps de fût avant de pouvoir être livrés à la consommation ; le Dr Morelot en a fort bien indiqué les qualités en disant qu'ils ont du feu, de la force, et qu'ils sont de garde.

NOMENCLATURE

DES PRINCIPAUX CLIMATS ET LIEUX-DITS

Caradeux (le ou en). — D. L., deuxième cuvée ; C. A. B., première, deuxième et troisième classes.

PRINCIPAUX PROPRIÉTAIRES

MM. Chanson père et fils.
  Garnier-Poinct.
  Gauthey-Gagnepain.
  Henri Glantenay.
  Louis Latour.
  Mathouillet-Chalon.
  Moine-Lazare.

MM. Moreau-Voillot.
  Naudin-Mallard.
  Pavelot frères.
  Rateau-Gauthey.
  Rapet-Moine.
  Jules Renevey.
  Charles Thomas.

Charlemagne (le ou en). — *Vins blancs :* D. L., première et deuxième cuvées ; C. A. B., deuxième et troisième classes.

PRINCIPAUX PROPRIÉTAIRES

MM. Bonneau-Dumartray.
  Carret-Mareau.
  Denis-Soucelier.
  Mathouillet-Meline.

MM. Louis Latour.
  Louis Pavelot.
  Mme Rameau.

Creux de la Net (le) ou **Lanet**. — C. A. B., première, deuxième et troisième classes.

PRINCIPAUX PROPRIÉTAIRES

MM. Gremeau-Jeanniard.
  Hospices civils de Beaune.
  La Charité.
  Mme Rameau-Lamarosse.

M. Moine-Parizot.
  Mme Montmey.
  M. Rapet-Moine.

Fichots (les). — C. A. B., première et deuxième classes.

PRINCIPAUX PROPRIÉTAIRES

MM. Eugène Blanchard.
Prosper Grapin.
Eugène Gauffroy.
Gremeau-Jeanniard.
Louis Cornu.
Hospices civils de Beaune.

La Charité.
MM. Louis Latour.
Louis Marey.
Moreau-Voillot.
Royé Labaume et Cie.
Jules Senard.

Vergelesses (les). — D. L., première cuvée; ce climat comprend :

Basses Vergelesses (les). — C. A. B., première et deuxième classes.

PRINCIPAUX PROPRIÉTAIRES

Mme de Beir.
MM. Victor Chanson.
La Charité de Beaune.
Denis-Soucelier.
Falateuf.
Hôtel-Dieu de Beaune.
Imbault.

MM. Lamarosse-Barberet.
Louis Latour.
Manuel-Roux et Cie.
Mathouillet-Chalon.
L. Poisot.
Royé Labaume et Cie.

Ile des Hautes Vergelesses (l'). — C. A. B., première classe.

PRINCIPAUX PROPRIÉTAIRES

MM. Dumoulin.
Falateuf.
Hospices civils de Beaune.
La Charité.
De Joux.

MM. Louis Latour.
Mathouillet-Chalon.
Rameau-Lamarosse (Mme).
Regnault.

Boutières (les). — D. L., deuxième cuvée; C. A. B., troisième classe.

PRINCIPAUX PROPRIÉTAIRES

MM. Bernard-Chaffotte.
Denis-Soucelier.
Dubois.
François Guilleminot.
Victor Guilleminot.

MM. Mathouillet-Gacon.
Montmey (Mme).
L. Poisot.
Jules Renevey.
Royé Labaume et Cie.

Sous le Bois de Noël et Belles Filles. — C. A. B., deuxième et troisième classes.

PRINCIPAUX PROPRIÉTAIRES

MM. Henri Bussière.
Garnier-Poinet.
Eugène Gauffroy.
Gauthey-Pavelot.

MM. Mathouillet-Chalon.
Moreau-Voillot.
Rapet-Moine.
Mme Vve Rollin.

Chenôve-Ermitage. — C. Loc., deuxième et troisième cuvées.

SEUL PROPRIÉTAIRE

M. Alexis Maldant

Clos Berthet. — C. Loc., troisième cuvée.

SEULE PROPRIÉTAIRE

Mme la baronne de Gravier.

Noirets (En). — C. Loc., troisième cuvée.

PRINCIPAUX PROPRIÉTAIRES

MM. Edmond Bochot.
Denis-Soucelier.
Garnier-Poinet.
Gauthey-Pavelot.
Henri Glantenay.
Prosper Grapin.
Eugène Gremeau.

Mme Vve Guilleminot.
MM. Louis Latour.
Antoine Pavelot.
François Pavelot.
Rameau (Mme Vve)
Rapet-Moine.
Jules Renevey.

Charmois ou Closeaux.

PRINCIPAL PROPRIÉTAIRE

M. Alexis Maldant.

Volgeans.

PRINCIPAUX PROPRIÉTAIRES

MM. Alexis Maldant.	MM. Bonne-Passemard.
Garnier-Poinet.	Pierre Pavelot.
Collot-Vaunet.	Eugène Blanchard.
Abraham Moine.	Joseph Glantenet.
Louis Cordelet.	Etc., etc.

ALOXE-CORTON

Depuis un certain nombre d'années, la commune d'Aloxe a joint à son appellation primitive celle d'un de ses plus célèbres climats, *Courton, Corton* (1). Tel est le nom de la montagne qui, couronnée d'une verdoyante forêt, sert de base à l'un des plus grands et des plus beaux vignobles de la Côte.

L'origine d'Aloxe est ancienne. Autrefois, ce village était situé sur les bords d'un embranchement de la voie romaine d'Autun à Besançon.

De temps immémorial, Aloxe a puisé dans ses produits viticoles la source de sa principale richesse qu'il a réussi à augmenter : lors de l'établissement du cadastre, la vigne occupait déjà une surface de 234 hectares 85 ares 70 centiares ; maintenant il s'agit d'environ 240 hectares, dont 150 en plants fins et 50 en gamays. Dans l'intérêt de la viticulture, si bon parti avait été tiré du sol, au moyen de défrichements où besoin était, qu'à un moment donné il n'exista plus sur ce finage de terres labourables. On en trouverait, par malheur, aujourd'hui, depuis les ravages causés au vignoble par le phylloxéra, mais les efforts tendent à reconstituer au moyen de nouveaux plants les portions détruites par ce fléau.

De l'est à l'ouest, 2 kilomètres 600 mètres ; 1 kilomètre 300 mètres du nord au sud, composent l'étendue du territoire. Il est borné à l'est par la route nationale de Sarreguemines à Chalon-sur-Saône, qui forme la ligne séparative des finages de Serrigny

---

(1) *Curt, Cort*, radical celtique, latinisé *Curtis* ou *Cortis*, domaine rural ou simplement enclos autour d'une habitation. Le *Martyrologe de Notre-Dame de Beaune* donne : *Magna vinea de Corton*, en 1247.

et de Chorey. Au sud, un chemin de desserte, dit des *Beaumonts*, est sa limite du côté de Chorey. A l'ouest, il est circonscrit du côté de Pernand par le finage de Savigny et le chemin de desserte des *Citernes* et des *Guérets*. Au nord, le finage de Pernand, ainsi que le chemin du *Bois de Corton* et celui de la *Maréchaude*, lui servent de confins pour la commune de Serrigny.

Aucune rivière ni ruisseau n'arrose Aloxe. Jusqu'en 1860, quelques citernes et quelques puits fournissaient aux habitants les eaux nécessaires à leur usage journalier, et encore la privation s'en faisait-elle souvent sentir. En 1861, on amena les eaux d'une source, éloignée de 2 kilomètres du pays, mais au bout d'une vingtaine d'années, l'obstruction des conduites par des concrétions calcaires obligea à recourir à d'autres moyens. C'est alors que, sous l'édilité de M. L. Latour, on fit venir de Savigny une partie des eaux de la source dite du *Grand Champy*, à Fontaine-Froide. L'établissement des nouvelles fontaines rend les plus utiles services.

Une église nouvelle a été construite en ces dernières années.

Aloxe-Corton est situé à moins d'un kilomètre de la route nationale et à 2 kilomètres de la grande ligne P.-L.-M. avec laquelle il se relie par un chemin ouvert en 1891 et tendant directement à la gare de Serrigny, ce qui assure toutes les communications avec les villages de la Côte. Le bureau de poste est à Savigny-les-Beaune, éloigné seulement de 3 kilomètres 500 mètres, et, à une distance à peu près égale, le bureau télégraphique se trouve placé à Ladoix-Serrigny.

Au siècle dernier, la population était de 130 communiants; en 1640, le nombre de feux ne montait qu'à 14, et en 1680, à 20 ; vers 1750, il s'était élevé à 40. Aujourd'hui on compte 249 habitants.

Aloxe-Corton est situé à 20 kilomètres de la limite du département de la Côte-d'Or et appartient au bassin du Rhône par 47° 3' 13' de latitude Nord et 2° 32' 20' de longitude Est.

On peut se rendre dans cette localité soit par voitures particulières, soit en descendant à la station de Ladoix-Serrigny.

Courtépée (1) et l'abbé Bredault (2) parlent d'Aloxe comme d'un lieu très ancien.

Charlemagne y possédait des vignes qu'il donna à la collégiale de Saulieu.

En 858, un évêque d'Autun, Modoin, cède à sa cathédrale des vignes qu'il possède à Aloxe. A cette époque le village portait le nom d'*Alussia* (3). On trouve *Alossia, Aloxa, Alouxe*, aussi bien qu'*Alorsa* et *Alorse*, aux xiii° et xiv° siècles (4).

Un vieux titre cite la *Grangia de Nuiset propè Belna*. Une partie du climat dit les *Boutières*, sur Aloxe, a conservé jusqu'à aujourd'hui le nom de *Nuzots* (5).

En 1200, les moines de Citeaux possèdent un domaine à Aloxe, en *Verconsault* (le *Vercault* d'aujourd'hui) avec grange et jardin et ils y ont un intendant, Pierre de Bessey.

Toutes ces constructions sont aujourd'hui détruites, mais à la place qu'elles occupaient la terre restitue fréquemment des vestiges de constructions antiques.

En 1550, le chapitre d'Autun paie au curé d'Aloxe une redevance de 4 pièces de vin : 2 pièces de bon vin et 2 pièces de gamay.

Un clos de vigne s'appelle encore aujourd'hui *le Meix du Chapitre* ; des bâtiments, maisons, pressoirs et caves y sont attenants : on les nomme le *Chapitre*.

Vers 1750, un propriétaire d'Aloxe, M. Larbalestier, trouva dans une propriété qu'il possédait *Au Verconsault*, à une certaine profondeur dans le sol, un pilier de chapelle et de grossières pierres de taille. Cette découverte est rappelée par Courtépée.

---

(1) *Description du duché de Bourgogne*, t. II.
(2) *Supplément à l'Histoire de Beaune* de Gandelot.
(3) *Histoire de Saint-Martin d'Autun*.
(4) *Martyrologe de Notre-Dame de Beaune*.
(5) Au *Nuzot* ou *Nujot* étaient les *Granges de Sainte-Marguerite*, détruites depuis environ trois siècles. Courtépée y signale une cave voûtée dont le propriétaire, M. Larbalestier, avait fermé l'entrée.
Le *Martyrologe de Notre-Dame de Beaune* indique la « maison de *Nuisot*, près de la vigne des Lépreux. » La léproserie de Beaune, avec le climat connu sous le nom de la *Maladière*, était située sur la route de Dijon.

En 1534, Charlotte Dumay, femme de Gauldry, garde de la Monnaie, à Dijon, donne à l'Hôtel-Dieu de Beaune un domaine en vigne de 100 ouvrées, sur Aloxe et Pernand.

La plupart des climats ont le privilège d'une ancienne réputation. Le *Corton* ou *Courton* fut, à ce que l'on croit, planté en même temps que le *Charlemagne*, et déjà, en 1212, il en est question dans des actes de ventes à l'abbaye de Cîteaux.

A partir de cette époque, ce nom de *Corton* reparaît, à diverses reprises, dans des donations et successions. En 1335, 1337, 1352, des pièces d'archives relatent les prix des vins qu'on y récoltait. Plus tard, les vignes furent amodiées à moitié fruit, mais, par la suite, eu égard à la qualité des produits, ce ne fut plus qu'au quart, ainsi que le mentionne un acte daté de 1470.

En 1555, le domaine royal avait des vignes dans ce climat. Le *Clos royal* contenait 110 ouvrées, soit 4 hectares 70 centiares ; en 1792, par suite de meilleure culture et de l'enlèvement des *Meurgers* (1), on en évaluait la surface à 106 ouvrées.

Aussitôt après la Révolution, le directoire avait fait estimer cette propriété ; elle fut vendue, en parcelles, au prix moyen de 250 à 300 francs l'ouvrée.

Les autres climats sont également célèbres. Signalons tout d'abord le *Charlemagne* qui dépend, pour une surface de près de 17 hectares, de la commune et, pour environ 20 hectares, de celle de Pernand. Il appartenait jadis à l'empereur Charlemagne, ainsi que nous l'avons indiqué dans la monographie de cette dernière commune.

En un mot, la plupart des divers climats de *Corton* sont cités dans les actes des monastères à partir des XIIIe et XIVe siècles. Les désignations, attribuées à plusieurs d'entre eux, donnent la preuve de leur ancienneté.

En 1200, les moines de Cîteaux possédaient des vignes *Es Echalons*, aux *Chaillots*, terrain dans lequel abondent les petits cailloux qu'on nomme *Chaillots*.

---

(1) On nomme ainsi les tas de pierres amassées au milieu des vignes. Ils provenaient de défrichements et occupaient un vaste espace.

Les terrains avoisinant les maisons portent le nom de *Meix* (1); c'est sur eux que sont construits les bâtiments appelés le *Chapitre*.

Aux *Cras*, autrefois *Crai*, apparaît une couche de gravier à 0,20 sous la couche arable.

Les *Boutières* étaient jadis les *Boutères*. Aux *Citernes*, les puits (2), et surtout les citernes, dont le nom du climat révèle l'ancienne existence, sont détruites. Suivant la tradition, un petit nombre d'habitants connaissaient encore l'emplacement de quelques-unes de ces citernes, en 1793, et en profitèrent pour y cacher des objets précieux. Dans ce climat on découvre des vestiges de vieilles constructions.

Aux *Chaumes*, un bois et des friches ont disparu depuis longtemps. Ce terrain inculte portait le nom de *Creux de la Vallée* et comprenait les *Guérets* ainsi que la *Tope Martenot*.

Les *Combes* tirent leur nom de leur situation; on nomme en effet ainsi un terrain encaissé entre deux montagnes, c'est-à-dire une vallée. Les *Perrières* étaient jadis un terrain de carrières. Les *Fiètres* ont une origine ancienne. « Ce mot, dit M. Bigarne, est écrit *Fyeutre* dans un titre de 1515 à l'Hôtel-Dieu de Beaune; il semble formé de *Fierte*, synonyme de *Cercueil*. » Il y avait là des sépultures. En 1889, en creusant une tranchée, sous le chemin, non loin de ce climat, les terrassiers ont mis au jour un tombeau gallo-romain, renfermant des ossements; ce tombeau voûté était construit en ciment rouge.

Par contre, deux autres désignations sont de date assez récente:

Les *Valozières* désignent évidemment le *Val d'Oziers*, lieu planté en oseraies.

---

(1) Ce terme d'ancienne coutume, très répandu dans notre région, signifie habitation d'un cultivateur jointe à une exploitation rurale de plus ou moins d'importance qui l'occupe et le fait vivre. L'étymologie est le bas latin *mansus*, *mausum*, rendu en vieux français par *mas*, puis par *meix*. De là les noms propres *Dumas* et *Dumeix*.

(2) L'un de ces puits était connu dès 1240. En 1258, il est fait mention de la « vigne du Puits d'Alorse », qui appartenait à Raoul de la Rue, de Beaune: *Vinea sua de puteo d'Alorse* (V. *Martyr. de Notre-Dame de Beaune*).

En *Pouland*, jadis en *Palland*, il n'y a rien d'impossible à ce que ce nom ait été donné en souvenir de la découverte d'une statue, attribuée à Pallas, qui eut lieu non loin de là, en 1760, lors de la construction du château (1). Toutefois, il est prudent d'accompagner cette étymologie de plusieurs points d'interrogation.

Les documents suivants, relatifs aux seigneurs d'Aloxe, serviront de complément à ceux qui précèdent.

Vers 1534, le territoire appartient à la famille de Brancion; en 1590, Françoise de Brancion apporte la terre d'Aloxe à son mari Louis de Villers la Faye. Plus tard, la terre d'Aloxe passe à M. Brunet de Chailly, puis, en 1740, à son neveu, M. du Tillet, marquis de Villarceaux, comte de Serrigny, baron de Chailly, seigneur d'Aloxe et de Pernand.

Après M. du Tillet le domaine passe à messire Gabriel Lebault, président au Parlement de Dijon, qui fait construire le château d'Aloxe, au pied de la montagne de Corton.

M. Lebault meurt à Aloxe en 1774, à l'âge de 69 ans.

Sa fille, Geneviève Lebault, épouse, en 1778, haut et puissant seigneur Joseph-Gabriel de Cordoue Descordes, seigneur d'Auron et autres lieux. A sa mort le domaine reste à son fils Noble Joseph-Gabriel de Cordoue Descordes, né à Aloxe en 1778 et mort au même lieu en 1857.

Sa fille épouse M. Galliot-Marie-François-Ernest de Mandat de Grancey, comte de Grancey, et lui apporte le domaine en dot.

En 1834, M. de Mandat de Grancey fait construire une cuverie qui a 35 mètres de longueur et 15 de large et des caves qui, entièrement creusées dans la roche, sont des plus belles de la Côte-d'Or (2).

Le domaine, de la contenance d'environ 830 ouvrées, dont 600 sur Aloxe-Corton et 230 sur Savigny et Pernand, fait partie, pour les deux tiers, des climats produisant les meilleurs vins de *Corton*.

---

(1) V. Courtépée, t. II.
(2) Il a été acquis, en 1891, par M. Louis Latour.

Sous le rapport de la constitution géologique, nous avons constaté les successions suivantes : la partie inférieure du village se trouve dans les alluvions anciennes ; ce n'est que vers la partie moyenne qu'apparaît le Cornsbrah. Au-dessus, les marnes oxfordiennes entourent d'une sorte de ceinture la montagne de Corton, dont le sommet, à la cote de 385 mètres, est occupé par le Corallien. A la partie moyenne de la commune, se présente le Forest Mable que nous allons voir s'étendre dans toute la côte de Nuits.

Voici les résultats de l'analyse du sol de deux climats, par M. Margottet (1) :

	LE CHAPITRE		VIGNE AU SAINT
	Sol	Sous-sol	Sol
Terre fine	73.53	66.66	75
Gravier	26.47	33.34	25
Cailloux	»	»	»
Analyse de la terre fine.			
Sable siliceux	46.79	33.12	40.32
Argile	37.94	37.04	50.52
Chaux	5.94	14.75	1.83

De l'*Étude des terres à vigne de la Côte*, nous extrayons les renseignements suivants :

Les *Valozières*, le long de la route, ont un sol marneux gris, jaune ou blanc, peu profond car il a 0ᵐ15 avec concrétions crayeuses ; dans les autres parties, ce sol est mêlé de fin gravier calcaire, est plus homogène, riche, et a une profondeur de 0ᵐ80, avec sous-sol argileux, peu perméable.

Le sol des *Perrières* contient de nombreux petits cailloux ou *Chaillots*. A la *Chaume*, il est silico-argileux, avec cailloux

(1) Déjà cité.

calcaires et de couleur rouge, et meuble ; au *Clos du Chapitre,* argilo-calcaire, graveleux, mélangé de cailloux calcaires roulés avec des chaillots ; il a une couleur brunâtre et a 0^m 50 d'épaisseur, le sous-sol contient les mêmes cailloux très abondants formant conglomérat. Enfin, en *Charlemagne,* il apparaît caillouteux, jaunâtre, assez meuble et sec, avec sous-sol formé de cailloux mêlés à une marne calcaire d'un blanc rougeâtre.

Toutes ces données varient nécessairement suivant l'endroit où l'examen des terrains a été fait, mais elles représentent assez bien la moyenne des sols des grands climats. En résumé, et si nous recherchons leurs emplacements géologiques, nous trouvons qu'ils peuvent se diviser en trois zones :

La première, comprenant la partie nord-ouest du territoire, immédiatement au-dessous du bois de Corton et le versant du Charlemagne, a un sol meuble et sec, de 30 à 50 cent. de profondeur ; beaucoup de cailloux, terre jaunâtre ; sous-sol composé de marne et de calcaire et très pierreux. C'est dans cette zone qu'on récolte les vins blancs estimés de *Charlemagne,* de *Corton.*

La seconde zone, immédiatement au-dessous de la première, au sud-est, comprend les climats des *Renardes,* des *Bressandes,* du *Clos du Roi,* des *Perrières,* des *Grèves,* des *Fiètres,* des *Pougets,* des *Chaumes,* de la *Vigne au Saint,* des *Meix.*

Le sol, ici, est tantôt siliceux, comme aux *Perrières,* aux *Grèves,* aux *Fiètres,* aux *Bressandes,* aux *Maréchaudes,* tantôt composé de silice et d'argile, comme aux *Pougets,* aux *Chaumes,* aux *Citernes,* avec beaucoup de cailloux calcaires; sol assez meuble, très profond (0^m 50 cent. au moins) et très riche.

La troisième zone s'étend du village à la route de Dijon à Beaune.

Au nord sont les climats du *Pauland,* des *Valozières,* des *Chaillots,* des *Fournières,* des *Morais,* des *Bruyères,* des *Caillettes,* des *Cras, Cras-Poussuets.*

Les premiers sont formés d'un sol marneux, mélangé de fins graviers calcaires, très compacte, assez riche et sur certains points ayant près d'un mètre de profondeur. Sous-sol argileux, conservant l'eau ; beaucoup de cailloux.

Plus au sud, les *Caillettes*, les *Cras*, les *Craspoussuets*, les *Boulmeau*.

Là, terrains d'alluvions, argileux, calcaires, sablonneux, rougeâtres, de 20 à 30 et 40 cent. de profondeur, reposant sur une couche de sable de 1 à 2^m d'épaisseur, mélangé de cailloux roulés, de différentes grosseurs et calcaires ; sous cette couche de sable gît une terre d'argile et de calcaire mélangée de gros cailloux calcaires, blancs, jusqu'à plusieurs mètres de profondeur.

Anciennement, la *Côte*, c'est-à-dire les climats de *Charlemagne*, *Pougets*, *Languettes*, *Corton*, *Clos du Roi*, *Renardes*, *Bressandes*, où on récolte aujourd'hui les vins fins, étaient plantés en blanc. Mais lorsqu'on a connu la qualité des vins rouges, les blancs ont disparu de beaucoup de ces climats qui ont été plantés en pinot rouge.

Cependant, *Charlemagne*, *Languettes*, *Corton* sont encore aujourd'hui en blanc.

Les cépages cultivés jusqu'ici ont été le pinot noir, le pinot blanc et le melon (blanc) en plants fins, et le gamay en ordinaires.

Les vins fins produisent en moyenne, savoir :

Vins fins de Corton et de 1re cuvée	12^{hl}
Vins fins de 2e et 3e cuvées	20^{hl}
Gamay	25^{hl}

Par hectare, année moyenne.

Les façons culturales sont à peu près les mêmes que dans la Côte Beaunoise.

Autrefois, beaucoup de vignes étaient cultivées à moitié fruit. Les vins ayant augmenté de prix dans des proportions considérables, les propriétaires ont préféré s'entendre avec les cultivateurs-vignerons et faire cultiver leurs vignes à prix d'argent, à tant l'hectare.

Il y a quelques années, on payait pour la façon d'une ouvrée

(4 a. 28 c.), de trois coups, de 10 à 16 et 17 fr., suivant les terrains.

Aujourd'hui, la majeure partie des vignes sont cultivées sous la direction d'un chef vigneron. Les ouvriers sont à la journée et gagnent de 2 f. 50 à 3 f. en hiver et en été de 3 f. 50 à 4 f. 50.

Les vignerons, qui cultivent à prix d'argent et à tant l'ouvrée, ont en plus la façon des provins, payés de 5 à 7 f. le cent, et le portement des fumiers.

La vinification n'offre rien de particulier; jusqu'à 1864 le ban de vendanges a existé; depuis, chaque année, une commission se réunit pour donner son avis sur le jour où doit commencer cette opération.

Voici quelques dates de vendanges :

ANNÉES	DATES	ANNÉES	DATES	ANNÉES	DATES
1837	3 sept.	1856	5 octob.	1875	23 sept.
1838	7 octob.	1857	21 sept.	1876	7 octob.
1839	10 octob.	1858	20 sept.	1877	8 octob.
1840	23 sept.	1859	22 sept.	1878	4 octob.
1841	27 sept.	1860	9 octob.	1879	20 octob.
1842	18 sept.	1861	28 sept.	1880	2 octob.
1843	17 octob.	1862	26 sept.	1881	25 sept.
1844	22 sept.	1863	20 sept.	1882	5 octob.
1845	10 octob.	1864	28 sept.	1883	1er octob.
1846	14 sept.	1865	8 sept.	1884	30 sept.
1847	4 octob.	1866	22 sept.	1885	25 sept.
1848	28 sept.	1867	30 sept.	1886	26 sept.
1849	30 sept.	1868	9 sept.	1887	29 sept.
1850	10 octob.	1869	20 sept.	1888	4 octob.
1851	6 octob.	1870	20 sept.	1889	1er octob.
1852	25 sept.	1871	8 octob.	1890	30 sept.
1853	6 octob.	1872	2 octob.	1891	10 octob.
1854	30 sept.	1873	26 sept.		
1855	4 octob.	1874	22 sept.		

Il est très difficile de fournir même approximativement des prix de vins des différents crûs d'Aloxe-Corton.

Des vins de 1846 ont atteint le prix de *1400* et *1500* fr. *la pièce.*

En 1862, on a vendu à Aloxe des Corton 1858 *1600* fr. la pièce.

En 1865, les vins fins de Corton se vendaient tout chauds, c'est-à-dire au décuvage, 700 fr. la pièce.

Les blancs se sont vendus, en vieux, jusqu'à 400 fr. la feuillette de 114 litres et les rouges valaient 700 à 800 f. en 1870.

Les vins de 1870 étaient très bons; tout chauds, ils n'ont pas eu beaucoup de valeur à cause des malheureux événements de l'année.

Mais, en vieux, ils ont atteint les prix de 1000 fr. la pièce.

Les hospices civils de Beaune possèdent une cuvée à Aloxe-Corton; voici les prix obtenus pendant une période de dix ans:

ANNÉES	NOM DE LA CUVÉE	NOM DU VIGNERON	PRIX
1880	Aloxe-Corton et Beaune	Roy et Moreau	1.110 1.120
1881	Aloxe-Corton	—	1.300
1883	—	—	1.300
1884	—	—	1.250
1885	—	—	1.560
1886	—	—	1.400
1887	—	—	non vendu
1888	—	—	740
1889	—	—	1.060
1890	—	—	1.220
1891	—	—	2.100

Le tout à la queue soit 456 litres.

D'autre part, dans la réunion des principaux propriétaires et négociants qui suit cette vente, on cotait la pièce ou 228 litres:

CLIMAT	1889	1890	1891
Corton	800 fr.	660 fr.	800 fr.

Prix assez élevés, comme on le voit.

Les ordinaires sont également appréciés.

Dans les bonnes années, les vins gamays ont atteint le prix de 170 fr. la pièce ; dans les années moyennes, 100 fr. la pièce.

En 1875, ils ont valu 140 fr.

En 1878, ils ont atteint 180 fr.

Depuis une dizaine d'années, les vins des années à peu près bonnes se sont toujours vendus de 400 à 600 francs, et les gamays de 80 à 120 et 130 fr. la pièce.

A l'analyse, une des qualités maîtresses des vins est le tannin qui se reconnaît immédiatement par le corps qu'il leur donne. Sous ce rapport ils se rapprochent de ceux récoltés dans le climat de *Chambertin*, à Gevrey.

M. Delarue l'indique, du reste :

ANNÉE de la Récolte	CLIMAT	DENSITÉ DU VIN	ALCOOL en degrés	TANNIN pour cent	SELS ORGANIQUES BITARTRATES		SELS inorganiques
					de fer	de potasse et alumine	
1842	Corton	977	13.90	110 mill.	0gr. 039	0gr. 302	0 342

M. Margottet signale un vin de *Corton* de la récolte 1889 qui renfermait 1 gr. 3 de tannin par litre.

Ajoutons que nous avons eu dans notre laboratoire des vins de *Corton* qui contenaient de 1 gr. à 1 gr. 50 de ce même principe avec un degré alcoolique variant entre 12 et 14, et extrait sec correspondant, soit de 26 à 28 grammes.

De tout temps les œnologues ont cherché à distinguer les vins fins de ces climats. Déjà Courtépée signalait l'excellence des vins blancs récoltés dans les *Corton*, et des vins blancs et rouges des *Charlemagne*.

Le Dr Morelot (1) écrivait qu'il fournit un vin qui peut passer pour un des premiers de toute la Côte. Parlant des grands crûs

---

(1) Déjà cité.

de cette commune, il indique qu'ils ont une réputation justement méritée. « On les juge mal la première année car ils ont quelque chose de dur ou âpre qui éloigne celui qui n'en connait pas les qualités. Mais quand la fermentation insensible s'est opérée il se développe une spirituosité particulière, un bouquet fin et agréable et une saveur parfaite; ils sont colorés fermes, francs, moelleux et ont en outre le privilège de se bien garder et de soutenir les voyages au long cours. »

Enfin le Dr Lavalle (1) paye également un juste tribut d'éloges aux produits de cette commune :

« Les vins d'Aloxe ont un cachet particulier qui les fait facilement distinguer des autres crus. Ce sont les vins les plus fermes et les plus francs de la côte de Beaune, ce sont ceux qui peuvent se conserver le plus longtemps, trente ans, quarante ans et plus dans certaines années. Ils voyagent facilement et peuvent, sans le moindre danger, être transportés par mer s'ils ne sont pas trop avancés.

« Les vins récoltés dans les climats que nous avons placés hors ligne, et qui se vendent ordinairement sous le nom de *Corton*, ajoute-t-il, possèdent au plus haut degré toutes ces qualités. D'abord durs pendant les premières années, ils deviennent avec l'âge francs et moelleux, et acquièrent un bouquet d'une finesse remarquable tout en conservant du corps et de la chaleur. Les *Cortons* des bonnes années sont, au bout de sept à huit ans, des vins parfaits, dignes d'être offerts aux gourmets les plus délicats et d'être servis dans les occasions les plus solennelles.

« Ce climat est un de ceux dont la Bourgogne s'honore le plus et dont elle aime à associer le nom chéri et glorieux à ceux de Chambertin, de Vougeot, de Romanée, de Saint-Georges, de Montrachet, etc., etc. »

En un mot, les vins d'Aloxe se classent en tête des vins de la Côte-d'Or ; ils sont fermes, francs, se conservent très longtemps et résistent aux voyages les plus longs. Ils ont été à juste titre appelés l'une des gloires de notre vignoble.

NOMENCLATURE

DES PRINCIPAUX CLIMATS ET LIEUX-DITS

Charlemagne (le). — *Vin blanc :* D. L., hors ligne ; C. A. B., première, deuxième et troisième classes.

PRINCIPAUX PROPRIÉTAIRES

MM. Arbelet.	MM. Louis Latour.
Bonneau-Dumartray.	Pavelot.
Bussière.	Jules Senard.

Chaumes (les). — D. L., hors ligne ; C. A. B., première classe.

PRINCIPAUX PROPRIÉTAIRES

MM. Charles Bernard.	MM. Rameau-Lamarosse.
Louis Latour.	Royé Labaume et Cie.
Alexis Maldant.	

Clos du Roi (le). — D. L., hors ligne ; C. A. B., première classe.

PRINCIPAUX PROPRIÉTAIRES

MM. Bachet-Deslandes.	Hospices civils de Beaune.
Charles Bernard.	MM. Louis Latour.
Robert Bruninghaus.	Maire et fils.
De Clermont-Tonnerre.	Pernot-Gille.
Gauthey Cadet et fils.	Royé Labaume et Cie.
Guichard-Potheret et fils.	Jules Senard.
F. Hazen-Klewer.	A. de Tavernost.

Corton (le). — *Presque tout en vin blanc :* D. L., hors ligne ; C. A. B., première, deuxième et troisième classes.

PRINCIPAUX PROPRIÉTAIRES

MM. Gauthey cadet et fils.	MM. Moreau-Voillot.
Louis Latour.	Moyne-Jacqueminot.

**Domaine de M. Charles Bernard, de Beaune
à Aloxe-Corton** (Côte-d'Or) (1).

---

(1) Nous donnons ci-dessous la nomenclature des climats composant le domaine de M. Charles Bernard, à Aloxe-Corton, et produisant les meilleurs crûs. Ce domaine, qui a conservé toute son ancienne vitalité, a obtenu, en septembre 1891, le Grand Prix de culture des vieilles vignes françaises situées dans l'arrondissement de Beaune.

Commune d'**Aloxe-Corton** : *Corton Clos du Roi, — Fiètres,*

Chantemerle, — Voierosses,

Chaumes, — Vigne Dieu,

Servottes, — Dôle,

Fournières, — Chartreuse,

Valozières, — Pollans,

Chaillots.

Renardes-Corton (les). — D. L., hors ligne; C. A. B., première et deuxième classes.

PRINCIPAUX PROPRIÉTAIRES

MM. Arbelet.
De Clermont-Tonnerre.
Cunisset-Guidot.
Falateuf.
Gauthey cadet et fils.
Guichard-Potheret et fils.
Hospices civils de Beaune.

MM. Louis Latour.
Lamarosse-Barberet.
Joseph Morot.
Moreau-Voillot.
Moyne-Jacqueminot.
Royé Labaume et Cie.
Jules Senard.

Bressandes (les). — D. L., première cuvée; C. A. B., première classe.

PRINCIPAUX PROPRIÉTAIRES

MM. Arbelet.
Bachey.
de Clermont-Tonnerre.
Falateuf.
Gauthey cadet et fils.
Hospices civils de Beaune.
Louis Latour.
Maire et fils.

MM. Alexis Maldant.
Oscar Masson (Mme Vve).
Naudin.
L. Poisot.
Royé Labaume et Cie.
Jules Senard.
De Travernost.

Chaumes et Voierosse (les). — C. A. B., première classe.

PRINCIPAUX PROPRIÉTAIRES

MM. Charles Bernard.
Gille.
Louis Latour.

MM. Alexis Maldant.
Moreau-Voillot.
De Travernost.

Combes (les). — D. L., deuxième cuvée; C. A. B., première, deuxième et troisième classes.

PRINCIPAUX PROPRIÉTAIRES

MM. Gauthey cadet et fils.
Louis Latour.
Moreau-Voillot.

MM. Pierre Rapet-Moine.
Rameau-Lamarosse.

Fiètres (les). — D. L., première cuvée ; C. A. B., première classe.

PRINCIPAUX PROPRIÉTAIRES

MM. Charles Bernard. | M. Royé Labaume et Cie.
Gauthey cadet et fils. |

Grèves (les). — D. L., première cuvée ; C. A. B., première classe.

PRINCIPAUX PROPRIÉTAIRES

M. Louis Latour. | M. Alexis Maldant. | M. Royé Labaume et Cie.

Languettes (les). — D. L., première cuvée ; C. A. B., première et deuxième classes.

PRINCIPAUX PROPRIÉTAIRES

MM. Charles Bernard. | MM. Louis Latour.
De Clermont-Tonnerre. | Léon Naudin.
Cunisset-Guidot. | Regnault.

Maréchaudes (les). — C. A. B., première et deuxième classes.

PRINCIPAUX PROPRIÉTAIRES

MM. Bernard-Chaffotte. | Les Hospices civils de Beaune.
De Clermont-Tonnerre. | MM. Louis Latour.
Cunisset-Guidot. | Oscar Masson (Mme Vve).
Duthu. | Léon Naudin.
Falateuf. | L. Poisot.
Gauthey cadet et fils. |

Meix Lallemand (le). — C. A. B., première classe.

SEUL PROPRIÉTAIRE

M. Jules Senard.

Meix (les). — D. L., première cuvée ; C. A. B., première classe.

SEUL PROPRIÉTAIRE

M. Jules Senard.

Château de Corton. — Propriété de MM. Gauthey Cadet et fils, à Aloxe-Corton, près Beaune (Côte-d'Or) (1).

---

(1) La maison Gauthey Cadet et fils a été fondée en 1780. Elle fait un très important commerce de vins fins, auquel elle a ajouté la vente des vins de consommation courante.

Voici la composition du magnifique vignoble de cette maison :

Commune d'**Aloxe-Corton** : Le Corton, — Clos du Roi, — Les Renardes, — Les Bressandes, — Les Maréchaudes, — Les Citernes.

Les Genevrières, — Les Suchots, — Les Chenevières, — Les Planchots, — Les Brunettes, seuls propriétaires ;

Les Cras Poussuets, — Les Cras, — Les Bouttières.

La Vigne au Saint, — Les Combes, — Le Petit Vercot.

La Salière, seuls propriétaires ; — Les Vercots, — Les Perrières, — Les Pougets, — Les Fiètres.

**Dépendances de la Maison Gauthey Cadet et fils,
à Aloxe-Corton (1).**

---

(1) Médailles d'or aux Expositions universelles de 1878 et de 1889. (Marque déposée).

Suite de la nomenclature des vignobles de la maison.

    Commune de **Savigny-les-Beaune** :

        Les Lavières,

        Les Guettes.

    —   —   **Gevrey-Chambertin** :

        Chambertin,

        Clos de Bèze.

        Les Latricières,

        Les Charmes.

Perrières (les). — D. L., première cuvée; C. A. B., première classe.

PRINCIPAUX PROPRIÉTAIRES

MM. Gauthey cadet et fils.
Louis Latour.
Lamarosse-Barberet.

MM. Moreau-Voillot.
Léon Naudin.
L. Poisot.

Poland ou Pauland (En). — C. A. B., première et deuxième classes; D. L., deuxième cuvée.

PRINCIPAUX PROPRIÉTAIRES

MM. Charles Bernard.
Déchaux-Latour.
Louis Latour.

MM. Royer.
Jules Senard.

Pougets (les). — D. L., première cuvée; C. A. B., première et deuxième classes.

PRINCIPAUX PROPRIÉTAIRES

MM. Arbelet.
Bocquet.
Fernand Dumoulin.

MM. François Mathouillet.
Gacon.
Gauthey cadet et fils.

Vigne-au-Saint (la). — D. L., première cuvée; C. A. B., première classe.

PRINCIPAUX PROPRIÉTAIRES

MM. Gauthey cadet et fils. | M. Louis Latour. | M. Jules Senard.

Boulmeau (En) **et Village d'Aloxe**. — D. L., deuxième cuvée; C. A. B., deuxième classe.

PRINCIPAUX PROPRIÉTAIRES

M. Cunisset-Guidot. | M. Louis Latour.

Boulotte (la). — C. A. B., deuxième classe; D. L., troisième cuvée.

PRINCIPAUX PROPRIÉTAIRES

M. Cunisset. | M. Louis Latour. | M. Mathouillet

ALOXE CORTON

Brunettes (les). — C. A. B., deuxième classe.

SEULS PROPRIÉTAIRES
MM. Gauthey cadet et fils.

Chaillots (les). — D. L., deuxième cuvée; C. A. B., deuxième classe.

PRINCIPAUX PROPRIÉTAIRES

MM. Charles Bernard.
Jacques Braulard.
Louis Latour.
Alexis Maldant.

MM. Léon Naudin.
L. Poisot.
Royé Labaume et Cie.
Jules Senard.

Fournières (les). — D. L., deuxième cuvée; C. A. B., deuxième classe.

PRINCIPAUX PROPRIÉTAIRES

MM. Arbelet.
Charles Bernard.
Louis Latour.
Latour-Léchenaut.

MM. L. Poisot.
Royé Labaume et Cie.
Jules Senard.

Genevrières (les). — D. L., deuxième cuvée; C. A. B., deuxième classe.

Ce climat fait partie maintenant du parc de MM. Henri Gauthey cadet et fils, seuls propriétaires.

Guérets (les). — D. L., deuxième cuvée; C. A. B., deuxième classe.

PRINCIPAUX PROPRIÉTAIRES

MM. Arbelet.
Cunisset.
Louis Latour.

MM. Jules Renevey.
Royé Labaume et Cie.
Jules Senard.

Meix du Chapitre (le). — C. Loc., deuxième cuvée.

PRINCIPAUX PROPRIÉTAIRES

M. Louis Latour.

M. Alexis Maldant.

CHATEAU DE CORTON-GRANCEY

Propriété de M. Louis Latour, à Aloxe-Corton (1) (Côte-d'Or).

(1) Voir notice, page ci-contre.

CHATEAU DE CORTON-GRANCEY

PROPRIÉTÉ DE M. LOUIS LATOUR

(1) En 1749, messire Charles Antoine Gabriel Lebault, président au Parlement de Bourgogne, seigneur de Pichanges, fit construire le château d'Aloxe, dans la plus agréable situation, au pied de la montagne de Corton. En creusant le sous-sol, on trouva une statue représentant le dieu Pan qui, donnée à M. Demangeot, alors curé d'Aloxe, passa dans les collections de M. de Migieu, au château de Savigny.

Après le décès du Président Lebault, arrivé à Aloxe le 15 novembre 1774, sa fille, Claudine Geneviève Lebault, épousa M. Joseph-Gabriel de Cordoue-Descordes, seigneur d'Auras et autres lieux. A la mort de ce seigneur, le domaine passa à M. Joseph-Gabriel de Cordoue, né à Aloxe le 17 septembre 1778, mort au même lieu le 26 octobre 1857.

Vers 1834, M. de Cordoue fit construire devant son château, au pied de la montagne de Corton, une cuverie et des caves qu'on considère comme les plus belles de la région.

Ce domaine, à la suite du décès de M. de Cordoue, advint par héritage à M. Galliot de Mandat (Marie-François-Ernest), comte de Grancey-le-Château, marié en 1830 à Mlle Catherine-Eugénie-Rhingarde de Cordoue.

Après les décès de M. de Mandat de Grancey et de Mme de Grancey, morts à Grancey en 1887 et 1890, le château de Corton-Grancey et les vignobles s'y rattachant furent acquis par M. Louis Latour, d'Aloxe-Corton, dont la maison de commerce, fondée à Beaune en 1797, y a son siège principal et des succursales à Aloxe-Corton et à Pommard.

Ces vignobles sont situés dans les climats suivants :

Aloxe-Corton : *Aux Grèves, — Perrières, — Corton, — Charlemagne, — Bressandes, — Renardes, — Languettes, — Chaumes, — Paulands, — Valozières, — Chaillots, — Fournières, — Guérets, — Vercots, — Toppe-Martenot.*

Quant au vignoble anciennement en la possession de M. Louis Latour, il est situé aux climats de : *Perrières, — Clos du Roi, — Bressandes, — Maréchaudes, — Vigne au Saint, — Chaumes, — Chaillots, — Fournières, — Meix ou Clos du Chapitre, — Boulottes, — Caillettes, — Cras, — Cras-Poussuet, — Citernes, — Toppe-Martenot, — Les Combes.*

Cuverie et Magasins du Château de Corton-Grancey

Vue interieure des Caves du Château de Corton-Grancey
Propriété de M. Louis Latour de Beaune.

Domaine de M. Louis Latour, à Aloxe-Corton
Propriétaire du Château de Corton-Grancey.
Maisons à **Beaune**, **Pommard** et **Aloxe-Corton**
POUR LA VENTE AU COMMERCE DE GROS

Petits Vercots (les). — C. A. B., deuxième classe; D. L., troisième cuvée.

PRINCIPAUX PROPRIÉTAIRES

MM. Royé Labaume et Cie. | MM. Gauthey cadet et fils.
M. Jules Renevay.

Planchots (les). — D. L., deuxième cuvée; C. A. B., deuxième classe.

SEULS PROPRIÉTAIRES

MM. Gauthey cadet et fils.

Saillère ou **Sallière** (la). — D. L., deuxième cuvée; C. A. B., deuxième classe.

SEULS PROPRIÉTAIRES

MM. Gauthey cadet et fils.

Domaine à Aloxe-Corton, propriété de M. Jules Senard.

**Caves et Magasins à Beaune,
Propriété de M. Jules Senard, d'Aloxe-Corton (1).**

---

(1) M. Jules Senard a obtenu des médailles aux expositions de 1867 et 1889 pour les vins de ses récoltes.

Voici la nomenclature de ses principales propriétés :

Commune de **Vougeot** : Au Clos Vougeot.

— — **Aloxe-Corton** : Corton, Clos du Roi, — Les Meix, — Bressandes, — Pauland.

Charlemagne.

Cras Poussuets, — Le Meix Lallemand, — Valozières.

Renardes.

Caillettes, — Cervottes, — Chaillots, — Guérets, — Tope Saulée, — Bruyères.

— — **Pernand** : Aux Fichots.

— — **Chorey** : Aux Champlongs.

— — **Beaune** : Clos des Mouches.

Champimonts, — Prévolles, — Sizies, — Boucherottes, — Mariages, — Aigrots, — Epenottes, — Cent Vignes.

Suchots (les) **ou Suchat.** — D. L., deuxième cuvée; C. A. B., deuxième classe (Ce climat fait maintenant partie du parc de M. Henry Gauthey).

SEULS PROPRIÉTAIRES

MM. Gauthey cadet et fils.

Toppe-Marteneau ou Martenot (En ou la). — D. L., deuxième cuvée; C. A. B., troisième classe.

PRINCIPAUX PROPRIÉTAIRES

| MM. Henry Bussière. | MM. Louis Latour. |
| Lamarosse-Barberet. | Rameau-Lamarosse. |

Valozières (les). — C. A. B., deuxième classe.

PRINCIPAUX PROPRIÉTAIRES

MM. Arbelet.	MM. Lagneau.
Charles Bernard.	Louis Latour.
Bussière.	Léon Naudin.
Deschaux.	Royé Labaume et Cie.
Falateuf.	Jules Senard.

Vercots (les). — D. L., deuxième cuvée; C. A. B., deuxième classe.

PRINCIPAUX PROPRIÉTAIRES

| MM. Gauthey cadet et fils. | M. Louis Latour. |

Caillettes (En ou les). — D. L., troisième cuvée; C. A. B., troisième classe.

PRINCIPAUX PROPRIÉTAIRES

MM. Cunisset.	MM. Méline.
Falateuf.	Jules Senard.
Louis Latour.	Royé Labaume et Cie.

Citernes (les). — D. L., troisième cuvée ; C. A. B., troisième classe.

PRINCIPAUX PROPRIÉTAIRES

MM. Bussière.
Gauthey cadet et fils.
Louis Latour.

MM. Moyne-Jacqueminot.
Royé Labaume et Cⁱᵉ.

Cras (les). — D. L., troisième cuvée ; C. A. B., troisième classe.

PRINCIPAUX PROPRIÉTAIRES

MM. Arbelet.
Bussière.
Gauthey cadet et fils.

MM. Louis Latour.
Alexis Maldant.

Cras-Poussuets ou Chapoussuets (les). — D. L., troisième cuvée ; C. A. B., troisième classe.

PRINCIPAUX PROPRIÉTAIRES

MM. Arbelet.
Bussière.
Gauthey cadet et fils.
Louis Latour.

MM. Madon.
Royé Labaume et Cⁱᵉ.
Jules Senard.

Boutières (les). — C. Loc., troisième et quatrième cuvées.

PRINCIPAUX PROPRIÉTAIRES

MM. Cunisset-Guidot.
Gauthey cadet et fils.
Guibert.
Guilleminot.

MM. Imbault.
Louis Latour.
L. Poisot.
Vautret.

Bruyères (les). — C. Loc., troisième et quatrième cuvées.

PRINCIPAUX PROPRIÉTAIRES

MM. Cunisset-Guidot.
Louis Latour.
de Leudeville.

MM. Pierre Pavelot.
Jules Senard.

Morais (les). — C. Loc., troisième et quatrième cuvées.

PRINCIPAUX PROPRIÉTAIRES

MM. Bussière. MM. Maufoux.
Louis Latour. Roy.

Chantemerle (Maréchaudes)   MM. Charles Bernard.

Chartreuse (Valozières)   Charles Bernard.

Clos Journaux,   Alexis Maldant.

Dôle (Clos du Roi)   Charles Bernard.
  Maire et fils.

Levrière (Bressandes)   Maire et fils.

Servottes   (id.)   Charles Bernard.
  Jules Senard.

Tope Saulée (Fournières)   Jules Senard.

Vigne Dieu (Languettes)   Charles Bernard.

  Etc., etc.

LADOIX-SERRIGNY

C'est seulement depuis un assez petit nombre d'années que Ladoix-Serrigny a pris une réelle importance viticole. Jusqu'à la première moitié du XIXe siècle, les œnologues de la Côte-d'Or gardaient le silence sur ce pays ou se contentaient d'une simple mention pour suivre l'ordre géographique.

A Ladoix-Serrigny, si une petite quantité de silex a laissé de faibles traces du séjour de l'homme, aux temps préhistoriques, il n'en est pas de même pour la période de l'occupation romaine. Au milieu de substructions antiques fréquemment mises à jour on a recueilli des monnaies des empereurs, des ustensiles en bronze et en fer. Une magnifique épingle de toilette en or est sortie de la terre avec des débris humains, dans la propriété de feu M. Royer. Cet objet précieux fait partie, depuis 1840, des collections archéologiques de la ville de Beaune.

Un fait certain est qu'à Ladoix-Serrigny on s'adonne, depuis un temps fort reculé, à la culture des vignes. « Elles sont souvent gâtées par les *écrivains* », ainsi que n'a pas omis de le dire Courtépée. A titre d'autre renseignement relatif à l'importance de cette localité : « Il y avait, ajoute le même historien, des foires et des marchés transférés à Beaune (1). »

Serrigny, *Sarigne, Sariniacum, Sarriniacum, Sarrigniacum, Serrignium* (1204-1263) (2), est l'un des villages les plus anciens de la Côte. Dès le XIIIe siècle, apparaissent les noms de ses premiers seigneurs.

(1) V. t. II.
(2) *Martyr. de Notre-Dame de Beaune.*

Ladoix tient son appellation du mot celtique *Doix*, *Douix*, fontaine, source. Ce hameau, qui se rattache à Serrigny, possède, en effet, une belle source qui forme un ruisseau.

Buisson, connu sous cette désignation en 1305, est un autre hameau important, qui fit d'abord partie des domaines de l'Hôtel-Dieu de Beaune, et fut, vers le XVe siècle, séparé de la paroisse de Villers-la-Faye pour être annexé à Serrigny.

Cette même commune compte encore comme dépendances *Neuvelle* (*Nova villa* en 1379) et *Corcelles-sous-Serrigny* (*Corcellæ* en 1256).

Le tout forme une population d'environ 1400 habitants.

Le territoire de la commune est borné, au levant, par Corgoloin et Ruffey; au midi, par Vignolles et Chorey; au couchant, par Aloxe et Pernand; au nord, par Magny-les-Villers. Toutes ces limites sont de convention, n'étant déterminées que par des chemins et des sentiers.

La latitude du pays est de 47° 3' 39", et la longitude de 2° 34' 5".

Une distance de 6 kilomètres sépare Ladoix-Serrigny de Beaune, son chef-lieu de canton et d'arrondissement.

La gare, établie sur le P. L. M., et une voiture publique de Beaune, assurent la facilité des communications.

Ladoix, hameau principal de 950 à 1000 habitants, possède un bureau de poste et télégraphe. Il est situé au pied et dans le sens de la longueur de la célèbre montagne, dite de *Corton*. Les habitations sont distribuées en grande partie aux deux côtés de la route nationale qui longe la Côte.

En arrivant par Beaune, à droite, à l'entrée du hameau, on remarque l'ancienne chapelle de *Notre-Dame du Chemin* (1), où l'exercice du culte a cessé depuis la grande Révolution.

Sur le flanc de la montagne, à mi-côte, en se rendant à Magny-les-Villers, on rencontre les fameuses carrières d'où se tire une pierre calcaire rouge susceptible d'un très beau poli, et connue de temps immémorial.

---

(1) V. Courtépée, t. II; — J.-P. *Notice historique et archéologique sur l'ancienne chapelle de Notre-Dame du Chemin*, 1801.

A partir de la gare, un chemin conduit à Serrigny, qui occupe la droite et la gauche d'un autre chemin rejoignant directement la grande route.

La surface totale de la commune comprend 2495 hectares, dont le tiers environ planté en vignes.

Au point de vue géologique, la Côte, en cet endroit peu élevée, fait partie de l'Oxfordien. Dans la plaine on retrouve les alluvions anciennes, sauf autour du ruisseau de Ladoix.

La viticulture est le but et l'occupation principale de la majorité des habitants. Les commerçants de cette commune comparent leurs vins fins à ceux de Corton, dont d'ailleurs ils occupent la même situation géologique. Du corps, de la vinosité, de la finesse et un bouquet délicat, sont leurs qualités maîtresses. Les vignerons assurent que ces vins doivent en grande partie leurs qualités à ce qu'ils sont récoltés dans des terrains pierreux, bien exposés et d'une culture difficile.

A l'exception de deux grandes propriétés, celle de M. le duc de Clermont-Tonnerre et celle des hospices de Beaune, cette dernière amodiée en grande partie par M. Mallard-Gaulin, le territoire est très morcelé.

Les terrains confinant à ceux d'Aloxe et produisant les premiers crûs sont le *Roguet et Corton*, que l'on sépare quelquefois en deux climats, les *Basses Mourolles*, les *Carrières*, les *Grandes Lolières*, etc. La liste en est, du reste, donnée plus loin. Ils sont situés sur la Côte proprement dite, et les vins produits sont assez riches en tannin, de telle sorte qu'ils se conservent longtemps et acquièrent, avec le temps, un bouquet très délicat.

Le *Clou d'orge*, la *Corvée*, sont situés dans des sols plus légers. Ces climats donnent des vins également fins, bouquetés et qui mettent moins de temps à se faire.

Au nord de Ladoix, et sur le flanc de la montagne opposée à celle de Corton, dont il est séparé par la gorge aboutissant à Magny-les-Villers, est situé le hameau de Buisson.

Ici les vins se différencient par une richesse alcoolique moindre. Suivant que leur production s'est faite dans les terres argilo-calcaires, graveleuses, rouges, brunes et sèches, ils sont faciles à reconnaître à la dégustation. De l'autre côté, dans des terres plus légères, on récolte des vins moins robustes, mais dont ressortent de suite la finesse et le bouquet.

Dans la partie du territoire formant des sortes de monticules qui relient la côte proprement dite à la plaine, on récolte des vins de table connus sous les noms de *passe tout grains*, grands et bons ordinaires, qui maintiennent hautement la réputation de la commune.

Ces vins, dus au mélange des raisins pinots et gamays, ont beaucoup de corps, s'ils sont venus dans les terres fortes, et sont plus rapidement bouquetés, si le terrain est plus léger.

Enfin les bons ordinaires, d'une belle couleur, se récoltent à la suite.

Après l'examen des vins rouges, il est de toute justice de dire quelques mots des vins blancs de la commune.

A la partie supérieure de la côte de Corton, au-dessus du rond-point de Buisson, on fait des vins qui unissent de la vinosité et de la finesse à un beau bouquet. Les sols sont caillouteux, jaunes rougeâtres, assez meubles et très secs. A la dégustation on croit reconnaître à ces vins un agréable goût de noisette.

A Buisson même se récoltent également des vins blancs renommés et très appréciés. Enfin sur les monticules de Corcelles, on connaît aussi des vins qui se recommandent aux amateurs par leur franchise et leur légèreté.

En résumé, sur le territoire de Ladoix-Serrigny nous trouvons depuis les premiers crûs en vins fins jusqu'aux vins coulants de table fort au goût des consommateurs.

Suivant les années, les vins fins ont des prix variables qui, pour la queue ou les deux pièces, oscillent entre 400 et 1200 fr. et pour les vins ordinaires entre 160 et 330 francs.

NOMENCLATURE

DES PRINCIPAUX CLIMATS ET LIEUX-DITS

Corton (le). — C. A. B., première, deuxième et troisième classes; C. Loc., première cuvée.

PRINCIPAUX PROPRIÉTAIRES

M. Faiveley.
Les Hosp. civils de Beaune.

MM. de Loisy.
Maire et fils.

Roguet (le). — C. A. B., première, deuxième et troisième classes; C. Loc., première cuvée.

PRINCIPAUX PROPRIÉTAIRES

M. Bachey-Deslandes. | M. Maire et fils.

Vergennes (les). — C. A. B., première classe; C. Loc., première cuvée.

PRINCIPAUX PROPRIÉTAIRES

M. Bachey-Deslandes. | M. Maire et fils.

Coutière (la). — C. Loc., première cuvée; C. A. B., deuxième classe.

PRINCIPAUX PROPRIÉTAIRES

MM. Allex.
Dechaux.

MM. Paget-Sivry.
Liger.

Lolières (les Grandes). — C. Loc., première cuvée; C. A. B., deuxième classe.

PRINCIPAUX PROPRIÉTAIRES

M. Dechaux. | M. Quentin. | Mme Vve Royer.

Lolières (les **Petites**). — C. Loc., première cuvée; C. A. B., deuxième classe.

PRINCIPAUX PROPRIÉTAIRES

M. Bernard.	M. Millon.	M. Pallegoix.

Maréchaude (la). — C. Loc., première cuvée; C. A. B., deuxième classe.

PRINCIPAUX PROPRIÉTAIRES

MM. Bernard.	Les Hospices civils de Beaune.
Naudin-Mallard.	Mme Vve Royer.

Tope au Vert (la). — C. Loc., première cuvée; C. A. B., deuxième classe.

PRINCIPAUX PROPRIÉTAIRES

MM. Bézulier.	MM. Laurent.
Dorland.	Naudin-Mallard.
Lagneau.	

Basses Mourottes (les). — C. Loc., première cuvée; C. A. B., troisième classe.

PRINCIPAUX PROPRIÉTAIRES

M. Louis Chaponneau.	M. Pierre Nudant.

Clou d'Orge (le). — C. Loc., première cuvée; C. A. B., troisième classe.

PRINCIPAUX PROPRIÉTAIRES

MM. Bachey-Deslandes.	MM. Quentin.
Dechaux.	Pallegoix.
Gagey.	Maire et fils.

Corvée (la). — C. Loc., première cuvée; C. A. B., troisième classe.

PRINCIPAUX PROPRIÉTAIRES

M. Belorgey.
Mme Vve Chaponneau.
M. Détant.

Les Hospices civils de Beaune.
M. Mallard-Gaulin.

Blanchardes (les). — C. Loc., première cuvée.

PRINCIPAUX PROPRIÉTAIRES

M. Pierre Bézulier.
Les Hospices civils de Beaune.
M. Nudant-Cauzeret.

MM. Pierre Nudant.
Regnault.

Carrières (les). — C. Loc., première cuvée.

PRINCIPAUX PROPRIÉTAIRES

M. Cunier.

M. Mallard.

Chaillots (les). — C. Loc., première cuvée.

PRINCIPAUX PROPRIÉTAIRES

MM. Belorgey.
de Clermont-Tonnerre.
Desertot.

MM. Mallard-Gaulin.
Mancins.
Regnault.

Clou (le). — C. Loc., première cuvée.

PRINCIPAL PROPRIÉTAIRE

M. de Clermont-Tonnerre.

Combe (la). — C. Loc., première cuvée.

PRINCIPAUX PROPRIÉTAIRES

MM. Chaponneau.
Gros.
Perronnet.

MM. Quentin.
Robillot.

Corvée (la Basse). — C. Loc., première cuvée.

PRINCIPAUX PROPRIÉTAIRES

MM. Bézulier.
Dubois.

Les Hospices civils de Beaune.
M. Tartarin.

Lolières (les). — C. Loc., première cuvée.

PRINCIPAUX PROPRIÉTAIRES

M. Bussière.
Mme Vve Loichet-Pillet.

MM. Pauvelot.
Thomas.

Marnées (les). — C. Loc., première cuvée.

PRINCIPAUX PROPRIÉTAIRES

M. Bailly-Liger. | M. Dubois. | M. Fourneau.

Raugie (la). — C. Loc., première cuvée.

PRINCIPAUX PROPRIÉTAIRES

Mme Vve Arbinet. | M. Guillien. | M. Parmain.

Tope Avignon (la). — C. Loc., première cuvée.

PRINCIPAUX PROPRIÉTAIRES

MM. Bachey-Deslandes.
Dechaux.
Maire et fils.

MM. Quentin.
Tartarin.

CLIMATS

PRODUISANT SURTOUT DES VINS BLANCS

Bricottes (les). — C. Loc., première cuvée.

PRINCIPAUX PROPRIÉTAIRES

MM. Mallard-Brocard.
     Mallard-Damichel.

MM. Perrin.
     Quentin.

Corvée (la **Haute**). — C. Loc., première cuvée.

PRINCIPAUX PROPRIÉTAIRES

Mme Vve Chaponneau.
M. Détant.

Hospices de Beaune.
Mme Vve Loichet-Pillet.

Clou d'Orge (le **Haut**). — C. Loc., première cuvée.

PRINCIPAUX PROPRIÉTAIRES

M. Gagey.

M. Pallegoix.

Gréchons et Foutrières. — C. Loc., première cuvée.

PRINCIPAUX PROPRIÉTAIRES

MM. Bornier.
     Dorland.
     Dubois.

MM. Mallard-Naudin.
     Vernet.

Lavière (En). — C. Loc., première cuvée.

PRINCIPAUX PROPRIÉTAIRES

MM. Bézulier.
     Bornier.

MM. Dorland.
     Naudin (Léon).

Mourottes (les Hautes). — C. Loc., première cuvée.

PRINCIPAUX PROPRIÉTAIRES

M. Bachey-Deslandes. | M. Chaponneau. | M. Mallard-Lucotte.

Naget (En). — C. Loc., première cuvée.

PRINCIPAUX PROPRIÉTAIRES

MM. Bussière.
Bézulier (Mme Vve).
Louis Chaponneau.
Dorland.

Mme Vve Loichet-Pillet.
MM. Mallard-Guérin.
Léon Naudin.
Mme Vve Vauchey.

Naget (bas des). — C. Loc., première cuvée.

PRINCIPAUX PROPRIÉTAIRES

M. Brocard. | M. Mallard-Naudin. | M. Fournier.

Vris (les). — C. Loc., première cuvée.

PRINCIPAUX PROPRIÉTAIRES

MM. Bélorgey.
Chevalier-Pignolet.
Mallard-Gaulin.

MM. Léon Naudin.
Ravaut.
Regnault.

Vris (sur les). — C. Loc., première cuvée.

PRINCIPAUX PROPRIÉTAIRES

MM. Barberot.
Bélorgey.
Bornier.
Chevalier-Pignolet.

Mme Vve Loichet-Pillet.
MM. Laurier.
Louis Monnot.

Viennent ensuite les climats suivants produisant des vins de qualité moindre : *Buisson,* — *Territoire de Corcelle,* — *Territoire de Neuvelle.*

Buisson. — C. Loc., deuxième cuvée.

PRINCIPAUX PROPRIÉTAIRES

MM. Bonnot-Dauphin.
Dubois.
Lucotte-Floret.

MM. Nudant-Cauzeret.
Tartarin.

Buisson (Sous). — C. Loc., deuxième cuvée.

PRINCIPAUX PROPRIÉTAIRES

MM. Chevalier-Pignolet.
Les Hospices de Beaune.
Mme Vve Loichet-Pillet.

MM. Mallard-Gaulin.
Quentin.

Butte (la). — C. Loc., deuxième cuvée.

PRINCIPAUX PROPRIÉTAIRES

MM. Brocard.
Mallard-Gaulin.
Nudant.

MM. Quentin.
Tartarin.

Chagniot, Clos de Chagniot.

PRINCIPAL PROPRIÉTAIRE

M. Bélorgey.

Champ Pusset (le). — C. Loc., deuxième cuvée.

PRINCIPAUX PROPRIÉTAIRES

Mme Vve Arbinet.
MM. Chevalier-Pignolet.
Grosse.
Mme Vve Loichet-Pillet.

MM. Massotte-Gille.
Pernot-Gille.
Perronnet.

Champ Ramée (le). — C. Loc., deuxième cuvée.

PRINCIPAUX PROPRIÉTAIRES

MM. Bélorgey.
Laurent.

M. Loison.
Mme Vve Vauchey.

Clos Royer. — C. Loc., deuxième cuvée.

SEULE PROPRIÉTAIRE

Mme Vve Royer.

Combottes (les). — C. Loc., deuxième cuvée.

PRINCIPAUX PROPRIÉTAIRES

MM. Branlard.
Désertot.
Moron-Bernard.

MM. Paget.
Pallegoix.
Perronnet.

Coquines (les). — C. Loc., deuxième cuvée.

PRINCIPAUX PROPRIÉTAIRES

MM. Bailly-Liger.
Boursot.
Mallard-Pillet.

MM. Mallard-Guérin.
Millon.
Pelletier.

Forêts (les). — C. Loc., deuxième cuvée.

PRINCIPAUX PROPRIÉTAIRES

MM. Capitain.
Liger.
Mme Vve Loichet-Pillet.

MM. Parmain.
Richard.

Forêts (Sur les). — C. Loc., deuxième cuvée.

PRINCIPAUX PROPRIÉTAIRES

M. Blé. | Les Hospices de Beaune. | M. Moyne.

Gremelle (la). — C. Loc., deuxième et troisième cuvées.

PRINCIPAUX PROPRIÉTAIRES

MM. Chevalier-Pignolet.
Gagey.
Mme Vve Loichet-Pillet.

MM. Mallard-Naudin.
Maillard.
Vauney.

Huchotte (les). — C. Loc., deuxième cuvée.

PRINCIPAUX PROPRIÉTAIRES

Mme Vve Dorland.
M. Dubreuil.

M. Jacob.
Mme Vve Loichet-Piilet.

Issards (les). — C. Loc., deuxième cuvée.

PRINCIPAUX PROPRIÉTAIRES

M. Bourgeot.

M. Liger.

Micaude (la). — C. Loc., deuxième cuvée.

PRINCIPAUX PROPRIÉTAIRES

M. Capitain.

M. Guillien.

Mort (la). — C. Loc., deuxième cuvée.

PRINCIPAUX PROPRIÉTAIRES

M. Chevalier-Pignolet.

M. Dominot.

Pièces (les). — C. Loc., deuxième et troisième cuvées.

TRÈS DIVISÉ

Ranches (les). — C. Loc., deuxième cuvée.

PRINCIPAUX PROPRIÉTAIRES

MM. Dechaux.
Léon Naudin.
Parmain.

MM. Ravaut.
Thomas.

Seuriat (le). — C. Loc., deuxième cuvée.

PRINCIPAUX PROPRIÉTAIRES

MM. Boursot.
Mallard-Léger.
Léon Naudin.

MM. Pierre Nudant.
Pernot-Gille.
Perronnet.

Topes Coiffes (les). — C. Loc., deuxième cuvée.

PRINCIPAUX PROPRIÉTAIRES

MM. Beaudement.
Gagey.
Laurent.

Mme Vve Loichet-Pillet.
M. Naudin-Mallard.

Vigne Adain (ou **Adam**). — C. Loc., deuxième cuvée.

PRINCIPAUX PROPRIÉTAIRES

M. Boursot. | M. Dechaux. | M. Laurent.
Etc., etc.

ON PEUT CLASSER ENSUITE LES CLIMATS SUIVANTS :

Arrière Cours, En Barrigards, En Bavant, La Beuvaine, Champ Boulouin, Champ Pommier, La Chapelle, Le Clôtre, Le Clos Cauzeret, La Commeys, Bas de la Commeys, Corvée de l'Hermite, Courberaies, Les Cras, Les Epenottes, La Folie, La Fontaine-Rameau, Les grands Genavrots, En Gipourotte, En Goutteux, Les grandes Terres, En Herbeux, Longues Terres, Sur Lauchère, La Louère, En Moutier, Les Oubliesses, La Plante de l'Orme, Le Poirier de la Chrétienne, Les Prés Charmots, Le Pré de la Cure, Rebresse, Mon Repos, Rias, Serrigny, Les Terres Blanches, Les Terres Martin, Les Tertres, La Tour de Guise, Les Trente Plancons, Les Tremblots.

CORGOLOIN

De même que les deux localités ses plus proches voisines, Ladoix-Serrigny et Comblanchien, Corgoloin n'a pris une certaine importance au point de vue viticole que depuis une époque récente. Jadis, ses forêts descendaient jusque vers la grande route et il a fallu recourir à de nombreux défrichements pour faciliter la plantation d'un vignoble qui mérite aujourd'hui une étude d'autant plus spéciale qu'il produit des vins ayant acquis une réelle réputation.

Avant la Révolution, ce village était compris dans le bailliage de Nuits. Dès 834, on trouve *Villa Godoleni curtis* (1) ; en 1241 et 1244, c'est *Corgoolein, Corgolein;* en 1332 *Corgulons* et *Corgoolain*, aussi avec la forme latine *Corgolanum* (2). Bien que ces appellations appartiennent au plein moyen âge, l'occupation romaine a laissé des traces sur le finage; outre des monnaies, il y a été découvert un groupe des *Déesses Maires* que possède le musée de Beaune. Au lieu dit *En la Botte*, la terre a restitué des monnaies romaines, des armes burgondes ou franques. Près de là, on a pu recueillir une belle statuette en bronze de l'empereur Adrien.

En certains endroits de la plaine se rencontrent des nodules de fer nommées *Rougel*. Des établissements sidérurgiques n'auraient-ils pas existé, dans cette région, aux temps gallo-romains ?

En 1460, nous voyons les habitants de Corgoloin qualifiés

---

(1) *Gallia Christiana*, t. IV.
(2) *Martyrologe de Notre-Dame de Beaune.*

d' « hommes liges et francs, bourgeois de Monseigneur le Duc, » et Courtépée relate les noms de plusieurs seigneurs qui tinrent, du XII° au XVIII° siècle, un rang honorable dans la province de Bourgogne. Le dernier de ces seigneurs fut le prince de Conti.

En 1636, les hordes étrangères conduites par Galas commirent de grands ravages dans le pays (1). L'église du village qui avait beaucoup souffert fut réparée ou plutôt rétablie par les seigneurs de Cussigny et de Premeaux.

De Corgoloin dépendent trois hameaux, *Cussigny* (2), qui comptait 15 feux au siècle dernier, y compris le château; Moux (3), avec 12 feux; *Boncourt la Ronce* (4), avec 6 feux, et la Chaume, avec 2 feux.

A Corgoloin, il n'existait, en 1666, que 19 feux. A la fin du siècle dernier, le nombre avait atteint le chiffre de 50, répartis entre 400 communiants. Le dernier recensement a inscrit 716 habitants.

Corgoloin fait partie du canton de Nuits, ville dont il est éloigné de 7 kilomètres. 10 kilomètres le séparent de Beaune, son chef-lieu d'arrondissement, et 30 kilomètres de Dijon.

Un bureau de poste et télégraphe est établi dans cette commune, dont la latitude est de 47° 4' 36" et la longitude de 2° 35' 30". Une station du P. L. M. la dessert. A cette gare le trafic a une très grande importance car, outre le commerce des vins, c'est le point d'embarquement de la majeure partie des pierres de taille exploitées à Corgoloin et à Comblanchien. On sait que, dans ces deux localités, les carrières donnent un calcaire dur, susceptible d'un très beau poli et universellement réputé.

Au point de vue géologique, toute la partie inférieure du village est dans les alluvions anciennes qui viennent de la plaine;

---

(1) On sait que cette armée fut contrainte de lever le siège de Saint-Jean-de-Losne, dont l'admirable défense excita l'admiration de la France entière.
(2) *Cussiniacum, Villa Cossiniacensis*, 800, 875 (*Chronique de S. Bénigne*).
(3) Nom inscrit en 1277 (*Titres de l'abbaye de Saint-Vivant*).
(4) Boncor la Ronce en 1245 (*Titres de la commanderie de Beaune*). — Bon cort au XIV° siècle (*Martyr. de N.-D. de Beaune*).

aussitôt après la route, commence le Forest Mable, qui va jusqu'au sommet de la colline.

M. Margottet (1) a donné plusieurs analyses des sols provenant de Corgoloin ; en voici quelques-unes :

	NOMS DES CLIMATS				
	En Botte	En Fourneau	En Riesse	Les Arnolots	
				Sol	Sous-sol
Terre fine	33,35	99,77	74,72	86,54	84,45
Gravier	36,65	0,23	25,28	13,46	15,55
Analyse physique de la terre fine.					
Sable siliceux. . .	44,55	61,38	54,95	36,916	38,581
Argile.	35,89	31,96	31,39	42,470	41,538
Analyse chimique de la terre fine (p. 100 parties).					
Azote	0,196	0,098	0,140	0,126	0,098
Acide phosphorique	0,147	0,177	0,211	0,135	0,119
Potasse	0,326	0,418	0,388	0,445	0,401
Chaux.	7,314	0,369	4,849	9,027	8,185

D'après ces analyses, la fertilité de ces climats est suffisante quant à la chaux et à la potasse, mais ils manquent un peu d'azote et d'acide phosphorique. D'autre part, si nous nous reportons à l'étude des terrains qui a été faite (1), nous trouvons les renseignements suivants : *Clos de Langres*, sol argilo-siliceux avec un peu de calcaire ; 0,30 à 0,80 de profondeur ; sous-sol, gravier sec très calcaire. *La Riesse*, sol argilo-calcaire, léger, rouge, gravier calcaire tendre à petits grains, 0,50 de profondeur ; sous-sol marneux, calcaire, sec. *Mont de Boncourt*, sol argilo-siliceux, rougeâtre, compacte, homogène, avec sous-sol argilo-siliceux, rouge, jaunâtre, homogène.

Comme pour les villages précédents on pourrait multiplier ces recherches, mais alors nous sortirions du cadre de cet

(1) Déjà cités.

ouvrage et, d'ailleurs, ces analyses représentent assez bien la composition du sol des principaux climats de cette commune.

Lors de l'établissement du cadastre, en 1828, sur une surface de 382 hectares, formant celle de la commune, on comptait : vignes en première classe, 14 hectares ; vignes en 2me, 37 ; en 3me 44 ; en 4me et 5me classes, 23.

Depuis, la superficie du vignoble n'a fait qu'augmenter, de telle sorte que de 1858 à 1870, où elle a atteint son maximum, elle comprenait environ 300 hectares ; depuis elle a un peu diminué.

La culture de la vigne n'offre rien de particulier. Les cépages cultivés sont le pinot pour les vins fins, et le gamay pour les ordinaires ; le rendement est assez peu élevé : le Dr Lavalle l'évalue de 15 à 16 hectolitres en la *Botte* et 16 à 18 dans les *Langres*. Actuellement, dans les bonnes années, on obtient un chiffre un peu plus élevé, 2 à 4 hectolitres en plus de ceux indiqués, soit 20 hectolitres pour les vins fins et 50 pour les ordinaires.

Quoique le vignoble de Corgoloin n'ait atteint une certaine importance que dans le XIXe siècle, néanmoins les vins qu'il produit étaient jadis cotés un certain prix.

Telle était la valeur des vins d'après le registre officiel de la ville de Nuits, de 1720 à 1789 :

ANNÉES	PRIX	ANNÉES	PRIX	ANNÉES	PRIX
1720	26 livres	1731	42 livres	1742	45 livres
1721	50 —	1732	40 —	1743	60 —
1722	70 —	1733	66 —	1744	55 —
1723	65 —	1734	70 —	1745	100 —
1724	41 —	1735	70 —	1746	110 —
1725	30 —	1736	120 —	1747	65 —
1726	100 —	1737	45 —	1748	130 —
1727	40 —	1738	70 —	1749	120 —
1728	35 —	1739	50 —	1750	60 —
1729	32 —	1740	25 —	1751	46 —
1730	36 —	1741	100 —	1752	50 —

ANNÉES	PRIX	ANNÉES	PRIX	ANNÉES	PRIX
1753	11 livres	1766	45 livres	1779	65 livres
1754	45 —	1767	80 —	1780	60 —
1755	55 —	1768	90 —	1781	30 —
1756	52 —	1769	95 —	1782	35 —
1757	110 —	1770	90 —	1783	70 —
1758	100 —	1771	110 —	1784	70 —
1759	75 —	1772	60 —	1785	24 —
1760	40 —	1773	110 —	1786	36 —
1761	30 —	1774	110 —	1787	80 —
1762	32 —	1775	80 —	1788	100 —
1763	30 —	1776	65 —	1789	72 —
1764	55 —	1777	85 —		
1765	48 —	1778	80 —		

Ces prix sont à la queue, soit deux pièces ou 450 litres. Par la suite la valeur des vins alla en augmentant. En 1848, on trouvait des bons vins à 40 francs la pièce; de 1858 à 1870, ils se vendaient de 200 et 300 fr. la pièce ; les ordinaires de 50 à 90 francs; puis de 1870 à maintenant, on ne peut compter avoir des vins fins à moins de 300 à 400 fr. la pièce et des ordinaires à moins de 100 à 115 francs.

A l'analyse ces vins ne présentent rien de particulier. A la dégustation ceux qui viennent des premières cuvées présentent du corps, une bonne vinosité et une belle robe. Ainsi que l'a fort justement écrit le Dr Lavalle, « ils méritent une place honorable parmi nos bons vins et lorsque par l'âge ils ont acquis du bouquet, ils peuvent être comparés aux premières cuvées de beaucoup de communes plus renommées. »

C'est donc avec justice que cette commune devait figurer dans notre monographie, bien qu'elle soit omise par certains œnologues.

CHATEAU DE LA CHAUME (ancienne propriété Marey-Monge)

Domaine Vinicole de la Maison BOUCHARD AÎNÉ & FILS, à Beaune
(Résidence de M. Ernest Bouchard).

NOMENCLATURE

DES PRINCIPAUX CLIMATS ET LIEUX DITS

Botte (En la). — D. L., première cuvée; C. Loc., première cuvée.

SEUL PROPRIÉTAIRE

M. Barberot.

Grand Clos des Langres. — D. L., première cuvée; C. Loc., première cuvée.

SEUL PROPRIÉTAIRE

M. L. A. Montoy.

Langres (Aux). — D. L., première cuvée; C. Loc., première cuvée.

PRINCIPAUX PROPRIÉTAIRES

M. Barberot.	M. Renevey.

Chaillots (Es). — C. Loc., première cuvée; D. L., deuxième cuvée.

PRINCIPAUX PROPRIÉTAIRES

MM. Boudier.	MM. Tissier-Morand.
Gille-Morand.	Tournois-Latour.
Manière.	Sagetat.
Victor Morand.	

Monts de Boncourt (les). — C. Loc., première cuvée; D. L., deuxième cuvée.

PRINCIPAUX PROPRIÉTAIRES

MM. Barberot.	MM. Davignot.
Barberet.	Deserteaux.
Boudier.	Naudin.

Vireville (En). — C. Loc., première cuvée; D. L., deuxième cuvée.

PRINCIPAUX PROPRIÉTAIRES

M. Gillo-Morand.
Mme Vve Martin.

MM. Morand.
Lévêque.

Chazeaux (les). — C. Loc., première cuvée.

PRINCIPAUX PROPRIÉTAIRES

MM. Adolphe Barberet.
Boudier.
Carlin.
Deserteaux-Barberet.
Joseph Dhivert.

MM. Grivot-Renevey.
Morand aîné.
Joseph Morand.
Tissier-Morand.

Fourneaux (les **Hauts Fourneaux** ou **Robignottes**). — C. Loc., première cuvée.

PRINCIPAUX PROPRIÉTAIRES

MM. Bailly.
Boudier.

MM. Fornerole.
Lévêque.

Perrières (Aux). — C. Loc., première cuvée.

PRINCIPAUX PROPRIÉTAIRES

MM. Adolphe Barberet.
Boudier.
Deserteaux-Barberet.

MM. Lévêque.
Victor Morand.
Pierrotto.

Riesse (En). — C. Loc., première cuvée.

SEUL PROPRIÉTAIRE

M. Barberot.

Arnolots (Aux). — C. Loc., troisième cuvée.

PRINCIPAUX PROPRIÉTAIRES

M. Barberot.

M. Boudier.

Bas du Mont de Boncourt (le). — C. Loc., deuxième cuvée.

PRINCIPAUX PROPRIÉTAIRES

MM. Barberet.
Bouchard-Girard.

M. Bourgogne.
Les Hospices de Nuits.

Clou (Au). — C. Loc., deuxième cuvée.

PRINCIPAUX PROPRIÉTAIRES

MM. Barberet-Carlin.
Boudier.
Dhivert.

MM. Douhin.
Marlot.
Victor Morand.

Clou Virey (Es). — C. Loc., deuxième cuvée.

PRINCIPAUX PROPRIÉTAIRES

MM. Bourgogne.
Joseph Dhivert.

MM. Joannet.
Truchetet-Thibaut.

Guillandes (les). — C. Loc., deuxième cuvée.

PRINCIPAUX PROPRIÉTAIRES

M. Barberet. | M. Carlin. | M. Renevey.

Longues Tilles (Aux). — C. Loc., deuxième cuvée.

PRINCIPAUX PROPRIÉTAIRES

MM. Barberet.
Boudier.
Davignot.
Douhin.

MM. Morand frères.
Renevey.
Reitz.
Les Hospices de Nuits.

Cazeaux (Aux). — C. Loc., deuxième cuvée.

PRINCIPAUX PROPRIÉTAIRES

M. Barberet. | M. Boudier.

Chagnot (Es). — C. Loc., troisième cuvée.

PRINCIPAUX PROPRIÉTAIRES

MM. Barberot.
Boudier.

Mme Vve Henriot.
M. Naudin.

Fourneaux (Aux). — C. Loc., troisième cuvée.

PRINCIPAUX PROPRIÉTAIRES

MM. Barberet.
Barberot.
Boudier.

MM. Tissier-Morand.
Tournois-Vauthier.

Ruer (En). — C. Loc., troisième cuvée.

PRINCIPAUX PROPRIÉTAIRES

MM. Boudier.
Davignot.

MM. Lévêque.
Tournois-Vauthier.
Etc., etc.

COMBLANCHIEN

Bien que produisant quelques bons vins, Comblanchien n'avait jadis qu'une importance secondaire. Courtépée se borne à dire : « Pays vignoble sur la grande route. »

En 1221, il est appelé *Corblanchin* et, en 1225, *Corblanchien* (1). Dans ce double nom quelques-uns ont voulu voir une dérivation de *Combe aux chiens*, en souvenir d'un lieu de rendez-vous de chasse des ducs de Bourgogne qui venaient s'approvisionner de gibier dans la forêt dont Serrigny et Comblanchien occupaient les extrémités, aux XIIIe et XIVe siècles.

A la place de cette étymologie passablement fantaisiste, on préférera recourir aux désignations de *Curtis Bunciana* et *Blancana Curtis*, cités aux dates de 733 et 875, par Pérard.

Il y a lieu de rappeler ici l'état de pauvreté dans lequel se trouvait ce village, avant la Révolution de 1789. Les habitants n'avaient la propriété que d'un tiers du territoire; le surplus constituait le domaine du prince de Conti, seigneur engagiste d'Argilly, dont le premier officier était le châtelain Antoine de Villers la Faye. 1/8 appartenait à la famille Bourgeois, de Beaune; 1/6 environ aux Chartreux de Dijon; 1/16 à la maison Legouz de Saint-Seine; une autre partie aux familles Cottot, Soucelier et Maurier, et le reste au monastère de Saint-Vivant.

Courtépée a signalé, sur le territoire de Comblanchien, la découverte, en 1772, d'un coffre rempli de monnaies de Posthume et du Bas-Empire. On y a trouvé aussi des restes de vieilles constructions attribuables aux temps gallo-romains. Dans un ordre de faits moins anciens, la tradition affirme qu'en 1579

(1) Courtépée, tome II, page 389.

un habitant, nommé Girard, défrichant son champ au-dessus du climat des Argillières, mit au jour des fragments de taille et de marbre ayant appartenu à un autel, où figurait l'effigie grossièrement sculptée de la Sainte Vierge (1). Depuis cette époque le climat au-dessus des *Argillières* a pris la désignation de la *Chapelle*.

Le village, situé sur la route nationale de Chalon à Sarreguemines, est à environ 400 mètres à l'ouest de la ligne du P. L. M., et à 2 kilom. de la station de Corgoloin. Le coteau est orienté de l'est-sud-est et sud-est.

Les limites du finage sont au nord, Premeaux; à l'est, Prissey; à l'ouest, Chaux et Villers-la-Faye, et au sud, Corgoloin. La latitude est de 45° 5'41" et la longitude de 2° 35' 52". Enfin la hauteur moyenne est de 229 mètres.

Comblanchien est à 4 kilom. de Nuits, chef-lieu de canton, à 11 kilom. de Beaune ; il est rattaché au bureau de poste de Corgoloin.

On peut donc s'y rendre, soit de cette dernière commune, soit par voitures particulières.

La population se compose actuellement de 538 habitants; au siècle dernier, on ne comptait que 40 feux.

La commune occupe une surface totale de 361 hectares 27 ares; en 1828 l'étendue du vignoble était de 72 hectares ; en 1880 elle s'élevait à 145 hectares, dont environ le tiers en plants fins et passe-tous-grains.

La partie inférieure du pays, du chemin de fer à la route, se trouve dans les alluvions anciennes; ce n'est qu'à partir de cet endroit que commence le Forest-Mable et la Grande Oolithe qui va jusqu'au sommet des coteaux d'ailleurs peu élevés. Dans l'arrière-côte, vers Villers-la-Faye et Magny, apparaît seulement le Cornbrash.

M. Margottet assigne la composition suivante à deux climats :

---

(1) Transféré à l'église, ce monument a été mutilé pendant la grande Révolution.

	ANALYSE MÉCANIQUE			
	Chapuzes		Plâtrière	
	Sol	Sous-sol	Sol	Sous-sol
Terre fine.......	»	»	»	»
Gravier.......	»	»	»	»
ANALYSE PHYSIQUE				
Sable siliceux.....	»	»	»	»
Argile........	»	»	»	»
ANALYSE CHIMIQUE POUR CENT				
Azote........	0.126	0.098	0.168	0.112
Acide phosphorique..	0.106	0.107	0.085	0.059
Potasse.......	0.072	0.115	0.115	0.073
Chaux........	0.722	0.610	0.193	0.907

Les terrains de la plaine ont donc une fertilité moyenne. Voici, d'autre part, un extrait de l'*Etude des terrains de la côte* (1):

Le *Sentier*. — Sol argileux, très calcaire, brun-jaunâtre, compacte, 0^{m}25 à 0^{m}35 d'épaisseur. Sous-sol marneux, blanchâtre avec nodules calcaires.

Les *Chapuzes*. — Sol argilo-siliceux, rouge, moyennement compacte, homogène, fertile; 0^{m}50 de profondeur. Sous-sol avec gros fragments calcaires durs entremêlés à la terre rouge du sol.

La *Fauque*. — Sol argilo-calcaire, avec quelques fragments calcaires durs, roux, moyennement compacte, assez fertile, 0^{m}40 d'épaisseur. Sous-sol marneux, très argileux, avec quelques fragments calcaires, très compacte.

En résumé, le sol est argilo-calcaire et calcaire, le sous-sol marneux, graveleux en certains endroits; la couche arable a une profondeur de 0^{m}30 à 0^{m}45 sur le coteau, et de 0^{m}40 à 0^{m}60 en plaine.

(1) Déjà cité.

Les plants cultivés sont le pinot fin et le gamay de Bévy pour les ordinaires. Les façons culturales et la vinification ne diffèrent pas de celles usitées dans tous les villages de cette partie de la Côte.

Les rendements se rapprochent de ceux indiqués pour Corgoloin ; on compte de 20 à 22 hectolitres à l'hectare pour les vins fins et de 45 à 50 pour les ordinaires.

C'est entre ce village et Premeaux que finit la côte de Nuits.

Les vins de Comblanchien ont aussi été évalués. Au siècle dernier, ils étaient classés au même rang que ceux de Prissey et des monts de Boncourt-la-Ronce, et subdivisés en rouges et en blancs dans le tableau que conservent les archives de la ville de Nuits. Nous en donnons quelques extraits, les prix indiqués étant ceux de la queue ou 456 litres :

ANNÉES	PRIX		ANNÉES	PRIX	
	Vins rouges	Vins blancs		Vins rouges	Vins blancs
1720	27 livres	21 livres	1765	63 livres	34 livres
1725	32 —	26 —	1770	200 —	110 —
1730	42 —	30 —	1775	85 —	60 —
1735	80 —	60 —	1780	80 —	55 —
1740	25 —	25 —	1785	40 —	20 —
1745	110 —	55 —	1786	50 —	30 —
1750	125 —	45 —	1787	90 —	80 —
1755	60 —	45 —	1788	130 —	80 —
1760	120 —	38 —	1789	80 —	60 —

Ce document montre l'augmentation de prix à peu près constante de ces vins. Depuis elle s'est encore accentuée et dans ces dernières années : en 1885-1886 et 1887, les ordinaires se vendaient de 110 à 115 et 120, et les vins fins de 400 à 500 francs la pièce de 228 litres.

Nous avons eu occasion, en 1887, d'analyser à notre laboratoire de Beaune un bon vin de cette commune ; telle est sa composition :

DENSITÉ	ALCOOL en degrés p. 0/0	EN GRAMMES PAR LITRE				
		Extrait sec à 100 degrés	Plâtre	Tartres	Acidité totale en SO⁴HO	Glycérine
995.1	11.50	23.90	0.36	4.00	4.79	5.25

La caractéristique de ces vins est donc leur richesse en tartre et en sulfate de potasse; cette qualité leur vient très probablement de ce qu'ils ont été produits dans les calcaires de la Grande Oolithe.

A la dégustation, nous reconnaîtrons à ces vins une belle couleur, beaucoup de fermeté; aussi gagnent-ils à être conservés quelques années pendant lesquelles ils acquièrent un bouquet qui n'apparaît complètement qu'au bout de deux ans au moins.

Quant aux ordinaires, ils constituent, par suite de leur composition, d'excellents vins de coupage, et sont très appréciés par le commerce.

NOMENCLATURE

DES PRINCIPAUX CLIMATS ET LIEUX DITS

Les vins de cette commune n'ont pas été classés. Le Docteur Lavalle signale comme bonnes cuvées les climats suivants :

Aux *Grandes Vignes*, aux *Retraits*, aux *Montagnes*, aux *Fauques;*

Auxquels nous ajouterons :

Belle-Vue, *Julbigne*, la *Berchère*, les *Loges*, les *Plantes du Bois*.

Viennent ensuite :

En la *Rue des Vaches*, aux *Charmes*, en *Saint-Seine*, les *Essarts*, la *Pretière*, le *Miroir*, les *Sentiers*, les *Vignes Blanches*, sur la *Pièce du Parc*, la *Trelle*, le *Meix-Duc*, la *Chapelle*, les *Argillières*, etc.

Nous citerons parmi les principaux propriétaires dans ces divers climats :

Mme Vve Barrault.
MM. Bouchard-Clément.
    Bouchard-Girard.
    Boudier.
    Britschgy.
    Philippe Chopin.
    Gilles-Bourgogne.

MM. Gilles-Vagniot.
    Pierre Girard.
    Legoux.
    Les Hospices de Nuits.
    etc., etc.

PRISSEY

Prissey, *Prisscium* en 1004 (1), autrefois dépendance de Premeaux, était, au siècle dernier, une annexe de Corgoloin. Les trois quarts de son territoire relevaient de l'abbaye de Saint-Seine, et Courtépée a écrit que l'air y était mauvais à cause des marais qui l'environnaient. « Aussi, ajoutait-il, n'y voit-on pas de vieillards. »

Ce village constituait jadis une paroisse ; depuis 1789, c'est une annexe de celle de Premeaux.

Il a eu ses seigneurs, entre autres Poulletier de Serrigny, dont le domaine avait été acheté par la famille de Loisy, d'Arceau, qui l'a conservé jusqu'à la mort de Mme de Loisy (1889).

Prissey est situé à gauche du chemin de fer, en venant de Dijon. Son territoire est limité, au levant et au nord, par celui de Premeaux ; au couchant, par la route nationale et, au midi, par le finage de Comblanchien. L'altitude y est de 226 mètres, la latitude de 47° 5' 48" et la longitude de 2° 36' 56".

La Courtavaux, qui prend sa source sur le territoire de Premeaux, fait marcher le moulin dit « de Prissey ».

Nuits, chef-lieu de canton, est distant de 4 kilomètres, et Beaune de 13 kilomètres.

En 1826, époque de la confection du cadastre, la commune de Prissey avait 24 hectares de vignes ; en 1879, elle en possédait 100 hectares, la surface totale de son territoire étant de 157 hectares.

---

(1) *Chronique de Saint-Bénigne.* — On trouve *Prisse*, en 1230, dans le *Martyr. e-Dame de Beaune.*

Certains climats tirent leur nom de leur situation même, c'est ainsi que la *Creusotte* figure une sorte de creuset et que *Derrière les Charmes* est situé contre les charmilles du clos du château de Premeaux.

Au point de vue géologique, Prissey est tout entier dans les alluvions anciennes, sauf du côté de la route, *Aux Leurey*, où on rencontre un peu de Forest Mable; enfin une petite bande, traversant le pays en allant vers Premeaux, se trouve le long d'un ruisseau et forme des alluvions modernes.

Le sol est donc, en général, argilo-calcaire, avec une couche arable d'une certaine profondeur, vu qu'elle atteint une moyenne d'environ 60 à 70 centimètres.

Sauf dans le climat des *Leurées* et dans une partie de ceux qui bordent la route où se cultive le pinot, producteur de vins fins, partout ailleurs on rencontre le gamay. La vigne est cultivée comme dans le reste de la côte et reçoit ses trois labours par an. Le rendement moyen à l'hectare est assez variable : alors qu'en 1857 on récoltait 30 hectolitres à l'hectare, en 1865 on n'en récoltait plus que 24.

Les vins de cette commune, en blancs et rouges, ont atteint des prix différents suivant les époques ; ils sont indiqués avec ceux de la commune de Comblanchien. Ajoutons que les gamays se vendaient aux prix ordinaires des autres régions de la plaine, soit pour ces dernières années, de 110 à 120 francs la pièce, suivant la qualité.

Domaine de Prissey (près Nuits)
Propriété de M. Jules Belin
(DISTILLERIE DU MARC A LA CLOCHE)

NOMENCLATURE

DES PRINCIPAUX CLIMATS ET LIEUX DITS

Leurées (les) ou **Leurey**. — C. Loc., première cuvée ; C. A. B., deuxième classe.

PRINCIPAUX PROPRIÉTAIRES

M. Britschgi.	M. Prosper Viénot.

Armurières (les).

PRINCIPAUX PROPRIÉTAIRES

MM. Ernest Boiveau.	MM. Jantot.
Dubois.	Marillier.
Girard-Martin.	Nolotte.

Cachottes (les).

PRINCIPAUX PROPRIÉTAIRES

M. Etienne Marillier. | M. Maire-Girard. | M. Jules Renevey.

Creusottes (les).

PRINCIPAUX PROPRIÉTAIRES

MM. Boudier-Collet. | MM. Matrot.
Chopin-Misserey. | Eugène Misserey.

Derrière les Charmes.

PRINCIPAUX PROPRIÉTAIRES

MM. François Dubois. | MM. Guillemard.
Girard-Martin. | Marillier.

En Famines (ancien domaine de Mme la Comtesse de Loisy.)

PRINCIPAL PROPRIÉTAIRE

M. Jules Belin.

Aux Genavras.

PRINCIPAL PROPRIÉTAIRE

M. Jules Belin.

Plantes (les).

PRINCIPAUX PROPRIÉTAIRES

M. Gesseaume père. | M. François Podechard. | M. Michelot père.

Rue-Pique (la).

PRINCIPAUX PROPRIÉTAIRES

M. Jules Belin. | MM. Jules Lemaire.
Les Hospices de Nuits. | François Podechard.

Vignottes (les).

PRINCIPAUX PROPRIÉTAIRES

MM. Eugène Bouchard. | MM. Girard-Martin.
Dambrun. | Marlot.

Etc., etc.

PREMEAUX

Si aucun monument celtique n'existe sur le territoire de Premeaux, s'il n'y a été recueilli, que l'on sache, aucun objet appartenant à la période de l'âge de pierre, cette localité est l'une de celles qui offrent les signes les mieux caractérisés de l'occupation romaine.

Les fouilles opérées, en 1865 et 1866, au climat dit des *Saules Guillaume*, ont donné des résultats conservés au musée archéologique de la ville de Beaune. On y voit des chapiteaux de colonnes, des fragments de frises, de marbre monumental, d'aires d'habitations, de bétons, d'enduits, des tessons de vases de toutes terres, des fers de chevaux, des ferrements de chariots, une superbe plaque ornée d'une tête de lion relevée en bosse. Des monnaies grand bronze, la plupart du Bas Empire, ont servi à dater ces divers objets, groupés dans la même vitrine, sous l'étiquette de : *Fouilles de Premeaux*.

Une quantité de cendres et de bois carbonisés indiquait le moyen employé pour la destruction des *villas* dont les ruines étaient mises au jour, moyen connu par les invasions barbares, aux temps anciens comme aux temps modernes, l'incendie.

C'est en 1160 que Premeaux fait sa première apparition dans un titre de l'abbaye de Mézières sous le nom de *Prumæl*. En 1296, on trouve *de Prumellis*, comme qualification nobiliaire ajoutée au nom d'un seigneur « Guillermus », doyen de la collégiale de Beaune ; en 1298, c'est *de Primellis*, et au XIVe siècle, on rencontre *Prumael* (1).

Courtépée considère le nom de Premeaux comme la traduction de *Primæ Aquæ* « premières eaux », mais cet historien n'apporte aucune preuve à l'appui de son dire et, dans ces conditions, l'on est réduit à rejeter une étymologie qui se présente pourtant d'une manière ingénieuse et rationnelle, surtout à la vue de la source abondante et pérenne dont le pays possède le bienfait.

Dans les siècles précédents, le seul cours d'eau de Premeaux était déjà célèbre ; le débit devait en être considérable, et, très probablement, l'endroit où il venait sourdre n'était pas le même que maintenant. Lors des révolutions géologiques, ces eaux, en entraînant les terres, ont creusé un vallon profond, sur les rives duquel le village s'est fondé, à mi-côte et au bord de la grande route.

La rivière de la Courtavaux, dont le nom signifie « qui a son cours en une vallée, en aval, » est formée par les fontaines de la *Courtavaux*, de *Saint-Marc*, de l'*Arlot*, du *Seuil*, qui se réunissent au bas du village. Son débit est de 50 mètres cubes d'eau environ par minute. Elle ne déborde pas, du moins sur le territoire de Premeaux, pour ce motif qu'elle ne reçoit que les eaux pluviales du pays. Elle est peu profonde et son lit est garni en certains endroits d'un sable calcaire très blanc. Les eaux se dirigent au sud et vont se jeter dans le Meuzin, sur le territoire d'Argilly, rive droite, après un cours de 10 kilomètres environ.

Les eaux de la Courtavaux (Fontaine) fument et bouillonnent continuellement.

M. Clément, pharmacien à Dijon, les a analysées le 18 novembre 1865. Voici son rapport qui fait partie des documents de la mairie :

« L'eau de Premeaux est très claire, limpide, sans odeur, sans saveur, sans onctuosité. Sa température est 16 degrés

---

(1) V. *Martyr. de Notre-Dame de Beaune.*

(Réaumur) en toutes saisons. Sa surface se couvre de petites bulles ; le fond du bassin est garni d'un sable calcaire très blanc. »

D'après l'analyse, l'eau de Premeaux contient en dissolution de l'acide carbonique en grande quantité, puis des chlorhydrates de chaux, de magnésie, de soude et un peu d'acide sulfhydrique combiné. Elle peut donc avoir une action thérapeutique ; aussi jadis existait-il une maison-forte, environnée d'un double fossé, où les malades venaient se traiter (1). En 1660, les eaux de Premeaux avaient été mises en vogue par un capucin du couvent de Nuits, le Père Ange, de Saulieu, qui prétendait devoir à leur usage la guérison de douleurs rhumatismales. Un médecin établi à Nuits, Gabriel Julbain, se disant docteur de la faculté de Montpellier, chargé d'étudier la question par le marquis de Vitteaux, alors seigneur de Premeaux, publia chez Grangier, à Dijon, en 1661, un *Rapport fidèle sur les vertus merveilleuses des eaux de Premeaux nouvellement découvertes*. Ce fut deux ans après qu'un médecin beaunois, le docteur Pitois, fit imprimer à Paris et vendre à Beaune une *Réponse à l'abus qui se commet par l'usage pernicieux des eaux de Premeaux ou Priscey faussement appelées minérales*. La polémique fut vive et l'opinion s'en émut (2).

Quoi qu'il en soit, cette eau aurait, paraît-il, la propriété de guérir les affections du foie, des intestins, et les maladies cutanées. On remarque encore aujourd'hui, au levant du grand bassin, une petite fontaine appelée la *Fontaine des Galeux*, sans doute parce que jadis les malheureux malades que l'on traitait à la léproserie établie à Premeaux venaient s'y baigner.

Premeaux est à 3 kilomètres de Nuits, chef-lieu de canton, à 12 kilomètres de Beaune à l'arrondissement duquel il appartient, et à 27 kilomètres de Dijon.

Ses limites sont : au levant Quincey et Argilly, au couchant;

---

(1) V. Courtépée, t. II.
(2) V. id., id. — Cf. Gandelot, *Histoire de Beaune*. — *Esquisse historique sur les épidémies et les médecins à Beaune avant 1789*, par MM. Aubertin et Bigarne, Beaune, 1885.

Chaux; au nord, Nuits; au midi, Corgoloin, Prissey et Comblanchien.

Du village, situé à mi-côte, on jouit d'une vue splendide sur la plaine qui s'étend au delà de la Saône, la partie supérieure du pays, le long de la grande route, étant à l'altitude de 240 mètres environ, et la partie inférieure près de la ligne du chemin de fer se trouvant à la cote de 217,218 mètres. La latitude est de 47° 6′ 18″ et la longitude de 2° 46′ 31″.

Au siècle dernier on comptait 320 communiants et 60 feux, en y comprenant Comblanchien qui en dépendait; depuis, la population a augmenté : elle est actuellement de 406 habitants.

Les moyens de circulation sont nombreux. Outre la route nationale n° 74 qui traverse le village et établit la communication avec Nuits, Comblanchien et Beaune, il existe trois chemins vicinaux très fréquentés.

Le chemin de fer coupe le territoire de Premeaux sur une longueur d'environ 1 kilomètre. Les gares les plus rapprochées sont celles de Nuits et de Corgoloin, situées à environ 3 kilomètres chacune de Premeaux. C'est par la première que s'écoulent en partie les produits de la localité.

Enfin, la commune est desservie par le bureau de poste et télégraphe de Nuits.

La superficie territoriale, y compris les chemins, rivières, etc., est de 737 hectares.

Les vignes fines se trouvent dans la partie ouest du territoire, c'est-à-dire de la route nationale à la forêt communale; les vignes en gamay occupent les parties nord et sud.

Ces vignes étaient déjà renommées en 1250 et antérieurement.

Parmi les biens qui appartenaient à cette époque au prieuré de Palleau (aujourd'hui du département de Saône-et-Loire) se trouvaient deux pièces de vignes et une pièce de terre situées sur le territoire de Premeaux, dont la propriété fut de nouveau constatée par le prieur de Palleau en 1452.

Ces propriétés donnèrent lieu à un procès assez sérieux, en 1250, entre Raymond, abbé de Saint-Bénigne de Dijon et prieur de Palleau, et le seigneur de Premeaux; ce dernier fut con-

condamné par le duc de Bourgogne à l'amende et à la restitution des biens usurpés (1).

En 1826, époque de la confection du cadastre, il y avait déjà à Premeaux 110 hectares de vignes, dont 60 en vins fins et 50 en vins gamays.

En 1845, on comptait de 65 à 70 hectares en pinots et 61 hectares en gamays; en 1879, existait à peu près la même contenance en vignes fines, mais la superficie occupée par les ordinaires avait triplé.

Le vignoble de Premeaux finit aux *Didiers*; une sente le sépare des Saint Georges de Nuits; par suite, ces deux climats ont des rapports très étroits.

De même que dans les communes viticoles importantes certains lieux-dits ont leur historique. C'est ainsi que les *Forêts* furent plantées en vignes après un défrichement; que les *Corvées*, appelées les *Pagets*, ont jadis appartenu aux seigneurs de Premeaux qui y faisaient travailler les habitants.

Les *Perdrix* tirent leur nom de ce que, situées près de la forêt, les oiseaux de ce nom viennent souvent s'y réfugier.

Les *Argillières* prennent leur désignation de la nature même de leur sol.

Au clos de l'*Arlot* émerge la source dont nous avons parlé; et, si on en croit la légende, au *Clos de la Fourche* était dressée la potence, le « bois de justice » du temps.

Aux *Charbonnières* les bûcherons élevaient jadis leurs meules; les *Grandes Vignes* sont ainsi nommées à raison de leur longueur.

Aux *Chaillots* on remarque un grand nombre de petits cailloux ronds et plats auxquels les vignerons donnent cette désignation si connue.

On a pu croire que la présence fréquente des corbeaux, *Cras* dans le patois de nos campagnes, a pu servir à dénommer le climat ainsi appelé. Mieux vaut y voir une altération des *Crais*,

---

(1) *Hist. manuscrite du prieuré de Palleau*, d'après les documents de ce prieuré: *Monographie sur Saint-Antide*. Cîteaux, 1889, pages 14 et 15.

nom si souvent appliqué à des terrains dans la Côte-d'Or.

Pour les *Pointes*, les *Longs-Champs*, l'étymologie s'explique d'elle-même.

Au point de vue géologique, la partie inférieure de la commune est dans les alluvions anciennes. Le Forest Mable et la Grande Oolithe qui débordent de la route font que, sur l'autre rive, on rencontre encore des climats qui produisent des vins fins.

En côte, cet étage embrasse toute la colline, d'ailleurs peu élevée, puisque le sommet n'atteint qu'une hauteur de 340 à 350 mètres.

Au centre du pays et à la partie inférieure, les alluvions modernes forment une bande qui entoure le ruisseau dont il a été parlé ci-dessus.

Les clos des *Fourches*, de l'*Arlot*, des *Argillières*, de *Saint-Marc*, des *Corvées Pagets*, des *Forêts*, les *Grandes Vignes*, les *Tupons*, les *Perdrix*, les *Didiers*, tous les principaux climats en vins fins, en un mot, font partie de l'Oolithe, d'où il résulte que la Côte de Nuits se continue sans aucune séparation sur Premeaux; par suite, tout ce qui est écrit sur ce vignoble est applicable aussi à la commune voisine.

La nature du sol est à peu près la même dans chaque climat, ce que démontre l'*Etude des terrains en Côte-d'Or* (1) :

Les *Pagets*. — Sol : argilo-calcaire avec nombreux cailloux de calcaire blanc, brun-jaunâtre, assez meuble, sain.

Sous-sol identique au sol.

Les *Argillières*. — Sol : argilo-calcaire, très caillouteux, brun-jaunâtre, assez meuble, 0^{m}30 d'épaisseur.

Sous-sol : marneux, jaune-blanchâtre, compacte.

Aux *Chaillots*. — Sol : argilo-siliceux avec quelques fragments siliceux mélangés à de nombreux grains de limonite, brun, compacte ; 0^{m}45 d'épaisseur.

Sous-sol : très argileux, jaunâtre, humide.

Les *Grandes Vignes*. — Sol : argilo-calcaire, avec nombreu-

(1) Déjà cité.

ses plaquettes de cailloux calcaires, rougeâtre, assez meuble, sain et riche ; 0m60 d'épaisseur.

Sous-sol : formé de plaques de calcaires à entroque dur, mélangées au sol.

Très bon terrain.

En somme, les terrains de la commune, argilo-calcaires, graveleux, conviennent parfaitement à la culture de la vigne, surtout à mi-côte où se rencontrent les grands vins. La partie est du territoire renferme de la silice, et la profondeur de la couche arable qui, à mi-côte, est de 30 à 40 centimètres, varie ailleurs entre 50 et 60.

La culture de la vigne est l'objet de grands soins. Les cépages sont le pinot et le gamay. On provigne en partie l'hiver et au commencement du printemps, puis de février à mars, on procède à la taille. En mai, on enlève les pousses qui ne portent pas de fruits, c'est l'ébourgeonnement ou *évasivage*; on accole la vigne ensuite.

Enfin, les façons culturales, qui consistent en piochages, s'effectuent en mars, mai et juillet.

Quant à la vinification, elle ne diffère pas de celle usitée à Nuits.

Les rendements à l'hectare, depuis une trentaine d'années, ont subi une diminution sensible. En 1857, les vins fins donnaient 25 hectolitres à l'hectare ; en 1865, 20 ; enfin de 1884 à 1890 ils ont encore baissé. Les ordinaires ont obéi à la même loi ; en 1857, ils produisaient 33 hectolitres à l'hectare ; en 1865, ils n'en donnent plus que 25, et de 1884 à 1890, la production est moins élevée.

Les vins de cette commune ont toujours eu une grande valeur. Dans les registres de la ville de Nuits ils sont répartis en deux sections et réunis, pour la première, avec les *Vosne*, et *Dessus de Flagey*, et pour la seconde, avec ceux de *Gilly* et du *Bas de Flagey*.

Nous avons donc le *Haut* et le *Bas* de Premeaux.

PRIX DES VINS DE PREMEAUX DE 1660 A 1789
EXTRAIT DES ARCHIVES DE LA VILLE DE NUITS

ANNÉES	Dessus de Premeaux	Bas de Premeaux	ANNÉES	Dessus de Premeaux	Bas de Premeaux
1660	45 liv.	45 liv.	1730	115 liv.	60 liv.
1665	50 —	44 —	1735	145 —	90 —
1670	30 —	22 —	1740	50 —	50 —
1675	54 —	37 —	1745	250 —	140 —
1680	26 —	16 —	1750	290 —	146 —
1685	39 —	30 —	1755	90 —	60 —
1690	66 —	» —	1760	305 —	108 —
1695	11 —	60 —	1765	100 —	60 —
1700	90 —	63 —	1770	470 —	190 —
1705	118 —	11 —	1775	230 —	90 —
1710	265 —	170 —	1780	170 —	70 —
1715	110 —	55 —	1785	85 —	35 —
1720	68 —	32 —	1789	140 —	72 —
1725	56 —	36 —			

Ces prix sont à la queue ou les deux pièces ; ils diffèrent donc peu des prix atteints par les vins du Clos de Vougeot eux-mêmes à cette époque.

Depuis, les vins récoltés à Premeaux se sont maintenus, quant aux vins fins, sur le même pied que ceux de nos meilleurs climats, ainsi que nous l'établissons par le tableau suivant:

| | 1857 | 1865 | 1872 | 1881 | 1887 | 1890 |
	Prix de l'hect.	Prix de l'hect.	Prix de l'hect.	Prix de l'hect.	Prix de l'hect.	Prix de l'hect.
Vins fins, 1re cuvée.	200f	400f	150f	300f	300f	200f
— 2e cuvée.	120	250	80	150	175	140
Gamays.	30	100	35	55	60	55

A l'analyse, on reconnaît les principes constitutifs des meilleurs crus ; en voici un exemple pris par M. Margottet sur un échantillon de vin de 1889 (1).

CLIMAT	Densité à 15°	Alcool en degrés p. 100	Extrait sec à 100°	Plâtres sulfate de potasse	Tartres	Acidité totale en acide sulfurique	Tannin	Fer
			PAR LITRE EN GRAMMES					
Clos des Forêts.	995.	13.5	30gr10	0 51	3gr61	4gr90	1gr50	0gr 4

Les vins de Premeaux se rapprochent beaucoup de ceux provenant du finage de Nuits. Comme eux, ils sont spiritueux ou alcooliques, ont une certaine fermeté due au tannin qu'ils renferment et, avec le temps, gagnent une finesse au moins aussi grande que ces derniers.

Le Dr Lavalle a écrit que cette commune produit d'excellents vins vendus souvent sous le nom de Nuits. Il nous semble cependant qu'une légère distinction doit être faite entre les vins de ces deux communes, car les cuvées de Premeaux, si elles sont un peu moins spiritueuses que les autres, acquièrent, en revanche, une finesse exquise et un bouquet spécial légèrement différent de celui des climats de Nuits.

Ajoutons que les vins fins exigent un assez long séjour à la cave pour parvenir à toutes leurs qualités. Certains œnologues prétendent que ce n'est qu'au bout de la dixième année qu'ils sont complets. Sans être aussi affirmatif, nous pensons que ce n'est qu'après quatre ou six ans qu'ils peuvent être dégustés en toute sûreté ; néanmoins, il en est qui, après 30 et 40 ans de séjour dans les caves, n'avaient subi aucune altération. Ces qualités sont donc des vins de garde par excellence, en un mot, ils marchent de pair avec les premiers vins de la Côte de Nuits.

(1) Déjà cité.

Clos Arlot, propriété de M. JULES BELIN, à Premeaux, par Nuits (Côte-d'Or)

NOMENCLATURE

DES PRINCIPAUX CLIMATS ET LIEUX DITS

Corvées (Aux). — D. L., hors ligne; C. A. B., première classe; C. Loc., tête et première cuvée.

PRINCIPAUX PROPRIÉTAIRES

MM. Brüninghaus.
Darantiere
Les Héritiers Galland.
L'Hospice de Nuits.

MM. Arsène Perrier.
Rossigneux.
Charles Viénot.

Didiers (Aux). — D. L., hors ligne; C. A. B., première classe; C. Loc., tête et première cuvée.

PRINCIPAUX PROPRIÉTAIRES

M. Julien Guillemot | L'Hospice de Nuits. | M. Promayet.

Forêts (Aux). — D. L., hors ligne; C. A. B., première classe; C. Loc., tête et première cuvée.

Clos des Forêts Saint-Georges.

PRINCIPAL PROPRIÉTAIRE

M. Julien Guillemot.

Corvées Pagets (Aux). — D. L., hors ligne, tête de cuvée.

PRINCIPAUX PROPRIÉTAIRES

M. Cognieux-Monin. | M. A. Périer. | M. Viénot.

Clos des Argillières ou les Argillières. — D. L., première cuvée; C. A. B., première classe.

PRINCIPAUX PROPRIÉTAIRES

M. Benoît. | M. Arsène Perrier.

Clos de l'Arlot ou Clos Arlots. — D. L., première cuvée; C. A. B., première classe; C. Loc., première cuvée.

SEUL PROPRIÉTAIRE

M. Jules Belin.

Clos des Fourches ou Clos Maréchal. — D. L., première cuvée; C. A. B., première, deuxième et troisième classes; C. Loc., première et deuxième cuvées.

PROPRIÉTAIRE

M. Benoît.

Clos Saint-Marc. — D. L., première cuvée.

PROPRIÉTAIRE

M. Arsène Périer.

Perdrix (les). — D. L., première cuvée; C. A. B., première classe; C. Loc., première cuvée.

PROPRIÉTAIRE

M. Brüninghaus.

Charbonnières (les). — C. A. B., deuxième classe; C. Loc., première et deuxième cuvées.

PRINCIPAUX PROPRIÉTAIRES

M. Britschgi. | MM. Arsène Périer.
Mme Vve Carrier. | Podechard.
M. Lemairre. | Prosper Viénot.

Grandes Vignes (Es). — D. L., deuxième cuvée; C. A. B., deuxième classe; C. Loc., deuxième cuvée.

PRINCIPAUX PROPRIÉTAIRES

MM. Britschgi.
Cognieux.
Jean-Baptiste Gilles.

MM. Monin.
Prosper Viénot.

Plantes au Baron. — C. A. B., deuxième classe.

PRINCIPAUX PROPRIÉTAIRES

M. Culas. | M. Lemairre. | M. Arsène Périer.

Petits Plets (les). — C. A. B., deuxième classe; C. Loc., deuxième cuvée.

PRINCIPAUX PROPRIÉTAIRES

M. Julien Guillemot. | M. Pansiot. | M. Charles Viénot.

Meix Grands (Aux). — D. L., deuxième cuvée.

(*Voir les Tapons*).

Aux Leurrées. — D. L., deuxième cuvée.

Tapones ou Tapons (Aux). — D. L., deuxième cuvée; C. A. B., deuxième classe; C. Loc., deuxième cuvée.

PRINCIPAUX PROPRIÉTAIRES

Mmes Vve Carrier.
Vve Naudet.
MM. Marion.
Podechard.

MM. Arsène Périer.
Perrotet.
Tisserand.
Prosper Viénot.

Près Charron (le). — C. Loc., deuxième cuvée.

PRINCIPAUX PROPRIÉTAIRES

MM. Britschgi.
Julien Guillemot.

MM. Périer.
Prosper Viénot.

Clusers (les). — C. Loc., deuxième cuvée.

PRINCIPAUX PROPRIÉTAIRES

M. Britschgi.
Mme Vve Naudet.
M. Morizot-Bouillot.

MM. Nolotte.
Pansiot.
Tissier-Michelot.

Chaillots (Aux).

PRINCIPAUX PROPRIÉTAIRES

Mme Vve Finet-Maire.
MM. Guyot-Beudet.
    Michelot-Chotier.

MM. Morizot-Gilles.
Mme Vve Tardy-Chotier.

Fourche (la).

PRINCIPAUX PROPRIÉTAIRES

MM. Cogneux-Galland.
    Marillier.

MM. Jacques Morizot.
    Maire-Girard.

Fusées (les).

PRINCIPAUX PROPRIÉTAIRES

M. Cogneux-Galland.
L'Hospice de Nuits.

MM. Maire-Bonnardot.
    Michelot.

Hâtains (les).

PRINCIPAUX PROPRIÉTAIRES

MM. Culas.
    Gesseaume.

MM. Gouges-Maire.
    Guyot-Beudet.

Lonchamps (les).

PRINCIPAUX PROPRIÉTAIRES

MM. Jean-Baptiste Dorland.
    Girard-Martin.

MM. Missurey (les héritiers).
    Pansiot.

Petits Pommerets, dits Plantes (les).

PRINCIPAUX PROPRIÉTAIRES

MM. Jules Belin.
J.-B. Dorland.

MM. Misserey-Bonnardot.
Jacques Morizot.

Pointes (les).

PRINCIPAUX PROPRIÉTAIRES

M. Pacquetet. | M. Paris. | M. Tissier.

Pommeret-Finet (En).

PRINCIPAUX PROPRIÉTAIRES

M. Dubois.
M⁻ᵉ Vᵛᵉ Maire.

MM. Nolotte.
Michelot-Chotier.

Prés Charrons (les).

PROPRIÉTAIRE

M. Julien Guillemot.

Combe en Guyot.

PRINCIPAUX PROPRIÉTAIRES

MM. Dubois.
Gesseaume.
Girard-Martin.

MM. Morizot-Gilles.
Pansiot.

Cornillots (les).

PRINCIPAUX PROPRIÉTAIRES

MM. Culas.
Julien Guillemot.

MM. Moingeon.
Tissier.

Côtes-Maçons (les).

PRINCIPAUX PROPRIÉTAIRES

Mᵐᵉ Vᵛᵉ Finet-Maire.
M. François Misserey.

MM. Jacques Morizot.
Pacquetet-Aubry.

Corvée-Guichard (la).

PRINCIPAUX PROPRIÉTAIRES

MM. Cogneux-Galland.
Dupasquier.

MM. Michelot-Chotier.
Prosper Viénot.

Cras (la).

PRINCIPAUX PROPRIÉTAIRES

MM. Morizot-Gilles.
Morizot-Trapet.

MM. Pansiot.
Tardy-Chotier.

Croix de Chaland ou Croix au Lard (la).

PRINCIPAUX PROPRIÉTAIRES

MM. Dambrun.
Dubois.
Pansiot.

MM. Tissier-Michelot.
Prosper Viénot.

PRINCIPAUX PROPRIÉTAIRES

MM. Bergeret.
Boiveau.
Dubois.

MM. Gouachon.
Pansiot.

Torche (la).

PRINCIPAUX PROPRIÉTAIRES

MM. Boiveau.
Maire-Bonnardot.

M. Michelot.
Mme Vve François Viénot.

Traversins (les).

PRINCIPAUX PROPRIÉTAIRES

MM. Barraut.
Joseph Guillemot.

MM. Maire-Bonnardot.
Moingeon.

NUITS

Nuits, chef-lieu de canton de l'arrondissement de Beaune, à 22 kilomètres de Dijon, à 15 de Beaune et à 340 de Paris, est le centre d'un des vignobles les plus importants de la Côte-d'Or.

Située à la base de la Côte, la ville s'étend à droite et à gauche de la route nationale n° 74 et descend jusqu'à la gare du chemin de fer. Le long de la rivière du Muzin existent également nombre d'habitations.

Depuis 1674, époque à laquelle disparut son enceinte de remparts, Nuits prit un accroissement des plus sensibles. Vers le milieu du siècle dernier, on y comptait 205 maisons en ville et 300 dans les faubourgs. Actuellement la population a atteint le chiffre de 3,767 habitants.

La principale branche de commerce est celle des vins fins qui s'expédient, en grande partie, à la station du P. L. M. où règne une extrême activité. Les communications avec Dijon y sont encore facilitées par un service de voitures publiques qui permet de suivre la Côte.

La superficie territoriale de la commune comprend 1395 hectares, dont environ 300 à 350 produisent des vins fins. Les limites sont, au nord, Concœur et Vosne-Romanée; au midi, Premeaux et Quincey; au levant Boncourt-le-Bois et Agencourt au couchant Villars-Fontaine et Chaux.

Si l'on recourt aux documents anciens, on verra que de temps immémorial la vigne a été cultivée à Nuits.

Il est bon de dire que certains sols conviennent parfaitement à cette plante qui, dans les climats en vins fins, rend jusqu'à

20 et 25 hectolitres à l'hectare, production à laquelle arrivent bien peu d'autres communes.

Le gamay donne plus encore. Le docteur Lavalle signale un chiffre moyen de 60 à 65 hectolitres à l'hectare, soit presque deux pièces et demie à l'ouvrée, production relativement élevée.

La culture est d'ailleurs l'objet des plus grands soins de la part des vignerons.

Nuits était, avant la Révolution, le siège d'un bailliage dont le ressort comptait cinquante villages. Cette petite et jolie ville est arrosée par le Muzin (1). Deux ruisseaux forment la rivière de ce nom. L'un prend sa source à Arcenant, l'autre à L'Etang-sous-Vergy, à l'issue d'un vallon pittoresque s'étendant sur une plaine fertile que bordent au couchant les coteaux où l'on récolte ces vins exquis connus dans l'Europe entière.

Courtépée attribue à la ville de Nuits les noms de *Nutium, Nuetium, Urbs Nucenna*, sans aucune citation de documents écrits. Ce que l'on peut affirmer en toute certitude c'est que *Nuiz, Nuis* ou *Nuys* apparaît dans les lettres patentes en langue latine émanées des ducs de la première et de la seconde race ; que, dans les actes écrits en français on trouve *Nuys*, et que ce fut seulement vers 1760 que l'orthographe actuelle *Nuits* a prévalu. Il est bon toutefois d'observer que la forme latine *Nuciacum*, citée après toutes les autres par Courtépée, se rencontre, dans plusieurs actes, dont quelques-uns remontent au XIII° siècle (2).

Si le séjour des Romains n'a pas laissé de traces sur l'emplacement de la ville même, les fouilles ont été suffisamment fructueuses, au climat dit de *Bolar*, entre Nuits et Quincey, pour ne laisser aucun doute sur l'existence d'établissements antiques. Statuettes en bronze, quantité de monnaies des empereurs, figurines en terre blanche, cippes, nombreuses sépultures, un cachet d'oculiste, un couteau de sacrificateur, un magnifique ex-voto en pierre, représentant un enfant couché

---

(1) Les débordements de ce cours d'eau ont causé plusieurs graves désastres, notamment en 1747. Sept enfants et cinq adultes furent noyés.
(2) V. *Martyr. de Notre-Dame de Beaune*.

dans son berceau avec un chien à ses pieds, tel a été le résultat d'explorations opérées en ce lieu (1).

Tout porte à croire qu'avant le xe ou xie siècle Nuits ne fut qu'une humble bourgade dépendant des domaines de la puissante maison de Vergy. Le duc Eudes II lui accorda, en 1212, sa charte d'affranchissement.

Presque à son origine la ville fut divisée en deux parties, Nuits-Amont et Nuits-Aval. Nuits-Amont, le plus anciennement peuplé, se prolongeait en remontant le vallon. A son centre s'élevait, pour servir d'église paroissiale, une chapelle dédiée à saint Julien, dont un titre de 1060 fait mention. Afin de suppléer à l'insuffisance de cet édifice, les habitants firent bâtir, à la fin du xiiie siècle, l'église actuelle sous le vocable de saint Symphorien. Peu de temps après, en 1349, on construisit, dans Nuits-Aval, l'église Notre-Dame, qui changea son nom contre celui de Saint-Denis, lorsque en 1609 vinrent s'y établir les chanoines de Saint-Denis de Vergy.

A la suite des ravages causés à la ville par les Anglais et les Grandes Compagnies, le roi Jean permit aux Nuitons de se fortifier, au moyen de remparts flanqués de tours et entourés de doubles fossés. Ceci se passait en 1362. En 1385, Nuits est appelé « bonne ville fermée, ayant forteresse, foires, marchés et 105 feux francs. » Philippe le Hardi y établit, en 1398, la juridiction du Grenier à sel.

Au siècle suivant, Nuits eut à subir les désastres affreux qui accompagnent la marche des armées d'invasions. En 1569, une forte troupe d'Allemands et de Suisses qui, après Jarnac, allait porter secours à l'amiral Coligny, passa sous ses murs; sans oser entreprendre le siège, elle brûla une soixantaine de maisons des faubourgs et emmena prisonniers une soixantaine d'habitants. En 1576, Jean Casimir, duc des Deux-Ponts, à la tête de 25,000 reîtres, assiégea Nuits et fit livrer deux assauts; les citoyens et une faible garnison résistèrent avec vaillance; les femmes

---

(1) V. pour amples renseignements, *Notes sur la bourgade gallo-romaine de Bolar, près Nuits, Côte-d'Or*, par Ch. Bigarne, Autun, 1878.

même prirent part au combat, si bien que l'une des tours des remparts prit le nom de *Tour des Dames*. La ville capitula, mais, au mépris du droit des gens, l'ennemi la mit à feu et à sang et ne la quitta qu'ensevelie sous ses ruines. Après ce terrible malheur, le roi exempta les citoyens de charges pendant dix ans.

Les Nuitons se montrèrent partisans intrépides de la Ligue, surtout après la mort du commandant Joannes qui, soupçonné d'intelligence avec les royalistes, fut pendu, en 1591, par les ordres du duc de Nemours. Cependant, fatigués bientôt des violences de Mayenne, qui se fit détester de toute la Bourgogne, ils ne tardèrent pas à revenir à Henri IV. Ce bon prince continua à faire jouir les habitants de l'exemption des impositions royales et confirma tous les privilèges accordés par ses prédécesseurs.

Courtépée a écrit qu'après la levée du mémorable siège de Saint-Jean-de-Losne par l'armée du général Galas, les Suédois du duc de Saxe-Weimar pillèrent Nuits pendant deux jours; les archives municipales ne contiennent rien qui ait trait à cet événement.

Après l'incorporation de la Franche-Comté à la France, Nuits, cessant d'être frontière, perdit toute son importance stratégique. Ses fortifications, déjà très endommagées par le siège soutenu contre le duc de Deux-Ponts, réparées sous Henri III, mais totalement négligées depuis la prise de Besançon par Louis XIV en 1674, tombèrent de vétusté, et la ville vendit à son profit les places vagues des fossés et des remparts. Aucune de ces petites cités qui, en Bourgogne, ont joué quelque rôle militaire et que protégea une ceinture de murailles, n'a aussi complètement perdu ce cachet des anciennes luttes; aucune n'a aussi complètement abandonné son type moyen âge pour revêtir une apparence toute moderne.

On comprend que, dans une ville d'un peu plus de 3,000 habitants, il y ait peu de monuments; toutefois, ceux qui y subsistent offrent un réel intérêt.

Saint-Symphorien, qui fut bâti à peu de distance de la chapelle Saint-Julien, appartient au type byzantin ; son clocher est du style de cette école dans son règne intermédiaire (1). Son portique fut construit en 1624 ; c'était là que s'assemblèrent les habitants pour élire leurs magistrats jusqu'en 1693, époque de la création de la charge de maire à titre d'office, depuis laquelle on se réunit à l'ancien hôtel de ville, près des vieilles halles.

En Nuits-Aval est la succursale de Saint-Symphorien, Notre-Dame, construite au commencement du XIVe siècle, placée ensuite sous le vocable de saint Denis, élevée au rang de collégiale en 1609, après avoir été ravagée par les Religionnaires en 1576, et restaurée par le zèle des habitants. Les chanoines de Saint-Denis de Vergy s'y établirent, avons-nous déjà dit, en 1609. Cette église a été non seulement restaurée, mais entièrement reconstruite, au moyen de souscriptions auxquelles toute l'Europe catholique a voulu prendre part. Sa consécration a eu lieu le 8 septembre 1870.

L'hôpital Saint-Laurent, dont les commencements se perdent dans les nuages de l'histoire locale, remonte probablement au delà du XVe siècle, seule époque à laquelle se rapportent les documents que l'on possède. Cet hospice, considérablement augmenté dans son emplacement et successivement enrichi par les biens des Maladreries supprimées, suffit grandement aux malades pauvres de la ville et des campagnes voisines, confiés aux soins de sœurs hospitalières du même ordre que celles du Grand Hôtel-Dieu de Beaune.

Les monastères établis à Nuits, Capucins, Chartreux et Ursulines, ont été supprimés par la Révolution et leurs habitations vendues comme biens nationaux (2).

Le pavillon de la Société de l'Arquebuse, reconstruit en 1797, et entouré de vastes et beaux jardins, est, depuis 1833, le nouvel hôtel de ville. L'un des dignes et anciens maires de

(1) V. *Monographie de l'église Saint-Symphorien de Nuits*, par J. Bard, Lyon, 1841.

(2) Cf. H. Vienne, *Essai historique sur la ville de Nuits*. — J. Bard, *Nuits, Histoire et Tableau*. — J. Pautet, *Railway pittoresque de la Bourgogne*. — Ch. Theuriet, *Histoire de Nuits, Côte-d'Or*.

Nuits, M. le docteur Duret, y a réuni des monnaies, des débris romains et des fossiles destinés à former le noyau d'un intéressant musée communal. Le fronton du bâtiment est orné des armes de la ville : Bandé d'or et d'azur de six pièces, au chef de gueules aux trois quintefeuilles d'or (qui est de Vergy), soutenu d'argent.

Nuits est, depuis le premier Empire, le siège d'un tribunal de commerce dont le ressort s'étend au canton ; un bureau de poste y existe depuis longtemps ; un bureau télégraphique y fonctionne avec activité.

Les épisodes des faits de guerre dont Nuits fut le théâtre pendant l'*Année terrible* sont trop connus pour en reproduire le récit, qui d'ailleurs a servi de matière à plusieurs publications (1). A quoi bon raviver des douleurs que le temps n'est pas encore parvenu à calmer ! Nous remplirons seulement un devoir, celui de saluer avec respect le beau monument élevé sur le champ de bataille du 18 décembre 1871, à l'endroit où le combat fut le plus violent ; celui, si modeste mais toujours orné de couronnes, consacré à la mémoire du jeune franc-tireur, Mesny de Boisseau, massacré par les Allemands, avec une fureur de cannibales ; et enfin, au cimetière, la pyramide sous laquelle reposent les restes de 365 soldats français, morts glorieusement à l'ennemi.

Il est assez difficile de faire l'historique des grands climats de Nuits, vu qu'ils sont, la plupart du temps, simplement signalés dans les titres, sans autres explications.

Courtépée parle du climat de *Saint-Georges*, renommé ainsi que le *Rondot*. La plantation en vignes du premier paraît remonter à l'an 1000. En 1023, Saint-Georges est donné en dotation au chapitre de Saint-Denis par Humbert, archidiacre d'Autun. Pendant plusieurs siècles il était considéré soit comme un climat spécial, soit comme se rattachant aux *Vallerots* ; en 1664, le même chapitre vendit les ouvrées qu'il y possédait à un propriétaire nommé Jean Laveau.

---

(1) V. Ch. Rémond, *les Batailles de Nuits* ; — Gaudelette, *Histoire de la guerre de 1870-1871, dans la Côte-d'Or*, ouvrage orné de 15 gravures et de plans.

Au point de vue géologique, Nuits se trouve placé entre deux collines, séparées par une profonde vallée qui se continue vers l'Etang-Vergy. Une bande d'alluvions modernes suit la rivière du Muzin, à droite et à gauche. On rencontre, venant de la plaine, les alluvions anciennes qui se développent depuis les rives de la Saône et finissent au pied de la Côte, dont la partie inférieure est située dans le Forest-Mable et la Grande Oolithe, tandis que les sommets sont dans le Cornsbrash. Les marnes oxfordiennes se reconnaissent seulement sur le plateau de Chaux, formant en quelque sorte un îlot parfaitement caractérisé par la nature de la végétation (1).

L'étude des terres à vignes (2) démontre que les climats suivants ont un sol assez différent :

Les *Allots*. — Sol : argilo-calcaire, graveleux, rougeâtre, sec ; 0m80 d'épaisseur.

Sous-sol : semblable au sol.

Renardière. — Sol : argilo-siliceux avec fer, compacte, fertile.

Sous-sol : argilo-siliceux.

Pont Saint-Bernard. — Sol et sous-sol : silico-argileux, meubles, homogènes, sains, qui représentent assez bien l'ensemble du terrain de cette commune.

Voici la composition indiquée par M. Margottet, pour les sols et sous-sols des principaux climats (3) :

---

(1) Carte géologique de Guillebaut de Nerville.
(2) Déjà cité.
(3) Voir le tableau ci-contre.

	Chaillots (1)	Fleurières (1)	Saint-Georges (2)	Vaucrains (2)
ANALYSE MÉCANIQUE				
Terre fine	75.05	95.57	86.60	67.71
Gravier	24.95	4.43	13.40	32.29
ANALYSE PHYSIQUE DE LA TERRE FINE				
Sable siliceux	55.04	82.91	82.60	79.26
Argile	34.49	9.65	10.64	9.42
Chaux	2.297	1.590	1.078	2.759
	Correspondant à 4.094 de carbonate de chaux.	Correspondant à 2.848 de carbonate de chaux.	Correspondant à 1.922 de carbonate de chaux.	Correspondant à 4.950 de carbonate de chaux.

	Prullier (3)	Prullier (3)	St-Georges (3)	St-Georges (3)	Suchots (3)	Suchots (3)	Vaucrains (4)	St-Georges (4)
	Sol	Sous-sol	Sol	Sous-sol	Sol	Sous-sol	Sol	Sol
ANALYSE MÉCANIQUE								
Terre fine	65.82	50	63.74	49.21	71.85	53.17	47.46	96.96
Gravier	34.18	50	36.26	50.80	28.15	46.83	52.54	3.04
ANALYSE PHYSIQUE DE LA TERRE FINE								
Sable siliceux	46.03	48.35	42.82	45.02	43.42	46.21	»	»
Argile	33.42	31.47	37.49	28.84	28.97	21.47	»	»
Humidité	4.98	6.57	6.250	5.74	6.66	5.12	4.348	3.982
ANALYSE CHIMIQUE DE LA TERRE FINE								
Azote	0.132	0.104	0.165	0.104	0.15	0.103	0.133	0.118
Acide phosphorique	0.235	0.181	0.221	0.129	0.119	0.145	0.200	0.189
Potasse	0.384	0.249	0.314	0.257	0.226	0.381	0.412	0.406
Chaux	6.835	5.035	6.183	10.480	11.263	16.130	8.578	9.843
Magnésie	0.446	0.468	0.298	0.174	0.365	0.242	0.565	0.399
Silice	58.855	59.681	55.921	52.350	53.420	45.900	»	»
Alumine	13.600	15.747	14.930	11.824	17.013	15.335	»	»
Oxyde de fer	4.794	4.987	5.116	4.877	5.457	4.759	»	»
Manganèse	0.040	0.043	0.054	0.048	0.0435	0.0545	»	»
Carbonate de chaux corresp.	12.198	9.108	11.073	18.717	»	»	15.323	17.558

(1) Champ d'expériences de Gamais.
(2) Vicomte de Mavol de Lupé.
(3) Comte Liger Belair.
(4) Dr Marchant.

La caractéristique de ces sols en donne, en général, la richesse en oxyde de fer ; mais au contraire, en carbonate de chaux elle est loin d'être aussi élevée qu'en d'autres points de la Côte.

M. Delarue a fait l'analyse chimique d'un vin de Nuits; c'est un Saint Georges de 1842 appartenant à M. F. Marey.

La densité est de 0,951 ; il contenait 13.98 pour cent d'alcool, et 100 grammes de vin renfermaient 92 milligrammes de tannin, se rapprochant par conséquent de la quantité que contient la moyenne de nos vins. Quant aux sels, ils se répartissaient en 341 millig., dont 302 millig. de bitartrates de potasse et d'alumine, et le reste combiné au fer. Pour les sels inorganiques, il trouve un total de 338 milligr. de phosphate, chlorure et sulfate.

D'autre part, M. Margottet indique pour les vins de 1889 :

NOMS des Climats	Densité à 15°	Alcool en degrés p. 0/0	EN GRAMMES PAR LITRE							Fer en milligram. par litre
			Extrait à 100°	Sucre réduit en glucose	Plâtre sulfate de potasse	Crème de tartre	Acidité totale en A. sulfurique	Tannin	
Nuits...	994.0	13.5	30.60	1.95	0.24	4.88	5.29	1.3	»
Pruliers..	994.0	14.1	30.70	1.68	0.22	2.99	4.90	»	7.2
St-Georges.	993.6	12.8	25.00	1.17	0.21	3.81	4.12	1.3	4.8

Nous aurions également pu reproduire ici d'autres analyses, qui toutes concluent à une très grande vinosité pour les produits de cette commune, ce qui concorde bien, du reste, avec les renseignements que donne la dégustation.

Le prix des vins de Nuits ne fut définitivement fixé qu'à l'époque où Louis XIV en fit usage, sur le conseil de son médecin Fagon, pendant sa convalescence d'une longue et dangereuse maladie. Ce fait remonte à 1686. Jusqu'alors le prix en était peu élevé : en 1625, 25 livres la queue ; en 1656 et 1672, 50 livres. Par la suite, les qualités de ces vins furent mieux connues et leurs prix de vente augmentèrent en raison de l'extension de leur renommée.

Nous extrayons des archives les renseignements suivants sur leurs valeurs de 1660 à 1789. Dans le tableau ci-dessous, la première colonne marque les prix pour les climats de *Saint-Georges, Cailles, Porets, Vaucrains, Pruillers, Vallerots, Chaignots, Grande et Petite Charmotte, Saint-Julien, Vignes Rondes, Murgey, Argillas, Rue de Chaux et Cras*, et la seconde ceux des autres climats. Ces prix sont à la queue :

ANNÉES	PRIX 1	PRIX 2	ANNÉES	PRIX 1	PRIX 2
1700	105	88	1755	100	75
1705	120	100	1760	310	260
1710	280	280	1765	104	80
1715	105	80	1770	480	400
1720	78	48	1775	240	160
1725	60	48	1780	180	120
1730	120	90	1785	95	60
1735	150	120	1786	170	120
1740	50	50	1787	230	150
1745	260	200	1788	320	240
1750	300	240	1789	150	110

Depuis ce moment ces vins, reconnus comme les égaux de nos meilleurs produits, se sont toujours bien vendus ; et c'est ainsi que, lors de la réunion des principaux propriétaires et négociants qui a lieu à Beaune à l'issue de la vente des vins fins des Hospices civils, les prix suivants ont été adoptés pour la pièce ou 228 litres :

	1889	1890	1891
Nuits (Saint-Georges). . .	800 fr.	660 fr.	800 fr.

« La côte de Nuits produit les meilleurs vins de la Bour

gogne », a écrit Courtépée, et le fait est que depuis longtemps ils sont appréciés des œnologues.

Le docteur Lavalle, essayant de comparer les vins de cette côte avec ceux du reste de la région, a écrit : « Le rapport absolu des vins de Nuits avec les autres vins de la Côte n'est pas facile à établir ; en général les vins de Nuits ont moins de fermeté, de rudesse que les vins de Gevrey et sont plutôt prêts ; ils ont plus de corps et de couleur que les Chambolle, ils ressemblent aux vins de Vosne et se placent sur le même rang, à part le Romanée et le Richebourg ; le Saint-Georges va au moins de pair avec le Corton d'Aloxe et le Lambrey de Morey, enfin notre côte a généralement plus de corps, de vinosité, de durée que les vins de la Côte de Beaune, qui l'emportent sur nous dans quelques cuvées, seulement à Volnay, par la finesse, le bouquet et la précocité, sans que cependant les vins de Beaune ou de Volnay atteignent jamais la valeur vénale des vins de Nuits et de Vosne. »

Ainsi qu'on peut en juger par ces lignes, une belle part est faite aux vins de la région nuitonne.

Un autre œnologiste, le docteur Morelot, avait essayé, lui aussi, d'analyser à la dégustation la qualité des vins dont nous parlons. Il met avec raison le *Saint-Georges* au rang des climats les plus distingués et les meilleurs de la Côte. Suivant son appréciation, ces qualités sont dues à deux causes : la première, c'est que le vin ne s'y fait qu'avec les raisins récoltés dans le climat même ; la seconde, c'est son exposition exceptionnellement favorable. Comparant alors les qualités intimes des vins de Nuits, il pense qu'elles égalent celles des grands climats, mais que le Saint-Georges a plus de finesse et beaucoup plus de délicatesse (1).

Au vallon de Nuits commence cette portion de la chaîne à laquelle l'excellence de ses vins a valu sa renommée. Nous n'avons pas l'intention d'établir une comparaison avec les vins des autres régions, ainsi que l'ont voulu faire certains œnologues ;

---

(1) *Ouv. cit.*

la chose est des plus délicates, surtout si l'on remarque que chaque village viticole a des produits qui, dans leur espèce, ont une réputation particulière. Quoi qu'il en soit, l'ensemble des vins fins de la Côte de Nuits mérite qu'on lui reconnaisse une grande spirituosité, beaucoup de finesse et un bouquet *sui generis* qui ne permettent pas de les confondre avec ceux des autres régions.

Nous terminerons par la nomenclature des climats et lieux-dits. La reproduction du classement du docteur Lavalle fournira le moyen de connaître les observations très importantes auxquelles il s'est livré relativement aux divisions par lui adoptées.

Les climats et vignes en noiriens se divisent en trois grandes classes :

1° Les têtes de cuvées, formées de raisins d'un seul grain, c'est-à-dire provenant de vignes d'un seul climat, de deux au plus, voisins, et d'à peu près égale qualité ;

2° Les premières cuvées, formées de vignes toutes en premier ordre, mais qui ne peuvent prendre le nom d'aucun climat, les propriétaires n'en possédant pas assez d'un seul pour faire une cuvée séparée ; ces premières cuvées ont plus ou moins de réputation locale, selon la qualité des vignes qui les composent ;

3° Les secondes cuvées, dans lesquelles dominent les climats inférieurs ; ces cuvées offrent une multitude de nuances, c'est l'expérience locale qui les classe par les noms de leurs propriétaires.

Les têtes de cuvées et les premières cuvées sont fournies par environ 110 hectares, et les secondes par environ 130.

Il signale ensuite des secondes cuvées de pinot, et ajoute qu'il n'y a pas à Nuits de vins dits de troisième classe. Sous ce nom on ne pourrait désigner que les vins dits passe-tous-grains, c'est-à-dire provenant de gamay et d'un peu de pinots inférieurs, ou les purs gamays ; mais presque tous ces vins, produits par les vignes situées au levant de la grande route, s'appellent simplement passe-tous-grains et gamays.

NOMENCLATURE

DES PRINCIPAUX CLIMATS ET LIEUX DITS

Boudots (Aux). — D. L., tête de cuvée; C. A. B., première classe.

PRINCIPAUX PROPRIÉTAIRES

MM. Chalopin-Bergeret. | M. Grivot-Renevey.
Antonin Grandné-Baroche. | L'Hospice de Nuits.
Jacob Grivot.

Cailles (les). — D. L., tête de cuvée; C. A. B., première classe.

PRINCIPAUX PROPRIÉTAIRES

MM. André (colonel). | M. Emile Jouard.
Gautheret-Jouard. | Mme Vve Marey-Monge.
de Morot de Grésigny J'Authume.| MM. Ragon-Morand.
Mlle Jouard. | Roux-Jouard.

Cras (Aux). — D. L., tête de cuvée; C. A. B., première classe.

PRINCIPAUX PROPRIÉTAIRES

MM. André-Argot. | M. Grandné-Duband.
Chalopin-Bergeret. | Mme Regnault-Cogneux.
Claude Gaguet. | Mme Vve Marey-Monge.

Porrets ou **Poirets**. — D. L., tête de cuvée; C. A. B., première classe.

PRINCIPAUX PROPRIÉTAIRES

MM. Briet-Thomas. | M. Jouan-Boudrot.
Faiveley-Bordeux. | Mme Vve Marey-Monge.
Claude Gaguet. | MM. Mor.n.
L'Hospice de Nuits. | Ragon-Morand.

Pruliers (les). — D. L., tête de cuvée; C. A. B., première classe.

PRINCIPAUX PROPRIÉTAIRES

MM. André Argot.
  Berthier de Grandry.
  Bourgogne-Lignier.
  Gautheron.

MM. Morin.
  Ragon-Morand.
  Revon-Verguet.
  La Ville de Nuits.

Murgers (Aux). — D. L., tête de cuvée; C. A. B., première classe.

PRINCIPAUX PROPRIÉTAIRES

M. Jean Faucillon.
  L'Hospice de Nuits.
Mme Vve Marey-Monge.

M. Revon-Verguet.
Mme Vve Sirugue.

Saint-Georges (les). — D. L., tête de cuvée; C. A. B., première classe.

PRINCIPAUX PROPRIÉTAIRES

MM. André (colonel).
  Faiveley-Bordeux.
  Claude Gaguet.
  Gautheret-Jouard.
  Armand Gautheron.
  L'Hospice de Nuits.
Mlle Jouard.
M. Emile Jouard.

MM. Comte Liger-Belair.
  Marey-Monge (Mme Vve).
  Mayol de Luppé.
  de Morot de Grésigny d'Authume.
  Roux-Jouard.
  Eugène Sirugue.
  Maurice Thomas.

M. Henri de BAHÈZRE

propriétaire à Nuits

(Côte-d'Or)

MAISON FONDÉE EN 1808

Médaille d'or à l'Exposition universelle de 1889 à Paris, pour les vins de ses récoltes.

Thorey ou **Torey** (Aux). — D. L., tête de cuvée; C. A. B., deuxième et troisième classes.

PRINCIPAUX PROPRIÉTAIRES

MM. André-Argot.
Berthier de Grandry.
Boulley-Clerget.
Grivot-Lamy.

MM. Grivot-Murger.
Guy-Neige.
Trapet-Bergeret.
La Ville de Nuits.

Vaucrains (les). — D. L., tête de cuvée; C. A. B., première classe.

PRINCIPAUX PROPRIÉTAIRES

MM. Le Colonel André.
Grandné-Lécrivain.
Gauthron-Armand.
Comte Liger-Belair.
Mme Vve Marey-Monge.

MM. Mayol de Luppé.
de Morot de Grésigny d'Authume.
Ragon-Morand.

Argillas ou **Argillats**. — D. L., première cuvée; le C. A. B. fait deux sections.

Aux Argillats, deuxième classe.

PRINCIPAUX PROPRIÉTAIRES

M. André-Argot. | Mme Vve Baroche-Hudelot. | M. Guy-Neige.

Les Argillats, deuxième et troisième classes.

PRINCIPAUX PROPRIÉTAIRES

MM. Gibourg-Bergeret.
Lenoble.
La Ville de Nuits.

MM. Moillard-Grivot
Parizot-Roy.
Mme Regnault-Cogneux.

Chabiots ou **Chaliots**. — D. L., première cuvée; C. A. B., deuxième et troisième classes.

Chabœufs (les). — C. A. B., première classe.

PRINCIPAUX PROPRIÉTAIRES

Mme Vve Marey-Monge. | M. Ragon-Morand.

Chaignots (Aux). — D. L., première cuvée ; C. A. B., première et deuxième classes.

PRINCIPAUX PROPRIÉTAIRES

Mme Camuzot.
MM. Faiveley-Bordeux.
Paul Jance.

MM. Parizot-Roy.
François Promayet.
Mme Regnault-Cogneux.

Chaînes-Carteaux. — D. L., première cuvée ; C. A. B., deuxième classe.

PRINCIPAUX PROPRIÉTAIRES

MM. Boulley-Clerget.
Grandné-Grandné.
Grandné-Loranchet.
Gremeaux-Grandné.

MM. Gibourg-Bergeret.
Loranchet-Menevers.
Nolotte-Parizot.

Champs-Perdrix (Aux). — D. L., première cuvée ; C. A. B., deuxième et troisième classes.

PRINCIPAUX PROPRIÉTAIRES

MM. Dufouleur-Golmard.
Grandné-Grandné.
Grandné-Lécrivain.

M. Robert-Garnier.
La Ville de Nuits.

Charmotte (la). — D. L., première cuvée ; C. A. B., troisième classe.

PRINCIPAUX PROPRIÉTAIRES

Mme Vve Baroche-Hudelot.
MM. Cornu-Ocquidant.
Pierre Grandné-Lécrivain.
Jaugey-Plissey.
Loranchet-Confuron.

Mme Vve Marey-Monge.
M. de Morot de Grésigny d'Authume.
Mme Vve Rinderlé-Vallot.
Mme Vve Sirugue.

Crots (Aux). — D. L., première cuvée; C. A. B., deuxième et troisième classes.

PRINCIPAUX PROPRIÉTAIRES

Mme Adèle Blesseau.
MM. Grandn-Bélorgey.
Grivot-Chopin.
Mayol de Luppé.

MM. de Morot de Grésigny d'Authume.
Eugène Sirugue.
Maurice Thomas.
La Ville de Nuits.

Perrières (les). — D. L., première cuvée; C. A. B., distingue deux climats : *En la Perrière*, première classe; *En la Perrière-Noblet*, deuxième et troisième classes.

La Perrière.

PRINCIPAUX PROPRIÉTAIRES

MM. Chalopin-Bergeret.
Comte Liger-Belair.
Noblot-Thomas.
Morin.

MM. Ragon-Morand.
Revon-Verguet.
Staddelhoffer.

Perrière Noblet (En la). — C. A. B., deuxième et troisième classes.

PRINCIPAUX PROPRIÉTAIRES

MM. Bavard-Gagnard.
Pierre Grandné-Grandné.
Jaugey-Plissey.

MM. Promayet.
La Ville de Nuits.
Laurent Moreau.

Poulettes (les). — D. L., première cuvée; C. A. B., première classe.

PRINCIPAUX PROPRIÉTAIRES

MM. Chauvenet-Thomas.
Chalopin-Bergeret.
Antoine Grandné-Grandné.

MM. Pierre Grandné-Grandné
Ragon-Morand.
La Ville de Nuits.

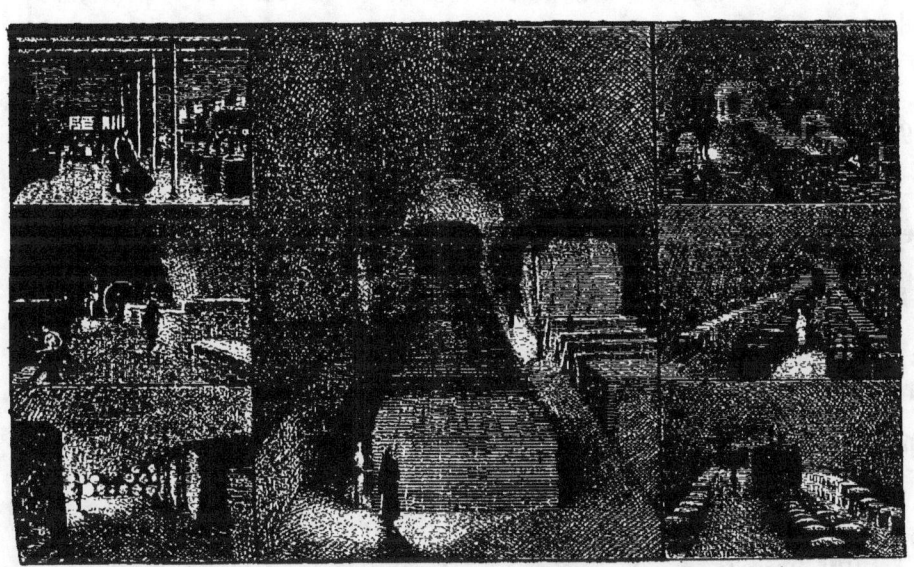

Cuverie et Caves de la Maison LABOURÉ-GONTARD, à Nuits (1), propriétaire au Clos-Vougeot.
Voir la notice ci-contre

Maison LABOURÉ-GONTARD, à Nuits

PROPRIÉTAIRE AU CLOS VOUGEOT

Fondée en 1823, cette maison a obtenu les principales médailles aux Expositions françaises et étrangères auxquelles elle a pris part.

Ses magnifiques caves, dont notre dessin ne peut donner qu'une très faible idée, sont voûtées avec les fameuses pierres de Comblanchien près Nuits.

On y trouve les vins suivants, blancs et rouges : *Clos Vougeot, Romanée Goutte d'Or, Nuits, Volnay, Pommard*, etc., rendus mousseux, spécialités réunissant au plus haut degré en Bourgogne toutes les qualités qui constituent les vins parfaits de cette espèce.

Tout en eux, corps, montant, moelleux, bouquet, tout rappelle identiquement les qualités des meilleurs crus champenois.

On doit donc désirer vivement de voir cesser cette absurde opinion populaire, d'après laquelle tous les vins mousseux étrangers à la Champagne seraient des vins artificiels, c'est-à-dire obtenus en chargeant d'acide carbonique des vins blancs ordinaires, ou même des solutions alcooliques elles-mêmes artificielles, absolument comme on fabrique les eaux et limonades gazeuses, ce qui est contraire à toute vérité.

Les productions de cette Maison sont exclusivement réservées au Commerce de gros.

Procès (les). — D. L., première cuvée ; C. A. B., première classe.

PRINCIPAUX PROPRIÉTAIRES

MM. Claude Gaguet.
Gibourg-Bergeret.

MM. Ragon-Morand.
Regnault-Cogneux.

Richemonnes (les ou la). — D. L., première cuvée ; C. A. B., première classe.

PRINCIPAUX PROPRIÉTAIRES

MM. Grivot-Chopin.
Moillard-Grivot.

MM. Revon-Verguet.
Maurice Thomas.

Roncières (la ou les). — D. L., première cuvée ; C. A. B., première classe.

PRINCIPAUX PROPRIÉTAIRES

MM. Brintet-Moissenet.
Chalopin-Bergeret.
de Morot de Grésigny d'Authume.

MM. Gibourg-Bergeret.
Revon-Verguet.
L'Hospice de Nuits.

Rousselots (Aux). — D. L., première cuvée ; C. A. B., deuxième classe.

PRINCIPAUX PROPRIÉTAIRES

MM. Faiveley-Bordeux.
Jaugey-Plissey.
Grandné-Lécrivain.
Lenoble.
François Promayet.

MM. Ragon-Morand.
Revon-Verguet.
Sirugue (Mme Vve).
Trapet Guyot.

Rue de Chaux. — C. A. B., première, deuxième et troisième classes.

PRINCIPAUX PROPRIÉTAIRES

MM. Chalopin-Bergeret.
Chambin-Bize.
Faiveley-Bordeux.
Claude Gaguet.

MM. Gibourg-Bergeret.
de Morot de Grésigny d'Authume.
Nolotte-Runderlé.

Vignes-Rondes (aux). — D. L., première cuvée; C. A. B., deuxième classe.

PRINCIPAUX PROPRIÉTAIRES

Mme André-Marillier.
MM. Cornu-Ocquidant.
   de Morot de Grésigny d'Authume.
   Grandné-Duband.

MM. Lenoble.
   Loranchet-Confuron.
   Nolotte-Parizot.
   Ragon-Morand.
Mme Vve Sirugue.

Allots (aux). — D. L., deuxième cuvée; C. A. B., deuxième et troisième classes.

PRINCIPAUX PROPRIÉTAIRES

Mme Vve Camuzot.
MM. Chauvenet-Magnien.
   Garnier-Chauvenet.
   Antoine Grandné-Baroche
   Gibourg-Bergeret.
   Faiveley-Bordeux.

MM. Jaugey-Plissey.
   Lenoble.
   Magnien-Bissey.
   Millot-Guy.
Mme Nolotte-Parizot.

Athées ou **Athés** (Aux). — D. L., deuxième cuvée.

PRINCIPAUX PROPRIÉTAIRES

Mme Camuzot.
MM. Chalopin-Bergeret.
   Faiveley-Bordeux.
   Fontoillet-Gouges.
   Antoine Grandné-Baroche.

MM. Symph. Grandné-Baroche
   Magnien-Bissey.
Mmes Vve Nolotte-Parizot.
   Vve Sirugue.
M. Vigneron-Moline.

Barrières (Aux). — D. L., deuxième cuvée; C. A. B., deuxième classe.

PRINCIPAUX PROPRIÉTAIRES

M. Jean Faucillon.

Mme Vve Marey-Monge.

Bas-des-Combes ou au **Bas de Combe**. — D. L., deuxième cuvée; C. A. B., deuxième classe.

PRINCIPAUX PROPRIÉTAIRES

M. Charton.
L'Hospice de Nuits.

Mme Vve Marey-Monge.
M. Jean-Baptiste Rollet.

Belles-Croix (En). — D. L., deuxième cuvée; C. A. B., deuxième et troisième classes.

PRINCIPAUX PROPRIÉTAIRES

MM. Chauvenet-Magnien.
Antoine Grandné-Baroche.
Symph. Grandné-Baroche.
Gibourg-Bergeret.

MM. Grivot-Chopin.
L'Hospice de Nuits.
Munier-Arbinot.
Mme Vve Nolotte-Parizot.

Brûlées (les). — D. L., deuxième cuvée; C. A. B., deuxième et troisième classes.

PRINCIPAUX PROPRIÉTAIRES

MM. Brintet-Moissenet.
Symph. Grandné-Baroche.

L'Hospice de Nuits.
Mme Vve Nolotte-Parizot.

Chaillots-Brûlées. — D. L., deuxième cuvée.

PRINCIPAUX PROPRIÉTAIRES

MM. Symph. Grandné-Baroche.
Pierre Grandné-Grandné.
Grandné-Lécrivain.

MM. Grivot-Chopin.
Jauget-Plissey.
Revon-Verguet.

Charmois (les). — C. A. B., deuxième et troisième classes.

PRINCIPAUX PROPRIÉTAIRES

MM. Philibert Blouck.
Chalopin-Bergeret.
Chauvenet-Thomas.
Faiveley-Bordeux.
Fontoillet-Gouges.
Gibourg-Bergeret.
Guy-Neige.

L'Hospice de Nuits.
MM. Jaugey-Plissey.
Magnien-Bissey.
Moillard-Grivot.
Morin.
Mme Vve Nolotte-Parizot.
La Ville de Nuits.

Château de Vosne-Romanée
appartenant au comte Liger-Belair (1).

---

(1) Nous donnons ci-après la nomenclature des principales propriétés de MM. C. Marey et comte Liger-Belair, propriétaires et négociants à Nuits et Vosne-Romanée (Côte-d'Or).

Communes de **Vosne-Romanée** *Romanée,*
  et de **Flagey-Echézeaux** : *Richebourg,*
    La Tâche, } Têtes de cuvée.
    Les Malconsorts,
    Réas, Orveaux, etc., etc.

Commune de **Nuits** : *Saint-Georges,* — *Vaucrains.* — *Perrière* (têtes de cuvée); *Brulées.*

— — **Vougeot** : *Au Clos de Vougeot.*

(Propriétés du comte Liger-Belair).

Damodes (Aux). — C. A. B., deuxième et troisième classes.

PRINCIPAUX PROPRIÉTAIRES

MM. Chalopin-Bergeret.
  Dufouleur-Golmard.
  Symph. Grandné-Baroche.
  Grandné-Lécrivain.
  Pierre Grandné-Grandné.
  Grivot-Chopin.

MM. Gibourg-Bergeret.
  Magnien-Bissey.
  Jaugey-Plissey.
  La Ville de Nuits.
  Trapet-Guyot.

On peut y rattacher :

Damodes (Au-dessus des).

PRINCIPAUX PROPRIÉTAIRES

M. Cornu-Charton.
La Ville de Nuits.

Mme Reitz.
M. Trapet-Bergeret.

Fleurières (les). — D. L., deuxième cuvée ; C. A. B., deuxième et troisième classes.

PRINCIPAUX PROPRIÉTAIRES

MM. Chauvenet-Magnien.
  Antoine Grandné-Baroche.
  Symph. Grandné-Baroche.
  Grandné-Lécrivain.

MM. Grivot-Chopin.
  L'Hospice de Nuits.
  Morin.
  Robert-Garnier.

Hauts Pruliers. — C. A. B., deuxième et troisième classes.

PRINCIPAUX PROPRIÉTAIRES

Mme Camuzot.
MM. Chauvenet-Thomas.
  Symph. Grandné-Baroche.
  Pierre Grandné-Grandné.
  Grandné-Lécrivain.

MM. Gremeaux-Grandné.
  Grivot-Chopin.
  Lenoble.
  Mme Vve Nolotte-Parizot.
  La Ville de Nuits.

Herbues (les). — D. L., deuxième cuvée.

PRINCIPAUX PROPRIÉTAIRES

MM. Bavard-Gagnard.
Chalopin-Bergeret.
Dufouleur-Golmard.
Symph. Grandné-Baroche.

MM. Javillier-Grivot.
Raille-Jeantot.
Vigneron-Moliné.
Mme Vve Villot-Seguin.

Lavières (Aux). — D. L., deuxième cuvée; C. A. B., deuxième classe.

PRINCIPAUX PROPRIÉTAIRES

MM. Faiveley-Bordeux.
Foutoillet-Gouges.
L'Hospice de Nuits.
Marey-Monge (Mme Vve).
Parizot-Roy.

MM. de Morot de Grésigny d'Authume.
Sirugue (Mme Vve).
Vauthier-Tisserandot.

Longecourts (les). — D. L., deuxième cuvée; C. A. B., deuxième et troisième classes.

PRINCIPAUX PROPRIÉTAIRES

MM. Grandné-Godemet.
Grandné-Nolotte.
Grizot-Jouan.
Roy-Grandné.

Mme Vve Reitz.
MM. Salbreux-Lacour.
Thomas-Roux.

Maladière (la). — D. L., deuxième cuvée; C. A. B., deuxième et troisième classes.

TRÈS DIVISÉ

Plateaux (les). — C. A. B., deuxième classe.

PRINCIPAUX PROPRIÉTAIRES

MM. Bourgogne-Lignier.
Chauvenet-Chauvenet.
Antoine Grandné-Baroche.
Pierre Grandné-Grandné.
Guy-Neigo.

L'Hospice de Nuits.
M. Jaugey-Plissey.
Mme Vve Marey-Monge.
Revon-Vergnet.
Robert-Garnier.

Poisot (le ou les). — D. L., deuxième cuvée ; C. A. B., deuxième et troisième classes.

PRINCIPAUX PROPRIÉTAIRES

MM. Symph. Grandné-Baroche.
Grandné-Duban.
Grandné-Godemet.
Jaugey-Arnoux.
Javillier-Menevers.

Mme Vve Nolotte-Parizot.
M. Pierre-Groffier.
Mme Reitz.
MM. Robert-Garnier.
Vigneron-Molino.

Saint-Jacques (Aux). — D. L., deuxième cuvée ; C. A. B., troisième classe.

PRINCIPAUX PROPRIÉTAIRES

M. Bergeret-Arnoux.
Mme Vve Camuzot.
MM. Gabriel Figeac.
Garnier-Chauvenet.
Symph. Grandné-Baroche.
Pierre Grandné-Grandné.

MM. Grandné-Lécrivain.
Gremeaux-Grandné.
Grivot-Chopin.
Jaugey-Plissey.
Parizot-Roy.
Mme Vve Nolotte-Parizot.

Saint-Julien (Aux). — D. L., deuxième cuvée ; C. A. B., troisième classe.

PRINCIPAUX PROPRIÉTAIRES

Mme V Camuzot.
MM. Chalopin-Bergeret.
Chauvenet-Magnien.
Ernest Cocasse.
Dufouleur-Golmard.

MM. Gabriel Figeac.
Gibourg-Bergeret.
Pierre Grandné-Grandné.
Mme Marey-Monge.
M. Moillard-Grivot.

Tribourg (En). — C. A. B., deuxième et troisième classes.

PRINCIPAUX PROPRIÉTAIRES

MM. Chauvenet-Chauvenet.
Julien Guillemot.
Guy-Neige.

MM. Jeanniard-Moissenet.
Labouré-Boudier.
Mme Vve Nolotte-Parizot.

Tuyaux (Aux). — D. L., deuxième cuvée; C. A. B., troisième classe.

TRÈS DIVISÉ

Vallerots (les). — C. A. B., deuxième classe.

PRINCIPAUX PROPRIÉTAIRES

MM. André Marillier.
Armand Gauteron.
Pierre Grandné-Grandné.
Gibourg-Bergeret.
Grivot-Chopin.

MM. Emile Jouard.
Lenoble.
Ragon-Morand.
La Ville de Nuits.

Chouillet (Au). — C. A. B., troisième classe.

PRINCIPAUX PROPRIÉTAIRES

M. Jarrot-Denevers.

Mme Vve Marey-Monge.

Mme Vve Nolotte-Parizot.

Petite Charmotte (la). — C. A. B., troisième classe.

PRINCIPAUX PROPRIÉTAIRES

MM. Gabriel Figeac.
Garnier-Chauvenet.
Grandné-Lécrivain.
Marey-Monge (Mme Vve).
Julien Moreau.

MM. de Morot de Grésigny-d'Authume.
Jaugey-Plissey.
François Promayet.
Ragon-Morand.
Maurice Thomas.

Hauts Poirets (les). — C. A. B., troisième classe.

PRINCIPAUX PROPRIÉTAIRES

MM. Chauvenet-Thomas.
Garnier-Chauvenet.
Grandné-Lécrivain.

M. Robert-Garnier.
Mme Vve Tisy-Grivot.
Vigneron-Moline.

Chaillot (le grand). — C. Loc., deuxième et troisième cuvées.

TRÈS DIVISÉ

(Superficie de 40 hectares 96 ares 30 centiares).

Chaillot (le petit). — C. Loc., deuxième et troisième cuvées.

PRINCIPAUX PROPRIÉTAIRES

MM. Brintet-Moissenet.	MM. Faiveley-Bordeux.
Charton-Rey.	Guy-Neige.
Dufouleur-Golmard.	Magnien-Bissey.

Chandot (le). — C. Loc., troisième et quatrième cuvées.

TRÈS DIVISÉ

Coteau des Bois (les). — C. Loc., troisième et quatrième cuvées.

PRINCIPAUX PROPRIÉTAIRES

MM. Bavard-Cagnard.	MM. Paris-Regnier.
Symph. Grandné-Baroche.	Stadelhoffer.
La Ville de Nuits.	Vigneron-Moline.
Neige-Chapuzot.	

Croix-Blanches (les). — C. Loc., troisième et quatrième cuvées.

TRÈS DIVISÉ

Ce climat produit des vins de nature différente ; il va de la route nationale au chemin de fer.

Derrière les Buttes. — C. Loc., troisième et quatrième cuvées.

TRÈS DIVISÉ

Grande fin Blanche (la). — C. Loc., troisième et quatrième cuvées.

PRINCIPAUX PROPRIÉTAIRES

MM. Philibert Blouck.	La Ville de Nuits.
Ernest Cocasse.	L'Hospice de Nuits.
Symph. Grandné-Baroche.	MM. Moillard-Grivot.
Pierre Grandné-Grandné.	Robert-Garnier.
Jaugey-Plissey.	

Petite fin Blanche (la). — C. Loc., troisième et quatrième cuvées.

TRÈS DIVISÉ

Guindennes (les). — C. Loc., troisième et quatrième cuvées.

TRÈS DIVISÉ

Ce climat très important va du village au chemin de fer ; sa superficie est de 28 hectares 90 ares 60 centiares.

Nourrois (les). — C. Loc., troisième et quatrième cuvées.

PRINCIPAUX PROPRIÉTAIRES

MM. Blouck-Philibert.	MM. Groffier.
Cornu-Ocquidant.	Lenoble.
Gibourg-Bergeret.	Neige-Chapuzot.
Grandné-Lécrivain.	Mme Vve Reitz.

Noyer du Pendu (le). — C. Loc., troisième et quatrième cuvées.

PRINCIPAUX PROPRIÉTAIRES

M. Boursot-Chamson.	MM. Antoine Grandné-Baroche.
Mme Vve Camuzot.	Jaugey-Plissey.
M. Grandné-Duband.	L'Hospice de Nuits.

Perrières de la Combe (les). — C. Loc., deuxième et troisième cuvées.

PRINCIPAUX PROPRIÉTAIRES

M. Robert-Garnier. | Mme Vve Reitz.

Trous Légers (les). — C. Loc., troisième et quatrième cuvées.

PRINCIPAUX PROPRIÉTAIRES

MM. Jaugey-Plissey. | La Ville de Nuits.
Jules Lemairre | M. Robert-Garnier.
Moillard-Grivot. |

VOSNE-ROMANÉE

Vosnes ou Vosne, *Vaona* dès 636 (1), *Voone* au xiii° siècle (2), a ajouté à son nom celui du célèbre crû de *Romanée* (3).

Ce village est situé au pied de la Côte entre Nuits et Vougeot ; sa latitude est de 47° 8′ 54″ et sa longitude de 2° 37′ 48″. On y compte 591 habitants ; son territoire a une superficie d'environ 300 hectares, parmi lesquels 167 hectares 55 ares 65 centiares, ne produisent que des vins fins.

La distance de Vosne à Nuits, son chef-lieu de canton, n'excède pas 3 kilomètres ; il y en a 19 de Beaune et 20 de Dijon. Les communications y sont faciles, soit par les voitures, soit par le chemin de fer. Ainsi, à l'est, passe la ligne P. L. M. ; la route nationale n° 74 traverse la commune ; des chemins vicinaux la sillonnent, entre autres celui de la Côte au milieu de tous les grands crûs.

Au *Vaona* de 636, se rattachent d'anciens documents historique :

Clotaire confirme en 650 les fonds de l'abbaye de Bèze, à Vosne, donnés par le duc Amalgaire. Simon de Vergy, chanoine de Saint-Denis, lègue à cette église sa vigne près du Cloître.

Les ducs de Bourgogne avaient à Vosne une maison de chasse

---

(1) *Chronique de Bèze.*
(2) « Molendinum de Voone, » *Martyrologe de Notre-Dame de Beaune.*
(3) Il est généralement admis qu'au iii° siècle de notre ère l'empereur Probus favorisa la culture de la vigne dans les vallées du Rhône et de la Saône. De plus, les textes du Digeste donnent la preuve que la *villa* ou le *Dominium* romain prenaient le nom de ceux qui les avaient créés. Tel est le motif qui a pu faire voir dans cette appellation de *Romanée* l'étymologie latine de *A Romanis*.

qui devait 5 francs de cens. Le propriétaire était obligé d'y recevoir le maître et ses chiens pendant trois jours. Le prévôt ducal de Vosne instituait le vignier (chef vigneron) du clos de Vougeot et trouvait à dîner au cellier des moines, le dimanche après la Madeleine, en 1450 (1). Le roi y avait encore, en 1537, un prévôt qui nommait le vignier, et les habitants mettaient le ban de vendanges.

Au XIII° siècle, entre autres droits sur Vosne, celui de la vendange appartenait aux religieux de Cîteaux.

La somme de ces renseignements est due à Courtépée. Le même historien ajoute qu'il se tint, en 1607, à Vosne, un consistoire où se réunirent les calvinistes de Dijon, de Saint-Jean-de-Losne et d'Is-sur-Tille ; qu'en 1772 l'église fut « mise sous une nouvelle forme, » et le clocher rebâti à neuf, sous la direction d'Amant Seloudre, curé, ainsi que le constate une inscription gravée sur la porte principale (2).

Le 6 avril 1797 mourut à Vosne et fut inhumé au cimetière, Dom François Trouvé, dernier abbé de Cîteaux, nommé en 1748 par ses coreligieux abbé et supérieur général d'une maison dont la haute juridiction s'étendait sur plus de trois mille monastères de son Ordre (3).

En 1814 et 1815, la commune eut beaucoup à souffrir de l'invasion des Autrichiens et, en 1870, de celle des Allemands (4).

Parmi les anciennes familles du village une mention toute spéciale revient à celle des Galland : en remontant à cinq ou six siècles on voit apparaître le nom de *Gallandus*.

Grâce à sa situation topographique, le climat de Vosne est très sain. La culture de la vigne y domine en tous points. Après le pinot fin et le gamay ordinaire, plantés de temps immémorial, viennent les espèces plus récemment propagées, telles que le pinot de Pernand, le gamay d'Arcenant, celui de Bévy (jadis

---

(1-2) T. II, p. 409-410.
(3) H. Vienne, *Essai historique sur la ville de Nuits*, 1845.
(4) Cf. Gaudelette, *Histoire de la guerre de 1870-1871 dans la Côte-d'Or*, Dijon. A Vosne, 41 soldats français, tués à la bataille de Nuits, sont inhumés

le gamay rond de Mâlain), le plant rouge ou *Barbental*, etc. Le village a toujours joui de la réputation de produire les meilleurs vins de Bourgogne.

La récolte moyenne est d'un quartaut (57 litres) l'ouvrée pour les grands crûs (12 pièces de 228 litres à l'hectare), et de trois quartauts à une pièce à l'ouvrée pour les crûs ordinaires (20 à 25 pièces de 228 litres à l'hectare).

Les grands crûs de Vosne sont à une hauteur moyenne de 280 mètres ; les collines au pied desquelles ils sont placés s'élèvent à plus de 400 mètres.

Il n'y a aucune exagération à dire que les vins de cette commune ont une valeur commerciale au moins égale à celle des plus grands crûs connus sur divers points de la région. Toutefois, cette valeur n'était pas absolument la même, à des époques antérieures. A ce sujet, les archives de la ville de Nuits renferment des documents positifs. On y voit que, des années 1660 à 1680, les prix varièrent entre 86 (1659) et 75 livres (1668); qu'en 1701, ils s'élevèrent à 130, en 1714 à 160, en 1726 à 270 livres ; que, depuis, ils suivirent une marche ascendante, sauf en 1740, où ils descendirent à 50 livres; qu'enfin, à dater de 1774, ils se maintinrent entre 290 et 220 livres, sauf en quelques années où des baisses se firent sentir.

au cimetière. Sur la sépulture est érigé un monument où se lit cette inscription :

ICI REPOSENT
XXII LEGIONNAIRES
DU RHONE
MORTS POUR LA DÉFENSE
DE LA PATRIE
AU COMBAT DE NUITS
XVIII DÉCEMBRE
MDCCCLXX

———

ÉRIGÉ
EN LEUR HONNEUR
PAR LES HABITANTS DE
VOSNE-ROMANÉE

En ce qui regarde la constitution géologique, les trois quarts des grands crûs de Vosne sont dans le Forest-Mable et la Grande Oolithe. Dans la terre à foulon on ne remarque qu'une partie de la *Romanée Saint-Vivant*. La *Romanée-Conti*, les *Richebourgs* n'en offrent que de légères bandes, soit au nord, soit dans une autre direction, suivant la situation du climat.

La roche qui forme la base de la petite chaîne sur laquelle se trouve Vosne, est, d'après les observations du docteur Morelot (1), un sous-carbonate très pur, une sorte de marbre blanc avec quelques veinules rosées d'une couleur fort agréable.

M. Delarue (2) donne la composition suivante pour les terrains formant les sols et sous-sols de la *Romanée-Conti* :

	SOL	SOUS-SOL
Chlorures.	0.002	0.003
Matières organiques .	0.011	0.007
Silice	0.772	0.725
Alumine	0.180	0.174
Chaux.	0.032	0.088
Fer.	0.002	0.002
	0.999 p. 0.001	0.999 p. 0.001

En résumé, le sol qui produit les grands vins est calcaire-ferrugineux, et le sous-sol est pierreux, rocheux ou marneux-argileux. Au point de vue œnologique, le vin récolté dans le sol argilo-calcaire est plus corsé et demande plus de temps pour se faire, tandis que, dans les sols calcaires ou marneux il est plus léger et plus vite prêt à boire.

Soumis à l'analyse, les vins de Vosne offrent d'intéressants éléments d'études. Voici le résultat des expériences de M. Delarue.

---

(1) Déjà cité.
(2) Déjà cité.

ANNÉES	NOMS des Communes e Climats	NOMS des Propriétaires récoltants	Densité	Acool p. cent	Tannin p. cent	SELS organiques Bitartrates			SELS inorganiques	
						de fer	de potasse	Total	Phosphates chlor. et sulf.	Total général des sels
1833	Vosne-Romanée	Le Cte Liger-Belair, de Vosne	931	14.06	65 en millig.	gr. 0.021	gr. 0.272	gr. 0.293	gr. 0.330	gr. 0.623
1834	Id. Tache	Id.	971	12.13	76	0.032	0.300	0.332	0.326	0.658
1842	Id. Tache	Id.	939	14.19	76	0.032	0.262	0.294	0.334	0.628

D'autre part, M. Margottet (1) assigne à ces vins la composition suivante, en ne prenant que les chiffres importants :

NOMS DES CLIMATS	Densité à 15 degrés	Alcool en volume ou degrés	Extrait dans le vide	Extrait à 100 degrés	Glucose	Sulfate de potasse (plâtre)	Crème de tartre	Acidité totale en A. sulfurique	Tannin	Fer
Malconsort	992.6	13.9	33.1	26.40	1.27	0.24	3.85	4.12	gr. 1.2	gr. 4.7
Echezeaux	993.4	13.7	31.8	27.15	1.49	0.21	4.28	4.65	»	»
Suchot	993.5	13.5	31.4	26.90	1.61	0.24	4.18	4.65	1.3	»
Richebourg	992.5	14.2	32.6	27.55	1.38	0.22	3.43	4.83	1.2	»
La Tache	994.0	13.7	30.0	33.90	3.89	0.18	6.02	4.50	1.5	»
Romanée-Conti	990.3	14.2	29.8	27.85	1.39	0.31	6.20	4.09	1.2	3.3

L'ensemble des analyses démontre que ces vins ont la composition normale de ceux qui proviennent de la fermentation du pur jus de la vendange.

Enfin, à la dégustation, un appréciateur, de compétence reconnue, a écrit: « Les vins de ce vignoble ont un corps moelleux, une extrême finesse et un bouquet élevé ; en un mot, ils réunissent toutes les qualités désirables. »

(1) Déjà cité.

L'histoire des crûs les plus anciens et les plus renommés de Vosne demande une courte notice.

Avant la Révolution, la *Romanée-Conti*, ou simplement *Conti*, appartenait à la famille des princes de ce nom. Ce qui a établi la réputation de ce crû, c'est qu'à la suite de la longue maladie de Louis XIV, en 1686, son médecin Fagon (1) lui ordonna, durant sa convalescence, le vin de *Romanée-Conti* de préférence à celui de Champagne. Cette décision médicale augmenta de beaucoup et fit même doubler le prix des vins de Bourgogne.

En citant les vins de la *Romanée*, M. de Cussy rappelle que le prince de Conti en faisait des cadeaux à tous ceux qu'il honorait de son amitié. Il en donna, en 1782, à Mgr de Juigné, archevêque de Paris. « C'est par cette munificence, a-t-il écrit, que nous avons été heureux pour faire connaissance avec ce précieux vin qui était tout à la fois du velours et du satin en bouteilles. »

Autrefois, l'emploi du fumier était inconnu pour cette vigne comme pour beaucoup d'autres, sous prétexte qu'il aurait nui à la qualité du vin. Le seul amendement usité consistait dans de la terre rapportée qu'on allait chercher sur la montagne ; de nombreux trous creusés pour cette extraction sont encore visibles.

En 1791, ce crû, vendu comme bien national, acheté plus tard par M. Ouvrard, alors possesseur du *Clos-Vougeot*, est devenu, en 1869, la propriété d'un viticulteur distingué, M. Duvault-Blochet, de Santenay, qui s'en est rendu acquéreur au prix de 240,000 francs.

La *Romanée-Conti* est inclinée au sud et forme un angle de cinq à six degrés à l'horizon.

Du XIIIe siècle jusqu'à la Révolution, la *Romanée-Saint-Vivant* appartint au prieuré de Saint-Vivant, près l'Etang-Vergy, qui en tenait une partie au moyen d'une donation d'Alix de

---

(1) Les Nuitons ont donné, par reconnaissance, le nom de Fagon à une de leurs rues.

Vergy, en 1232. L'autre partie venait de Ponce de Blaisy, qui lui vendit sa vigne de Vosne en 1246 (1).

Les celliers attenaient à l'immeuble, mais, avant 1791, les vins étaient conduits au monastère. Sur la montagne, au milieu des ruines de Saint-Vivant, subsistent encore les belles caves qui abritaient ces vins fameux.

Depuis 1791, époque où elle fut comprise dans la vente des biens nationaux, la *Romanée-Saint-Vivant*, achetée par la famille Marey, appartient à ses héritiers.

La *Tâche* se trouve à l'opposé de la *Romanée-Saint-Vivant*; les *Richebourgs* en sont séparés par un sentier.

Les *Mal-Consorts* étaient une espèce de pâtis (friche), couvert de broussailles et d'épines. Depuis 1610, ils ont été défrichés et convertis en vignobles.

Nous terminons par des renseignements spéciaux se rapportant aux divers crûs et lieux-dits.

Pour notre classification, tout en suivant comme points de départ les trois classes déterminées par le Comité d'agriculture de Beaune, nous indiquerons également pour chaque climat ou lieu-dit, celle du docteur Lavalle (2) qui comprend des *têtes de cuvées*, des *premières, secondes, troisièmes et quatrièmes cuvées*, car, ainsi qu'il l'a écrit, au milieu de ces excellents climats, on a peine à établir une classification et on est obligé de placer hors ligne une partie importante du vignoble.

---

(1) Le monastère de Saint-Vivant, situé sur le versant du mamelon que couronnait le château-fort de Vergy, avait été fondé, vers le commencement du x*e* siècle, par Manassés I, dit le Vieux, sire de Vergy.

L'église, et la maison, magnifiquement rebâties en 1779 par le dernier prieur, Dom Godard, ayant été vendues nationalement, l'acquéreur les a fait démolir de fond en comble (Cf. H. Vienne, *ouv. cit.*; — Charles Theuriet, *Histoire de Vergy*, Dijon, 1885).

(2) Déjà cité.

DOMAINE DE M. LE DOCTEUR CHANUT
à Vosne-Romanée (Côte-d'Or) (¹).

---

(1) Nous devons mentionner ici l'excellent état de conservation dans lequel M. le D⁰ Chanut a su conserver ce beau domaine, grâce aux soins prodigués dès la première heure.

Commune de **Vosne-Romanée** : *Les Richebourg* (tête de cuvée, hors ligne).
Les Malconsorts (première classe).
Les Suchots (première classe).
— — **Flagey Echézeaux** : *Les Grands Echézeaux* (tête de cuvée).

NOMENCLATURE

DES PRINCIPAUX CLIMATS ET LIEUX-DITS

La Romanée. — D. L., tête de cuvée, hors ligne; C. A. B., première classe.

PRINCIPAUX PROPRIÉTAIRES

M. le comte Liger-Belair. | M. Thomas Noëllat.

La Romanée-Conti. — D. L., tête de cuvée, hors ligne; C. A. B., première classe.

PRINCIPAUX PROPRIÉTAIRES

MM. les héritiers Duvault.

Les Richebourg. — D. L., tête de cuvée, hors ligne; C. A. B., première classe.

PRINCIPAUX PROPRIÉTAIRES

MM. le Dr Chanut. | MM. le comte Liger-Belair.
héritiers Duvault. | Marey.
Gaudemet.

La Tâche. — D. L., tête de cuvée, hors ligne; C. A. B., première classe.

PRINCIPAUX PROPRIÉTAIRES

MM. les héritiers Duvault. | M. le comte Liger-Belair.

Les Beaux-Monts. — D. L., première cuvée; C. A. B., première classe.

PRINCIPAUX PROPRIÉTAIRES

MM. de Champeaux.
Dr Chanut.

MM. les héritiers Duvault.
Mme Vve Lausseure-Faiveley.

Aux Brulées. — D. L., première cuvée; C. A. B., première classe.

PRINCIPAUX PROPRIÉTAIRES

MM. Camuzet.
héritiers Duvault.
Faiveley frères.

MM. Gibourg.
E. Grivault.
Thévenin.

Combe-Brulée. — D. L., première cuvée.

PRINCIPAUX PROPRIÉTAIRES

MM. Camuzet.
héritiers Duvault.
Faiveley frères.

MM. Gibourg.
E. Grivault.
Thévenin.

Les Gaudichots. — D. L., première cuvée; C. A. B., première classe.

PRINCIPAUX PROPRIÉTAIRES

M. Dr Chanut.

M. le comte Liger-Belair.

La Grande-Rue. — D. L., première cuvée; C. A. B., première classe.

PRINCIPAUX PROPRIÉTAIRES

MM. les héritiers Duvault.

M. le comte Liger-Belair.

Les Malconsorts. — D. L., première cuvée; C. A. B., première classe.

M. le Dr Chanut. | Mme Vve Millot. | M. le comte Liger-Belair.

Aux Petits-Monts. — C. A. B., première et deuxième classes; D. L., troisième cuvée.

PRINCIPAL PROPRIÉTAIRE

M. Truchetet.

Romanée Saint-Vivant. — D. L., première cuvée; C. A. B., première classe.

PRINCIPAUX PROPRIÉTAIRES

MM. les héritiers Marey.

Les Suchots. — D. L., première cuvée; C. A. B., première et deuxième classes.

PRINCIPAUX PROPRIÉTAIRES

MM. de Champeaux.
Dr Chanut.
héritiers Duvault.
Gilles.

M. Théodore Gros.
Mme Vve Lausseure.
MM. Morand.
Naigeon.

Les Verroilles ou Richebourg ou Sous-Richebourg. — C. A. B., première classe.

PRINCIPAUX PROPRIÉTAIRES

M. Camuzet. | M. Gustave Gros.

Aux Reignots. — C. A. B., première et deuxième classes; D. L., deuxième cuvée.

PRINCIPAUX PROPRIÉTAIRES

MM. Arnoux, etc.

Au-dessus des Malconsorts. — C. A. B., deuxième classe.

PRINCIPAUX PROPRIÉTAIRES

M. Camuzet. | M. Théodore Gros. | M. Noëllat.

Les Chaumes. — D. L., deuxième cuvée; C. A. B., deuxième classe.

PRINCIPAL PROPRIÉTAIRE

M. le Dr Chanut.

La Croix-Rameau. — C. A. B., deuxième classe.

PRINCIPAUX PROPRIÉTAIRES

M. Fermouche. | M. Maignot.

Cros Parantoux. — C. A. B., deuxième classe; D. L., troisième cuvée.

PRINCIPAUX PROPRIÉTAIRES

M. Maignot. | MM. Robillot père et fils.

Les Damodes. — C. A. B., deuxième et troisième classes.

PRINCIPAUX PROPRIÉTAIRES

MM. Bergeret. | MM. Salbreux.
Camuzet. | Simonnot.
Galland. |

Derrière le Four. — C. A. B., deuxième classe.

PRINCIPAUX PROPRIÉTAIRES

MM. les héritiers Duvault.

Hauts Beaux Monts. — C. A. B., deuxième classe.

PRINCIPAUX PROPRIÉTAIRES

M. Brosson-Grivot. | M. Truchetet.

Maizières (Basses). — D. L., deuxième cuvée; C. A. B., troisième classe.

PRINCIPAUX PROPRIÉTAIRES

MM. le Dr Chanut. | MM. Tisserandot.
Laurain. | Trapet.

VOSNE-ROMANÉE

Maizières (Hautes). — D. L., deuxième cuvée; C. A. B., deuxième classe.

PRINCIPAUX PROPRIÉTAIRES

MM. le Dr Chanut.
Camuzet.
héritiers Duvault.

MM. Fermouche frères.
Loranchet.

Les Jacquines. — C. A. B., deuxième et troisième classes; D. L., troisième cuvée.

PRINCIPAUX PROPRIÉTAIRES

Aux Raviolles. — C. A. B., deuxième et troisième classes; D. L., troisième cuvée.

PRINCIPAUX PROPRIÉTAIRES

M. Mugneret. | M. Noëllat. | M. Portier.

Aux Réas. — D. L., deuxième cuvée; C. A. B., deuxième et troisième classes.

PRINCIPAUX PROPRIÉTAIRES

MM. les héritiers Duvault.
Lamarche.
Lécrivain.

MM. le comte Liger-Belair.
Marillier.
Rollet.

Clos des Réas. — D. L., deuxième cuvée; C. A. B., deuxième classe.

PRINCIPAL PROPRIÉTAIRE

M. Gustave Gros.

Les Barreaux. — C. A. B., troisième classe.

PRINCIPAUX PROPRIÉTAIRES

MM. Camuzet.
Galland.

MM. Mouillé.
Thévenin.

Bossières. — D. L., troisième cuvée; C. A. B., troisième classe.

PRINCIPAUX PROPRIÉTAIRES

M. Camuzet.
Mᵐᵉ Vᵛᵉ Faiveley.

MM. Grivot frères.
Thévenin.

Les Chalandins. — C. A. B., troisième classe.

PRINCIPAUX PROPRIÉTAIRES

M. Laurain. | M. Jules Mongeard. | M. Renaudot.

Champs-Goudins. — D. L., troisième cuvée; C. A. B., troisième classe.

SEUL PROPRIÉTAIRE

M. Théodore Gros.

Champs de Perdrix. — D. L., troisième cuvée; C. A. B., troisième classe.

PRINCIPAUX PROPRIÉTAIRES

MM. Camuzet.
Faiveley frères.

MM. Lamarche.
Pougnant.

La Colombière. — C. A. B., troisième classe.

PRINCIPAUX PROPRIÉTAIRES

M. Théodore Gros. | M. le comte Liger-Belair. | M. Truchetet.

Aux Communes. — D. L., troisième cuvée; C. A. B., troisième classe.

PRINCIPAUX PROPRIÉTAIRES

MM. Dʳ Chanut.
Théodore Gros.

MM. J. Mongeard.
Pierre Renaudot.

La Croix Blanche. — C. A. B., troisième classe; D. L., quatrième cuvée.

PRINCIPAUX PROPRIÉTAIRES

MM. Camuzet.
Gustave Gros.

MM. Grandné.
Mouillé.

Dessus de la Rivière. — D. L., troisième cuvée; C. A. B., troisième classe.

PRINCIPAUX PROPRIÉTAIRES

MM. Camuzet.
Dr Chanut.
Contet (Mme V^{re}).
Fermouche.

MM. Lhote.
Thomas.
Tisserandot.

La Fontaine de Vosne. — C. A. B., troisième classe.

PRINCIPAUX PROPRIÉTAIRES

M. Grivot. | M. Fortier.

Aux Genaivrières. — D. L., troisième cuvée; C. A. B., troisième classe.

PRINCIPAUX PROPRIÉTAIRES

M. Fermouche. | M. Loranchet.

Aux Jachères. — D. L., troisième cuvée; C. A. B., troisième classe.

PRINCIPAUX PROPRIÉTAIRES

Mme V^{re} Conté. | M. Gaudenet. | M. Théodore Gros.

Pré de la Folie. — C. A. B., troisième classe; D. L., quatrième cuvée.

PRINCIPAUX PROPRIÉTAIRES

M. Gilles. | M. Maignot. | M. Noëllat

Aux Ormes. — D. L., troisième cuvée; C. A. B., troisième classe.

PRINCIPAUX PROPRIÉTAIRES

M. Brosson. | M. Laurain.

Aux Saules. — C. A. B., troisième classe; D. L., quatrième cuvée.

PRINCIPAUX PROPRIÉTAIRES

M. Arnoux. | M. Joseph Confuron. | M. Loranchet.

Vigneux. — D. L., troisième cuvée; C. A. B., troisième classe.

PRINCIPAUX PROPRIÉTAIRES

MM. le Dr Chanut. | MM. Mongeard.
Galland. | Noëllat.
Laurain. | Portier.

Village de Vosne. — C. A. B., troisième classe.

PRINCIPAUX PROPRIÉTAIRES

M. Camuzet. | M. Grivelet. | M. Lévêque.

FLAGEY-ECHEZEAUX

Flagey-Echézeaux, dit aussi Flagey-les-Gilly, à cause de la proximité de cette dernière commune, appartient au canton de Nuits. Sa latitude est de 47°9′8″ et sa longitude de 2°39′28″. Au siècle dernier on y comptait 45 feux et 200 communiants, actuellement sa population se compose de 273 habitants.

Sa distance du chef-lieu de canton est de 5 kilom.; du chef-lieu d'arrondissement de 21 kil., et de 20 kil. de Dijon.

Flagey-Echézeaux a pour limites, au nord, les communes de Gilly-les-Vougeot, de Vougeot et de Chambolle; au sud, celles de Boncourt-le-Bois et de Vosne; à l'est, celles de Saint-Bernard et de Villebichot; à l'ouest, celles de Concœur et de Corboin.

Aucun cours d'eau de quelque importance n'arrose le territoire; il n'y a que la *Bornue*, ruisseau qui prend sa source à Vosne et coule sur une longueur d'environ 2600 mètres dans la direction de l'ouest à l'est. Du côté de Saint-Bernard, on rencontre la *Vouge*, jolie petite rivière dont la source émerge à Chambolle et qui sert aussi de limite au finage de Flagey.

Une seule route traverse le territoire du nord au sud sur une longueur d'environ 300 mètres; c'est celle n° 74 de Chalon-sur-Saône à Sarreguemines; elle est à 1300 mètres du pays.

Sur le même finage passe également le chemin de fer P. L. M. La gare la plus rapprochée de Flagey est celle de Vougeot, éloignée de 1500 mètres. La commune est desservie par le bureau de poste de Nuits et le bureau télégraphique de Chambolle, ce dernier distant de 4 kilomètres.

D'après Courtépée, Flagey, *Flagy* en 1131 (1), *Flagiacum* (2), était une annexe de Vosne et de sa justice. Le pape Clément III en confirma la possession à Saint-Vivant en 1188. J.-B. le Goux de la Berchère, conseiller d'Etat, acheta Flagey et Vosne de Charles-Bénigne de Thésut, conseiller au Parlement, qui les avait acquis des commissaires du domaine. Les habitants reçurent des privilèges du duc Eudes en 1332, confirmés par Philippe le Bon, en 1436 et par sentence du bailliage de Dijon, en 1456.

Ils reconnaissaient, en 1459, être dans les *metes et termes* de la prévôté d'Argilly. Ils avaient droit, d'après un titre de 1518, de champoyer en tout temps dans les bois de l'*Aige-Chemineau au Roi* (2).

Dans cette localité le vignoble a une configuration toute particulière. D'une part, il s'étend sur la Côte, en séparant les grands crus de Vosne de ceux de Vougeot ; de l'autre, il franchit la route nationale de Dijon à Lyon et le chemin de fer P. L. M. pour s'étendre dans la plaine. D'un côté, sont les grands crus, de l'autre, les crus ordinaires.

Une grande différence s'observe dans la nature des sols et sous-sols. Alors que, dans la Côte, existent la Grande Oolithe et le Forest-Mable, dans la plaine paraissent les alluvions anciennes. En somme, la plus grande partie du terrain est calcaire ; les sous-sols sont tantôt siliceux, tantôt argileux. La profondeur de la couche arable peut varier de 30 à 50 centimètres.

En cette commune le terrain est plutôt sec et sablonneux, aussi la quantité de vin produite est-elle plus faible mais bien meilleure que dans d'autres climats ; les gamays donnent, mélangés avec le pinot, un passe-tout-grain renommé.

Les grands crus, dans les calcaires, sont : les *Portefeuilles du Clos*, les *Maizières-Hautes*, les *Quartiers de Nuits*, les *Violettes*, en *Orveau*, les *Rouges du dessus et du bas*, les *Echézeaux du dessus*, les *Cruots*, les *Loachausses* et la plupart des climats environnants.

---

(1) V. Courtépée, *loc. cit.*
(2) Titres de l'abbaye de Saint-Vivant.

Aux temps antérieurs, la superficie du vignoble était de 75 hectares 58 ares 05, dont 9 hect. 35 ares 96 en gamays et 66 hect. 34 ares 15 en noirien.

Le Dr Morelot a écrit que, vers 1830, à Flagey, 20 hect. 84 ares 95 étaient plantés en gamays et 66 hect. 34 ares 15 en noiriens.

En 1880, la superficie pouvait s'évaluer à 100 hect. en gamay et à 77 hect. en noiriens.

Les deux variétés de vignes consistent dans le pinot pour les vins fins et le gamay pour les vins ordinaires.

Le rendement moyen est de 2 hect. en gamay et de 1 hect. en pinot par ouvrée (4 ares 28 cent.).

Les archives de Nuits contiennent de curieux renseignements sur les prix des vins. De 1660 à 1679, les *Dessus de Flagey* oscillent entre 23 livres et 75 livres, suivant les années; de 1680 à 1679, entre 26 livres et 123, et de 1700 à 1719, entre 78 et 263. A partir de ce moment une distinction est établie: d'une part, nous rencontrons *Vosnes*, le *Dessus de Flagey* et *Premeaux*, et de l'autre, *Gilly*, les *Bas de Flagey* et *Premeaux*; la différence de prix est alors du simple au double.

En 1840, le gamay valait 30 fr. et le vin fin 60 fr. la pièce de 228 litres.
En 1850, — 40 — 80
En 1865, — 65 — 225
En 1870, — 100 — 200
En 1891, — 100 — 400

La vigne se cultive à la pioche et le repeuplement se fait par le provignage.

Le jus est tiré des raisins par le foulage dans les cuves, pratiqué à pieds d'hommes. La fermentation se prolonge, suivant les circonstances, de 12 à 15 jours.

M. Margottet assigne aux vins de Flagey la composition suivante :

CLIMATS	DENSITÉ à 15 degrés	ALCOOL en degrés	EXTRAIT à 100 degrés en grammes par litre	SULFATE de pot. plâtre en grammes par litre	CRÈME de tartre en grammes par litre	Acidité totale en acide sulfurique en gr. par litre
PLANTS FINS						
Echézeaux.	993.4	13.7	27.15	0.215	4 28	4.65
PLANTS ORDINAIRES						
Gravières .	997.5	10.3	27.40	0.58	4.23	6.94

Comme caractères spéciaux aux grands vins de Flagey, nous leur reconnaîtrons un bon bouquet, une grande finesse et une belle vinosité.

Du reste ils possèdent la plupart des qualités des grands crus de Vosne et de Vougeot avec lesquels ils peuvent souvent être confondus.

NOMENCLATURE

DES PRINCIPAUX CLIMATS ET LIEUX-DITS

Grands Echézeaux (les). — D. L., tête de cuvée; C. A. B., première classe.

PRINCIPAUX PROPRIÉTAIRES

MM. le Dr Chanut.
Dufouleur.
Duvaux.

MM. Faiveley-Fermouche.
Mongeard.
Rasse.

Achausses (les) ou **Loachausses**. — D. L., première cuvée; C. A. B., première classe.

PRINCIPAUX PROPRIÉTAIRES

MM. le Dr Chanut.
Duvaux.

MM. Gros.
Jean-Baptiste Mongeard.

Beaux-Monts-Bas (les). — D. L., première cuvée; C. A. B., première et deuxième classes.

PRINCIPAUX PROPRIÉTAIRES

MM. Duvaux.
Fermouche-Lhote.
Fermouche-Maignot.

MM. Grivot-Renevet.
Dr Truchetet.

Champs-Traversins (les). — D. L., première cuvée; C. A. B., première classe.

PRINCIPAUX PROPRIÉTAIRES

M. Dufouleur. | M. Duvaux. | M. Gros.

Clos Saint-Denis (le). — C. A. B., première classe; D. L., deuxième cuvée.

TRÈS DIVISÉ

Cruots (les) ou **Vignes Blanches**. — D. L., première cuvée; C. A. B., première classe.

PRINCIPAUX PROPRIÉTAIRES

MM. Belair.	MM. Camuzet.
le Dr Chanut.	Faiveley.

Eschézeaux du Dessus (les). — D. L., première cuvée; C. A. B., première classe.

PRINCIPAUX PROPRIÉTAIRES

MM. Camuzet.	MM. Jean-Baptiste Mongeard.
Clerget-Duchemin.	Jean-Baptiste Pillet.
Duvaux.	S. Lhote fils.

Les Murs du Clos. — D. L., première cuvée.

Orveaux (En). — D. L., première cuvée; C. A. B., première et deuxième classes.

PRINCIPAUX PROPRIÉTAIRES

MM. Audiffred.	MM. Guichard-Potheret et fils.
Jules Belin.	Rasse.
le Dr Chanut.	Viennot.
Govin.	

Poulaillères (les). — D. L., première cuvée; C. A. B., première classe.

PRINCIPAUX PROPRIÉTAIRES

MM. Chambon.	MM. Joseph Mongeard.
Duvaux.	Mugnier.

Quartiers-de-Nuits (les). — C. A. B., première et deuxième classes; D. L., deuxième cuvée.

PRINCIPAUX PROPRIÉTAIRES

M. le Dr Chanut. | M. Rasse.

Rouges du Bas (les). — D. L., première cuvée; C. A. B., première et deuxième classes.

PRINCIPAUX PROPRIÉTAIRES

M. Duvaux. | M. Faiveley-Fermouche. | M. Trapet.

Treux (les). — C. A. B., première et deuxième classes; D. L., deuxième cuvée.

PRINCIPAUX PROPRIÉTAIRES

M. le Dr Chanut. | M. Fermouche-Maigrot. | M. Marillier.

Beaux-Monts (les). — C. A. B., deuxième classe.

PRINCIPAUX PROPRIÉTAIRES

M. Grivot-Renevet. | M. le Dr Truchetet.

Maizières-Hautes (les). — C. A. B., deuxième classe.

PRINCIPAUX PROPRIÉTAIRES

M. le Dr Chanut. | M. Fermouche. | M. Pelletier.

Rouges de Dessus (les). — C. A. B., deuxième classe.

PRINCIPAUX PROPRIÉTAIRES

M. Duvaux. | M. Galland-Lécrivain. | M. Faiveley-Fermouche.

Violettes (les). — D. L., deuxième cuvée; C. A. B., troisième classe.

PRINCIPAUX PROPRIÉTAIRES

M. le Dr Chanut. | M. Naigeon.

Chalandins (les). — C. A. B., troisième classe.

PRINCIPAUX PROPRIÉTAIRES

M. Morand-Naigeon. | M. Auguste Pelletier.

Maizières-Basses (les). — C. A. B., troisième classe.

PRINCIPAUX PROPRIÉTAIRES

M. le Dr Chanut. | M. Naigeon-Maignot. | M. Louis Saconney.

Portefeuilles (les) ou **Murailles du Clos**. — D. L., troisième cuvée; C. A. B., troisième classe.

PRINCIPAUX PROPRIÉTAIRES

Mme Vve Bitouzet. | MM. Gros.
M. Confuron. | Jean-Baptiste Mongeard.

Autrots (les). — C. Loc., deuxième et troisième classes.

PRINCIPAUX PROPRIÉTAIRES

MM. Symphorien Bullemier. | MM. Jean-Baptiste Mongeard.
Joseph Choquier. | Thevenin.

Combes (les). — C. Loc., deuxième cuvée.

PRINCIPAUX PROPRIÉTAIRES

M. Antoine Faurois. | M. Méline. | M. Henri Mongeard.

Poirier d'Août (le). — C. Loc., deuxième cuvée.

PRINCIPAUX PROPRIÉTAIRES

M. Jean-Baptiste Bornot. | M. Fermouche-Maignot. | M. Méline.

Rouges Champs (les). — C. Loc., deuxième cuvée.

PRINCIPAUX PROPRIÉTAIRES

M. Faivre. | M. Henri Gouroux. | M. Lécrivain.

VOUGEOT

Vougeot, *Voogel* en 1150 (1), est un charmant petit village d'une population de 250 habitants, situé à la distance de 5 kilom. de Nuits, son chef-lieu de canton, de 20 de Beaune, son chef-lieu d'arrondissement, et de 18 de Dijon. Sa superficie territoriale ne comprend que 88 hectares 36 ares 10 centiares. Son finage a pour limites, au nord et au nord-ouest, la commune de Chambolle; à l'est, celle de Gilly-les-Vougeot, et au sud, sud-est et sud-ouest, celle de Flagey-Echézeaux.

Vougeot tire son nom d'une fontaine appelée *Vouge* (2), qui sort de terre sur le finage de Chambolle et devient une rivière. Sa source est assez abondante pour former un réservoir dont l'eau fait mouvoir deux moulins (3).

Sur l'une des dépendances de Vougeot, au lieu dit les *Petits Vougeots*, émerge une autre fontaine, constituant la *Petite Vouge*, qui ne donne de l'eau qu'au moment des grandes pluies et vient se réunir à la source principale.

Le village proprement dit ne se compose en quelque sorte que d'une longue rue tracée du nord au sud par la route nationale n° 74. Il possède sur la ligne P.-L.-M. une station, dont les pays voisins, tant ceux de la Côte que ceux de la plaine, firent, comme moyens rapides de communications entre Dijon, Nuits et

(1) *Cartulaire de Citeaux*. — Le *Martyrologe de Notre-Dame de Beaune* donne, dans des titres du XIII° siècle, *Vuegetus* et *Voujot*.
(2) Ce cours d'eau, après avoir arrosé Vougeot, Gilly, Flagey, Saint-Bernard, Villebichot, Citeaux, Bessey-les-Citeaux et Aubigny-en-Plaine, se jette dans la Saône au-dessous de Saint-Jean-de-Losne.
(3) La première de ces usines était une papeterie, au siècle dernier, ainsi que le relate Courtépée.

Beaune, un parti fort avantageux. Le bureau de poste et télégraphe est à Chambolle-Musigny.

Vougeot était anciennement une annexe de la paroisse de Gilly et dépendait de l'évêché d'Autun, de la prévôté de Vosne et du bailliage de Nuits. Le finage, très petit, n'avait ni terres, ni bois, ni prés, mais seulement des vignes sur un espace d'environ 20 journaux, valant environ 200 livres l'un, prix qui variait suivant leur situation et selon leur charge ou exemption de cens.

La dîme du vin revenait aux prieurs de Saint-Vivant, à raison de 16 paniers de raisins par année.

Le dernier seigneur de Vougeot a été M. de Croonembourg, décédé en 1791, dans son château qui est la dernière maison à gauche du village, en venant de Dijon. Ce bâtiment appartient aujourd'hui à M. Henry Grangier.

Nous avons dit, quelques lignes plus haut, que la surface de la commune est de peu d'importance. Le fait est que l'étendue du vignoble ne comprend qu'environ 70 hectares, en y rattachant le Clos Vougeot qui compte une « cinquantaine d'hectares » à lui seul.

Sous le rapport de la constitution géologique, tel est l'ensemble des observations : une bande d'argile marneux, venant du côté de Gilly, suit la base du Clos. Le village se trouve en entier dans le Forest-Mable et la Grande Oolithe, sauf une faible portion située dans des argiles blanchâtres, jaunâtres, et assez marneuses.

L'étude géologique des terres à vignes faite par MM. Margottet et Collot (1) a donné les résultats suivants dans quelques climats entourant le Clos :

Les *Plantes*. — Sol : argilo-siliceux avec un peu de calcaire; 0^m90 d'épaisseur.

Les *Cras*. — Sol : léger, avec abondance de gravier calcaire, brun, sec; 0^m90 d'épaisseur.

Sous-sol : gravier et cailloux blancs; **plus marneux et humide dans le dessus.**

---

(1) Déjà cités.

Petit Vougeot. — Sol : argilo-calcaire, avec graviers calcaires durs, sec, assez meuble ; 0^{m}50 d'épaisseur.

Sous-sol : plus argileux que le sol, repose sur le gravier.

Quant au Clos Vougeot lui-même, il plonge dans un calcaire oolithique très propre à la culture de la vigne. En voici la composition :

CLOS DE VOUGEOT (1)

	Sol.	Sol profond.
Chlorures	0.001	0.002
Matières organiques	0.002	0.000 (des traces)
Silice	0.780	0.760
Alumine	0.128	0.136
Chaux	0.086	0.098
Fer	0.002	0.002
Total	0.999 p. 0.001	0.998 p. 0.002

On retrouve donc encore dans cette analyse du sol les deux millièmes de fer déjà indiqués pour d'autres grands crus.

Les plants cultivés sont, pour les vins fins, le pinot, et pour les ordinaires, le gamay.

Les vignes se cultivent à la pioche ; les plants sont soutenus par des échalas. Depuis l'invasion du phylloxéra à part les fumiers ordinaires, certains propriétaires emploient les engrais chimiques provenant des usines Bargy frères, du sulfate de fer, etc.

Le mode de vinification ne présente rien de particulier.

Les vins de Vougeot se sont toujours bien vendus, ainsi que l'attestent les documents extraits des archives de la ville de Nuits (1).

---

(1) Analyse de M. Delarue, à Dijon.

Valeur des vins de Vougeot rouges et blancs :

ANNÉES	PRIX	ANNÉES	PRIX	ANNÉES	PRIX
1680	26 livres	1694	107 livres	1708	111 livres
1681	28 —	1695	73 —	1709	nulle.
1682	31 —	1696	123 —	1710	265 —
1683	27 —	1697	108 —	1711	115 —
1684	27 —	1698	123 —	1712	118 —
1685	40 —	1699	92 —	1713	168 —
1686	33 —	1700	90 —	1714	155 —
1687	30 —	1701	130 —	1715	102 —
1688	30 —	1702	90 —	1716	85 —
1689	54 —	1703	105 —	1717	92 —
1690	66 —	1704	120 —	1718	105 —
1691	72 —	1705	118 —	1719	115 —
1692	98 —	1706	78 —		
1693	76 —	1707	85 —		

A partir de la fin du xviie siècle, ces vins ont été classés sous le titre de « Clos Vougeot. » Il est à remarquer qu'une distinction a toujours été faite entre les rouges et les blancs, ce qui prouve que, de tout temps, les vins blancs de Vougeot jouirent d'une grande renommée.

ANNÉES	PRIX du CLOS DE VOUGEOT		ANNÉES	PRIX du CLOS DE VOUGEOT	
	Blanc	Rouge		Blanc	Rouge
	livres	livres		livres	livres
1720 . . .	70	78	1760 . . .	305	305
1725 . . .	30	57	1765 . . .	100	100
1730 . . .	118	118	1770 . . .	470	470
1735 . . .	148	148	1775 . . .	240	240
1740 . . .	50	50	1780 . . .	180	180
1745 . . .	260	260	1785 . . .	95	95
1750 . . .	300	300	1790 . . .	150	150
1755 . . .	100	100			

Depuis, les vins fins de Vougeot se sont toujours vendus à

(1) Également cités par le docteur Lavalle.

des prix très rémunérateurs ; c'est le cas de donner quelques-uns de ceux obtenus pour ces dernières récoltes :

VINS FINS

Années	1881	. . .	500 fr. la pièce de 228 litres.
—	1882	. . .	200 fr. —
—	1886	. . .	500 fr. —
—	1887	. . .	450 fr. —
—	1889	. . .	550 fr. —
—	1890	. . .	500 fr. —

Les vins ordinaires atteignent généralement les prix de 100 à 110 et 120 fr. la pièce.

Indépendamment du célèbre Clos de Vougeot, dont la contenance a souvent varié, puisqu'il résulte du procès-verbal de l'arpentage du Clos, dressé le 25 février 1604, en présence de M⁰ Cocquille, notaire, la reconnaissance de 122 journaux de vignes — le journal est aujourd'hui de 34 ares 28 centiares, il mesurait un peu plus alors — « lequel clos de 122 journaux le religieux gouverneur de Gilly fait valoir, de même que les cantons appelés le *Petit-Vougeot*, consistant en huit journaux de vignes noires. C'est tout ce que Cîteaux fait façonner au finage dudit Vougeot. »

A la Révolution, sa contenance était à peu près la même. Confisqué et déclaré bien national, il fut adjugé le 17 janvier 1791 avec la terre de Gilly, les Richebourgs, quelques terres et quelques autres vignes, à M. Focard, propriétaire à Paris, moyennant la somme de 1 140.600 francs non compris le douzième.

De là il passe à MM. Tourton et Raveloy puis à la famille Ouvrard et à ses héritiers M. le comte de Rochechouart, Mme la comtesse de Montalembert et M. le marquis de Lagarde.

En 1889, M. Jules Millon, l'important marchand de domaines, l'acheta et le revendit peu après en divers lots à plusieurs propriétaires et négociants dont nous donnons la liste plus loin :

Au nombre des climats, nous avons à signaler : Les *Petits Vougeots*, ancienne dépendance du clos ; la *Vigne Blanche*, ainsi appelée parce qu'elle produisait des vins de cette couleur ; le *Village* ; les *Cras*, allusion au refuge des corbeaux, ou plutôt les *Crais*, désignation si souvent appliquée à certains terrains dans la région. Restent encore les *Perrières*, à la partie supérieure des *Petits Vougeots*, où existe une carrière. Sans être inscrit au cadastre, ce nom de *Perrières* a la consécration d'un long usage.

Les vins de ces divers climats se recommandent par leurs qualités; on a comparé ceux des *Vignes Blanches* aux bons vins de Meursault. Les vins rouges des *Petits Vougeots*, des *Cras*, sont francs, bouquetés et ne manquent pas de vinosité.

L'un de nos savants publicistes a dit avec raison que « c'est par ses vins que la France est dominante sur le monde (1). » Là même où son esprit littéraire, ses productions ne sont pas appréciés, on retrouve toujours sur les tables, et dans les solennités, les vins de nos crus si fameux.

Parmi ceux-ci, il n'en est aucun qui soit aussi universellement connu et réputé que celui provenant du célèbre cru de Vougeot. L'historique de ce domaine est des plus intéressants à faire ; nous allons essayer de l'esquisser d'après les documents recueillis aux sources les plus autorisées (2).

Dans les premières années du XIIe siècle, la portion de territoire qui forme aujourd'hui le Clos Vougeot, à l'extrémité des finages de Vosne, de Flagey et de Chambolle, ne se réduisait guère qu'à des friches et à des portions de vignes possédées par des chevaliers attachés à la puissante maison de Vergy. L'exemple de la piété, de la vie aussi pauvre que laborieuse des religieux du monastère nouvellement fondé à Cîteaux, excita en leur faveur l'idée de largesses auxquelles toutes les classes so-

(1) Toussenel.
(2) A. Jullien, *Topographie de tous les vignobles connus*, précédée d'une *Notice topographique sur les vignobles de l'Antiquité*, 4e édition ; — docteur Lavalle, ouv. cit. ; — docteur Morelot, ouv. cit. ; — Victor Rendu, *Ampélographie française*, Paris, 1857 ; — H. Vienne, *Essai historique sur la ville de Nuits* ; — Documents particuliers obligeamment communiqués par M. G. de Mercey, instituteur à Vougeot. — V. *le Clos Vougeot* par Jules d'Arbaumont et P. Foisset, extrait des mémoires de la commission d'antiquités de la Côte-d'Or ; — *le Clos Vougeot et la Côte-d'Or à vol d'oiseau*, par A. Luchet ; — *Études sur les Vins et les Conserves*, par Gaubert.

ciales tinrent à contribuer, à l'imitation des riches et des grands du jour. Tout d'abord uniquement occupés de l'entretien de leurs propriétés de Citeaux, les Cisterciens prirent par la suite un domaine viticole, et ce fut à Vougeot, où déjà ils avaient reçu de nombreuses dotations territoriales, qu'ils vinrent fixer la création de leur établissement.

Vers 1110, Hugues dit Le Blanc, chevalier de Vergy, leur donne une vigne *versus Vaonam* ; une autre vigne contiguë y est jointe par Thiébaut, de Magny-les-Villers. Un autre chevalier de Vergy, Walo Gile, concède le terrain où va être construit le cellier ; le champ de Gengulphe, situé au bas du précédent, est abandonné par Eudes Le Vert, Eudes Le Gras et leurs familles (1). D'autres dotations plus ou moins importantes se succèdent ; peu à peu on arrive à la création du Clos ; de l'ensemble de ces donations résulte un noyau autour duquel vont se grouper d'autres pièces qui assurent l'homogénéité du climat.

D'autre part, les moines obtenaient, en 1162, du duc de Bourgogne Eudes II la confirmation pleine et entière des donations et des privilèges antérieurement acquis. Deux ans plus tard, le pape Alexandre III prenait l'abbaye de Citeaux sous sa protection. Dans le texte latin de la bulle le cellier de Vougeot est nominativement cité.

N'ayant plus rien à craindre tant au spirituel qu'au temporel, assurés qu'ils étaient tant de la protection du souverain pontife que de celle du duc de Bourgogne, il ne resta plus aux moines de Citeaux qu'à se mettre d'accord avec leurs voisins du monastère de Saint-Vivant. Pour couper court à tout différend dans l'avenir, intervint un traité rédigé en ces termes :

« Qu'il soit notoire à tous les fils de l'Eglise qu'Etienne, prieur (de Saint-Vivant) de Vergy et son chapitre ont permis et concédé aux religieux de Citeaux tout ce que ces religieux avoient et pouvoient acquérir en terres cultivées ou incultes, depuis le chemin public de Beaune à Dijon en suivant la rue Morlent,

---

(1) « Vineam quam habemus subtus prædictum cellarium nobis contulerunt Odo, cognomento *Viridis*, et Odo *Crassus* et uxor ejus et filii eorum, etc. » (Citation extraite d'anciens cartulaires).

qui se prolonge jusqu'au sommet de la montagne de Beaumont, et depuis cette rue jusqu'à la rivière de la Vouge, sous la condition de payer annuellement aux moines de Vergy, pour la dîme de chaque dix journaux, la somme de quatre sols. Cependant, on en exempte la vigne des *Boetes* pour le cens de laquelle ils paieront une fois seulement la somme de dix-sept sols. Les deux journaux de vigne que les religieux de Cîteaux possèdent en dehors de ces limites paieront les mêmes droits' que celles contenues dans ces mêmes limites. Toutefois, il est stipulé que, si ces religieux veulent acquérir au delà de cette circonscription sur la terre des moines de Vergy et sans l'aveu du prieur, il n'en résultera aucun avantage pour les religieux, qui paieront alors les mêmes droits que les anciens possesseurs (1). »

Les limites du Clos allèrent sans cesse en croissant, au fur et à mesure des acquisitions et donations.

Le docteur Lavalle a démontré que ces limites furent vraisemblablement au sud la rue Morlent, à l'est la route de Beaune, à l'ouest le chemin de Vosne à Chambolle, limites qui n'ont point varié ; au nord, les moines ne dépassèrent pas le chemin qui menait aux carrières où l'abbaye de Cîteaux, le château de Gilly et les bâtiments puisèrent leurs matériaux de construction.

Cette partie du vignoble qu'on appelle la *Vigne Blanche*, les *Petits Vougeot*, la *Perrière* avec portion des *Crus* ou *Crais*, de même que des vignes aux *Orveaux* et aux *Echeseaux* de l'autre côté du clos, en formèrent comme des dépendances.

En 1367, un château-fort ayant été bâti à Gilly, on y transporta les vins, de telle sorte que ceux-ci se trouvèrent désormais à l'abri des coups de main qu'ils pouvaient avoir à redouter. Les fortes murailles du château leur servaient de suffisante sauvegarde.

La construction des bâtiments eut lieu en plusieurs fois. A

---

(1) Cette charte est reproduite intégralement dans l'ouvrage du docteur Lavalle. Parmi les noms des témoins signataires on distingue : Etienne, prieur ; Bernard, doyen ; Jean, prieur de Losne ; Girard, prieur de Gevrey ; Thierry, maire de Vosne ; Pierre Milot, prévôt de Vergy ; Adhémar, prieur de Juilly ; Gavin, sous-prieur de Vergy ; Aganon, de Beaune ; Ernou, doyen ; Robert, maire de Cîteaux.

l'origine, ils se réduisaient à une chapelle et un modeste cellier élevé au nord du clos; en 1551 Dom Jean Loisier, abbé de Citeaux, modifia profondément les vieilles habitations du cellier; il en démolit une portion et engloba le reste dans le château qui subsiste encore en partie aujourd'hui.

Bertall donne à ce sujet la légende qui lui fut contée par M. Paul Guillemot, le célèbre œnologue dijonnais (1) :

Lorsque l'abbé de Citeaux décida la construction du château actuel où se trouvent englobés les vieux celliers, il confia l'exécution des plans à l'un de ses moines, architecte de beaucoup de mérite. Après un travail long et sérieux, ce religieux vint présenter à l'abbé son plan complet, exécuté avec tout le soin désirable. Il était fier de son œuvre et déclarait que c'était ce qu'il y avait de plus parfait dans le style demandé et qui ferait le plus grand honneur à la fois à l'abbaye et à l'auteur.

L'abbé, pensif et sévère, prit le plan des mains du moine, en lui disant qu'il recevrait prochainement l'avis du conseil.

Un mois après, le moine fut appelé près de l'abbé prieur de Citeaux. Le plan avait, en effet, été soumis au conseil, puis remis à un autre moine, qui suivant ordre supérieur avait cruellement modifié le plan, brisant les lignes, torturant les escaliers, perçant des portes et des fenêtres mal à propos, semant l'œuvre de fautes nombreuses et grossières.

« Mon fils, dit l'abbé, en remettant ce plan au moine confondu, voici votre plan ; vous allez le signer et l'exécuter ainsi, afin que, jusqu'aux temps les plus reculés, on voie votre nom attaché à cette œuvre et que vous soyez ainsi puni à jamais de votre péché d'orgueil. »

Le pauvre moine fut forcé de signer et d'exécuter le plan sous le contrôle implacable du chapitre. Il en mourut, assure-t-on, de repentir ou plutôt de chagrin.

Et c'est ainsi que l'on constate dans l'exécution du monument, très curieux et très pittoresque en dépit des précautions du sévère abbé, des fautes qui font l'ébahissement des architectes.

Le plan signé par le pauvre moine existe encore, à ce que

(1) La Vigne.

l'on dit, aux archives de l'ancienne abbaye de Cîteaux, conservées à la bibliothèque de Dijon.

La culture de la vigne était autrefois directement confiée à des frères convers dont le chef portait le titre de maître du cellier (*Magister cellarii*); à ces ouvriers maîtres on adjoignit des vignerons pris dans les alentours et qui venaient travailler à argent.

D'après les anciens cartulaires, les moines ne se livraient qu'aux travaux les moins fatigants, les *premiers coups* étant donnés par des ouvriers désignés sous le nom de fouilleurs *(fodiatores)* et de piqueurs *(pictatores)*. Par la suite, on suivit les méthodes ordinaires mais toujours avec les plus grands soins.

Le docteur Lavalle a eu la bonne fortune d'obtenir communication de la manière dont l'administration du Clos réglait les travaux. Ce renseignement mérite d'être reproduit :

« Immédiatement après vendanges, les échalas seront arrachés, aiguisés et mis en tas.

« *Labour*. — Il en sera donné quatre, savoir : le premier immédiatement après que les échalas auront été arrachés ; le second après la taille, à la fin de février ou au commencement de mars. Ces deux labours de bas en haut seront donnés le plus profondément possible ; par ce moyen, les ceps seront mieux rehaussés, la vigne plus parfaitement plantée et elle restera mieux en place.

« Le troisième labour sera donné à la mi-juin, selon que la saison sera plus ou moins précoce et enfin le quatrième, après la moisson. Ces deux labours seront donnés comme on le pratique habituellement, de haut en bas.

« *Nettoyage*. — Le nettoyage consiste à ôter tous les chicots, brindilles et faux-jets des ceps; à réduire à une seule saillie ou branche de l'année ceux qui ne sont destinés ni à être provignés ni à fournir des greffes, et enfin à ne laisser à ces derniers que des saillies saines et vigoureuses, et de préférence les plus basses à la longueur desquelles on ne doit rien retrancher.

« *Provins*. — Les provins étant les régénérateurs de la vigne, on ne saurait donner trop de soins à les bien faire. Le premier de tous est de s'assurer de la qualité du plant que l'on désire propager. Pour y parvenir, chaque vigneron, quelques jours avant les vendanges, doit parcourir les vignes qu'il cultive et marquer tous les ceps dont les raisins sont de bonne qualité, d'une belle forme et promettent d'arriver à une parfaite maturité ; ce qu'il fera en attachant un brin de chanvre ou de paille au pied de chacun d'eux.

« On peut commencer à faire les provins immédiatement après le premier labour ; il convient qu'ils soient faits à la fin de mars. Ils ne seront composés que de deux ou trois ceps ayant chacun deux ou trois saillies.

« Il sera fait vingt provins par ouvrée, ou cent soixante par journal. Les vignerons qui, sans y être autorisés, excéderont ce nombre, ne seront payés que sur le pied de vingt. Comme, cependant, il peut y avoir des vignes auxquelles il soit nécessaire d'en faire une plus grande quantité, lorsque cela arrivera, le vigneron en préviendra le régisseur qui, après vérification, lui indiquera la quantité qu'il devra en faire.

« Tout le travail relatif aux provins sera fait en saison convenable, jamais par le grand froid, non plus que pendant la pluie, mais un jour ou deux après, suivant qu'elle aura été plus ou moins considérable, la terre, en général, ne devant être remuée qu'autant qu'elle peut facilement s'ameublir.

« *Greffage.* — On doit greffer dans le courant du mois de mars. Trois motifs se réunissent pour introduire l'usage de la greffe dans le Clos ; le premier, pour remplacer le raisin blanc par du rouge là où ce dernier domine d'une manière prépondérante ; le second, pour substituer le blanc au rouge dans le cas contraire ; et le troisième, pour faire disparaître, tant en blanc qu'en rouge, les ceps de mauvais plant qui peuvent être disséminés dans le Clos.

« *Taille de la vigne.* — La taille de la vigne, qui a ordinairement lieu dans le courant du mois de février, est une opération intéressante et à laquelle on ne saurait donner trop d'attention.

« *Planter et lier.* — Immédiatement après le second labour, c'est-à-dire au commencement d'avril, on doit planter les échalas et y lier les ceps.

« *Ébourgeonnement* ou *évasivage*. — Cette opération consiste uniquement à ôter les bourgeons qui ont poussé sur le vieux bois ; elle doit précéder de deux ou trois jours la donnée du troisième labour.

« *Accolage*. — Après le troisième labour, on liera les nouveaux jets ou saillies aux échalas, sans en rien ôter.

« *Relèvement*. — Lorsque les raisins commenceront à *varier* ou changer de couleur, on relèvera les échalas tombés, et après en avoir réuni deux ou trois ensemble en forme de faisceau, on prendra l'extrémité des saillies des ceps correspondants, qu'on relèvera et liera à l'extrémité des échalas avec du menu chanvre ou de la paille, sans les tordre.

« *Sarclage*. — Les vignes seront sarclées à la main toutes les fois qu'elles en auront besoin et particulièrement avant chaque labour.

« *Vendanges*. — Les vignerons donneront leurs soins à ce que les raisins de plantes, les verts et les pourris, s'il y en a, soient laissés aux ceps, attendu qu'ils ne doivent point concourir à la composition des vins du Clos, et enfin le dernier jour sera employé à vendanger les verts, les pourris et les plantes, c'est-à-dire les jeunes ceps ainsi que les raisins qui auraient pu échapper à la recherche des jours précédents.

« *Encouragement*. — Les vignerons auront 5 fr. par pièce de vin remplie au 30 novembre, c'est-à-dire que, si à cette époque la quantité de vin récolté est de cent pièces, il leur sera donné 500 fr. Chaque vigneron aura droit à cette somme proportionnellement à la quantité de journaux de vigne qu'il aura cultivés.

« *Mauvais temps*. — Le temps, lorsque les vignerons sont au travail, pouvant changer d'un moment à l'autre, et de beau qu'il était, devenir pluvieux, froid et contraire aux travaux de la vigne, le chef, lorsque cela arrivera, est chargé d'en prévenir les vignerons au son de la cloche, lesquels, lorsqu'ils l'entendront sonner, devront discontinuer leurs travaux et se retirer.

« Toutes les fois qu'ils trouveront les portes du Clos fermées, ce sera pour eux un indice qu'ils ne doivent pas y entrer. Le commis, en conséquence, doit, tous les jours où il fait bon travailler, aller ouvrir les portes du clos à la pointe du jour, et les fermer le soir à la tombée de la nuit. »

Le *Pinot* fin se rencontre seul comme cépage cultivé, et jusque vers 1820 le Clos contenait trois cinquièmes de plants rouges et deux cinquièmes de plants blancs ; ces vignes produisaient des vins blancs célèbres et qui se vendaient au même prix que le rouge. Depuis cette époque, le plant blanc a été éliminé, au point de ne figurer que pour un vingtième ; de ce fait, il est résulté que si le vin y a perdu un peu de finesse, en revanche, il y a pris du corps et de la vinosité.

Ajoutons que tous les amendements consistaient jadis à reporter en haut l'humus que les pluies font descendre dans le bas, et à mettre au pied des ceps *les gennes* ou *marcs*, produits de la distillation, et qui apportent ainsi une certaine quantité de principes fertilisants.

Dans ce finage les plus grands soins ont toujours été apportés à la vinification.

Le Dr Morelot (1) a écrit qu'alors que le clos appartenait aux moines de Citeaux, ceux-ci y faisaient trois cuvées séparées. Celle provenant des raisins de la partie supérieure ne se vendait pas ; elle était réservée, tant elle était exquise, par l'abbé pour être offerte en présent aux têtes couronnées, aux princes et aux différents ministres des Etats catholiques. Celle de la partie moyenne était presque égale en qualité à la première, aussi se vendait-elle très cher. Enfin, la troisième cuvée se faisait avec les raisins de la partie inférieure ; quoiqu'elle ne valût pas les deux premières, elle était cependant très bonne et se vendait bien. Le vin se confectionnait dans les pressoirs qui sont placés tout au haut du Clos et au nord. Là il était versé, à mesure de sa fabrication, dans des tuyaux entés ensemble avec le plus grand soin, et qui le conduisaient dans les celliers du couvent l'espace

---

(1) Déjà cité.

de plus d'une lieue. Il y était soigné avec beaucoup de précautions, et selon que l'avait appris une longue expérience qui se transmettait comme par tradition de celleriers en celleriers (1). Le vin du clos de Vougeot, au témoignage des anciens gourmets, valait alors mieux qu'il ne vaut aujourd'hui, bien qu'il soit excellent, car les soins les plus minutieux sont apportés à sa préparation.

La tradition rapporte que dans le temps passé, la cuvée d'en haut n'était jamais vendue. L'abbé se la réservait pour en faire des cadeaux à son duc, à son roi, au pape et aux princes du monde chrétien. De nos jours, il ne se fait qu'une cuvée, rarement deux. M. Ouvrard avait, paraît-il, essayé d'en faire trois, et de les soumettre à l'appréciation des gourmets. Chose étrange, plusieurs préférèrent la cuvée d'en bas, mais le plus grand nombre indiqua le mélange des trois comme donnant le mieux la saveur, le bouquet caractéristique, le cachet du clos de Vougeot.

A l'analyse, les qualités maîtresses de ces grands vins se révèlent de suite ; nous allons en citer quelques-unes :

I. — ANALYSES DES VINS DE LA COTE, PAR M. DELARUE A DIJON (1855)

Vougeot (Le Clos)

ANNÉES	NOMS des Propriétaires récoltants	DENSITÉ du vin	ALCOOL pour cent en degrés	TANNIN contenu dans 100 grammes de vin	SELS organiques Bitartrates		SELS inorgan., chlorures, sulfate, etc.	TOTAL GÉNÉRAL des sels
					de fer	de potasse et alumine		
1825	Ouvrard, a Gilly . .	925	13.66	millig. 55	gr. 0.031	gr. 0.300	gr. 0.324	gr. 0.640
1842	Id.	952	14.02	90	0.029	0.278	0.332	0.627
1841	Id.	963	12.24	92	0.031	0.270	0.326	0.659

(1) Le mérite des Cisterciens était d'avoir amélioré le vignoble et d'y avoir fondé des traditions qui leur ont survécu. Les exigences commerciales dominaient si peu ces hommes d'une fière indépendance que le dernier des

Lors de l'Exposition universelle de 1878, d'autres analyses de vins ont été faites; nous les reproduisons ci-dessous.

II. — ANALYSE DES VINS PRÉSENTÉS A L'EXPOSITION UNIVERSELLE EN 1878, PAR M. JOSEPH BOUSSIGAULT

NOM de l'Exposant	NOM du crû	ANNÉE de la récolte	Densité	Alcool en degrés	Acidité totale en SO³HO	Crème de tartre	Tannin	Extrait sec	Glycérine	Acide succinique
					gr.	gr.	gr.	gr.	gr.	gr.
Picard. . . .	Clos de Vougeot. . .	1869	0.994	130.0	3.530	1.560	»	28.05	5.4	1.08
Charles Steer	Clos de Vougeot. . .	1859	0.994	122.0	3.094	1.323	1.175	29.10	7.6	1.76
Jules Regnier	Clos Blanc de Vougeot. .	1870	0.990	135.0	4.500	1.950	1.175	24.00	9.3	1.86
Id. . . .	Vougeot, Clos Regnier . .	1874	0.995	137.0	3.040	1.023	0.705	29.50	9.4	1.88

Enfin en 1889, M. Margottet assigne la composition suivante:

III. — VINS DES PLANTS FINS, 1889

NOM DU VIN	DENSITÉ à 15 degrés	ALCOOL en v. p. cent	PAR LITRE				
			Extrait sec à 100 degrés	Sulfate de potasse	Crème de tartre	Tannin	Fer
			gr.	gr.	gr.	gr.	mill.
Clos de Vougeot	992.8	14.2	28.00	0.24	3.84	1.5	6.0

Pères celleriers, dom Goblet, mort à Dijon en 1810, a pu faire répondre au jeune vainqueur de l'Italie, revenant de Marengo : « S'il veut du Vougeot de quarante ans, qu'il vienne en boire chez moi; je n'en vends pas. » (Citation de M. Leclère au Congrès des vignerons de 1844, apd docteur Lavalle, loc. cit.)

Les vins de Vougeot sont, au point de vue analytique et d'après les analyses ci-dessus, absolument complets ; rien absolument ne leur fait défaut.

Nombreux sont les œnologues qui ont essayé d'apprécier le vin de Vougeot ; tous le déclarent « parfait ». C'est, en réalité, un vin d'une grande finesse, de beaucoup de délicatesse et qui, avec l'âge, devient corsé, fort et généreux. En un mot, il possède les qualités maîtresses des grands crus.

M. Leclère, en 1844, au Congrès des vignerons de la Côte, terminait de la manière suivante un rapport sur la situation viticole de Vougot :

« Après la vigne, le vin, les produits entourés de tous les charmes d'une hospitalité élégante qui en rehausse singulièrement le mérite. Nos expériences approfondies, mais dans une limite à laquelle s'arrête l'homme de goût, l'œnologue digne de ce nom, ont porté sur cinq espèces : Chambertin blanc, Vougeot blanc, puis Vougeot rouge de 1840, de 1825 et de 1819. Dieu sait les fines observations, les remarques inattendues, les doctes discussions qui ont retenti dans la salle même où durent fonctionner jadis et souvent les révérends Pères ! Que vous dirai-je ? A chaque spécimen, les opinions se résumaient dans ce seul mot que Voltaire, dit-on, essayant de commenter l'œuvre principale de Racine, attachait à chaque vers de son illustre maître : *admirable !* »

Il nous semble qu'après une telle appréciation, si juste, si mesurée et si vraie du Clos de Vougeot, rien ne reste plus à écrire au sujet de ce si remarquable vignoble.

NOMENCLATURE

DES PRINCIPAUX CLIMATS ET LIEUX DITS

Clos de Vougeot. — D. L., hors ligne; C. A. B., première classe.

PROPRIÉTAIRES

MM. A. et L. Beaudet frères, à Beaune.

Léonce Bocquet, à Savigny.

Champy, à Beaune.

Dr Boursot, à Nuits.

Duvergey-Taboureau, à Meursault.

Guichard-Potheret et fils, à Chalon-sur-Saône.

Labouré-Gontard, à Nuits.

Comte Liger-Belair, à Nuits.

S. Lhote fils, à Dijon.

Moine, à Beaune.

Nié frères, à Chassagne-Montrachet.

Charles Polack, à Dijon.

Rebourseau-Philippon, à Gevrey-Chambertin.

Rouvière fils, à Dijon.

Jules Senard, à Beaune et à Aloxe-Corton.

CLOS VOUGEOT
Vue de la propriété de M. Charles **POLACK**, de Dijon (1).

---

(1) M. Charles Polack est propriétaire de vignobles à **Gevrey-Chambertin** et au **Clos Vougeot**.

Cuverie à **Gevrey-Chambertin**.

Hors concours, Membre du Jury, Exposition internationale maritime du Havre 1887.

MÉDAILLES D'OR

Paris 1879. — Londres 1884. — Anvers 1885.

Paris 1885 (seule médaille d'or accordée aux Grands Vins de Bourgogne).

Paris, 1889

3 Diplômes à Melbourne 1881. — Médaille d'argent, Amsterdam 1883.

Clos Vougeot : Vue de la propriété
appartenant à la Maison Rebourseau-Philippon,
de Gevrey-Chambertin (1)

---

(1) Les propriétés de la maison **Rebourseau-Philippon**, à Gevrey-Chambertin, sont situées aux lieux dits :

Les Mazy-Bas ;
Haute-Grillotte ;
Charmes-Bas ;
Clos Prieur-Haut ;
Etc., etc.

(Voir d'autre part la propriété de Gevrey-Chambertin).

M. BERGERET

PROPRIÉTAIRE

à VOUGEOT

MAISON FONDÉE EN 1840

Vins fins et ordinaires

BUREAUX A PARIS,

12, Boulevard Arago

Les Petits Vougeots. — C. A. B., première et deuxième classes; D. L., deuxième cuvée.

PROPRIÉTAIRES

MM. Peloux.	MM. Salomon-Billier.
Jean-Baptiste Sauvin.	Ménelet-Dégrange.
Emile Drouhin.	le Dr Chanut.
Lourdereau-Mongeard.	Claude Garot.
Lourdereau-Trapet.	

Clos de Vougeot Blanc (partie supérieure des **Petits Vougeots**). — C. A. B., première classe; D. L., deuxième cuvée.

SEUL PROPRIÉTAIRE

M. S. Lhote fils.

La Vigne Blanche. — C. A. B., première et deuxième classes; D. L., deuxième cuvée.

SEUL PROPRIÉTAIRE

M. Jules Regnier.

Les Cras. — D. L., deuxième cuvée ; C. A. B., deuxième et troisième classes.

PROPRIÉTAIRES

MM. Jules Regnier.
Clerget-Duchemin.
Paul Gaudemet.
Henri Grangier.
Pansiot.
de Luethus.

MM. Val-Laurent.
Claude Roux (Mme Vve).
Garot Claude.
Guyennot François.
Paillet (Mme Vve).

Les Plantes.

PROPRIÉTAIRES

MM. Groffier-Jouan.
Lourdereau-Mongeard.

MM. Lourdereau-Trapet.
Tardy.

Le Village.

PROPRIÉTAIRES

MM. Jules Regnier.
Eugène Gentilhomme.

MM. Félix Fion
Jean-Baptiste Marguerie.

CLOS VOUGEOT
Vue de la Propriété des Etablissements ROUVIÈRE FILS
de Dijon, au clos Vougeot.

GILLY-LES-VOUGEOT

Gilly, au IXᵉ siècle *Gilliacum* (1), qui joint à son nom celui du cru si fameux de Vougeot, était autrefois désigné sous le nom de *Gilly-les-Citeaux*, du nom de la célèbre abbaye et méritait d'avoir sa place dans cet ouvrage, attendu qu'une certaine partie de son territoire vient se terminer au bas de la Côte, longeant les finages de Vougeot et de Chambolle.

Le château de Gilly et ses dépendances ont été vendus en 1791, avec le Clos Vougeot.

La latitude y est de 47° 9' 29" et la longitude de 2° 39' 25".

Au siècle dernier, on y comptait 90 feux et 450 communiants ; actuellement sa population est de 520 habitants.

La superficie totale de la commune comprend 1103 hectares 49 ares 55 centiares, et la surface en vigne environ 200 hectares.

Gilly est situé en dehors des limites déterminées par la Côte et le chemin de fer ; il est à main gauche en venant de Dijon.

La station de Vougeot sur le P.-L.-M. le dessert et rend son abord des plus faciles ainsi que toutes autres communications.

Au point de vue géologique, Gilly se trouve dans les alluvions anciennes qui viennent prendre fin à la base de la Côte ; là apparaît une bande d'argile marneuse qui se retrouve le long du Clos de Vougeot.

Lors de l'examen des terrains de la Côte-d'Or par MM. Margottet et Collot (2), telles sont les observations faites au sujet de la nature du sol de quelques climats :

---

(1) *Polyptique d'Irminon*, II.
(2) Déjà cités.

Petite Champagne. — Sol : calcaire, sans pierres, gris blanchâtre.

Sous-sol : tuf calcaire terreux.

Les Petites Champagnes. — Sol : argilo-calcaire, avec quelques cailloux calcaires durs, brun-grisâtre, léger ; 0^{m}50 d'épaisseur.

Sous-sol : cailloutis calcaire avec un peu de marne jaune.

Les Montants. — Sol : argilo-siliceux, jaune-brunâtre, meuble, riche et homogène, humide ; 0^{m}60 d'épaisseur.

Sous-sol : argileux, brun jaune, compacte.

Aux Charrières. — Plus argileux que le précédent, terre à tuiles.

Ces citations suffisent pour établir la composition du sol de la commune.

Les bons vins sont produits par des passe-tous-grains, qui se cultivent surtout dans le *Closeau*, les *Clos Prieur* (1), les *Fosses*, les *bons Catons*, etc. Le gamay se rencontre dans les autres climats.

Les vins que l'on récolte sont principalement le long de la Côte, de grands ordinaires, puis des ordinaires.

Il va sans dire que la nature des vins récoltés fait varier les prix ; néanmoins on peut certifier que, suivant la qualité, ils valent en moyenne de 105 à 125 francs la pièce.

Ajoutons qu'à la dégustation ils constituent d'excellents vins de table.

---

(1) On a découvert en ce lieu des substructions ainsi que des antiquités d'un caractère romain.

NOMENCLATURE

DES PRINCIPAUX CLIMATS ET LIEUX-DITS

Aux Batailles.

PRINCIPAUX PROPRIÉTAIRES

MM. Auguste Gagnard.
Fournier-Martin.
François Parizot.

MM. Pouffier-Pouffier.
Prudhon Joseph.

Basse Bataille.

PRINCIPAUX PROPRIÉTAIRES

MM. Joseph Kelner.
Pierre Modot.

MM. Henri Peloux.
Pouffier-Pouffier.

Les Bons Bâtons.

PRINCIPAUX PROPRIÉTAIRES

MM. Groffier-Bordeux.
Maire-Groffier.
Louis Matrot.

M. Auguste Picardot.
Mme Vve Renaulot.

Les Champs Perdrix.

PRINCIPAUX PROPRIÉTAIRES

MM. Fourrier-Lavier.
Fourrier-Thierry.
Fourrier-Thugnot.

MM. Jantot-Choquier.
Pierre Louis.

Aux Charipes.

PRINCIPAUX PROPRIÉTAIRES

MM. Claude Bourelier.
Pierre Louis.
Antoine Maire.

MM. Claude Maire.
Auguste Tainturier.
Auguste Thoralin.

Les Chassagnes.

PRINCIPAUX PROPRIÉTAIRES

MM. Groffier-Jouan.
Laurier-Maignot.

MM. Maire-Tainturier.
Jean-Baptiste Menelet.

Les Clos Prieur.

PRINCIPAUX PROPRIÉTAIRES

MM. Bissy-Lavier.
Jean-Baptiste Bourelier.
Laurier-Maignot.

MM. Mongeard-Morizot.
Pourrier-Lavier.
Auguste Thoralin.

Le Closeau.

PRINCIPAUX PROPRIÉTAIRES

MM. Louis Fourrier.
Fourrier-Lavier.
Léon Groffier.

MM. Groffier-Bordeux.
Claude Médal.
Auguste Oudot.

Les Crotots.

PRINCIPAUX PROPRIÉTAIRES

MM. Nicolas Bertheau.
Boullemier-Monin.
Pierre Carlet.

MM. Colin-Mongeard.
Auguste Picardot.
Edme Villotet.

Les Fosses.

PRINCIPAUX PROPRIÉTAIRES

M. Boursot-Chamson.
Mme Vve Drouhin.
M. Flamand-Nelle.

M. Fourrier-Thierry.
Mme Renaulot.

Les Genevrays.

PRINCIPAUX PROPRIÉTAIRES

Mme Vve Collardet-Nief.
MM. François Cornette.
Noirot-Cocusse.

MM. Jacques Pierrotte.
Auguste Thoralin.

Aux Graviers.

PRINCIPAUX PROPRIÉTAIRES

MM. Félix Guillemard.
Guyon-Mercier.
Claude Maire.

MM. Maire-Groffier.
Edme Papinot.
Auguste Picardot.

Les Grèves Basses.

PRINCIPAUX PROPRIÉTAIRES

MM. Colin-Salignon.
Eugène Cornemillot.
Gucussot-Fleuchot.

MM. Maire-Groffier.
Auguste Picardot.
Jacques Pierrotte.

Aux Grèves Hautes.

PRINCIPAUX PROPRIÉTAIRES

MM. Fourrier-Lavier.
Louis Guyon.
Jantot-Choquier.

M. Maire-Groffier.
Mme Vve Mercier-Picardot
M. Auguste Serrigny.

Les Hâtets.

PRINCIPAUX PROPRIÉTAIRES

MM. Jacques Kelner.
Henri Peloux.
Jean-Baptiste Parizot.

MM. Marcel Pouffier.
Pouffier fils.

La Loge au Vignier.

PRINCIPAUX PROPRIÉTAIRES

M. François Cornette.
Mme Vve Drouhin.

MM. Marillier.
Sacconney.

Aux Maladières.

PRINCIPAUX PROPRIÉTAIRES

MM. Fournier-Martin.
Fourrier-Thugnot.

MM. Jacques Kelner.
Peloux fils.

La Petite Champagne.

PRINCIPAUX PROPRIÉTAIRES

M. Henri Gallaud. | M. Maire-Gallaud. | M. Salomon-Billier.

Vieille Justice.

PRINCIPAUX PROPRIÉTAIRES

MM. Bergeret frères.
Brocard.
Fourrier-Lavier.
Fourrier-Thugnot.

MM. Henri Galland.
Félix Guillemard.
François Parizot.
Edmond Villotet

CHAMBOLLE-MUSIGNY

Chambolle, au nom duquel a été joint, en 1882, celui du climat célèbre de *Musigny*, est situé au pied des montagnes qui l'abritent au couchant, à l'entrée d'un vallon pittoresque divisé en deux combes par un mont isolé, le *Grognot*.

Chambolle, *Cambola* en 1110 (1), était certainement une communauté avant le xiie siècle (2). La désignation significative de la *Maladière*, restée à un climat où l'on a souvent découvert des vestiges de substructions antiques, donne la preuve évidente de l'existence d'une léproserie au moyen âge.

Jusqu'à l'an 1500, ce village ne dut être considéré que comme un gros hameau dépendant de la paroisse de Gilly, où les habitants étaient obligés de se rendre pour l'accomplissement de leurs devoirs religieux. En 1500, disons-nous, ils obtinrent des religieux de Citeaux l'autorisation de construire, à la place d'une chapelle où il n'était pas permis d'administrer les sacrements, une église propre à servir de succursale à celle de Gilly. Le sire de Grantson, seigneur de Poix, de la Marche de Mirebel,

---

(1) On trouve aussi la dénomination latine de *Campus ebulliens*, « Champ-bouillant. » Ne serait-ce pas une allusion aux eaux « bouillonnantes » du torrent du Grône qui en vomit des masses énormes à la suite de grands orages ou de longues pluies ?

Le Grône, qui sort de l'une des combes, produit quelquefois de véritables inondations. Les éruptions les plus violentes ont été celles de 1744, 1813, 1816 et 1836. A l'ordinaire, le lit est à sec : il coulerait sous terre et formerait la source de la Vouge qui prend naissance au pied du côteau touchant au territoire de Vougeot.

(2) Courtépée (t. II, p. 378) signale la découverte, en 1765, à Chambolle, d'un tombeau « avec des médailles anciennes et de vieilles armes, » sans autres détails.

Chambolle et Morey, y donna son agrément par acte du 9 août de cette même année.

La seigneurie laïque de Chambolle, qui provenait de Guillaume de Vienne, était passée, après la mort d'Hélion de Grantson, dans la noble maison des Saulx-Tavannes. La veuve du maréchal Gaspard de Saulx, Mme Françoise de la Baulme, fille du comte de Montrevel et de Françoise de Vienne, est représentée, en 1584, comme dame de Chambolle et Morey dans un procès-verbal de délimitation de finages. Elle mourut en 1608. Son troisième fils, Jean de Saulx, vicomte de Tavannes, eut en son partage la seigneurie de Chambolle et Morey, qui appartint, en 1666, à un comte de Beaumont, puis à MM. de Croonembourg, seigneurs de Vougeot, de qui elle fut acquise, en 1745, par M. Louis Pelletier de Cléry (1).

Chambolle est situé à 2° 37' 31" de longitude est et à 47° 10' 12" de latitude nord ; sa hauteur moyenne atteint 264 mètres, et celle des plateaux varie entre 390 et 415 mètres.

La distance de Gevrey, chef-lieu du canton duquel le village dépend, est de 5 kilomètres, et de 18 kilomètres du chef-lieu d'arrondissement et du département, Dijon.

Les communications sont assurées au moyen des stations du P. L. M. de Vougeot et de Gevrey-Chambertin, ainsi que par un service régulier de voitures, qui vont de Nuits à Dijon en suivant la route nationale, à une faible distance de la commune où un bureau de poste et télégraphe a été assez récemment établi.

Le territoire de Chambolle forme un polygone irrégulier qui s'appuie, au levant, sur la route nationale n° 74, descend en pointe vers le chemin de fer qu'il traverse, puis, par une ligne brisée remonte vers la Côte et délimite au nord le territoire de Morey. Au couchant sont situés les finages de Curley et Concœur, puis, en redescendant vers la Combe d'Orveau, les communes de Flagey et de Vougeot.

(1) Documents empruntés à la *Notice sur les sept communes de la Côte dépendantes du canton de Gevrey*, CHAMBOLLE et MOREY, par H. Vienne, ancien archiviste, Dijon, 1846, obligeamment communiquée par M. Chapuis, négociant à Dijon.

Lors de l'établissement du cadastre, en 1828, le territoire de Chambolle comprenait 757 hectares, dont 190 hectares 27 ares 30 centiares plantés en vignes.

A cette époque, on évaluait à 33 hectares 59 ares 25 centiares la surface consacrée au pinot, le reste étant en gamay; en 1855, le Dr Lavalle a constaté que 75 hectares produisaient des vins fins.

En 1870, le vignoble occupait une superficie de 258 hectares; en 1890, elle était de 300.

En 1534, la commune comptait 90 feux; en 1665, ce nombre s'élevait à 98; enfin, en 1891, il peut être évalué à 173, correspondant à 500 habitants.

En ce qui a trait à la constitution géologique, les alluvions anciennes arrivant de la plaine apparaissent jusqu'à la base de la Côte; à partir de ce point on rencontre une première bande d'argile blanchâtre, puis les calcaires de la Grande Oolithe ainsi qu'un nouvel affleurement de la couche argileuse, qui est bientôt recouverte par les calcaires jusqu'à la partie supérieure du coteau.

Le sol du vignoble a donc une composition très variable et qui, sauf dans les parties trop argileuses, convient parfaitement à la vigne.

Dans le sous-sol, il existe, en certains endroits, des crevasses profondes, remplies de terre arable et dans lesquelles les racines de la vigne pénètrent profondément.

L'étude des terres à vignes (1) a donné lieu aux observations suivantes :

Les Fouchères. — Sol : argilo-calcaire, gris-brunâtre, assez compacte, humide, peu caillouteux ; 0m40 d'épaisseur.

Sous-sol : roches plates, dures, mélangées avec de l'argile blanche ou jaunâtre.

Grands Musigny. — Mêmes caractères que ci-dessus.

Les Charmes ou *Condomène.* — Sol : argilo-calcaire, peu caillouteux, brun foncé, meuble, fertile, humide: 0m50 de profondeur.

(1) Déjà citée.

Sous-sol : formé de cailloux durs sur marne jaune, blanchâtre, compacte.

Bas Douix. — Sol : argilo-calcaire, peu caillouteux, brun, compacte, assez riche, très humide ; 0^{m}50 d'épaisseur.

Sous-sol : argilo-marneux, brun, homogène, compacte.

Grand Mur. — Sol : argilo-calcaire, caillouteux, meuble, brun, sec et chaud, riche pour vigne ; 0^{m}40 d'épaisseur.

Sous-sol : formé de roche brisée très dure.

Les Fousselottes. — Sol : argilo-siliceux avec cailloux durs assez nombreux, compacte, brun-rougeâtre ; 0^{m}60 d'épaisseur.

Sous-sol : formé de cailloux calcaires, jaune, mêlé à la terre du dessus et marne.

Au pas de Chat. — Sol : argilo-calcaire, un peu caillouteux, meuble, brun, sec et chaud, riche pour vigne : 0^{m}65 d'épaisseur.

Sous-sol : roche fissurée.

Échézeaux — Sol : argilo-calcaire, compacte (bonne terre) ; 0^{m}35 d'épaisseur.

Sous-rol : marne blanchâtre retenant l'eau.

Les Amoureuses. — Sol et sous-sol : composés de calcaire hydraulique, tendre, très délité et très humide s'il n'était sur la pente.

Bonnes-Mares. — Sol : argilo-siliceux, graveleux, assez léger, brun-rougeâtre, assez fertile ; 0^{m}40 d'épaisseur.

Sous-sol : calcaire en dalles, très dur.

Ainsi que pour les autres communes, nous ne donnons ces analyses qu'à titre de renseignements, car il est bien évident que, par suite même de la constitution géologique, la nature du sol d'un climat à un autre peut être sujette à des modifications appréciables.

Ajoutons qu'à Chambolle, la Côte présente une sorte de rupture ou d'immense faille qui forme un vallon allant vers l'arrière-côte et nommée la *Combe d'Orveau*, d'où sort la source intermittente du Grône. Chambolle, dont l'exposition est splendide, a sa situation au midi. Une partie du village seulement est visible du chemin de fer, l'autre se trouvant masquée par le vallon d'Orveau.

De tous temps, grand soin y a été mis à la culture de la vigne, le pinot noir est à peu près seul cultivé, hormis dans un certain nombre de climats où sont plantés quelques pinots blancs et gris. Remarque est faite que l'on peut compter à l'hectare une moyenne de 18 à 22 000 ceps.

Le Dr Lavalle a constaté que le rendement est peu élevé : il a écrit que les Musigny ne produisent guère plus de cinq pièces à l'hectare et les autres bons climats sept ou huit. Néanmoins nous avons des exemples de production un peu plus élevée.

Comme dans toutes les communes de la Côte, la vendange est libre depuis de longues années ; toutefois, et dans l'intérêt des travailleurs, la municipalité, après enquête sur l'état de maturité des raisins, publie un ban officieux pour les vendanges.

A ce sujet, voici les dates auxquelles on y a procédé pendant ces dernières années (1) :

DATES DES BANS DE VENDANGES
à Chambolle.

Années	Mois	Années	Mois	Années	Mois	Années	Mois
1716		1734	21 sept.	1752	27 sept.	1770	8 sept.
1717	30 sept.	1735	13 —	1753	19 —	1771	26 —
1718	30 —	1736	6 octob.	1754	30 —	1772	24 —
1719	23 —	1737	17 sept.	1755	16 —	1773	27 —
1720	2 —	1738	16 —	1756	4 octob.	1774	22 —
1721	28 août.	1739	29 —	1757	26 sept.	1775	25 —
1722	27 sept.	1740	26 —	1758	25 —	1776	1er octob.
1723	30 —	1741	18 octob.	1759	24 —	1777	1er —
1724	24 —	1742	27 sept.	1760	15 —	1778	1er —
1725	10 —	1743	1er octob.	1761	11 —	1779	1er —
1726	9 octob.	1744	15 sept.	1762	15 —	1780	18 sept.
1727	10 —	1745	30 —	1763	5 octob.	1781	10 —
1728	9 sept.	1746	27 —	1764	12 sept.	1782	30 —
1729	9 —	1747	26 —	1765	23 —	1783	16 —
1730	13 —	1748	2 octob.	1766	29 —	1784	15 —
1731	29 —	1749	15 sept.	1767	5 octob.	1785	22 —
1732	27 —	1750	29 —	1768	27 sept.	1786	26 —
1733	19 —	1751	5 octob.	1769	27 —	1787	3 octob.
	17 —						

(1) Archives de la mairie.

Années	Mois	Années	Mois	Années	Mois	Années	Mois
1788	15 sept.	1814	23 sept.	1840	25 sept.	1866	27 sept.
1789	7 octob.	1815	15 octob.	1841	5 —	1867	25 —
1790	27 sept.	1816	11 —	1842	20 —	1868	10 —
1791	19 —	1817	26 sept.	1843	16 octob.	1869	21 —
1792	3 octob.	1818	25 oct.	1844	22 sept.	1870	15 —
1793	23 sept.	1819	11 —	1845	6 octob	1871	5 octob.
1794	15 —	1820	17 —	1846	11 sept.	1872	28 sept.
1795	26 —	1821	25 août.	1847	4 octob.	1873	29 —
1796	7 octob.	1822	13 octob	1848	28 sept.	1874	21 —
1797	12 —	1823	23 —	1849	25 —	1875	22 —
1798	15 —	1824	11 —	1850	5 octob.	1876	4 octob.
1799	10 —	1825	19 sept.	1851	4 —	1877	4 —
1800	25 —	1826	2 octob.	1852	2? sept.	1878	3 —
1801	27 sept.	1827	28 sept.	1853	5 octob.	1879	18 —
1802	29 —	1828	1er octob.	1854	28 sept.	1880	4 —
1803	29 —	1829	12 —	1855	7 octob.	1881	23 sept.
1804	15 octob	1830	28 sept.	1856	1er —	1882	5 octob.
1805	27 sept.	1831	28 —	1857	21 sept.	1883	8 —
1806	24 —	1832	4 octob.	1858	20 —	1884	27 sept.
1807	28 —	1833	28 sept.	1859	20 —	1885	26 —
1808	16 octob.	1834	15 —	1860	5 octob.	1886	30 —
1809	1er —	1835	5 octob.	1861	25 sept.	1887	29 —
1810	14 s. Comte	1836	6 —	1862	22 —	1888	3 octob.
1811	8 octob.	1837	10 —	1863	27 —	1889	26 sept.
1812	11 —	1838	8 —	1864	27 —	1890	7 octob.
1813	6 —	1839	30 sept.	1865	11 —		

Au point de vue de la composition, les vins fins de Chambolle se caractérisent par leur degré alcoolique, leur richesse en extrait sec et leurs éthers, base du bouquet.

En voici quelques analyses, dues à M. J. Boussingault (1) et ayant porté sur des vins produits par trois crus distincts :

NOM de l'Exposant	NOM du Cru	ANNÉE de la récolte	QUANTITÉS RAPPORTÉES A UN LITRE EN GRAMMES					
			Densité	Alcool en volume	Acidité en SO_3	Crème de tartre	Tannin	Extrait sec	Glycérine
De Vogüé	Musigny	1876	0.996	115.0	2.120	2.024	1.700	27.90	6.00
Id.	Bonnes-Mares	1870	0.993	126.5	2.856	1.323	1.057	27.00	6.00
Noché d'Aulnay	C. Chambolle-Musigny	1875	0.996	122.5	2.710	0.651	0.910	33.00	7.30

(1) *Rapport sur l'analyse des vins présentés à l'Exposition universelle de 1878* par M. J. Boussingault, chargé d'une mission spéciale.

M. Margottet (1) assigne aux vins fins de la récolte 1889 la composition suivante :

NOM du Climat	DENSITÉ à 15 degrés	ALCOOL en degrés p. 100	QUANTITÉS RAPPORTÉES A UN LITRE EN GRAMMES			
			Extrait à 100 degrés	Sulfate de potasse	Crème de tartre	Acidité en SO⁴HO
Combe d'Orveaux . . .	993.5	13 6	23.55	0.16	3.40	4.23

De tout temps les vins de ce finage ont été cotés à des prix peu différents de ceux des autres climats de la Côte de Nuits.

Nous extrayons des archives de la ville de Nuits une série de renseignements relatifs à la valeur de ces vins pendant le siècle dernier et une partie du précédent (2) ; ces prix sont à la queue, soit les deux pièces de 228 litres :

ANNÉES	PRIX	ANNÉES	PRIX	ANNÉES	PRIX
1660	45 livres	1677	36 livres	1694	107 livres
1661	27 —	1678	23 —	1695	64 —
1662	36 —	1679	26 —	1696	115 —
1663	60 —	1680	26 —	1697	103 —
1664	40 —	1681	23 —	1698	106 —
1665	50 —	1682	31 —	1699	87 —
1666	36 —	1683	27 —	1700	78 —
1667	36 —	1684	27 —	1701	100 —
1668	75 —	1685	39 —	1702	70 —
1669	30 —	1686	30 —	1703	66 —
1670	30 —	1687	27 —	1704	90 —
1671	28 —	1688	30 —	1705	72 —
1672	30 —	1689	»	1706	46 —
1673	48 —	1690	66 —	1707	40 —
1674	50 —	1691	72 —	1708	82 —
1675	54 —	1692	98 —	1709	nulle
1676	42 —	1693	76 —	1710	210 livres

(1) Déjà cité.
(2) Citation du docteur Lavalle.

ANNÉES	PRIX	ANNÉES	PRIX	ANNÉES	PRIX
1711	80 livres	1738	150 livres	1765	95 livres
1712	80 —	1739	110 —	1766	200 —
1713	123 —	1740	45 —	1767	120 —
1714	80 —	1741	270 —	1768	145 —
1715	64 —	1742	110 —	1769	250 —
1716	60 —	1743	115 —	1770	400 —
1717	62 —	1744	80 —	1771	270 —
1718	60 —	1745	170 —	1772	220 —
1719	46 —	1746	130 —	1773	220 —
1720	43 —	1747	110 —	1774	220 —
1721	90 —	1748	230 —	1775	180 —
1722	110 —	1749	180 —	1776	125 —
1723	90 —	1750	220 —	1777	260 —
1724	55 —	1751	95 —	1778	190 —
1725	40 —	1752	145 —	1779	145 —
1726	190 —	1753	195 —	1780	120 —
1727	80 —	1754	80 —	1781	110 —
1728	70 —	1755	78 —	1782	85 —
1729	60 —	1756	78 —	1783	200 —
1730	83 —	1757	200 —	1784	180 —
1731	100 —	1758	135 —	1785	75 —
1732	155 —	1759	200 —	1786	125 —
1733	60 —	1760	210 —	1787	180 —
1734	150 —	1761	105 —	1788	270 —
1735	144 —	1762	115 —	1789	115 —
1736	250 —	1763	50 —		
1737	165 —	1764	200 —		

A partir de cette époque les prix des vins allèrent encore en augmentant et peuvent être établis en moyenne sur les bases suivantes de :

    1800 à 1820, de 300 à 400 fr. la queue
    1820 à 1840,   300 à 400   »
    1840 à 1860,   500 à 600   »
    1860 à 1880,   600 à 700   »
    1880 à 1890,   800 à 850   »

Rappelons que, dans la réunion qui a lieu à l'issue de la vente des hospices civils de Beaune, les prix suivants ont été adoptés pour les Chambolle et à la pièce:

Vin rouge.	1889	1890	1891
Chambolle	700 fr.	580 fr.	640 fr.

De tous temps, les vins de cette commune ont été appréciés pour leurs qualités, et nombreuses sont les analyses qui en ont été faites. Ils sont d'une grande vinosité, d'une belle couleur et riches en éther; ils ont un bouquet fin et délicat, et plusieurs œnologues ont émis l'avis que ce sont les vins les plus bouquetés, les plus fins et les plus délicats de la Côte de Nuits.

N'oublions pas de dire que ces vins, fabriqués avec soin, se conservent parfaitement et ont autant de durée et de solidité que ceux des autres grands finages.

La superficie des climats produisant les vins fins peut se partager de la sorte : têtes de cuvées, de 10 à 11 hectares ; premières cuvées, 35 à 40 hectares, deuxième cuvée, 25 à 30 hectares et le reste en seconde et troisième cuvées.

Château de Chambolle-Musigny
Propriété de M. Frédéric MUGNIER de Dijon.

M. MUGNIER est propriétaire en outre dans la commune de **Chambolle-Musigny**, aux lieux dits : *Les Musigny, — Bonnes Mares, — Amoureuses, — Fuées, — Borniques, — Combe d'Orveau, — Véroilles, — Hauts Doix, — Baudes, — Les Plantes, — Les Echézeaux, — Gamaires.*

NOMENCLATURE

DES PRINCIPAUX CLIMATS ET LIEUX-DITS

Musigny (les). — D. L., tête de cuvée ; C. A. B., première classe.

PRINCIPAUX PROPRIÉTAIRES

MM. Jules Belin.
Albéric Bichot.
Léonce Bocquet.
Guichard-Potheret et fils.
Paul Jerrot.
Alexandre Malbranche.
Frédéric Mugnier.
Nié frères.

MM. Noché d'Aulnay.
Pierre Ponnelle.
Rasse.
Thomas-Bassot, de la maison Thomas-Bassot et fils, à Gevrey-Chambertin.
de Vogüé.

Petits Musigny (les). — D. L., tête de cuvée; C. A. B., première classe.

PRINCIPAUX PROPRIÉTAIRES

M. Albéric Bichot. | M. Boursot-Valot. | M. de Vogüé.

Amoureuses (les). — D. L., première cuvée; C. A. B., première et deuxième classes.

PRINCIPAUX PROPRIÉTAIRES

MM. Amiot-Moyeux.
Jules Belin.
Albéric Bichot.
de Blic.
Boursot-Chamson.
Guichard-Potheret et fils.
S. Lhôte fils.

MM. Mignotte-Picard et Cie.
Paul Jorrot.
Frédéric Mugnier.
Noché d'Aulnay.
Parisot-Favelier.
Nicolas Trapet.
de Vogüé.

Baudes (les). — C. A. B., première et deuxième classes; D. L., troisième cuvée.

PRINCIPAUX PROPRIÉTAIRES

MM. Bornot-Chevalier.
Modot-Parisot.
Mutin (Mme Vve).
Frédéric Mugnier.
Noché d'Aulnay.
Auguste Poupon.

MM. Claude Poupon.
Sinault.
Joseph Stévignon.
Suillereau.
de Vogüé.

Bonnes Mares (les). — D. L., première cuvée; C. A. B., première et deuxième classes.

PRINCIPAUX PROPRIÉTAIRES

MM. Bichot.
Joseph Jorrot.
Paul Jorrot.
Guichard-Potheret et fils.
Frédéric Mugnier.
Mignotte-Picard et Cie.

MM. Pierre Ponnelle.
A. Poupon.
Pujo.
Rasse.
de Vogüé.

Charmes (les). — C. A. B., première, deuxième et troisième classes; D. L., deuxième cuvée.

PRINCIPAUX PROPRIÉTAIRES

MM. Albéric Bichot.
de Blic.
Fichot.
Frédéric Mugnier.
Joseph Jorrot.
Paul Jorrot.
Ernest Hudelot.
Jean Lopin.

MM. N. Midan.
Pierre Petit.
Sigault-Prin.
Rasse.
H. Sinault.
Nicolas Suillereau.
Nicolas Trapet.

Combe d'Orveau (la). — C. A. B., première et seconde classes; D. L., deuxième cuvée.

PRINCIPAUX PROPRIÉTAIRES

MM. François Fichot.
Guichard-Potheret et fils.
Frédéric Mugnier.

MM. Nié frères.
Rasse.

Clos Musigny Leroi.

PRINCIPAL PROPRIÉTAIRE

M. Duvergey-Taboureau.

Cras (les). — D. L., première cuvée; C. A. B., première et troisième classes.

PRINCIPAUX PROPRIÉTAIRES

MM. de Blic.
Chavannes.
Paul Jorrot.
Claude Poupon.

MM. Sigault.
Nicolas Suillereau.
Trapet-Raillard.

Fuées (les). — D. L., première cuvée ; C. A. B., première et deuxième classes.

PRINCIPAUX PROPRIÉTAIRES

MM. Bornot-Chevalier.
François Fichot.
Paul Jorrot.
Marguerite-Grandné.
Marguerite-Ruby.
Nicolas Midan.
Modot-Parisot.

MM. Modot-Parisot.
Frédéric Mugnier.
Claude Poupon.
A. Poupon.
Rasse.
Trapet-Raillard.
de Vogüé.

Grange (Derrière la). — C. A. B., première classe ; D. L., troisième cuvée.

MM. François Fichot.
P. Jorrot.
J. Jorrot.

MM. A. Poupon.
de Vogüé.

Gruenchers (les). — C. A. B., première et deuxième classes.

TRÈS DIVISÉ

Hauts-Doix (les) ou **Douais**. — C. A. B., première et deuxième classes ; D. L., deuxième cuvée.

PRINCIPAUX PROPRIÉTAIRES

MM. Amiot.
Albéric Bichot.
Boursot-Chamson.
Groffier-Jouan.
Frédéric Mugnier.

Mmes Vve Mutin.
Vve Munier.
MM. H. Peloux.
Sigault-Prin.

Lavrottes (les). — C. A. B., première classe ; D. L., troisième cuvée.

PRINCIPAUX PROPRIÉTAIRES

MM. Bornot-Chevalier.
Boursot-Valot.
Drouhin-Barthélemy.

MM. P. Petit.
Suillereau.

Noirots (Es). — C. A. B., première et deuxième classes;
D. L., troisième cuvée.

PRINCIPAUX PROPRIÉTAIRES

MM. Boursot-Chamson.
    Auguste Clerget.
    Marguerite-Ruby.
    A. Poupon.
    C. Poupon.

MM. Nicolas Trapet.
    Trapet-Baillard.
    Stevignon.
    Suilloreau.

Sentiers (les). — C. A. B., première et deuxième classes;
D. L., troisième cuvée.

PRINCIPAUX PROPRIÉTAIRES

MM. Boiget.
    Maignot.
    Claude Marchand.
    Marguerite-Ruby.
    Mongeard.

MM. Parisot-Caillet.
    Perrault.
    A. Poupon.
    Sigault.
    de Vogüé.

Varoilles (les) ou **Véroilles**. — D. L., première cuvée.

PRINCIPAUX PROPRIÉTAIRES

MM. Albéric Bichot.
    François Boudrot.
    Joseph Jorrot.
    Paul Jorrot.

MM. Noché d'Aulnay.
    Fréderic Mugnier.
    Auguste Poupon.
    Pujo.

Babillières (les). — C. A. B., deuxième et troisième classes.

TRÈS DIVISÉ

Bas-Doix (les). — C. A. B., deuxième classe.

PRINCIPAUX PROPRIÉTAIRES

M. A Poupon, etc.

Beaux-Bruns (les). — C. A. B., deuxième classe; D. L., troisième cuvée.

PRINCIPAUX PROPRIÉTAIRES

MM. A. Bichot.
Jacques Bizot.
A. Choquier.
Uldaric Legros.
N. Midan.

MM. Modot-Parisot.
F. Petit.
J. Stévignon.
J. Stévignon.
N. Suillereau.

Borniques (les). — C. A. B., deuxième classe.

PRINCIPAUX PROPRIÉTAIRES

MM. Boudrot-Petit.
Athanase Boursot.
Boursot-Vallot.
Jacques Bussière.

MM. A. Choquier.
Claude Galland.
Frédéric Mugnier.

Barottes (les). — C. A. B., deuxième classe.

PRINCIPAUX PROPRIÉTAIRES

MM. A. Bichot.
A. Choquier.
François Fichot.

MM. P. Jorrot.
Lourdereau.
Joseph Marguerite.

Bussières (les). — C. A. B., deuxième classe.

TRÈS DIVISÉ

Carrières (les). — C. A. B., deuxième classe.

PRINCIPAUX PROPRIÉTAIRES

MM. Bornot-Chevalier.
P. Jorrot.
Modot-Parisot.
Noché d'Aulnay.

MM. H. Peloux.
A. Poupon.
Stévignon.

Chabiots (les). — C. A. B., deuxième classe.

PRINCIPAUX PROPRIÉTAIRES

MM. Bertheau-Rousseau.
F. Fichot.
Pierre Galland.
Mœur-Gremeaux.

MM. Petit-Bertheau.
J. Jacques Seguin.
Nicolas Trapet.

Chardannes (les). — C. A. B., deuxième et troisième classes.

PRINCIPAUX PROPRIÉTAIRES

MM. J. Bizot.
Fichot.
Paul Jorrot.
Joseph Mallard.

MM. N. Midan.
Jean-Baptiste Moyeux.
N. Suillereau.
Virey-Tupin.

Châtelots (les). — C. A. B., deuxième classe; D. L., troisième cuvée.

PRINCIPAUX PROPRIÉTAIRES

MM. Bertheau-Rousseau.
A. Bichot.
Bornot-Chevallier.
P. Jorrot.

MM. J. Jorrot.
Noché d'Aulnay.
A. Poupon.
Sigault-Prin.

Clos de l'Orme (le). — D. L., deuxième cuvée; C. A. B., deuxième classe.

PRINCIPAUX PROPRIÉTAIRES

MM. Ernest Hudelot.
Marguerite-Grandné.
Mutin (Mme Vve).
Petit-Bertheau.

MM. Louis Prudhon.
Nicolas Trapet.
Virey-Tupin.

Combottes (les). — C. A. B., deuxième classe.

PRINCIPAUX PROPRIÉTAIRES

MM. Amiot-Moyeux.
A. Bichot.
A. Choquier.
Paul Clerget.
J.-Baptiste Hudelot.
P. Jorrot.
J. Jorrot.

MM. Marguerite-Grandné.
Marguerite-Ruby.
Midan.
J.-Baptiste Moyeux.
Joseph Stévignon.
N. Suillereau.

Condemènes (En). — D. L., deuxième cuvée ; C. A. B., deuxième classe.

PRINCIPAUX PROPRIÉTAIRES

MM. Albéric Bichot.
Bornot-Chevalier.
Frédéric Groffier.

MM. Groffier-Ocquidant.
P. Jorrot.
J. Jorrot.

Croix (aux) ou **Crais**. — C. A. B., deuxième classe ; D. L., troisième cuvée.

PRINCIPAUX PROPRIÉTAIRES

MM. Amiot.
Fichot.
Uldaric Legros.
N. Midan.

MM. A. Poupon.
J.-Baptiste Rousseau.
Suillereau.

Drazey (les). — C. A. B., deuxième classe.

TRÈS DIVISÉ

Echanges (aux). — C. A. B., deuxième et troisième classes.

PRINCIPAUX PROPRIÉTAIRES

MM. Jules Bertheau.
J.-B. Chevrey.
Jouan-Boudrot.

MM. Lopin.
Noché d'Aulnay.
de Vogüé.

Eschezeaux (les) ou **Echéseaux**. — C. A. B., deuxième classe ; D. L., troisième cuvée.

PRINCIPAUX PROPRIÉTAIRES

MM. A. Choquier.
Guichard-Potheret et fils.
P. Jorrot.
A. Lavilatte.
Marguerite-Grandné.
Michel-Malbranche.

MM. Frédéric Mugnier.
Noché d'Aulnay.
P. Parisot.
A. Poupon.
Chatelot.

Gisselottes (les) ou **Feusselottes**. — C. A. B., deuxième classe ; D. L., troisième cuvée.

PRINCIPAUX PROPRIÉTAIRES

MM. Bornot-Chevalier.
Boursot-Chamson.
Guillemard frères.
Michel-Malbranche.

MM. Marguerite-Ruby.
P. Petit.
A. Poupon.
Suillereau.

Four (Derrière le). — C. A. B., deuxième et troisième classes ; D. L., troisième cuvée.

PRINCIPAUX PROPRIÉTAIRES

MM. P. Boudrot.
Guillemard frères.
J.-B. Hudelot.
J. Jorrot.
Malbranche.

MM. H. Peloux.
A. Poupon.
J. Stévignon.
Virey-Tupin.

Fremières (les). — C. A. B., deuxième classe ; D. L., troisième cuvée.

PRINCIPAUX PROPRIÉTAIRES

MM. A. Bichot.
Boudrot-Petit.
Boursot-Chamson.
J.-B. Chevrey.
François Dominot.
J. Jorrot.

MM. P. Jorrot.
Mallard-Léveillé.
Auguste Poupon.
Claude Poupon.
Seguin.

Grands Murs (les). — C. A. B., deuxième classe.

PRINCIPAUX PROPRIÉTAIRES

MM. A. Bichot.
Jacques Bizot.
Guillemard frères.

MM. Malbranche.
Jacques Seguin.

Groseilles (les). — C. A. B., deuxième classe; D. L., troisième cuvée.

PRINCIPAUX PROPRIÉTAIRES

MM. A. Bichot.
J.-B. Hudelot.
Uldaric Legros.
Lourdereau.
Modot-Parisot.
Noché d'Aulnay.

MM. Ocquidan.
Parisot-Favelier.
Henri Peloux.
J. Stévignon.
Nicolas Trapet.
Virey-Tupin.

Mal-Carrées (les). — C. A. B., deuxième et troisième classes.

PRINCIPAUX PROPRIÉTAIRES

MM. A. Bichot.
Antoine France.
Guillemard frères.
Joseph Mallard.

MM. Symphorien Mignotte.
Simon Modot.
H. Peloux.
Nicolas Trapet.

Maladières (les). — C. A. B., deuxième et troisième classes.

PRINCIPAUX PROPRIÉTAIRES

MM. Fichot.
Jean-Baptiste Hudelot.
J. Lignier.

MM. Moncharmont.
J. Pacquetet.
N. Suillereau.

Mombies (les). — C. A. B., deuxième et troisième classes.

PRINCIPAUX PROPRIÉTAIRES

MM. Barbier-Boudrot.
J.-B. Hudelot.
J.-B. Rousseau.
Lavilatte.

MM. Lopin.
S. Mignotte.
Rasse.

Nazoires (les). — C. A. B., deuxième et troisième classes.

TRÈS DIVISÉ

Pas de Chats (les). — C. A. B., deuxième classe.

PRINCIPAUX PROPRIÉTAIRES

MM. P. Boudrot.
Boursot-Valot.
B. Chamard.

MM. Guillemard frères.
Marguerite-Grandné.
Noché d'Aulnay.

Plantes (les). — C. A. B., deuxième classe ; D. L., troisième cuvée.

PRINCIPAUX PROPRIÉTAIRES

MM. Bertheau-Rousseau.
A. Bichot.
Antoine Choquier.

MM. Antoine Lavilatte.
Frédéric Mugnier.
Nicolas Pouffier.

Sordes (les). — C. A. B., deuxième classe.

TRÈS DIVISÉ

Argillières (les). — C. A. B., troisième classe.

PRINCIPAUX PROPRIÉTAIRES

MM. Bertheau-Mercier.
Guichard-Potheret et fils.
Paul Jorrot.
Michel Malbranche.

MM. Nié frères.
Pierre Ponnelle.
Rasse.

Herbues (les). — C. A. B., troisième classe.

TRÈS DIVISÉ

Haut-des-Combottes (le). — D. L., troisième cuvée.

TRÈS DIVISÉ

Gueripes (les). — C. A. B., troisième classe.

TRÈS DIVISÉ

Gamaires (les). — C. A. B., troisième classe.

PRINCIPAL PROPRIÉTAIRE

M. Frédéric Mugnier.

Fouchères (les). — D. L., troisième cuvée; C. A. B., troisième classe.

PRINCIPAUX PROPRIÉTAIRES

MM. A. Bichot.
Boudrot Petit.
Boursot-Vallot.
P. Jorrot.
J. Jorrot.

MM. Malbranche.
Marguerite-Ruby.
Mœur-Gremeaux.
Parisot-Favelier.

Danguerins (les). — C. A. B., troisième classe.

PRINCIPAUX PROPRIÉTAIRES

MM. A. Bichot.
Boudrot-Petit.
F. Groffier.
P. Jorrot.

MM. J. Jorrot.
Midan.
Nicolas Trapet.
Vacherot-Roy.

Creux-Baissants (les). — C. A. B., troisième classe.

PRINCIPAUX PROPRIÉTAIRES

MM. Amiot.
P. Boudrot.
Etienne Boursot.
A. Choquier.

MM. Guillemard frères.
P. Jorrot.
J. Jorrot.
Tachet.
Etc., etc.

Athets (les). — C. A. B., troisième classe.

TRÈS DIVISÉ

MOREY

Morey a fourni la preuve de son occupation aux temps gallo-romains par la découverte d'un assez grand nombre de monnaies de tous modules sur différents points de sa circonscription.

On se rappelle avoir vu sur ce territoire un bloc de pierre, appelé *Pierre virante*, disparu depuis un certain laps d'années et dont le nom s'est perpétué pour un climat. Ce grand débris lapidaire provenait peut-être de quelque monument mégalithique érigé aux temps gaulois, tel qu'une allée couverte ou un dolmen.

La première mention qui soit faite de Morey, *Mirriacum Villa* (1), remonte à 1120. En cette année, Savaric de Vergy avait donné à l'abbaye de Cîteaux une partie de la seigneurie du village ; Hervé, son troisième fils, confirma cette donation en 1171, et y ajouta le droit de parcours sur tous ses domaines. La même année, l'abbaye de la Bussière fut dotée par Henri de Vergy et Guillaume de Marigny, connétable de Bourgogne, du fief qui leur était échu en partage de leur père et beau-père, Simon de Vergy. Ce fief devint pour les moines un lieu d'asile que nul ne pouvait franchir sous peine d'excommunication.

Dans le but d'accroître sa puissance, l'abbaye de Cîteaux, à la faveur d'une bulle du pape Boniface IV en date du 28 septembre 1300, enleva à l'abbaye de Saint-Germain-des-Prés de Paris le prieuré de Gilly dont Morey dépendait pour le spirituel, et acheta, vers le milieu du xve siècle, de Guillaume de Vienne le château de Montbis, sis à Gilly, avec tous les droits seigneuriaux qui s'y rattachaient, tant à Gilly qu'à Morey. L'abbé de Cîteaux devint donc seigneur temporel et haut justicier de la majeure partie de ce dernier village. Il fit ériger des four-

---

(1) Cartulaire de Cîteaux. On trouve aussi *Morcium* (1157) dans les titres de l'abbaye de la Bussière.

ches patibulaires à deux piliers, signes de la haute justice, dans un champ limitrophe des finages de Gevrey et de Saint-Philibert, et il exigea des habitants reconnaissance des droits féodaux qui lui étaient dus ou qu'il sut s'arroger.

Les Bernardines de Tart-le-Haut, les religieuses de l'abbaye du Lieu-Dieu, le grand prieur de Champagne avaient, dès les XII° et XIII° siècles, des biens sur Morey (1).

Chambolle et Morey, se liant naturellement comme ayant dépendu tous deux des domaines de la puissante maison de Vergy, ont eu jusqu'en 1789 les mêmes seigneurs et co-seigneurs. Ainsi voyons-nous vers 1476 les Grantson, en 1500 les de Vienne, les de Saulx-Tavanes dans la dernière moitié du XVI° siècle, le comte de Beaumont en 1666. Philippe de Cronembourg, écuyer, seigneur de Broin, Vougeot et autres lieux, acquit Morey en deux fois, en 1747 et 1749. Vers 1777, dame Marie Fromageot, veuve de messire Jacques Pelletier de Cléry, acquit de dame Marguerite Valot, veuve de M. de Cronembourg, Chambolle et Morey au prix de 48,000 livres. Au moment où éclata la grande Révolution, la seigneurie appartenait à M. Pelletier de Cléry. En 1791, le château a été confisqué et vendu comme bien national.

La route nationale n° 74 de Dijon à Chalon-sur-Saône sépare la Côte de la plaine et trace par le fait une ligne de démarcation entre les vins fins et les gamays. Cette route est parcourue à l'aller et au retour par la voiture publique de Nuits à Dijon. Le chemin de fer P. L. M. traverse la plaine ; la gare la plus rapprochée est celle de Vougeot, à la distance de 2 k. 500.

Le bureau de poste de Gevrey, éloigné de 4 k., dessert Morey. Un autre bureau plus voisin (1 k. 500), est celui de Chambolle, établi depuis douze ans.

La population de cette commune a toujours été en augmentant ; ainsi nous comptons en :

1379 : 36 feux francs et 13 feux misérables.
1391 : 30   d°   7   d°.

(1) V. H. Vienne, *Notices sur les sept communes de la Côte dépendant du canton de Gevrey* (Chambolle et Morey).

1666 : 115 habitants y compris les femmes veuves.
An IV : 198 « citoyens de 12 ans » et au-dessus.
1806 : 643 habitants.
1856 : 566.
1886 : 704.
1891 : 634.

Il n'existe pas pour Morey de limites naturelles. Son territoire a la forme d'un rectangle terminé en pointe du côté de l'est. Un des grands côtés au nord confine au territoire de Gevrey ; l'autre grand côté, au sud, aboutit sur Chambolle ; l'un des petits côtés, au couchant, touche à Curley, et enfin l'est est borné par les communes de Saint-Philibert et de Gilly-les-Cîteaux.

A raison de sa situation sur le plan incliné de la Côte, Morey se trouve placé au milieu des meilleurs crûs de son territoire. Ce village, l'un des plus beaux du canton de Gevrey-Chambertin, possède de fort jolies maisons bourgeoises, dont les vastes dépendances, en jardins, vergers et clos de vigne, ajoutent à l'agrément de leur heureuse position.

La latitude y est de 2° 37' 34", la longitude de 47° 11' 44".

Dès le siècle dernier, on apprenait par Courtépée, d'accord en cela avec la tradition, que les vins fins de Morey étaient justement renommés.

Cette commune est éloignée de 4 kilomètres de son chef-lieu de canton, Gevrey-Chambertin, et de 16 kilomètres de son chef-lieu d'arrondissement, Dijon.

Certains climats doivent leur nom à leur situation et ont une origine très ancienne.

Le *Clos de Tart* est signalé, en 1141, dans une vente faite au monastère de Notre-Dame-de-Tart, près Genlis.

A la Révolution, cette propriété, augmentée par diverses acquisitions, était vendue, non compris les frais, pour 68,200 liv.

Les Bouchots. — Petit bois, vient du bas latin *boscus*, bosquet. En vieux français, *bosche*.

Les Larrets. — On dit aussi *Larris*, terres en friches, bruyères contiguës aux forêts et le plus souvent en pente. Ces mêmes terres en plaine s'appellent *charmes, toppes,* ou *pâquier.*

Les *Bonnes-Mares* (1). — Nom d'un instrument de labour. On disait jadis *marer* les vignes, comme ailleurs on disait labourer. *Bonnes-Mares* signifie donc bons vignobles, de même que dans le pays de labourage on dit bonne couture, petite culture.

Côte Rôtie. — Côte exposée au soleil du midi, et d'ailleurs d'un sol un peu aride.

Larrey Froid. — Voyez plus haut les *Larrets.* Le mot « froid » indique l'exposition du sol (exposition au nord).

La *Bussière.* — L'abbaye de La Bussière-sur-Ouche possédait, dès 1170, des biens à Morey. Elle les augmenta dans la suite et y fit construire.

Les *Cionnières.* — Lieu défriché, mais où repoussent toujours des rejets d'arbres, etc.

Les *Traits Girard.* — Pièce de vigne qui a appartenu, au siècle dernier, à M. Girard de Fropiac. *Traits* est mis pour *Crais,* espèce de sable ou gravier qui domine dans le terrain ou en fait le fond. Ailleurs on dit *Cras, Crau,* etc.

La *Riotte.* — C'est-à-dire la Ruotte ou petite rue, chemin de traverse.

Les *Genavrières.* — Mot très répandu qui indique des genévriers en plus ou moins grande quantité.

Pierre Virant. — Nom éminemment historique qui accuse là un monument des temps celtiques.

Les *Chaffauds.* — Ailleurs on dit *Echaffaud, Fourches,* etc.

---

(1) Ce climat ne tirerait-il pas son nom de la découverte faite, on ignore à quelle époque, d'un bas-relief des *Déesses Maires,* protectrices des récoltes et dont le culte fut répandu en plusieurs endroits de la Bourgogne, aux temps romains ? Sans entrer dans d'autres détails, c'est le cas de rappeler, à titre de simple renseignement, le *sacellum des Maires* trouvé, au siècle dernier, près de Corgoloin. Quant à la question de désignation de climats, le hameau de Buisson, dépendance de Serrigny-sous-Beaune, a un lieu dit les *Madones,* Nuits les *Damodes,* et les *Bonnes Mares* se retrouvent à Vougeot. On sait que cette sorte de trinité féminine présidait aux biens de la terre (Cf. Ch. Bigarne, *Etude sur l'origine, la religion et les monuments des Kalètes-Edues,* Beaune, 1872).

C'est sans doute le lieu où la justice seigneuriale faisait exécuter les condamnés au dernier supplice.

La *Calouère*. — Lieu planté de noyers, dont le fruit appelé noix est dit en patois « calot ».

Clos Saint-Denis. — Vignes qui ont appartenu à la collégiale de Saint-Denis de Vergy, fondée, en 1203, au château de Vergy, et plus tard transférée à Nuits.

Les *Ruchots* ou *Roichots*. — On peut assurer que le lieu renfermait des roches, en patois *roiches*.

Les *Charmes*. — Lieu planté en charmes ou entouré plus ou moins de ces arbres.

Les *Millandes*. — Terres ensemencées de millet; cette plante était fréquemment cultivée autrefois dans nos pays.

Le *Clos Baulet*. — Presque sûrement de Baulet ou Boulet, habitant de Morey, et qui paraît avoir joué un rôle de quelque importance au xve ou xvie siècle.

Au point de vue géologique, la partie inférieure du vignoble est dans les alluvions anciennes; puis apparaît au bas de la Côte une large bande de calcaire à entroques; au-dessus se trouve de la terre à foulon; le reste de la côte est dans le Forest-Mable, la Grande Oolithe, tandis que les sommets sont formés du Cornbrash.

Les marnes et l'argile donnent à certains climats une terre forte et grasse, très plastique. Au *Clos de Tart*, le Dr Lavalle constate que les marnes argileuses se retrouvent dans le sous-sol.

Dans l'Étude des terrains de la Côte-d'Or, on lit (1) :

Blanchard. — Sol : argilo-calcaire, caillouteux, brun, sec, un peu léger, de fertilité moyenne.

Sous-sol : marne jaunâtre, très caillouteuse.

Aux Echézeaux. — Sol : graveleux, léger, rouge-brun; 0^{m}40 d'épaisseur.

Sous-sol : formé de gros gravier de calcaire dur.

Clos Solon. — Sol : argilo-calcaire, compacte, mélangé de

(1) Déjà cité.

quelques pierres dures, brun clair, humide; 0m50 d'épaisseur.
Sous-sol : marne panachée de blanc et de jaune.

En résumé, le sol du vignoble de Morey est généralement argilo-calcaire avec mélange d'oxyde de fer. Quelques climats contiennent de la marne, notamment le dessus du *Clos de Tart* et le *Clos Saint-Denis*. Le sous-sol est pierreux, à gros et à petits fragments dans les climats suivants, *Mauchamps, Millandes, Sorbets* et *Chenevery*.

Il est sablonneux au *Clos des Ormes,* dans les *Crais*, les *Charrières,* les *Faconnières;*

Il est argileux au *Clos Solon,* aux *Blanchards,* aux *Très Girard.*

Il est à roche plate avec crevasses au *Clos de la Bussière*, aux *Echézeaux* et aux *Charmes*.

La profondeur de la couche arable est d'environ quarante-cinq centimètres; dans les sous-sols à roche plate elle est quelquefois de vingt centimètres et même moins.

Morey produit d'excellents vins, et ceux récoltés dans certains climats, comme le *Clos de Tart, Saint-Denis,* au *Clos de la Roche,* dans les *Lambrays,* jouissent d'une grande réputation.

La vigne y règne de temps immémorial et date probablement de la fin du IIIe siècle, quand l'empereur Probus permit la plantation de ce précieux arbuste dans les Gaules et l'Illyrie.

On la cultive en général de manière à renfermer le plus grand nombre de pieds dans le plus petit espace. C'est ainsi qu'on voit en moyenne 28,800 pieds à l'hectare. Quelques vignes comptent, dit-on, jusqu'à 1600 pieds dans un espace d'une ouvrée de 4 ares 28 centiares.

Néanmoins, pour rendre hommage à la vérité, il faut ajouter que les choses ont changé de face depuis deux ou trois ans, et que dans les nouvelles plantations franco-américaines les pieds sont distants d'un mètre environ.

Les principales opérations que comprend la culture de la vigne sont : la taille, le paisselage, l'ébourgeonnement et l'accolage.

Les labours sont au nombre de trois : le premier qui a lieu aussitôt après la taille, dans les mois de février et mars ; le deuxième dans les mois d'avril et mai, et le troisième dans ceux de juin et juillet. Quelques vignerons donnent un labour d'hiver.

Les cépages cultivés sont le pinot noir et le gamay. En général, plus on vendange tard, et moins les rendements sont élevés. Voici à ce sujet un tableau qui résume cette observation :

ANNÉES	OUVERTURE des BANS DE VENDANGE	RENDEMENT MOYEN A L'HECTARE	
		Bon vin	Gamay
1863.	29 septembre.	20 hectol.	40 hectol.
1864.	27 —	13 —	30 —
1865.	9 —	20 —	90 —
1866.	29 —	13 —	30 —
1867.	26 —	20 —	15 —
1868.	10 —	30 —	20 —
1869.	22 —	20 —	30 —
1870.	15 —	25 —	35 —
1871.	6 octobre.	10 —	35 —
1872.	29 septembre.	13 —	15 —
1873.	27 —	20 —	40 —
1874.	27 —	20 —	30 —
1875.	22 —	30 —	25 —
1876.	5 octobre.	15 —	20 —
1877.	5 —	30 —	20 —
1878.	3 —	20 —	30 —
1879.	17 —	15 —	20 —
1880.	4 —	30 —	40 —
1881.	21 septembre.	30 —	40 —
1882.	6 octobre.	10 —	15 —
1883.	3 —	18 —	25 —
1884.	29 septembre.	18 —	40 —
1885.	26 —	25 —	40 —
1886.	30 —	25 —	40 —
1887.	29 —	10 —	10 —
1888.	4 octobre.	13 —	20 —
1889.	26 septembre.	20 —	26 —
1890.	6 octobre.	10 —	15 —
1891.	11 —	5 —	7 —

La surface du territoire est de 782 hectares, sur lesquels, lors de l'établissement du cadastre, 165 étaient en vignes. Cette surface a par la suite considérablement augmenté, car elle était d'environ 260 hectares en 1875.

Les vins de Morey ont toujours eu un prix peu différent de ceux de cette partie de la Côte. Dans les archives de la ville de Nuits, ces prix sont relatés, depuis 1660 jusqu'à 1789.

Nous en donnons quelques extraits par période de dix ans, et pour la queue ou les deux pièces :

ANNÉES	PRIX	ANNÉES	PRIX
1660 . . .	45 livres.	1740 . . .	45 livres.
1670 . . .	28 —	1750 . . .	125 —
1680 . . .	24 —	1760 . . .	203 —
1690 . . .	60 —	1770 . . .	390 —
1700 . . .	63 —	1780 . . .	110 —
1710 . . .	200 (1)	1787 . . .	170 —
1720 . . .	42 —	1788 . . .	260 —
1730 . . .	80 —	1789 . . .	110 —

D'autre part, on peut évaluer au taux suivant la valeur des vins de cette commune pour ces années dernières, ces prix ne représentant, bien entendu, qu'une moyenne et non celle des grands crus qui atteignent toujours les prix plus élevés.

C'est ainsi que certains grands crus valent jusqu'à 700 francs la pièce au décuvage.

(1) En 1709 la récolte fut nulle.

ANNÉES	PRIX DE LA PIÈCE DE 228 LITRES	
	Vin fin	Vin ordinaire ou gamay
1863.	110 à 200 fr.	60 fr.
1864.	100 à 150	65
1865.	150 à 200	60
1866.	50 à 75	20
1867.	170 à 220	65
1868.	175 à 230	65
1869.	230 à 280	60
1870.	75 à 350	40 à 120 fr.
1871.	100 à 150	60
1872.	150 à 200	50
1873.	170 à 230	65
1874.	250 à 350	70
1875.	200 à 300	100
1876.	180 à 250	80
1877.	230 à 300	90
1878.	350 à 450	90
1879.	150 à 200	85
1880.	300 à 400	70
1881.	425 à 500	175
1882.	150 à 250	50
1883.	350 à 450	90
1884.	500 à 600	90
1885.	300 à 400	125
1886.	300 à 450	110
1887.	270 à 350	150
1888.	315 à 400	100
1889.	340 à 450	120
1890.	325 à 450	110
1891.	450 à 550	»

Enfin, les prix ci-dessous ont été fixés, à la pièce, ces années dernières, dans la réunion des principaux propriétaires et négociants qui a lieu chaque année, à l'issue de la vente des vins des Hospices de Beaune :

	1869	1870	1871
Morey.	700 fr.	620 fr.	700 fr.

Nous retrouvons donc, dans cette commune, la progression déjà remarquée pour d'autres climats, quant à la valeur des vins qui y sont récoltés.

La caractéristique des vins de Morey est leur richesse alcoolique, véritablement élevée, et la quantité de fer qu'ils renferment.

A l'analyse, en 1889, ils avaient la composition suivante (1) :

NOMS des CLIMATS	Densité à 15 degrés	Alcool en volume p. 100	EN GRAMMES PAR LITRE						Fer par litre
			EXTRAIT SEC		Sulfate de potasse	Crème de tartre	Acidité totale en SO⁴H⁰	Tanin	
			dans le vide	à 100 degrés					
Lambray. . .	994.3	13°8	38.8	27.95	0.13	2.84	4.67	1.3	milig. 4.17
Sorbès. . . .	994.5	13.7	34.3	29.30	0.16	2.84	4.58	»	»
Bonnes-Mares .	994.5	14.2	32.4	27.90	0.16	3.05	3.90	1.5	7.0

Les œnologues ont, de tout temps, apprécié les vins de Morey. Le Dr Morelot écrivait, en 1831, qu'en entrant sur le territoire de cette commune on trouve le Clos Blanc et les Bonnes Mares, dont les vins vont de pair avec ceux des bons climats de Chambolle. Un peu plus loin, est situé le clos de Tart qui réunit le double mérite de produire un vin très abondant et délicieux, ressemblant beaucoup au Chambertin.

Nous savons par le même auteur que « le vin récolté au *Clos de la Roche* vaut celui du *clos de Tart*, mais que celui qui provient du *Clos Saint-Denis* n'est pas tout à fait aussi fin que celui de ces deux derniers cantons, quoiqu'il soit cependant dans les qualités les plus distinguées. »

Le Dr Lavalle a écrit que les vins de Morey des bonnes années, soignés avec intelligence dans de bonnes caves, se conservent facilement vingt ans. Pour quelques années spéciales, telles

(1) M. Margotet, *Analyse des vins de la récolte 1889*, déjà cité.

que 1846, ces vins peuvent atteindre jusqu'à trente ans et plus.

En définitive, une belle couleur, un bouquet se développant avec l'âge, beaucoup de corps, de la vinosité, une grande aptitude à se conserver longtemps, telles sont les qualités maîtresses des vins récoltés sur ce finage viticole.

Clos de Tart (Commune de Morey)
dont la Maison Champy de Beaune a le monopole des récoltes.

NOMENCLATURE

DES PRINCIPAUX CLIMATS ET LIEUX DITS

Clos de Tart. — D. L., tête de cuvée; C. A. B., première classe.

PROPRIÉTAIRE

M. de Blic-Marey-Monge.
 (Les récoltes appartiennent à la maison Champy, à Beaune)

Bonnes Mares. — D. L., première cuvée; C. A. B., première classe.

PRINCIPAUX PROPRIÉTAIRES

MM. de Blic-Marey-Monge.	MM. A. Poupon.
Bordet.	Molin.
Guichard-Potheret et fils.	Pouillevet.

Bouchots (les). — C. A. B., première et deuxième classes; D. L., quatrième cuvée.

PRINCIPAL PROPRIÉTAIRE

M. Rodier.

Calouères (les). — C. A. B., première classe; D. L., troisième cuvée.

PRINCIPAUX PROPRIÉTAIRES

M. Latour-Boudrot.	M. Molin.	M. Pouillevet.

Maison d'Habitation et d'Exploitation Vinicole de M. A POUPON, à Morey, propriétaire principal du cru des Bonnes-Mares, propriétaire au Clos Saint-Denis et à Chambolle-Musigny

Chabiots. — C. A. B., première classe; D. L., deuxième cuvée.

PRINCIPAUX PROPRIÉTAIRES

MM. Auguste Maignot.
François Maignot.
Marion.

MM. Milsand.
Valby-Bornot.
François Valby.

Chaffots (les) ou **Bas des Chaffots.** — C. A. B., première classe; D. L., quatrième cuvée.

PRINCIPAUX PROPRIÉTAIRES

Mme Vve Morizot.
M. Ponsot.

MM. Truchetet-Berthaut.
Ferdinand Valby.

Charrières (les). — C. A. B., première classe; D. L., quatrième cuvée.

PRINCIPAUX PROPRIÉTAIRES

MM. Auguste Maignot.
Molin.
Nicolas Perreau.

MM. Philippe Sigaut.
Claude Valby.
François Valby.

Chenevery (les). — C. A. B., première et deuxième classes; D. L., troisième cuvée.

PRINCIPAUX PROPRIÉTAIRES

Mme Vve Labourée.

M. François Maignot.

Chesaux (aux) ou **Chezeaux.** — C. A. B., première, deuxième et troisième classes; D. L., quatrième cuvée.

PRINCIPAUX PROPRIÉTAIRES

M. Bordet.
M. Polack.
M. le Dr Pujo.

Clos de la Roche. — D. L., première cuvée; C. A. B., première classe.

PRINCIPAUX PROPRIÉTAIRES

MM. de Blic-Marey-Monge.
Molin.
Ory.

MM. Parizot.
Rolland.
Riembault.

Clos des Ormes. — C. A. B., première et deuxième classes; D. L., quatrième cuvée.

PRINCIPAUX PROPRIÉTAIRES

MM. Amiot-Girod.
Baud.
François Maignot.

Mme Vve Maria.
MM. Joseph Morot.
Claude Truchetet.

Clos Saint-Denis. — C. A. B., première classe; D. L., deuxième cuvée.

PRINCIPAUX PROPRIÉTAIRES

M. de Blic-Marey-Monge. | Mme Vve Bornot-Sigaut.
M. A. Poupon.

Charmes (Aux). — C. A. B., première classe.

PRINCIPAUX PROPRIÉTAIRES

MM. Govin.
Auguste Maignot.
Milsand.

MM. Motot-Amiot.
Motot-Petit.
Prolois.

Côte Rotie ou **Bas de la Côte Rotie.** — C. A. B., première et deuxième classes; D. L., quatrième cuvée.

PRINCIPAUX PROPRIÉTAIRES

M. Bornot-Sigaut. | Mme Vve Louis Chevillon. | M. Latour.

Faconnières. — C. A. B., première classe; D. L., deuxième cuvée.

PRINCIPAUX PROPRIÉTAIRES

MM. Claude Bornot.
Bouillot.
Chevrey-Mathieu.
François Marchand.

MM. Molin.
Rolland.
Valby-Bornot.
Seguin-Mignardot.

Fremières. — C. A. B., première classe; D. L., deuxième cuvée.

PRINCIPAUX PROPRIÉTAIRES

MM. Baud.
Milsand.
Parizot-Caillier.

MM. A. Poupon.
Senequier.
Valby-Bornot.

Froichots. — C. A. B., première classe; D. L., quatrième cuvée.

PRINCIPAUX PROPRIÉTAIRES

MM. François Bordet.
Claude Gremeaux.
Latour.

MM. François Marchand.
Marion.
Joseph Sigaut.

Larrays (les) ou **Larrets.** — C. A. B., première et deuxième classes; D. L., quatrième cuvée.

PROPRIÉTAIRE

M. Rodier.

La Bidaude.

PROPRIÉTAIRE

M. Rodier.

Lambrays (les). — D. L., première cuvée (est également indiqué sur certaines cartes comme climat composé de la partie supérieure de *Larrets* et de la *Bidaude*); C. Loc., première et deuxième cuvées.

Maison Brulée. — C. A. B., première classe; D. L., deuxième cuvée.

PRINCIPAUX PROPRIÉTAIRES

MM. Boiget.
Auguste Maignot.

MM. Pouillevet.
A. Poupon.

Meix-Rentier. — C. A. B., première classe; D. L., troisième cuvée.

PRINCIPAUX PROPRIÉTAIRES

MM. François Maignot.
Molin.
Joseph Morot.

MM. Milsand.
Rodier.

Millandes. — C. A. B., première classe; D. L., troisième cuvée.

PRINCIPAUX PROPRIÉTAIRES

MM. Amiot-Girod.
Molin.
Parizot-Caillier.
Alfred Parizot.

MM. Dr Pujo.
Valby-Bornot.
François Valby.

Monts luisants (les). — C. A. B., première et deuxième classes.

PRINCIPAUX PROPRIÉTAIRES

MM. Bordet.
Claude Gremeaux.
Molin.

MM. Mongeard.
Ponsot.
Valby-Bornot.

Mochants (les). — C. A. B., première classe; D. L., deuxième cuvée.

PRINCIPAUX PROPRIÉTAIRES

MM. François Bordet.
Alfred Paris.

MM. Parisot-Caillier.
Pouillevet.

Morey. — C. A. B., première, deuxième et troisième classes.

PROPRIÉTAIRE

M. Molin.

Blanchard (le ou les). — C. A. B., deuxième et troisième classes ; D. L., quatrième cuvée.

PRINCIPAUX PROPRIÉTAIRES

MM. Pierre Girard.
Claude Gremeaux.
Claude Marchand.
Mongeard.
Mme Vve Morizot.

MM. Pouillevet.
Dr Pujo.
Truchetet-Sigaut.
Ferdinand Valby.

Clos Bolet ou **Baulet**. — C. A. B., deuxième et troisième classes ; D. L., troisième cuvée.

PRINCIPAUX PROPRIÉTAIRES

MM. Bornot.
Chevrey-Mathieu.
Latour.

Mmes Vve Morizot.
Vve Sigaut.
M. Truchetet-Sigaut.

Bussière (la) ou **Clos Bussière**. — C. A. B., deuxième classe ; D. L., troisième cuvée.

PRINCIPAL PROPRIÉTAIRE

M. Rolland.

Clos Solon ou **Solin**. — C. A. B., deuxième et troisième classes ; D. L., quatrième cuvée.

PRINCIPAUX PROPRIÉTAIRES

MM. Amiot-Girod.
Philippe Gremeaux.
Molot-Amiot.

MM. Molot-Petit.
Sigaut-Ruby.
Valby-Bornot.

Genavrières (les). — C. A. B., deuxième classe.

PRINCIPAUX PROPRIÉTAIRES

MM. Bordet.
Bornot-Sigaut (Mme Vve).
Louis Chevillon.

MM. Péley.
Ferdinand Valby.
François Valby.

Gruenchers (les). — C. A. B., deuxième classe.

PRINCIPAUX PROPRIÉTAIRES

M. Auguste Gremeaux. | Mme Vve Morizot. | M. Perreau-Sigaut.

Ruchots. — C. A. B., deuxième classe ; D. L., quatrième cuvée.

PRINCIPAUX PROPRIÉTAIRES

MM. Amiot-Girod. | MM. Motot-Petit.
Nicolas Bornot. | Seguin-Ocquidant.
Gremeaux. | Nicolas Perreau.
Marion. | Senequier.

Rue de Vergy (En la). — C. A. B., deuxième classe.

PRINCIPAUX PROPRIÉTAIRES

M. Rodier. | M. Riembault.

Ruotte ou **Riotte.** — C. A. B., deuxième classe ; D. L., troisième cuvée.

PRINCIPAUX PROPRIÉTAIRES

Mme Vve Carville. | M. Philippe Sigaut. | M. Valby Bornot.

Sorbets ou **Sorbés** (les). — C. A. B., deuxième classe ; D. L., quatrième cuvée.

PRINCIPAUX PROPRIÉTAIRES

M. Bordet. | M. Delagrange.

Sorbet (le clos) ou **Sorbés.** — C. A. B., deuxième classe ; D. L., quatrième cuvée.

PRINCIPAUX PROPRIÉTAIRES

MM. Claude Amiot-Girot. | MM. Gremeaux.
Nicolas Bornot. | Parizot-Caillier.
Bouillot-Maignot. | Morel.
Louis Chevillon. | Rodier.

Bas-Chenevary ou **Chenevery**. — C. A. B., troisième classe; D. L., quatrième cuvée.

PRINCIPAUX PROPRIÉTAIRES

MM. Baud.
    Perreau-Sigaut.

MM. Truchetet-Sigaut.
    Valby-Bornot.

Crais (les). — D. L., troisième cuvée.

Godelles. — D. L., troisième cuvée.

PROPRIÉTAIRE

M. Mongeard.

Herbuottes (les). — C. A. B., troisième classe.

PRINCIPAUX PROPRIÉTAIRES

MM. Amiot.
    Auguste Maignot.
    Jean-Baptiste Motot.

MM. Claude Truchetet.
    Valby-Bornot.

Pourroux ou **Porroux**. — C. A. B., troisième classe; D. L., quatrième cuvée.

PRINCIPAUX PROPRIÉTAIRES

MM. Berthaut.
    Mathieu Chevrey.
    Gremeaux-Boiteux.

MM. Claude Marchand.
    Truchetet.

Sionnières ou **Fionnères**. — C. A. B., troisième classe; D. L., quatrième cuvée.

PRINCIPAUX PROPRIÉTAIRES

M. Gremeaux-Boiteux. | M. Adrien Marion. | M. Motot-Petit.

Très-Girard. — C. A. B., troisième classe; D. L., quatrième cuvée.

PRINCIPAUX PROPRIÉTAIRES

MM. Bordet.
Auguste Maignot.
Perreau-Sigaut.

MM. Joseph Sigaut.
Truchetet-Berthaut.
Ferdinand Valby.
Etc., etc.

GEVREY-CHAMBERTIN

Le canton de Gevrey occupe, à juste titre, un rang tout spécial dans la Côte-d'Or. Il se compose de 32 communes, avec une population de 9,747 habitants, et son territoire contient 21,111 hectares.

La distance de Gevrey à Dijon, son chef-lieu d'arrondissement et de département, ne dépasse pas 13 kilomètres ; une dizaine de kilomètres le séparent de Nuits. La latitude y est de 47° 12′ 40″ et la longitude de 2° 38′ 21″.

Dans la partie inférieure du bourg passe la route nationale n° 74. Un service de voitures permet de se rendre du centre du pays à la station du P. L. M. éloignée d'environ 1500 mètres. De plus, une autre entreprise de voitures, faisant le trajet de Dijon aller et retour par le chemin de la Côte, facilite encore toutes correspondances et communications avec les villages voisins. La commune est pourvue d'un bureau de poste et télégraphe.

De temps immémorial, cette localité eut une incontestable importance.

Avant les guerres civiles qui le désolèrent, et une violente épidémie qui y exerça ses ravages en 1626, on y comptait 350 feux et 800 communiants ; au siècle dernier, ce nombre de feux s'était abaissé à 240. Après la Révolution, la population prit un léger accroissement ; actuellement, elle reste stationnaire et s'élève à 1854 âmes.

Très bien situé, ce bourg est placé au pied de la Côte, à peu de distance des climats célèbres qui lui ont valu sa réputation. Dans ses montagnes existent d'agréables vallons, dont le plus considérable a nom la *Combe de Lavaux*. De la combe dite de la *Boissière* sort une petite source dont l'eau très pure a des propriétés hygiéniques.

La commune offre trois parties distinctes, pour ainsi dire trois quartiers maintenant reliés entre eux par des habitations nombreuses. Ce sont la *rue Haute*, la *rue Basse* et les *Baraques*. Dans le quartier haut existent le vieux château, l'église, d'anciens bâtiments ayant appartenu aux divers chapitres et collégiales ; là, sont aussi les fontaines.

Le quartier bas contient la Maison Commune et les halles édifice construit en 1839, dans des proportions assez vastes pour qu'au rez-de-chaussée les voitures puissent pénétrer sans difficulté. Le premier étage est affecté aux réunions du conseil municipal, aux divers services de la mairie et à la justice de paix.

Le troisième quartier, les *Baraques*, est le plus moderne. Courtépée mentionne que son fondateur fut un sieur Delmasse, pâtissier, qui le premier établit sur le grand chemin une loge ou maisonnette pour héberger les voyageurs, et y mourut en 1768.

La Léproserie ou Maladière était aux Baraques. A la maison Fistet, en creusant une cave, on trouva, vers 1760, une pierre sculptée avec inscription, débris de la stèle funéraire d'un gallo-romain du nom d'*Emelioneus*, ouvrier en fer ; le peuple y a vu longtemps une effigie de saint Eloy. En 1772, d'autres tombeaux en pierre blanche, sans monnaies ni inscriptions, furent découverts à 200 pas de là (1).

Dans des temps presque récents, on a eu à signaler des « sépultures romaines contenant lampes, bracelets et 40 monnaies (2). »

Des Baraques dépendent plusieurs métairies et rentes isolées.

Le passé de Gevrey est digne d'intérêt ; ce bourg peut être cité comme l'un des plus anciens lieux habités de la Côte : « On a remarqué dans les *Pagi*, 1er volume, qu'il est placé par

---

(1) Courtépée, *ouv. cit.*, t. II.
(2) *Répertoire archéologique de la Côte-d'Or*.

plusieurs chartes dans le Beaunois, par d'autres dans l'Oscheret et dans le Dijonnais. » Ce passage est tiré de Courtépée.

Anciennement *Gibriacus* (1) dès 630, de vieux titres disent *Gibriacum, Giureium, Gyvræium Montanum*, ou *Gevrey-en-Montagne*. En 1847, en vertu d'une ordonnance royale, cette « petite ville » fut autorisée de joindre à son nom celui du climat célèbre de *Chambertin*.

Quelques documents d'histoire ne seront pas déplacés ici :

En 895, Richard, duc de Bourgogne, dit le Justicier, cédait à Saint-Bénigne des terres situées sur la commune ; plus tard cette seigneurie passa entre les mains des sires de Vergy ; l'un d'entre eux fit don aux abbés de Cluny de tout ce qui lui était échu en partage, par droit de succession (2).

Peu après, une église se fondait, groupant autour d'elle de nombreuses habitations ; alors l'évêque de Langres, du diocèse duquel elle dépendait, la fit desservir par des ecclésiastiques de son choix, mais en même temps, et suivant l'usage, ce nouveau chapitre établit la dîme sur les terres cultivées.

La résistance de Gevrey à ces exactions fournit matière à plusieurs procès.

Au xie siècle, et à la suite d'un conflit qui s'éleva entre Eudes I, duc de Bourgogne, et Hugues, abbé de Cluny, comte de Semur et autres lieux, le duc s'empara des biens que possédait l'abbaye tant à Gevrey qu'en d'autres parties du royaume.

Ne parvenant pas à se faire restituer ses domaines, Hugues provoqua et obtint l'excommunication du duc, ce qui força ce dernier à faire amende honorable et à restituer les biens de l'abbaye, ainsi que le constate un acte passé solennellement en 1101 (3) et contresigné par plusieurs seigneurs de la région.

En 1275, Cluny déjà propriétaire d'une partie du finage, en achetait les dernières parties à Robert II, duc de Bourgogne ; en

---

(1) *Chronique de Bèze*.
(2) Pour tous détails, cf. Courtépée, ouv. cit. : — H. Vienne, *Notices sur les sept communes dépendantes du canton de Gevrey*, Dijon, 1845. — V. aussi l'intéressante petite notice : *Gevrey-Chambertin et son vignoble*, par M. Thomas-Bassot.
(3) Archives du département.

1209 Eudes lui avait également fait don de nombreux climats.

En 1257, Ives de Poissey, abbé de Cluny, commençait la construction du château, qui, à sa mort, fut achevée par Ives de Chasans, son neveu et successeur. Il était flanqué de quatre fortes tours, et servait de lieu de refuge aux habitants, qui se trouvaient protégés contre les invasions si fréquentes à cette époque.

Néanmoins, en 1336, Louis de Neufchâtel le mit une première fois à sac, et fit subir de cruels désastres aux habitants en détruisant les récoltes et pillant une partie du village.

Philippe de Valois, obtempérant à la requête que lui présentèrent les religieux de Cluny, fit poursuivre vigoureusement Louis de Neufchâtel par le bailly de Mâcon, qui débarrassa la contrée de cette sorte de coureur de grand chemin. L'abbaye retirait de ses biens de Gevrey un profit considérable ; c'est ainsi que H. Vienne (1) écrit qu'en 1363, le supérieur de la communauté, Simon de la Brosse, affermait à un religieux de son ordre, et sous cautionnement de plusieurs propriétaires, au prix de 600 florins de bon or et légitime poids (représentant actuellement 8,484 francs) payables en deux termes, la majeure partie de ce finage ; 160 florins devaient en outre être payés au roi pour les hommes dispensés de servir dans les troupes de sa Majesté.

De graves procès furent la conséquence de cet état de chose, les fermiers cherchant à augmenter autant que possible leurs revenus et, par suite, leurs droits.

Dès cette époque, Gevrey était un bourg considérable ; les taxes auxquelles il fut plusieurs fois imposé le démontrent clairement ; ainsi voyons-nous qu'en 1438 il doit payer 10 livres sur les 600 imposés à toutes les bonnes villes de Bourgogne et du Mâconnais pour déterminer les *Escorcheurs* à quitter la province qu'ils voulaient de nouveau envahir.

En 1501, Louis XII concéda à la commune un marché ou foire se tenant une fois l'an (2) à charge par elle d'établir tout

---

(1) Déjà cité.
(2) Courtépée, ouv. cit.

le nécessaire pour sa tenue. C'est alors que furent bâties les premières halles situées dans la rue Basse.

A la fin du règne de François Ier, le bourg eut souvent à loger des gens de guerre, ce qui lui occasionna de fortes dépenses, notamment en 1531, où, à raison de la peste qui sévissait à Dijon, elle dut caserner une partie de sa garnison.

Pendant les guerres de religion la ville fut si fortement rançonnée, pillée et même brûlée que, par un procès-verbal daté de 1579, on peut voir qu'elle ne se réduisait plus qu'à 80 feux, après en avoir eu plus de 380.

Par la suite, rien de bien saillant ne se produit plus, hormis l'assassinat de Claude Billot, notaire royal, par un détachement de l'armée de Galas. Ce fait, sur lequel les historiens ne sont pas d'accord, se serait passé en 1636.

Les dîmes de toute nature, qui pesaient lourdement sur les habitants, ont été abolies à la Révolution, et depuis ce moment la commune a repris une très grande vitalité.

Nul climat de la Côte ne possède peut-être une réputation aussi universelle et une renommée aussi populaire que celui de *Chambertin* ; de tout temps la vigne y a été cultivée et a donné des produits vraiment supérieurs.

A ce sujet, nous disposons des renseignements suivants :

Dès l'an 630, le duc Amalgaire faisait don d'une terre de Gevrey à l'abbaye de Bèze. Les religieux y plantaient de la vigne qui, grâce à leurs soins intelligents, produisit de merveilleuses récoltes. Telle fut l'origine du fameux *Clos de Bèze*.

D'autre part, si on en croit la tradition, un paysan, nommé Bertin, pensant que son champ, qui était limitrophe, devait également convenir à la culture de la vigne, y plantait les mêmes cépages que ceux que les moines cultivaient dans leur clos de Bèze.

Le succès ne tarda pas à couronner ses efforts ; les produits qu'il obtenait étaient parfaits ; aussi les vignerons ne nommèrent-ils plus le vignoble ainsi créé que du nom de son propriétaire, c'étaient les *Champs de Bertin*, par la suite *Chambertin*.

Ce climat célèbre se compose donc, en somme, de deux parties contiguës, se suivant et situées à mi-côte; le Chambertin et le Clos de Bèze, dont la surface totale est de 27 hectares environ, ce clos y figurant pour 14 hectares.

En 1219, le Chapitre de Langres acheta pour six cents livres estevenants (1), des religieux de l'abbaye de Bèze, toutes les vignes et autres fonds qu'ils possédaient sur ce territoire.

Il ne paraît pas que ces religieux cultivèrent jamais ce clos, mais bien au contraire l'amodièrent à différents vignerons dont un des derniers payait 100 livres par an.

Vers 1651, ils se décidèrent à le vendre au sieur Jomard. Le clos se composait alors de 40 journaux dont 36 en vignes. Cette vente fut consentie moyennant une rente perpétuelle à payer par Jomard et ses héritiers de cinq queues de vin du meilleur et provenant de la vigne, envaisselé en tonneaux neufs, et 6 livres tournois en argent.

Par la suite, le Chapitre de Langres se repentit de cet acte et essaya par tous les moyens possibles de le faire résilier, mais M. Claude Jobert-Chambertin, entre les mains de qui le clos était passé, fit valoir ses droits devant les tribunaux et y obtint gain de cause tant en 1702 que plus tard.

Constatons qu'à la dégustation le Chambertin, qui marche de pair avec le clos de Bèze, possède toutes les qualités qui constituent les vins complets et qu'il peut se comparer à nos meilleures têtes de cuvées de la Côte.

C'est le cas de ne point passer sous silence l'appréciation flatteuse faite de ce crû célèbre par notre poète littérateur dijonnais, Bernard de Lamonnoye, l'auteur si connu des *Noëls bourguignons*.

« Il y a à Gevrey, village à deux lieues de Dijon, deux vignobles célèbres, l'un appelé Bèze, l'autre Chambertin. Un jour qu'un galant homme, qui possède une bonne partie des vignes de Bèze,

---

(1) Suivant M. H. Vienne, la livre estevenant, monnaie que faisait fabriquer l'abbé de Saint-Etienne, à Dijon, valait un neuvième de plus que la livre tournois. G. Peignot, dans une note à la suite du testament du duc Philippe le Bon, rapporte que 1.000 livres estevenantes ne valaient que 740 livres 14 sols, monnaie de France.

traitait quelques-uns de ses amis, un des conviés chanta ce triolet qui plut beaucoup à la compagnie et surtout au maître du festin :

> Bèze qui produit ce bon vin
> Doit passer pour très catholique ;
> J'estime plus que Chambertin
> Bèze qui produit ce bon vin.
> Si le disciple de Calvin,
> Bèze passe pour hérétique,
> Bèze qui produit ce bon vin
> Doit passer pour très catholique (1).

Courtépée signale entre autres climats renommés ceux de *Saint-Jacques*, des *Mazy*, des *Tamisot* et de *la Chapelle*.

Il aurait pu également indiquer celui des *Varoilles*, qui appartint jadis au chapitre de Langres et fut vendu comme bien national à la Révolution.

Au sujet du clos *Saint-Jacques*, M. Vienne (2) a publié le document qui suit :

« Ce domaine, dont les produits en vins sont classés parmi les têtes de cuvées du pays, est passé des mains de M. Morizot, seigneur de Jancigny, conseiller au Parlement, décédé en 1732, dans celles de M. Gonthier, d'Auvillars, parent de sa femme, qui lui a longtemps survécu. L'héritier de ces derniers s'en est défait, et, après plusieurs ventes il est passé entre les mains du propriétaire actuel. »

Au point de vue de la constitution géologique, la partie inférieure du bourg se trouve dans les alluvions anciennes venant des bords de la Saône ; puis apparait une large bande de calcaire à entroques, laquelle, dans les Chambertins, peut avoir une largeur de 600 à 700 mètres ; un affleurement de terre à foulon y fait suite. Enfin, le reste de la Côte est composé de calcaires oolithiques couronnées, sur les sommets de la montagne, par le Cornbrash.

---

(1) V. Dr Lavalle, *ouv. cit.*
(2) Déjà cité.

M. Delarue a indiqué, en 1855, la composition suivante pour deux des principaux climats de ce finage :

	CHAMBERTIN		VAROILLES DE GEVREY	
	Sol	Sous-sol	Sol	Sous-sol
Chlorures	0,002	0,004	0,001	0,001
Matières organ.	0,003	0,006	0,001	des traces
Silice	0,594	0,623	0,562	0,570
Alumine	0,234	0,232	0,280	0,280
Chaux	0,163	0,134	0,151	0,146
Fer	0,002	0,002	0,002	0,002
	0,998 p. 0,002	0,998 p. 0,002	0,997 p. 0,003	0,999 p. 0,002

Pour les Chambertins il ajoute :

« Nous avons cru remarquer la présence d'un phosphate, sans avoir pu en déterminer tous les caractères, et surtout la quantité. C'est la seule fois que cette observation a eu lieu dans le cours de nos analyses. »

Par la suite, les procédés d'investigation dont dispose la science se sont perfectionnés, et M. Margottet a trouvé les éléments ci-dessous pour un climat de cette commune au lieudit *Noirot*.

ANALYSE MÉCANIQUE	Sol	Sous-Sol
Terre fine	84.51	86.84
Gravier	15.49	13.16
ANALYSE PHYSIQUE DE LA TERRE FINE		
Sable siliceux	41.585	43.225
Argile	50.250	50.410
ANALYSE CHIMIQUE DE LA TERRE FINE		
Azote	0.154	0.126
Acide phosphorique	0.080	0.089
Potasse	0.355	0.270
Chaux	1.902	1.010

Nous terminerons cet examen agrologique en donnant un extrait des *Etudes des terrains de la Côte-d'Or*, faite en 1891 par MM. Margottet et Collot (1) ;

Les Sablières (entre les Baraques et la gare). Sol : maigre avec gravier calcaire.

Les Mazis du bas. — Sol : composé de terre légère avec quelques rares cailloux, rouge brun. Très bon ; 1^m d'épaisseur.

Sous-sol : caillouteux mêlé de terre.

Les Platières (entre la route et le chemin de fer).

(M. TISSERANDOT)

Sol : argilo-calcaire, divisé par gravier calcaire dur, brun, assez fertile ; 0^{m}30 à 0^{m}35 d'épaisseur.

Sous-sol : composé de gravier, cailloux et argile. Conserve l'humidité.

Clos de Bèze (Chambertin). — Sol : léger, mélangé avec quelques cailloux, rouge-brun ; 0^{m}70 d'épaisseur.

Sous-sol : dalle calcaire.

Dans le haut le sol est moins profond et le sous-sol est marneux.

Les Cazetiers. — Sol : argilo-calcaire, médiocrement caillouteux, gris-brun, retenant l'eau, peu fertile ; 0^{m}30 d'épaisseur de terre en haut, 0^{m}50 en bas.

Sous-sol : calcaire marneux, jaunâtre.

La Vau. — Sol : rouge-brun, mélangé avec quelques graviers durs ; bonne qualité, excellent pour vignes américaines ; 0^{m}60 d'épaisseur.

Sous-sol : roche en dalles.

Cimetière. — Sol : argilo-calcaire, modérément caillouteux, brun, sec, de fertilité moyenne ; 0^{m}55 d'épaisseur.

Sous-sol : gravier rocailleux entremêlé de marne.

Ces diverses analyses sont suffisantes pour donner une idée générale de l'agrologie de ces climats.

(1) Déjà cités.

Lors de l'établissement du cadastre en 1829, le territoire de la commune se répartissait de la manière suivante :

	HECTARES	ARES	CENTIARES
Terres labourables	817	57	20
Chenevières	12	12	85
Prés	65	03	00
Vignes	377	53	15
Bois	967	10	20
Oseraies	3	62	00
Etangs	62	93	80
Carrières	1	49	50
Pâtures et pâquiers	21	64	60
Friches et murgers	76	10	10
Jardins, vergers, avenues, sol de maisons	22	64	89
Surface non imposable	46	99	74
SURFACE TOTALE	2474	81	04

Peu après la surface en vignes ne tardait pas à augmenter ; en 1850 on évaluait celle-ci à 388 hectares environ, en 1880 cette surface s'était encore considérablement accrue.

La culture de la vigne n'offre rien de particulier. Les climats en vins fins sont travaillés avec le plus grand soin, et on ne néglige rien pour conserver au pinot toutes ses qualités maîtresses.

C'est dans la partie située en coteau que nous trouvons ce célèbre cépage dont la production moyenne oscille entre 20, 25 et même 30 hectolitres à l'hectare, suivant le mode de culture.

Dans la partie de plaine, au contraire, le gamay est seul cultivé ; il produit de bons vins de table et rend alors de 40 à 50 et même 55 hectolitres à l'hectare dans les bonnes années ; nous remarquerons à ce sujet que ce finage figure parmi ceux qui ont les rendements moyens les plus élevés.

La vinification et le traitement des vins n'offrent rien de spécial ; nous ne nous y arrêterons donc pas.

Les vins de Gevrey, comme ceux, du reste, de bien des climats de notre Côte, se vendaient à des prix très inférieurs avant que leur réputation ne fût faite.

Le Dr Lavalle (1) cite à ce sujet des chiffres extraits des registres des délibérations de la ville de Dijon et d'un manuscrit qui appartenait à M. Vienne, ancien archiviste. La queue des meilleurs vins de Gevrey fut portée au taux des gros fruits pour les sommes suivantes :

ANNÉES	PRIX	ANNÉES	PRIX	ANNÉES	PRIX
1613	36 livres	1637	17 livres	1661	22 livres
1614	32 —	1638	28 —	1662	24 —
1615	24 —	1639	40 —	1663	45 —
1616	15 —	1640	35 —	1664	32 —
1617	27 —	1641	27 —	1665	39 —
1618	20 —	1642	45 —	1666	22 —
1619	24 —	1643	35 —	1667	24 —
1620	30 —	1644	66 —	1668	48 —
1621	20 —	1645	24 —	1669	24 —
1622	33 —	1646	17 —	1670	18 —
1623	27 —	1647	24 —	1671	28 —
1624	20 —	1648	30 —	1672	22 —
1625	25 —	1649	20 —	1673	32 —
1626	36 —	1650	57 —	1674	35 —
1627	23 —	1651	45 —	1675	44 —
1628	48 —	1652	38 —	1676	30 —
1629	18 —	1653	24 —	1677	21 —
1630	14 —	1654	46 —	1678	16 —
1631	17 —	1655	42 —	1679	25 —
1632	36 —	1656	32 —	1680	21 —
1633	22 —	1657	18 —	1681	21 —
1634	18 —	1658	26 —	1682	25 —
1635	24 —	1659	54 —	1683	22 —
1636	30 —	1660	30 —	1684	32 —

(1) V. ouv. cit.

Par la suite, ces prix allèrent rapidement en augmentant et pour certains cette augmentation fut considérable.

Ainsi, pour le clos de Bèze-Chambertin, la queue qui en 1651 était évaluée à 30 livres, valait en 1761 700 et 800 livres, chiffre très important pour l'époque. Ce fait tenait à ce que le propriétaire du clos, fournisseur de vins de la Cour palatine et de Napoléon Ier, n'avait rien négligé pour faire apprécier ses produits en France et à l'étranger; ceux-ci, très goûtés, firent alors prime sur tous les marchés et le nom de Chambertin devint populaire après la mise en scène de l'opéra-comique le *Nouveau Seigneur du Village*.

Dans le commencement du siècle, les vins de Gevrey furent cotés à l'égal de ceux de nos meilleurs climats, et, actuellement, lors de la réunion des principaux propriétaires et négociants qui a lieu à l'issue de la vente des vins des hospices de Beaune, le Chambertin vient au même rang que la Romanée-Conti. Voici les prix à la pièce.

Vins rouges	1889	1890	1891
Romanée et Chambertin.	1000	800	1000

Le Dr Lavalle appréciait de la manière suivante les vins de Gevrey et cette manière de voir est aujourd'hui encore l'expression de la vérité. « La valeur relative des cuvées de Gevrey qui viennent après celle de Chambertin est dans la proportion du tiers au quart, en décroissant de l'une à l'autre ; ainsi quand le Chambertin *tout nouveau* se vend 600 fr. la queue (4 hect. 65 l.), la première cuvée de finage vaut 400 fr., la deuxième 300 fr. et la troisième 200 fr. Ceci, bien entendu, n'est qu'approximatif, car chaque propriétaire a sa manière de composer ses cuvées et peut leur donner plus ou moins de mérite réel. Cette proportion, du reste, ne s'applique qu'aux *vins nouveaux*, car elle est tout autre pour les *vins vieux* des bonnes années. »

Les vins de Gevrey se caractérisent, à l'analyse, par leur degré alcoolique, leur richesse en tannin et leur extrait sec élevé.

M. Delarue (1) de Dijon constatait ce fait dès 1855 :

---

(1) Déjà cité.

ANNÉE DE LA RÉCOLTE	NOM DU CLIMAT	NOM DU PROPRIÉTAIRE RÉCOLTANT	DENSITÉ DU VIN	ALCOOL POUR CENT	TANNIN DANS 100 GRAMMES DE VIN	SELS ORGANIQUES BITARTRATES		TOTAL DES SELS ORGANIQUES	SELS INORGANIQUES PHOSPHATE CHLORURE ET SULFATE	TOTAL GÉNÉRAL DES SELS
						DE FER	DE POTASSE ET ALUMINE			
1839	Gevrey Chambertin	de Mermeté à Dijon	940	12°46	millig. 105	gr. 0,028	gr. 0,306	gr. 0,334	gr. 0,380	gr. 0,694

D'autre part, relativement aux vins présentés à l'Exposition universelle de 1878, M. J. Boussingault a donné plusieurs analyses intéressantes dont voici les résumés :

NOM de l'Exposant	NOM du cru	ANNÉE de la récolte	QUANTITÉS RAPPORTÉES A UN LITRE DE VIN							
			Densité	Alcool en volume	Acidité totale en SO³HO	Crème de tartre	Tannin	Extrait sec	Glycérine	Acide succinique
Bouchard	Chambertin	1865	0,995	132,0	gr. 3 600	gr. 0,920	gr. 1,410	gr. 29,15	gr. 10,0	gr. 2,18
Grattier et Édouard	id.	»	0,997	121,0	3,700	1,28	0,846	30,45	9,2	1,84
Milon Humbert	id.	1850	0,994	150,0	3,880	0,376	0,470	32,35	8,40	1,68
Liether cadet et fils	id.	1876	0,993	126,0	3,160	0,644	»	29,35	6,3	1,26
Paul Guillemot	id.	1876	0,987	112,0	4,080	2,100	1,175	28,90	8,0	1,60
Gaurain	Charme	1874	0,997	126,0	3,940	1,581	1,175	30,80	8,8	1,85
id.	Latricières	1865	0,995	125,0	3,190	1,860	1,057	28,40	8,4	1,65

Dans ces analyses, la proportion de glycérine se montre assez considérable; ce fait tient, croyons-nous, au mode de dosage employé.

M. Margottet, analysant les vins de la récolte 1889, en a fait

(1) Déjà cité.

une étude très complète et très importante; voici un extrait de ses conclusions:

NOMS des Vins	Densité à 15° degrés	Alcool en volume p. 100	Extrait sec à 100 degrés	Sulfate de potasse	Crème de tartre	Acidité totale en SO³HO	Tannin	Fer en milligr.
VINS DES PLANTS FINS								
Chambertin . . .	993,0	12°5	21,15	0,19	3,29	3,49	1,2	»
Id.	993,4	13,3	26,80	0,22	4,10	4,60	1,3	4,7
Id.	993,0	13,8	25,90	0,33	3,99	4,62	1,2	»
Id.	991,5	13,7	27,35	0,18	3,38	4,50	1,3	»
Climat de Fonteny	993,4	12,4	21,90	0,21	2,96	3,50	»	4,2
Mazis.	993,2	12,3	21,70	0,19	3,24	3,45	1,8	4,5
Grandes-Charmes	995,0	12,2	20,50	0,19	3,24	3,27	1,8	4,5
Gevrey	993,6	13,1	26,80	0,13	3,29	5.19	»	»
Id.	994,0	12,0	22,90	0,19	3,48	3,56	»	»
Varoilles . . .	993,2	13,4	26,70	0,37	2,54	4,12	1,3	5,3
VINS DES PLANTS ORDINAIRES								
Gamays. . . .	996,6	10,0	23,75	0,37	3,21	5,70	»	»
Id.	997,5	10,0	25,50	0,45	4,08	6,57	»	»
Id.	996,8	10,2	25,30	0,19	3,59	6,42	»	»

Tous ces chiffres, sauf l'alcool qui est pour cent, sont rapportés au litre. Dans ces analyses encore, la richesse en tannin, l'élévation du degré alcoolique, la richesse en extrait, nous marquent la robuste constitution des vins fins, qui se retrouve également pour les ordinaires.

A la dégustation, le Dr Morelot a écrit: « Tous les vins de cette côte (j'entends les têtes de cuvées) peuvent être considérés comme tenant le premier rang parmi ceux de la Côte-d'Or; ils se distinguent particulièrement par leur franchise, leur couleur et leur solidité.

« La saveur qu'ils impriment au palais est celle du raisin en sa parfaite maturité. Les vins de Gevrey, autres que le Chambertin, ne se présentent pas aussi vite que celui de ce bon climat, à moins qu'on ne les soutire et qu'on ne les colle plusieurs fois. »

Le Dr Lavalle a constaté, comme nous, que le caractère général de tous les vins de pinot est la fermeté ou le corps, ce qui les fait rechercher par le commerce qui y trouve un remède et un soutien pour ceux qui faiblissent.

Appréciant le caractère des cuvées, il ajoute : « La première cuvée de finage a un cachet de *grand vin* et se distingue peu du Chambertin dans les deux ou trois premières années; la deuxième cuvée a aussi du bouquet et de la finesse qui en font un vin très agréable; la troisième cuvée est un *ordinaire de prince* et est digne, dans les grandes années, de figurer sur les tables bourgeoises comme *vins d'entre-mets*. »

Au-dessous de ces trois cuvées, il place les vignes basses qui font un bon ordinaire bourgeois.

En deux mots, franchise, solidité, bouquet et corps sont la caractéristique des produits de ce finage. Avec l'âge, toutes ces qualités se fondent en un tout qui fait classer les bonnes cuvées parmi les meilleures de la Côte.

Ajoutons que nuls vins ne se conservent mieux et plus longtemps que ceux de ce finage, qu'ils supportent bien les voyages et qu'à ces titres divers, ils ont assuré la réputation dont Gevrey-Chambertin s'honore aujourd'hui.

Terminons en disant que l'on peut classer le vignoble de la manière suivante :

27 hectares Chambertin, clos de Bèze compris, en tête de cuvée; 37 à 38 hectares en première cuvée; 60 à 62 hectares en deuxième cuvée; 80 à 85 en troisième cuvée et le reste en quatrième cuvée.

NOMENCLATURE

DES PRINCIPAUX CLIMATS ET LIEUX-DITS

Chambertin. — D. L., tête de cuvée; C. A. B., première classe.

PRINCIPAUX PROPRIÉTAIRES

MM. de Blic.
Bordet.
Dubard (Mme Vve).
Gauthey cadet et fils.
Fernand Grachet.
Guichard-Potheret et fils.
Paul Guillemot.

MM. Albert et Gaston Joliet.
les héritiers Marey.
Marion.
de Morot de Grésigny.
Serre (Mme).
Thomas-Bassot et fils.

Clos de Bèze. — D. L., tête de cuvée; C. A. B., première classe.

PRINCIPAUX PROPRIÉTAIRES

MM. Gauthey cadet et fils.
Fernand Grachet.
Guichard-Potheret et fils.
Guillemot.

MM. Marion.
de Morot de Grésigny.
Mme Serre.

Castiers Haut ou Grandes Charmes. — D. L., première cuvée; C. A. B., deuxième et troisième classes.

PRINCIPAUX PROPRIÉTAIRES

Mme de Bast.
MM. Bizot-Fermouche.
Camuzet-Fremy.
Corbabon.
Guichard-Potheret et fils.

MM. Magnien-Fleurot.
Magnien-Tisserandot.
de Morot de Grésigny.
Thomas-Bassot et fils.
le Dr Truchetet.

GEVREY-CHAMBERTIN 519

Chapelle-Haute. — D. L., première cuvée.

PRINCIPAUX PROPRIÉTAIRES

MM. Bazin.
Fernand Grachet.

MM. Joliet-Serrigny.
le Dr Truchetet.

Charmes-Hautes. — D. L., première cuvée; C. A. B., deuxième et troisième classes.

PRINCIPAUX PROPRIÉTAIRES

M. le Dr Demorey. | MM. Gauthey cadet et fils. | M. Grangier.

Etournelles. — D. L., première cuvée.

PRINCIPAUX PROPRIÉTAIRES

M. le Dr Demorey. | M. Corbabon. | Mme Serre.

M. PIERRE BOURÉE

à GEVREY-CHAMBERTIN (Côte-d'Or)

MAISON FONDÉE EN 1864

(*Successeur de Thomas, de Pellerey*)

Propriétaire à BEAUNE et à GEVREY-CHAMBERTIN

GRANDS VINS DE BOURGOGNE

Gevrey-Chambertin : Magasins et Caves de la Maison
GUICHARD-POTHERET & Fils, ※,
de Chalon-sur-Saône et Gevrey-Chambertin (1).

---

(1) Maison fondée en 1815.

Récompenses aux principales expositions de France et de l'Etranger :

Seuls Diplômes d'honneur

Amsterdam 1883. — Nice 1883-84. — Londres 1884. — Anvers 1885. — Vienne 1891.

Médailles

Londres 1862. — Vienne Mérite 1873. — Philadelphie 1876. — Paris, médaille d'or 1878. — Melbourne, médaille d'or 1880-81. — Chalon-sur-Saône, médaille d'or 1881. — Bordeaux, médaille d'or 1882. — Barcelone, médaille d'or 1888.

Membre du Jury hors concours

Paris 1885. — Le Havre 1887. — Bruxelles 1888. — Paris 1889.

Fournisseurs brevetés de la Cour Royale de Grèce.

Cuverie et Caves à Gevrey-Chambertin de la Maison
GUICHARD-POTHERET & Fils, ✻,
de Chalon-sur-Saône et Gevrey Chambertin (1)

---

(1) Propriétaires dans les communes de :

Gevrey-Chambertin : *Chambertin, Clos de Bèze* (tête de cuvée),
Saint-Jacques, — Mazy, — Castiers (1re cuvée),
— Les Gemeaux, — Les Latricières, — Le Clos Prieur, — Combe aux Grisards.

Chambolle-Musigny : *Les Musigny* (tête de cuvée),
Les Bonnes-Mares, — Amoureuses (1re cuvée),
Les Eschézeaux.

Vougeot . . . . . . *Au Clos Vougeot* (tête de cuvée).
Flagey . . . . . . *En Orveau* (1re cuvée).
Aloxe . . . . . . *Corton Clos du Roi* (tête de cuvée).
Beaune . . . . . . *Les Grèves* (tête de cuvée).

GEVREY-CHAMBERTIN

Clos des Verroilles (6 hectares), Propriété de MM. Albert et Gaston Joliet,
Médaille d'or à l'Exposition universelle de Paris 1889 (1).

---

(1) MM. Albert et Gaston Joliet sont en outre propriétaires de Chambertin.

Fouchère. — D. L., première cuvée.

PRINCIPAUX PROPRIÉTAIRES

M. de Blic. | M. Corbabon. | M. Joliet-Serrigny.

Grillotte-Haute. — D. L., première cuvée.

PRINCIPAUX PROPRIÉTAIRES

M. Joliet-Serrigny. | M. Rebourseau-Philippon.
MM. Thomas-Bassot et fils.

Mazy-Haut. — D. L., première cuvée; C. A. B., deuxième classe.

PRINCIPAUX PROPRIÉTAIRES

MM. Bizot-Fermouche. | MM. Guichard-Potheret et fils.
Dubard (Mme). | Fernand Grachet.
Foulet-Chevillon. | de Morot de Grésigny.
Fremy-Tachet. | Thomas-Bassot et fils.

Ruchottes du Dessus. — D. L., première cuvée; C. A. B., deuxième classe.

PRINCIPAUX PROPRIÉTAIRES

M. Tisserandot-Girod. | M. Tisserandot-Grimaut.

Clos des Ruchottes.

SEUL PROPRIÉTAIRE

M. Thomas-Bassot.

Ruchotte basse ou **Ruchotte du Bas** ou **Mazis.** — C. Loc., première classe; D. L., deuxième cuvée; C. A. B., deuxième classe.

PRINCIPAUX PROPRIÉTAIRES

MM. Boinet-Foulet. | MM. Poillot père.
Fricot-Roblot. | Thomas-Bassot et fils.
de Morot de Grésigny.

DOMAINE DE MOROT DE GRÉSIGNY D'AUTHUME

A GEVREY-CHAMBERTIN ET NUITS

appartenant actuellement

A M. SOSTHÈNE DE GRÉSIGNY

et Mme Vve Charles BIDAULT.

SOSTHÈNE DE GRÉSIGNY

Propriétaire à Gevrey-Chambertin.

Médaille d'or à l'Exposition universelle de 1889

SEPT CUVÉES

1° *Chambertin et Clos de Bèze* . . . . . Tête de cuvée.
2° *Latricières, section de Chambertin.* . . . 1re cuvée.
3° *Mazis.* . . . . 1re cuvée.
4° *Grandes-Charmes ou Castiers* . . . . . 1re cuvée.
5° *Nuits Saint-Georges* . . . . 1re cuvée.
6° *Gevrey.* . . . . 2e cuvée.
7° *Vin rouge* bon ordinaire.

Vignoble entièrement conservé par le traitement au sulfure de carbone, employé depuis 1881.

Produits vendus de préférence au commerce, à défaut aux particuliers.

S'adresser à M. Sosthène de Grésigny, à Gevrey-Chambertin.

Saint-Jacques et Clos Saint-Jacques. — D. L., première cuvée; C. A. B., deuxième classe.

PRINCIPAUX PROPRIÉTAIRES

MM. Corbabon.
Guichard-Potheret et fils.

Mme Serre.
M. de Morot de Grésigny.

Clos des Véroilles. — D. L., première classe.

SEULS PROPRIÉTAIRES

MM. Albert et Gaston Joliet.

Castiers-Bas. — C. A. B., deuxième et troisième classes.

PRINCIPAUX PROPRIÉTAIRES

MM. de Bast.
Bizot-Fermouche.
Magnien-Fleurot.

MM. Magnien-Tisserandot.
le Dr Truchetet.
Thomas-Bassot et fils.

Chapelle (Petite). — D. L., deuxième cuvée.

PRINCIPAUX PROPRIÉTAIRES

MM. Amiot-Girod.
Bazin.
Boinet-Foulet.
Dubard (Mme).
Frémy.
Gérard.

MM. Joliet-Serrigny.
Tachet-Tortochot.
Thomas-Bassot et fils.
Tisserandot-Girod.
Trapet-Raillard.

Charmes-Bas. — D. L., deuxième cuvée; C. A. B., deuxième et troisième classes.

PRINCIPAUX PROPRIÉTAIRES

MM. Bizot-Fermouche.
Foulet-Carillon.
Gouroux-Fremy.
Mme Vve Philippon.

MM. Rebourseau-Philippon.
Thomas-Bassot et fils.
Tisserandot-Girod.
le Dr Truchetet.

Aux Combottes. — C. A. B., deuxième classe.

PRINCIPAUX PROPRIÉTAIRES

MM. Amiot-Girod.
Dubard (Mme).
Guichard-Potheret et fils.

MM. Parizot-Caillé.
Ponsot.

Maison d'habitation, Bureaux, Caves et Magasins de la Maison REBOURSEAU-PHILIPPON,
à Gevrey-Chambertin.
Propriétaire au Clos Vougeot (voir page 449).

Echézeaux ou **Echesseaux**. — D. L., deuxième cuvée; C. A. B., troisième classe.

PRINCIPAUX PROPRIÉTAIRES

MM. Amiot-Girod.
Bordet.

MM. Pansiot.
Polack.

Gemeaux ou **Chapelle**. — D. L., deuxième cuvée.

PRINCIPAUX PROPRIÉTAIRES

MM. Boinet-Foulet.
Dubard (Mme).
Guichard-Potheret et fils.
de Morot de Grésigny.

MM. Poillot-Tubet.
Thomas-Bassot et fils.
le Dr Truchetet.

Latricières. — D. L., deuxième cuvée; C. A. B., deuxième et troisième classes (se vend dans le pays le prix des vins de première classe (Ancienne propriété Gauvain).

PRINCIPAUX PROPRIÉTAIRES

MM. Gauthey cadet et fils.
Gillot.
Guichard-Potheret et fils.

MM. de Morot de Grésigny.
Riembaud.
Savot.

Lavaut-Haut. — D. L., deuxième cuvée; C. A. B., troisième classe.

PRINCIPAUX PROPRIÉTAIRES

MM. Bizot-Fermouche.
Frémy-Gérard.
Fernand Grachet.
Laroze-Simonnot.
Mugnien-Fleurot.
de Morot de Grésigny.

MM. Naigeon-Gouroux.
Alexis Philippon.
Tachet-Saunier (Mme Vve).
Tachet-Tortochot.
Tisserandot-Girod.
Tisserandot-Grimaut.

Maison THOMAS-BASSOT et Fils, à Gevrey-Chambertin
(Côte-d'Or) (1).

---

(1) Maison fondée en 1852. — Médaille d'or à l'Exposition universelle Paris, 1878. — Hors concours en 1889.

Agences : Londres, 49, Fenchurch Street ;
— Toronto, 4, Court Street ;
Dépôt à Paris (Caves Sainte-Marie), 83, rue de Rivoli.

Propriétaire à **Chambolle-Musigny** : aux *Grands Musigny* ;
— à **Gevrey-Chambertin** : *Au Chambertin* ;
— *Clos des Ruchottes* (seul propriétaire) ;
— *Chapelle* ;
— *Grillotte* ;
— *Charmes* ;
— *Mazy Haut* ;
— *Castiers*, etc., etc.

Cette maison distille du produit de ses récoltes le *Marc des Ruchottes* l'une des marques les plus estimées de ce produit tout Bourguignon.

Mazoyères ou Charme. — D. L., deuxième cuvée; C. A. B., deuxième classe.

PRINCIPAUX PROPRIÉTAIRES

MM. Bolnot-Dussausse.
Bordet.
Camus-Naigeon.
Foulet-Carillon.
Lagrange.

MM. Frémy-Bolnot.
Moine-Gilbert.
Polack.
Savot.
Tisserandot-Girod.

Mazy-Bas. — D. L., deuxième cuvée.

PRINCIPAUX PROPRIÉTAIRES

MM. Bizot-Fermouche.
Camus-Naigeon.
le Dr Demorey.
Devillebichot.

MM. Louis Maire-Javelier.
Honoré Philippon.
Rebourseau-Philippon.
Thomas-Bassot et fils.

Carrougeot. — D. L., troisième cuvée.

PRINCIPAUX PROPRIÉTAIRES

M. Chevillon-Jodenet.
Mme Vve Choiset.
M. Frémy-Bolnot.

MM. Lenoir.
de Marcilly.

Champeaux. — D. L., troisième cuvée.

PRINCIPAUX PROPRIÉTAIRES

MM. Emile Bizot.
Bizot-Fermouche.
Clément.
Auguste Collinet fils.
Foulet-Drouhin.
de Morot de Grésigny.

Mme Vve Foulet-Sacconey.
MM. Magnien-Tisserandot.
Naudin-Roux.
Roussotte père.
Siméon Bolnot.
Tisserandot-Girod.

Champerrier-Haut. — D. L., troisième cuvée.

PRINCIPAUX PROPRIÉTAIRES

MM. Bizot-Fermouche.
Boinet-Foulet.
Chevillard-Tisserandot.
Fernand Grachet.
Couroux-Frémy.

MM. Javillier-Morizot.
Laroze (Mme Vve).
Honoré Philippon.
Tisserandot-Girod.

CLOS DES RUCHOTTES
Propriété de M. THOMAS-BASSOT, à Gevrey-Chambertin
(Côte-d'Or) (1).

---

(1) Maison fondée en 1852. — Médaille d'or à l'Exposition universelle Paris 1878. — Hors concours en 1889.

Agences : Londres, 49, Fenchurch Street ;
— Toronto, 4, Court Street ;
Dépôt à Paris (Caves Sainte-Marie), 83, rue de Rivoli.

Propriétaire à **Chambolle-Musigny** : aux *Grands Musigny* ;
— à **Gevrey-Chambertin** : *Au Chambertin* ;
— *Clos des Ruchottes* (seul propriétaire) ;
— *Chapelle* ;
— *Grillote* ;
— *Charmes* ;
— *Mazy Haut* ;
— *Castiers*, etc., etc.

Cette maison distille du produit de ses récoltes le *Marc des Ruchottes*, l'une des marques les plus estimées de ce produit tout Bourguignon.

Champonnet. — D. L., troisième cuvée.

PRINCIPAUX PROPRIÉTAIRES

MM. Fernand Grachet.
Albert et Gaston Joliet.
de Morot de Grésigny.

MM. Tisserandot-Girod.
Tortochot-Girod.

Champs. — D. L., troisième cuvée.

PRINCIPAUX PROPRIÉTAIRES

MM. Fricot-Roblot.
Girod-Mazeau.
Gouroux-Frémy.
Louis Javelier.

MM. Naudin-Roux.
François Siméon.
Tisserandot-Girod.
Tisserandot-Grimaud.

Champs Chenys. — C. A. B., troisième classe.

PRINCIPAUX PROPRIÉTAIRES

Mmes Vve Briotet.
Vve Chevillon.
MM. Chevillot aîné.
le Dr Demorey.
Frémy-Tachet.

MM. Gouroux-Frémy.
Denis Lebert.
Laly-Chevillon.
Tahet-Tortochot.
Trapet-Raillard.

Charreux. — D. L., troisième cuvée.

PRINCIPAUX PROPRIÉTAIRES

MM. Bizot-Fermouche.
Bouchot-Ludot.
Chevillon-Jodeuet.
Javillier-Morizot.

MM. Louis Lorange.
Charles Pagot.
le Dr Truchetet.

Clos Prieur-Haut. — D. L., troisième cuvée.

PRINCIPAUX PROPRIÉTAIRES

MM. Bizot-Fermouche.
Bourgeot-Pinot (Mme Vve).
Choizet (Mme).
Cochet-Rousseau.
Devillebichot.
Frémy-Gérard.

MM. Frémy-Tachet.
Guichard-Potheret et fils.
Rebourseau-Philippon.
Thubet (Mme Vve).
Tisserandot-Girod.
Trapet-Raillard.

Cherbaude. — D. L., troisième cuvée.

PRINCIPAUX PROPRIÉTAIRES

MM. Bizot-Fermouche.
    Chevillon-Foulet.
    Collinet fils.
    Devillebichot.
    Frémy-Tachet
    Gouroux-Frémy.

MM. Groffier-Girod.
    Laly-Chevillon.
    Laroze-Simonot.
    Rebourseau-Philippon.
    Tisserandot-Girod.

Combe du Dessus. — C. Loc., deuxième cuvée; D. L., troisième cuvée.

PRINCIPAUX PROPRIÉTAIRES

MM. Boinet-Foutet.
    Chevillard-Tisserandot.
    Chevillon-Foulet.
    Chevrey (Mme Vve).
    Gouroux-Frémy.

MM. Laroze-Simonot.
    Naigeon-Gouroux.
    Pagot.
    Alexis Philippon.
    Tisserandot-Grimaud.

Combe au Moine. — C. Loc., première et deuxième cuvées; D. L., troisième cuvée.

PRINCIPAUX PROPRIÉTAIRES

MM. Auguste Chevillon.
    Chevillon-Cathelineau.
    Chevillon-Jodenet.

MM. Foulet-Chevillon.
    de Morot de Grésigny.
    Poillot père.

Corbeaux. — D. L., troisième cuvée.

PRINCIPAUX PROPRIÉTAIRES

MM. Bazin.
    Boinet-Foulet.
    Chevillard-Pacquetet.
    Chevillon-Jodenet.
    Chevrey (Mme Vve).
    Collinet fils.

Mme Vve Dubard.
MM. Joliet-Serrigny.
    Laly-Chevillon.
    de Morot de Grésigny.
    Thomas-Bassot et fils.
Mme Vve Thubet.

Craipillot. — D. L., troisième cuvée.

PRINCIPAUX PROPRIÉTAIRES

MM. Camuzet-Frémy.
Chevillon-Jodenet.
Laroze-Simonot.

M. Tisserandot-Girod.
Mme Vve Thubet.

Crais du Dessus. — D. L., troisième cuvée.

PRINCIPAUX PROPRIÉTAIRES

MM. Camuzet-Frémy.
Groffier-Girod.
Charles Claude.
Alfred Lenoir.
Magnien Fleurot.
J.-B. Michaud.

MM. Etienne Naigeon.
Naigeon-Gouroux.
Tisserandot-Girod.
Trapet-Raillard.
le Dr Truchetet.

Ensonge. — D. L., troisième cuvée.

PRINCIPAUX PROPRIÉTAIRES

Mme Augustine Bizot.
MM. Emile Bizot.
Bizot-Fermouche.
Camuzet-Frémy.

MM. Frémy-Poulot.
Fricot-Roblot.
Tisserandot-Girod.

Fonteny. — D. L., troisième cuvée.

PRINCIPAUX PROPRIÉTAIRES

MM. Bourgeot-Bourgeot.
le Dr Demorey.
Maignot-Tachet.
Charles Pagot.

MM. Poillot père.
Edouard Pommey.
Tisserandot-Girod.

Marchais. — D. L., troisième cuvée.

PRINCIPAUX PROPRIÉTAIRES

MM. Fricot-Roblot.
Siméon Mignardot.
de Morot de Grésigny.
Naudin-Roux.

MM. Alexis Philippon.
Soret.
Tisserandot-Girod.

Clos Meixvelle. — D. L., troisième cuvée.

SEUL PROPRIÉTAIRE

M. Marion.

Motrot. — D. L., troisième cuvée.

PRINCIPAUX PROPRIÉTAIRES

M. Marion. | M. le Dr Pujo.

Pallut. — D. L., troisième cuvée.

PRINCIPAUX PROPRIÉTAIRES

M. Bazin. | MM. Tisserandot-Girod.
Mme Vve Chevrey. | Tortochot-Girod.
M. Joliet-Serrigny. | Belot-Raillard.
Mme Vve Thubet. |

Vellées. — D. L., troisième cuvée.

PRINCIPAUX PROPRIÉTAIRES

M. Naudin-Roux. | MM. A. Rousseau-Duband.
Mme Vve Raillard-Pitot. | François Siméon.

Combes du Bas.

PRINCIPAUX PROPRIÉTAIRES

MM. Cochet père. | MM. Masson.
Corbabon. | le Dr Truchetet.

Combe aux Grisards.

PRINCIPAUX PROPRIÉTAIRES

MM. Guichard-Potheret et fils.

Tamisot. — C. Loc., deuxième cuvée.

PRINCIPAUX PROPRIÉTAIRES

M. Corbabon père. | M. Lacomme. | M. Paul Guillemot.

BROCHON

A Brochon, *Bruciacus* au vi^e siècle (1), *Briscona villa* en 878 (2), les Romains ont laissé les traces de leur séjour par des monnaies, des monuments sculptés et des tombeaux. L'époque mérovingienne s'y est révélée par un nombre important de sépultures. Ce fut probablement une colonie romaine qui défricha les terrains couverts de broussailles où la vigne devait prendre plus tard un si grand développement.

Charlemagne y fonda un hôpital qui fut enrichi par Simon de Vergy (1175) et par Humbert de Bertrand (1273). En 1300 cet hospice fut uni à l'abbaye de Saint-Etienne de Dijon, après sa suppression au xviie siècle, ses biens furent affectés au grand hôpital de Dijon.

Il y a cinq cents ans, Brochon appartenait aux Chartreux, à une dame de Pesmes et à un Hugenin de Charmes. La partie, formant la propriété de la dame de Pesmes, provenait des sires de Granson et passa plus tard à la maison de Tavanes.

Les Chartreux étendirent leurs domaines par des acquisitions et des dons ; en 1789, ils possédaient presque tout le territoire, avec les abbés de Citeaux et l'hôpital de Dijon.

Le fief de *Crébillon* était situé au couchant de l'énclos des Chartreux.

On ignore la date et les conditions de l'affranchissement de Brochon. Lors des guerres intestines qui désolèrent la Bourgogne sur la fin du xvie siècle, ce vinage eut à loger les gens d'armes du comte de Tavanes.

(1) *Chronique de S. Bénigne.*
(2) *Chartes bourguignonnes.*

En 1569 et 1576, Brochon fut pillé et incendié par les reitres venus au secours des protestants, puis, en 1636, par les Croates de Galas.

Une grêle, survenue le 13 mai 1704, ravagea le territoire ; les vignes furent absolument hachées.

L'hiver de 1709 et la famine qui en fut la suite causèrent la mort de plusieurs habitants.

Il n'y a rien de particulier à dire sur Brochon durant la période révolutionnaire. A la chute du premier Empire, il fut occupé par les troupes alliées, comme, en 1870, par les Allemands.

Brochon a une population de 437 habitants et est distant de Gevrey, son chef-lieu de canton, de 2 kil., et de 11 kilomètres de Dijon.

Ses limites sont, au nord, Fixin ; au midi, Gevrey ; au levant, Fénay, et au couchant, Chambœuf et Clémencey. L'altitude moyenne y est de 295 mètres, et le territoire s'étend, de l'est à l'ouest, à la longitude de 2° 38' 45", et 47° 13' 20", de latitude. Aucun cours d'eau n'arrose ce village.

Il est situé à 1500 mètres, à l'ouest, de la route nationale de Dijon à Beaune et à 3 kil. 1/2 de la gare de Gevrey. Une voiture publique de Dijon à Gevrey, en suivant le chemin de la Côte, facilite encore toutes communications.

Brochon est desservi par le bureau de poste de son chef-lieu de canton.

La surface de la commune est de 747 hectares, sur laquelle, à l'établissement du cadastre, on comptait 137 hectares en vignes ; après s'être élevée jusqu'à 200 hectares, elle a un peu diminué.

On peut évaluer au cinq ou sixième environ les climats produisant les vins fins.

Certains climats tirent leur nom de leur situation, tels sont les *Préhaut*, des prés hauts, *Erocelles (Es Brosselles)*, en broussailles, *Meix haut, Meix bas*, voisins des maisons.

Crébillon, Crjot, Creterent, Crederrière, Croix violette, etc., région des craies.

La Mouille : partie humide.

En Vignois : petites vignes, terrains à sous-sol marneux et froids.

La *Combe :* partie basse avoisinant la route.

Le *Champerrier :* champ des pierres, terrains cailloutteux.

En Pince-vin ou *Pisse-vin :* terre à vigne.

En Charreux : peut-être y a-t-il une altération de Chartreux ?

Le *Moutier,* de *monasterium :* climat près de l'église.

Le *Meix au maire, Meix Fringuet,* s'expliquent par leur voisinage des maisons.

La *Mazière,* vignes entourées de murs, *maceriæ,* clôture en pierre sèche. C'était l'emplacement de la partie du village incendiée par les Croates de Galas.

N'omettons pas de rappeler que le climat de *Crais-Billon* a donné son nom au célèbre poète tragique, Crébillon, né à Dijon en 1674 et mort en 1762 (1).

Quant à la constitution géologique, toute la partie inférieure du côté de la plaine est dans les alluvions anciennes ; aussitôt après la route, apparait un affleurement des calcaires à entroques, tandis que, dans les combes, se développe le Forest Mable et la Grande Oolithe.

Entre le chemin de la Côte et la montagne le sol est argilo-calcaire, avec sous-sol d'une argile plus ou moins marneuse qu'on exploite en certains endroits. La profondeur du sol arable est très considérable ; au contraire, au levant et jusqu'à la route nationale, le sol est moins profond et très calcaire. Plusieurs climats y portent le nom de *craies,* qui tient évidemment à leur situation ; le sol est alors sec, léger et le sous-sol cailloutteux.

Plus bas, le sol a encore une profondeur moindre et repose sur une couche épaisse de graviers. Voici l'analyse complète des deux échantillons de terre (2) :

---

(1) V. H. Vienne, *Essai historique sur la ville de Nuits,* p. 271, chap. intitulé : Sur l'origine de Crébillon.

(2) Margottet, déjà cité.

	1	2
Terre fine	97.88	68.97
Gravier	2.12	31.03
	100.00	100.00

ANALYSE CHIMIQUE DE LA TERRE FINE

	1	2
Azote	»	0.112
Acide phosphorique	»	0.086
Potasse	»	0.212

ANALYSE PHYSICO-CHIMIQUE

	1	2
Sable siliceux	19.960	28.424
Argile	67.760	27.700
Chaux	6.126	22.926

Ainsi qu'on le voit, ces sols peu riches en principes fertilisants, notamment en acide phosphorique, sont très calcaires.

Les cépages que l'on y cultive sont surtout le pinot et les gamays d'Arcenant ou de Bévy ; les façons culturales n'offrent rien de particulier.

Les vins produits ont toujours atteint des prix assez élevés ; alors que les vins fins se vendaient, ces années dernières, jusqu'à 350 francs la pièce, les ordinaires, pendant ces dernières années, oscillaient entre 90 et 100 et 105 fr. la pièce de 228 litres.

En 1891, lors de l'Exposition des vins organisée par le syndicat de la Côte dijonnaise, le jury de dégustation disait : « Les communes de Brochon, etc. ont envoyé de nombreux échantillons qui ont été très appréciés, et témoignent de la réussite générale. Les prix moyens varient entre 90, 100 et 105 fr. la pièce. Pour les gamays de choix ils s'élèvent à 110, 120 et 125 francs ; les passe-tous-grains et les vins fins, comme les précédents peuvent soutenir la comparaison avec les meilleures années (1). »

(1) *Bulletin du syndicat de la Côte dijonnaise*, janvier 1892.

Les vins de cette commune, tant pour les vins fins que pour les ordinaires, sont d'un degré alcoolique assez élevé, riches en extrait et en fer; tels sont les résultats de quelques analyses qu'il importe de connaître (1) :

NOMS des VINS	DENSITÉ à 15 degrés	ALCOOL en v. p. cent	EN GRAMMES PAR LITRE					Tannin	Fer en millig.
			Extrait sec à 100 degrés	Sulfate de potasse	Crème de tartre	Acidité totale en acide sulfurique		
VINS FINS								
Clos St-Léon	994,0	10,9	22,50	0,21	2,63	3,66	1,3	5,0
Crébillon . .	995,6	11,1	26,00	0,21	2,78	4,53	1,9	5,0
Plant fin . .	994,0	12,2	27,20	0,19	3,62	4,58	1,3	5,0
VINS ORDINAIRES								
Gamay . . .	996,8	10,2	25,30	0,19	3,59	6,42	»	»

Les œnologues ont souvent discuté les qualités des vins récoltés dans ce finage ; le Dr Morelot reconnaît que jadis l'on ne rencontrait pas sur ce finage une masse aussi considérable de climats distingués que dans le reste de la Côte ; néanmoins il en exceptait un, le Crai-Billon ou Cré-Billon, fournissant un vin qui, lorsqu'il est vieux et d'une année favorable, peut aller de pair avec les bons vins de notre côte.

Le Dr Lavalle constate que les vins fins de Brochon ont du corps et de la couleur, qu'ils se conservent bien et ne sont, en général, bons à boire qu'après cinq, six ou même huit ans; qu'ils se rapprochent beaucoup des bons vins de Fixin et Fixey.

En résumé, nous constaterons que les vins fins provenant des bons climats de ce finage ont de la robe, une belle couleur, du corps, qu'ils se conservent longtemps, et qu'alors ils acquièrent une certaine finesse jointe à un bouquet distingué ; quant aux ordinaires, ils rentrent dans la moyenne de ceux de la Côte dijonnaise.

(1) Margottet, déjà cité.

NOMENCLATURE

DES PRINCIPAUX CLIMATS ET LIEUX DITS

Crais Billon ou **Crébillon**. — D. L. première cuvée; C. A. B, deuxième classe.

PRINCIPAL PROPRIÉTAIRE

M. Stéphen Liégeard.

Croix-Violette ou **Bezenne**. — D. L., deuxième cuvée; C. A. B., **Croix Violette**, troisième classe.

PRINCIPAUX PROPRIÉTAIRES

M. Alphonse Clément. | M. Stéphen Liégeard.

Epinards. — D. L., deuxième cuvée.

PRINCIPAUX PROPRIÉTAIRES

M. Alfred Laligant. | M. Louis Laligant.

Jeunes-Royes ou **Jeunes-Rois**. — D. L., troisième cuvée; C. A. B., troisième classe.

PRINCIPAUX PROPRIÉTAIRES

M. Fr. Boudrot. | MM. L. Pierrot.
Mme Vve Pansiot-Vigoureux. | Fr. Truchetet.

Queue de Hareng. — C. A. B., deuxième classe.

PRINCIPAUX PROPRIÉTAIRES

MM. Fr. Boudrot. | MM. Porcheray.
J. Chicheret. | Truchetet.
Louis Pierrot.

Champs (En). — D. L., troisième cuvée.

PRINCIPAUX PROPRIÉTAIRES

MM. Galland.
Liégeard.
Mignardot-Achery.

MM. Porcheray.
Fr. Truchetet.

Champ Perrier (le ou les). — D. L., troisième cuvée ; C. A. B., troisième classe ; C. Loc., troisième cuvée.

PRINCIPAUX PROPRIÉTAIRES

M. Etienne Boinet. | M. Louis Pierrot. | M. Stéphen Liégeard.

Créole (la). — C. A. B., troisième classe.

PRINCIPAUX PROPRIÉTAIRES

M. Clément. | M. Pansiot-Varrache. | M. F. Truchetet.

Créot (le). — C. A. B., troisième classe.

PRINCIPAUX PROPRIÉTAIRES

MM. Clément.
Pierre Dovier.

MM. Liégeard.
Porcheray.

Cretevent. — C. A. B., troisième classe ; C. Loc., troisième cuvée.

PRINCIPAUX PROPRIÉTAIRES

M. Mignardot-Achery. | M. Cl. Souillard. | M. Fr. Truchetet.

Croisette. — C. A. B., troisième classe.

PRINCIPAUX PROPRIÉTAIRES

MM. Fr. Boudrot.
Jules Chicheret.

MM. A. Malnet.
Truchetet.

Mazière (la ou les). — D. L., troisième cuvée; C. A. B., troisième classe.

PRINCIPAUX PROPRIÉTAIRES

Mme Vve Achery. | M. S. Liégeard. | M. Meneret.

Ruotte (la). — D. L., troisième cuvée.

Ce climat fait partie de celui de *Créot* et de *Jeunes-Royes*.

Vignois. — D. L., troisième cuvée.

PRINCIPAUX PROPRIÉTAIRES

MM. Clément. | MM. Liégeard-Fremiet.
Jules Chicheret. | Emile Moreau.

Billard (En).

PRINCIPAUX PROPRIÉTAIRES

M. Philippon. | M. Roupnel. | M. Fr. Truchetet.

Carrés (les).

PRINCIPAUX PROPRIÉTAIRES

M. Moreau. | Mme Souillard-Valson.

Carré Rougeot (le).

PRINCIPAUX PROPRIÉTAIRES

M. Chevillon. | M. Antonin Mignardot. | M. Louis Mignardot.

Charreux (En).

PRINCIPAUX PROPRIÉTAIRES

MM. Bouchot-Fremiet. | MM. Mignardot.
Laligant. | Pierrot.

Combes (les).

PRINCIPAUX PROPRIÉTAIRES

M. Clément-Drevon. | Mme Vve Raveneau.
Mme Vve Mignardot-Barbier. | M. Stéphen Liégeard.

Commet (En).

PRINCIPAUX PROPRIÉTAIRES

Mme Larbalestier. | M. Antoine Mignardot. | Mme Vve Pansiot

Grand-Pré (le).

PRINCIPAUX PROPRIÉTAIRES

M. Pansiot-Monin. | M. Fr. Truchetet.

Journaux (les).

PRINCIPAUX PROPRIÉTAIRES

MM. Fr. Boudrot. | MM. Pansiot-Monin.
Meneret. | Sacconney.

Meix-Bas (le).

PRINCIPAUX PROPRIÉTAIRES

MM. Nicolas Naudin. | MM. Porcheray.
Pansiot-Monin. | Pierre Thomas.

Meix-Fringuet (le).

PRINCIPAUX PROPRIÉTAIRES

M. Dubois. | M. Meneret.

Meix au Maire (le).

PRINCIPAUX PROPRIÉTAIRES

MM. Denis Chevrey. | MM. Nivelon.
Galland. | Pansiot-Varrache.
Louis Mignardot. |

Moutier (En).

PRINCIPAUX PROPRIÉTAIRES

MM. Clément. | M. Fremiet.
Hippolyte Chamy. | Mme Vve Sirugue.

Pince ou Pisse-Vin (En).

PRINCIPAUX PROPRIÉTAIRES

M. Jules Chicheret. | M. le Dr Truchetet. | Mme Vve Souillard.

Plante-Pansiot (la).

PRINCIPAUX PROPRIÉTAIRES

M. François Boudrot. | M. Camus. | M. Thomas-Pansiot.

Près-Préaux (les).

PRINCIPAUX PROPRIÉTAIRES

MM. Clément
    Mignardot.
Mme Vve Mignardot-Barbier.

MM. Porcheray.
    Fr. Truchetet.

Etc., etc.

FIXIN

Fixin, *Fiscinus* en 830 (1), *Fiscentiæ* en 995 (2), est un de nos villages viticoles ayant rang parmi les plus anciens de la Côte dijonnaise.

Pendant la période gallo-romaine (3), ce village est attribué d'abord au *Pagus Divionensis* (comté de Dijon), puis au *Pagus Oscarensis* (comté de l'Ouche). En réalité, il confinait à ces deux *pagi* ou comtés.

Au moyen âge, la seigneurie de Fixin fut d'abord dévolue, en grande partie, à l'abbaye de Bèze par son fondateur, le duc Amalgaire ; puis elle fut soumise à la juridiction de Saint-Etienne de Dijon et y demeura jusqu'au IX⁰ siècle.

A la suite du concile provincial de Langres auquel il avait assisté, Louis le Débonnaire, par une charte de 836, abandonna au Chapitre Saint-Mammès de Langres les seigneuries réunies de Fixin et de Fixey, avec le droit de haute, moyenne et basse justice.

Cette donation rendit les habitants des deux villages « gens de *pôté* » Elle leur créa une situation dont les avantages se firent sentir pendant trois ou quatre siècles. Dans le principe, la protection ecclésiastique mit le paysan à l'abri des vexations des seigneurs laïcs. Le Chapitre de Langres usa de son influence pour obtenir l'allègement des charges qui pesaient sur les campagnes. Il céda une grande partie de ses terres par emphy-

---

(1) *Chronique de Bèze.*
(2) *Cartulaire de Flavigny.*
(3) On y a découvert un tombeau avec des ossements et des monnaies romaines (V. *Répertoire archéologique de la Côte-d'Or*).

téose, sous la condition d'un cens annuel. Dans ces conditions, le travail se développa à Fixin et à Fixey ; l'intérêt privé y naquit et favorisa l'instinct de la propriété individuelle, et le riche territoire des deux localités, jusqu'alors mal exploité, subit une heureuse transformation.

Cet état de choses, relativement avantageux, cessa, ou du moins fut de plus en plus compromis, lorsque le Chapitre seigneurial fit exercer ses droits de dîmes et autres par des agents subalternes, qui, trop souvent, à l'insu des chanoines, abusèrent de leur situation au détriment des habitants. De là, nombre de procès dans lesquels les gens du pays éprouvèrent de constants désavantages. Dès ce moment, ils sentirent naître intérieurement une colère sourde contre les privilèges seigneuriaux.

Le Chapitre de Langres, à raison de son droit de haute, moyenne et basse justice, avait, au climat des *Chafoulottes*, ses signes patibulaires, *Fourches* et pilier à carcan, devant la halle du four banal qui n'a pas été détruite. Il avait aussi le droit de tenir « féez (fers) et prisons » dans sa maison seigneuriale de Fixin « *pour mettre et constituer les malfauteurs.* »

On ignore l'existence de chartes d'affranchissement relatives à Fixin et à Fixey. Tout porte à croire qu'elles datent de la première moitié du XV° siècle.

Grâce au caractère ecclésiastique des seigneuries de Fixin et de Fixey, ces deux localités eurent paix et sécurité au moyen âge. Ce ne fut qu'après la mort de Henri III, en 1589, qu'elles commencèrent à connaître les déprédations et les douleurs que la guerre entraîne avec elle. Comme tous les autres villages de la Côte, Fixin et Fixey furent ravagés par les Huguenots, puis par les incursions des Impériaux. Les reîtres allemands, qui parurent ensuite, s'y portèrent aux derniers excès.

Le manoir de la *Perrière*, alors propriété de l'abbaye de Cîteaux, fut pris par les Huguenots, qui en brûlèrent les portes, en pillèrent les caves et en démolirent la tour. L'église de Fixin fut pillée et profanée à son tour. Tout y fut mutilé et saccagé.

En 1593, une horde de reîtres, de lansquenets et de Suisses

se signala aussi par d'affreux ravages, tant à Fixin qu'à Fixey.

Ces forcenés, après avoir tout dévasté, brûlèrent les cuves, les pressoirs, les paisseaux, les meubles, tout enfin et ne laissèrent rien. Mais ce qu'il y eut de plus affreux encore, c'est que « les filles et femmes que l'on put attraper furent prostituées et emmenées », dit un chroniqueur.

Complètement ruinée par ces excès et ces ravages, la communauté de Fixin fut dans l'obligation de contracter des emprunts onéreux. Elle dut aliéner une partie de ses importants « communaux » pour payer ses dettes.

Fixin est un lieu de promenade très fréquenté. « En sortant de Dijon, écrit M. H. Vienne (1), — par une de ces voûtes destinées à supporter le chemin de fer, et à remplacer la large grille et les trophées qui décoraient la porte d'Ouche ; après avoir franchi cette rivière, après avoir dépassé les bâtiments du vaste hôpital de cette ville et admiré la belle façade qui vient d'être surmontée par une horloge dont les timbres sont suspendus sous des arcades d'une élégante facture, style Renaissance, le promeneur est frappé par l'aspect de ce long rideau de montagnes peu élevées et que domine le Mont Afrique, dont l'inclinaison, au levant, est tapissée par ces vignes qui par leurs produits précieux ont fait donner au département le nom de Côte-d'Or (1). »

Après avoir décrit les communes que l'on rencontre le long de la Côte, le même écrivain ajoute : « Ce village (Fixin) se compose, à proprement parler, de deux grandes rues, dont l'une s'étend du nord au midi, le long de l'ancien grand chemin de Dijon à Beaune, qui traversait tous les villages de la Côte, et dont l'autre, appelée Grande-Rue, à pente fort inclinée, tirant du couchant au levant, a son issue sur le chemin vicinal qui aboutit à la route royale de Dijon à Lyon. »

Si nous avons tenu à donner cette description d'intérêt tout local, c'est que maintenant encore, et, à peu de chose près, elle contient l'expression de la réalité.

(1) *Notices historiques, topographiques*, etc., par H. Vienne, ancien archiviste de la ville de Toulon, membre de l'Académie de Dijon. Dijon, 1855.

Si, du côté de la plaine, on jouit d'une vue magnifique et qui laisse le regard s'étendre jusque vers les montagnes du Jura, du côté opposé, les coteaux, terminés en leur sommet par des parties boisées, n'en sont pas moins agréables. En outre, Fixin doit sa célébrité régionale à son parc pittoresque, créé par le capitaine Noisot et orné d'œuvres artistiques. On sait que la plus célèbre est le *Réveil de Napoléon*, œuvre magistrale de Rude, et objet de l'admiration générale L'inauguration en fut faite en 1847 et donna lieu à une fête militaire dont le pays conserve un ineffaçable souvenir. On peut dire que cette journée du 17 septembre 1847 prit les proportions d'une véritable fête nationale à laquelle l'armée, représentée par le 13e de ligne, le général commandant la subdivision de la Côte-d'Or, le colonel de gendarmerie ; la garde nationale par les sapeurs-pompiers cantonaux, la compagnie d'artillerie de Beaune ; l'administration départementale par le préfet et la plupart des autorités civiles, prêtèrent spontanément leur concours. Une foule immense était venue de Dijon et même de points très éloignés de la région. Les honneurs de cette solennité patriotique revenaient de droit au brave capitaine Noisot qui, entouré de ses compagnons de gloire du premier Empire et revêtu du légendaire uniforme des grenadiers de la vieille garde, prononça, au pied du monument, une allocution où il donna un complet essor à l'éloquence toute guerrière dont il possédait le secret (1).

Deux mots d'histoire locale ne seront pas déplacés ici.

Après les événements de juillet, M. Noisot, revenu en Côte-d'Or et fixé définitivement à Fixin, acquit, en 1837, des terrains vagues, dénudés, les défricha, y fit des plantations et créa le parc charmant, connu sous le nom de *Villa Napoléon*. Ce fut également à cette époque qu'un ami commun l'ayant mis en rapport avec Rude, l'éminent sculpteur bourguignon, ces deux

---

(1) V. *La Résurrection de Napoléon, Souvenir de l'inauguration du monument érigé le 19 septembre 1847*, par J. Trullard. — *Notice sur le monument élevé à Napoléon à Fixin*, par MM. Rude et Noisot et sur le banquet donné à Dijon, etc. — *Rude, sa vie et ses œuvres*. — *Le Courrier de la Côte-d'Or* et tous les journaux du département, septembre 1847. — Ch. Muteau et J. Garnier, *Galerie bourguignonne*, t. III.

natures si sympathiques se prirent d'une mutuelle affection et de cette amitié entre deux hommes si bien faits pour se comprendre, naquit bientôt la réalisation du plus magnifique ouvrage privé rendu à la mémoire de Napoléon. Il s'agit de cet admirable groupe en bronze, figurant la résurrection de l'Empereur, conçu et exécuté par ces deux hommes qui, sans autre mobile que la religion du souvenir, n'hésitèrent pas à y consacrer, l'un la plus large part de sa modeste fortune, l'autre son immense talent.

Au mois d'août 1850, Noisot eut l'honneur de recevoir le prince président de la République venu de Dijon tout exprès pour contempler le monument élevé à la mémoire de son oncle.

M. Noisot (Claude-Charles), né à Auxonne le 5 septembre 1787, est décédé à Fixin le 14 avril 1861, emportant les regrets de la commune dont il était le bienfaiteur et de ses nombreux amis. Son buste orne le musée de Dijon.

Fixin forme une commune dont le territoire est très long et peu large et qui s'étend de l'est à l'ouest.

Ses limites sont les villages de Fixey, Chevigny-Fénay, Brochon, Clémencey et Couchey. Sa longitude est de 2° 38′ 31″, sa latitude de 47°13′48″ et son altitude moyenne de 297 mètres.

Il n'existe pas de cours d'eau dans la commune, mais seulement quelques fontaines dont l'une, dite de *Chaulois*, est ferrugineuse. Courtépée a écrit que cette propriété lui était déjà reconnue dès les siècles précédents.

Fixin, qui fait partie du canton de Gevrey, en est éloigné de 2 kilomètres 455 mètres ; son territoire est traversé du nord au sud par la route nationale 74 et par le chemin de fer P. L. M, ainsi que par l'important chemin vicinal dit de la *Côte*, allant de Dijon à Gevrey, sur lequel plusieurs voitures publiques assurent la facilité des communications.

Le service des postes et télégraphes est fait par Gevrey dont la distance est peu éloignée.

Au siècle dernier, on comptait 40 feux et 200 communiants, actuellement il y a 382 habitants.

La surface territoriale embrasse 873 hectares 45 ares 80 centiares; la superficie du vignoble a nécessairement varié. Voici quelques données à cet égard :

Au siècle dernier, elle se composait de 101 hectares 60 ares.
En 1810 — — 108 — 48 —
En 1825 — — 105 — 32 —
En 1840 — — 159 — 36 —
En 1860 — — 194 — 25 —
En 1890 — 185 — 24 —

De tous temps, ce vignoble a produit des vins réputés. Courtépée fait remarquer que l'on y récolte des vins bien au-dessus du commun ; le Dr Morelot indique, avec raisons à l'appui, que deux climats jouissent surtout d'une assez grande réputation, à savoir: la *Perrière* et le *Chapitre*.

En ce qui a trait à la constitution géologique, la roche qui forme le sous-sol est un carbonate calcaire, très dur et susceptible d'un beau poli. On avait même proposé jadis de substituer ce marbre aux calcaires employés dans les constructions.

Si l'on poursuit plus attentivement cette étude, on voit que les alluvions venant de la plaine finissent à la Côte. Une large bande de calcaire à entroques apparait alors, supportant des affleurements de calcaires blanc jaunâtre qui constituent surtout les *combes*. Le Forest-Mable et la Grande-Oolithe se montrent sur les sommets; plus loin encore, vers l'arrière-côte, apparaît le Cornbrash.

Il en résulte que sur les pentes de la montagne, le sol est léger, sec et sans grande profondeur; au contraire, à la partie inférieure, il devient argileux, compacte et d'une grande fertilité.

Lors de l'étude des terres à vignes de la Côte, telles sont les remarques qui ont été faites pour quelques climats.

Gibassier. — Sol argilo-calcaire graveleux ; 0^{m}35 d'épaisseur.
Sous-sol : gravier calcaire avec marne blanche.

Clos-Mée. — Sol : un peu graveleux, brun.

Sous-sol : marne blanche et calcaire tendre.

Azelroi. — Sol et sous-sol : argileux, mélangés de très nombreux petits cailloux, brun foncé; terres sèches.

Vieux Moulin. — Sol : argilo-calcaire, caillouteux, rougeâtre, assez meuble, humide.

Sous-sol : marne rouge-blanchâtre, compacte, homogène.

Quoique faite avec soin, la culture de la vigne n'offre rien de particulier; les cépages cultivés sont le pinot noir et blanc.

Le rendement moyen est, pour les vins fins, de 14 à 20 hectolitres par hectare, et, pour les vins ordinaires et les diverses variétés de gamay, de 25 à 30 hectolitres.

Les vins fins peuvent être évalués, en moyenne, de 325 à 350 francs l'hectolitre; les vins ordinaires se sont vendus :

```
      18 francs en 1820
      25      —    1840
      35      —    1860
      40      —    1870
      46      —    1880
   55 et 60   —    1890
```

à l'hectolitre.

Les façons culturales et modes de vinification ne diffèrent pas de ceux usités dans le reste de la côte.

Certains climats ou lieux dits méritent quelques lignes d'historique.

La *Perrière*, clos attenant au manoir de ce nom et provenant d'une ancienne carrière jadis célèbre, a appartenu à l'abbaye de Cîteaux. Le D' Lavalle (1) nous apprend que le 30 mai 1622 elle fut vendue par MM. de Cîteaux à M. Boullier, de Dijon. Elle fut ensuite acquise par M. de Frazans, et le 8 mars 1741 adjugée à M. Loppin, conseiller au Parlement de Dijon. Elle resta dans cette famille jusqu'au 18 janvier 1853 où elle a été vendue à M. Denis Serrigny, doyen de la Faculté de droit de Dijon.

(1) Déjà cité.

« Les vins du clos de *la Perrière*, ajoute le même auteur, sont classés depuis longtemps parmi les têtes de cuvées de Bourgogne. Ce qui les caractérise, c'est qu'ils sont très colorés, très spiritueux et qu'ils ont la vertu de se conserver plus longtemps qu'aucune autre espèce de vins de notre Côte-d'Or. En vieillissant, ils acquièrent, comme tous les grands vins de la côte de Gevrey-Chambertin, le bouquet qui fait l'agrément des vins de Bourgogne et les place à la tête des vins du monde entier. »

M. le marquis Loppin de Montmort vendait habituellement ses vins du clos de la Perrière au même prix que le Chambertin.

Le Chapitre. — Clos attenant aux anciens bâtiments du chapitre de *Langres* qui avait la seigneurie de Fixin. Le Dr Lavalle dit qu'il produit un vin qui se rapproche de celui de la *Perrière* dont il n'est séparé que par un mur au-dessous duquel il est situé. On doit dire de ce vin qu'il est également ferme, spiritueux, coloré et de bonne garde : produit par du pinot, mais mélangé de un quarantième de pinot blanc.

Les Arvelets. — Du roman *arbelaie*, lieu planté d'érables ; vin fin pareil au précédent.

Le Tremble. — Lieu anciennement planté de trembles, donne un vin qui se distingue particulièrement par sa finesse, moins ferme que les précédents en primeur et plus tôt prêt à boire. Coloré, spiritueux et du bouquet.

Le Clos Napoléon, Les Echézeaux. — Avoisinent le parc Napoléon ou Noisot, où est érigé le monument, chef-d'œuvre de Rude. Donne un vin ferme, coloré, spiritueux.

Le clos Marion. — Du nom de son propriétaire, donne un vin grand ordinaire fin, agréable, bouqueté.

Le clos Villette. — Du nom de son propriétaire ; donne un vin semblable au précédent.

Les Ormeaux. — Ancienne plantation d'ormes.

La Croix Blanche. — D'une croix champêtre en pierre blanche.

Les Crais. — Nom provenant de la nature du terrain crayeux.

Le Clos-Meix (vulgairement *Cloméé*). — Ancien meix, clós de murs.

Le Meix-Bas. — D'un ancien meix, avec maison attenante.

Aux Chézeaux. — Du latin *casa*, chaumière.

Entre deux Velles. — C'est-à-dire entre les villages de Fixin et Fixey.

Les Boudières. — Du patois *boudeire*, nuage de poussière.

Combe Roy. — Du nom d'un ancien propriétaire.

La Réchaux. — Altération de Laret ou Larey chaud. — Friche au midi.

La Charmotte. — La petite charme, c'est-à-dire la petite friche.

Le Village. — De sa situation au village même.

Les Prés. — D'anciens prés ou anciennes pâtures défrichées.

Les Herbues. — De la nature du terrain, fertile en herbes.

Les Petits Crais. — De la nature légèrement crayeuse du terrain.

Les Vignes aux Grands. — Altération de « vignots grands », petites et longues vignes.

Les Porte-Feuilles. — C'est-à-dire vignes résistant aux premières gelées.

La Sargentière. — D'une propriété aux sergents de la justice seigneuriale.

La Vione. — Du patois *vionne*, français « viorme », plante sarmenteuse et rampante.

Le Vignois. — C'est-à-dire le terrain où la vigne prospère parfaitement.

En Coton. — Du patois « *cóton* », la petite côte, la petite colline.

Les Bouteillottes. — Les petites bouteilles. Le vin en petite quantité, mais bon.

Les Fondements. — C'est-à-dire les « fonds Demant », propriétés au sieur Demant.

Les Chantions. — Diminutif de champ, c'est-à-dire les petits champs.

Le Champ des Charmes. — D'une ancienne propriété enclavée dans les friches.

En Crèchelin. — C'est-à-dire *Crais Chelin*, du nom d'un ancien propriétaire.

Les *Tellière*. — Pour Teilières, du latin *tiliæ*, lieu planté de tilleuls.

La *Maladière*. — D'une ancienne maladrerie ou léproserie ruinée.

Les *Dorés*. — Du patois *dâré*, derrière. — Climat derrière le village.

Les *Prielles*. — De *pratelli*, les petits prés. Il en existait en ce lieu.

En Cochon. — Allusion à un fait peu moral arrivé en cet endroit.

Le *Poirier bâtard*. — D'un arbre dont les fruits tenaient de la poire et de la pomme.

Les *Sarottes*. — Corruption de l'Essart haut. D'un petit bois essarté.

Les *Ronge os*. — Altération de ronceaux, buissons de ronces.

Le *Clos Saint-Eloi*. — D'une ancienne image de ce saint placée en cet endroit.

La *Mossière*. — Du patois *moceire*, lat. *monticellus*, petit mont, petite colline.

Champs de Vogers. — Du patois *vreugey*, verger. Anciennes plantations d'arbres fruitiers.

Les *Gibassiers*. — Du patois *gibeussei*, bossu. Terrains de niveau inégal.

Les *Cheminots*. — Diminutif de *chemin*. Les petits chemins. Plusieurs s'entrecroisent en ce lieu.

Les *Azellerois*. — Altération de *haseley*, hasier, branchage. Lieux buissonneux autrefois.

La *Maison-Dieu*. — D'un ancien hospice au bord de la route.

Le *Noireau*. — Du roman *neurô*, nourroie. Lieu planté de noyers.

La *Borne-Ronde*. — D'une ancienne borne itinéraire au bord de la route.

Si nous avons tenu à donner les caractères distinctifs des vins produits par ces divers climats, c'est pour montrer que dans cette commune on récolte des vins dignes d'être comparés avec ceux des autres bons climats de notre Côte.

Du reste, à l'analyse, ces qualités se retrouvent.

Les vins de la récolte 1889 avaient la composition suivante d'après M. Margottet :

NOMS des Climats	DENSITÉ à 15 degrés	ALCOOL en v. p. cent	EN GRAMMES PAR LITRE						FER en millig. p. litre
			Extrait sec à 100 degrés	Sulfate de potasse	Crème de tartre	Acidité totale en SO³HO	Tannin		
VINS FINS (PINOTS)									
La Perrière	993,3	12,5	25,65	0,18	3,80	4,39	1,4		4,8
Mazières	993,4	12,7	23,05	0,16	2,21	3,24	1,4		5,2
Plant fin	993,7	11,5	21,50	0,16	2,58	4,21	1,9		6,1
id.	994,8	11,2	22,75	0,15	3,50	5,10	»		»
VINS DE PLANTS ORDINAIRES (GAMAYS)									
Passe-tout-Grain	996,3	10,2	24,50	0,21	3,70	5,40	»		»
Gamay	995,2	10,9	22,90	0,16	3,64	5,80	»		»

En résumé, les caractères distinctifs de ces vins sont de la spirituosité, de la couleur, un bouquet qui se développe avec l'âge, et une grande aptitude à se conserver longtemps, chose importante pour les grands vins.

Terminons en déclarant que l'on peut évaluer à 5 hectares les surfaces produisant des têtes de cuvées ; à onze hectares environ les premières cuvées, à peu près à la même surface les secondes cuvées, le reste étant en troisième et quatrième cuvées.

NOMENCLATURE

DES PRINCIPAUX CLIMATS ET LIEUX-DITS

Clos de la Perrière. — D. L., tête de cuvée; C. A. B., première classe.

SEUL PROPRIÉTAIRE
M. Joliet.

Les Arvelets ou Hervelets. — D. L., première cuvée; C. A. B., première classe.

PRINCIPAUX PROPRIÉTAIRES
Mme Vve J. Lemire. | M. J. Magnin. | M. Th. Vernier.

Le Chapitre. — D. L., première cuvée; C. A. B., première classe.

PROPRIÉTAIRE
M. Th. Vernier.

Echéseaux ou aux **Cheusots.** — D. L., première cuvée; C. A. B., première classe.

PRINCIPAUX PROPRIÉTAIRES
M. René Cretin. | M. Raoul Liégeard.

Clos Napoléon. — D. L., première cuvée.

PROPRIÉTAIRE
M. René Cretin.

Le Meix-Bas. — C. A. B., première classe; D. L., troisième cuvée.

PRINCIPAUX PROPRIÉTAIRES

M. J. Amiot. | Mme V^re J. Berthaut. | M. Denis Mangonot.

Le Tremble. — D. L., première cuvée.

PRINCIPAUX PROPRIÉTAIRES

M. René Cretin. | M. E. Defrance.

Clos Marion. — D. L., deuxième cuvée.

PROPRIÉTAIRE

M. Eugène Marion.

Closmée ou **Clos Meix.** — D. L., deuxième cuvée; C. A. B., troisième classe.

PRINCIPAUX PROPRIÉTAIRES

M. S. Trouvé. | M. Th. Vernier.

Clos Villette. — D. L., deuxième cuvée.

PROPRIÉTAIRE

M. Pierre Lagoutte.

Le Crais. — D. L., deuxième cuvée; C. A. B., troisième classe.

PROPRIÉTAIRE

M. Th. Vernier.

Croix Blanche. — D. L., deuxième cuvée; C. A. B., troisième classe.

PRINCIPAUX PROPRIÉTAIRES

M. Léon Echalié. | M. Pierre Lagoutte.

Entre deux Velles. — C. A. B., deuxième et troisième classes ; D. L., troisième cuvée.

PRINCIPAUX PROPRIÉTAIRES

M. L. Jadot. | M. Th. Vernier.

Les Ormeaux. — D. L., deuxième cuvée ; C. A. B., troisième classe.

PRINCIPAUX PROPRIÉTAIRES

M. L. Changenet. | M. C. Moreau. | M. J. Violle.

Village de Fixin. — C. A. B., deuxième classe ; D. L., troisième cuvée.

PRINCIPAUX PROPRIÉTAIRES

Mme Vve Champion. | MM. C. Noisot.
M. E. Marion. | Th. Vernier.

Borne Ronde. — D. L., troisième cuvée.

PRINCIPAUX PROPRIÉTAIRES

M. E. Berthaut. | M. le Dr Laguesse. | M. Roy-Nicolle.

Les Boudières. — D. L., troisième cuvée ; C. A. B., troisième classe.

SEUL PROPRIÉTAIRE

M. F. Defrance.

Les Bouteillottes. — D. L., troisième cuvée.

PRINCIPAUX PROPRIÉTAIRES

M. Clerget. | M. E. Mangonot.

Les Champs de Vosges. — D. L., troisième cuvée.

PRINCIPAUX PROPRIÉTAIRES

M. P. Berthaut. | M. S. Trouvé.

Chantion. — D. L., troisième cuvée.

PRINCIPAUX PROPRIÉTAIRES

MM. L. Changenet. | MM. S. Trouvé.
E. Mangonot. | J. Violle.

Charmes. — D. L , troisième cuvée.

PRINCIPAUX PROPRIÉTAIRES

M. A. Berthaut. | M. A. Guyard. | M. Th. Vernier.

Charmotte. — D. L., troisième cuvée.

PRINCIPAUX PROPRIÉTAIRES

M. A. Berthaut. | Mme Vve J. Berthaut.

Le Cheminot. — D. L., troisième cuvée.

PRINCIPAUX PROPRIÉTAIRES

M. F. Bordet. | M. C. Chevillon. | Mme Vve Chevillon.

Clos Saint-Eloi. — D. L., troisième cuvée.

PRINCIPAUX PROPRIÉTAIRES

M. A. Bordet. | M. E. Marion.

Cochon. — D. L., troisième cuvée.

PRINCIPAUX PROPRIÉTAIRES

M. E. Mangonot. | M. Th. Mangonot.

Combe-Roi. D. L., troisième cuvée; C. A. B., troisième classe.

PROPRIÉTAIRE

M. Th. Vernier.

Coton. — D. L., troisième cuvée.

PRINCIPAUX PROPRIÉTAIRES

M. L. Echalié. | M. Th. Vernier.

Crechelin. — D. L., troisième cuvée.

PRINCIPAUX PROPRIÉTAIRES

M. Paul Berthaut. | M. F. Bordet.

Doret. — D. L., troisième cuvée.

PRINCIPAUX PROPRIÉTAIRES

M. J. Lagier. | Mme Vve E. Mignardot. | M. Claude Roblot.

Entre deux Chemins. — D. L., troisième cuvée.

PRINCIPAUX PROPRIÉTAIRES

M. C. Boudrot. | M. E. Mangonot.

Les Fondements. — D. L., troisième cuvée.

PRINCIPAUX PROPRIÉTAIRES

M. F. Lambert. | M. J.-B. Vagry.

En Gibassier. — D. L., troisième cuvée.

PRINCIPAUX PROPRIÉTAIRES

M. J.-B. Finel. | M. Th. Vernier.

Hautes Chenevières. — D. L., troisième cuvée.

PRINCIPAUX PROPRIÉTAIRES

M. E. Defrance. | M. F. Defrance.

Basses Chenevières. — D. L., troisième cuvée.

PRINCIPAUX PROPRIÉTAIRES

M. J.-B. Durand. | M. le Dr Laguesse.

Les Herbues. —. D. L., troisième cuvée.

PRINCIPAUX PROPRIÉTAIRES

M. E. Marion. | M. Th. Vernier.

Larret Chaud. — D. L., troisième cuvée.

PRINCIPAUX PROPRIÉTAIRES

M. J.-B. Finol. | M. P. Parizot.

La Maison-Dieu. — D. L., troisième cuvée.

PRINCIPAUX PROPRIÉTAIRES

M. A. Berthaut. | MM. Derepas-Defrance.
Mme Vve Berthaut. | A. Mignardot.

Maladières. — D. L., troisième cuvée.

PROPRIÉTAIRE

M. E. Marion.

La Mossière. — D. L., troisième cuvée.

PRINCIPAUX PROPRIÉTAIRES

M. E. Marion. | M. C. Mirbel.

La Noiraude. — D. L., troisième cuvée.

PRINCIPAUX PROPRIÉTAIRES

M. A. Bordet. | M. Th. Vernier.

Les Petits Crais. — D. L., troisième cuvée.

PRINCIPAUX PROPRIÉTAIRES

M. Audiffred-Thévenot. | M. F. Berthaut. | M. E. Marion.

Poirier Bâtard. — D. L., troisième cuvée.

PRINCIPAUX PROPRIÉTAIRES

M. E. Berthaut. | M. Th. Vernier.

Portefeuille. — D. L., troisième cuvée.

PRINCIPAUX PROPRIÉTAIRES

M. Claude Moreau. | M. Pierre Moreau.

Les Prés. — D. L., troisième cuvée.

PRINCIPAUX PROPRIÉTAIRES

M. A. Berthaut. | Mme Vve C. Moreau.

Rond les Os ou **Ronge os.** — D. L., troisième cuvée.

PRINCIPAUX PROPRIÉTAIRES

M. E. Mangonot. | M. Th. Mangonot.

Sarrottes. — D. L., troisième cuvée.

PRINCIPAUX PROPRIÉTAIRES

M. J.-B. Finel. | M. S. Trouvé.

Sergentière. — D. L., troisième cuvée.

PROPRIÉTAIRE

M. L. Changenet.

Les Teillières. — D. L., troisième cuvée.

PROPRIÉTAIRE

M. Louis Violle.

Les Vignes aux Grands. — D. L., troisième cuvée.

PRINCIPAUX PROPRIÉTAIRES

M. Vve P. Saconney. | M. J.-B. Vagry.

La Vionne. — D. L., troisième cuvée.

PRINCIPAUX PROPRIÉTAIRES

Mme Vve A. Changenet. | M. L. Changenet.

Vignois. — D. L., troisième cuvée.

PRINCIPAUX PROPRIÉTAIRES

M. A. Berthaut. | Mme Vve A. Changenet.

La Zellerois ou **Azellerois.** — D. L., troisième cuvée.

FIXEY

Fixey, *Fixiacus* en 733 (1), commune indépendante jusqu'en 1860, était certainement l'une des plus petites de celles de la Côte : sa population ne dépasse pas 73 habitants, 17 de moins qu'en 1845. Au siècle dernier, on y comptait 23 feux et 70 communiants.

Ce village se compose d'une vaste rue tirant du levant au couchant. A son extrémité se trouve une miniature d'église romane, orientée, très rustique et complète en son genre (XIIIe siècle).

Il n'existe dans le pays qu'une seule source, qui est ferrugineuse et porte le nom de Fontaine de *Vaux* ou *Lavaux*.

Le finage est traversé du nord au sud par la route nationale n° 74, par la ligne P. L. M. et par le chemin de la Côte. La distance de Fixey à Gevrey-Chambertin, son chef-lieu de canton, est de 2 kilomètres 500 mètres, et les limites de la commune sont Couchey, Perrigny-les-Dijon et Fixin, 138 hectares 58 ares 32 centiares composent sa superficie territoriale.

Fixey et Fixin ont, à peu de chose près, le même passé historique.

La première de ces deux localités appartint, dans l'origine, à l'abbaye de Saint-Bénigne, qui y conserva son droit de patronage jusqu'à la Révolution. Bien que réuni à Fixin, dans la suite, en tant que seigneurie du Chapitre de Langres, Fixey resta donc sous le protectorat de ladite abbaye, qui en partageait la dîme

(1) Pérard.

avec le curé. Tous les autres droits revenaient aux chanoines. Il paraît que ce patronage ou protectorat fut très avantageux aux habitants de Fixey qui, plus heureux que leurs voisins, avaient toujours près d'eux une voix puissante pour les défendre contre les abus des agents subalternes du Chapitre de Langres.

Sauf cette particularité, Fixey partagea absolument la destinée de Fixin.

Fixey a dû être jadis le théâtre d'un combat sanglant, ou subir à une époque inconnue une terrible catastrophe. Récemment, en creusant un aqueduc dans la « grande rue », on a exhumé de nombreux débris humains. Des squelettes, presque entiers, gisaient dans toutes les directions. Faut-il y voir les indices d'un combat, d'un incendie, d'une épidémie? Nous ne saurions le dire : les traditions locales sont tout à fait muettes à cet égard et les documents font défaut.

Fixin et Fixey ont eu une existence à peu près commune, sous tous rapports, par le passé comme par le présent, ce qui rapprochait intimement les deux localités et en préparait la réunion en une seule commune. Cette réunion eut lieu par décret impérial du 28 janvier 1860, sous la dénomination unique de *Fixin*.

Au point de vue géologique, nous avons à dire que le sol est de même nature qu'à Fixin ; inutile donc d'en reproduire la composition déjà donnée plus haut ; toutefois, la couche arable s'élève à une hauteur un peu plus grande, et la stérilité apparaît donc à une altitude sensiblement moindre.

Voici la superficie du vignoble à différentes époques. Au siècle dernier on comptait 78 hectares 47 ares environ.

En 1810	82	70
En 1840	121	34
En 1860	155	05
En 1890	148	12

Le rendement moyen est en général, pour les vins fins, de 15 à 25 hectolitres, et pour les ordinaires de 25 à 35 hect. à l'hectare, il est donc un peu plus élevé qu'à Fixin ; quant aux prix de vente il n'y a point de différence.

Certains climats tirent leur nom de circonstances spéciales. Les *Arvelets*, dont nous avons déjà parlé, figurent parmi les meilleurs climats. Le Dr Lavalle constate qu'ils donnent un vin ferme, coloré, spiritueux et de bonne garde ; il est fin et prend un bouquet avec l'âge, lequel rappelle celui des Saint-Jacques de Gevrey.

La *Mazière*, en patois *Maseire*, *Masure*, maison en ruine, donne un vin fin, coloré, spiritueux, agréable, mais plus vite fait que le précédent.

Le *Rosier*. — D'un gros buisson d'églantiers existant toujours.

Champ Pennebaut. — Du nom d'un ancien propriétaire.

Les *Clos*. — De plusieurs propriétés closes de murs.

Le *Clos*. — Ancien clos dont les murs sont en ruines.

Les *Foussottes*. — Du patois *fougente*, lat. *fugetum*, hêtre. Ce lieu en était planté.

Les *Mogottes*. — C'est-à-dire vignes appartent au sieur Mogot.

Champ Perdrix. — Terrains buissonneux où se retiraient les perdrix.

Meix Trouhans (et non Tournant). — Ancien fief au sire de Trouhans, consistant en un grand clos et maison y attenant.

Les *Echalais*. — Du patois *échaillentaie*, lieu planté d'échalottes.

En *Tabeillon*. — Altération de Tabellion, notaire. Propriété du notaire.

Au village. — De la situation en plein village.

Les *Herbues*. — C'est-à-dire les terrains herbeux.

Clémenfer. — Du patois *qui a mau fa* : Qui est mal fait (?). Les parcelles sont très irrégulières.

Les *Crais de chêne*. — Terrains crayeux où le chêne croît facilement.

Les *Petits Crais*. — De la nature légèrement crayeuse du terrain.

La *Place*. — Contigu à une ancienne place de Fixey.

Le *Poley*. — C'est-à-dire le *bourbier*; lieu autrefois vaseux, marécageux.

Le *Champ des Arets*. — Corruption de *Avé* — Champ des Avés (du matin) (?).

Entre-deux-Velles. — C'est-à-dire entre Fixey et Fixin.

En *Jailly*. — De jaïet. Terrain à fragments minéraux imitant le jais.

Clos *Philippon*. — Du nom d'un ancien propriétaire.

La *Combe Blanche*. — De la teinte blanche du sol.

Le *Chenaillà*. — Expression patoise signifiant *chênaie*.

Le *Poirier Rougeot*. — Du nom d'un ancien propriétaire.

Les *Germets*. — Anciens biens fonds à Messire Germet.

Les *Brûlées*. — De la nature sèche et brûlante du sol.

La *Cocarde* ou mieux la *Coquarde*. — D'une propriété au sieur Coquard.

Le *Poirier Gaillard*. — Du nom d'un ancien propriétaire.

Les *Longues pièces*. — Lieu où les parcelles sont d'une extraordinaire longueur.

Les *Carottes*. — Altération de *carres hautes*, c'est-à-dire les coins de terres, les petites parcelles situées en contre-haut.

A la dégustation, les vins de Fixey se distinguent surtout par leur finesse ; d'autre part, ils se font, en général, plus vite que ceux de Fixin. On dit qu'ils sont « plus tôt prêts à boire. »

Ajoutons qu'au point de vue analytique ils ne diffèrent pas de ceux récoltés dans cette dernière commune. Fixey et Fixin ont, en un mot, les rapports les plus étroits par la valeur et les qualités de leur vignoble.

NOMENCLATURE

DES PRINCIPAUX CLIMATS ET LIEUX DITS

Les Arvelets. -- D. L., première cuvée.

PRINCIPAUX PROPRIÉTAIRES

M. Pierre Berthaut | M. Pierre Derey. | M. Théodore Vernier.

La Mazière. — D. L., première cuvée.

PRINCIPAUX PROPRIÉTAIRES

M. Eugène Marion. | M. Théodore Vernier.

Champennebaut. — D. L., deuxième cuvée.

PRINCIPAUX PROPRIÉTAIRES

M. Pierre Lucotte. | M. Emile Robin.

Champ-Perdrix. — D. L., deuxième cuvée.

PRINCIPAUX PROPRIÉTAIRES

M. Pierre Berthaut. | M. Louis Himbert.

Le Clos. — D. L., deuxième cuvée; C. A. B., deuxième classe.

PRINCIPAUX PROPRIÉTAIRES

M. Claude Moreau. | M. Emile Moreau.

Les Clos. — D. L., deuxième cuvée; C. A. B., troisième classe.

PRINCIPAUX PROPRIÉTAIRES

M. Paul Berthaud. | M. Pierre Berthaud. | M. Philippe Fosset.

Les Foussottes. — D. L., deuxième cuvée.

PRINCIPAUX PROPRIÉTAIRES

M. Audiffred-Thévenot. | M. Louis-Jules Violle. | Mme Vve Violle.

Les Mogottes. — D. L., deuxième cuvée; C. A. B., troisième classe.

PRINCIPAUX PROPRIÉTAIRES

M. Audiffred-Thévenot. | M. Emile Mangonot.
MM. les héritiers Violle.

Le Rosier. — D. L., deuxième cuvée; C. A. B., troisième classe.

PRINCIPAUX PROPRIÉTAIRES

M. Audiffred-Thévenot. | M. François Berthaut. | M. Pierre Moreau.

Champ des Arrêts ou **des Avès.** — D. L., troisième cuvée.

PRINCIPAUX PROPRIÉTAIRES

M. Pierre Berthaut. | M. Emile Moreau.

Clémofert ou **Clémenfer.** — D. L., troisième cuvée.

PRINCIPAUX PROPRIÉTAIRES

M. François Bordet. | M. Paul Berthaut. | Mme Vve Berthaut.

Crais de Chêne. — D. L., troisième cuvée.

PRINCIPAUX PROPRIÉTAIRES

M. J.-B. Levoyet. | M. Théodore Mangonot. | M. Paul Michel.

Petits Crais. — D. L., troisième cuvée.

PRINCIPAUX PROPRIÉTAIRES

M. Audiffred-Thévenot. | M. Nicolas Barbier. | M. Pierre Lévêque.

Les Echalais. — D. L., troisième cuvée.

PRINCIPAUX PROPRIÉTAIRES

M. Pansiot-Daü. | M. Pierre Derey. | M. Louis Violle.

Les Herbues. — D. L., troisième cuvée.

PRINCIPAUX PROPRIÉTAIRES

M. Pierre Derey. | M. Roy-Nicolle.

Meix Tournant ou Trouhans. — D. L., troisième cuvée.

PRINCIPAL PROPRIÉTAIRE

M. Claude Crusserey.

La Place. — D. L., troisième cuvée.

PRINCIPAUX PROPRIÉTAIRES

M. Nicolas Barbier. | M. Victor Ducherpozat.

Le Pothey. — D. L., troisième cuvée.

PRINCIPAUX PROPRIÉTAIRES

M. J.-B. Levoyet. | M. A. Mignardot. | M. J.-B. Robert.

Tabellion. — D. L., troisième cuvée.

PRINCIPAUX PROPRIÉTAIRES

M. L. Himbert. | M. J.-B. Lambert.

Au Village. — D. L., troisième cuvée.

PRINCIPAUX PROPRIÉTAIRES

Mme Vve L. Chevallier. | M. Hastier-Chevallier.

Les Brûlées. — D. L., troisième cuvée.

PRINCIPAUX PROPRIÉTAIRES

M. Antoine Moreau. | M. Emile Moreau.

Les Carottes. — D. L., troisième cuvée.

PRINCIPAUX PROPRIÉTAIRES

M. Paul Berthaut. | M. Michel Mousson.

Les Chenaîlla. — D. L., troisième cuvée.

PRINCIPAUX PROPRIÉTAIRES

M. Charles Boudrot. | M. Claude Bresson.

Le Clos Philippon. — D. L., troisième cuvée.

PRINCIPAL PROPRIÉTAIRE

M. Joseph Magnin.

La Cocarde. — D. L., troisième cuvée.

PRINCIPAUX PROPRIÉTAIRES

M. Audiffred-Thévenot. | M. Pierre Berthaut. | M. Pierre Derey.

Combe Lavaux. — D. L., troisième cuvée.

PRINCIPAUX PROPRIÉTAIRES

M. Edouard Berthaut. | M. François Berthaut. | M. Charles Boudrot.

Entre-deux-Velles. — D. L., troisième cuvée.

PRINCIPAUX PROPRIÉTAIRES

M. Charles Derey. | M. Claude Roblot.

Les Germets. — D. L., troisième cuvée.

PRINCIPAUX PROPRIÉTAIRES

M. Bergeret-Lucotte. | M. Pierre Derey.

En Jailly. — D. L., troisième cuvée.

PRINCIPAUX PROPRIÉTAIRES

M. Paul Berthaut. | M. Pierre Berthaut.

Les Longues Pièces. — D. L., troisième cuvée.

PRINCIPAUX PROPRIÉTAIRES

M. Bernard Bolnot. | M. Michel Mousson.

La Mouille. — D. L., troisième cuvée.

PRINCIPAUX PROPRIÉTAIRES

M. Charles Boudrot. | M. Eugène Marion.

En l'Olivier. — D. L., troisième cuvée.

PRINCIPAUX PROPRIÉTAIRES

M. Paul Michel. | M. Mousson-Michel.

Le Poirier Gaillard. — D. L., troisième cuvée.

PRINCIPAUX PROPRIÉTAIRES

M. Paul Berthaut. | M. Auguste Mignardot.

Le Poirier Rougeot. — D. L., troisième cuvée.

PRINCIPAUX PROPRIÉTAIRES

M. Gauthiot-Chevillon. | M. Michel Mathey.

Le Raveril. — D. L., troisième cuvée.

PRINCIPAUX PROPRIÉTAIRES

M. Auguste Berthaut. | M. J.-B. Lambert. | M. Simon Nicolle.

Les Treuils. — D. L., troisième cuvée.

PRINCIPAUX PROPRIÉTAIRES

M. Auguste Berthaut. | M. Antoine Moreau. | M. Michel Mousson.

Etc., etc.

COUCHEY

Dès l'an 600 Couchey apparaît sous le nom latin de *Corcheiacum* (1); en 846 c'est *Finis Cupiacensis* (2). Courtépée donne *Copiacum, Coothiacum, Colchiacum, Cothœiacum, Cuspiacus, Coichetum, Coche in pago Oscarensi*, sans indiquer aucune source à l'appui de ces diverses appellations.

A Couchey la longitude orientale est de 2°39'3', la latitude nord de 47°15'30', et l'altitude moyenne d'environ 295 mètres.

Le territoire de la commune a pour confins au nord-est Perrigny-les-Dijon, au nord Marsannay-la-Côte, au nord-ouest Corcelles-les-Monts, à l'ouest Flavignerot et Clémencey, au sud Fixey-Fixin, et à l'est Perrigny. Ses limites naturelles sont, au nord, la combe de Perenelle dépendant pour une moitié de Marsannay et se terminant par un rocher à pic ; au nord-ouest le mont de Siège, où se voient encore les ruines de la tour de l'ancien télégraphe aérien. Vers les autres finages, la nature n'a point fixé d'autres délimitations tracées par l'état des lieux.

Le finage de Couchey peut être divisé en trois parties distinctes: dans la plaine, au levant, passe la ligne du chemin de fer P.L.M., à l'altitude de 248 mètres ; puis vient la route natio-

(1) *Chronique de Bèze*.
(2) Pérard. On connaît généralement une étymologie d'origine locale transmise par la tradition : Les seigneurs du village ne l'habitaient pas mais venaient seulement y coucher; de là serait venue l'appellation de *mon coucher*. Cet amusement philologique est reproduit ici pour mémoire.

nale à 259 mètres ; on arrive ensuite à la côte, sur la partie moyenne de laquelle s'étend le village, traversé par le chemin dit « de la Côte », allant de Gevrey à Dijon.

La montagne, dont les contours sont irréguliers, mesure une altitude de 429 mètres au coteau ; à 508 mètres on rencontre l'ancien télégraphe regardant le Mont-Afrique qui atteint 584 mètres en hauteur.

L'eau très abondante et servant aux besoins des habitants, vient d'une combe située à l'ouest et appelée *Vaulon*. Il existe encore d'autres sources, notamment, dans la plaine, la fontaine *Esmonin*.

Au cadastre, la superficie de la commune est de 1269 hectares dont 240 plantés en vignes. En ce qui concerne le vignoble, cette superficie n'a guère subi de modifications puisque, en 1830, elle comprenait déjà 210 hectares 78 ares 17 centiares.

Couchey fait partie du canton de Gevrey-Chambertin. Sa distance de ce bourg ne dépasse pas 4 kilomètres ; 9 la séparent de Dijon, son chef-lieu d'arrondissement. Il est desservi par le bureau de poste et télégraphe de Marsannay.

En 1666 on y comptait 65 maisons ; en 1733, il y avait 85 feux et 350 communiants ; en 1786, 477 habitants ; aujourd'hui le chiffre de 535 est celui de la population.

On peut se rendre à Couchey soit par les stations de Dijon ou de Gevrey, soit par les voitures publiques de Nuits à Dijon qui font le trajet journalier aller et retour.

L'histoire et l'archéologie prêtent leur concours à l'établissement des preuves de l'ancienneté du village qui nous occupe. En premier lieu, c'est le cas de signaler la découverte d'une magnifique patène en bronze, portant gravée sur le manche l'inscription

DOIROS. SEGOMARI
IEVRI. ALISANI

dont la signification est que l'ouvrier Doiros, fils de Segomanus, contemporain d'une époque probablement antérieure à la conquête romaine, aurait consacré son « chef-d'œuvre, » à une divinité topique ou protectrice de son industrie. Cet objet hors ligne appartient au Musée de la commission des antiquités de la Côte-d'Or.

Le moyen âge a laissé des documents précis recueillis en grande partie par Courtépée.

Dès 630, en voit Amalgaire donner à l'abbaye de Bèze des vignes situées sur le territoire de Couchey.

Au xi⁵ siècle se tint « sous l'orme de Couchey, » un « malle public », présidé par Foulque de Mailly pour vider un différend entre quelques particuliers et les chanoines de Saint-Etienne de Dijon.

En 1152, Humbert de Pitois et Alix, sa femme, se dessaisissent de leur fief en faveur de leur fille, aux clauses d'un traité approuvé par le duc de Bourgogne Hugues IV et qui permettait aux habitants d'élire deux prud'hommes et un maire. La mort empêcha Humbert de tenir cet engagement, mais sa veuve le ratifia le 24 juin 1270 de concert avec son second mari, Hugues de Montigny.

L'exécution de ces actes devint la source de plusieurs procès tous perdus par les habitants qui durent rester soumis à la transaction de 1270. Plus tard, la situation était si pénible qu'un certain nombre de gens du pays le quittèrent pour chercher ailleurs un meilleur sort. Telle était l'importance de cette émigration qu'en 1760 le nombre de feux était tombé à quatre-vingts. Pour remédier à cet état de choses, la dame Rémond, qui possédait alors toute la seigneurie, abandonna une partie des droits les plus onéreux qu'elle percevait sur la commune et reçut en échange un canton de bois dit d'*Avaux*. Enfin, en 1763, le village fut affranchi par son seigneur Claude-Henri Rémond, qui céda ses privilèges à sa sœur Etiennette, veuve depuis 1772 de Charles-Marie Févret de Fontette, savant conseiller au Parlement de Bourgogne, membre de l'académie de Dijon. La terre de Couchey passa à son fils qui la garda jusqu'à l'an II, époque de sa saisie et de sa vente au profit de la nation.

Couchey possédait un château construit dans la dernière

moitié du XVIe siècle. Si l'on en croit la tradition, le comte de Chabot-Charny, qui y séjourna en 1572, refusa de donner suite aux ordres de Charles IX, contre les protestants. Dans l'une des tours, une trêve de trois mois fut également signée entre le comte de Tavannes et les Ligueurs, en septembre 1589.

De cette maison seigneuriale il ne reste plus que le corps de logis, flanqué du côté de la montagne de deux tourelles engagées, et du donjon, dans l'une se trouvait la chapelle et dans l'autre la prison seigneuriale.

L'étymologie des noms de climats s'explique naturellement pour quelques-uns du moins. Ainsi, la *Forêt* désigne une partie boisée dans d'autres temps; aux *Lavières* se trouvait un lavoir; en *Auvonne* était un terrain propre à la culture des avoines; la configuration du sol indiquait les *Platières*. En *Luveau* (en *l'Aval*) s'appliquait à une combe. On n'est pas fixé sur l'origine d'*En Chamlat*, bien que, dans le pays, la tradition veuille y voir le nom d'un ancien seigneur.

Examen fait des coupes géologiques, nous retrouvons, à la base de la côte et dans la plaine, les alluvions anciennes, puis une large bande de Forest Mable et de grande oolithe, ensuite le banc de calcaire à entroques dont a été déjà signalée la présence dans les autres communes de la région ; enfin les calcaires de sur l'oolithe réapparaissent tandis que sur les plateaux existent de larges affleurements de marnes oxfordiennes.

Lors de l'étude des terres à vignes de la Côte-d'Or (1) les remarques suivantes furent faites dans différents climats :

Aux Genelières. — Sol : argilo-calcaire avec nombreux cailloux calcaires durs, brun-rougeâtre foncé, assez meuble ; 0^{m}30 d'épaisseur.

Sous-sol : marne homogène, blanc-jaunâtre.

A la Varrangé. — Sol : argileux, mélangé avec quelques cailloux, brun foncé, riche : 0^{m}60 d'épaisseur.

Sous-sol, couche supérieure : cailloux nombreux, durs, mélangés au sol. Couche profonde : argile compacte brune.

---

(1) Déjà cité.

Champ Saint-Etienne. — Sol : argilo-calcaire avec quelques cailloux durs, brun, meuble, fertile ; 0ᵐ40 d'épaisseur.

Sous-sol : formé de roches en plaques très dures surmontant des couches d'argile marneuse brun-jaunâtre.

Gros Poirier. — Sol : argilo-calcaire, compacte retenant l'eau, fertile ; 0ᵐ40 d'épaisseur.

Sous-sol : marne argileuse, jaune-brunâtre, très compacte.

Sampagny. — Sol : argilo-calcaire : un peu compacte, homogène, brun foncé, sain, 0ᵐ70 d'épaisseur.

Sous-sol : terre du sol, mélangée à de gros fragments de calcaires à entroques durs.

Le matériel usité pour la culture de la vigne est celui de la côte : la pioche à deux dents, la bêche plate, puis les hottes, les benatons ou paniers à vendanges, les ballonges sont entre les mains de tous les vignerons.

Dès le VIIe siècle les habitants de Couchey possédaient des vignes. Aujourd'hui encore ils ne négligent ni le temps ni l'argent pour les faire fructifier.

Le gamay est le cépage que l'on rencontre le plus ordinairement, il donne de bons vins de table assez corsés ; les *teinturiers* existent dans certains climats. Le rendement peut être évalué à une moyenne de 40 à 45 hectolitres, année moyenne.

Ajoutons que, comme dans toutes les communes de la côte, depuis bien longtemps déjà, le ban de vendange est aboli.

Les vins des plants ordinaires (gamays) de la récolte de 1889 ont été analysés par M. Margottet(1), voici les résultats obtenus :

NOMS DES VINS	DENSITÉ à 15 degrés	ALCOOL en degrés p. cent	EN GRAMMES PAR LITRE				
			Extrait sec à 100 degrés.	Sulfate de potasse	Crème de tartre	Acidité totale en SO³ ‰
Clos Guillemot.	996.6	9°9	24.90 gr.	0.13 gr.	3.91 gr.	6.58 gr.
Platières . . .	995.5	10.0	20.30	0.12	3.29	5.27
Verchères . . .	996.0	10.1	22.20	0.13	3.24	6.83

(1) Déjà cité.

Ainsi qu'on le voit, ils ont une richesse alcoolique moyenne, et assez de corps pour en assurer la bonne conservation, et par suite être des vins de table agréables aux consommateurs.

Le Dr Lavalle qui ne parle de Couchey que pour suivre l'ordre successif des villages de la Côte, dit que longtemps on y récolta des vins fins dans la partie de la commune au-dessus du chemin tendant à Fixin.

Le Dr Morelot est plus explicite. Par lui nous apprenons que les vins de Couchey sont des passe-tout-grains légers et faisant de bons ordinaires. Une chose certaine est que, de tout temps, leur prix de vente différa peu de ceux attribués aux cuvées similaires : il y a quelque quarante ans ils étaient cotés 40 à 50 fr. la pièce, depuis ils ont plus que doublé.

Lors de l'exposition organisée par le syndicat de la Côte Dijonnaise, en décembre 1891 (1), ces vins ont été appréciés de la sorte :

La Côte. — La Côte Dijonnaise offre cette année une récolte remarquable, ses vins ont toutes les qualités des bonnes années : une robe superbe, du velouté et de la vinosité sont leurs caractères ordinaires. Les communes de *Couchey*, etc., ont envoyé de nombreux échantillons qui ont été très appréciés par le jury et témoignent de la réussite générale.

« Les prix moyens varient de 90 à 100 et 105 fr. la pièce. Pour les gamays de choix ils s'élèvent à 110, 120 et 125 francs, les passe-tout-grains et les vins fins, de même que les précédents, peuvent soutenir la comparaison avec les meilleures années. »

On juge par là que cette intéressante commune viticole avait tous les droits de figurer dans notre étude des grands vins de la Côte-d'Or.

Dans la partie moyenne, à mi-côte, on connaît plusieurs climats importants, les principaux sont :

En *Sampagny*, en *Varangée*, les *Lauthiers*, la *Plantele*, aux *Quartiers*, les *Larrey*, le *Désert*, le *Grand Papier*, le *Malpertuis*, en *Closeau*, es-*Clos*, en *Burgard*, la *Combe Vo-*

---

(1) *Bulletin du Syndicat de la Côte dijonnaise.*

lon, en *Moisereau*, aux *Verchères*, en *Charrière*, aux *Genecières*, en *Verdot*, en *Combereau*, *Champ Salomon*. *Clemongeat*, les *Pucines*, les *Larrey*, en *Nagelottes*, en *Charrière*, la *Friche*, en *Combereau*, la *Croix Saint-Germain*, en *Ribaude*, la *Corrière*, les *Platière*, aux *Caillée*, lesquels produisent des vins qui offrent certaines analogies et seraient dans les conditions d'être classés à peu près de la même manière.

Nous rencontrerons ensuite les lieux dits en *Aurone*, *Corcaron*, *Longues Pièces*, aux *Crais*, le *Grand pré*, les *Plantes*, qui viennent border la route nationale et pourraient figurer dans une autre section à laquelle se rattacherait tout une partie des climats En *Patard*, les *Longues Fins*, *Poirier Fourchu*, les *Prés Sampagny*, la *Pièce d'Assey*, les *Champs francs*, etc.

Dans l'impossibilité de donner la liste des principaux propriétaires pour tous les climats, nous nous bornerons à citer parmi les plus importants :

MM. Blaizet.
Derey-Berthaut.
Dupuy.
Albert Gauthiot.
Paul Gauthiot.
Julien Guillemot.
Paul Lucotte.
J.-B. Morot.

MM. Paul Mousson.
Pansiot-Dais.
J.-B. Pansiot.
Robet-Pansiot (Mme Vve).
Paul Seguin.
Siquet.
Prosper Viennot.
Etc., etc.

PERRIGNY-LES-DIJON

Perrigny, *Patriniacum* au IVe siècle (1), *In fine Longoviand, In pago Attoar* en 600 (2), fut occupé aux temps romains. Courtépée y signale la découverte, en 1761, de colonnes en marbre blanc qu'il attribue à un temple. Le moyen âge y a laissé des traces d'un château-fort à la maison de Clermont.

Situé entre Marsannay-la-Côte et Couchey, Perrigny se trouve dans la plaine, et il vient pour ainsi dire border la route nationale, son territoire s'étendant à droite et à gauche du chemin de fer. C'était autrefois une annexe de Marsannay-la-Côte.

Sa population, qui est actuellement de 401 habitants, comptait, au siècle dernier, environ 40 feux.

Perrigny dépend du canton ouest de Dijon dont il est distant de 8 kilomètres ; le service des postes est assuré par Marsannay.

La superficie du territoire est de 672 hectares, dont à peine le dixième est en vignes produisant des vins ordinaires.

Au point de vue géologique, les alluvions anciennes constituent l'ensemble du finage de la commune.

M. Margottet attribue au sol de Perrigny la composition suivante :

(1) Légende de Saint-Urbain.
(2) *Chronique de Bèze.*

ANALYSE MÉCANIQUE		
	En Bois d'Avon	En Champy
Terre fine.	83.87	81.08
Gravier	16.13	18.92
ANALYSE CHIMIQUE DE LA TERRE FINE		
Azote	0.070	0.126
Acide phosphorique . .	0.074	0.083
Potasse . . . . , . .	0.283	0.299
Chaux.	0.296	0.276

Appréciant le vignoble de Perrigny, le Dr Morelot a écrit : « Sa situation, quoique en plaine, est assez haute, et son exposition au sud-est est propice ; la terre en est franche, légère et favorable à la vigne. Le vin se garde bien, etc. » Ajoutons que, si nous avons tenu à faire figurer cette commune dans notre monographie, c'est qu'une partie de son territoire vient longer la route nationale n° 74 et qu'à ce titre elle devait être signalée, ainsi que nous l'avons fait pour d'autres finages.

MARSANNAY-LA-COTE

Marsannay-la-Côte est un beau village situé au pied de la colline qui donne son nom au département. Sa population est de 872 habitants répartis en 298 ménages et 207 maisons, en comptant les écarts qui sont : la *Rente Logerot*, les *Petites-Barraques*, les *Portes*, la maison *Theuriet-Galimard* et la maison *Ravier-Jacquemart* ; il fait partie de l'arrondissement et du canton ouest de Dijon, dont il est la commune rurale la plus peuplée. La distance au chef-lieu de canton est de 7 kilomètres.

La surface du territoire comprend 1282 hectares 97 ares 40 cent. dont environ 400 hectares plantés en vignes. Ses limites sont : au nord, Chenôve et Corcelles-les-Monts ; au midi, Couchey ; au levant, Perrigny-les-Dijon, Fénay et Longvic, et au couchant, Couchey et Corcelles-les-Monts.

Marsannay-la-Côte est située à 47° 16' de latitude nord et à 2° 39' de longitude est. Son altitude moyenne est de 265 mètres.

Aucune rivière ni aucun ruisseau n'arrose ce village, néanmoins, l'eau y manque rarement, l'alimentation étant assurée par un grand nombre de puits creusés dans la partie est de la commune et par un grand nombre de citernes dans la partie ouest. Une fontaine communale qui ne tarit jamais est à la disposition des habitants des Petites-Baraques.

La route nationale n° 74 passe à 900 mètres à l'est de Marsannay, traverse le territoire sur une longueur de 3 kilomètres environ, en passant par le hameau des Petites-Baraques.

Ses chemins vicinaux ont une longueur totale de 8,696 mètres. Le chemin de la Champagne établit une communication entre Marsannay et la route n° 74, de même qu'avec Dijon; il a une longueur de 2,096 mètres. Le chemin de Chenôve se greffe sur celui-ci et mesure 800 mètres; le chemin de Perrigny-les-Dijon a une longueur de 900 et quelques mètres, celui de Couchey 600 et enfin celui de Corcelles-les-Monts 4.100 mètres.

Le chemin de fer P. L. M., qui coupe une partie du territoire, à l'est, n'est d'aucune utilité pour la commune qui se trouve placée entre les gares de Dijon et de Gevrey-Chambertin, à environ 6 kilom. de chacune d'elles.

Toutefois, les communications sont assurées par le service des voitures publiques de Dijon à Gevrey-Chambertin et à Nuits. En hiver, on compte trois passages, et, en été, plus d'une dizaine. Le service des postes est fait par la commune qui possède un bureau.

Marsannay-la-Côte, jadis *Marsannay-en-Montagne*, est connu au IV° siècle sous la désignation de *Marsenniacum in pago Attoariensi* (1); en l'an 600, c'est *In fine Longoviana* (2), et en 840, *Finis Marcenniacensis in pago Oscarensi* (3). Le séjour des Romains s'y est révélé par des cippes funéraires à inscriptions, découverts en 1865.

Primitivement, la paroisse de Marsannay fut une succursale de celle de Couchey, et dépendait de l'abbé de Saint-Étienne de Dijon, dès 1051; Manassès, évêque de Langres, confirma cette possession en 1182. Les chanoines réguliers y avaient créé, en 1158, un établissement sur un fonds que leur avait légué Thibaud, vicaire du lieu, et ces chanoines avaient la direction des églises de Couchey et Perrigny.

Nous empruntons à Courtépée les documents suivants :

Au château, qui appartenait à l'abbé de Saint-Bénigne, était un monastère de Bénédictines. Eudes II fonda, en 1142, une lampe *ardente à perpétuité* devant l'autel Saint-Urbain, à Marsannay.

---

(1) *Légende de Saint Urbain.*
(2) *Chronique de Bèze.*
(3) Pérard, p. 22.

Deux titres de 1255 et de 1256 font mention du monastère Saint-Urbain et de son clos; il a été supprimé et les bâtiments ruinés.

Le fief, dit le *Clos des Portes de Marsannay*, fut donné aux moines d'Epoisses par Hugues III, leur fondateur, en 1189; Michelle, dame de Maigny, y ajouta d'autres fonds en 1230.

Ce fut près de Marsannay, à l'arbre de Charlemagne, en un lieu appelé *la Charme*, que Pierre de Beaufremont, un des grands seigneurs de Bourgogne, donna, en juillet 1443, le célèbre tournoi décrit par Olivier de la Marche dans ses Mémoires.

A l'entrée de Philippe le Bon, à Dijon, en 1422, les prisonniers, soupçonnés d'avoir eu part à la mort du duc Jean, furent transférés à la tour de Marsannay (1).

Marguerite, veuve de Jocerand de Brancion, dame de Marsannay, céda à Guyot, maire du lieu, le four, les corvées et la mairie, en 1258.

Ce pays vignoble produit d'assez bon vin : dès 658, il y avait des vignes. Aubert donne, en 882, au prieur de Saint-Etienne sept pièces de vignes à Marsannay, dans le canton d'*Oscheret*, aujourd'hui au *Crais*.

Marsannay ne fut pas toujours un village riche; le procès-verbal de la visite des feux en 1643, après la bataille de Rocroy, en fournit la preuve (2) : « Et le dict jour, à Marsannay-en-Montagne, appartenant à l'abbé de Saint-Bénigne, Claude Blaises, procureur de la communauté, estant absent, Jean Nardot a dict qu'ils sont extrèmement pauvres, n'étant pas en tout 30 habitants, tant bons que mauvais, et que luy, avec Claude Chicheret, son beau-frère, portent la moitié de la taille, le reste des habitants étant si misérables qu'ils ne peuvent payer la moitié de ce qu'ils doibvent.

« La communauté doibt plus de 1200 livres.

« Il n'y a point de cherrues que la sienne, celle de son beau-frère, celle des pères Jésuites et celle de M. Millotet, avocat général; mais ils font leurs héritages par leurs mains; le reste

---
(1) Aujourd'hui détruite.
(2) Archives de la commune.

sont pauvres vignerons ruisnés, à cause de la gelée de l'année dernière, et parce que une quinzaine des dictz habitants doibvent annuellement dix poinsons de vin et 20 livres de taille au dict sieur abbé de Saint-Bénigne.

« Ilz menacent de quitter le village, n'ayant moïens de payer, d'autant que la dicte redevance et taille est solidaire, et que ceux qui ne demeurent plus dans le village ne doibvent rien. Ilz ont un four banal appartenant au seigneur et paient de 20 livres de pain, une.

« La dîme des vignes et des grains appartient au dict sieur abbé de Saint-Bénigne et au chapitre de Langres et ils paient de 24 queues une au pressoir et de douze gerbes une.

« Et ayant visité le village, avons recogneu qu'il y a 18 ou 20 habitations, entre lesquelles plusieurs sont ruinées et descouvertes, ayant été cy-devant extrêmement endommagées des gens de guerre.

« Les terres sont fort stériles, et tout le finage est quasi en vignes.

« Et depuis, le dict Blaises nous a présenté un roole fait le 16 janvier dernier, pour la subsistance du quartier d'hiver, il y a 25 personnes d'imposées, et entre icelles 6 femmes vefves, le roolle étant de 211 livres. »

Retrouvant à Marsannay la même formation géologique que dans les climats voisins, nous ne la décrirons pas à nouveau.

Lors de l'étude des sols de la Côte-d'Or (1), voici la composition indiquée pour quelques climats :

Grasse-Tête. — Sol : brun ocreux, assez meuble, quelques cailloux calcaires, sain ; 0^{m}30 d'épaisseur.

Sous-sol : fragments de roches calcaires se décomposant en marne blanche.

Aux Barres. — Terrain de première qualité, avec fer pizolithique.

Aux Favières — Sol : argilo-calcaire, avec nombreux frag-

(1) Déjà citée.

ments calcaires durs, brun clair, un peu compacte; 0m70 d'épaisseur.

Sous-sol : formé de roches calcaires en gros fragments agglomérés avec un peu de marne.

Aux Avoines. — Alluvions pliocènes.

Sol : argilo-calcaire avec quelques graviers calcaires durs, assez compacte.

Sous-sol : première couche formée de graviers durs mélangés à la terre du dessus; deuxième couche : marne blanchâtre très calcaire.

Plante Pitois. — Sol : argilo-calcaire, brun foncé, peu compacte, mélangé à de nombreux petits cailloux durs : 0m20 d'épaisseur.

Sous-sol : formé de roches en gros fragments calcaires durs, rosés, réunis par une argile rougeâtre.

Aux Echézeaux. — Sol : argilo-calcaire avec quelques rares cailloux, brun foncé homogène, compacte; 0m40 d'épaisseur.

Sous-sol : marne jaune, compacte, avec quelques gros cailloux.

M. Margottet assigne la composition ci-dessus à quelques climats (1) :

	TERRE DU SAC	TERRE DE L'ETUI	EN BOULOIS
ANALYSE MÉCANIQUE			
Terre fine	50.80	16.66	97.50
Gravier	49.20	83.34	2.50
ANALYSE PHYSIQUE DE LA TERRE FINE			
Sable siliceux . . .	28.30	27.37	»
Argile	55.49	55.58	»
ANALYSE CHIMIQUE DE LA TERRE FINE			
Azote	0.126	0.182	0.112
Acide phosphorique .	0.123	0.077	0.090
Potasse	0.370	0.335	0.319
Chaux	5.550	6.586	0.303

(1) *Rapport sur la situation du vignoble.*

Ainsi qu'on le voit, le sol présente une fertilité moyenne et convient bien à la culture de la vigne.

La plantation de la vigne se fait en bandeaux espacés de 1m25 à 1m30 ; les plants racinés sont placés dans le bandeau à une distance de 0,35 à 0,40 c. les uns des autres ; après trois ou quatre ans de plantation, on double la vigne par le provinage ou *pingées*, c'est ordinairement après cette opération que la récolte est le plus abondante. Quelques années plus tard, quand la vigne faiblit, on commence à faire des fosses pour rajeunir et rechausser les grands ceps qui en ont besoin ; on continue ainsi par période jusqu'à ce que la vigne ne rapporte plus assez pour compenser les dépenses. Toutes les vignes sont échalassées à partir de la troisième année de la plantation.

Les vins se font très simplement : au sortir de la vigne le raisin étant bien foulé, dans la ballonge, est jeté dans la cuve ; après quelques jours de fermentation, on commence à renfoncer le marc, de manière à ce qu'il soit toujours bien imprégné de vin, afin d'éviter le bisaigre. Ce travail a lieu tous les jours ; l'on découve quand le vin couvre le chapeau.

Il y a une trentaine d'années, on foulait les cuves ; dans ce but, un ou deux hommes du pressoir quittaient leurs vêtements et effectuaient ce travail. On tend à abandonner ce système.

Les bans de vendange ont existé pendant longtemps ; aujourd'hui chacun récolte ses raisins à l'époque qui lui paraît convenable.

A Marsannay, on fait surtout des vins ordinaires ; les cépages les plus répandus sont donc les gamays d'Arcenant et de Bévy, le Barbantal et le rouge de Bouze. Toutefois, quelques propriétaires possèdent des parcelles plantées en pinot et qui produisent des vins fins.

D'après une moyenne prise sur une cinquantaine d'années, on peut évaluer le rendement moyen, à l'hectare, à 18 ou 20 pièces de 228 litres.

Depuis 50 ans, la vente des vins a subi bien des variations. Ainsi en l'année 1842, qui a donné un vin exquis, la pièce s'est vendue 40 fr. ; en 1846, de 65 fr. à 80 fr. ; en 1850, 30 fr. ; en 1853,

70 fr., au début pour atteindre 130 fr. avant les vendanges de 1854. En 1854, on a vendu de 110 à 150 fr.; en 1860, 30 fr., en 1865, de 65 à 100 fr. pour retomber à 30 fr. en 1866. En *l'Année terrible*, 1870, le vin valait au début de 55 à 60 fr. pour finir à 150; en 1875, le prix, en débutant, est de 50 fr. et double sur la fin. En 1878, la pièce vaut de 130 à 150 fr., et en 1879, 80 fr., les 1885 et 1886 valent 125 fr., nos 1889 finissent à 150 fr. et enfin nos 1890 et 1891 vont de 95 à 110 fr.

N'oublions pas de rappeler que, lors de l'Exposition des vins organisée par le syndicat de la Côte dijonnaise, le 19 décembre 1891, les vins de la dernière récolte ont été appréciés de la manière suivante par le jury de dégustation :

« La Côte dijonnaise offre cette année une récolte remarquable. Ses vins ont toutes les qualités des bonnes années, une robe superbe, du velouté et de la vinosité sont leurs caractères distinctifs.

« Les communes de *Marsannay-la-Côte*, etc., ont envoyé de nombreux échantillons qui ont été très appréciés par le jury et témoignent de la réussite générale. »

« Les prix moyens varient de 90 à 100 et 105 fr. la pièce. Pour les gamays de choix ils s'élèvent à 110, 120 et 125 fr., les passe-tous-grains et les vins fins comme les précédents peuvent soutenir la comparaison avec les meilleures années. »

Terminons en disant qu'à la dégustation les vins de cette commune ont une grande franchise, une bonne vinosité, une belle couleur, de la solidité et du corps. Ce sont des vins de garde par excellence et qui supportent parfaitement les voyages.

NOMENCLATURE

DES PRINCIPAUX CLIMATS ET LIEUX DITS

Argillères (aux).

PRINCIPAUX PROPRIÉTAIRES

Mme Vve Blaise-Bouvier.
MM. Louis Bouvier.
    Chicheret-Fournier.
    Paul Guyard.

MM. Juge-Guyard.
    Poullot-Galimard.
    Renaud-Perrot.
    J.-B. Saunois.

Avoines (aux).

PRINCIPAUX PROPRIÉTAIRES

Mme Barveuse.
M. Chicheret-Fournier.

MM. G. Quillardet.
    J.-B. Saunois.

Barres et Prés (les).

PRINCIPAUX PROPRIÉTARES

MM. Alexandre Bindon.
    Changenet-Guyard.
    Alfred Daü.

MM. François Poullot.
    Héritiers Poullot.

Bas des Longeroies.

PRINCIPAUX PROPRIÉTAIRES

M. Changenet-Guyard. | M. Diot-Guyard. | M. Juge-Guyard.
(Beaucoup de propriétaires de Chenôve).

Boivin (En).

PRINCIPAUX PROPRIÉTAIRES

MM. François Chartier.
    Chevalier-Poupon.
    Alfred Daü.
    Guyard-Boudrot.

MM. Guyard-Himbert.
    André Juge.
    Etienne Roy.

Champagne Haute (la).

PRINCIPAUX PROPRIÉTAIRES

MM. Claude Audouin.
Bouvier (Mme Vve).
Changenet-Guyard.
Charchaude-Juge.
Claude Chevalier.
Cunier-Martenot.
Alfred Daü.
Antoine Ferrez.

MM. Fournier-Guyot.
Emile Guyot.
Charles Lambert.
Pierre Miallot.
Perrot (Mme Vve).
Etienne Roy.
Sonneret-Theuriet.

Clos de Jeu (le).

PRINCIPAUX PROPRIÉTAIRES

MM. François Benoit.
Louis Bizouard.
Boudrot-Noirot.
Chicheret-Fournier.
Fournier-Leflot.

MM. Guyard-Berthelmot.
Pierre Quinard.
Jean Ravier.
Antoine Theuriet.

Combes (les).

PRINCIPAUX PROPRIÉTAIRES

MM. Buffenoir.
Changenet-Guyard.
Alfred Daü.

MM. Paul Druet.
Ferdinand Theuriet.

Combe du Pré.

PRINCIPAUX PROPRIÉTAIRES

MM. François Bertillon.
Changenet-Guyard.
Charlopin-Juge.
Claude Chevalier.

MM. Alfred Daü.
Guyard-Himbert.
Guyot-Desvignes.
Charles Lambert.

Crais (les).

PRINCIPAUX PROPRIÉTAIRES

MM. Claude Audouin.
Cunier-Martenot.
Alfred Daü.
Félix Fournier.
André Juge.

MM. Lucotte-Diot.
Perrot (Mme Vve).
Georges Quillardet.
Etienne Roy.

Crais ou Oscheret (les), (près du village).

PRINCIPAUX PROPRIÉTAIRES

Mme Vve Bart-Guyard. | M. Jules Gaitet. | M. J.-B. Quillardet.

Dessus des Longeroies (aux).

PRINCIPAUX PROPRIÉTAIRES

MM. Changenet-Guyard.
Charchaude-Theuriet.
Pierre Charlopin.
Alfred Daü.
Diot-Guyard.

MM. Félix Fournier.
Théodore Lefolle.
Mercier-Gallois.
Jules Sonneret.
Paul Sonneret.

Diénay.

PRINCIPAUX PROPRIÉTAIRES

MM. Charchaude-Juge.
Chevillon-Salbreux.

MM. Félix Fournier.
Georges Quillardet.

Echézots (ès).

PRINCIPAUX PROPRIÉTAIRES

Mme Vve Bart-Guyard.
Berthelmot-Jarrot.
Chevillon-Salbreux.
Diot-Guyard.

MM. Diot-Martin.
Guyard-Berthelmot.
J.-B. Roy.

Etale (en).

PRINCIPAUX PROPRIÉTAIRES

MM. Bart-Audoin.
Pierre Charlopin.
Guyard-Robert.
Juge-Guyard.

MM. Théodore Lefolle.
Victor Miallot.
Etienne Roy.
François Sacconey.

Favières.

PRINCIPAUX PROPRIÉTAIRES

MM. Claude Audoin.
Edouard Brugnot.
Chicheret-Fournier.
Félix Fournier.

MM. Jules Gaitet.
Paul Guyard.
Guyard-Jeannin.
Paul Juge.

Fer Meulin (au).

PRINCIPAUX PROPRIÉTAIRES

MM. Edme Bergeret.
Buffenoir.
Changenet-Guyard.

MM. Claude Chastin.
Guyard-Himbert.
Guyard-Robert.

Grandes Vignes (les).

PRINCIPAUX PROPRIÉTAIRES

Mme Vve Bart.
MM. Bart-Audoin.
Alfred Daü.

MM. Miallot-Charchaude.
Quillardet Georges.

Grosses Têtes (les).

PRINCIPAUX PROPRIÉTAIRES

MM. Louis Bouvier.
Alfred Daü.

MM. Jules Gaitet.
Guyard-Himbert

Guidon (au).

PRINCIPAUX PROPRIÉTAIRES

MM. Claude Audoin.
Edouard Brugnot.
Victor Charchaude.

MM. Fournier-Leflot.
Guyard-Bergeret.
Pierre Quinard.

Lavaux (en).

PRINCIPAUX PROPRIÉTAIRES

MM. Edouard Bart.
Edme Bergeret.
Théodore Bollotte.
Jérôme Charchaude.

MM. Chevillon-Salbreux.
Chicheret-Fournier.
Louis Guyard.
Nicolas Robert.

Michalot et Champs Forêts.

PRINCIPAUX PROPRIÉTAIRES

MM. Edouard Bart.
Changenet-Guyard.
Chicheret-Fournier.

MM. Alfred Daü.
Léopold Humblin.

Ouzeloy (ès).

PRINCIPAUX PROPRIÉTAIRES

MM. Claude Chastin.
Chicheret-Bordet.
Chicheret-Fournier.
Alfred Daü.

MM. J.-B. Paillet.
J.-B. Roy.
Jules Sonnneret.

Petit Puits (le).

PRINCIPAUX PROPRIÉTAIRES

MM. Jules Blaizet.
Louis Bouvier.
Chicheret-Fournier.
Antoine Fournier.

MM. Guyot-Desvignes.
Humblin-Léopold.
Hippolyte Lucotte.

Poisets (les)

PRINCIPAUX PROPRIÉTAIRES

MM. Edouard Bart.
Edouard Brugnot.
Charchaude-Theuriet.
Jules Gaitet.
Changenet-Guyard.

MM. Claude Juge.
Jacques Mann.
Paul Miallot.
Nicolas Robert.
J.-B. Roy.

Portes (aux).

PRINCIPAUX PROPRIÉTAIRES

MM. Edouard Bart.
Jules Blaizet.

MM. Guyot-Desvignes.
Paul Landon.

Recilles (aux).

PRINCIPAUX PROPRIÉTAIRES

MM. Théodore Bollotte.
Charchaude-Juge.
Alfred Daü.
Derey-Chicheret.
Guyard-Himbert.

MM. Guyard-Naigeon.
Hippolyte Lucotte.
Robert-Defrance.
Etienne Roy.
J.-B. Roy.

Rosey (en).

PRINCIPAUX PROPRIÉTAIRES

MM. Paul Bergeret.
Louis Bouvier.
Changenet-Guyard.
Charchaude-Boudier.

MM. Alfred Daü.
Claude Juge.
les héritiers Martenot.
Etienne Roy.

Terrasse.

PRINCIPAUX PROPRIÉTAIRES

M. Guyot-Desvignes.

M. Rouget-Chevalier.

Verde (en la).

PRINCIPAUX PROPRIÉTAIRES

MM. Bouvier-Hubert.
Paul Guyard.
Guyot-Desvignes.

MM. J.-B. Paillet.
Eugène Theuriet.

Vignes Maries.

PRINCIPAUX PROPRIÉTAIRES

Mme Vve Bart.
MM. Jules Gaitet.
J.-B. Quillardet.

MM. Etienne Roy.
J.-B. Roy.

Etc., etc.

CHENOVE

Chenôve est le premier village viticole que nous rencontrons en sortant de Dijon, en suivant la route nationale. Il est placé à mi-côte et dans une agréable situation son territoire est limité par ceux de Dijon, Perrigny, Marsannay-la-Côte et Corcelles.

Le chemin, dit *de la Côte*, passe dans le bas du pays; plus loin s'étend la route nationale de Dijon à Lyon.

Au point de vue administratif, cette commune fait partie du canton ouest de Dijon; sa distance au chef-lieu du département est de 5 kilomètres.

Sa population est de 776 habitants. Elle a toujours été assez importante puisque au siècle dernier on comptait dans le pays déjà 80 feux, 300 communiants et 500 âmes.

De nombreuses voitures publiques qui sillonnent la route, de Gevrey-Chambertin et Nuits-Saint-Georges, assurent, pour l'aller et le retour, les communications avec Dijon.

Le service des postes s'y fait par le bureau de Marsannay-la-Côte.

La latitude y est de 47° 17' 23" et la longitude de 2° 40' 17".

Comme tous les villages de la Côte, Chenôve, *Canavæ in fine Longoviana, in pago Oscarensi*, cité dans la légende de saint Urbain, évêque de Langres (IVᵉ siècle) (1). *Canavæ* en 600 (2),

---

(1) *Bollandistes.*
(2) *Chronique de Bèze.*

Finis Canavensis en 827 (1), est une localité fort ancienne. Legouz pensait qu'un romain, *Titus Veter*, y posséda une *villa* au premier siècle de notre ère (2). On connaît encore les désignations de *Canapæ, Canabum, Canavis, Chenevæ, Chenave*. L'origine de ces noms est assez difficile à expliquer ; peut-être a-t-on cultivé dans l'antiquité du chanvre (*cannabis*) sur certaines parties de ce territoire? S'il en était ainsi, l'étymologie trouverait son interprétation toute naturelle.

Vers l'an 660, il est question d'une chapelle qui y fut érigée par saint Léger.

Jadis, le finage se partageait en trois fiefs : le chapitre d'Autun possédait le clocher et la rue Haute; les Bénédictins de Saint-Bénigne la rue Basse, et les ducs de Bourgogne un clos célèbre. Par la suite, Gontran donna au même couvent, en 584, des terres sur ce finage.

Presque de tout temps, la justice appartint aux ducs qui y envoyaient leur prévôt pour la rendre.

Dans ce finage, qui autrefois produisait beaucoup plus de vins fins qu'il n'en donne à présent, il est certains climats ayant eu une grande réputation non moins qu'une antique origine.

Parmi ceux-ci nous devons signaler le Clos du Roi, dont parle Courtépée (3).

« C'était, a-t-il écrit, le clos de nos Ducs avec un très beau pressoir et une grande cuverie. Le pressoir fut construit en 1238 par Alix de Vergy, veuve d'Eudes III, qui assigna en 1338 sur son *treuil* de Chenove, un muid de vin aux Religieux de Saint-Bénigne, au lieu de 5 sols que leur devaient les Jacobins : elle laissa le pressoir à son fils Hugues IV. Le clos fut cédé par Eudes IV à Jean, duc de Normandie, fils aîné du Roi, en 1348. L'Intendant du clos s'appelait *Cloutier* ou *Clousier*. »

Les vieux pressoirs, qui appartiennent maintenant à M. Savot, sont encore utilisés à l'heure actuelle.

---

(1) Déjà cité.
(2) Pérard.
(3) *Antiquités de Dijon*. (v. Courtépée, t. II, *ouvr. cité*).

Au nombre de deux, disposés dans une immense cuverie à deux travers, ils restent comme le témoignage vivant d'âges depuis longtemps disparus ; sur le matis on peut disposer les marcs de 60 pièces ; sur ceux-ci agit l'effort énorme développé par un levier de onze mètres à l'extrémité duquel agit un bloc de pierre du poids de 26.000 kilog.

La cuverie, couverte en laves, a une hauteur de 18 à 20 mètres. Au centre, de gigantesques colonnes en bois, d'une seule pièce, s'élèvent du sol pour supporter cette toiture immense et d'un poids considérable, puisque jadis une partie ayant été détruite par le vent il fallut 25 voitures de pierres pour la réparer.

Les caves, magnifiques, sont au nombre de deux. Dans la voûte existent les ouvertures qui les mettaient en communication avec la cuverie. Les tonneliers des ducs n'ignoraient donc pas l'influence mauvaise du transport du vin à l'air libre, et, au lieu de descendre leurs vins au décuvage dans des *tines* munies d'oreilles, que deux vignerons empoignaient, ils les envaisselaient directement dans les tonneaux ou foudres en se servant de corps qui devaient être en toile imperméable.

Rappelons que le Clos du Roi lui-même a été morcelé à la Révolution.

A Chenôve, on faisait des vins cuits très renommés. Ceux-ci étaient intermédiaires entre les vins de paille et les vins liquoreux.

Dans les comptes de la *Châtellenie* (1) et remontant à 1400, on constate que le régisseur du Clos fit, par ordre de la duchesse, cinq demi-muids de ce vin nommé *galapt*, et que, pour l'amener au degré de concentration voulu, il fallut sept voitures de gros bois bien sec.

Nous avons dit que naguère le vignoble produisait une certaine quantité de vins fins, par suite il existait un grand nombre d'usages locaux très anciens Le ban de vendange, notamment, était l'objet de règles très rigoureuses, la *Chevauchée*, sorte de cavalcade comprenant le maire de Dijon, des échevins, etc.,

---

(1) V. D. Lavalle, *ouv. cité.*

escortée de sergents et des jurés vignerons, visitait les communes de Plombières, Chenôve et Larrey et annonçait l'ouverture du ban. Des peines sévères, telles que l'emprisonnement et de fortes amendes, atteignaient ceux qui essayaient de l'enfreindre ou de venir *greumer* (grapiller) avant l'époque fixée.

On sait qu'actuellement et depuis longtemps cette coutume a disparu. Du xve au xviiie siècle, il en est constamment question.

La culture de la vigne n'offre rien de particulier et y est faite avec soin. Le noirien produit les vins fins ; souvent il est mélangé avec le blanc. L'habitude de soutenir la vigne par des échalas y est très ancienne ; dans les comptes de la Châtellenie, on retrouve indiqués les prix auxquels on les achetait au xive siècle et suivants.

Ajoutons qu'à Chenôve on récolte surtout des gamays et des passe-tout-grains de première qualité.

La surface de la commune est évaluée à 735 hectares, dont 316 hectares environ étaient emplantés en vignes, lors de l'établissement du cadastre ; par la suite, ce nombre a été encore en augmentant et actuellement on peut dire que plus des deux tiers sont en vignes.

Les rendements sont assez élevés et, dans les bonnes années, atteignent certainement 60 hectolitres à l'hectare ; pour les vins fins ils diffèrent peu de ceux des communes voisines.

La géologie de Chenôve, pour la Côte bien entendu, diffère peu de celle des communes voisines. A la base, on rencontre les alluvions anciennes, à mi-côte le Forest-Mable, puis celle-ci se termine par le Cornbrash.

Les sous-sols sont, en certains climats, formés d'un banc de marne puissant.

M. Margottet indique la composition suivante pour les terres de quelques climats (1) :

---

(1) Déjà cité.

	N° 1 Valendons	N° 2 Jura	N° 3 La Noue	N° 4
ANALYSE MÉCANIQUE				
Terre fine	57.0	88.89	100	97.45
Gravier.	43.0	11.11	0	2.55
ANALYSE CHIMIQUE DE LA TERRE FINE				
Azote	0.098	0.154	0.098	0.070
Acide phosphorique.	0.164	0.151	0.113	0.099
Potasse.	0.450	0.177	0.284	0.293
Chaux	6.465	2.027	0.481	0.571
Oxyde ferrique . .	4.715	5.125	4.100	»
Silice	57.000	59.500	75.000	»
ANALYSE PHYSIQUE DE LA TERRE FINE				
Sable siliceux. . .	34.125	40.845	43.226	42.54
Argile	45.125	47.865	48.880	52.22

Dans l'Etude des terres à vignes nous trouvons les quelques renseignements qui suivent :

Chenevary. — Alluvions pliocènes de graviers calcaires.

Sol : argilo-calcaire, rouge-brun, mélangé de cailloux calcaires durs, de 0^{m}40 d'épaisseur.

Sous-sol : gravier jaune-blanchâtre très calcaire.

Clos du Roi. — Sol : argilo-calcaire, rouge-brun, assez compacte, quelques cailloux calcaires durs, assez fertile ; 0^{m}60 d'épaisseur.

Sous-sol : sable graveleux, calcaire, avec quelques gros fragments calcaires durs.

Champ-Loup. — Alluvions pliocènes.

Sol : riche, brun café foncé, homogène, sans cailloux, silico-argileux, meuble, 0^{m}40 d'épaisseur.

Sous-sol : graviers calcaires durs.

Corriottes. — Graviers pliocènes.

Sol : argilo-siliceux, brun clair, un peu compacte, mélangé de fragments calcaires blancs, grisâtres, assez durs ; 0^{m}30 d'épaisseur.

Sous-sol : conglomérat de gros cailloux réunis par une gangue de même nature que le sol.

M. J. Boussingault (1), ayant analysé les vins envoyés à l'Exposition de 1878, a trouvé qu'ils contenaient les éléments ci-dessous :

NOM de l'Exposant	NOM du Cru	ANNÉES	QUANTITÉS RAPPORTÉES A UN LITRE							
			Densité	Alcool en volume	Acidité totale en $SO^3 HO$	Crème de tartre	Tannin	Extrait sec	Glycérine	Acide succinique
Dr Dunoyer.	Chenôve.	11	0,995	115°0	gr. 3,820	gr. 0,837	gr. 0,822	gr. 30,65	gr. 10,40	gr. 2,05

Voici encore la composition de plusieurs échantillons de la récolte de 1889 par M. Margottet :

NOMS des CLIMATS	DENSITÉ à 15 degrés	ALCOOL EN VOLUME pour cent	VINS DES PLANTS ORDINAIRES (Gamay) EN GRAMMES PAR LITRE			
			Extrait sec à 100 degrés	Sulfate de potasse	Crème de tartre	Acidité totale en $SO^3 HO$
Valendon. .	996.5	9.2	gr. 21.50	gr. 0.12	gr. 3.38	gr. 6.07
Id. . . .	994.5	10.4	19.60	0.10	3.29	4.85
Chenevary .	996.5	9.0	20.40	0.13	3.19	5.01

Ainsi qu'on le voit, ces vins ont une richesse alcoolique moyenne, et sont riches en principes destinés à en assurer la conservation.

(1) Ouv. cité.
(2) Déjà cité.

A raison de la situation même de ce finage, ainsi que nous l'avons déjà dit, les vins fins que l'on y récolte furent appréciés de bonne heure. Dès l'année 1648 ils étaient cotés avec ceux de Dijon à un prix supérieur à ceux des communes viticoles de la Côte dijonnaise devenues très importantes par la suite, comme Gevrey-Chambertin, Fixin, etc.

Actuellement encore ils sont très appréciés et s'y vendent bien.

C'est ainsi que lors de l'Exposition viticole organisée le 19 décembre 1891 par le Syndicat de la Côte Dijonnaise, le jury appréciait ainsi les produits récoltés dans ce finage :

« La Côte Dijonnaise offre cette année une récolte remarquable, ses vins ont toutes les qualités des bonnes années ; une robe superbe, du velouté et de la vinosité sont leurs caractères distinctifs.

« Les communes de Chenôve, etc., ont envoyé de nombreux échantillons qui ont été très appréciés par le jury et témoignent de la réussite générale.

« Les prix moyens varient de 90 à 100, 105 fr. la pièce, pour les gamays de choix; ils s'élèvent à 110, 120 et 125 francs ; les passe-tous grains, comme les précédents peuvent soutenir la comparaison avec les meilleures années. »

La réputation des fins de ce finage est très ancienne. Courtépée écrivait au siècle dernier : « Il n'y a guère que les vins de Chenôve et de Gevrey qui vont chez l'Etranger, le reste se consomme dans le pays ». Plus loin il ajoutait « que les vins récoltés dans ce finage étaient comparables à ceux de Nuits lorsqu'ils avaient été conservés cinq à six ans. »

Le fait est qu'ils ont du corps, de la couleur, s'améliorent considérablement à la bouteille et en un mot sont dignes d'attirer l'attention des connaisseurs.

NOMENCLATURE

DES PRINCIPAUX CLIMATS ET LIEUX DITS

Chapitre (le). — C. A. B, deuxième classe.

PRINCIPAUX PROPRIÉTAIRES

MM. Blaizet-Poulot.
Changenet-Guyard.
Jean Derey.
J.-B. André Jolibois.

MM. Bernard Poinsot.
Poisot.
Adolphe Savot.

Chenevary. — C. A. B., deuxième et troisième classes.

PRINCIPAUX PROPRIÉTAIRES

MM. Henri Bazin.
Baudot-Bigolet.
Henri Benoist-Crepet.
Jacques Blaizet-Gallois.
Changenet-Delorme (Vve).
Frédéric Clair.

MM. Auguste-Félix Derey.
Gavignon-Fournier.
J.-B. André Jolibois.
Lambert-Jacquinot.
Jules Ménétrier.

Clos du Roi. — C. A. B., deuxième et troisième classes.

PRINCIPAUX PROPRIÉTAIRES

MM. Benoit-Crepet.
Eugène Gallois.
Gallois-Aubertot.
Jovignot-Poinsot.

MM. François Léveillé.
Emile Mallard.
Monin-Mallard.
Thabard-Bernard.

Séloncourt (en). — C. A. B., deuxième classse.

PRINCIPAUX PROPRIÉTAIRES

MM. Bailly Philibert.
Baudot-Bigolet.
Coffin.
Auguste Drouin.
Follet-Céry.

MM. Auguste Fricot.
Lambert-Souvernier.
Lhéritier-Changenet.
Poisot.

Valandons. — C. A. B., troisième classe.

PRINCIPAUX PROPRIÉTAIRES

MM. Eugène Gallois.
François Gallois-Bernard.
Léon Gallois.
Lacordaire-Poinsot.

MM. Lambert-Souvernier.
Auguste Lhéritier.
Mmes Vve Jean Martin.
V^{re} Robinot-Deschamps.

Vignes du Piquon. — C. A. B., troisième classe.

PRINCIPAUX PROPRIÉTAIRES

MM. J.-B. André Jolibois.
Emile Mallard.

MM. Charles Poisot.
Thuillier-Mallard.

Alouettes (les).

PRINCIPAUX PROPRIÉTAIRES

M. Adolphe Savot. | Mme Marie-Noémie Pierrot. | Mme Amélie Gérard.

Arbre Pin (en l').

PRINCIPAUX PROPRIÉTAIRES

MM. Changenet-Jolibois.
Changenet-Guyard.
Gallois-Aubertot.

MM. J.-B.-André Jolibois.
Mercier-Changenet.
Mme Vve Mercier Porcherot.

Bons Bruts (les).

PRINCIPAUX PROPRIÉTAIRES

MM. Bailly-Philibert.
Auguste Derey.
Eugène Gallois.
François Gallois-Bernard.
Gallois-Boivot.

Mme Vve Gallois-Derey.
Alexandre Jarrot-Guyot.
Louis Mercier.
Thabard-Bernard.

Bouchots (les).

PRINCIPAUX PROPRIÉTAIRES

MM. Changenet-Lhéritier.
Hippolyte Charchaude.
Fournier-Royer.

M. J.-B.-André Jolibois.
Mme Marie-Noémie Pierrot.

Champagne (la).

PRINCIPAUX PROPRIÉTAIRES

MM. Jules Blaizet.
Changenet-Braichet.
Jacotot-Crépet.

MM. Gavignon-Fournier.
Mme Amélie Gérard.

Clos de l'Etoile.

PRINCIPAUX PROPRIÉTAIRES

MM. Bailly Philibert.
Adolphe Gérard.
Louis Mercier-Bernard.

MM. Mugnier-Lesénéchal.
Adolphe Savot.

Corviottes (les).

PRINCIPAUX PROPRIÉTAIRES

MM. Gallois-Aubertot.
Lambert-Souvernier.
Mme Vve Robinot-Deschamps.

MM. Adolphe Savot.
Sonneret-Crépet.

Courtes Pièces (les).

PRINCIPAUX PROPRIÉTAIRES

MM. Baudot-Bigolet.
Derey-Boissière.
Eugène Gallois.
Mme Amélie Gérard.

MM. J.-B. André Jolibois.
Lambert-Souvernier.
Adolphe Savot.

Foussets (les).

PRINCIPAUX PROPRIÉTAIRES

MM. Bernard-Lhéritier.
Chemet-Guyard.
Derey-Boissière.

MM. Lambert-Souvernier.
Lucien Ledeuil.
Eugène Sirdey.

Goudrandes (les).

PRINCIPAUX PROPRIÉTAIRES

MM. Félix Bernard-Mongin.
Derey-Boissière.

M. Léon Gallois-Gallois.
Mme Vve Robinot-Deschamps.
Etc., etc.

DIJON-LARREY

Larrey, hameau dépendant de Dijon, est situé à la base des premiers contreforts des collines formant la série des étages géologiques dans lesquels nous rencontrons les communes qui produisent les vins fins de notre région.

Ce hameau est placé le long des routes de Corcelles et Larrey, et est habité en majeure partie par une population vigneronne. A raison de sa proximité de Dijon, dont les octrois embrassent même une partie du finage, de nombreuses maisons de campagne y ont été construites ; à mi-côte, on y jouit d'une vue magnifique.

Le service des postes et télégraphes est fait par le bureau de Dijon.

Donner une notice complète sur Larrey, dont l'existence est intimement liée à celle de la capitale de la Bourgogne, est chose impossible ; il faudrait alors écrire l'histoire de cette dernière ville, ce qui sortirait de notre cadre.

Bornons-nous à rappeler seulement qu'en 1630, les vignerons de Dijon attirèrent particulièrement l'attention sur eux.

Nous savons par Courtépée (1) que, sur le bruit que des *aides* (impôts) allaient être établis par le roi, ils formèrent des attroupements, élurent pour chef un nommé Machas, et coururent les rues, armés de hallebardes et de bâtons, en criant *Lanturlu*, le refrain d'un fameux vaudeville qui eut grand succès en 1629.

Les vignerons furent nommés *Lanturlus* parce qu'ils faisaient accompagner cet air sur le tambour pendant leur marche, et-

(1) V. pour amples détails, *ouv. cité*, t. II.

cette sédition, dit de la Monnoye (1) dans son *Glossaire*, est encore appelée le *Lanturlu* de Dijon.

Des troubles de cette nature auraient eu pour leurs auteurs de graves conséquences, si le roi Louis XIII, qui arrivait de Troyes, ne leur eût accordé pardon.

Le vignoble de Larrey doit être certainement contemporain de celui de Chenôve, puisque l'on constate qu'en 587 Gontran, roi de Bourgogne, donnait à Saint-Bénigne diverses terres parmi lesquelles figure *Larrey* avec les vignes qui en font partie.

Quarante ans plus tard, Clotaire II défendait aux habitants de troubler l'intégrité des possessions des religieux en s'emparant des chaumes dans lesquelles ils plantaient des vignes.

Enfin, au VIIe siècle, Amalgaire donne également à l'abbaye de Bèze des vignes sur ce finage.

D'après ce résumé il est hors de doute que de tout temps la vigne y fut cultivée.

Au début, on y récoltait une certaine quantité de vins fins et quelques climats en produisent encore qui ne manquent ni de finesse, ni de vivacité, ni de corps.

« Là, se trouve, a écrit le Dr Morelot, le canton des Marcs-d'or, dont le vin a beaucoup d'analogie avec celui de Chenôve, cependant il a un peu plus de finesse. »

Signalons également le climat du *Montrecul*, des *Echaillons*, de la *Corrée*, etc., qui produisent eux aussi des vins ne manquant pas de qualités et très recherchés des amateurs.

Le vignoble de Larrey plonge, jusqu'au pied de la Côte, dans les alluvions anciennes ; puis vient le Cornbrash, tandis que les marnes oxfordiennes réapparaissent sur les plateaux. Le sol est en général fortement coloré par les oxydes de fer dans tous les bons climats.

De l'étude des terres à vignes résultent les constatations suivantes (2) :

Valandon (dessus). — Eboulis sur l'Oolithe blanche, cailloux calcaires tendres.

(1) Déjà cité.
(2) Déjà cité.

Sol : jaune-rougeâtre, meuble, peu riche, à très nombreux petits fragments de calcaires blancs tendres ; 0ᵐ30 d'épaisseur.

Sous-sol : sable crayeux mélangé d'un peu de sol.

Valandon. — Eboulis sur les pentes avec graviers et calcaires durs.

Sol : brun, avec petits fragments de calcaires durs, meuble, assez riche, 0ᵐ80 d'épaisseur.

Sous-sol : de même nature, avec gros cailloux calcaires durs.

Les Monts-Vignes. — Alluvions pliocènes.

Sol : argilo-calcaire, graveleux, assez meuble, brun, peu fertile, 0ᵐ40 d'épaisseur.

Sous-sol : marnes saumon avec cailloux calcaires très tendres.

Marcs-d'Or. — Gravier terreux quaternaire, éboulis sur les pentes.

Sol : argilo-calcaire léger, noir-rougeâtre, mélangé de nombreux petits cailloux calcaires tendres.

Sous-sol : sable très calcaire blanc.

Le comité central d'études et de vigilance de la Côte-d'Or possède à Larrey, et là où commencent les bons climats, un champ d'expériences ; voici la composition du sol, examiné par M. Margottet :

ANALYSE MÉCANIQUE	
Terre fine	55.85
Gravier	42.12
ANALYSE PHYSIQUE DE LA TERRE FINE	
Sable siliceux	44.48
Argile	36.04
ANALYSE CHIMIQUE DE LA TERRE FINE	
Azote	0.126
Acide phosphorique	0.465
Potasse	0.329
Chaux	8.360
Carbonate de chaux correspondant	14.930

La composition de ce sol n'offre rien de particulier.

M. J. Boussingault (1), analysant les vins envoyés en 1878, trouve :

NOM de l'Exposant	NOM du Cru	Année de la récolte	QUANTITÉS RAPPORTÉES A UN LITRE DE VIN							
			Densité	ALCOOL en volume	Acidité totale en SO3 HO	Crème de tartre	Tannin	Extrait sec	Glycérine	ACIDE succinique
J. Fontagny.	Echaillons.	1877	0,991	128,0°	5gr,20	1gr,39	0gr,235	28,50	8gr,2	1,64

D'après M. Margottet (1), les vins ordinaires de Dijon avaient la composition suivante en 1889 :

NOM du Climat	Densité à 15 degrés	ALCOOL en degrés p. cent	EN GRAMMES PAR LITRE			
			Extrait sec à 100 degrés	Sulfate de potasse	Crème de tartre	Acidité totale en SO3 HO
Chanchardon.	995,6	10,2	21gr,75	0gr,13	3,33	5gr,95

Nous avons eu également occasion de faire de nombreuses analyses de ces vins. Elles diffèrent peu de celles ci-dessus, sauf pour la glycérine laquelle oscillait, d'après ces dernières, entre quatre et cinq grammes par litre au maximum, mais ceci tient, croyons-nous, au mode opératoire employé.

D'autre part, et par les mêmes raisons que celles indiquées pour Chenôve, les vins de ce finage se vendirent bien dès les siècles précédents.

(1) Déjà cité.

C'est ainsi que les vins fins de Larrey valaient (1) :

1648	42 livres	1660	45 livres	1675	58 livres
1651	60 —	1665	52 —	1680	25 —
1655	60 —	1670	27 —		

Depuis, les vins fins ainsi que les ordinaires se sont vendus aux mêmes prix que ceux des communes environnantes.

MM. Morelot et Lavalle (2) appréciant les vins de ce finage ont écrit :

Ces vins présentent un feu et une vinosité très grande. Ils se gardent très bien et ne sont prêts à boire qu'au bout d'un certain nombre d'années, souvent six ou huit ans. Ce n'est qu'en vieillissant qu'ils acquièrent de la finesse et que le bouquet s'y développe.

Mais alors ce sont des vins véritablement très remarquables et si nous ajoutons à ces qualités que ces vins voyagent facilement on comprendra combien il est à regretter que ce vignoble ait été négligé.

On peut en dire autant des vins produits par les vieilles vignes de pinots dans les climats des *Violettes,* des *Echaillons* et des *Champs Perdrix.*

Dans le reste de la commune de Dijon, on connaît également des climats qui jadis étaient renommés. Courtépée signale les vins des *Crais de Pouilly,* les *Poussots,* les *Roses,* les *Perrières* comme vins *légers* et *délicats.* Ces climats existent toujours et donnent d'excellents produits.

Il est bon d'ajouter que, partout où subsistent de vieilles vignes, on récolte toujours des vins remarquables, et que les passe-tous-grains et gamays de coteau de ce finage ont une très grande réputation.

Nous terminerons cette étude en donnant la statistique suivante, laquelle est à peu près inédite, ayant été tirée à un très petit nombre d'exemplaires, répartis entre quelques personnes. Elle a été établie par un de nos parents M. Victor Castille, pro-

---

(1) Archives de Dijon ; reproduit également par le Dr Lavalle.
(2) Déjà cités.

priétaire, qui de 1840 à 1873 avait pris soin de noter chaque année l'état des récoltes (1).

STATISTIQUE DES RÉCOLTES EN VINS AVEC RENSEIGNEMENTS DEPUIS ET Y COMPRIS L'ANNÉE 1840.

1840. — Grande abondance et, malgré cela, vin de jolie qualité ; il servit à recouper le 1839 qui ne valait guère, et il servit encore davantage pour guérir ou corriger celui de l'année suivante.

1841. — Gelée de printemps ; tout l'été, tout l'automne la pluie ; les raisins étaient presque totalement pourris, aussi le vin fut-il exécrable. Dans bien des localités, Talant, Plombières, il fallut vider les tonneaux dans les rues ; le vin était tourné.

1842. — Un peu de gelée au printemps ; mais l'été fut chaud et sec ; on fit du vin de 1re qualité, mais les caves étaient encombrées des 1840 et des 1841, qui avaient pu se conserver, et ce bon vin fut vendu à bas prix au moment de la fermentation.

1843. — La Semaine Sainte fut terrible pour nos vignes ; il gela au moins quatre jours, mais, comme on doit bien penser, les bourgeons étaient courts et le mal ne fut que de moitié, et le reste ne valut guère, car autant l'année avait été précoce (on vit du raisin le 14 mars en pleine terre), autant elle fut tardive. On vendangea dans la seconde quinzaine d'octobre, et on fut obligé de chauffer les raisins dans les cuves pour leur donner du ferment, et on alla si peu vite, que les vins ne furent finis qu'après la Saint-Martin. Inutile d'ajouter que le vin fut excessivement vert et médiocre.

1844. — Un peu de gelée de printemps, un peu de grêle ; année très ordinaire comme quantité, mais jolie qualité.

1845. — A quelque chose près, quantité et qualité, comme en 1843, mais le vin se vendit mieux, les caves se vidèrent.

---

(1) Imprimé par F. Carré, Dijon, 1873, brochure de 8 pages.

1846. — Année sans pareille comme qualité : le vin était d'une force à ne pas pouvoir le boire ; six ans après il était encore dur ; les anciens nous disaient qu'il rivalisait au moins avec le 1811 et les 1822 et 1825. Beau rendement, bon prix ; les vignerons s'enrichirent.

1847. — Abondance sans pareille, plus forte qu'en 1840 : en moyenne les vignes produisirent de 15 à 20 pièces au journal. C'était si abondant que le vin était presque pour rien. Faible qualité.

1848. — Beau vin, mais faible récolte. La gelée du printemps et la sécheresse en enlevèrent une grande partie. Cela fit du bien aux vins de 1847.

1849. — Vin encore préférable au 1848, mais encore faible quantité ; il se vendit bien. Gelée de printemps et sécheresse.

1850. — Bonne année ; la récolte fut assez abondante et le vin passable. Il s'enleva vite, mais à un prix médiocre.

1851. — Gelée de printemps, grande pluie toute l'année. Aussi le vin ressemblait-il à son aîné de 10 ans (1841) ; il n'était pas rouge, il était jaune.

1852. — La plus stérile année en vin depuis 1816. On fut gelé le 1er mai ; forte grêle le 29, ensuite pluie continuelle et du froid, ce qui fit couler tous nos raisins. Le peu de vin que l'on fit était très potable.

1853. — Forte gelée le 9 mai, mais, heureusement pour un grand nombre de climats, il existait un brouillard comme on en voit peu en décembre et la gelée ne fit point de mal ; mais où le brouillard n'existait pas, la récolte fut perdue sans ressources. Le vin était d'une médiocre qualité (forte coulure).

1854. — Année très précoce pour la végétation. Nos vignes furent gelées le 25 avril, les tailles dans les jeunes vignes étaient prêtes à être accolées. Été très humide jusqu'au 15 août, mais à partir de ce jour chaleur et sécheresse, ce qui fit parfaitement mûrir nos raisins. Comme les années précédentes, forte coulure, par conséquent faible récolte, mais bonne qualité. Le vin se vendit très cher. Grêle le 25 juillet qui perdit les contrées sur lesquelles elle s'abattit.

1855. — Nos vignes gelées au printemps. Les pluies d'été firent couler les raisins, par suite plus mauvaise année que les précédentes. Un peu plus de vin qu'en 1852, mais mauvaise qualité.

1856. — Gelée en mai, grêle le 14 août et le 1ᵉʳ septembre, encore forte coulure, peu de récolte, mauvaise qualité.

1857. — Les temps deviennent meilleurs, pourtant la gelée frappa nos vignes les 16 et 25 avril. Il y eut des contrées où on ne récolta presque rien, mais, en général, la récolte fut bonne; peu de quantité, mais jolie qualité.

1858. — L'âge d'or: point de gelée, seulement un peu de grêle le 22 juillet. Année abondante presque partout. Vin excellent.

1859. — Nos vignes furent gelées les 2, 16, 17 et 18 avril, celle du 18 enleva presque toute la récolte. Vin en petite quantité mais qualité supérieure même au 1858.

1860 (Pie IX). — Gelée d'hiver (21 décembre 1859), grande échamplure, point de gelée de printemps, belle préparation où la gelée d'hiver n'avait pas porté, mais le 28 juillet nous fûmes grêlés et, à partir de ce jour, pluies continuelles, mauvaise maturité, par conséquent mauvais vin, en quantité assez passable. Grande misère pour récolter, vendangeurs chers, mauvais temps, mauvais chemins.

1861 (Garibaldi). — Gelée les 21, 25, 29, plus fort le 30 avril, un peu le 1ᵉʳ mai. Dimanche 5 mai, neige et grésil, gelée les jours suivants, mais beaucoup de climats furent épargnés. Beau et bon temps après, juillet fort humide. Les raisins étaient devenus énormes, mais août et la première quinzaine de septembre furent si secs et si chauds qu'ils se desséchèrent et un bon nombre furent grillés, ce qui diminua la récolte; dans bien des vignes il y avait 1/3 de brûlé. Mais, au 15 septembre, une pluie douce arriva qui fit pas mal revenir la grume; seulement le grillé resta grillé, l'on fit encore une bonne demi-récolte, et du vin d'une qualité très remarquable.

1862. — Grand froid en avril après une végétation très hâtive; gelée les 14, 15 et 16 avril; celle du 15 fut très intense.

dans plusieurs climats, seulement sur quelques communes (Dijon, Fontaine, Chenôve), la Côte fut épargnée. On vit de la fleur dans les raisins, dès le 13 mai ; au 7 ou 8 juin dans les jeunes vignes, ils commençaient à pendre ; mais, à partir du 15 juin, pluie froide et temps couvert jusqu'à la fin du mois. Nous eûmes les premiers de juillet 2 ou 3 jours de chaleurs qui nous amenèrent la trop fameuse nuée du 4, laquelle enleva dans l'espace de quelques minutes plus de la moitié de la récolte sur Dijon, et sur Fontaine plus des 3/4. Dans un grand nombre de climats, entre Fontaine et Pouilly, il ne restait plus que les paisseaux (où il y en avait) et le sarment mutilé, écorché. Une partie des bourgeons qui devaient pousser l'année suivante poussèrent au mois d'août, ce qui força le vigneron à tailler autrement que les années ordinaires ; mais la récolte suivante n'en souffrit pas beaucoup, vu que, heureusement, l'hiver fut très doux, ce qui permit à ces malheureuses vignes de pousser assez favorablement. Si, au contraire, l'hiver eût été rude, les sarments auraient été tannés, étant déjà secs à moitié par la suite des innombrables coups de grêle. Malgré cela, le vin fut d'une très bonne qualité, il s'enleva vite ; l'été après il n'y en avait plus.

1863. — Comme en 1858, point de gelée, préparation magnifique, espoir d'une année abondante ; mais le raisin ne passa pas parfaitement fleur, il resta en petites grumes dans bien des vignes. L'été fut très sec et très chaud depuis le 20 juillet au 20 août. Dans certaines localités on n'espérait plus vendanger, tant les raisins avaient souffert, mais il nous vint des pluies qui se succédèrent et firent revenir pas mal de raisins ; toutefois il y en eut beaucoup de grillés, et ceux-là ne se remirent pas et le nombre en était pas mal grand. Enfin à l'époque de la vendange il vint tant de pluies qui rendirent la peau des grumes si fine, que le marc fut en petit volume. Le rendement en cuve fut grand, et, en général, on fit une belle et forte année ordinaire comme quantité. La qualité laissait beaucoup à désirer ; les grandes pluies des vendanges, donnant la quantité, enlevèrent la couleur et l'alcool.

1864. — Point de gelée, pas de grêle, grande sécheresse; forte récolte, jolie qualité.

1865. — Quelques bourgeons gelés, pas de grêle encore, grande sécheresse. Belle année, assez d'abondance, excellente qualité, couleur et alcool. Beaucoup de ressemblance au 1846.

1866. — Un peu de gelée. Belle apparence jusqu'en juillet, grêle le 14, pluies abondantes qui, se succédant, firent pourrir le raisin. Nouvelle grêle le 5 septembre sur une partie de Dijon, Chenôve, Marsannay, Couchey et Perrigny qui mit le comble à la perte, car le vin fut inbuvable. Là où ce ne fut pas grêlé, le vin fut un peu meilleur mais pas clair, acide ; enfin, en général, mauvaise année.

1867. — Gelée de printemps sans pareille : il gela les 24 et 25 mai. Ce fut une désolation, car la gelée porta jusque sur le vieux bois, par conséquent aucune récolte, même peu d'espoir pour l'année suivante. Les contrées épargnées produisirent quantité et qualité.

1868. — Pas de gelée de printemps, mais les vignes se sentirent assez de celle de 1867, car la récolte fut très minime dans les vignes atteintes de cette gelée. Autre part, magnifique apparence qu'enleva, le 17 juillet, une grêle qui tomba assez grosse et assez sèche. Ce qui rivalisa en destruction avec la grêle, ce fut la chaleur qui suivit et qui brûla plus que la grêle n'avait détruit.

Vin de bonne qualité, surtout dans les climats épargnés par la grêle ; malheureusement, il n'y en avait guère à Dijon.

1869. — Gelée insignifiante au printemps, mais du froid et de la pluie dans les mois de mai et de juin. Le beau temps se prit au commencement de juillet jusqu'à la récolte, ce qui nous fit faire du vin qui dépassa en qualité le 1868, mais en bien faible quantité.

1870. — Année sans pareille comme misère et événements. Un peu d'échamplure, un peu de gelée mais, relativement, ces accidents étaient peu importants. La sécheresse fut si intense et de si longue durée, que la récolte, en général, fut tout à fait nférieure ; mais le vin dépassa encore en qualité les trois précédentes années.

1871. — Grande échamplure, les 3/4 des vignes ne donnèrent presque rien. Un vigneron de Chenôve, ayant 8 journaux (1) de vignes en plein rapport, récolta quinze pièces dans sept journaux, et quinze pièces dans le huitième.

Beaucoup de vignes furent arrachées, les propriétaires ne prévoyant plus de récolte pour l'avenir. Les vignes en bon vin de la Côte furent très maltraitées : de mémoire d'homme on n'avait vu pareille misère. Très faible récolte, qualité on ne peut plus variée : certaines cuvées rivalisaient au moins avec les 1867, tandis que d'autres ne valaient pas mieux que les 1866.

1872. — 1852 revenu pour beaucoup de vignerons. Encore grande échamplure ; gelée de printemps qui dépassa celle de 1867, comme étendue ; elle se fit sentir un peu le 18 avril, mais les 13 et 14 mai elle fut si forte, qu'elle détruisit presque toute la récolte et le peu qui restait fut grêlé les 27 et 28 juillet. Aussi dans nos contrées beaucoup de vignerons ne récoltèrent pas pour leur boisson, quelques-uns firent une ou deux pièces dans plus de six journaux. Qualité variée, au moins comme l'an dernier ; il y avait des cuvées magnifiques. Pour la vendange, pluie presque continuelle.

Gelée d'automne les 23, 25 et 26 septembre qui perdit le peu qu'il y avait dans les climats gelés.

1873. — Gelée le 9 avril et jours suivants, mais ce n'étaient que des avant-gardes : le 26 le mal fut grand dans beaucoup de climats ; dans la journée il neigea ce qui produisit de l'humidité, et la nuit suivante la gelée fut terrible ; le 27 au matin tout était perdu. Il n'y eut que les vignes taillées tard qui produisirent un peu. Quant à la généralité de celles du territoire de Dijon, il y eut à peine 1,5 de récolte et le vin fut de très mauvaise qualité.

Telles sont les observations faites jadis par ce propriétaire vigneron, et qui témoignent d'un remarquable esprit d'obser-

---

(1) Le journal est de 34 ares 28 cent.

vation, établissent nettement la situation du vignoble pour la seconde moitié de ce siècle.

Ici se termine la monographie de la commune de Dijon, dans le territoire de laquelle on peut évaluer la superficie de vigne à mille ou douze cents hectares environ, lesquels, comme nous l'avons dit, produisent en majeure partie des vins ordinaires.

Entrepôts vinicoles de Bourgogne, à Dijon
Caves et Magasins de réserve de M JULES BELIN,
propriétaire à *Premeaux, Prissey, Flagey, Chambolle*, etc.

NOMENCLATURE

DES PRINCIPAUX CLIMATS ET LIEUX DITS

Champs Perdrix (les). — C. A. B., deuxième classe.

PRINCIPAUX PROPRIÉTAIRES

MM. Bailly-Thibault.
J. Castille.
P. Castille.
Mme Fontagny.

MM. Garaudet.
Nicolardot.
Thiébaux-Bouvier.
Mme Vve Vaissier.

Marcs d'or (les). — C. A. B., deuxième classe.

PRINCIPAUX PROPRIÉTAIRES

M. L. Castille.
M. A. Savot.

MM. Pascal frères (*Clos Pascal*).

Montrecul (en). — C. A. B., deuxième classe.

PRINCIPAUX PROPRIÉTAIRES

M. Lacordaire.
Mme de Montillet.

MM. Noblot.
Savot.

Echaillons (les). — C. A. B., troisième classe.

PRINCIPAUX PROPRIÉTAIRES

MM. Calais.
Castille.
Mme Fontagny.

MM. Fournier.
Galfione.
Goisset.

Gremeaux (les). — C. A. B., troisième classe.

PROPRIÉTAIRE

Mme Vve Vaissier.

Bas des Marcs d'or (le). — C. A. B., troisième classe.

TRÈS DIVISÉ

Valandons (les). — C. A. B., troisième classe.

PRINCIPAUX PROPRIÉTAIRES

MM. Blaizet.
de Contançon.
Gallois.

MM. Huchon.
Meugnier.
Savot.

Violettes (les). — C. A. B., troisième classe.

PRINCIPAUX PROPRIÉTAIRES

MM. Bernard.
Gallois.

Mme Vve Changenet.
M. Changenet.

Barbottins (les).

PRINCIPAUX PROPRIÉTAIRES

M. Mallard. | M. Meurgey. | M. Rabutôt.

Bernards (les).

PRINCIPAUX PROPRIÉTAIRES

M. Danguy-Castille.

M. le Dr Robin.

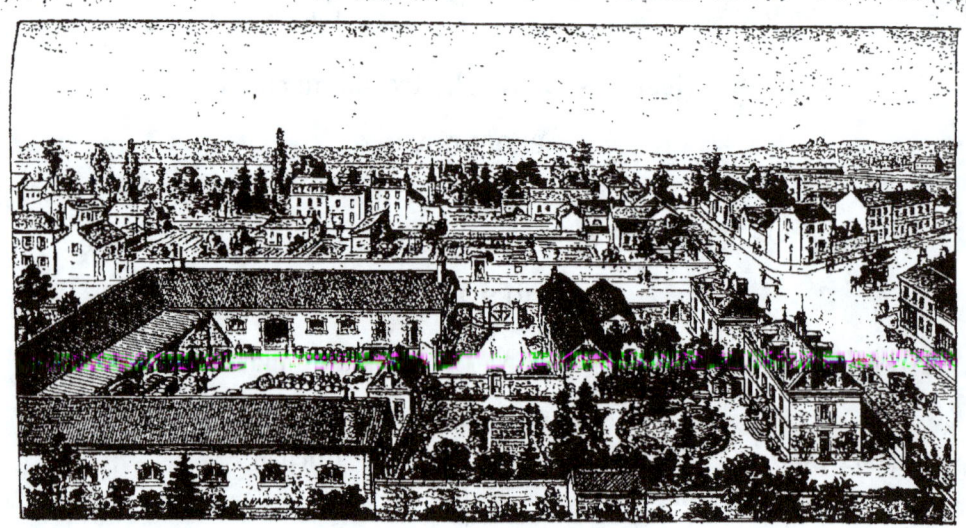

M. S. LHOTE FILS, A Dijon. — Maison fondée en 1836 (1)

(1) M. S. Lhote fils s'est rendu acquéreur de la Grande Vigne Maupertuis, partie supérieure du Clos de Vougeot, c'est-à-dire la plus estimée comme qualité.

M. S. Lhote fils est aussi propriétaire du Clos de Vougeot blanc dont les produits sont si appréciés des connaisseurs. Il possède également des vignes, à Vosne-Romanée, à Flagey-Echézeaux : *Aux Echézeaux*, à Chambolle-Musigny : *Aux Amoureuses* et des caves à Gevrey-Chambertin.

Billetottes (les).

PRINCIPAUX PROPRIÉTAIRES

M. Loisier. | M. François Pierre.

Bourochs (les).

PRINCIPAUX PROPRIÉTAIRES

Mme Castille.
MM. Castille.
    Mallard.

MM. Pastrie.
    Vienne.

Champs Batrants (les).

PRINCIPAUX PROPRIÉTAIRES

M. Commerson. | M. Faivret.

Corvée (la).

PRINCIPAUX PROPRIÉTAIRES

Mmes Castille.
    Chevalier.
MM. Danguy-Castille.
    Joliet.

MM. Martin.
    Perchandet (Mme).
    Peyron-Castille.

Dessus des Eaux (au).

PRINCIPAUX PROPRIÉTAIRES

M. Jacquier. | M. Léger. | M. Mignotte.

Es Eaux ou Es hauts.

PRINCIPAUX PROPRIÉTAIRES

MM. Blandin.
    Castille.
    Commerson.

MM. Fournier-Mongin.
    Jolibois.
    Perreau.

Epenottes (ès).

PRINCIPAUX PROPRIÉTAIRES

MM. Brun d'Artis.
    J. Castille.
    Girard.
    Heldèse.

MM. Mongin.
    Poulain.
    Prin.
    Savot.

CLOS DES MARCS D'OR (4 h. 62 a.)
Propriété de MM. PASCAL FRÈRES, de Dijon
Ancien Domaine de M. le marquis de Courtivron

Il y a un siècle à peine on eût encore trouvé sur le territoire de la commune de Dijon des vins d'une grande valeur appréciés à la fois et dans le pays et à l'étranger.

Au siècle dernier, Courtépée y signale les vins des Crais de Pouilly, les Poussots, les Roses, les Perrières comme vins légers et délicats. Il considère les vins des Violettes et des *Marcs d'Or* comme excellents à la troisième et quatrième feuille, et comme susceptibles d'être expédiés au loin.

C'est à peine s'il reste aux Perrières et aux Crais de Pouilly quelques ceps de Plants fins. Aux Poussots et aux Roses, il n'en existe depuis longte[mps] les *Marcs d'O[r]* Violettes son[t] tés presque pour témoig[ner] leur ancien[ne ré]putation.

Ces vins pr[ésen]tent un feu [et une] vinosité très [grande]. C'est surto[ut en] vieillissan[t qu'ils] acquièren[t une] grande fi[nesse] que le bouqu[et] développe.

Ce sont alo[rs des] vins véritabl[ement] remarquable[s.]

Les Vins [Blancs] des *Marcs d['Or* ne] sont pas moi[ns re]nommés et [sont] comparés [aux] meilleurs cr[us de] Meursault.

Comme les vins Rouges, ils se conservent très bien et voy[agent] facilement. — Dr LAVALLE.

Vue des Etablissements **HENRI QUENOT**
Maison principale à Dijon

CAVE DE VINS FINS A ALOXE-CORTON

GRANDS CRUS DES CORTON & VERGELESSES

Les expéditions se font directement des Caves d'Aloxe-Corton.

Fontaine d'Ouche.

PRINCIPAUX PROPRIÉTAIRES

M. Castille.	Mme Porcheret.
Mlles Colot.	M. Roussin.

Monts de Vignes (les grands).

PRINCIPAUX PROPRIÉTAIRES

MM. Bernard.
Castille.
Déresse.
Fournier.
Mme Vve Gallois.
Lacordaire.

MM. Mercier.
Mignardot (Mlle).
Noirot.
Poulain.
Savot.
Voituret.

Pissevin (en).

PRINCIPAUX PROPRIÉTAIRES

MM. Belin.
Blandin.
Changenet.
Charchaude.
Faivret.
Fournier-Mongin.
Girard.

MM. Malphin.
Pascal frères.
(Clos Pascal).
Poulain.
Savot.
Sirdey.

Saint-Jacques (en).

PRINCIPAUX PROPRIÉTAIRES

MM. Bernard.
Gallois.
Marcilley.

MM. Poulain.
Rabutôt.

Saules (les grands).

PRINCIPAUX PROPRIÉTAIRES

MM. Bizot.
Bouret.
Colot.
Faivret.

MM. Gunther.
Perreau.
Poulain.
Prin.

ÉTABLISSEMENTS ROUVIÈRE FILS
DIJON — Rue de Gray, 23, 25, 27, 28 et 29 — DIJON

Saules (les Petits).

PRINCIPAUX PROPRIÉTAIRES

MM. Bouret.
   Castille.
Mme Castille.

MM. Colot.
   Delorme.
   Jolibois.

Tire-Pesseaux (En).

PRINCIPAUX PROPRIÉTAIRES

M. Castille.
Mme Fontagny.

MM. Lamblet.
   Poulain.
      Etc., etc.

M. ROUGET, A DIJON

PROPRIÉTAIRE

à GEVREY-CHAMBERTIN

Chambertin, Têtes de cuvée.
Clos de Bèze.

---

(1) M. Rouget étant décédé au cours de l'impression de cet ouvrage, ces propriétés sont en ce moment entre les mains de M. J. Millon, marchand de domaines, à Dijon.

TABLE
DES NOMS DE PROPRIÉTAIRES CITÉS

A

Achery (veuve), 324.
Adam (André), 27, 30, 32, 35, 37, 38, 39.
Adam (veuve), 31.
Adenot, 14.
Allerey (le bureau de bienfaisance d'), 193.
Allex, 331.
Amiot, 471, 475, 479, 501.
Amiot (J.), 557.
Amiot-Girod, 406, 408, 499, 500, 525.
Amiot Moyeux, 469, 475.
Ambroiset-Ricaud, 276.
Amoignon-Brugnot, 81.
Amoignon-Garnier, 84, 88.
Amoignon-Guyot, 223.
Amoignon-Rouget, 203.
Amyot (Louis), 237.
André, 47.
André (colonel), 389, 390, 391.
André-Argot, 389, 390, 391.
André-Brugnot, 61, 63, 64, 65.
André-Ducharme, 64.
André Marillier (Mme), 397.
André (Philibert), 203, 211.
Arbelet, 310, 312, 316, 317, 324, 325.
Arbinet (Mme Vve), 334, 337.
Arcelain, 159, 162.
Armand (comte), 151.
Armand-Prieur, 243.
Arnoux, 265, 272, 417, 422.
Arnoux (Charles), 202.
Artault (Stéphen), 203.

Audiffred, 26, 31, 32, 35, 39, 428.
Audiffred (Jules), 22, 32.
Audiffred Thévenot, 564, 568, 569, 570.
Audouin (Claude), 594, 592, 593.

B

Bachelet (Adam), 27, 34, 36, 38, 40, 41.
Bachelet-Bachelet, 37.
Bachelet (Félicité Mlle), 31, 32, 27, 35, 37, 39, 41.
Bachelet (Ferdinand), 27, 42.
Bachelet (Joseph), 31, 38.
Bachelet-Lavirotte, 34, 39.
Bachelet-Passerotte, 35.
Bachelet (Pierre), 42.
Bachelet-Thévenot, 41.
Bachey (Abel), 76, 78, 79, 86, 193, 196, 212, 215, 222.
Bachey, 312.
Bachey-Deslandes, 10, 11, 42, 43, 310, 331, 332, 334, 336.
Bader-Nié, 23, 31, 39.
Behèzre (Henri de), 13, 390.
Baille, 263, 265.
Bailly, 348.
Bailly-Liger, 334, 338.
Bailly (Philibert), 505, 606.
Bailly-Thibaut, 624.
Barberet, 34, 41, 347, 349, 350.
Barberet (Adolphe), 348.
Barberet-Bonnard, 221, 226.
Barberet-Carlin, 349.
Barberot, 336, 347, 348, 350.

TABLE DES NOMS

Barbier-Boudrot, 477.
Barbier (Nicolas), 569.
Bard Labourcau, 237.
Bardollet, 11.
Bardollet-Bresset, 10, 14.
Bardollet Depernon, 11, 12.
Bardollet-Rouhette, 14.
Barbuat (de), 146, 151, 152, 153, 154, 157, 161, 165.
Bard (Joseph), 163.
Baroche-Hudelot (Mme Vve), 394, 392.
Barolet, 41.
Barrault, 47.
Barrault (Mme Vve), 356.
Barraut, 376.
Bart (veuve), 593, 595.
Bart Audoin, 593.
Bart (Edouard), 594, 595.
Bart-Guyard (veuve), 592.
Barveuse (Mme), 590.
Bast (Mme de), 520, 523.
Bathiard, 269, 274.
Battault, 40, 41, 62, 215.
Battault Bouillot, 202.
Battault-Granger, 78.
Battault (Jacques), 96, 97, 98, 162.
Battault-Manière, 96, 97, 98.
Battault-Martin, 226.
Battault-Millot, 85, 86.
Battault Monin, 78, 79, 85, 86.
Battault-Porcheray, 106.
Battault-Rose, 107.
Battault-Sarazin, 89.
Battault-Verpiot, 103, 106, 107.
Battault (Victor), 78, 88.
Battaut-Bouzereau, 128.
Battaut-Jacquot, 96.
Baudran, 30.
Baud, 496, 497, 501.
Baudot, 607.
Baudot-Bigolet, 604, 605.
Baumann, 78.
Bavard-Gagnard, 393, 401, 404.
Bavard-Roger (veuve), 65.
Bay-Poste (du), 269.
Bazerolle, 36.
Bazin, 521, 525, 532, 534.

Bazin (Henri), 604.
Beaudement, 340.
Beaudet A et L. (frères), 124, 126, 128, 129, 133, 134, 152, 191, 192, 204, 247, 447.
Beaudet (Alphonse), 196, 214, 218.
Beaune, 95, 96.
Beir (Mme de), 293.
Belair, 428.
Belland, 14.
Behcard Charreau, 64.
Belin-André, 61, 64.
Belin, 627.
Belin Jules), 359, 360, 370, 372, 375, 428, 468, 469, 624.
Belot-Raillard, 534.
Bétorgey, 333, 336, 337.
Benoist (de), 11, 86, 148, 150, 154, 155, 156, 202, 214, 221.
Benoist-Bachey (de), 193, 204, 205, 213, 223.
Benoist Crepet (Henri), 604.
Benoit (François), 591.
Benoit, 372.
Béranger, 132.
Béranger-Jarlaud, 95.
Bergeret, 450.
Bergeret, 376, 418.
Bergeret-Arnoux, 402.
Bergeret frères, 458.
Bergeret (Edme), 593, 594.
Bergeret-Lucotte, 570.
Bergeret (Paul), 595.
Bernard, 332, 622, 627.
Bernard-Lhéritier, 607.
Bernard-Mongin (Félix), 607.
Bernard (héritiers), 76, 132.
Bernard (André), 212.
Bernard-Chaffotte, 294, 313.
Bernard (Charles), 310, 311, 312, 313, 316, 317, 324, 326.
Bernard (E^mn.), 263, 266, 268, 272.
Berthaut, 501.
Berthaut (A.), 559, 561, 562, 571.
Berthaut (E.), 558, 561, 570.
Berthaut (F.), 564, 568, 570.
Berthaut (J. V^e), 557, 559, 561, 568.
Berthaut (P.), 558, 560, 567, 568, 570, 571.

Bertheau (Jules), 475.
Bertheau-Mercier, 478.
Bertheau (Nicolas), 456.
Bertheau-Rousseau, 474, 478.
Berthelmot Jarrot, 592.
Bertillon (François), 594.
Berthier de Grandry, 390, 391.
Bertier 47.
Bert (Mme), 261.
Bert-Veuillet 193, 196, 215, 218, 219, 223.
Beuchet, 270.
Bézulier, 332, 334, 335.
Bézulier (Emile), 243.
Bézulier (Pierre), 333.
Bézulier (Mme Vve), 336.
Bichot (Hippolyte), 106.
Bichot (Albéric), 468, 469, 470, 471, 472, 473, 474, 475, 476, 477, 478, 479.
Bigarne (Charles), 283.
Bigolet, 607.
Billard, 161.
Billard Glantenay, 162, 245.
Billard-Joannet, 273, 274, 276, 277.
Billard-Larbalestier, 263, 268, 270, 271, 273, 274, 275, 276, 277.
Billard-Lécheneau. 165, 205.
Billard-Micault, 205.
Billard-Michelot, 151, 202, 237.
Billard-Millard, 162.
Billardet (héritiers), 192, 196, 202, 212, 213, 214.
Billerey, 23.
Billerey (A.), 61, 62, 63, 194, 195.
Bilié. 219.
Bindon (Alexandre), 590.
Bissy-Lavier, 456.
Bitouzet (Mme Vve), 430.
Bize, 271.
Bizot-Caillet, 159, 165.
Bizot-Fortier, 148, 163, 212, 231, 245.
Bizot-Lognon, 203.
Bizot-Rossignol, 161, 164, 165.
Bizot, 627.

Bizot (Augustine Mme), 533.
Bizot (Emile), 529, 533.
Bizot-Fermouche, 520, 521, 523, 525, 527, 529, 531, 533.
Bizot (Jacques), 473, 474, 477.
Bizouard (Louis), 594.
Blaise Bouvier (veuve), 590.
Blaizet, 579, 622.
Blaizet-Gallois (Jacques), 604.
Blaizet (Jules), 594, 595, 606.
Blaizet Poulot, 604.
Blanchard Eugène). 293, 295.
Blandin, 164, 624, 627.
Blanlot (Louis), de la maison Albert Morot, à Beaune, 214, 221, 236.
Blé, 338.
Bles-eau (Mme Adèle), 393.
Blic (de), 150, 152, 153, 469, 470, 520, 521.
Blic-Marey-Monge, 493, 495, 496.
Blondeau, 12.
Blondeau-Emotte, 104.
Blondeau (héritiers), 129, 132, 133.
Blondeau-Lequin. 10.
Blondeau (Pierre), 103.
Blouck (Philibert), 398, 405.
Bochot (Edmond), 294.
Bocquet (Léonce), 77, 79, 263, 265, 268, 269, 271, 275, 316, 417, 468.
Boch (veuve Henri), 88, 105, 106.
Boch (Félix), 78, 129.
Boiget, 472, 497.
Boillot (veuve), 35, 154.
Boillot-Battault, 81, 83, 86.
Boillot-Bidault. 82.
Boillot-Coquille, 77.
Boillot-Garnier. 96. 152. 155, 165.
Boillot Gauvenet, 96, 97, 98, 126, 128, 130, 131, 133, 134.
Boillot-Jacob, 89.
Boillot (Lucien), 124, 126, 129, 134.
Boillot-Roland, 88.
Boillot-Vacheret, 77, 82, 83.
Boillot (Victor), 123, 124, 126, 130, 132.

Boinet (Etienne), 544.
Boinet-Foulet, 523, 525, 529, 532.
Boistot-Thivet, 229.
Boiveau, 376.
Boiveau (Ernest), 359.
Bollotte (Théodore), 594, 595.
Bolnot (Bernard), 571.
Bolnot-Dussausse, 527.
Bolnot (Siméon), 529.
Bonnard-Goby, 273.
Bonardeau, 63.
Bonnardin-Sarrazin, 78, 82.
Bonnardot (Alfred), 243.
Bonnardot-Gauthey, 243.
Bonnardot-Gossot, 235.
Bonne-Passemard, 295.
Bonneau du Martray, 124, 126, 129, 132, 292, 310.
Bonnet (frères), 197.
Bonnot, 263, 269.
Bonnot-Dauphin, 337.
Bordet, 10, 12, 493, 495, 497, 498, 499, 500, 502, 520, 525, 527.
Bordet (A.), 559, 561.
Bordet (F.), 559, 560, 568.
Bornier, 335, 336.
Bornot (Jean-Baptiste), 430.
Bornot, 499.
Bornot-Chevalier, 469, 471, 473, 474, 475, 476.
Bornot (Claude), 496.
Bornot (Nicolas), 500.
Bornot-Sigaut (veuve), 496, 499.
Bouchard aîné et fils, 198, 199, 346.
Bouchard (Adolphe), de la maison Bouchard *aîné* et fils, à Beaune, 193, 196, 202, 205, 214, 218, 219, 222, 243.
Bouchard (Ernest), de la maison Bouchard *aîné* et fils, 200.
Bouchard (Eugène), 360.
Bouchard-Girard, 349, 356.
Bouchard (Servais), de la maison Bouchard *aîné* et fils, 201.
Bouchard père et fils, Beaune, Bordeaux, 206, 207, 208, 208 bis, 208 ter, 209, 210.

Bouchard (Antonin), de la maison Bouchard *père* et fils, de Beaune, 22, 61, 192, 193, 196, 202, 203, 205, 206, 210, 212, 214, 215, 218, 219, 221, 222, 223, 226, 237, 243, 247.
Bouchard (Joseph), de la maison Bouchard *père* et fils de Beaune, 124, 125, 126, 128, 130, 134, 150, 153.
Bouchard (Julien), de la maison Bouchard *père* et fils, de Beaune, 61, 209.
Bouchard-Clément, 356.
Boucher-Battault, 218.
Bouchot-Fremiet, 542.
Bouchot-Ludot, 534.
Boudier, 347, 348, 349, 350, 356.
Boudier-Collet, 360.
Boudrot (C.), 560, 570, 571.
Boudrot (François), 472, 540, 541, 543, 544.
Boudrot-Noirot, 591.
Boudrot-Petit, 473, 479.
Boudrot (P.), 476, 478, 479.
Bouillot-Desfrères, 203.
Bouillot, 496.
Bouillot-Maignot, 500.
Boullemier-Monin, 456.
Boulley-Clerget, 391, 392.
Boulard Jacquelin, 95.
Bouley, 134, 263, 265, 272.
Bouley-Trousard, 263, 265, 268, 269, 270, 271, 272, 273, 274, 275.
Bourée (Pierre), 549.
Bourelier (Claude), 456.
Bourelier (Jean-Baptiste), 456.
Bouret, 627, 629.
Bourgeot Bourgeot, 533.
Bourgeot-Pinot (veuve), 534.
Bourgeois, 41, 263, 270, 272.
Bourgeois (Antonin), 218.
Bourgeois-Micault, 212, 222.
Bourgeot, 339.
Bourgogne, 349.
Bourgogne-Lignier, 390, 401.
Bourgogne-Linassel, 124, 128, 158.
Bourgogne (Louis), 162, 164, 165.

Bourgoin-Jomain fils, 213.
Boursot (D^r), 447.
Boursot, 338, 339, 340.
Boursot-Chamson, 405.
Boursot-Liger, 270.
Boursot (Athanase), 473.
Boursot-Chamson, 469, 471, 472, 476.
Boursot (Etienne), 479.
Boursot-Valot, 469, 471, 473, 478, 479.
Boussu (Antoine), 223.
Boussu (Dominique), 237.
Boussu (Pierre), 235.
Bouvet, 13.
Bouvier (veuve), 594.
Bouvier (Louis), 590, 593, 594, 595.
Bouvier-Hubert, 595.
Bouzerand, 11, 12, 13, 104.
Bouzereau, 84.
Bouzereau-Bonnarde, 39.
Bouzereau-Guyot, 243.
Bouzereau (Hyves), 78, 86.
Bouzereau (Léon), 38.
Bouzereau-Malifert, 82.
Boyer Matrot, 77, 82, 86, 88.
Boyer-Viennot, 88.
Branlard, 338.
Branlard (Jacques), 317.
Bresson (Claude), 570.
Breton-Huard, 215.
Breuille (de la), 146, 148, 150, 154.
Bretin, 124.
Bretin-Bouchotte, 130.
Brezin (François), 104.
Briet-Thomas, 389.
Brintet-Moissenet, 396, 398, 404.
Briotet (veuve), 534.
Britschgy, 356, 359, 372, 373, 374.
Brivot-Garlot, 203.
Brocard, 336, 337, 458.
Brocard-Amoignon, 223.
Broichot, 269.
Broichot (Auguste), 202, 204.
Broichot-Barberot, 245.
Broichot-Gautbey, 237.

Broichot-Gros, 203.
Broichot-Guillemard, 156, 165.
Broichot (Jean-Baptiste), 235.
Brosson, 421.
Brosson-Grivot, 418.
Broye (de), 152, 153, 155, 156.
Brugnot, 26, 27, 78.
Brugnot-Brazey, 76, 84, 88.
Brugnot-Delaplanche (veuve), 77, 79, 88.
Brugnot (Eugène), 106.
Brugnot (frères), 106.
Brugnot (héritiers), 22, 23, 31, 32, 34, 35, 40.
Brugnot (Jean-Baptiste), 82, 84, 196, 211, 212, 231.
Brugnot-Latour, 62.
Brugnot-Meney, 64.
Brugnot Michelot, 211, 212, 222.
Brugnot-Mignot, 79, 85.
Brugnot-Pouchard, 82, 86, 133.
Brugnot-Viard, 88.
Brugnot-Vollot, 203, 211.
Brugnot (Edouard), 593, 594.
Brun d'Artis, 624.
Brunet de Monthelie, 97.
Brüninghaus (Robert), 310, 371, 372.
Brusson (André), 64.
Buat (Joseph), 222.
Buffenoir, 591, 593.
Buffet (Ferdinand), 27, 32, 36, 37, 39, 40, 41, 42, 43, 47, 129, 132, 133, 134, 216, 217.
Buffet-Machu, 124.
Bugnot-Riger, 41, 42.
Bullemier (Symphorien), 430.
Bulot (veuve), 64.
Bureau (le) de bienfaisance d'Allerey, 202, 212, 213, 221, 262, 265.
Bureau (le) de bienfaisance de Beaune, 196, 202, 213, 222.
Burel (Ch.), 219.
Bussière, 310, 324, 325, 326, 334, 335.
Bussière (Henry), 294, 324.
Bussière (Jacques), 473.
Bussilot, 272.

Bussy (veuve), 96.
Bussy-Guyot, 81, 85.
Buthiaut, 272, 274, 275.

C

Caillet, 89.
Caillot (Auguste), 131.
Caillet-Battault, 160.
Caillet (Etienne), 132.
Caillet-Monthelie, 128.
Caillot (Nicolas), 89.
Caillet (Prosper), 131, 132, 133.
Caillet-Rivot, 160, 162.
Caillet-Seguin, 131.
Caillet-Toussaint, 131.
Calais, 622.
Camus, 544.
Camus (Auguste), 126, 133.
Camus-Brivot (veuve), 131, 133.
Camus-Desconclois, 128, 131, 132.
Camus-Naigeon, 527.
Camuzet, 416, 417, 418, 419, 420, 421, 422, 428.
Camuzet-Frémy, 520, 532, 533.
Camuzot (Mme), 392, 397, 400, 402, 405.
Canier (Maxime), 235.
Capitain 338, 339.
Carementran (Claude), 202.
Carementran (Jean), 204, 223.
Carementran-Pelletier, 214, 215.
Carementran Picard, 226.
Carlet (Pierre), 456.
Carret-Mareau, 292.
Carrier (Mme V^e), 372, 373.
Carillon, 22.
Carlin, 348, 349.
Caru-Chicotot, 161, 162.
Carville (veuve), 500.
Castille, 622, 624, 626, 627, 629.
Castille (veuve), 624, 629.
Castille (J.), 621.
Castille (L.), 621.
Castille (P.), 621.
Caumon-Moron 162.
Cavin-Michelot, 162, 211.

Cegaud, 123.
Collard-Bouchard, 123, 124, 126, 130.
Celerier (Jean-Baptiste), 237.
Chaffotte (Claude), 205, 213.
Chalon (Antoine), 196, 202, 204, 205, 211, 213, 214, 218, 221, 222, 235.
Chalopin-Bergeret, 389, 393, 396, 397, 398, 400, 401, 402.
Chamard (B), 478.
Chambin-Bize, 396.
Chambion (François), 196, 204, 205, 221.
Chambon, 12, 428.
Champarmois, 14.
Champeaux (de), 416, 417.
Champonnois (Jules, 196, 213, 215, 243.
Champion (veuve), 558.
Champy, 492, 493.
Champy, 164, 193, 196, 202, 218, 220, 226, 229, 245, 247, 263, 417.
Champy (Emile), 221, 243.
Changarnier, 10, 107.
Changarnier-Nicolle, 103, 105, 106.
Changarnier-Ridard, 11, 13.
Changenet, 622, 627.
Changenet (A. veuve), 562.
Changenet-Braichet, 606.
Changenet-Delorme (veuve), 604.
Changenet-Guyard, 590, 591, 592, 593, 594, 595, 604, 605.
Changenet-Jolibois, 605.
Changenet (veuve), 622.
Changenet-Lhéritier, 606.
Changenet (L.), 558, 559, 562.
Chanson père et fils, 193, 196, 202, 203, 205, 212, 214, 215, 218, 221, 224, 225, 245, 261, 269, 292.
Chanson (Paul), 192.
Chanson-Pichard, 192.
Chanson (Victor), 293.
Chanut (D^r), 414, 415, 416, 417, 418, 419, 420, 421, 422, 427, 428, 429, 430, 450.

Chaponneau, 333, 336.
Chaponneau (Louis), 332, 336.
Chaponneau (Mme Vve), 333, 335.
Chapuis (Michel), 215.
Charchaude, 627.
Charchaude-Boudier, 595.
Charchaude (Jérôme), 594.
Charchaude-Juge, 594, 592, 595.
Charchaude (Victor), 593.
Charchaude-Theuriet, 592, 594.
Charchaude (Hippolyte), 606.
Charlopin-Juge, 594.
Charlopin (Pierre), 592, 593.
Charlot, 13.
Charlot Delabazerolle, 134.
Charlot-Rouhette, 11, 13.
Charrière (Jean-Baptiste), 243.
Chartier (François), 590.
Chastin (Claude), 593, 594.
Chatelot, 476.
Charton, 337.
Charton-Rey, 404.
Chaussier-Champy, 202, 212, 229.
Chavannes, 470.
Chauvelot-Girard, 283.
Chauvenet-Chauvenet, 401, 402.
Chauvenet (veuve), 159.
Chauvenet-Magnien, 397, 398, 400, 402.
Chauvenet Thomas, 393, 398, 400, 403.
Chemet-Guyard, 607.
Chenevet (Pierre), 222.
Chenot et Sordet, 128, 129, 147, 152, 153, 154, 156, 157, 158, 159.
Chenu, 27, 263.
Chenu-Paquet, 269, 276.
Chéreau Jean-Baptiste), 248.
Chéreau-Moyne, 64, 65.
Chevalier, 624.
Chevalier (veuve L.), 569.
Chevalier (Claude), 591.
Chevalier Poupon, 590.
Chevalier-Chauvot, 77, 78, 86.
Chevalier-Pignolet, 336, 337, 338, 339.
Chevignard, 153, 154, 155, 157, 159, 161, 162, 165.

Chevignard (Louis), 196, 202, 212, 213, 218, 223.
Chevignard-Moreiot, 202, 223.
Chevillard (Louis), 203, 226, 229.
Chevillard-Pacquetet, 532.
Chevillard-Tisserandot, 529, 532.
Chevillon, 542.
Chevillon (veuve), 531, 559.
Chevillon (Auguste), 532.
Chevillon-Cathelineau, 532.
Chevillon (C.), 559.
Chevillon Fouler, 531, 532.
Chevillon-Jodenet, 529, 531, 532.
Chevillon (Louis), 496, 497, 500.
Chevillon-Salbreux, 592, 594.
Chevillot (aîné), 531.
Chevrey (veuve), 532, 534.
Chevrey (Denis), 543.
Chevrey (J.-B.), 475, 476.
Chevrey-Mathieu, 496, 499, 501.
Chevrier-Bonnardin, 81.
Chevrot, 273.
Chicheret-Bordet, 594.
Chicheret-Fournier, 590, 591, 593, 594.
Chicheret (J.), 540, 541, 542, 544.
Chicotot, 161, 163.
Chicotot-Boillot, 245.
Chicotot-Renevey, 235.
Chicotot-Serrigny, 157.
Chipotot (Marie), 212.
Chopin-Misserey, 360.
Chopin (Philippe), 356.
Choquier (Joseph), 430.
Choiset (veuve), 529, 531.
Choquier (A.), 473, 475, 476, 478, 479.
Chouet-Philippon, 82.
Chouet-Sarazin, 82.
Chouet-Virely, 81.
Clair, 10.
Clair (Frédéric), 604.
Claude (Charles), 533.
Clément, 529, 541, 542, 543, 544.
Clément (Alphonse), 540.
Clement-Drevon, 542.
Clerc-Dubois (Mme), 61.
Clerget, 558.

Clerget (Auguste), 472.
Clerget-Duchemin, 451.
Clerget (Paul), 475.
Clerget (frères), 103, 163.
Clerget-Bergeret, 459, 465.
Clerget-Buffet, 454.
Clerget Duchemin, 428.
Clerget (François), 163.
Clerget-Jacquelin, 128, 129, 430.
Clerget-Jarlaud, 95, 96, 97.
Clerget-Ropiteau, 160, 205, 245.
Clerget-Rousselin, 193, 196, 203.
Clermont-Tonnerre (de), 310, 312, 313, 333.
Cocasse (Ernest), 402.
Cochet (père), 534.
Cochet-Rousseau, 531.
Coffin, 605.
Coffinet, 26, 27, 30, 31, 32, 34, 37, 38, 42, 43.
Cagnieux, 373.
Cagnieux-Galland, 374, 376.
Cognieux-Monin, 371.
Colin-Mongeard, 456.
Colin-Salignon, 457.
Colin (Alfred), 229.
Colin (Pierre), 35.
Colomb-Latour, 88.
Collardet-Nief (veuve), 457.
Collas (Pierre), 283.
Collinet (fils), 531, 532.
Collinet (Auguste fils), 529.
Collot-Romezin, 465.
Collot-Vaunet, 295.
Collot (Mlles), 626, 627, 629.
Commerson, 624.
Comeau-Comeau, 62, 64.
Commeau-Content, 128, 429, 132.
Commeaux (Charles), 133.
Compain (veuve), 63, 64.
Compain (Martin), 215, 218.
Confuron (Joseph), 422, 430.
Congrégation de Saint-Joseph (la), 221.
Contançon (Mme de), 622.
Contet (Mme Vve), 421.
Coqueugniot, 10, 12.
Coquille-Coquille, 84.
Coquille Bouzereau, 84.

Corbabon, 520, 521, 523, 534.
Corcol-Gabiot, 268, 270.
Cordelet (Louis), 295.
Corey-Caré, 62.
Cornemillot (Eugène), 457.
Cornette (François), 457.
Cornu-Charton, 400.
Cornu (François), 229.
Cornu (Louis), 293.
Cornu-Occuidant, 397, 405.
Cornu-Rollet, 226.
Coron, 30, 40.
Coste, 147.
Coste d'Azincourt, 203, 214, 231, 237.
Courtot-Thomas, 223.
Cretaine, 31.
Couturier-Brulard, 64.
Couturier-Compain, 63.
Cretaine, 128, 134.
Cretaine-Garnier, 129.
Cretin (René), 556, 557.
Crusserey (Claude), 569.
Cuinet, 150, 151.
Cuinet (Eugène), 221.
Culas, 373, 374, 375.
Cunier, 333.
Cunier-Martenot, 591, 592.
Cunisset, 316, 317, 324.
Cunisset-Guidot, 312, 313, 316, 325.
Cyrot, 263.
Cyrot-Gras, 163.
Cyrot (Henri), 263.
Cyrot-Jolliot, 163.

D

Dambrum, 360, 376.
Danguy-Castille, 622, 624.
Darantiere, 371.
Dariot, 89.
Dariot (veuve), 64.
Dariot (Etienne), 62, 64.
Dariot-Ropiteau, 103, 107.
Darviot, 265.
Darviot-Albertier, 192, 193, 196, 205, 211, 214, 215, 221, 222.

Darviot (Jean-Louis), 196.
Darviot (Henri), 193.
Daubourg (Jean-Baptiste), 203.
Dauphin-Michelot, 156, 158, 165.
Daü (Alfred), 590, 591, 592, 593, 594, 595.
Davadant, 265, 270.
Davadant (Prosper), 269, 272, 274.
David-Desbois, 221.
David (Émile), 237.
Davignot, 347, 349, 350.
Debeaumarchais, 64.
Dechaux, 331, 332, 334, 339, 340.
Déchaux-Latour, 316.
Defrance (E.), 557, 560.
Defrance (F.), 558, 560.
Delagrange, 500.
Delagrange frères, 124, 128.
Delagrange-Caillet frères, 131.
Delaplanche-Garnier, 62, 63, 64, 65, 66, 77, 89, 90, 124, 127, 128, 130, 132, 134, 155, 159.
Delaplanche-Naudin, 97.
Delinotte-Bailly, 247.
Delonguy, 13.
Delonguy et Durand, 77, 79.
Delonguy-Girardin, 14.
Delorme, 14, 629.
Delorme-Girardin, 10.
Demaizière, 23, 26, 31, 32, 34.
Demaizière (Joseph), 11.
Demaizière-Lequin, 10, 14.
Demas (Jean), 226.
Demorey (D'), 524, 527, 531, 533.
Demoisy-Aubry, 196, 203, 211, 212, 213, 221, 223.
Demortière, 42.
Dennevert (veuve), 63, 64, 65.
Denis-Soucelier, 292, 293, 294.
Derepas-Defrance, 561.
Deresse, 627.
Derey (Auguste-Félix), 604, 606.
Derey-Berthaut, 579.
Derey-Boissière, 607.
Derey (Charles), 570.
Derey-Chicheret, 595.
Derey (Jean), 604.

Derey (Pierre), 567, 569, 570.
Dessaint, 23.
Desbois-David, 235.
Desbois-Poussuet, 218, 235, 245.
Deschaux, 324.
Desconclois-Desconclois, 131.
Deserteaux, 347.
Deserteaux-Barberet, 348.
Desertot, 333, 338.
Desforges, 263, 277.
Desforges-Truchot, 264, 271, 273, 274.
Dessus-Cyrot, 165.
Détant, 333, 335.
Develle-Dupont, 192, 202, 212, 214, 215, 222, 223, 245.
Devevey Devevey, 205.
Devillebichot, 527, 534.
Devichet, 154, 162.
Dhivert (Joseph), 348, 349.
Dillon, 265, 271.
Dominot, 339.
Diot-Guyard, 590, 592.
Diot-Martin, 592.
Dominot (François), 476.
Dorland, 332, 335, 336, 339.
Dorland (Jean-Baptiste), 374, 375.
Dorlin-Langerotte, 243.
Dovier Pierre, 544.
Drapier (Ch.), 22, 30, 35, 36, 37, 38, 60, 61, 63, 65, 66.
Drée (Comte de), 11, 13.
Drouhin (veuve), 457.
Drouhin-Barthelemy, 471.
Drouhin (Émile), 450.
Drouhin, 349.
Drouhin-Fouquerand, 204, 215.
Drouhin-Pallegoix, 229, 237.
Drouin (Auguste), 605.
Druet (Paul), 594.
Duban (Jules), 193, 214, 215, 226.
Duban-Laligant, 193, 226.
Dubard (veuve), 520, 521, 525, 532.
Dubois 27, 38, 131, 294, 334, 335, 337, 359, 375, 376, 543.
Dubois-Bizot, 126, 128, 129.
Dubois-Chapey, 46, 47.
Dubois-Charles, 11, 132.

Dubois (François), 360.
Dubois (Pierre), 192, 196, 218, 221, 237.
Dubreuil, 339.
Ducherpozat (Victor), 569.
Duchemin (Pierre), 134.
Dufouleur, 427.
Dufouleur-Golmard, 392, 400, 401, 402, 404.
Dufour, 263.
Dufour-Manière, 263, 268, 274, 275.
Dufour-Pommier, 156.
Dufresse, 35, 38.
Dugait (Louis), 243.
Dumay, 86.
Dumay-Bouzereau, 104.
Dumilly Girard, 283.
Dumoulin, 271, 293.
Dumoulin (Fernand), 261, 265, 268, 316.
Dupasquier, 376.
Dupont (veuve), 96, 97.
Dupuy, 579.
Durand, 30, 34, 35, 37.
Durand (veuve), 98, 455.
Duthu, 313.
Duthu (Louis), 235.
Duthu (Nicolas), 214.
Durand (J. B.), 560.
Duvault (héritiers), 415, 416, 417, 418, 419.
Duvault-Blochet (C.), 76, 192, 193, 196, 202, 203, 204, 205, 212, 214, 215, 218, 219, 221, 222, 223, 226, 2.3, 245.
Duvaux, 427, 428, 429.
Duvergey-Taboureau (C.), 22, 63, 74, 75, 76, 77, 79, 84, 83, 89, 447, 470.

E

Echalié (Léon), 557, 559.
Emonin-Béné, 129.
Emonin Boillot, 134.
Escars-Noize, 221.
Esdouhard (veuve), 64, 65.
Etievent, 10, 43.

F

Faiveley frères, 416, 420.
Faiveley, 334, 420, 428.
Faiveley Bordeux, 389, 390, 392, 396, 397, 398, 401, 404.
Faiveley-Fermouche, 427, 429.
Faivre, 430.
Faivret, 624, 627.
Falateuf, 293, 312, 343, 324.
Faucillon (Jean), 390, 397.
Faurois (Antoine), 430.
Fauveau-Gudot, 226.
Favelier-Roger, 205.
Fexvre, 30.
Febvre-Gavault, 165.
Fermouche, 413, 424, 429.
Fermouche (frères), 449.
Fermouche-Lhote, 427.
Fermouche-Maignot, 427, 429, 430.
Feriez (Antoine), 594.
Fèvre-Gauthereau, 214.
Fèvre (Pierre), 162.
Fellot, 446, 450, 452, 454, 456, 270, 272.
Fellot-Durand, 212.
Fellot-Roulot, 273.
Fichot, 470, 471, 473, 474, 475, 477.
Fils de C. Jacqueminot (Les), 266, 267.
Figeac (Gabriel), 402, 403.
Finot (J.-B), 560, 561, 562.
Finot-Maire (Mme Vve), 374, 375.
Fion (Félix), 454.
Fleurot (Claude), 95, 96, 97.
Fleurot (héritiers), 126.
Fleurot-Labelle, 61, 63.
Folet-Cery, 605.
Foudard, 47.
Fontagny (Mme), 621, 622, 629.
Fontaine, 39, 41.
Fontaine-Boissot, 237.
Fontaine (Claude), 218, 237.
Fontenay (de), 46, 47.
Fontoillet-Gouges, 397, 398.
Forest (Nicolas), 235.
Forgeot-Jarlaud, 95.
Forin, 12.

Fornerolo, 348.
Fortier, 421.
Fosset (Philippe), 568.
Fougère (Adolphe), 193, 202, 211, 212, 215, 218, 219, 222, 223, 231, 245.
Fougères, 196.
Foulet-Carillon, 525, 527.
Foulet-Chevillon, 524, 532.
Foulet-Drouhin, 529.
Foulet-Saconney (Mme Vve), 529.
Fourneau, 334.
Fournier, 336, 622, 627.
Fournier (Antoine), 594.
Fournier-Darviot, 404.
Fournier (Emile), 594.
Fournier (Félix), 592, 593.
Fournier-Guyot, 594.
Fournier-Leflot, 594, 593.
Fournier-Martin, 455, 458.
Fournier-Mongin, 624, 627.
Fournier (Nicolas), 203.
Fournier-Royer, 606.
Fourrier-Lavier, 455, 456, 457, 458.
Fourrier (Louis), 456.
Fourrier-Thierry, 455, 456.
Fourrier-Thugnot, 455, 458.
Foutoillet-Gouges, 401.
Foveau (Pierre), 61, 63, 65.
France (Antoine), 477.
Fremiet, 543.
Frémy, 525.
Frémy-Bolnot, 527, 529.
Frémy-Girard, 527, 534.
Frémy-Poulot, 533.
Frémy-Tachet, 524, 534.
Fremy-Titard, 156, 162, 164.
Fricot (Auguste), 605.
Fricot-Roblot, 523, 529, 533.

G

Gabiot, 271.
Gacon, 275, 316.
Gacon-Durand, 203.
Gagey, 332, 335, 338, 340.
Gagey-Arnoux, 202.

Gagnard (Auguste), 455.
Gagnard-Fontaine, 237.
Gagnard-Martenot, 98.
Gagnepain-Vallot, 205.
Gaguet (Claude), 389, 390, 396.
Gaillard, 39, 40.
Gaillard (Denis), 36.
Gaitet (Jules), 592, 593, 594, 595.
Galfione, 622.
Galette (François), 196, 205, 213, 219, 226, 229, 243.
Galette (Jean-Baptiste), 103, 104, 105, 107.
Galland, 418, 419, 422, 544, 543.
Galland (Claude), 473.
Galland (Henri), 458.
Galland (héritiers), 374.
Galland-Lécrivain, 429.
Galland (Pierre), 474.
Gallois, 622, 627.
Gallois-Aubertot, 604, 605, 606.
Gallois-Bernard (François), 605, 606.
Gallois-Boivot, 606.
Gallois-Derey (Mme Vve), 606.
Gallois (Eugène), 604, 605, 606, 607.
Gallois (Léon), 605, 607.
Garaudet, 624.
Garot (Claude), 450, 454.
Garraud-Richard, 224, 237.
Gardinet (Jean-Baptiste), 203.
Garnier, 23, 86.
Garnier (veuve), 76.
Garnier-Baudoin, 95, 96, 97, 98.
Garnier-Bouzereau, 82.
Garnier-Brugnot, 82.
Garnier-Chauvenet, 397, 402, 403.
Garnier-Dechaux, 95, 98.
Garnier-Flèche, 30, 38.
Garnier-Fournier, 98.
Garnier (François), 243.
Garnier-Mency, 61, 62, 64, 65, 66.
Garnier-Philibert, 97.
Garnier (Pierre), 223.
Garnier-Poinet, 292, 294, 295.
Garnier-Veau, 95.
Gaudemet, 415, 421.

Gaudemet (Paul), 451.
Gaudillet-Titard, 85.
Gauffroy (Eugène), 293, 294.
Gautrelet, 30, 31, 32, 37, 38, 43.
Gautron-Arbigny, 203, 219.
Gautheret (Achille), 283.
Gautheret-Jouard, 389, 390
Gautheron, 390.
Gautheron-Armand, 390, 394, 403.
Gauthey, 27, 40.
Gauthey cadet et fils, 263, 265, 310, 312, 313, 314, 315, 316, 317, 321, 324, 325, 518, 519, 527.
Gauthey (Albert), 226.
Gauthey-Arnoux, 202, 223, 243.
Gauthey-Gagnepain, 292.
Gauthey-Pavelot, 294.
Gauthier-Champy, 196, 202, 242, 226, 229.
Gauthiot (Albert), 579.
Gauthiot-Chevillon, 571.
Gauthiot (Paul), 579.
Gauvenet, 30, 124, 126, 129, 130, 131, 132, 163.
Gavignon-Fournier, 604, 606.
Gentilhomme (Eugène), 451.
Georges, 23, 27, 30, 31, 32, 37, 40, 41, 42, 43.
Georges (Célestin), 212, 215.
Gérard, 525, 606.
Gérard (Mme Amélie), 605, 606, 607.
Gerbeau-Breton, 231.
Gerbeaux (Claude), 204, 215.
Gessaume (Père), 360, 374, 375.
Gibassier (Hippolyte), 193.
Giboulot (veuve), 62.
Gibourg, 416.
Gibourg-Bergeret, 391, 392, 396, 397, 398, 400, 402, 403, 405.
Gilles, 342, 417, 424.
Gilles-Morand, 347, 348.
Gilles-Bourgogne, 356.
Gilles (Jean-Baptiste), 373.
Gilles-Vagnot, 356.
Gillot, 527.
Gillotte, 27, 38, 39, 40, 41, 42, 269.

Gillotte (Mme), 132.
Gillotte-Lamidey, 193, 196, 203, 205.
Gillotte-Monnot, 124, 126, 128, 129, 130, 133.
Gillotte-Moreau, 126, 129, 130, 132.
Gillotin-Dufour, 203, 226, 229
Girard, 164, 624, 627.
Girard-Bourgogne, 214, 222.
Girard-Garnier, 268.
Girard-Lamy, 23, 39, 41, 43.
Girard-Martin, 350, 360, 374, 375.
Girard (Paul), 270, 274, 275, 276.
Girard (Pierre), 356, 499.
Girard-Pourchet, 268, 269, 273.
Girard-Villard, 26, 27, 36, 39.
Girardin (frères), 14.
Girardin (Claude), 95, 96.
Girardin-Guilard, 13.
Girardin-Saladin, 11, 12, 13.
Girardot (veuve), 148.
Girardot (Edouard), 193, 196, 243.
Girardot Midonnet, 196.
Giraud-Boillot, 80.
Girod-Mazeau, 529.
Glantenay, 268.
Glantenay-Bouley, 124, 132, 133.
Glantenay (François), 128, 129.
Glantenay (Henri), 292, 294.
Glantenay (Léon), 124, 132.
Glantenay-Rossignol, 130.
Glantenay-Vaudoisey, 130.
Glantenet (Joseph), 295.
Goby-Bazerolle, 273, 274, 275, 276.
Goby (Hilaire), 269, 273, 276.
Goby-Mariotte, 270, 271, 272, 275, 276, 277.
Goby-Parigot, 268, 276.
Goby-Plait, 270, 273, 274.
Goby-Vesoux, 263, 268, 274, 272, 275, 276.
Godillot, 27.
Godillot-Girard, 40.
Godillot (Jean), 32.
Goisset, 622.
Gonnet-Bernard, 161, 163.

DES PROPRIÉTAIRES CITÉS

Gonnet (Claude), 231.
Gonnet-Gagnepain, 162, 165.
Gonnet (Jacques), 235.
Gonnet-Michelot, 146, 155, 156, 161, 212, 234.
Gonnet (Pierre), 223.
Gonet-Perreau, 34, 37, 38, 39.
Gorges (Célestin), 203, 264, 265, 268, 269, 274, 274.
Gorges Germain, 261.
Gonachon, 376.
Gouges Maire, 374.
Gouroux-Frémy, 525, 529, 531, 532.
Gouroux (Henri), 430.
Gousset-Germain, 237.
Govin, 428, 496.
Grachet (Fernand), 520, 521, 527, 529.
Grandné, 420.
Grandné-Baroche, 389, 397, 398, 400, 404, 402, 404, 405.
Grandné-Bélorgey, 393.
Grandné-Duband, 389, 397, 402, 405.
Grandné-Gaudemet, 401, 402.
Grandné Grandné, 392, 393, 398, 400, 401, 402, 403, 405.
Grandné-Lécrivain, 391, 392, 396, 398, 400, 402, 403, 405.
Grandné-Loranchet, 392.
Grandné-Nolotte, 401.
Grangier, 524.
Grangier (Henri), 451.
Grapin, 268.
Grapin-Goby, 269.
Grapin (Louis), 81, 88.
Grapin (Prosper), 293, 294.
Gra--Grizot, 214.
Gras (Jacques), 202, 234, 237.
Baronne de Gravier, 294.
Gremeau (Eugène), 294.
Gremeau-Jeannard, 292, 293.
Gremeaux, 500.
Gremeaux (Auguste), 500.
Gremeaux-Boiteux, 501.
Gremeaux (Claude), 497, 498, 499.
Gremeaux-Grandné, 392, 400, 402.

Gremeaux (Philippe), 499.
Grillon, 39, 43.
Grillot, 34.
Grillot (Joseph), 95.
Grivault (Albert), 76, 84, 89, 148, 156.
Grivault (E.), 416.
Grivault-Garnier, 88.
Grivelet, 422.
Grivot, 23, 26, 30, 35, 37, 39, 40, 42, 424.
Grivot frères, 420.
Grivot (Adolphe), 245.
Grivot-Battault, 245.
Grivot-Chopin, 393, 396, 398, 400, 402, 403.
Grivot (Jacob), 389.
Grivot-Lamy, 394.
Grivot-Murger, 394.
Grivot-Renevey, 348, 389, **427**, 429.
Grizot-Jouan, 401.
Grizot (Paul), 237.
Grizot-Pautet, 222.
Groffier, 405.
Groffier-Bordeux, 455, 456.
Groffier (Frédéric), 475, 479.
Groffier-Girod, 534, 538.
Groffier-Jouan, 454, 456, 474.
Groffier (Léon), 456.
Groffier-Ocquidant, 475.
Gros, 333, 427, 430.
Gros (Gustave), 417, 419, 420.
Gros-Prévost, 203.
Gros (Théodore), 447, 420, 424.
Grosse, 337.
Grozelier frères, 133.
Gruyer-Girard, 283.
Gucussot-Fleuchot, 459.
Guelaud (Gustave), 196, 202, 205, 211, 212, 214, 215, 218, 219, 221, 243.
Gueneau (Edouard), 62, 64, 65.
Gueneau-Gallot, 11, 12.
Gueneau-Moingeon, 163.
Gueneau-Monnot, 43.
Guenot (veuve), 95, 96, 98.
Guenot (Benigne), 214.
Guenot-Renard, 229.

Gueux, 38.
Gueux (Nicolas), 36.
Guibert, 325.
Guichard-Potheret et fils, 193, 310, 312, 428, 447, 468, 469, 470, 476, 478, 493, 518, 520, 521, 523, 525, 527, 531, 534.
Guiche (de la), 23, 26, 61.
Guidot (Madeleine), 222.
Guillemard, 360.
Guillemard-Drouhin, 235, 237.
Guillemard (Félix), 457, 458.
Guillemard frères, 476, 477, 478, 479.
Guillemard-Morand, 224.
Guillemier-Passerotte, 88.
Guilleminot, 325.
Guilleminot (François), 294.
Guilleminot (veuve), 294.
Guilleminot (Victor), 294.
Guillemot (Joseph), 376.
Guillemot (Julien), 371, 373, 375, 402, 579.
Guillemot (Paul), 520, 534.
Guillien, 334, 339.
Guilnet-Garnier, 86.
Guillon, 31, 32.
Guimet, 129, 130, 131.
Guinet, 42.
Guiral-Cornette, 229.
Gunther, 627.
Guy-Neige, 394, 398, 401, 402, 404.
Guyard (A.), 558.
Guyard-Bergeret, 593.
Guyard-Berthelmot, 591, 592.
Guyard-Boudrot, 590.
Guyard frères, 40.
Guyard-Himbert, 590, 591, 593, 595.
Guyard-Jeannin, 593.
Guyard (Louis), 594.
Guyard-Manière, 202.
Guyard-Naigeon, 595.
Guyard (Paul), 590, 593, 595.
Guyard (Robert), 593.
Guyennot (François), 451.
Guyon (Louis), 457.

Guyon-Mercier, 457.
Guyot, 11, 13, 14.
Guyot-Beudet, 374.
Guyot-Bidault, 202, 204, 212, 219, 223, 247.
Guyot-Bizot, 202.
Guyot-Boudier, 270, 273.
Guyot-Desvignes, 591, 594, 595.
Guyot-Didier, 243.
Guyot-Fontaine, 204.
Guyot (Jean-Baptiste), 243.
Guyot-Massin et Chambon, 10.
Guyot et Massin, 11, 12.
Guyot-Vaivrand, 229.

H

Hastier-Chevallier, 569.
Hazen-Klewer, 310.
Henriot, 158, 161, 203.
Heldèse, 624.
Henriot (Mme V^e), 350.
Henriot-Garnier, 158, 237.
Henriot-Madon, 202, 214.
Henry (aîné), 76, 77, 78, 84, 84, 90.
Henry-Guillemard, 76.
Héritiers-Brugnot, 26.
Héritiers-Pernette, 88.
Heuvrard, 269.
Heuvrard (Prosper), 273.
Himbert (Louis), 567, 569.
Hospice d'Autun, 10, 13.
Hospices civils de Beaune, 76, 77, 78, 79, 82, 83, 84, 85, 88, 89, 97, 105, 124, 128, 130, 146, 150, 152, 153, 154, 155, 156, 159, 165, 192, 193, 196, 202, 203, 204, 205, 211, 213, 214, 215, 218, 219, 221, 222, 223, 226, 229, 243, 245, 263, 268, 270, 272, 275, 276, 292, 293, 310, 312, 313, 331, 332, 333, 334, 335, 337, 338.
Hospices de la Charité de Beaune, 77, 78, 79, 82, 83, 84, 85, 88, 129, 160, 192, 196, 202, 203,

214, 215, 218, 221, 229, 268, 269, 271, 273, 275, 292, 293.
Hospice d'Esbarres, 12.
Hospices de Nuits (les), 349, 356, 360, 371, 374, 389, 390, 396, 397, 398, 400, 401, 405.
Hospices de Pommard, 105.
Huchon, 622.
Hudelot (Ernest), 470, 474.
Hudelot (Jean), 204.
Hudelot (J.-B), 475, 476, 477.
Hudelot (Louis), 235.
Hudelot-Pillion, 202.
Hugon-Domino, 46, 47.
Hugon-Grapin, 46.
Huguenin (Michel), 214.
Humblin (Léopold), 594.
Humblot, 157, 163.
Humblot-Vaivrand, 155.
Huvelin (Maurice), 196, 204, 229.

I

Imbault, 269, 293, 325.
Imbault (Alfred), 78, 123, 124, 126, 151, 156, 159, 272.
Imbault-Deschamps, 79, 85.
Imbault-Desforges, 261.
Imbault (Emile), 263, 265, 272, 273.

J

Jacob, 339.
Jacoby-Simon, 237.
Jacquelin, 145.
Jacquelin-Dauphin, 160.
Jacquelin-Lochardet, 161, 245.
Jacotot-Crépet, 606.
Jacquemin-Vollot, 77, 81.
C. Jacqueminot (les Fils de), 266, 267.
Jacquet, 34, 35.
Jacquet (Augustin), 196, 202.
Jacquier, 624.
Jadot (L.), 558.
Jaffelin (Henri), 204.
Jagniard-Béranger, 237.
Jamon, 159.

Jamon-Parigaut, 202, 204.
Jamon (Sébastien), 202, 212.
Jance (Paul), 392.
Jantet-Billard, 196, 218.
Jantet-Villard, 223.
Jantot, 359.
Jantot-Choquier, 455, 457.
Jardet-Broichot, 247.
Jardet-Coulnot, 247.
Jarlot-Jacob, 79, 89.
Jarros-Denevers, 403.
Jarrot-Guyot (Alexandre), 606.
Jarry (Mme), 148, 151, 152, 153, 154, 160.
Jaugey-Arnoux, 402.
Jaugey-Plissey, 392, 393, 396, 397, 398, 400, 402, 403, 405, 406.
Javelier (Louis), 529.
Javillier-Grivot, 401.
Javillier-Menevers, 402.
Javillier-Morizot, 529, 534.
Jeannet (héritiers), 128.
Jeannet, 462.
Jeannet-Cheurey, 133.
Jeanniard-Moissenet, 402.
Jeannin, 76.
Jeannin (veuve), 76, 83.
Jessiaume, 12.
Jeunet, 64.
Joannet, 272, 273, 349.
Joannet-Moine, 270, 277.
Joannet-Narvault, 263, 268, 270, 274.
Joannez-Parent, 126.
Jobard (jeune) et Bernard, Titard (Louis) et Cie successeurs, 76, 79, 82, 86, 87, 105, 107, 124, 126, 128, 146, 148, 150, 151, 152, 153, 154, 155, 156, 157, 159, 212.
Jobard Garchey (veuve), 88.
Jobard-Morey, 78, 79.
Jobard-Muthelet, 77.
Jobard-Rocault, 77.
Joblot (Jean-Baptiste), 222.
Joillot-Pouleau, 158.
Jolibois (André-J.-B.), 604, 605, 606, 607.

Joliet, 556, 624.
Joliet (Albert et Gaston), 518, 522, 525, 534.
Joliet-Serrigny, 524, 525, 532, 534.
Jolliot (Alfred), 223, 245.
Jolliot-Paulin, 227.
Jolivet (veuve), 277.
Joly-Barberet, 64.
Jomain-Marion, 203.
Jorrot (Joseph), 469, 470, 471, 472, 474, 475.
Jorrot (Paul), 468, 469, 470, 471, 472, 473, 474, 475, 476, 478, 479.
Josserand, 63, 77, 78, 79.
Josserand-Tisserand, 62.
Jouan-Boudrot, 389, 475.
Jouan (Charles), 84, 84, 89.
Jourad (veuve), 32, 34, 37.
Jouard (Mlle), 389, 390.
Jouard-Boulicaut, 27, 31, 34, 35, 38, 40, 44.
Jouard (Émile), 389, 390, 403.
Jouard-Peugi, 27.
Jouard-Perrin, 27, 31, 36, 39, 40, 41, 43.
Joux (de), 261, 263, 265, 268, 270, 272, 274, 293.
Jovignot-Poinsot, 604.
Juge (André), 590, 592.
Juge (Claude), 594, 595.
Juge-Guyard, 590, 593.
Juge (Paul), 593.
Juigné (de), 130, 192, 196, 205, 212, 237.

K

Kelner (Jacques), 457, 458.
Kelner (Joseph), 455.
Kilb (Henri), 222.

L

Labazerolle (Léon), 222
Labouré, 61, 63.
Labouré (veuve), 495.
Labouré-Boudier, 402.
Labouré-Gontard, 394, 395, 447.
Laboureau Dorlin, 203.
Laboureau-Garnier, 96.
Laboureau-Lamarche, 215, 222, 226, 235.
Laboureau-Plait, 204, 205, 223
Laboureau-Reine, 215.
Laboureau-Bobelin, 204, 226.
Lacaille, 269.
Lacaille (Philippe), 193, 204, 218.
Lacomme, 534.
Lacomme-Bonnetête, 161
Lacordaire, 622, 627.
Lacordaire-Poinsot, 605.
Lacroix (Adam), 36, 43.
Lafouge, 40, 44.
Lafouge (Aug.), 46.
Lafouge-Mussy, 226.
Lafouge (Pierre), 47.
Lagarde (veuve), 105, 106.
Lagarde (Louis), 193, 215, 221, 223, 229, 245.
Lagier (J.), 560.
Lagneau, 275, 324, 332.
Lagrange, 527.
Lagrange (Louis), 223, 235.
Lagoutte (Pierre), 557.
Laguesse (D^r), 558, 560.
Laligant, 273, 542.
Laligant (Alfred), 540.
Laligant (Louis), 540.
Lalouët (veuve), 96, 97.
Laly, 37, 38, 40, 41, 43.
Laly-Chevillon, 531, 532.
Laly (Edmond), 27, 42.
Lamarche, 419, 420.
Lamarosse-Barberet, 293, 312, 316, 324.
Lambert (Célestin), 38
Lambert (Charles), 594.
Lambert (F.), 560.
Lambert-Jacquinot, 604.
Lambert (J.-B.), 569, 574.
Lambert-Souvernier, 605, 606, 607.
Lamblet, 629.
Landolphe, 31, 34, 41.

Lardon (Paul), 595.
Langeron. 268, 270, 274, 275.
Langlard (Henri), 203.
Lapierre (Edouard), 63.
Lapostolet, 268, 270, 274, 275, 276.
Lapostolet-Vesoux, 274.
Labalestier (veuve), 543.
Larmonier, 129.
Laroze (veuve), 529.
Laroze-Chicolot, 154, 155, 165.
Laroze-Simonnot, 527, 531, 532.
Lartus-Brugnot, 64.
Latour, 496, 497, 499.
Latour-Boudrot, 493.
Latour-Courtois, 84.
Latour-Chopin, 63.
Latour-Lécheneau, 205, 317.
Latour (Louis), 123, 126, 129, 132, 133, 134, 149, 151, 228, 276, 292, 293, 294, 310, 312, 313, 316, 317, 318, 319, 320, 321, 324, 325, 326.
Laurain, 418, 420, 421, 422.
Laurence, 34, 37.
Laurent, 332, 337, 340.
Laurent-Moreau, 393.
Laurier, 336.
Laurier-Maignot, 456.
Lausseure-Faiveley (Mme Vve), 416, 417.
Lavilatte (A.), 476, 477, 478.
Lavirotte, 268, 269, 271, 272, 276.
Lavirotte (Charles), 218, 264.
Lavirotte (Louis), 274.
Lebert (Denis), 531.
Leblanc (Pierre), 215, 218.
Leclair, 23, 26, 27, 30, 32, 35, 36, 39, 40, 42.
Lécrivain, 419, 430.
Ledeuil (Lucien), 607.
Lédos (du), 263, 265, 268.
Leflaive-Petitjean, 65.
Lefolle (Théodore), 592, 593.
Léger, 624.
Léger-Béranger, 214, 215, 223.
Léger (Denis), 203.
Legoux, 356.
Legros (Uldaric), 473, 475, 477.

Lejeune (César), 89.
Lemaire, 372, 373.
Lemaire (Jules), 360, 406.
Lemire (veuve J.), 556.
Leneveu (Paul), 235.
Lenoble, 391, 396, 397, 400, 403, 405.
Lenoir, 529, 533.
Lequeux-Vaux, 86, 88.
Lequin, 23.
Lequin-Roussot, 11, 12, 14.
Leriche, 36.
Leroy (Joseph), 235.
Leudeville (de), 325.
Léveillé (François), 604.
Lévêque, 348, 350, 422.
Lévêque (Pierre), 569.
Levovet (J.-B.), 568, 569.
Lhéritier (Auguste), 605.
Lheritier-Changenet, 605.
L'Héritier Guyot, 230, 231, 243, 269, 275, 277.
Lhomme, 14, 22, 23.
S. Lhote fils, 421, 428, 447, 450, 469, 623.
Liébault-Michelot, 158, 160, 164, 205, 212.
Liégeard, 540.
Liégeard-Fremiet, 542.
Liégeard (Raoul), 556.
Liégeard (Stéphen), 540, 541, 542.
Liger, 334, 338, 339.
Liger-Belair (Comte), 390, 391, 393, 399, 415, 416, 419, 420, 447.
Ligeret (Antoine), 192, 193, 202, 205, 218, 219, 223.
Lignier (J.), 477.
Linonet-Domino, 203.
Livoret, 276.
Lochardet (Antoine), 221, 226.
Lochardet (Armand), 88, 148, 151, 153, 155, 159, 163, 245.
Lochardet-Deschamps, 202.
Lochardet-Guilleminot, 212.
Lochardet-Guyot, 158, 164.
Lechardet (Jean-Baptiste), 214, 231.
Loichet-Pillet (Mme Vve), 334,

335, 336, 337, 338, 339, 340.
Loiseau (Adolphe), 226.
Loiseau-Courreau, 229.
Loisier, 622,
Loison, 337.
Loisy (de), 334.
Lopin, 475, 477.
Lopin (Jean), 470.
Loranchet, 419, 421, 422.
Loranchet-Confuron, 392, 397
Loranchet-Menevers, 392.
Lorange (Louis), 531.
Loubet (Alexis), 218, 219, 226, 229.
Louis (Emile), 158.
Louis (Pierre), 455, 456,
Lourdereau, 473, 477.
Lourdereau-Mongeard, 450, 451
Lourdereau-Trapet, 450, 451.
Loydreau, 30, 34.
Loyère (Comtesse de la), 260, 261, 263, 269, 273.
Lucotte-Diot, 592.
Lucotte-Floret, 337.
Lucotte (Hippolyte), 594, 595
Lucotte (Paul), 579.
Lucotte (Pierre), 567.
Luethus (de), 451.
Lyoen (Auguste), 283.

M

Mac-Mahon (de), 84, 95, 96, 97.
Madon, 46, 325.
Magnien-Bissey, 397, 398, 400, 404.
Magnien-Fleurot, 520, 523, 527, 533.
Magnien-Tisserandot, 520, 523, 529.
Magnien (J.), 556, 570.
Maignot, 418, 421, 472.
Maignot (Auguste), 495, 496, 497, 501, 502.
Maignot (François), 496, 496, 498.
Maignot-Tachet, 533.
Maillard, 338.
Maillot-Broichot, 160.

Mailly-Perrin, 215.
Maire et fils, 10, 12, 15, 76, 77, 78, 79, 86, 148, 151, 193, 202, 204, 213, 214, 232, 233, 247, 310, 312, 326, 331, 332, 334
Maire (Antoine), 456.
Maire-Bonnardot, 374, 376.
Maire (Claude), 456, 457.
Maire-Galland, 458.
Maire-Girard, 360, 374.
Maire-Groffier, 455, 457.
Maire-Javelier (Louis), 527.
Maire-Tainturier, 456.
Maître (Henri), 30.
Mallard, 155, 160, 162, 333. 622, 624.
Mallard (Emile), 604, 605.
Mallard-Brocard, 335.
Mallard-Caillet, 160.
Mallard-Damichel, 335.
Mallard-Gaulin, 333, 336, 337
Mallard-Guérin, 336, 338.
Mallard (Joseph), 474, 477.
Mallard Léger, 339.
Mallard-Léveillé, 476.
Mallard-Lucotte, 336.
Mallard-Naudin, 335, 336, 338.
Mallard-Pillet, 338.
Malbranche, 476, 477, 479.
Malbranche (Alexandre), 468.
Malbranche (Michel), 476, 478.
Maldant, 222.
Maldant (Alexis), 203, 205, 231, 261, 262, 268, 269, 271, 272, 274, 275, 276, 294, 295, 310, 312, 313, 317, 325, 326.
Maldant-Bourgogne, 163, 164.
Maldant-Marque, 212.
Maldant-Noirot, 157, 165.
Mallet-Guy, 193, 204, 205, 218, 247.
Malivernet (R.)124, 129,130, 146.
Malphin, 627.
Malnet (A), 541.
Mancins, 333.
Mangonot (Denis), 557.
Mangonot (E.), 558, 559, 560, 562, 568.

DES PROPRIÉTAIRES CITÉS

Mangonot (Th.)., 559, 562, 568.
Manière, 347.
Manière-Denizot, 268, 269.
Mann (Jacques), 594.
Manuel (Léonce), 76, 77, 79, 83, 89, 90.
Manuel-Roux et Cⁱᵉ, 264, 265, 269, 270, 271, 273, 274, 277, 293.
Marchand (Claude), 501.
Marchand (François), 496.
Marcilley, 627.
Marcilly (de), 529.
Manuel-Guétrot, 79, 85, 89.
Marcilly frères (P. de), 22, 23, 24, 25, 26, 27, 34, 35, 36, 37, 38, 39, 40, 41, 42.
Marchand (Claude), 237, 243, 472, 499.
Marchand (François), 497.
Maréchal-Paquelin, 27, 30, 35, 37.
Marey, héritiers, 417, 520.
C. Marey et Comte Liger-Belair, 390, 391, 393, 399, 415, 416, 419, 420, 447.
Marey, 445.
Marey-Drouhin, 226.
Marey (Ernest), 192, 196, 214, 218.
Marey (Louis), 293.
Marey-Monge (Mᵉ Vᵛᵉ), 146, 152, 165, 193, 211, 214, 219, 389, 390, 391, 392, 397, 401, 402, 403.
Marey (Mme Paul), 150, 151, 153, 157, 164.
Marey-Repiquet, 214, 221, 226.
Margueri (Jean-Baptiste), 454.
Marguerite-Grandné, 471, 474, 475, 476, 478.
Marguerite (Joseph), 473.
Marguerite-Ruby, 471, 472, 475, 476, 479.
Maria (veuve), 496.
Marillier, 359, 360, 374, 419, 429, 457.
Marillier (André), 403.
Marillier (Etienne), 360.
Marion, 373, 495, 497, 500, 520, 533, 534.

Marion (Adrien), 501.
Marion (Eugène), 557, 558, 559, 560, 661, 567, 571.
Marlio, 46, 47.
Marlot, 349, 360.
Marque, 271, 277.
Marque (Jean-Baptiste), 246.
Marque-Marlot, 160.
Martenot, 433.
Martenot (héritiers), 595.
Martin, 13, 624.
Martin (Mᵐᵉ Vᵛᵉ), 348.
Martin-Cessot (veuve), 454.
Martin-Fortier, 160, 461.
Martin (Henry), 215, 222, 226.
Martin (veuve Jean), 605.
Martin (Lazare), 96.
Martin-Mussy, 223, 237.
Massin, 13, 14, 22, 128.
Massin (A.), 11, 12, 13, 14, 123, 124, 126, 130.
Massin et Chambon, 13.
Massin-Massin, 10.
Masson, 39, 132, 201, 218, 534.
Masson (Adolphe), 193, 202, 203, 223.
Masson-Boillot, 123, 133.
Masson-Dubois, 33.
Masson-Gauthron, 229.
Masson (Mᵐᵉ Vᵛᵉ Oscar), 212, 213.
Massotte-Gille, 347.
Mathey (Michel), 571.
Mathieu-Coulnot, 223, 229, 245.
Mathouillet-Chalon, 292, 293, 294.
Mathouillet (François), 316.
Mathouillet-Gacon, 294.
Mathouillet-Meline, 292.
Matrot, 360, 455.
Mauclerc-Bizot, 226.
Maufoux, 326.
Maupas (de), 261, 265, 268, 269, 276.
Maurand (de), 12.
Maurice (Edmond), 226, 243.
Mayol de Luppé, 390, 391, 393.
Médal (Claude), 456.
Méline, 324, 430.
Ménelet-Dégrange, 450.

Ménelet (Jean-Baptiste), 456.
Meneret, 542, 543.
Ménétrier (Jules), 604.
Mercier, 627.
Meneveau (Claude), 245.
Meney Gagnerot, 89.
Menon, 11, 12, 23, 26.
Mercier-Bernard (Louis), 606.
Mercier Changenet, 605.
Mercier-Gallois, 592.
Mercier (Louis), 606.
Mercier-Picardot (M⁽ᵐᵉ⁾ V⁽ᵛᵉ⁾), 457.
Mercier-Porcherot (V⁽ᵛᵉ⁾), 603.
Mesnil (baron du), 77, 79.
Mesnil (héritiers du), 123, 124, 126, 128, 130, 131, 134.
Meugnier, 622.
Mourgey, 622.
Meunier, 37, 39, 43.
Miallot-Charchaude, 593.
Miallot (Paul), 594.
Miallot (Pierre), 591.
Miallot (Victor), 593.
Micault, 156.
Micault-Chouard, 158.
Micault (François), 223, 226.
Micault (Hubert), 205, 244.
Micault (Jacques), 205.
Michaud (J.-B), 533.
Michaud-Picard, 36.
Michaut, 40.
Michel (Paul), 568, 571.
Mignardot (M⁽ˡˡᵉ⁾), 627.
Mignotte, 624.
Michelet-Tartois, 154.
Michelot, 374, 376.
Michelot père, 360.
Michelot-Chotier, 374, 375, 376.
Michelot (Claude), 231.
Michelot-Cavin, 237,
Michelot-Dauphin, 155.
Michelot-Dubois, 148, 154, 152, 159, 165.
Michelot-Dufour, 159, 161.
Michelot (François), 155, 158, 160.
Michelot (Jacques), 164.
Michelot-Jarlaud, 214.
Michelot (Jean-Baptiste), 159, 161, 165.

Michelot-Jourot, 158, 159, 160, 162, 163, 165.
Michelot-Laboureau (Jules), 164.
Michelot-Lochardet, 155.
Michelot (Maurice), 223.
Michelot-Michelot, 163, 165, 196.
Michelot-Morot, 212.
Michelot-Noirot, 157, 165.
Michelot (Pierre, 226.
Michelot (Prosper), 158.
Michelot-Rousselin, 154, 158, 159.
Michelot-Royer, 222.
Midan, 479.
Midant (N.), 470, 471, 473, 474, 475.
Mignardot, 542, 544.
Mignardot-Achery, 544.
Mignardot (Antoine), 543, 564, 569.
Mignardot (Antonin), 542, 564, 569.
Mignardot (Auguste), 571.
Mignardot Barbier (V⁽ᵛᵉ⁾), 542, 544.
Mignardot (E. veuve), 560.
Mignardot (Louis), 542, 643.
Mignardot (Siméon), 533.
Mignotte-Picard et C⁽ⁱᵉ⁾, 26, 28, 29, 35, 37, 43, 193, 196, 202, 204, 205, 211, 212, 213, 221, 223, 226, 229, 235, 237, 469,
Mignotte (Symphorien), 477.
Milon, 332, 338.
Millon (Jules). 629.
Millot (M⁽ᵐᵉ⁾ veuve), 446.
Millot (Bénigne), 82.
Millot-Guy, 397.
Millot-Jobard, 78.
Millot-Narvault, 84, 86, 88.
Milsand, 495, 496, 497, 498
Minot, 43.
Mirbel (C.), 561.
Misserey (les héritiers), 374.
Misserey-Bonnardot, 375.
Misserey (Eugène), 360.
Misserey (François), 375.
Misserey-Gonnet, 154, 161, 162.
Misserey-Moreau, 193, 218.
Modot-Parizot, 469, 471, 473, 477.

Modot (Pierre), 455.
Modot (Simon), 477.
Mœur-Gremeaux, 474, 479.
Moillard-Grivot, 394, 396, 398, 402, 405, 406.
Moine, 447.
Moine (Abraham), 295.
Moine-Boursot, 263, 265, 270, 271, 273, 275.
Moine-Gilbert, 527.
Moingeon, 375, 376.
Moingeon-Dauphin, 160.
Moingeon (Eugène), 203, 264, 269.
Moingeon-Ropiteau, 157, 159, 160, 270, 271.
Moine, 35, 37.
Moine-Lazare, 292.
Moine-Parizot, 292.
Moissenet (Jacques), 226.
Molin, 493, 495, 496, 498.
Molin (Adolphe), 193, 196, 203, 204, 205, 215, 219, 226, 237, 245.
Molot-Amiot, 499.
Molot-Petit, 499.
Moncharmont, 477.
Mongeard, 427, 472, 498, 499, 501.
Mongeard (Henri), 430.
Mongeard (Jean-Baptiste), 427, 428, 430.
Mongeard (Joseph), 428.
Mongeard (Jules), 420, 422.
Mongeard-Morizot, 456.
Mongin, 624.
Monnier-Millot, 86.
Monin, 373.
Monnin-Mallard, 604.
Monnot-Chicotot, 222.
Monnot (Claude), 226.
Monnot-Garnier, 243.
Monnot (Louis), 336.
Moreau (E.), 567, 568.
Montagny, 27, 36, 38.
Montagny frères, 38.
Montagny-Bollotte, 41.
Montagny-Ninot, 128.
Montagny-Troisgros, 36, 39.
Montgascon (de), 269.

Monthelie (A.), 86, 103, 105, 106, 107, 123, 124, 130, 132.
Monthelie (Victor), 104, 407.
Montille (de), 124, 126, 128, 130, 132.
Montilet (Mme de), 622.
Montmey (Mme), 292, 294.
Motot-Amiot, 496.
Motot-Petit, 496.
Motoy (L.-A.), 192, 193, 196, 202, 204, 218, 234, 347.
Montoy-Gorchot, 237.
Montrion (de), 10, 14.
Monnot frères, 12.
Monnot Gueneau, 13.
Monnot-Guillemard, 235.
Monnot Laboureau, 235.
Moquin (Henri), 226.
Morand, 348, 417.
Morand aîné, 348.
Morand frères, 349.
Morand-Blanchet, 203, 245.
Morand (Joseph), 348.
Morand-Marillier, 235.
Morand Naigeon, 430.
Morand (Victor), 347, 348, 349.
Moreau, 47, 39, 40, 83, 86, 542.
Moreau (Antoine), 570, 574.
Moreau-Billard, 205.
Moreau (Claude), 564.
Moreau (Emile), 542, 570.
Moreau (Julien), 403.
Moreau (Pierre), 564.
Moreau-Pillot, 26, 40.
Moreau-Raquet, 196, 219, 221.
Moreau Voillot, 23, 27, 30, 32, 36, 37, 38, 61, 65, 66, 221, 235, 292, 293, 294, 310, 312, 316.
Morel, 500.
Morelot (H.), 146, 148, 150, 151, 153, 154, 156, 164, 165, 202, 204, 212, 214, 226, 229.
Morey-Doney, 26, 30, 34, 38, 41.
Morey (Fanny Mlle), 38.
Morey (Joachim), 36.
Morey-Veau, 95.
Morin, 30, 389, 390, 393, 398, 400.

Morizot (veuve), 495, 499, 500.
Morizot-Bouillot, 374.
Morizot-Gilles, 374, 375, 376
Morizot (Jacques), 374, 375.
Morizot-Trapet, 376.
Moron-Bernard, 338.
Moron (Charles), 222, 231.
Moron-Deserle, 158, 161.
Morot (Albert), 214, 221, 236.
Morot (C.), 558, 562, 567, 568.
Morot (J.-B.), 579.
Morot de Grésigny d'Authume (de), 389, 390, 391, 392, 393, 396, 397, 401, 403, 518, 523, 524, 525, 527, 529, 531, 532, 533.
Morot (Joseph), 312, 496, 498.
Motot (Jean-Baptiste), 501.
Motot-Petit, 500, 501.
Mouchoux (Pierre), 82.
Mouillé, 419, 420.
Mousson (Michel), 570, 571.
Mousson (Paul), 579.
Moyeux (Jean-Baptiste), 474, 475.
Moyne, 338.
Moyne-Boursot, 268, 272.
Moyne-Jacqueminot, 202, 203, 205, 214, 215, 247, 261, 263, 265, 266, 267, 268, 269, 270, 271, 272, 274, 276, 283, 310, 312, 325.
Mugneret, 419
Mugnier, 428.
Mugnier (Frédéric), 468, 469, 470, 471, 472, 473, 476, 478, 479.
Mugnier-Lesénéchal, 606.
Munier-Arbinet, 398.
Munier (veuve), 471
Munot, 34.
Mussard-Calendre, 12.
Mussy (Alexandre), 214, 222.
Mussy-Dauphin, 152, 154.
Mussy-Guillemard, 162, 164, 212, 226.
Mussy-Joblot, 160, 204, 212.
Mussy (Joseph), 204.
Mussy (Marguerite), 205, 245.
Mussy-Marillier, 153, 157

Mutin (veuve), 469, 471, 474
Muzard, 276.
Muzard-Joannet, 269, 273, 276, 277

N

Naigeon, 22, 23, 32, 34, 38, 156, 157, 417, 429.
Naigeon (Auguste), 222.
Naigeon (Etienne), 533.
Naigeon-Gouroux, 527, 532, 533.
Naigeon-Maignot, 430.
Narvault, 265.
Narvault (Ernest), 274.
Narvault-Manière, 268, 274, 277.
Narvault (Marcel), 263, 268, 271, 272, 273, 274.
Naudet (Mme Vve), 373, 374.
Naudin, 31, 53, 312, 347, 350
Naudin (André), 245.
Naudin-Cavin, 160, 163.
Naudin-Grizot, 95.
Naudin (Léon), 343, 316, 317, 324, 335, 336, 339.
Naudin-Mallard, 292, 332, 340
Naudin (Nicolas), 543
Naudin-Roux, 529, 533, 534.
Nectoux-Bonardeau, 63, 65, 66.
Neige-Chapuzot, 404, 405.
Nenzillet, 23.
Nerat-Constance, 203, 214, 215, 222, 226, 243.
Nicolardot, 621.
Nicolle (Claude), 237
Nicolle (Simon), 574.
Nicot, 37.
Nicot-Galland, 47
Nié, 11.
Nié (Charles), 32, 35.
Nié (frères), 23, 27, 31, 34, 40, 42, 447, 468, 470, 478.
Nié-Girard, 42.
Nié (Jean), 12, 14.
Nié-Lamy, 12.
Nié-Monnot, 10, 11, 12, 13, 14.
Nief, 32.
Nivelon, 513.

Noblot, 622.
Noblot-Thomas, 393.
Aulnay (Noché d'), 468, 469, 472, 473, 474, 475, 476, 477, 478.
Nodot-Galette, 202, 204.
Noëllat (Thomas), 415, 417, 419, 421, 422.
Noirot, 627.
Noirot (veuve), 76, 82, 96, 98.
Noirot, 124.
Noirot-Cocusse, 457.
Noirot Latour, 158.
Noirot-Maldant, 162.
Noirot-Perreau, 202, 214.
Noisot (C.), 558.
Nolotte, 359, 374, 375.
Nolotte-Parizot (Mme V^e), 392, 397, 398, 400, 402, 403.
Nolotte-Rinderlé, 396.
Normand, 152, 158.
Nudant, 337.
Nudant-Cauzeret, 333, 337.
Nudant (Pierre), 332, 333, 339.

O

Ocquidan, 477.
Orgelot, 265, 268.
Orgelot-Cavin, 156.
Orgelot-Gaillot, 212.
Ory, 495.
Oudot (Auguste), 456.
Ouillon, 273.
Ozanon, 89, 163, 222.
Ozanon (Claude), 196, 211, 226, 243.

P

Pacaud-Taboureau, 214, 222.
Pacault (Emile), 84.
Paquetet, 375.
Paquetet-Aubry, 375.
Paquetet (J.), 477.
Pagaud-Barthélemy, 203.
Pagaud-Charlot, 154.
Pagaud-Gras, 222.
Paget, 338.

Paget-Sivry, 334.
Pagot, 532.
Pagot (Charles), 531, 533.
Paillard, 10, 34.
Paillet (Mme V^e), 454.
Paillet (J.-B.), 594, 595.
Pallegoix, 332, 335, 338.
Panarion, 62, 77, 78, 79.
Pansiot, 373, 374, 375, 376, 454, 525, 543.
Pansiot-Daıs, 579.
Pansiot-Daü. 569.
Pansiot (J.-B), 579.
Pansiot-Monin, 543.
Pansiot-Varrache, 544, 543.
Pansiot-Vigoureux, 540.
Papinot (Edme), 457.
Paquelin-Chifflot, 23, 30, 31, 34, 35, 37, 39, 40, 41, 42, 43.
Paquelin-Chisson, 31.
Paquelin (Georges), 30, 31, 40, 42, 43.
Paquelin-Girardin, 32, 38.
Paquelin-Launay, 27, 39.
Paquelin-Perret, 26, 31, 34, 35, 36, 38.
Paquelin-Pinet, 23.
Paquelin-Robelin, 26, 36, 40.
Paquet-Arnoux, 269, 271, 272, 276.
Parent, 103, 105, 106, 146, 148, 151, 263, 268, 269, 270, 271, 273, 274, 275, 276.
Parent (Jacques), 204, 219.
Parent-Joannès, 148, 151, 152, 164.
Parend-Morand, 229.
Parigot, 270.
Parigot-Billard, 264, 268.
Parigot-Goby, 274, 275.
Paris, 375.
Paris (Alfred), 498.
Paris-Regnier, 404.
Parisot-Caillet, 472, 497, 498, 500, 525.
Parisot-Favelier, 469, 477, 479.
Parisot (P.), 476.
Parizot, 495.
Parizot (Alfred), 498.

Parizot (Charles), 193, 204, 215.
Parizot (François), 455, 458.
Parizot (Jean-Baptiste), 457.
Parizot (P.), 560.
Parizot-Roy, 391, 392, 401, 402.
Parmin, 334, 338, 339.
Pascal frères, 624, 625, 627
Pas-erotte, 155.
Passerotte (Albert), 235.
Passerotte-Gauvenet, 155.
Passerotte Guillemard, 229.
Pas-erotte (Pierre), 212.
Passier (Albert), 14.
Pastrie, 624.
Patriarche (Paul), 192.
Paufard (Victor), 196, 203, 204, 214, 215, 218, 223, 226.
Paulin (Gustave), 196
Pauveot, 334.
Pauvelot-Robelin, 243.
Pavelot, 269, 275, 310.
Pavelot frères, 292.
Pavelot (Antoine), 294.
Pavelot (François), 294.
Pavelot (Louis), 292.
Pavelot (Pierre), 295, 325.
Pellardy (Claude), 218.
Peletier, 338, 429, 430.
Péley, 499.
Peloux, 450, 455, 457, 458, 471, 473, 476, 477.
Perrault, 472
Perrot (veuve), 591, 592.
Perreau, 627.
Perchaudet (Mme), 624.
Perdrier, 264, 269, 276.
Perdrier-Arvier, 192, 212, 218, 219, 235.
Perdrier-Lavirotte, 204, 214, 274.
Pernot-Gille, 310, 337, 339.
Perny-Grapin, 203, 218.
Perreau, 624.
Perreau (Joseph), 245.
Perreau (Nicolas), 495, 500.
Perreau-Sigault, 500, 501, 502.
Perret, 22, 35.
Perrier (Arsène), 371, 372, 373.
Perrin, 335.
Perrin de Saux, 192, 193, 204,
212, 215, 218, 221, 223, 229.
Perrin-Serrigny, 273, 275.
Perny-Grapin, 245.
Perronnet, 333, 337, 338, 339.
Perrotet, 373.
Per-onne-Montcharmont, 235.
Pesquidoux (de), 263.
Petiot Boudriot, 162, 163, 164
Petiot-Dorcy, 245.
Petiot-Latour, 162
Petitjean, 133.
Petit-Bertheau, 474.
Petit (F.), 473.
Petit-Henriot, 223.
Petit (Pierre), 470, 471, 476.
Pétiot-Bisey, 158, 164.
Philibert-Garnier, 96.
Philippon, 542.
Philippon (veuve), 525.
Philippon (Alexis), 527, 532, 533.
Philippon (Honoré), 527, 529.
Picard-Carementian, 202.
Picard-Morey, 88.
Picardot (Auguste), 455, 456, 457.
Pichard, 27, 38, 39, 40, 43.
Pichard-Lafouge, 95, 96.
Pierre-Groffier, 402.
Pierrot (L.), 540, 541, 542.
Pierrot (Mme Marie-Noémie), 605, 606.
Pierrotte, 348, 457.
Pineret, 41.
Pigneret-Paquelin, 22, 30, 31, 32, 35, 36, 38, 41, 42.
Pignolet-Sordet, 203, 205, 213, 219.
Pillot (Jean-Baptiste), 428.
Pillot-Emonin, 434.
Pillot-Garreau, 34, 35, 42.
Pillot (J.-B.), 42.
Pillot-Pigeron, 39.
Pillot-Receveur, 27.
Pillot Rouvry, 26, 40
Pillot-Thévenot, 26, 34, 35, 40, 41.
Plait-Cornu, 277.
Podechard, 372, 373.
Podechard (François), 360.
Podechard-Jolliot, 218.

DES PROPRIÉTAIRES CITÉS

Poillot, 148, 151, 229.
Poillot père, 523, 532, 533.
Poillot Maréchal, 235.
Poillot Thubet, 525.
Poinsot (Bernard), 604.
Poisot (veuve), 86.
Poisot, 604, 605.
Poisot (Charles), 605.
Poisot-Gros (Louis), 33.
Poisot (L.), 261, 263, 265, 268, 269, 270, 271, 273, 274, 276, 293, 294, 312, 313, 346, 317, 325.
Polack (Charles) à Dijon, 447, 448, 495, 527, 529.
Poligny (R. de), 22, 23, 26, 28, 42, 146, 192, 193, 202, 205, 211, 213, 215, 218, 219, 226.
Poulain, 624.
Pommey (Edouard), 533
Pommier (Joseph), 203.
Ponnelle (Pierre), 196, 213, 215, 219, 229, 238, 239, 240, 241, 242, 247, 468, 469, 478.
Ponsot, 495, 498, 525.
Ponsot (Louis), 229.
Ponsot-Perreau, 245.
Porcheray, 540, 541, 543, 544.
Porcheret, 626.
Portier, 419, 422.
Portron (Nestor), 237.
Potier-Bitouzet, 211.
Potier-Gagant, 161.
Pouchard-Barbier, 84, 85, 88, 89.
Pouchard-Bouzereau, 89.
Pouffier fils, 457.
Pouffier (Marcel), 457.
Pouffier (Nicolas), 478.
Pouffier-Pouffier, 455.
Pougnant, 420.
Poulevet, 406, 497, 498, 499.
Poulain, 627, 629.
Poulet-Moissenet, 205, 211, 212.
Poullot (héritiers), 590.
Poullot (François), 590.
Poullot-Galimard, 590.
Poupon (Auguste), 469, 471, 472, 473, 474, 475, 476, 493, 494, 496, 497.

Poupon (Claude), 469, 470, 471, 472, 476.
Poupon-Girod, 77.
Poussard-Michelot, 159, 161, 163
Poussuet (Claude), 237.
Poussuet-Renot, 237.
Prévost, 10, 12.
Prévost-Thiard, 247.
Prieur, 13, 265, 268, 272
Prieur-Jacquelin, 84.
Prieur (Jean-Baptiste), 243.
Prieur-Maillard, 82.
Prieur-Saladin, 11, 13.
Prin, 624, 627.
Prolois, 496.
Promayet, 374, 392, 393.
Promayet (François), 396, 403.
Prudhon, 12, 23, 41.
Prudhon-Fromageot, 38.
Prudhon (Joseph), 455.
Prudhon-Léger, 40.
Prudhon (Louis), 474.
Prudhon-Prudhon, 38.
Prudhon-Villard, 38.
Prunier-Bernet, 97.
Prunier-Chevalier, 96.
Prunier-Garnier, 95, 96.
Pujo, 469, 472, 495, 498, 499, 534.
Pusset, 162.

Q

Quenot (Henri), 626.
Quentin, 331, 332, 333, 334, 335, 337.
Quillardet (G.), 590, 592, 593.
Quillardet (J.-B.), 592, 595.
Quinard (Pierre), 591, 593.
Quirot de Poligny, 212, 221.

R

Rabutôt, 622, 627.
Ragon-Morand, 389, 390, 391, 392, 393, 396, 397, 403.
Raillard-Pitot (veuve), 534.
Raille-Jeantot, 401.

Rameau (Mme Vve), 292, 294.
Rameau-Lamarosse (Mme), 292, 293, 310, 312, 324.
Rapet-Moine, 292, 294, 312.
Raquet (Victor), 192, 219, 222, 245.
Rasse, 427, 428, 429, 468, 469, 470, 471, 477, 478.
Rateau, 37, 38.
Rateau-Gauthey, 292.
Ratheaux (Joseph), 203.
Ravaut, 336, 339.
Raveneau (veuve), 542.
Ravier (Jean), 594.
Rebourseau - Philippon, 447, 449, 523, 525, 526, 529, 531.
Reffait (M^mr Le), 146, 150, 157, 158, 163.
Regnault, 293, 343, 333, 336.
Regnault-Cogneux (Mme), 389, 391, 392, 396.
Regnier (Jules), 450, 454.
Reither (Jean), 235.
Reitz (Mme Vve), 349, 400, 401, 402, 405, 406.
Rémondet, 270, 273.
Renaud, 10, 12, 23, 35.
Renaud-Perrot, 590.
Renaudin, 77, 89, 95.
Renaudin (fils), 129.
Renaudot, 420, 455, 456.
Renevey (Jules), 292, 294, 317, 321, 347, 349, 360.
Revon-Verguet, 393, 396, 398, 401.
Ricard (D^r), 153, 154, 155, 156, 157, 158, 159, 162, 163, 164, 165.
Ricaud-Genoudet, 226.
Ricaud (Jules), 276, 283.
Richard, 10, 338.
Richard-Marchand, 202.
Richard-Robelin, 226.
Ridard, 34.
Ridard (Antoine), 42.
Ridard frères, 10, 11.
Riembault, 495, 500, 527.
Rinderlé-Vallot (Mme V^e), 392.
Rivot (veuve), 148, 155, 165

Rivot-Caillet, 163.
Rivot Michelot, 156, 158, 159, 162, 165.
Rivot-Misserey, 159.
Rivot-Monniot, 157.
Robelin-Laboureau, 204.
Robelin (Maurice), 204.
Roberdet (G.), 243.
Robert-Defrance, 595.
Robert-Garnier, 392, 400, 401, 402, 403, 405, 406.
Robert (J.-B.), 569.
Robert (Nicolas), 594.
Robert-Pansiot (veuve), 579.
Robillot, 333.
Robillot père et fils, 418.
Robin, (D^r), 622.
Robin (Emile), 567.
Robin (Pierre), 222, 226, 237.
Robinot-Deschamps (veuve), 605, 606, 607.
Boblot (Claude), 560, 570.
Rocault (Charles), 40.
Rocault-Gillot, 245.
Roche-Blondeau, 130.
Rodier, 493, 497, 498, 500.
Rodier-Dessus, 163, 231.
Rolland, 495, 496, 499.
Rollet (Jean-Baptiste), 397.
Rollin (Mme V^e), 294.
Romann, 460.
Ropiteau frères et Guidot, 85, 97, 107.
Ropiteau-Morey, 82.
Ropiteau-Riveau, 231.
Rose-Peste, 211.
Rossigneux, 371.
Rossignol, 269, 270.
Rossignol-Lochardet, 457.
Rossignol (Louis), 272, 275.
Rougé, 265, 268, 270, 271, 274, 275.
Rouget, 629.
Rouget-Chevalier, 595.
Rouget-Perret, 123, 126, 128, 148, 153, 196, 211, 218, 223, 229, 243, 247.
Rougetet-Léger, 226.
Rouhette, 11.
Rouhette-Morey, 13.

Roupnel, 542.
Rousseau (Antoine), 223, 237.
Rousseau-Duband (A.), 534.
Rousseau (Jean-Bapt.), 475, 477.
Rousselin (François), 214.
Roussin, 626.
Roussotte père, 529.
Roussy, 26.
Rouvière fils, 447, 628.
Rouvry, 32.
Roux (Claude Mme Vve), 454.
Roux-Jouard, 389, 390.
Roy, 77, 326.
Roy (Étienne), 590, 591, 592, 593, 595.
Roy-Grandné, 401.
Roy J.-B.), 592, 594, 595.
Roy-Nicolle, 558, 569.
Royé-Labaume et Cie, 203, 205, 244, 261, 263, 265, 268, 269, 270, 271, 274, 275, 276, 283, 293, 294, 310, 312, 313, 317, 321, 324, 325.
Royer, 265, 316.
Royer (Mme Vve), 331, 332, 338.
Roze (Gabriel), 204.
Roze-Guyot, 223.
Roze-Renard, 96.
Rozet-Clerget, 165.
Rude (Louis), 203, 218.

S

Saconney (François), 593.
Saconney (P. veuve), 562.
Saconney (Louis), 430, 457, 543.
Sagetat, 347.
Saint-Mauris (de), 11, 12.
Salbreux, 418.
Salbreux-Lacour, 401.
Salomon-Billier, 450, 458.
Sambury (de), 26.
Samuel, 64.
Saunois (J.-B.), 590.
Saunois-Poulet, 132.
Sauvageot, 43.
Sauvageot-Martin, 11.
Sauvin (Jean-Baptiste), 450.

Sauzet, 78.
Savot, 527, 624, 627.
Savot (Adolphe), 604, 605, 606, 607, 622.
Segault, 148, 155, 159, 163, 165.
Seguin, 476.
Seguin (J.-Jacques), 474, 477.
Seguin (Paul), 579.
Seguin-Manuel, 265, 269.
Seguin-Mignardot, 496.
Seguin-Occuidant, 500.
Senard (Jules), 192, 196, 202, 250, 212, 215, 218, 222, 226, 283, 293, 310, 312, 313, 316, 317, 322, 323, 324, 325, 326, 447.
Senequier, 497, 500.
Serre, 22, 105, 146, 148, 150, 151, 153, 159, 520, 521, 523.
Serre (de la), 61.
Serre-Renoult (veuve), 128, 131.
Serre (veuve), 61, 62, 76, 77, 81, 86, 88, 90, 124, 126.
Serrigny, 245, 268, 269, 271.
Serrigny (Auguste), 457.
Serrigny-Bathiard, 270.
Serrigny-Robelin, 263.
Servange, 42, 46, 47.
Sèvre, 10, 13.
Sigault, 470, 472, 499.
Sigault-Prin, 470, 471, 474.
Sigaut (Joseph), 497, 502.
Sigaut (Philippe), 495, 500.
Sigaut-Ruby, 499.
Sillot-Bessey, 81.
Simard, 23, 26, 37, 38.
Siméon (François), 529, 534.
Simon-Beaudot (Vve), 229.
Simonnet-Garnier, 193, 219, 223.
Simonnot, 418.
Simonot (Victor), 237.
Sinault, 469, 470.
Siquet, 579.
Sirdey, 627.
Sirdet (Eugène), 607.
Sirot (Louis), 245.
Sirugue (Mme Vve), 390, 392, 396, 397, 401, 543.
Sirugue (Eugène), 390, 393.
Sœur-Blondeau (Mme), 128, 132.

42

Sœur-Fleurot (Mme), 129.
Sonneret-Crépet, 606.
Sonneret (Jules), 592, 594.
Sonneret (Paul), 592.
Sonneret-Theuriet, 594.
Sonnois, 132.
Soret, 533.
Soiullard (veuve), 544.
Souillard (Cl.), 544.
Souillard-Valson (Mme), 542.
Stévignon, 472, 473.
Stévignon (Joseph), 469, 473, 475, 476, 477.
Staddelhoffer, 393, 404.
Suillereau, 469, 470, 471, 472, 473, 474, 475, 476, 477.
Surget, 86, 103, 104, 105, 106.

T

Taboureau (Antoine), 235.
Taboureau-Gauthey, 214.
Tachet, 479.
Tachet-Sonnier (veuve), 527.
Tachet-Tortochot, 525, 531.
Tainturier (Auguste), 456.
Taisant-Piffaut, 214, 221.
Taisan-Tremeau, 235.
Tardy, 451.
Tardy-Chotier (Mme veuve), 374, 376.
Tartarin, 334, 337.
Tartois (Armand), 153.
Tartois-Arnoux, 146, 155, 156, 157, 161.
Tartois-Boussu, 153, 156.
Tartois (François), 150, 154, 156, 157, 161, 163, 164, 165.
Tartois frères, 154.
Tartois (Joseph), 148, 155, 157, 159, 164.
Tartois-Millot, 163.
Tartois-Perreau, 205, 211, 212.
Tatot-Poussard, 161.
Tavernier-Longvy, 76, 78, 79, 86.
A. de Tavernost, 310, 312.
Terrand, 162.
Thabard-Bernard, 604, 660.

Theuriet (Antoine), 591.
Theuriet (Eugène), 595.
Theuriet (Ferdinand), 594.
Theuriet (Gustave), 192, 193, 203, 205, 213, 214, 218, 219, 245, 247.
Thévenin, 416, 419, 420, 430.
Thévenin-Guyot, 193, 218, 219.
Thévenin (Jacques), 161.
Thiard, 247.
Thierry (Joseph), 222.
Thiébaux-Bouvier, 624.
Thivet-Bourgogne, 154, 160.
Thomas, 334, 338, 421.
Thomas-Bassot, de la maison Thomas-Bassot et fils, 468, 518, 523, 525, 527, 528, 529, 530, 532.
Thomas (Charles), 292.
Thomas (Maurice), 390, 393, 396, 403.
Thomas-Pansiot, 544.
Thomas (Pierre), 543.
Thomas-Roux, 401.
Thomasset, 47.
Thoralin, 456, 457.
Thoux-Lenoveau (veuve), 235.
Thubet (veuve), 531, 532, 534.
Thuillier-Mallard, 605.
Tisserandot, 418, 421.
Tisserandot-Girod, 523, 525, 527, 529, 531, 532, 533, 534.
Tisserandot-Grimaut, 523, 527, 529, 532.
Tissier, 375.
Tissier (Louis), 229.
Tissier-Michelot, 374, 376.
Tisy-Grivot (Mme Vve), 403.
Titard (Louis), 86, 87.
Jobard (jeune) et Bernard, Titard (Louis) et Cie successeurs, 76, 79, 82, 86, 87, 105, 107, 124, 126, 128, 146, 148, 150, 151, 152, 153, 154, 155, 156, 157, 159, 212.
Titard (veuve), 62, 64, 65, 97.
Titard-Bouzereau, 76, 78, 86.
Titard-Ropiteau, 63.
Tisserand, 63.

Tissier-Morand, 347, 348, 350.
Tixier (Pierre), 222.
Tixier-Pommier, 164, 223, 226.
Torcy (de), 10, 11, 12, 13, 14.
Tortochot-Girod, 529, 534.
Tournois Latour, 347.
Tournois-Vauthier, 350.
Trapet, 418, 429.
Trapet-Bard, 226, 235.
Trapet-Bergeret, 394, 400.
Trapet (Claude), 202, 203, 226.
Trapet-Guyot, 396, 400.
Trapet-Manière, 202.
Trapet (Nicolas), 469, 470, 472, 474, 477, 479.
Trapet-Perret, 222.
Trapet-Raillard, 470, 471, 472, 526, 531, 533.
Tricaud (de), 79, 152, 155, 157, 159, 160, 161, 162, 163, 165.
Tridon, 150.
Tripier, 78.
Tripier (veuve), 62, 64.
Troisgros (Jacques), 35.
Troussard, 10, 11, 12, 13, 23, 34, 263, 265, 272.
Trouvé (S.), 557 558, 559, 562.
Truchetet, 417, 418, 420, 427, 429, 501, 520, 521, 523, 525, 531, 533, 534, 544.
Truchetet-Bertheaut, 495, 502.
Truchetet (Claude), 496, 501.
Truchetet (Fr.), 540, 541, 542, 543, 544.
Truchetet-Sigaut, 499, 501.
Truchetet-Thibaut, 349.
Thénard (baron), 22.

V

Vagry (J.-B.), 560, 562.
Vaissier (veuve), 621, 622.
Vacheret, 161.
Vacheret-Chicotot, 161.
Vacherot-Roy, 179.
Vaivrand-Broichot, 160, 165.
Val-Laurent, 151.

Valby-Bornot, 495, 496, 497, 498, 499, 500, 501.
Valby (Claude), 495.
Valby (Ferdinand), 495, 499, 502.
Valby (François), 495, 498, 499.
Valtange (de), 10, 11, 13, 14.
Vantelot, 13.
Vauchey (Mme Vve), 336, 337.
Vaudoisey, 162.
Vaudoisey-Maldant, 150, 163, 164, 165.
Veuney, 338.
Vauthier-Tisserandot, 401.
Vautret, 325.
Vaux frères, 85.
Veau (Hippolyte), 96, 98.
Veau-Regnault, 96, 97.
Veau (Victor), 95, 96, 97, 98.
Verdereau, 133.
Vergnette-Lamotte (héritiers de), 133, 146, 150, 151, 152, 153, 156, 212, 237, 243.
Verlamos, 27, 30, 41.
Verneau (Victor), 193, 202, 203, 204, 215, 219, 223, 226, 237.
Vernet, 335.
Vernet-Caillot, 131, 134.
Vernier (Th.), 556, 557, 558, 559, 560, 561, 567.
Vernier de Saux, 222.
Vesoux, 263.
Vesoux (Amédée), 271, 272.
Vesoux-Dufour, 261, 263, 265, 268, 269, 271, 272, 273, 274, 275, 277.
Vesoux-Paquet, 268, 271.
Vesoux-Vesoux, 268, 269, 275, 276.
Vieilhomme, 193, 215, 265.
Vieilhomme (Henri), 219.
Viénot (Charles), 371, 373.
Viénot (Mme Ve François), 376.
Vienne, 624.
Viennot, 265, 268, 274, 428.
Viennot (Prosper), 359, 372, 373, 376, 579.
Vigneron-Moliné, 397, 401, 402, 403, 404.
Villard, 62.

Villard (veuve), 62.
Villard (Auguste), 23, 34, 43.
Villard (François), 36.
Villard (Joseph), 35.
Villard-Monnevaux, 37.
La Ville de Beaune, 192, 193, 196, 202, 203, 204, 205, 212, 213, 215, 218, 219, 221, 222, 223, 226, 235, 237.
La Ville de Nuits, 390, 391, 392, 393, 398, 400, 403, 404, 405, 406.
Villotet (E.), 456, 458.
Villot-Seguin (Mme Vve), 401.
Violland (Léon), 246.
Violle (héritiers), 568.
Violle (veuve), 568.

Violle (J.), 558, 559, 568.
Violle (Louis), 562, 568, 569.
Virey-Tupin, 474, 476, 477.
Virly, 32.
Virtely, 151.
Vogt, 11, 34.
De Vogüé, 468, 469, 471, 472, 475.
Voillot-Capel, 196, 203, 212.
Voillot-Lochardet, 214.
Voillot-Michelot, 234.
Voillot-Pierre, 223.
Voituret, 627.
Vollot, 265, 268, 271, 277.
Vollot (Irénée), 269, 273.
Vouillon, 23, 37.

TABLE DES MATIÈRES

Liste des principaux ouvrages consultés pour cette publication. .   v
Avant-propos   ix
Etude sur la vigne et les vins.   xi
Notice sur la commune de Santenay.   1
Avis important relatif au mode de classement des climats, adopté dans cet ouvrage.   9
Nomenclature des climats et des principaux propriétaires de Santenay   11
Notice sur la commune de Chassagne-Montrachet   17
—   Corpeau   45
—   Gamay   49
—   Puligny-Montrachet   55
—   Meursault   67
—   Auxey-le-Grand   94
—   Monthelie   99
—   Volnay   109
—   Pommard   135
—   Beaune   167
—   Savigny-les-Beaune   249
—   Chorey   279
—   Pernand   285
—   Aloxe-Corton   297
—   Ladoix-Serrigny   327
—   Corgoloin   344
—   Comblanchien   351
—   Prissey   357
—   Premeaux   364

TABLE DES MATIÈRES

Notice sur la commune de Nuits-Saint-Georges 377
— Vosne-Romanée 407
— Flagey-Echézeaux 423
— Vougeot 431
— Gilly-les-Vougeot 453
— Chambolle-Musigny 459
— Morey 481
— Gevrey-Chambertin 503
— Brochon 535
— Fixin 545
— Fixey 563
— Couchey 573
— Perrigny-les-Dijon 581
— Marsannay-la-Côte 583
— Chenôve 597
— Dijon-Larrey 609
Table des noms de propriétaires cités 634

DIJON. — IMPRIMERIE DARANTIÈRE, RUE CHABOT-CHARNY, 65.

Ancienne Maison A. JOLY FILS & Cie Fondée en 1854

H. FOULET

DISTILLERIE A VAPEUR

SPÉCIALITÉ DE CASSIS DE LA COTE-D'OR

2 GRANDS PRIX

Dijon 1856. — Londres 1860. — Bordeaux 1882. — Chaumont 1882. — Académie nationale 1882.
Nice 1884. — Dijon 1886. — Le Havre 1887. — Paris 1889. — Amiens 1891.
4 DIPLOMES D'HONNEUR : TOULON, MARSEILLE, LYON 1891

Grandes Liqueurs

— SPIRITUEUX ET VINS FINS —

LIQUEUR DU DOCTEUR LAVALLE

BAREUZAI

Apéritif au Vin de Bourgogne

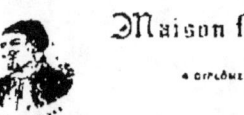

Propriétaire récoltant de Grands Vins de Bourgogne